21世纪高等教育核心课程经典辅导·法学专业系列

民法
同步辅导与习题集

（含考研·司考真题）

张善斌◎主　编
宁　园◎副主编

上海财经大学出版社

图书在版编目(CIP)数据

民法同步辅导与习题集/张善斌主编. —上海:上海财经大学出版社,2019.7

(21世纪高等教育核心课程经典辅导·法学专业系列)

ISBN 978-7-5642-3162-0/F·3162

Ⅰ.①民… Ⅱ.①张… Ⅲ.①民法-中国-高等学校-教学参考资料 Ⅳ.①D923

中国版本图书馆CIP数据核字(2018)第263339号

□ 责任编辑 温 涌

□ 封面设计 张克瑶

民法同步辅导与习题集

张善斌 主 编

宁 园 副主编

上海财经大学出版社出版发行

(上海市中山北一路369号 邮编200083)

网 址:http://www.sufep.com

电子邮箱:webmaster@sufep.com

全国新华书店经销

上海崇明裕安印刷厂印刷装订

2019年7月第1版 2019年7月第1次印刷

787mm×1092mm 1/16 31.75印张 789千字

印数:0 001—2 000 定价:78.00元

前 言

本书以普通高等教育"十一五"国家级规划教材《民法》(魏振瀛主编,北京大学出版社、高等教育出版社出版)为蓝本,集教材同步辅导与应试(本科考试、研究生考试、司法考试)强化练习于一体;根据广大读者的需求,对统编教材中的知识内容加以梳理;结合各类法学考试,对重点问题逐层剖析。希望该书能成为广大法学学子开启民法学知识殿堂大门的钥匙。

本书在编写原则上,强调严谨和务实;在编写体例上,遵照教材的体例结构,强调与教材的对应性和配套性;在编写方法上,坚持规范。全书内容依托教材,按照教材规范写作;语言逻辑严谨,言简意赅,层次分明;既追求整体的统一性,也兼顾各章节的独立性;既立足于理论通说,也兼论不同观点;既运用民法学理论,也兼及司法实务。尤其是新近颁布、施行的《民法总则》及相关民事司法解释的内容,在本书中都得到了充分反映。

《民法同步辅导与习题集》是"21 世纪高等教育核心课程经典辅导·法学专业系列"考研图书中的一本,是"面向 21 世纪课程教材"的配套辅导用书。通过这套丛书,希望达到以下目的:

● 帮助学生系统掌握本科知识。本套丛书针对高校法学以素质教育为主的特点,结合应试需要编写习题,习题系统全面,覆盖所有重要知识点。

● 帮助学生准备并通过考研。精选重点院校的考研真题,帮助学生了解及自测。

● 帮助学生准备并通过国家司法考试。选择有代表性的司法考试真题穿插到每本书各章的每个版块,帮助学生了解司法考试的难度和形式,为学生指明学习的方向。

为了能够使同学们更有效地使用本套丛书,在编写思路和体例上,我们采用内容规范分版的方式,形成以下几大特色:

一、知识结构图。紧扣全国高等学校法学专业核心教材逐章编写,采用图形方式,清晰、直观、易记,迅速提高学习效率。

二、重难点归纳。重点突出,与知识结构图形成完整的知识体系,有的放矢地学习。

三、全真题演练。题型全面,知识全面覆盖;通过做高质量的练习,迅速掌握书本知识,显著提高应试能力。

四、案例分析。理论与实际案例相结合,更生动、更深入地了解中国法律制度的运行状况。

五、深度拓展。介绍知识背景,深化学生认识,扩展学生视野,激发学生兴趣。

另外,本书中收录了大量 1997～2017 年研究生入学考试和司法考试的真题,帮助同学们在备考的过程中更有针对性地把握知识点的考察方式和角度。为了便于同学们及时地对知识进行巩固和自我检测,本书中还设有"综合测试题",并随书附赠多套重点院校近年考研试题。

本书适合高等院校学习民法的本科生,以及准备硕士研究生入学考试、司法考试的考生阅读使用,也可作为相关人员研究法律的参考书。

本书由各撰稿人严格按照编写大纲和编写要求分工撰写，最后由主编、副主编统一定稿。本书的撰写分工如下（以撰写章节顺序为序）：陈碧盈，第一编；王姝越，第二编；李晨，第三编；余江波，第四编、第五编、综合测试题；周雯瑶，第六编、综合测试题。本书的参编者在编写过程中付出了很多心血，书中难免有疏漏之处，恳请大家批评指正。

编　者

2019 年 3 月

目　录

第一编　民法总论

第二编 物权法

第三编　债　权

第四编　继承权

第五编 人身权

第六编　侵权责任

第一编　民法总论

第一章

民法概述

一、知识结构图

- 民法概述
  - 概念与区分（识记）
  - 沿革（了解）
    - 罗马法—19 世纪民法典—20 世纪至今民法典
    - 我国民事立法
  - 调整对象（重点）
    - 财产关系
    - 人身关系
  - 性质（理解）
  - 本位：权利
  - 渊源
  - 效力

二、重难点归纳

（一）民法的概念

民法是调整平等主体之间的自然人、法人、非法人组织之间的财产关系和人身关系的法律规范的总称。

（二）相关概念

1. 民法典

民法一般是成文法，包括民事法律、法规等；按立法体例可分为民法典和单行法。民法典是指按照一定体系对基本的民事法律制度编纂而成的民事基本规范。

2. 民法学

民法学是研究民法规范及有关学理的法律科学。

3. 商法

商法是调整商事关系的法律规范的总称。

（三）民法的调整对象

1. 财产关系

狭义财产是指有金钱价值（能用金钱表示或能用金钱衡量）的权利的总和；广义财产还包括财产义务（债务）。财产关系是指基于财产形成的社会关系。民法调整以平等自愿为基础的财产关系，包括归属（财产所有、支配）关系和流转（买卖、借贷、运送、保管、转让等）关系。

2. 人身关系

人身关系是与人身不可分离、以人身利益为内容、不直接体现财产利益的社会关系。人身关系包括人格关系和身份关系两类。人格关系包括生命、健康、姓名、肖像、名誉等方面。身份关系是基于身份利益产生的社会关系，包括亲属和继承等方面。

（四）民法的渊源

即民法的表现形式，分为四个部分：

1. 制定法

包括宪法中有关民法的规定、民事法律、民事法规、地方性法规中的民事规范、特别行政区的民事规范、国家机关对民事法律规范的解释和国际条约中的民事法律规范。未来颁行的民法典也将成为我国民法的渊源。

2. 习惯

包括民间习惯与商业习惯。适用习惯需具备两个基本条件：该事项法律没有规定且适用的习惯不违背公序良俗。

3. 指导性案例

2010年11月26日发布的《最高人民法院关于案例指导工作的规定》第7条规定："最高人民法院发布的指导性案例，各级人民法院审判类似案例时应当参照。"

4. 法理

即法的原理。由立法精神演绎形成的处理民事关系的原理，其作用在于弥补民法法律规定之不足。

（五）民法的效力

又称民法的适用范围，是指民法发生效力的范围，即民法对什么人、在什么地方、在什么时间发生效力。

三、全真题演练

（一）单项选择题

1.《中华人民共和国民法》调整（　　）。

A. 所有的财产关系

B. 所有的人身关系

C. 纵向的财产关系

D. 平等主体之间的财产关系和人身关系

2. 中国公民王某上街购物，被某国领事馆车辆撞伤，王某即向当地人民法院起诉，请求赔偿损失。本案适用（　　）。

A. 中国民法

B. 该领事所属国民法

C. 国际惯例

D. 第三中立国民法

3. 民法的下列渊源中，在空间上的适用范围受到限制的是（　　）。

A. 国务院制定的行政法规、决定、命令中的民事规范

B. 国务院所属各部委发布的命令、指示和规章中的民事规范

C. 特别行政区制定法规中的民事规范

D. 最高人民法院所做的有关民事问题的司法解释和具有指导性的指示

4. 形式意义上的民法是指（　　）。

A. 最高人民法院关于民法的司法解释

B. 出版社出版的民法大词典

C. 经立法程序系统编纂的民法典

D. 民法学者出版的民法典建议稿

5. 以下属于民法调整范围的是（　　）。

A. 税务局向艺立公司征税

B. 张某将李某打伤，公安机关将张某行政拘留

C. 市环保局对人民造纸厂排污超标进行处罚

D. 张某公然侮辱刘某，刘某要求张某赔礼道歉

6. 我国民法的渊源不包括（　　）。

A. 民事判例

B. 民事法律

C. 行政法规中的民事部分

D. 最高人民法院的民事司法解释

7.（2016年司法考试试卷三第1题）根据法律规定，下列哪种社会关系应由民法调整？（　　）

A. 甲请求税务机关退还其多缴的个人所

得税

B. 乙手机丢失后发布寻物启事称:“拾得者送还手机,本人当面酬谢。”

C. 丙对女友书面承诺:“如我在上海找到工作,则陪你去欧洲旅游。”

D. 丁作为青年志愿者,定期去福利院做帮工

8.(2016 年司法考试试卷三第 10 题)甲单独邀请朋友乙到家中吃饭,乙爽快答应并表示一定赴约。甲为此精心准备,还因炒菜被热油烫伤。但当日乙因其他应酬而未赴约,也未及时告知甲,致使甲准备的饭菜浪费。关于乙对甲的责任,下列哪种说法是正确的?( )

A. 无须承担法律责任

B. 应承担违约责任

C. 应承担侵权责任

D. 应承担缔约过失责任

9.(2014 年司法考试试卷三第 1 题)薛某驾车撞死一行人,交警大队确定薛某负全责。鉴于找不到死者亲属,交警大队调处后代权利人向薛某预收了 6 万元赔偿费,商定待找到权利人后再行转交。因一直未找到权利人,薛某诉请交警大队返还 6 万元。根据社会主义法治理念中公平、正义的要求和相关法律规定,下列哪种表述是正确的?( )

A. 薛某是义务人,但无对应权利人,让薛某承担赔偿义务,违反了权利、义务相一致的原则

B. 交警大队未受损失而保有 6 万元,形成不当得利,应予退还

C. 交警大队代收 6 万元,依法行使行政职权,与薛某形成合法有效的行政法律关系,无须退还

D. 如确实未找到权利人,交警大队代收的 6 万元为无主财产,应收归国库

10.(2010 年司法考试试卷三第 1 题)下列哪种情形下,乙的请求依法应得到支持?( )

A. 甲应允乙同看演出,但迟到半小时,乙要求甲赔偿损失

B. 甲听说某公司股票可能大涨,便告诉乙,乙信以为真大量购进,事后该只股票大跌,乙要求甲赔偿损失

C. 甲与其妻乙约定,如因甲出轨导致离婚,甲应补偿乙 50 万元,后二人果然因此离婚,乙要求甲依约赔偿

D. 甲对乙承诺,如乙比赛夺冠,乙出国旅游时甲将陪同,后乙果然夺冠,甲失约,乙要求甲承担赔偿责任

(二)多项选择题

1. 我国民法调整( )之间的财产关系和人身关系。

A. 自然人　　B. 法人

C. 非法人组织　　D. 行政机关

2. 近代民法的三大原则为( )。

A. 所有权神圣不可侵犯

B. 契约自由

C. 过失责任

D. 禁止权利滥用

3. 下列规范中,属于我国民法渊源的有( )。

A.《中华人民共和国民事诉讼法》

B.《中华人民共和国合同法》

C.《中华人民共和国个人所得税法》

D.《中华人民共和国合伙企业法》

4. 下列各项中,不属于我国民法渊源的是( )。

A.《最高人民法院关于审理商品房买卖合同纠纷案件适用法律若干问题的解释》

B. 民间订婚的习惯

C. 最高人民法院的民事判决

D. 某教授关于人格权损害赔偿的论文

5.(2013 年司法考试试卷三第 51 题)甲以 20 万元从乙公司购得某小区地下停车位。乙

公司经规划部门批准，在该小区以200万元建设观光电梯。该电梯入梯口占用了甲的停车位，乙公司同意为甲置换更好的车位。甲则要求拆除电梯，并赔偿损失。下列哪些表述是错误的？（　　）

A. 建电梯获得规划部门批准，符合小区业主利益，未侵犯甲的权利

B. 即使建电梯符合业主整体利益，也不能以损害个人权利为代价，故应将电梯拆除

C. 甲车位使用权固然应予保护，但置换车位更能兼顾个人利益与整体利益

D. 电梯建成后，小区尾房更加畅销，为平衡双方利益，乙公司应适当让利于甲

（三）不定项选择题

1. 下列社会关系属于民法调整对象的是（　　）。

A. 甲与乙签订商品房买卖合同

B. 丙与丁结婚

C. 何某捡得王某遗失的手表

D. 熊某赠送给余某一串珍珠项链

2. 民法的性质是（　　）。

A. 民法是管理机关与行政相对人之间的法律

B. 民法是私法

C. 民法是实体法

D. 民法是权利法

3. 民法的效力不包括（　　）。

A. 在时间上的效力

B. 在空间上的效力

C. 对人的效力

D. 对物的效力

（四）名词解释与辨析

1. 形式民法与实质民法

2. 人身关系与财产关系

3. 民法的渊源

（五）简答题

1. 简述民法的性质。

2. 简述民法的调整方法。

（六）论述题

试论述民法与商法的关系及我国立法的选择。

四、案例分析

【案例】

A公司与某国B公司买卖合同纠纷一案，由中国国际经济贸易仲裁委员会于2006年9月18日作出仲裁裁决。2008年7月30日，A公司发现B公司有一批机器设备正在我国某市展览，遂于当日向该市中级人民法院申请执行。该中院于同日立案执行，并查封、扣押了B公司参展的机器设备。B公司遂以A公司申请执行已超过《中华人民共和国民事诉讼法》规定的期限为由提出异议，要求某中院不受理该案，并解除查封，停止执行。

【问题聚焦】

民法的效力

【法律剖析】

根据《中华人民共和国民事诉讼法》的规定，我国涉外仲裁机构作出的仲裁裁决，如果被执行人或者其财产不在中华人民共和国领域内的，应当由当事人直接向有管辖权的外国法院申请承认和执行。鉴于本案所涉仲裁裁决生效时，被执行人B公司及其财产均不在我国领域内，因此，人民法院在该仲裁裁决生效当时，对裁决的执行没有管辖权。2008年7月30日，A公司发现被执行人B公司有财产正在某市参展。此时，被申请执行人B公司有财产在中华人民共和国领域内的事实，使我国法院产生了对本案的执行管辖权。

仲裁裁决生效时，我国法院对该案并没有执行管辖权，当事人依法向外国法院申请承认和执行该裁决而未能得到执行，不存在怠于行使申请执行权的问题；被执行人一直拒绝履行裁决所确定的法律义务；申请执行人在发现被执行人有财产在我国领域内之后，即向人民法院申请执行。B公司未履行裁决所确定的义务时，A公司即拥有了民事强制执行请求权。人民法院在受理强制执行申请后，应当审查申请是否在法律规定的时效期间内提出。具有执行管辖权是人民法院审查申请执行人相关申请的必要前提，因此应当自执行管辖确定之日，即发现被执行人可供执行财产之日，开始计算申请执行人的申请执行期限。

五、深度拓展

◆ 民法的效力

（一）对人的效力

在我国领域内具有中国国籍的自然人、依据我国法律设立的中国法人和其他组织相互之间的民事法律关系，均适用我国民法。此外，据《中华人民共和国民法通则》（下简称《民法通则》）第8条第2款，关于公民之规定适用于在中华人民共和国领域内的外国人、无国籍人，法律另有规定的除外。据《中华人民共和国涉外民事法律关系适用法》规定，当事人依照法律规定可以明示选择涉外民事法律关系适用的法律：中华人民共和国法律对涉外民事法律关系有强制性规定的，直接适用其强制性规定；外国法律的适用将损害中华人民共和国公共利益的，适用中华人民共和国法律。

（二）空间效力

《中华人民共和国民法总则》（下简称《民法总则》）第12条规定，中华人民共和国领域内的民事活动，适用中华人民共和国法律；法律另有规定的，依照其规定。本规定中“领域”是指我国领土、领空、领海，还包括我国驻外使领馆、在我国领域外航行的我国船舶和飞行于我国领空以外的我国飞行器等。

需特别注意的是：全国人民代表大会及其常务委员会制定的民事法律、国务院制定的民事法规适用于我国全部领域，法律另有规定的除外；地方性民事法规适用于制定者管辖区域；香港特别行政区和澳门特别行政区法规中的民事规范只适用于该特别行政区。

（三）时间效力

1. 民事法律规范生效时间的两种情形：

(1)其公布之日；

(2)明文规定颁布后的某个时间。

2. 民事法律规范效力终止的三种情形：

(1)新法直接规定废止旧法；

(2)旧法规定与新法相抵触的部分失效；

(3)国家颁布专门决议规定，宣布法律失效。

第二章

民法的基本原则

一、知识结构图

- 民法的基本原则
  - 概述
    - 含义
    - 功能（了解）
      - 指导
      - 约束
      - 补充
  - 分述（重点）
    - 平等原则
    - 自愿原则
    - 诚实信用原则
    - 禁止权利滥用原则
    - 绿色原则
    - 公序良俗原则

二、重难点归纳

（一）平等原则

民事主体在民事活动中的法律地位一律平等。平等原则是民法其他基本原则的基础。平等原则主要体现在：

1. 民事权利能力平等。即民事主体资格平等。自然人自出生之日起、法人自有效成立时起，具有民事权利能力，享有民事主体资格。具有民事主体资格的自然人、法人和其他组织的主体资格一律平等。

2. 民事主体地位平等。民事法律关系中没有领导与被领导的关系，法律地位一律平等。在一定财产关系范围内，国家也是民事主体。当国家作为民事主体时，与其他民事主体处于同等地位。

3. 民事权益平等受法律保护。作为民事主体的自然人、法人和其他组织的合法的民事权益平等地受民法保护，任何组织和个人都不得侵犯。民法对财产的保护方法主要是支付违约金、返还被侵占财产、赔偿损失等，不因为民事主体的所有制性质不同或经济实力不同而不同。

（二）自愿原则

《民法总则》第5条规定，民事主体从事民事活动，应当遵循自愿原则，按照自己的意思设立、变更、终止民事法律关系。自愿原则主要体现在：

1. 民事主体根据自己的意愿自主行使民事权利；

2. 民事主体之间自主协商设立、变更、终止民事关系；

3. 当事人意愿优先于任意性民事法律规范。

为体现自愿原则，民法中有较多的任意性规范。在有任意性规范的情况下，当事人的协议效力优先于任意性规范的效力。在继承关系中，有遗嘱的情况下，优先适用遗嘱继承。

（三）诚实信用原则

《民法总则》第 7 条规定："民事主体从事民事活动，应当遵循诚信原则，秉持诚实，恪守承诺。"诚实信用原则是对民事主体之间相互关系的基本要求，是民法中的"帝王"条款。其主要体现在：

1. 设立或者变更民事法律关系时，当事人不仅应当诚实、不隐瞒真相、不作假、不欺诈，还应当为对方提供必要的信息。

2. 民事法律关系建立后，当事人应当恪守诺言、履行义务，维护对方的利益，满足对方的正当期待。据《合同法》第 60 条第 2 款，合同当事人应当"根据合同的性质、目的和交易习惯，履行通知、协助、保密等义务"。

3. 民事法律关系终止后，当事人应维护对方利益。具体体现在，为或不为一定的行为。例如，合同终止后，当事人应当根据交易习惯履行通知、协助、保密等义务；又如，离婚时，若一方生活困难，另一方应从其个人财产中给予适当帮助。

（四）禁止权利滥用原则

我国《宪法》第 51 条规定："中华人民共和国公民在行使自由和权利的时候，不得损害国家的、社会的、集体的利益和其他公民的合法的自由和权利。"《民法总则》在一般规定中未规定禁止权利滥用原则，但在民事权利中于第 132 条规定："民事主体不得滥用民事权利损害国家利益、社会公共利益或者他人合法权益。"

禁止权利滥用原则是民事主体行使民事权利的界限。行使民事权利，超出了一定界限而损害他人权益或者公共利益的，是权利滥用。通说认为，构成权利滥用需要三个条件：一是当事人有权利存在；二是权利人有行使权利的行为；三是当事人的行为有滥用权利的违法性。

（五）绿色原则

《民法总则》第 9 条规定："民事主体从事民事活动，应当有利于节约资源、保护生态环境。"保护环境是宪法的要求，进行生态文明建设、实现可持续发展的理念是国家的发展战略。该条确立的绿色原则，正是贯彻宪法、实现国家发展战略的要求。坚持绿色原则，就是要坚持人与自然和谐的和谐价值观。这一原则要求民事主体在从事民事活动时，应从有利于节约资源、保护生态环境出发，以是否有利于节约资源、保护生态环境作为应否从事相关民事活动的考量。民事主体从事民事活动，造成资源浪费、生态环境破坏的，应承担相应的民事责任。

（六）公序良俗原则

《民法总则》第 8 条规定："民事主体从事民事活动，不得违反法律，不得违背公序良俗。"该条规定了合法性和公序良俗原则。公共秩序是指社会的存在及其发展所必要的一般秩序。[①] 通常，违反禁止性规定的，即为违反公共秩序。法律难以将禁止性规定列举周全，公共秩序比禁止性规定的外延宽，除包括涉及公共秩序的现行法律规范外，还包括现行法律没有规定的某些状况。

善良风俗是指社会的存在及其发展所必要的一般道德。[②] 作为民法基本原则的善良风

① 史尚宽：《民法总论》，中国政法大学出版社 2000 年版，第 334 页。

② 史尚宽：《民法总论》，中国政法大学出版社 2000 年版，第 335 页。

俗,是将人们应当遵守的最低限度的道德法律化,故意违背应当遵守的最低限度的道德,就是违反善良风俗原则。

公序良俗原则是维护国家和社会利益的需要,是约束民事行为的最低要求,是当事人行为自主的底线,不可逾越。

三、全真题演练

(一)单项选择题

1. 下列不属于民法基本原则的功能的是(　　)。

A. 指导功能　　B. 补充功能

C. 惩戒功能　　D. 约束功能

2. 甲的房屋依山傍水、风景优美,后甲得知房屋周围要建大型水库,佯装不知,将房屋售与倾心于此处美景的乙。乙购得房屋后整天承受建筑工地巨大的噪音,且周围环境破坏严重。此例中,甲违反了民法的哪一项原则?(　　)

A. 平等原则　　B. 自愿原则

C. 公平原则　　D. 诚实信用原则

3. 甲的房屋依山傍水、风景优美,甲本打算在此养老,乙倾心于此处美景,要求甲将房屋卖给他,甲迫于乙在该地有权有势,不得以将房屋以市价卖给了乙。此例中,甲、乙之间的买卖合同违反了民法哪一原则?(　　)

A. 平等原则　　B. 自愿原则

C. 公平原则　　D. 诚实信用原则

4. 欣欣宾馆允许投宿客人用房间内固定电话免费拨打市内电话,张某在投宿期间连续使用固定电话拨打特种服务电话,使该宾馆电话费用大幅增加。宾馆若向张某索赔,依据的原则是(　　)。

A. 公平原则　　B. 等价有偿原则

C. 诚信原则　　D. 意思自治原则

5. 我国《侵权责任法》第 24 条规定,受害人和行为人对损害的发生都没有过错的,可以根据实际情况,由双方分担损失。这一规定体现了哪一原则?(　　)

A. 平等有偿原则　　B. 诚实信用原则

C. 平等原则　　D. 公平原则

6. 甲买受人发现物有瑕疵后,即通知出卖人乙。乙表示愿与甲协商,但拖延两年后即以甲在法定期限内未主张物的瑕疵而拒绝甲的请求。乙的行为(　　)。

A. 无可责难,因甲未及时行使其权利

B. 出尔反尔,违背诚信原则

C. 有违道德和公序良俗原则

D. 违背自愿原则

7. 下列行为中,不违反禁止权利滥用原则的是(　　)。

A. 甲将自己废弃不用的洗衣机置于马路中央的行为

B. 乙拒绝接受丁遗赠给其一台笔记本电脑的行为

C. 丙于凌晨在自己的房间里唱卡拉 OK 影响邻居休息的行为

D. 债权人丁要求债务人戊于午夜十二点在人民公墓履行还款义务的行为

8.(2017 年司法考试试卷三第 1 题)甲、乙二人同村,宅基地毗邻。甲的宅基地倚山、地势较低,乙的宅基地在上将其环绕。乙因琐事与甲多次争吵而郁闷难解,便沿二人宅基地的边界线靠己方一侧建起高 5 米围墙,使甲在自家院内却有身处监牢之感。乙的行为违背民法的哪一基本原则?(　　)

A. 自愿原则　　B. 公平原则

C. 平等原则　　D. 诚信原则

9.(2012 年司法考试试卷三第 1 题)张某从银行贷得 80 万元用于购买房屋,并以该房屋设定了抵押。在借款期间,房屋被洪水冲毁。张某尽管生活艰难,仍想方设法还清了银行贷款。对此,周围多有议论。根据社会主义法治理念和民法有关规定,下列哪一观点可以

成立？（　　）

A. 甲认为，房屋被洪水冲毁属于不可抗力，张某无须履行还款义务，坚持还贷是多此一举

B. 乙认为，张某已不具备还贷能力，无须履行还款义务，坚持还贷是为难自己

C. 丙认为，张某对房屋的毁损没有过错，且此情况不止一家，银行应将贷款作坏账处理，坚持还贷是一厢情愿

D. 丁认为，张某与银行的贷款合同并未因房屋被冲毁而消灭，坚持还贷是严守合约、诚实信用

10.（2011 年司法考试试卷三第 1 题）甲公司在城市公园旁开发预售期房，乙、丙等近百人一次性支付了购房款，总额近 8 000 万元。但甲公司迟迟未开工，按期交房无望。乙、丙等购房人多次集体去甲公司交涉无果，险些引发群体性事件。面对疯涨房价，乙、丙等购房人为另行购房，无奈与甲公司签订《退款协议书》，承诺放弃数额巨大的利息、违约金的支付要求，领回原购房款。经咨询，乙、丙等购房人起诉甲公司。下列哪一说法准确体现了公平、正义的有关要求？（　　）

A.《退款协议书》虽是当事人真实意思表示，但为兼顾情理，法院应当依据购房人的要求变更该协议，由甲公司支付利息和违约金

B.《退款协议书》是甲公司胁迫乙、丙等人订立的，为确保合法合理，法院应当依据购房人的要求宣告该协议无效，由甲公司支付利息和违约金

C.《退款协议书》的订立显失公平，为保护购房人的利益，法院应当依据购房人的要求撤销该协议，由甲公司支付利息和违约金

D.《退款协议书》损害社会公共利益，为确保利益均衡，法院应当依据购房人的要求撤销该协议，由甲公司支付利息和违约金

11.（2016 年司法考试试卷三第 3 题）潘某去某地旅游，当地玉石资源丰富，且盛行“赌石”活动，买者购买原石后自行剖切，损益自负。潘某花 5 000 元向某商家买了两块原石，切开后发现其中一块为极品玉石，市场估价上百万元。商家深觉不公，要求潘某退还该玉石或补交价款。对此，下列哪一选项是正确的？（　　）

A. 商家无权要求潘某退货

B. 商家可基于公平原则要求潘某适当补偿

C. 商家可基于重大误解而主张撤销交易

D. 商家可基于显失公平而主张撤销交易

（二）多项选择题

1. 民法的基本原则包括（　　）。

A. 平等原则　　B. 自愿原则

C. 公平原则　　D. 诚实信用原则

2. 在民法中，平等原则的基本内容是当事人（　　）。

A. 地位平等　　B. 意思自由

C. 平等协商　　D. 等价有偿

3. 具体体现诚实信用原则的民法制度有（　　）。

A. 先合同义务　　B. 后合同义务

C. 缔约过失责任　　D. 安全保障义务

4. 李某患有癫痫病，一日李某骑车突然犯病，将在路边玩耍的 5 岁儿童撞伤，花去医药费 200 元。该案责任应如何承担？（　　）

A. 李某致害，应当赔偿全部损失

B. 双方都无过错，应分担责任

C. 儿童家长未尽到监护责任，应由其承担损失

D. 应根据双方经济情况分担损失

5. 下列选项中，属于民法平等原则内容的是（　　）。

A. 当事人在民事活动中的地位平等

B. 自然人的民事权利能力一律平等

C. 民事主体适用法律上一律平等，其权利受法律平等保护

D. 自然人的民事行为能力一律平等

(三)不定项选择题

甲、乙双方连续几年订有买卖鲐鱼肉的合同。有一次签订合同时，在标的一栏只写了“鱼肉”两个字。当时正值鲐鱼热销，而甲方所卖鲐鱼供不应求，故甲方就以鲅鱼肉交货。甲方违反了(　　)。

A. 自愿原则

B. 诚实信用原则

C. 禁止权利滥用原则

D. 公序良俗原则

(四)名词解释与辨析

1. 民法的基本原则

2. 平等原则

3. 自愿原则

(五)简答题

1. 简述诚实信用原则的含义。

2. 简述民法基本原则的功能。

(六)论述题

试论述公序良俗原则。

四、案例分析

【案例】

因A欠B借款3 000元，经多次催收未果，B就去A家泼油漆并砸坏窗户玻璃。2017年7月16日凌晨4时许，B再次去A家与A相互殴打，在殴打过程中，B手持木棍打在A的头部、左手臂部和手掌背部以及右手肘部。B头部被A用携带的铁管打伤。2017年8月14日某派出所主持调解，A、B双方达成调解协议。双方当场表示放弃其他赔偿要求且该协议双方均已履行完毕。B于2017年8月30日向法院提起诉讼，要求A赔偿损失。

【问题聚焦】

诚信原则

【法律剖析】

《中华人民共和国民法总则》第7条规定：“民事主体从事民事活动，应当遵循诚信原则，秉持诚实，恪守承诺。”民事法律行为是民事主体通过意思表示设立、变更、终止民事法律关系的行为。A、B因经济纠纷引起打架，经公安机关主持调处，A、B对双方因打架所造成的财物损失等费用达成了协议，亦按照上述调解协议各自履行义务完毕。由此可见，原、被告双方的纠纷已处理终结。B就同一事件向法院提起诉讼，请求A赔偿损失，原告的行为违反了《民法总则》规定的诚信原则。因此，对原告要求被告赔偿损失的请求，法院不予支持。

五、深度拓展

◆ 民法基本原则的含义

(一)民法基本原则是民事立法、民事行为和民事司法的基本准则

民法的基本原则体现了立法者的指导思想和价值取向，正确的民法基本原则能正确反映民法所调整的社会关系的基本规律。民事主体的民事行为不仅要遵守具体的民事法律规范，还要遵循民法的基本原则。在部分民事行为还没有民事法律规范的情形下，应当依据民法基本原则进行。民事司法不仅要依据民法的具体规定处理案件，而且要以基本原则为依据，理解、解释和适用法律。

(二)民法基本原则是贯穿于民事法律规范整体的基本准则

民法基本原则覆盖民事法律规范的整体，不同于各种具体民事法律制度，如物权法的公示、公信原则，婚姻法的一夫一妻原则等。

（三）民法基本原则是民法调整的社会关系和民法观念的综合反映

法律是社会经济、文化和人们生活关系的反映，不同时期中不同国家的社会制度不同，法律原则也不同。统一原则在不同社会制度、不同时期，其内涵也会有所不同。

民事法律是由国家制定的，立法者的法律观念、价值取向对民事立法起着重要的作用，一定时期的国家政策也会反映在民事立法政策上。例如，《民法总则》特别强调对民事权益的保护，该法第 3 条就规定："民事主体的人身权益、财产权益以及其他合法权益受法律保护，任何组织或者个人不得侵犯。"

第三章

民事法律关系

一、知识结构图

- 民事法律关系
  - 概念
  - 要素(重点)
    - 主体
    - 客体
    - 内容(识记并理解)
      - 民事权利
      - 民事义务→民事责任
  - 变动依据(理解):民事法律事实

二、重难点归纳

(一)民事法律关系的概念

广义的民事法律关系是指民法调整社会关系而形成的具有法律意义的社会关系;狭义的民事法律关系是指在现实生活中形成的以民事权利和民事义务为基本内容的社会关系。

民事法律规范是民事法律关系发生的根据,民事法律事实是民事法律关系发生的原因,民事法律关系是民法调整平等主体之间的人身关系和财产关系的结果。

(二)民事法律关系的要素

1. 主体

民事法律关系的主体是指参加民事法律关系、享有民事权利、负有民事义务和承担民事责任的人。我国民事主体有自然人、法人和非法人组织,在某些情况下(如发行国债时)还包括国家。

2. 客体

民事法律关系的客体是指民事权利和民事义务指向的对象。民事主体因为一定的客体发生联系,产生相应的权利和义务。客体既是民事权利与民事义务的依托,又是确认民事法律关系性质的重要依据。

3. 内容

民事法律关系的内容通常是民事权利和民事义务。民事责任是维护正常民事法律关系的保障。在发生民事责任的情况下,民事法律关系的内容是民事权利和民事责任。

(三)民事法律事实

1. 概念

民事法律事实是指能够引起民事法律关系的发生、变更或者消灭的客观现象。哪些事实属于民事法律事实,是民法上的价值判断问题。

2. 民事法律事实构成(结合)

引起民事法律关系发生、变更或者消灭的两个以上的民事法律事实的总和,称为民事法律事实构成,又称民事法律事实结合。

3. 分类

(1)行为

行为是指人的有意识的活动。“作为”与“不作为”都可成为民事法律事实。

以是否合法为标准,行为可分为合法行为与违法行为。违法行为包括侵权行为和债务不履行行为。

以意思表示是否为要素作为标准,行为可分为民事法律行为、准民事法律行为和事实行为。《民法总则》第133条规定,民事法律行为是指民事主体(自然人、法人、非法人组织)通过意思表示设立、变更、终止民事法律关系的行为。准民事法律行为是指行为人以法律规定的条件业已满足为前提,将一定的内心意思表示于外,从而引起一定法律效果的行为,主要包括意思通知行为、观念通知行为和感情表示行为。事实行为是指行为人没有产生一定民事法律后果的意思表示,根据法律规定发生一定民事法律后果的行为,如拾得遗失物。

(2)非行为事实

非行为事实分为事件与状态。事件是指某种客观现象的发生,如人的出生、死亡。状态是指某种客观现象的延续,如物的继续占有。

(四)民事权利、民事义务、民事责任

1. 民事权利

(1)定义

民事权利是民事主体实现其特定利益的法律手段,是民事主体享有特定利益的、宪法和民法确认的、受国家强制力保障的权利。

(2)分类

根据不同的标准,可以对民事权利进行不同分类。

①以民事权利所体现的利益性质为标准,民事权利可以分为财产权和人身权。

财产权是以财产利益为内容的权利,包括物权、债权与知识产权等。

人身权是以人身利益为内容的权利,分为人格权与身份权。人格权有生命权、姓名权、名誉权等;身份权有配偶权、亲属权等。

②以民事权利的作用为标准,民事权利可以分为支配权、请求权、形成权和抗辩权。

支配权是指权利人可以直接支配权利客体,具有排他的权利。从积极方面说,权利人可以直接支配权利客体以满足自己需要,不需要他人行为的介入;从消极方面说,权利人可以禁止他人妨碍其支配行为,具有排他性。支配权的典型代表是物权。

请求权是指权利人请求义务人履行民事义务或请求责任人承担民事责任的权利。请求权必须基于基础权利发生。例如,基于买卖之债,出卖人有请求买受人支付价款的权利。

形成权是指权利人以自己的意思表示,使民事法律关系发生、变更或消灭的权利。形成权必须由法律规定或当事人约定。例如,选择权人可行使选择权,使选择之债变更为简单之债。

抗辩权是指对抗他人行使权利的权利。根据作用的不同,抗辩权可分为永久性抗辩权和延期性抗辩权。前者的权利人有永久阻止他人行使权利的权利,如诉讼时效期间届满后,债务人对诉讼时效期间届满的抗辩。后者是指权利人在一定时期内可以提出的抗辩权,如当事人互负债务且未约定履行顺序,一方当事人自己未履行而请求他方当事人先履行时,他方当事人拒绝请求的同时提出抗辩权。

抗辩权的行使以权利存在且已提出请求为基础,未提出请求或权利已消灭的情况下不适用抗辩权。

③以民事权利的效力范围为标准，民事权利可以分为绝对权和相对权。

绝对权是指无须通过义务人实施一定行为即可实现，并可对抗不特定人的权利，又称对世权。物权、人格权、知识产权属于绝对权。

相对权是指必须通过义务人实施一定行为才能实现，只能对抗特定人的权利，又称对人权。债权是典型的相对权。

④以民事权利的依存关系为标准，民事权利可以分为主权利与从权利。

主权利是相互关联的两个民事权利中能够独自存在的权利。从权利是不能独立存在而从属于主权利的权利。例如，为实现担保债权，设立保证之债，主权利为担保债权，从权利为保证之债。

主权利和从权利是相互关联的法律关系中相对应的概念，不能脱离一方而单独说某权利是主权利或从权利。

(3)保护

民事权利的保护分国家保护与自我保护两种。

①国家保护

民事权利的国家保护又称公力救济，是指民事权利受到侵害时由国家机关通过法定程序予以保护。例如，民事权利主体提起诉讼，请求法院予以保护。

②自我保护

民事权利的自我保护又称私力救济或自力救济，是指民事权利受到侵害时，权利人在法律规定的限度内，自己采取必要措施保护其权利。自卫行为是指当民事权利受到侵害或者有受到侵害的现实危险时，权利人采取必要措施以防止损害的发生或扩大的行为。自卫行为有正当防卫和紧急避险两种形式。

正当防卫是指为了保护本人或者他人的民事权益或者公共利益，对于现实的不法侵害采取的防卫行为。正当防卫必须具备的条件包括：侵害为不法；侵害现实且紧迫；针对侵害人；为保护自益、他益或公益以及未超过必要限度。

防卫超过必要限度为防卫过当。防卫过当造成他人不应有损害的，据《民法总则》第181条第2款，应承担赔偿责任。

紧急避险是指为了避免本人或他人的民事权益或者公共利益受到急迫的危险所为的行为。此处引起危险的原因不限于人的行为，也包括意外事故、自然灾害、动物侵害等。据《民法总则》第182条第3款，紧急避险方法不当或超过必要的限度，紧急避险人应承担适当的民事责任。

2. 民事义务

民事义务是指法律规定或当事人依法约定，义务人为一定的作为或者不作为，以满足权利人利益的法律约束手段。民事义务具有约束力，义务人应当履行义务。义务人不履行义务就成为责任人，应当承担民事责任。

以民事义务发生的根据为标准，民事义务可分为法定义务和约定义务。以民事义务人行为的方式为标准，民事义务可分为作为义务与不作为义务。

3. 民事责任

(1)定义

民事责任是指民事主体违反民事义务应当承担的民事法律后果。

(2)特征

首先，民事责任是当事人一方对他方承担的责任。行政责任和刑事责任主要是责任人向国家和社会承担的责任。

其次，民事责任主要是为了补偿权利人所受损失和恢复民事权利的圆满状态。民事责任侧重于补偿，一般不具有惩罚性。

再次，民事责任既有过错责任，又有无过错责任。一般情况下，不以过错的轻重作为确定民事责任轻重的依据，这是由民事责任的性质和目的决定的。

此外，民事责任的内容可以由当事人在法律允许的范围内协商。

最后，民事责任具有独立性和实现上的优先性。行为人同一行为既应当承担行政责任或刑事责任，又应当承担民事责任的，不能以民事责任的承担与其他责任的承担互相代替。据《民法总则》第 187 条规定，民事主体因同一行为应当承担民事责任、行政责任和刑事责任的，承担行政责任或者刑事责任不影响民事责任的承担；民事主体的财产不足以支付的，优先用于承担民事责任。

(3)分类

①财产责任与非财产责任

财产责任是指以一定的财产为内容的责任，如返还原物、赔偿损失等。非财产责任是指不具有财产内容的责任，如消除影响、恢复名誉等。侵害财产权的，一般不承担非财产责任。侵害人身权并造成财产损失的，承担财产责任和非财产责任。

②违约责任、侵权责任与其他责任

违约责任是指因违反合同义务而产生的责任。侵权责任是指因侵害他人的财产权益或人身权益而产生的责任。其他责任包括基于不当得利和无因管理而产生的责任，以及缔约过失责任和基于后合同义务产生的责任等。

③无限责任与有限责任

无限责任是指责任人以自己的全部财产承担责任。有限责任是指责任人以其部分财产承担责任。民事责任以无限责任为原则，法律有特别规定的，适用有限责任。

④单独责任与共同责任

单独责任是指由一个民事主体独立承担的责任。共同责任是指两个以上民事主体共同承担的责任。

根据各责任人之间的共同关系，共同责任可分为按份责任、连带责任和补充责任。

按份责任是指责任人一方主体为多数，各自按照一定份额承担责任。

连带责任是指责任人一方主体为多数，各个责任人对外不分份额，向权利人承担全部责任。各责任人不得以超过自己应承担部分为由拒绝权利人，但承担超过自己份额的责任人有权向其他责任人请求予以补偿。连带责任是为了充分保护权利人的权利，因此加重了债务人的负担，故连带责任的承担必须由法律规定或当事人约定。

补充责任是指在责任人的财产不足以承担其应负的责任时，由有关的人对不足部分予以补充的责任。

⑤过错责任、无过错责任和公平责任

过错责任是指行为人有过错才承担责任。无过错责任是指不论行为人有无过错，均应承担责任。公平责任是指在当事人对造成损害都没有过错，又不能根据无过错责任原则由加害人承担赔偿责任，但如果不分担受害人的损失则不公平的情况下，可以根据实际情况，由当事人分担民事责任。

(4)承担方式

《民法总则》第 179 条第 1 款规定了承担民事责任的方式，主要有 11 种，分别为：停止侵害；排除妨碍；消除危险；返还财产；恢复原状；修理、重作、更换；继续履行；赔偿损失；支付违约金；消除影响、恢复名誉；赔礼道歉。

三、全真题演练

(一)单项选择题

1. 下列各项中，不属于民事法律关系要素的是(　　)。

A. 主体　　B. 客体

C. 内容　　D. 原因

2. 下列各项中，不能成为民事法律关系客体的是(　　)。

A. 养殖的鸡

B. 土星的大气

C. 不作为

D. 尚未封顶的商品房

3. 下列各项中，对于民事法律关系的表述不正确的是（　　）。

A. 主要根据当事人的意志发生

B. 以权利、义务为内容

C. 均以法律明文规定而发生

D. 保障措施具有补偿性

4. 依据我国民法，下列不能成为民事法律关系主体的是（　　）。

A. 死者

B. 进行破产清算的公司

C. 被判处无期徒刑正在服刑的人

D. 被宣告死亡的人

5. 王聪聪梦游，将放置在茶几上的1万元现金从5楼窗台扔下，该事实的性质属于（　　）。

A. 法律行为

B. 准法律行为

C. 事件

D. 事实行为

6. 下列哪种情形成立民事法律关系？（　　）

A. 甲与乙约定某日商谈购买大型挖掘机事宜

B. 甲对乙说："如果你赚到一亿元，我就嫁给你。"

C. 甲不知乙不胜酒力而极力劝酒，致乙酒精中毒住院治疗

D. 甲应同事乙的邀请前往某峡谷露营，因山洪暴发身亡

7. 甲杀害了乙，乙的继承人丙因乙死亡而继承乙的遗产，引起该继承关系发生的法律事实于丙而言属于（　　）。

A. 事件　　B. 民事行为

C. 违法行为　　D. 事实行为

8.（2008年司法考试试卷三第1题）关于民事法律关系，下列哪一选项是正确的？（　　）

A. 民事法律关系只能由当事人自主设立

B. 民事法律关系的主体即自然人和法人

C. 民事法律关系的客体包括不作为

D. 民事法律关系的内容均由法律规定

（二）多项选择题

1. 下列可以为民事法律关系的主体有（　　）。

A. 盲人　　B. 合伙企业

C. 税务分局　　D. 村委会

2. 下列事实中，能够作为民事法律事实的有（　　）。

A. 超新星爆发

B. 潮涨潮落

C. 洪灾导致房屋倒塌

D. 甲与乙签订买卖合同

3. 下列关于民事法律关系类别的表述，正确的有（　　）。

A. 任何民事法律关系中都必须有义务主体

B. 物权关系和债权关系都属于民事法律关系的财产关系

C. 民事法律关系的权利主体都是特定的

D. 民事法律关系的义务主体都是特定的

4. 下列各项中，属于民事责任承担方式的有（　　）。

A. 停止侵害　　B. 消除危险

C. 赔礼道歉　　D. 更换

5. 公民甲生前立有遗嘱，指明其全部财产归女儿乙继承，则该遗嘱继承法律关系的发生有赖于下列哪些事件和行为？（　　）

A. 被继承人甲的死亡

B. 乙具有完全民事行为能力

C. 乙尚未出嫁

D. 甲所立遗嘱的合法有效

6. 民事法律关系是(　　)。

A. 民事主体间发生的社会关系

B. 由民法调整和保护的社会关系

C. 必须同时具备主体、客体和内容的关系

D. 当事人均有权利与义务的关系

(三)不定项选择题

1. 张先生驾车前往某购物中心购物，将轿车停在购物中心停车场内。驾车离去时，停车场工作人员称："已经给你洗了车，请付洗车费20元。"张先生表示："我并未让你们帮我洗车。"双方发生争执。本案应如何处理？(　　)

A. 基于不当得利，张先生必须返还20元

B. 基于无因管理，张先生必须支付20元

C. 基于合同关系，张先生必须支付20元

D. 无法律依据，张先生无须支付20元

2. 甲、乙在火车上相识，甲怕自己到站时未醒，请求乙在A站唤醒自己下车。乙于A站之前下车时发现甲未醒，便请求邻座丙帮忙唤醒，丙欣然同意，火车到达A站时，丙没有唤醒甲。甲未能在A站及时下车，为此支出了额外费用。对此应如何处理？(　　)

A. 由乙承担责任

B. 由丙承担责任

C. 由乙、丙承担连带责任

D. 由甲自己承担损失

3. 下列行为不能够引起民事法律关系变动的是(　　)。

A. 快递员李某将寄给王甲的玫瑰花错交给王乙

B. 王甲的女朋友因情人节没有收到玫瑰花而与王甲分手

C. 王乙因被怀疑有外遇而心情郁闷，醉酒驾驶

D. 快递员李某因失误而被快递公司开除

4.(2013年司法考试试卷三第1题)兹有四个事例：①张某驾车违章发生交通事故，致搭车的李某残疾；②唐某参加王某组织的自助登山活动，因雪崩死亡；③吴某与人打赌举重物，因用力过猛致残；④何某因心情不好邀好友郑某喝酒，郑某畅饮后驾车撞树致死。根据公平、正义的法治理念和民法有关规定，下列哪一观点可以成立？(　　)

A. 事例①中，张某与李某未形成民事法律关系合意，如让张某承担赔偿责任，是惩善扬恶，显属不当

B. 事例②中，唐某应自担风险，如让王某承担赔偿责任，有违公平

C. 事例③中，吴某有完整意思能力，其自担损失，是非清楚

D. 事例④中，何某虽有召集但未劝酒，无须承担责任，方能兼顾法理与情理

(四)名词解释与辨析

1. 民事法律关系

2. 民事法律事实

3. 绝对民事法律关系和相对民事法律关系

4. 行为和事件

(五)简答题

1. 简述民事法律关系的特征。

2. 简述民事法律关系的要素。

(六)论述题

试论述民事权利的私力救济。

四、案例分析

【案例】

某处山体突发塌方，某市国土资源局报告载明，某山体危岩随时有崩塌的可能。应急救援指挥部安排A公司对山体危岩进行爆破，《爆破方案》中载明，"在确认人员、设备等全部撤离爆破警戒区，且具备安全起爆条件时"发出起爆信号。但其实施爆破前，A公司既未通知B公司将挖掘机迁移至安全地带，亦未采取措施将

挖掘机撤离爆破警戒区。爆破过程中产生的碎石造成B公司的挖掘机再次受到损害。

【问题聚焦】

紧急避险

【法律剖析】

A公司系为完成政府所安排的“排除山体危岩危石险情工作”而采取爆破措施，其在政府主导、指挥下的抢险救灾行为，目的是为了使公共利益免受现实危险所引发的更大损害，其不得已采取紧急措施，该行为符合紧急避险的法律构成要件。在前述自然灾害发生次日，A公司向政府相关主管部门提供的《爆破方案》中载明，“在确认人员、设备等全部撤离爆破警戒区，且具备安全起爆条件时”发出起爆信号，但其实施爆破前，既未通知B公司将涉案挖掘机迁移至安全地带，亦未采取措施将涉案挖掘机撤离爆破警戒区，故对因爆破行为导致涉案挖掘机遭受的二次损害，A公司存在重大过失。根据《中华人民共和国侵权责任法》第31条“紧急避险采取措施不当或者超过必要的限度，造成不应有的损害的，紧急避险人应当承担适当的责任”的规定，A公司对因采取紧急避险措施不当造成挖掘机的二次损害，应当承担适当的赔偿责任。

五、深度拓展

◆ 民事权利的行使

民事权利的行使是指民事权利主体实现其权利的行为。它是实现民事权利内容的过程，民事权利的实现是它的结果。民事权利行使的方法大体上可概括为事实行为方法和民事法律行为方法两种。前者如占有所有物，后者如专利权人转让专利权。

◆ 民事责任与请求权

责任是保护民事权利的基本方法，是连接实体法与程序法的桥梁。请求权是权利派生的，是权利的表现。基本权利是产生请求权的基础，义务或责任是产生请求权的前提，没有义务或责任，请求权就没有适用的余地。从法律关系整体上看，权利、义务、责任属于高层次的概念，请求权属于低层次的概念。

第四章

自然人

一、知识结构图

- 自然人
  - 概念
  - 民事权利能力(识记并理解):开始、终止
  - 民事行为能力(识记并理解)
    - 完全民事行为能力
    - 限制民事行为能力
    - 无民事行为能力
  - 监护(识记并理解)
    - 概念、目的
    - 设立、职责
    - 监护人资格撤销、终止
  - 自然人住所(理解):概念、意义、标准、种类
  - 宣告失踪与宣告死亡(重点):条件、程序、效力、撤销
  - 个体工商户与农村承包经营户

二、重难点归纳

(一)民事权利能力与民事行为能力

民事权利能力是指民事法律赋予民事主体从事民事活动,从而享受民事权利和承担民事义务的资格。民事行为能力是指民事主体能以自己的行为取得民事权利、承担民事义务的资格。民事权利能力是民事行为能力的前提,民事行为能力是民事权利能力实现的条件。权利能力表明了作为民事主体的资格,行为能力则表明了民事主体能以自己的行为为民事行为的资格。

公民自出生时享有民事权利能力,而民事行为能力则与公民的年龄和智力状况直接相关,只有达到一定年龄、智力状态正常的公民才具有完全民事行为能力。法律对民事权利能力的规定具有统一性,根据不同年龄和智力状态赋予公民不同的民事行为能力。

(二)胎儿视为具有民事权利能力

《民法总则》第16条规定:“涉及遗产继承、接受赠与等胎儿利益保护的,胎儿视为具有民事权利能力。但是胎儿娩出时为死体的,其民事权利能力自始不存在。”

故胎儿应视为民法上的自然人,视为民事主体。具体而言,胎儿的以下权利受到保护:

1. 继承权

我国《继承法》第28条规定："遗产分割时，应当保留胎儿的继承份额。胎儿出生时是死体的，保留的份额按照法定继承办理。"

2. 赠与利益

如胎儿出生前祖父赠与胎儿100万元，胎儿父母代为接受，该胎儿对该100万元享有权利。

3. 健康利益

对该利益，学理上存在争议，但实务中一般予以支持。如医院因医疗事故致胎儿受害，胎儿出生前其父母可向医院主张胎儿受害的人身伤害赔偿请求权。胎儿出生后，能证明受害与医疗事故存在因果关系的，胎儿可作为独立的民事主体主张。该权利由其父母代为行使。

"胎儿娩出时为死体的，其民事权利能力自始不存在。"该句的法律意义在于：

(1)保留的遗产份额由被继承人的法定继承人继承；

(2)接受赠与的财产应予返还，赠与人可依不当得利主张；

(3)胎儿人身是否受害无法查明，出生时是死体的，不享有赔偿请求权。

(三)监护

1. 定义和性质

监护是对未成年人和不能辨认自己行为或者不能完全辨认自己行为的成年人人身、财产及其他合法权益进行监督和保护的民事法律制度。无民事行为能力人和限制民事行为能力人，其权利能力的实现因民事行为能力不足而受影响，监护制度设立目的就是为有效保护其合法权益。

《民法总则》第34条第1款前段规定："监护人的职责是代理被监护人实施民事法律行为，保护被监护人的人身权利、财产权利以及其他合法权益等。"监护是一种职责，监护职责既是监护人的职权，又是监护人的义务和责任。

2. 设立方式

监护的设立方式包括法定监护、遗嘱监护、协议监护、指定监护和临时监护。

法定监护是由法律直接规定无民事行为能力人和限制民事行为能力人的监护人。

遗嘱监护是父母通过遗嘱的方式为未成年人指定监护人。

协议监护是指具有监护资格的人之间通过协议确定监护人。

指定监护是指没有法定监护人或遗嘱监护人时，由法院或者有权指定监护人的机关指定监护人。有权指定的机关包括村民委员会、居民委员会和民政部门。指定必须以最有利于被监护人的利益为原则。

临时监护是指在被监护人被指定监护人前，由被监护人住所地的居民委员会、村民委员会、法律规定的有关组织或者民政部门担任临时监护人。

据《民法总则》第31条，监护人被指定后不得擅自变更；擅自变更的，不免除被指定的监护人的监护责任。

3. 监护人资格撤销与恢复

据《民法总则》第36条，人民法院可以根据有关人员或者有关单位的申请，撤销监护人的资格。经有关人员或组织申请并经人民法院依法作出撤销裁决，监护人资格即告撤销。

据《民法总则》第38条，监护人资格被撤销后，经申请可恢复其监护人资格。恢复要求是：主体限于被监护人的父母或子女；不存在对被监护人实施故意犯罪；被撤销的监护人确有悔改表现；尊重被监护人真实意愿；被撤销的监护人向法院申请。

4. 终止情形

(1)被监护人取得或恢复完全民事行为能力。

(2)监护人或被监护人一方死亡，包括宣

告死亡。

(3)监护人丧失行为能力。

(4)监护人辞去监护。监护人有正当理由，并经有指定权的机关同意，法律应允许其辞去监护。此条不适用于未成年人的父母。

(5)监护人被撤销监护人资格。

(四)住所

1. 住所的法律意义

住所是决定有关法律关系的中心地，其主要的法律意义有：

(1)确定自然人权利、义务的享有地和承担地；

(2)确定有关组织或者机关的管辖权；

(3)计算宣告失踪和宣告死亡的时间；

(4)确定涉外民事案件中法律适用的准据法。

2. 拟制住所

根据《民法总则》第 25 条规定，我国立法采用以户籍所在地为标准的方法确定住所。拟制住所是指法律规定在特殊情况下把居所视为住所。自然人的经常居住地与住所不一致的，经常以居住地为住所；自然人由其户籍所在地迁出后迁入另一地点前，无经常居住地的，仍以其户籍所在地的居所地为住所；当事人的住所不明或者不能确定的，以其经常居所地为住所。

(五)宣告失踪与宣告死亡

1. 宣告失踪

(1)条件与程序

①自然人离开自己的住所或居所没有任何音信，该无音信状态满 2 年。战争期间下落不明的，时间从战争结束之日或有关机关确定的下落不明之日起算。

②利害关系人申请。下落不明人的近亲属或对该人负有监护职责的人以及该人的债务人和债权人，必须用书面形式写明自然人失踪的事实、时间及申请的请求，并附有关的说明材料。

③人民法院受理与宣告。法院受理申请后首先发出寻找失踪人的公告，满 3 个月的公告期后，法院将作出宣告失踪或驳回申请的判决。

(2)效力

宣告失踪后，失踪人的财产由财产代管人进行管理，并代其履行财产义务。

(3)撤销

据《民法总则》第 45 条规定："失踪人重新出现，经本人或者利害关系人申请，人民法院应当撤销失踪宣告。失踪人重新出现，有权要求财产代管人及时移交有关财产并报告财产代管情况。"

2. 宣告死亡

(1)条件与程序

①自然人失踪的事实。自然人下落不明满 4 年或意外事故情况下下落不明满 2 年；因意外事故而下落不明并经有关机关证明该自然人不可能生存的，不受 2 年限制。

②利害关系人申请。此处"利害关系人"还包括受遗赠人与人寿保险合同受益人等。据《民法总则》第 47 条规定，申请宣告死亡没有顺序限制。

③人民法院受理与宣告。法院受理申请后首先发出寻找失踪人的公告，普通失踪公告满 1 年、意外事故失踪公告满 3 个月后，仍不能确定下落不明人尚生存的，作出宣告死亡的判决，该判决作出之日视为失踪人死亡日期；因意外事件下落不明宣告死亡的，死亡日期为意外事件发生之日。

(2)效力

宣告死亡应发生与自然死亡相同的效力，即被宣告死亡人丧失民事主体资格，其民事权利能力和民事行为能力终止；其原先参加的民事法律关系归于消灭；其婚姻关系自然消灭；其个人合法财产作为遗产开始继承。

(3)撤销

据《民法总则》第50条规定,当被宣告死亡的人重新出现,经本人或利害关系人申请,人民法院应当撤销对他的死亡宣告。据该法第51~53条的规定,死亡宣告的撤销产生如下效力:

①其婚姻关系从撤销死亡宣告之日起自行恢复,但配偶已再婚或者向婚姻登记机关书面声明不愿意恢复的除外。

②被宣告死亡期间其子女被他人依法收养的,撤销死亡宣告后仅以未经本人同意主张收养无效的一般不准许,但收养人和被收养人同意的除外。

③撤销死亡宣告后本人有权要求依照继承法取得财产的民事主体返还财产;无法返还的,应当给予适当补偿。财产已由第三人取得的,本人无权向第三人请求返还。利害关系人隐瞒真实情况致使他人被宣告死亡而取得财产的,除应返还原物及孳息外,还应对给他人造成的损失予以赔偿。

三、全真题演练

(一)单项选择题

1.《民法总则》规定,(　　)以上的未成年人为限制民事行为能力人,但(　　)以上的未成年人,以自己的劳动收入为主要生活来源的,视为完全民事行为能力人。

A. 八周岁;十八周岁

B. 十周岁;十六周岁

C. 八周岁;十六周岁

D. 十周岁;十八周岁

2. 有完全民事行为能力的人在被宣告死亡期间实施的民事法律行为(　　)。

A. 有效

B. 无效

C. 部分有效

D. 在撤销死亡宣告后有效

3. 甲户籍所在地为A地,但10年来一直在B地工作,甲的父母户籍所在地为C地。2017年1月甲受其所在公司指派,到D地开拓市场。2017年6月自然人甲在民法意义上的住所是(　　)。

A. A地　　B. B地

C. C地　　D. D地

4. 甲失踪8年,经其妻乙申请,人民法院宣告甲死亡,此后,乙与丙结婚。2年后,甲返回并向人民法院起诉,要求恢复与乙的婚姻关系,人民法院应该(　　)。

A. 认定乙与丙的婚姻关系无效

B. 确认乙与丙的婚姻关系有效

C. 撤销乙与丙的婚姻关系,确认甲与乙的婚姻关系恢复

D. 要求乙与丙解除婚姻关系

5.《民法总则》规定,监护人应当按照(　　)的原则履行监护职责。

A. 权利、义务对等

B. 遵守法律法规

C. 最有利于被监护人

D. 尊重被监护人意愿

6. 李某13岁,李某欲去美国留学,李某舅舅送给李某1万美元,则其行为属于下列何种行为?(　　)

A. 必须经其法定代理人追认

B. 不必经其法定代理人追认

C. 为可撤销民事行为

D. 为无效民事行为

7. 张某在意外事件中下落不明,依照《民法总则》的规定,计算宣告死亡的期间应当自(　　)起算。

A. 意外事故发生之日

B. 确认张某失踪之日

C. 向法院申请之日

D. 意外事故发生之次日

8. 甲被宣告死亡后重新出现,甲的房屋已

经被继承人乙卖给了丙。关于甲的房屋，(　　)。

A. 甲无权要求返还卖房款

B. 乙将房屋返还给甲，丙将购房款返还给乙

C. 乙将房屋返还给甲，且不能要求丙返还购房款

D. 丙应把购房款返还给甲

9.(2011年司法考试试卷三第2题)乙因病需要换肾，其兄甲的肾脏刚好配型成功，甲、乙父母和甲均同意由甲捐肾。因甲是精神病人，医院拒绝办理。后甲意外死亡，甲、乙父母决定将甲的肾脏捐献给乙。下列哪一表述是正确的？(　　)

A. 甲决定将其肾脏捐献给乙的行为有效

B. 甲生前，其父母决定将甲的肾脏捐献给乙的行为有效

C. 甲死后，其父母决定将甲的肾脏捐献给乙的行为有效

D. 甲死后，其父母决定将甲的肾脏捐献给乙的行为无效

10.(2010年司法考试试卷三第2题)甲17岁，以个人积蓄1 000元在慈善拍卖会拍得明星乙表演用过的道具，市价约100元。事后，甲觉得道具价值与其价格很不相称，颇为后悔。关于这一买卖，下列哪一说法是正确的？(　　)

A. 买卖显失公平，甲有权要求撤销

B. 买卖存在重大误解，甲有权要求撤销

C. 买卖无效，甲为限制行为能力人

D. 买卖有效

11.(2010年司法考试试卷三第3题)甲15岁，精神病人。关于其监护问题，下列哪一表述是正确的？(　　)

A. 监护人只能是甲的近亲属或关系密切的其他亲属、朋友

B. 监护人可以是同一顺序中的数人

C. 对担任监护人有争议的，可直接请求法院裁决

D. 为甲设定监护人，适用关于精神病人监护的规定

(二)多项选择题

1. 监护人有下列哪些行为，可以撤销其监护人资格？(　　)

A. 实施严重损害被监护人身心健康的行为

B. 怠于履行监护职责，导致被监护人处于危困状态

C. 无法履行监护职责并且拒绝将监护职责部分或者全部委托给他人，导致被监护人处于危困状态

D. 实施严重侵害被监护人合法权益的其他行为

2. 监护终止的原因主要有(　　)。

A. 被监护人取得完全民事行为能力

B. 监护人或被监护人死亡

C. 监护人丧失监护能力

D. 监护人自行辞去监护

3. 被宣告死亡人如果被证明仍然活着而撤销了死亡宣告，那么他拥有哪些权利？(　　)

A. 要求第三人返还已被其继承人合法转让给第三人的财产

B. 要求继承人返还继承的财产

C. 与其尚未再婚且愿意恢复关系的配偶恢复夫妻关系

D. 如其配偶再婚后的配偶又死亡的，他们之间的夫妻关系自行恢复

4.(2017年司法考试试卷三第51题)余某与其妻婚后不育，依法收养了孤儿小翠。不久后余某与妻子离婚，小翠由余某抚养。现余某身患重病，为自己和幼女小翠的未来担忧，欲作相应安排。下列哪些选项是正确的？(　　)

A. 余某可通过遗嘱指定其父亲在其身故后担任小翠的监护人

B. 余某可与前妻协议确定由前妻担任小翠的监护人

C. 余某可与其堂兄事先协商以书面形式确定堂兄为小翠的监护人

D. 如余某病故，应由余某父母担任小翠的监护人

5.（2017年司法考试试卷三第52题）甲出境经商下落不明，2015年9月经其妻乙请求，K县法院宣告甲死亡。其后乙未再婚，乙是甲唯一的继承人。2016年3月，乙将家里的一辆轿车赠送给弟弟丙，交付并办理了过户登记。2016年10月，经商失败的甲返回K县，为还债将登记于自己名下的一套夫妻共有住房私自卖给知情的丁。同年12月，甲的死亡宣告被撤销。下列哪些选项是正确的？（　　）

A. 甲、乙的婚姻关系自撤销死亡宣告之日起自行恢复

B. 乙有权赠送该轿车

C. 丙可不返还该轿车

D. 甲出卖房屋的行为无效

6.（2016年司法考试试卷三第51题）甲、乙为夫妻，长期感情不和。2010年5月1日，甲乘火车去外地出差，在火车上失踪，没有发现其被害尸体，也没有发现其在何处下车。2016年6月5日，法院依照法定程序宣告甲死亡。之后，乙向法院起诉，要求铁路公司对甲的死亡进行赔偿。关于甲被宣告死亡，下列哪些说法是正确的？（　　）

A. 甲的继承人可以继承其财产

B. 甲、乙婚姻关系消灭，且不可能恢复

C. 2016年6月5日为甲的死亡日期

D. 铁路公司应当对甲的死亡进行赔偿

7.（2011年司法考试试卷三第52题）甲与乙离婚，甲、乙的子女均已成年，与乙一起生活。甲与丙再婚后购买了一套房屋，登记在甲的名下。后甲因中风不能自理，常年卧床。丙见状离家出走达3年之久。甲、乙的子女和乙想要回房屋，进行法律咨询。下列哪些说法是错误的？（　　）

A. 因房屋登记在甲的名下，故属于甲个人房产

B. 丙在甲中风后未尽妻子责任和义务，不能主张房产份额

C. 甲、乙的子女可以申请宣告丙失踪

D. 甲本人向法院提交书面意见后，甲、乙的子女可代理甲参与甲与丙的离婚诉讼

8.（改编自2009年司法考试试卷三第51题）关于宣告死亡，下列哪些选项是正确的？（　　）

A. 宣告死亡的申请人有顺序先后的限制

B. 有民事行为能力人在被宣告死亡期间实施的民事法律行为有效

C. 被宣告死亡的人与其配偶的婚姻关系因死亡宣告的撤销而自行恢复

D. 被撤销死亡宣告的人有权请求依《继承法》取得其财产者返还原物或给予适当补偿

（三）不定项选择题

1. 张某，15周岁，系某重点大学少年科技班学生，少年早熟，平常语言老练，对生活有自己的想法，偶尔在出版刊物上发表文章，赚取一定的报酬。一次，张某骑车撞伤了人，就是用自己的稿酬1 000元支付的医疗费。下列关于张某的说法中，错误的有（　　）。

A. 张某已经具有意志能力，视为完全民事行为能力人

B. 张某已经具有责任能力，视为完全民事行为能力人

C. 张某已经能够赚取相当的稿酬，视为完全民事行为能力人

D. 张某已经达到一定年龄，具有一定识

别力，视为限制民事行为能力人

2.（2013年司法考试试卷三第2题）关于监护，下列哪一表述是正确的？（　　）

A. 甲委托医院照料其患精神病的配偶乙，医院是委托监护人

B. 甲的幼子乙在寄宿制幼儿园期间，甲的监护职责全部转移给幼儿园

C. 甲丧夫后携幼子乙改嫁，乙的爷爷有权要求法院确定自己为乙的法定监护人

D. 市民甲、乙之子丙5周岁，甲、乙离婚后对谁担任丙的监护人发生争议，丙住所地的居民委员会有权指定丙的监护人

3.（2017年司法考试试卷三第2题）肖特有音乐天赋，自16岁起便不再上学，以演出收入为主要生活来源。肖特成长过程中，多有长辈馈赠：7岁时受赠口琴1个，9岁时受赠钢琴1架，15岁时受赠名贵小提琴1把。对肖特行为能力及其受赠行为效力的判断，根据《民法总则》相关规定，下列哪一选项是正确的？（　　）

A. 肖特尚不具备完全的民事行为能力

B. 受赠口琴的行为无效，应由其法定代理人代理实施

C. 受赠钢琴的行为无效，因与其当时的年龄及智力不相当

D. 受赠小提琴的行为无效，因与其当时的年龄及智力不相当

4.（2008年司法考试四川延考试卷三第93题）张某一家共4口人：张某夫妇、两岁的儿子及张父。张某自1992年起外出打工，1993年春节托人捎给其妻王某一封信和6 000元钱，其后杳无音信。1998年2月，对张某的归来不抱希望的王某向法院申请宣告张某死亡，法院依法于1999年10月宣告张某死亡。张某和王某共有面积相同的房屋6间，现金6 000元。2000年5月，王某将儿子送与李某收养。之后，王某与刘某结婚，但1年后刘某即病故。如张某生还并申请法院撤销死亡宣告，下列选项正确的是（　　）。

A. 张某在被宣告死亡期间所实施的民事法律行为并不由此无效

B. 张某与王某的夫妻关系不能自行恢复

C. 张某可与李某协议解除王某之子与李某之间的收养关系

D. 若张某和王某共有的房屋已被第三人合法取得，第三人可不予返还

（四）名词解释与辨析

1. 自然人与公民
2. 宣告死亡
3. 民事行为能力与民事责任能力
4. 住所
5. 监护

（五）简答题

1. 简述亲权制度与监护制度的区别。
2. 简述死者人格利益的保护。

（六）论述题

试论述胎儿利益的保护。

四、案例分析

【案例】

A于2015年10月13日死亡，2016年11月4日A的代理人B仍代理A参加某法院一审宣判，并代理A收取了一审法院送达的民事判决。宣判后，A之妻、A之子以A法定继承人身份向上级人民法院提出上诉。

【问题聚焦】

自然人民事权利、民事义务

【法律剖析】

根据《中华人民共和国民法总则》第13条规定："自然人从出生时起到死亡时止，具有民事权利能力，依法享有民事权利，承担民事义

务。"A作为一审当事人，在2016年11月4日一审审理程序终结前即已死亡，此时A已无法享有民事权利、承担民事义务，其原委托诉讼代理人B的代理权自然归于终止，不能再代理A行使任何诉讼权利。此时B明显属于无权代理，一审诉讼程序实质尚未终结。自一审法院获知A死亡后，其应根据《中华人民共和国民事诉讼法》第150条第1款第(1)项及第2款之规定，依法中止诉讼，待A的法定继承人确定并申请参加诉讼后依法恢复诉讼，并变更原告的主体身份。

五、深度拓展

◆ 行为能力与责任能力

民事责任能力，又称不法行为能力，是指行为人对民事违法行为承担民事责任的能力。民事责任能力包括侵权责任能力和债务不履行责任能力。

关于行为能力与责任能力的关系，有三种说法。一是认为民事行为能力有广义和狭义之分：广义的民事行为能力包括合法行为能力和违法行为能力；狭义的民事行为能力是指合法行为能力。二是认为民事行为能力包括违法行为能力。三是认为违法行为能力是责任能力，不属于行为能力范畴。第三种说法更有利于保护未成年人及第三人的利益，因其涉及未成年人监护人的补充责任。

《民法总则》未明文规定责任能力，通常民事责任能力是指侵权责任能力。责任能力主要是指承担财产责任的资格。据《侵权责任法》第32条，完全行为能力人有责任能力，无行为能力人和限制行为能力人不一定没有责任能力。

◆ 个体工商户与农村承包经营户的法律地位

《民法总则》在自然人一章规定了个体工商户与农村承包经营户。

关于个体工商户的法律地位，存在争议。一种观点认为，个体工商户属于自然人，系其特殊形式；另一种观点认为，其为非法人组织，且属于营利性非法人组织。

个体工商户作为民事主体，具有与自然人不同之处。其可以雇工经营、起字号和刻制公章。民事诉讼中，起字号的个体工商户以字号为诉讼主体。其具有明确的目的，在经营范围内有相应的且有别于自然人的民事权利能力和民事行为能力。其享有经营权、起字号权、商标注册申请权，同时依法承担纳税及接受监督、检查的义务。其具有相对独立的财产，但该财产与个人、家庭财产不严格区分。

农村承包经营户作为民事主体，仅限于同与集体组织签订承包合同等有关的民事活动。农民进城务工或者向城镇居民出售农产品时，其主体地位为自然人。农村承包经营户的债务以从事农村土地承包经营的农户财产承担。

第五章

法　人

一、知识结构图

- 法人
  - 概念、特征(识记)
  - 分类
    - 立法(了解)
      - 营利法人
      - 非营利法人
      - 特别法人
    - 学理
  - 成立(识记):设立与法人条件
  - 民事能力(了解)
    - 权利能力
    - 行为能力
    - 责任能力
  - 法人机关(了解)
    - 构成
    - 法定代表人
    - 机关决议效力
  - 分支机构
  - 变更、终止与清算
  - 登记

二、重难点归纳

(一)法人的分类

1. 立法分类

《民法总则》将法人分为营利法人、非营利法人和特别法人。

该法第 76 条规定,以取得利润并分配给股东等出资人为目的成立的法人,为营利法人。营利法人包括有限责任公司、股份有限公司和其他企业法人。

该法第 87 条规定,为公益目的或者其他非营利目的成立,不向出资人、设立人或者会员分配所取得利润的法人,为非营利法人。非营利法人包括事业单位、社会团体、基金会、社会服务机构等。

该法第 96 条规定,机关法人、农村集体经济组织法人、城镇农村的合作经济组织法人、基层群众性自治组织法人为特别法人。

2. 学理分类

(1)公法人与私法人

公法人是指以社会公共利益为目的,由国家或者公共团体依公法而设立的行使或者分担国家权力或政府职能的法人;私法人是指以私人利益为目的,由私人依私法而设立的法人。对于以私人目的设立但又与公众有密切联系并被授予某些公共职能的法人,有学者主张应定为准公法人或中间法人。

公法人与私法人存在两方面的区分。第一,两者的诉讼方式不同:公法人因行使公共权力争讼,依行政救济程序解决;私法人之间争执,依民事诉讼程序或仲裁程序解决。第二,两者的损害赔偿依据不同:公法人及其职员因侵权行为所生损害,依国家赔偿法或特别规定承担损害赔偿责任;私法人及其职员因侵权行为所生损害,依民法规定承担责任。

(2)社团法人与财团法人

传统民法中,私法人可分为社团法人与财团法人,其划分标准是法人成立的基础。社团法人是以社员为基础的人的集合体,也称为人的组合。公司、合作社、协会与学会都是其典型。财团法人是指为一定目的而设立的,并由专门委任的人按照规定的目的使用的各种财产,也称财产组合。基金会组织、慈善组织是典型的财团法人。

社团法人与财团法人有诸多不同。一是成立基础不同:前者以人为基础,有自己的组织成员或者社员;后者以财产为基础,没有法人成员。二是设立人地位不同:前者的设立人在法人成立时成为其成员,并享有社员权;后者的设立人在法人成立时与法人相脱离。三是设立行为不同:前者的设立行为属于共同的、生前的民事行为;后者的设立行为为单方行为,有的为死后生效的行为。四是有无意思机关不同:前者有,故称自律法人;后者无,故称他律法人。五是目的不同:前者设立目的既可以是为营利,又可以是为公益;后者只能为公益。

(3)营利法人、公益法人与中间法人

根据法人成立或者活动目的的不同,法人可分为营利法人、公益法人和中间法人。营利法人是指以营利并分配给其成员为活动目的的法人,如公司;公益法人是指以公益为目的的法人,如学校、医院等;中间法人是指既非以营利为目的又非以公益为目的的法人,如同乡会。营利法人的设立依特别法,除特别规定外,一般不需要得到主管机关的许可,只能采取社团法人的形式。公益法人一般依民法的规定设立,且必须得到主管机关的许可。

(二)法人的机关

法人机关是指根据法律、章程或者条例的规定,于法人成立时产生,不需要特别委托授权就能够以法人的名义对内负责法人的生产经营或者业务管理,对外代表法人进行民事活动的集体或者个人。

一般来说,法人机关由权力机关、执行机关和监督机关三部分构成。法人权力机关又称决策机关,是法人自身意思的形成机关,有权决定法人的生产经营或者业务管理的重大问题,如股份有限公司的股东大会。法人执行机关行使召集权力机构会议、决定法人经营计划和投资方案、决定法人内部管理机构的设置以及法人章程规定的其他职权。法人监督机关是指对法人执行机关的行为进行监督检查的机关。监督机关不是法人的必设机关。

法人机关是法人的组成部分,法人机关与法人只有一层法律人格。法人机关在其权限范围内所为的一切行为均为法人本身的行为,其行为后果由法人承担。法人机关是法人的有机组成部分。

法定代表人是指依照法律或者法人章程的规定,代表法人行使职权的负责人。法定代表人只能是自然人,且该自然人只有在代表法人从事民事活动和民事诉讼活动时才具有这种身份，成为法人这一民事主体的代表。

三、全真题演练

（一）单项选择题

1. 下列机构不具有法人资格的是（　　）。

A. 某公司财务处　　B. 某镇政府

C. 某市教育局　　D. 某大学

2. 国家自然科学基金委员会在性质上属于（　　）。

A. 机关法人　　B. 社会团体法人

C. 基金会法人　　D. 事业单位法人

3. 甲建筑公司在完成一项工程后，将剩余的砂石、水泥等卖给了乙物业管理公司。但甲公司营业执照上的核准经营范围并无销售砂石、水泥的业务。甲、乙公司之间的买卖行为法律效力如何？（　　）

A. 有效　　B. 无效

C. 可撤销　　D. 效力待定

4. 乙公司将一批生产机器借给甲国有企业，后甲企业因经营不善，其上级主管部门决定撤销该企业，成立了清算小组。如果乙公司向法院起诉要求取回该批生产机器，应以（　　）为被告。

A. 甲企业

B. 甲企业上级主管部门

C. 清算小组

D. 市国有资产管理局

5. 法人的有限责任是指（　　）。

A. 法人只承担一定范围内的责任

B. 法人只承担一定数额内的责任

C. 法人只以其一定财产承担责任

D. 法人只以其所有的财产独立承担责任

6. 王某是甲公司的法定代表人，以甲公司名义向乙公司发出书面要约，愿以 10 万元价格出售甲公司的一块清代翡翠。王某在函件发出 2 小时后意外死亡，乙公司回函表示愿意以该价格购买。甲公司新任法定代表人以王某死亡且未经董事会同意为由拒绝。关于该要约，下列哪一表述是正确的？（　　）

A. 无效　　B. 效力待定

C. 可撤销　　D. 有效

7.（2012 年司法考试试卷三第 2 题）关于法人，下列哪一表述是正确的？（　　）

A. 社团法人均属营利法人

B. 基金会法人均属公益法人

C. 社团法人均属公益法人

D. 民办非企业单位法人均属营利法人

8.（改编自 2010 年司法考试试卷三第 4 题）根据我国法律规定，关于法人，下列哪一表述是正确的？（　　）

A. 成立社团法人均须登记

B. 银行均是企业法人

C. 捐助法人终止时，不得向会员分配剩余财产

D. 一人公司均不是法人

9.（2008 年司法考试试卷三第 2 题）德胜公司注册地在 A 国并在该国设有总部和分支机构，但主要营业机构位于中国深圳，是一家由中国台湾地区凯旋集团公司全资设立的法人企业。由于决策失误，德胜公司在中国欠下 700 万元债务。对此，下列哪一选项是正确的？（　　）

A. 该债务应以深圳主营机构的全部财产清偿

B. 该债务应以深圳主营机构和 A 国总部及分支机构的全部财产清偿

C. 无论德胜公司的全部财产能否清偿，凯旋公司都应承担连带责任

D. 当德胜公司的全部财产不足以清偿时，由凯旋公司承担连带责任

（二）多项选择题

1. 根据《民法总则》有关规定，以下属于特别法人的有（　　）。

A. 农村集体经济组织法人

B. 机关法人

C. 基层群众性自治组织法人

D. 城镇农村的合作经济组织法人

2. 根据《民法总则》有关规定，有以下哪些情形的，法人解散？（　）

A. 法人章程规定的存续期间届满

B. 法人章程规定的其他解散事由出现

C. 法人的权力机构决议解散

D. 法人依法被吊销营业执照

3.（2017 年司法考试试卷三第 53 题）黄逢、黄现和金耘共同出资，拟设立名为“黄金黄研究会”的社会团体法人。设立过程中，黄逢等 3 人以黄金黄研究会名义与某科技园签署了为期 3 年的商铺租赁协议，月租金 5 万元，押三付一。此外，金耘为设立黄金黄研究会，以个人名义向某印刷厂租赁了一台高级印刷机。关于某科技园和某印刷厂的债权，下列哪些选项是正确的？（　）

A. 如黄金黄研究会未成立，则某科技园的租赁债权消灭

B. 即便黄金黄研究会未成立，某科技园仍可就租赁债权向黄逢等 3 人主张

C. 如黄金黄研究会未成立，则对于某科技园的租赁债务，由黄逢等 3 人承担连带责任

D. 黄金黄研究会成立后，某印刷厂就租赁债权既可向黄金黄研究会主张，也可向金耘主张

4.（2007 年司法考试试卷三第 52 题）关于事业单位法人，下列哪些选项是错误的？（　）

A. 所有事业单位法人的经费均来自国家财政拨款

B. 具备法人条件的事业单位从成立之日起取得法人资格

C. 国家举办的事业单位对其直接占有的动产享有所有权

D. 事业单位法人名誉权遭受侵害的，有权诉请精神损害赔偿

（三）不定项选择题

1.（2017 年司法考试试卷三第 1 题）甲以自己的名义，用家庭共有财产捐资设立以资助治疗麻风病为目的的基金会，由乙任理事长。后因对该病的防治工作卓有成效，使麻风病几乎绝迹，为实现基金会的公益性，现欲改变宗旨和目的。下列哪一选项是正确的？（　）

A. 甲作出决定即可，因甲是创始人和出资人

B. 乙作出决定即可，因乙是法定代表人

C. 应由甲的家庭成员共同决定，因甲是用家庭共有财产捐资的

D. 应由基金会法人按照程序申请，经过上级主管部门批准

2.（2014 年司法考试试卷三第 3 题）甲公司和乙公司在前者印制的、具有标准格式的《货运代理合同》上盖章。《货运代理合同》第 4 条约定：“乙公司法定代表人对乙公司支付货运代理费承担连带责任。”乙公司法定代表人李红在合同尾部签字。后双方发生纠纷，甲公司起诉乙公司，并要求此时乙公司的法定代表人李蓝承担连带责任。关于李蓝拒绝承担连带责任的抗辩事由，下列哪一表述能够成立？（　）

A. 第 4 条为无效格式条款

B. 乙公司法定代表人未在第 4 条处签字

C. 乙公司法定代表人的签字仅代表乙公司的行为

D. 李蓝并未在合同上签字

3.（2010 年司法考试试卷三第 2 题）关于法人分类的说法，正确的是（　）。

A. 基金会法人属于社团法人和公益法人

B. 经民政部门登记的作家协会属于社会团体法人和社团法人

C. 股份有限公司属于营利法人和财团法人

D. 外商独资企业属于营利法人和外国法人

(四)名词解释与辨析

1. 营利法人

2. 社团法人和财团法人

3. 准则主义

(五)简答题

1. 简述《民法总则》中法人的分类。

2. 简述法人成立的条件。

(六)论述题

试论述法人的人格权。

四、案例分析

【案例】

A公司于1989年8月23日设立,性质为集体企业。2008年5月26日,A公司经全体职工大会讨论通过制订《企业改制方案》,企业多数职工在《企业改制方案》通过签名单上签字。2008年9月10日,A公司向县政府递交申请,请求按照县规划要求将公司国有土地及房屋资产予以收购处置变现,用于安置职工和偿还债务。2008年10月23日,县政府向政府有关工作部门下发《关于收购A公司国有土地及其房屋资产的决定》。2008年11月28日,县收储中心与A公司签订收购合同。A公司于2009年支付其职工安置补偿费,并签订《解除劳动关系证明书》。经县工商行政管理局审核,A公司于2011年11月19日被注销。现部分职工向法院提起诉讼,请求:(1)撤销决定;(2)撤销收购合同,并返还该公司土地及其房产或赔偿损失。

【问题聚焦】

企业法人权利的行使主体

【法律剖析】

根据《中华人民共和国民法通则》第43条以及《中华人民共和国民法总则》第61条第2款规定,企业法人的法定代表人以法人名义从事的经营活动,其民事后果由企业法人承担。《中华人民共和国城镇集体所有制企业条例》第9条规定:“集体企业依照法律规定实行民主管理。职工(代表)大会是集体企业的权力机构,由其选举和罢免企业管理人员,决定经营管理的重大问题。集体企业实行厂长(经理)负责制。集体企业职工的民主管理权和厂长(经理)依法行使职权,均受法律保护。”因此,民事和行政法律、法规均未规定城镇集体企业中部分职工可以对外行使企业法人权利并主张撤销该企业已履行完毕的合同。部分职工既不是收购合同的签订方,也不是A公司的法定代表人,更不是该公司注销后的权利和义务继受者。

五、深度拓展

◆ 法人的设立和成立

法人的设立与法人的成立既相联系,又有区别。它们是法人产生过程中的两个阶段。凡法人成立,必须经过法人设立。两者有以下区别:

1. 性质不同。设立是一种准备行为,既有法律性质上的,也有非法律性质上的。成立属于法人产生的形成阶段,其行为性质属于法律意义上的行为。

2. 要件不同。设立一般要有合法的设立人、存在设立基础和设立行为本身合法等要件。成立一般应具备依法成立,有必要的财产或者经费,有自己的名称、组织机构和住所等要件。

3. 效力不同。设立阶段的法人不具有法人资格,其行为是非法人组织的行为,所发生的债权、债务由设立后的法人承担；如不能成立，则由设立人承担。法人成立后，即享有民事主体资格，债权、债务由法人享有与承受。

◆ 法人制度的作用

就营利法人而言，表现为：

1. 聚集财产的优势。其财产由其成员出资构成。尤其是股份制的制度设计，可以使营利法人在短时间内聚集巨资，完成单个自然人无法完成的事业。

2. 事业程序的永久性。法人在理论上具有永久性，可以突破自然人的生命限制，成员的去留不影响法人的存在。

3. 分散风险。风险由法人承担，成员只在出资范围内承担责任。

4. 优化管理。通过相关制度，特别是管理人员的职业化，更能使优化管理的价值目标得以实现。

就非营利法人而言，表现为实现公益价值与确保财产价值。例如，通过捐赠财产设立的基金会法人，在制度设计上严格区分法人财产和管理人员财产，从而防止管理人员中饱私囊，以实现成立目的。

第六章

非法人组织

一、知识结构图

- 非法人组织
  - 概述
    - 概念、特征、要件
    - 成立、解散、清算
  - 合伙(重点)
    - 普通合伙
    - 有限合伙
    - 解散、清算
  - 其他非法人组织(了解)
    - 筹建中的法人
    - 个人独资企业

二、重难点归纳

(一)合伙

1. 普通合伙的事务执行

普通合伙人对执行合伙事务享有同等的权利，这意味着每个合伙人都有合伙事务的执行权，合伙人之间互为代理。为了缓和合伙人平等执行权的不便，法律允许合伙人商定执行权委托条款。内部合伙事务的执行有三种情况：一是全体合伙人共同为合伙事务执行人；二是几名合伙人为合伙事务的执行人；三是合伙负责人为合伙事务执行人，全体合伙人推荐能力强、威信高的合伙人为负责人，由负责人执行合伙事务。

委托一个或数个合伙人执行合伙事务的，其他合伙人不再执行合伙事务。不执行合伙事务的合伙人仍有参与对合伙重大事务进行决定的权利和其他权利，包括了解合伙的经营状况和财物状况、监督执行事务合伙人的执行情况等。

合伙企业可以聘任合伙人以外的人为合伙企业的经营管理人员，其经营管理活动的法律后果由合伙企业承担。被聘人员既可以被授权管理合伙内部事务，也可以被授权对外代表合伙企业。

2. 特殊普通合伙

特殊普通合伙是指在特定情况下，不由全体合伙人对合伙债务承担无限连带责任的普通合伙。合伙人在执业过程中因故意或重大过失造成的合伙债务，由该执业的合伙人承担无限责任或者连带无限责任。其他合伙人以其在合伙中的财产份额为限承担责任。非因故意或重大过失造成的合伙债务以及合伙的其他债务，由全体合伙人承担无限连带责任。

以专业知识和专门技能为客户提供有偿服务的专门服务机构可以设立特殊的普通合伙企业。

3. 有限合伙

有限合伙是指由对合伙债务承担有限责任的有限合伙人和对合伙债务承担无限责任的普通合伙人共同组成的合伙。

有限合伙人不执行合伙事务，不对外代表有限合伙。其可以用货币、实物、知识产权、土地使用权或者其他财产权利作价出资；可以不经其他合伙人一致同意，将其在合伙中的财产出质；甚至可以在提前30日通知的前提下按照合伙协议约定，向合伙企业之外的人转让其财产份额。其不受自我交易、竞业禁止限制。有限合伙登记事项中应载明有限合伙人的姓名或名称及认缴出资数额。有限合伙协议中可以约定，当有利润可分配时，在若干年内将利润全部分配给有限合伙人。

(二)个人独资企业

个人独资企业是指一个自然人投资，财产属投资人个人所有，投资人以其个人财产对企业债务承担无限责任的经营实体。在独资企业中，企业主不一定直接参加劳动，或者不是劳动的主要力量，需雇用劳动力作为其基本或主要力量。独资企业作为经济组织，一是要有投资者申报的资金，二是要有自己的名称，三是要有一定数量的从业人员，四是要有固定的生产经营场所和必要的生产经营条件，五是要有符合法律法规的企业管理和财物、会计制度。

关于个人独资企业的法律地位，众说纷纭。有人认为，虽然个人独资企业具有主体性，但其主体身份仍是自然人。有人认为，个人独资企业属于非法人组织。后者的理由是：个人独资企业不仅具有团体性要件，还享有作为组织体才享有的字号权、申请注册商标的权利等；个人独资企业虽然有自己的经营目的和范围，但又不能独立承担民事责任。故此，其属于非法人组织。

三、全真题演练

(一)单项选择题

1.(2016年司法考试试卷三第2题)甲企业是由自然人安琚与乙企业(个人独资)各出资50%设立的普通合伙企业，尚欠丙企业货款50万元。由于经营不善，甲企业全部资产仅剩20万元。现所欠货款到期，相关各方因货款清偿发生纠纷。对此，下列哪一表述是正确的？(　　)

A. 丙企业只能要求安琚与乙企业各自承担15万元的清偿责任

B. 丙企业只能要求甲企业承担清偿责任

C. 欠款应先以甲企业的财产偿还，不足部分由安琚与乙企业承担无限连带责任

D. 就乙企业对丙企业的应偿债务，乙企业投资人不承担责任

2.(2014年司法考试试卷三第30题)2010年5月，贾某以一套房屋作为投资，与几位朋友设立一家普通合伙企业，从事软件开发。2014年6月，贾某举家移民海外，故打算从合伙企业中退出。对此，下列哪一选项是正确的？(　　)

A. 在合伙协议未约定合伙期限时，贾某向其他合伙人发出退伙通知后，即发生退伙效力

B. 因贾某的退伙，合伙企业必须进行清算

C. 退伙后贾某可向合伙企业要求返还该房屋

D. 贾某对退伙前合伙企业的债务仍需承担无限连带责任

3.(2011年司法考试试卷三第29题)甲、乙、丙、丁打算设立一家普通合伙企业。对此，下列哪一表述是正确的？(　　)

A. 各合伙人不得以劳务作为出资

B. 如乙仅以其房屋使用权作为出资，则不必办理房屋产权过户登记

C. 该合伙企业名称中不得以任何一个合伙人的名字作为商号或字号

D. 合伙协议经全体合伙人签名、盖章并经登记后生效

4.（2011年司法考试试卷三第30题）赵、钱、孙、李设立一家普通合伙企业。经全体合伙人会议决定，委托赵与钱执行合伙事务，对外代表合伙企业。对此，下列哪一表述是错误的？（　　）

A. 孙、李仍享有执行合伙事务的权限

B. 孙、李有权监督赵、钱执行合伙事务的情况

C. 如赵单独执行某一合伙事务，钱可以对赵执行的事务提出异议

D. 如赵执行事务违反合伙协议，孙、李有权决定撤销对赵的委托

5.（2010年司法考试试卷三第33题）根据《合伙企业法》规定，第三人有理由相信有限合伙人为普通合伙人并与其交易的，该有限合伙人对该笔交易承担与普通合伙人同样的责任。关于此规定在合伙法原理上的称谓，下列哪一选项是正确的？（　　）

A. 事实合伙　　B. 表见普通合伙

C. 特殊普通合伙　　D. 隐名合伙

6.（2009年司法考试试卷三第2题）王东、李南、张西约定共同开办一家餐馆，王东出资20万元并负责日常经营，李南出资10万元，张西提供家传菜肴配方，但李南和张西均只参与盈余分配而不参与经营劳动。开业两年后，餐馆亏损严重，李南撤回了出资，并要求王东和张西出具“餐馆经营亏损与李南无关”的字据。下列哪一选项是正确的？（　　）

A. 王东、李南为合伙人，张西不是合伙人

B. 王东、张西为合伙人，李南不是合伙人

C. 王东、李南、张西均为合伙人

D. 王东和张西所出具的字据无效

7.（2009年司法考试试卷三第27题）甲是某有限合伙企业的有限合伙人，持有该企业15%的份额。在合伙协议无特别约定的情况下，甲在合伙期间未经其他合伙人同意实施了下列行为，其中哪一项违反《合伙企业法》规定？（　　）

A. 将自购的机器设备出租给合伙企业使用

B. 以合伙企业的名义购买汽车一辆归合伙企业使用

C. 以自己在合伙企业中的财产份额向银行提供质押担保

D. 提前一个月通知其他合伙人，将其部分合伙份额转让给合伙人以外的人

8.（2009年司法考试试卷三第28题）普通合伙企业合伙人李某因车祸遇难，生前遗嘱指定16岁的儿子李明为其全部财产继承人。下列哪一表述是错误的？（　　）

A. 李明有权继承其父在合伙企业中的财产份额

B. 如其他合伙人均同意，李明可以取得有限合伙人资格

C. 如合伙协议约定合伙人必须是完全行为能力人，则李明不能成为合伙人

D. 应当待李明成年后，由其本人作出其是否愿意成为合伙人的意思表示

9.（2008年司法考试试卷三第25题）甲、乙、丙、丁成立一家普通合伙企业，一年后甲转为有限合伙人。此前，合伙企业欠银行债务30万元，该债务直至合伙企业因严重资不抵债被宣告破产仍未偿还。对该30万元银行债务的偿还，下列哪一选项是正确的？（　　）

A. 乙、丙、丁应按合伙份额对该笔债务承担清偿责任，甲无须承担责任

B. 各合伙人均应对该笔债务承担无限连带责任

C. 乙、丙、丁应对该笔债务承担无限连带责任，甲无须承担责任

D. 合伙企业已宣告破产，债务归于消灭，各合伙人无须偿还该笔债务

10.（2008 年司法考试试卷三第 26 题）2007 年 1 月，甲、乙、丙设立一家普通合伙企业。2008 年 2 月，甲与戊结婚。2008 年 7 月，甲因车祸去世。甲除戊外没有其他亲人，合伙协议对合伙人资格取得或丧失未作约定。下列哪一选项是正确的？（　　）

A. 合伙企业中甲的财产份额属于夫妻共同财产

B. 戊依法自动取得合伙人地位

C. 经乙、丙一致同意，戊取得合伙人资格

D. 只能由合伙企业向戊退还甲在合伙企业中的财产份额

（二）多项选择题

1.（2015 年司法考试试卷三第 71 题）2015 年 6 月，刘璋向顾谐借款 50 万元用来炒股，借期 1 个月，结果恰遇股市动荡，刘璋到期不能还款。经查明，刘璋为某普通合伙企业的合伙人，持有 44%的合伙份额。对此，下列哪些说法是正确的？（　　）

A. 顾谐可主张以刘璋自该合伙企业中所分取的收益来清偿债务

B. 顾谐可主张对刘璋合伙份额进行强制执行

C. 对刘璋的合伙份额进行强制执行时，其他合伙人不享有优先购买权

D. 顾谐可直接向合伙企业要求对刘璋进行退伙处理，并以退伙结算所得来清偿债务

2.（2015 年司法考试试卷三第 72 题）君平昌成律师事务所是一家采取特殊普通合伙形式设立的律师事务所，曾君、郭昌是其中的两名合伙人。在一次由曾君主办、郭昌辅办的诉讼代理业务中，因二人的重大过失而泄露客户商业秘密，导致该所对客户应承担巨额赔偿责任。关于该客户的求偿，下列哪些说法是正确的？（　　）

A. 向该所主张全部赔偿责任

B. 向曾君主张无限连带赔偿责任

C. 向郭昌主张补充赔偿责任

D. 向该所其他合伙人主张连带赔偿责任

3.（2014 年司法考试试卷三第 73 题）通源商务中心为一家普通合伙企业，合伙人为赵某、钱某、孙某、李某、周某。就合伙事务的执行，合伙协议约定由赵某、钱某二人负责。下列哪些表述是正确的？（　　）

A. 孙某仍有权以合伙企业的名义对外签订合同

B. 对赵某、钱某的业务执行行为，李某享有监督权

C. 对赵某、钱某的业务执行行为，周某享有异议权

D. 赵某以合伙企业名义对外签订合同时，钱某享有异议权

4.（2013 年司法考试试卷三第 71 题）甲、乙、丙于 2010 年成立一家普通合伙企业，三人均享有合伙事务执行权。2013 年 3 月 1 日，甲被法院宣告为无民事行为能力人。3 月 5 日，丁因不知情找到甲商谈一笔生意，甲以合伙人身份与丁签订合同。下列哪些选项是错误的？（　　）

A. 因丁不知情，故该合同有效，对合伙企业具有约束力

B. 乙与丙可以甲丧失行为能力为由，一致决议将其除名

C. 乙与丙可以甲丧失行为能力为由，一致决议将其转为有限合伙人

D. 如甲因丧失行为能力而退伙，其退伙时间为其无行为能力判决的生效时间

5.（2013 年司法考试试卷三第 72 题）甲、乙、丙、丁以合伙企业形式开了一家餐馆。关

于该合伙企业事务的执行，下列哪些表述是正确的？（　　）

A. 如合伙协议未约定，则甲等四人均享有对外签约权

B. 甲等四人可决定任命丙为该企业的对外签约权人

C. 不享有合伙事务执行权的合伙人，以企业名义对外签订的合同一律无效

D. 不享有合伙事务执行权的合伙人，经其他合伙人一致同意，可担任企业的经营管理人

6.（2012 年司法考试试卷三第 72 题）周橘、郑桃、吴柚设立一家普通合伙企业，从事服装贸易经营。郑桃因炒股欠下王椰巨额债务。下列哪些表述是正确的？（　　）

A. 王椰可以郑桃从合伙企业中分取的利益来受偿

B. 郑桃不必经其他人同意，即可将其合伙财产份额直接抵偿给王椰

C. 王椰可申请强制执行郑桃的合伙财产份额

D. 对郑桃的合伙财产份额的强制执行，周橘和吴柚享有优先购买权

7.（2011 年司法考试试卷三第 71 题）2009 年 3 月，周、吴、郑、王以普通合伙企业形式开办一家湘菜馆。2010 年 7 月，吴某因车祸死亡，其妻欧某为唯一继承人。在下列哪些情形中，欧某不能通过继承的方式取得该合伙企业的普通合伙人资格？（　　）

A. 吴某之父对欧某取得合伙人资格表示异议

B. 合伙协议规定，合伙人必须具有国家一级厨师资格证，欧某不具有

C. 郑某不愿意接纳欧某为合伙人

D. 欧某因夫亡突遭打击，精神失常，经法院宣告为无民事行为能力人

8.（2010 年司法考试试卷三第 74 题）张某向陈某借款 50 万元作为出资，与李某、王某成立一家普通合伙企业。两年后借款到期，张某无力还款。对此，下列哪些说法是正确的？（　　）

A. 经李某和王某同意，张某可将自己的财产份额作价转让给陈某，以抵销部分债务

B. 张某可不经李某和王某同意，将其在合伙中的份额进行出质，用获得的贷款偿还债务

C. 陈某可直接要求法院强制执行张某在合伙企业中的财产，以实现自己的债权

D. 陈某可要求李某和王某对张某的债务承担连带责任

9.（2009 年司法考试试卷三第 74 题）甲、乙、丙三人拟共同设立一个有限合伙企业，下列哪些表述是错误的？（　　）

A. 该有限合伙企业至少应当有一个普通合伙人

B. 经合伙协议约定，有限合伙人可以货币、实物、劳务、知识产权或其他财产作价出资

C. 经合伙协议约定，有限合伙人可以执行部分合伙事务

D. 如有限合伙人转为普通合伙人，则对其作为有限合伙人期间企业的债务不承担连带责任

10.（2008 年司法考试试卷三第 69 题）甲、乙、丙、丁欲设立一家有限合伙企业，合伙协议中约定了如下内容，其中哪些符合法律规定？（　　）

A. 甲仅以出资额为限对企业债务承担责任，同时被推举为合伙事务执行人

B. 丙以其劳务出资，为普通合伙人，其出资份额经各合伙人商定为 5 万元

C. 合伙企业的利润由甲、乙、丁三人分配，丙仅按营业额提取一定比例的劳务报

酬

D. 经全体合伙人同意，有限合伙人可以全部转为普通合伙人，普通合伙人也可以全部转为有限合伙人

11.(2008 年司法考试试卷三第 70 题)贾某是一家有限合伙企业的有限合伙人。下列哪些选项是正确的？(　　)

A. 若贾某被法院判决认定为无民事行为能力人，其他合伙人可以因此要求其退伙

B. 若贾某死亡，其继承人可以取得贾某在有限合伙企业中的资格

C. 若贾某转为普通合伙人，则必须对其作为有限合伙人期间企业发生的债务承担无限连带责任

D. 如果合伙协议没有限制，贾某可以不经过其他合伙人同意而将其在合伙企业中的财产份额出质

12.(2008 年司法考试四川延考试卷三第 74 题)根据《合伙企业法》的规定，关于入伙与退伙，下列哪些选项是正确的？(　　)

A. 若入伙协议约定新合伙人对入伙前合伙企业的债务不承担责任，该约定无效

B. 若合伙人在合伙企业中的全部财产份额被法院强制执行，其对此后合伙企业发生的债务不承担责任

C. 若合伙人死亡或者被依法宣告死亡，其继承人自动取得合伙人资格

D. 有限合伙中的有限合伙人有权参与决定普通合伙人入伙、退伙等事宜

13.(2008 年司法考试四川延考试卷三第 75 题)根据《合伙企业法》的规定，关于合伙人，下列哪些选项是错误的？(　　)

A. 有限责任公司不能成为普通合伙人

B. 个人丧失偿债能力的，不能成为普通合伙人

C. 无民事行为能力人或者限制民事行为能力人可以成为有限合伙人

D. 夫妻不能在同一个合伙企业中同时作为普通合伙人

(三)不定项选择题

1.(2016 年司法考试试卷三第 87 题)甲、乙、丙三人签订合伙协议并开始经营，但未取字号，未登记，也未推举负责人。其间，合伙人与顺利融资租赁公司签订融资租赁合同，租赁淀粉加工设备一台，约定租赁期限届满后设备归承租人所有。合同签订后，出租人按照承租人的选择和要求向设备生产商丁公司支付了价款。乙在经营期间发现风险太大，提出退伙，甲、丙表示同意，并通知了出租人，但出租人表示反对，认为乙退出后会加大合同不履行的风险。下列说法正确的是(　　)。

A. 经出租人同意，乙可以退出

B. 乙可以退出，无须出租人同意

C. 乙必须向出租人提供有效担保后才能退出

D. 乙退出后对合伙债务不承担责任

2.(2015 年司法考试试卷三第 92～94 题)甲、乙、丙三人共同商定出资设立一家普通合伙企业，其中约定乙以其所有房屋的使用权出资，企业的财务由甲负责。2015 年 4 月，该合伙企业亏损巨大。5 月，见股市大涨，在丙不知情的情况下，甲与乙直接将企业账户中的 400 万元资金以企业名义委托给某投资机构来进行股市投资。同时，乙自己也将上述房屋以 600 万元变卖并过户给丁，房款全部用来炒股。至 6 月下旬，投入股市的资金所剩无几。丙得知情况后突发脑溢血死亡。

(1)关于甲、乙将 400 万元资金委托投资股市的行为，下列说法正确的是(　　)。

A. 属于无权处分行为

B. 属于改变合伙企业经营范围的行为

C. 就委托投资失败，甲、乙应负连带赔偿责任

D. 就委托投资失败，该受托的投资机构须承担连带责任

(2)关于乙将房屋变卖的行为，下列选项正确的是(　　)。

A. 构成无权处分行为

B. 丁取得该房屋所有权

C. 丁无权要求合伙企业搬出该房屋

D. 乙对合伙企业应承担违约责任

(3)假设丙有继承人戊，则就戊的权利，下列说法错误的是(　　)。

A. 自丙死亡之时起，戊即取得该合伙企业的合伙人资格

B. 因合伙企业账面已处于亏损状态，戊可要求解散合伙企业并进行清算

C. 就甲委托投资股市而失败的行为，戊可直接向甲主张赔偿

D. 就乙变卖房屋而给企业造成的损失，戊可直接向乙主张赔偿

3.(2014 年司法考试试卷三第 92～94 题)王某、张某、田某、朱某共同出资 180 万元，于 2012 年 8 月成立绿园商贸中心(普通合伙)。其中王某、张某各出资 40 万元，田某、朱某各出资 50 万元；就合伙事务的执行，合伙协议未特别约定。

(1)2013 年 9 月，鉴于王某、张某业务能力不足，经合伙人会议决定，王某不再享有对外签约权，而张某的对外签约权仅限于每笔交易额 3 万元以下。关于该合伙人决议，下列选项正确的是(　　)。

A. 因违反合伙人平等原则，剥夺王某对外签约权的决议应为无效

B. 王某可以此为由向其他合伙人主张赔偿其损失

C. 张某此后对外签约的标的额超过 3 万元时，必须事先征得王某、田某、朱某的同意

D. 对张某的签约权限制，不得对抗善意相对人

(2)2014 年 1 月，田某以合伙企业的名义，自京顺公司订购价值 80 万元的节日礼品，准备在春节前转销给某单位。但对这一礼品订购合同的签订，朱某提出异议。就此，下列选项正确的是(　　)。

A. 因对合伙企业来说，该合同标的额较大，故田某在签约前应取得朱某的同意

B. 朱某的异议不影响该合同的效力

C. 就田某的签约行为所产生的债务，王某无须承担无限连带责任

D. 就田某的签约行为所产生的债务，朱某必须承担无限连带责任

(3)2014 年 4 月，朱某因抄底买房，向刘某借款 50 万元，约定借期 4 个月。4 个月后，因房地产市场不景气，朱某亏损不能还债。关于刘某对朱某实现债权，下列选项正确的是(　　)。

A. 可代位行使朱某在合伙企业中的权利

B. 可就朱某在合伙企业中分得的收益主张清偿

C. 可申请对朱某的合伙财产份额进行强制执行

D. 就朱某的合伙份额享有优先受偿权

4.(2013 年司法考试试卷三第 92～94 题)高崎、田一、丁福三人共同出资 200 万元，于 2011 年 4 月设立“高田丁科技投资中心(普通合伙)”，从事软件科技的开发与投资。其中高崎出资 160 万元，田一、丁福分别出资 20 万元，由高崎担任合伙事务执行人。

(1)2012 年 6 月，丁福为向钟冉借钱，将自己的合伙财产份额作为担保出质给钟冉。下列说法正确的是(　　)。

A. 就该出质行为，高、田二人均享有一票否决权

B. 该合伙财产份额质权，必须经合伙协议记载与工商登记才能生效

C. 在丁福伪称已获高、田二人同意，而钟冉又是善意时，钟冉善意取得该质权

D. 在丁福未履行还款义务，如钟冉享有质权并主张以拍卖方式实现时，高、田二人享有优先购买权

(2)2013 年 2 月，高崎为减少自己的风险，向田、丁二人提出转变为有限合伙人的要求。对此，下列说法正确的是(　　)。

A. 必须经田、丁二人的一致同意

B. 未经合伙企业登记机关登记，不得对抗第三人

C. 转变后，高崎可以出资最多为由，要求继续担任合伙事务执行人

D. 转变后，对于 2013 年 2 月以前的合伙企业债务，经各合伙人决议，高崎可不承担无限连带责任

(3)2013 年 5 月，有限合伙人高崎将其一半合伙财产份额转让给贾骏。同年 6 月，高崎的债权人李耕向法院申请强制执行其另一半合伙财产份额。对此，下列选项正确的是(　　)。

A. 高崎向贾骏转让合伙财产份额，不必经田、丁的同意

B. 就高崎向贾骏转让的合伙财产份额，田、丁可主张优先购买权

C. 李耕申请法院强制执行高崎的合伙财产份额，不必经田、丁的同意

D. 李耕申请法院强制执行高崎的合伙财产份额，田、丁可主张优先购买权

5. (2011 年司法考试试卷三第 92～94 题)张、王、李、赵各出资四分之一，设立通程酒吧(普通合伙企业)。合伙协议未约定合伙期限。

(1)酒吧开业半年后，张某在经营理念上与其他合伙人冲突，遂产生退出想法。下列说法正确的是(　　)。

A. 可将其份额转让给王某，且不必事先告知赵某、李某

B. 可经王某、赵某同意后，将其份额转让给李某的朋友刘某

C. 可主张发生其难以继续参加合伙的事由，向其他人要求立即退伙

D. 可在不给合伙事务造成不利影响的前提下，提前 30 日通知其他合伙人要求退伙

(2)酒吧开业 1 年后，经营环境急剧变化，全体合伙人开会协商对策。按照《合伙企业法》规定，下列事项的表决属于有效表决的是(　　)。

A. 张某认为“通程”二字没有吸引力，提议改为“同升”酒吧；王某、赵某同意，但李某反对

B. 鉴于生意清淡，王某提议暂停业 1 个月，装修整顿；张某、赵某同意，但李某反对

C. 鉴于酒吧之急需，赵某提议将其一批咖啡机卖给酒吧；张某、王某同意，但李某反对

D. 鉴于 4 人缺乏酒吧经营之道，李某提议聘任其友汪某为合伙经营管理人；张某、王某同意，但赵某反对

(3)经全体合伙人同意，林某被聘任为酒吧经营管理人，在其受聘期间自主决定采取的下列管理措施符合《合伙企业法》规定的是(　　)。

A. 为改变经营结构扩大影响力，将经营范围扩展至法国红酒代理销售业务

B. 为改变资金流量不足情况，以酒吧不动产为抵押，向某银行借款 50 万元

C. 为营造气氛，以酒吧名义与某音乐师签约，约定音乐师每晚在酒吧表演 2 小时

D. 为整顿员工工作纪律，开除 2 名经常被顾客投诉的员工，招聘 3 名新员工

(四)名词解释与辨析

1. 非法人组织

2. 合伙
3. 特殊的普通合伙
4. 退伙

(五)简答题

1. 简述有限合伙和普通合伙的区别。
2. 简述退伙和入伙的效力。

(六)论述题

试论述合伙的债务承担。

四、案例分析

【案例】

A地板厂投资人为B,出资额为人民币25万元,持股比例100%,企业类型为个人独资企业。C公司因买卖合同纠纷起诉A地板厂,某法院判令A地板厂应支付货款、逾期付款违约金。上述判决生效后,因A地板厂未履行还款义务,C公司向法院申请执行。

【问题聚焦】

个人独资企业的无限责任

【法律剖析】

根据《中华人民共和国民法总则》和《中华人民共和国个人独资企业法》的规定,A地板厂作为个人独资企业,其出资人应当对独资企业的债务承担无限责任。《最高人民法院关于民事执行中变更、追加当事人若干问题的规定》第13条规定,作为被执行人的个人独资企业,不能清偿生效法律文书确定的债务,申请执行人申请变更、追加其投资人为被执行人的,人民法院应予以支持。

五、深度拓展

◆ 有限合伙人与普通合伙人

(一)入伙

新入伙的有限合伙人对入伙前有限合伙的债务以其认缴的出资额为限承担责任;新入伙的普通合伙人对入伙前有限合伙的债务承担无限连带责任。

(二)有限合伙人退伙的特殊性

1. 作为有限合伙人的自然人在有限合伙存续期间丧失行为能力的,合伙人不得因此要求其退伙。

2. 作为有限合伙人的自然人死亡或者作为有限合伙的法人及其他组织终止时,其继承人或者权利承受人可以依法取得该有限合伙人在合伙企业中的资格。

3. 有限合伙人退伙后,对基于其退伙前原因发生的有限合伙债务,以退伙时从有限合伙中取回的财产承担责任。

(三)转变

除合伙协议另有规定外,转变应经全体合伙人一致同意。有限合伙人转变为普通合伙人的,对其作为有限合伙人期间合伙发生的债务承担无限连带责任;普通合伙人转变为有限合伙人的,对其作为普通合伙人期间合伙发生的债务承担无限连带责任。

有限合伙仅剩有限合伙人的,应当解散;仅剩普通合伙人的,转为普通合伙。如果普通合伙人不愿意继续合作或仅剩一名普通合伙人,该合伙即解散。

第七章

民事法律客体的种类

一、知识结构图

- 民事法律客体的种类
  - 物（重点）
    - 概念、特征、法律意义（识记并理解）
    - 分类
    - 从物、孳息、货币（识记并理解）
  - 有价证券
  - 智力成果
  - 其他客体（理解）：权利、非物质利益、虚拟财产、自然人个人信息

二、重难点归纳

（一）民事法律关系客体

1. 民事法律关系客体与民事权利客体

民事法律关系客体，通常指民事法律关系主体享有的民事权利和承担的民事义务所共同指向的对象，也称为民事权利客体。民事法律关系客体所承载的利益，是民事权利和民事义务联系的中介，可归结为物质利益和非物质利益。其范围包括物、行为、智力成果、有价证券、权利、非物质利益、数据和网络虚拟财产以及自然人的个人信息。

2. 民事法律关系客体的特征

民事法律关系客体具有以下特征：其一，利益性。民事法律关系客体是指能够满足人民利益需要的载体。民事主体参与民事法律关系、享有民事权利，总是为满足自己利益需要。其二，客观性。民事法律关系客体是存在于主体之外的，是不以主体的意志为转移的。另有学者认为，民事权利客体的特征还包括法定性、多样性、可支配性等。①

（二）物

1. 物的法律意义

物是指存在于人身之外，既能够满足人的社会需要，又能为人所实际控制或者支配的物质客体。物在民法中有重要的地位。首先，物是绝大多数民事法律关系的客体，有的法律关系，如所有权关系，直接以物为客体；有的虽以行为为客体，但仍然与物紧密相关，如交付物的债权关系。其次，法律关系的有效与否，除了看法律关系的主体、内容之外，还要看法律关系的标的物是否符合法律的规定。例如，禁

① 李建华、彭诚信：《民法总论》，吉林大学出版社1998年版，第201～202页。郭明瑞主编：《民法》，高等教育出版社2003年版，第86页。

止流通物不能成为交易的客体，消耗物不能成为租赁、借用关系的标的物。此外，在程序法上，某些情况下物关系到案件的管辖问题。

2. 动产与不动产

动产是指能够移动而不损害其价值或用途的物。不动产是指不能移动或者移动会损害其用途或者价值的物，主要指土地及土地上的定着物。某些物在性质上能够移动，但因其价值较高且在交易习惯上转让程序较为慎重，在法律上亦具有不动产的某些特征，在学理上称为“准不动产”，如船舶及民用航空器。

由于动产和不动产在经济价值以及利用方法等方面均有极大不同，法律对其调整原则亦有很大不同。具体而言，主要有：

(1)物权变动的法定要件不同。不动产物权一般以登记为生效要件。动产物权一般以物的交付为要件。

(2)物权类型不同。土地承包经营权、地役权等用益物权以不动产为限，动产质权、留置权以动产为限。

(3)诉讼管辖不同。不动产民事纠纷由不动产所在地人民法院专属管辖，动产诉讼管辖原则比较灵活。

(三)从物

根据两个物在物理上相互独立、在经济用途上相互联系的关系，可以把物划分为主物和从物。必须结合使用才能发挥经济效益的两个独立的物中，起主要效用的是主物，处于附属地位、起辅助配合作用的是从物。从物必须具备以下条件：使用目的具有永久性；与主物同属于一人；独立于主物；交易上视为从物。

从物具有法律上的意义。其一，其所有权属于主物的所有人，对此该所有人无证明义务；其二，从物所有权随主物所有权的转移而转移；其三，担保物权的效力及于从物；其四，解除主物合同的效力及于从物合同，但反之不存在。

(四)孳息

孳息是指因物或者权益产生的收益。广义的孳息还有用益之意，包括因物的使用或者权利的行使而获得的一切利益，如利用房屋经营商业。与孳息对应的是原物，原物是指依照法律规定或者依其自然性质产生新物的物，如产出幼畜的牲畜、带来利息的存款等。因买彩票所中奖金在学理上称为射幸孳息。

孳息分为天然孳息和法定孳息。天然孳息是指依照物的自然性质产生的收益物，又称直接孳息，如从果树上采摘的果子，以及鸡蛋、羊毛等动物的产物。法定孳息是指依照法律规定产生的收益物，又称间接孳息，如租金、存款利息等。基于事实关系所享有的利益，如使用自己的金钱、房屋，不是基于法律关系产生收益，不是法定孳息。

法律规定了孳息收取权。《物权法》第116条规定，天然孳息由所有权人取得；既有所有权人又有用益物权人的，由用益物权人取得；当事人另有约定的，按照约定。法定孳息，当事人有约定的，按照约定取得；没有约定或者约定不明确的，按照交易习惯取得。《合同法》第163条规定，标的物在交付之前产生的孳息归出卖人所有，交付之后产生的孳息归买受人所有。《担保法》第68条规定，质权人有权收取质物所生孳息，但另有约定的除外。

三、全真题演练

(一)单项选择题

1. 下列权利中不属于民事权利的是(　　)。

A. 发明专利权　　B. 亲属抚养权

C. 海域使用权　　D. 仲裁请求权

2. 下列不属于形成权的是(　　)。

A. 债权人撤销权

B. 解除权

C. 共有物分割请求权

D. 返还原物请求权

3. 依据民事权利的效力范围，民事权利可分为（　　）。

A. 财产权与人身权　B. 绝对权与相对权

C. 主权利与从权利　D. 请求权与形成权

4.（2017 年司法考试试卷三第 20 题）张某因出售公民个人信息被判刑，孙某的姓名、身份证号码、家庭住址等信息也在其中，买方是某公司。下列哪一选项是正确的？（　　）

A. 张某侵害了孙某的身份权

B. 张某侵害了孙某的名誉权

C. 张某侵害了孙某对其个人信息享有的民事权益

D. 某公司无须对孙某承担民事责任

5.（2005 年司法考试试卷三第 18 题）某电视演员因一部儿童电视剧而出名，某公司未经该演员许可，将印有其表演形象的宣传海报大量用于玩具、书包、文具等儿童产品的包装上。对该公司的行为应如何定性？（　　）

A. 侵犯了制片者的发表权

B. 侵犯了该演员的表演者权

C. 侵犯了该演员的肖像权

D. 侵犯了该演员的复制权

6. 下列对于民事权利的表述正确的是（　　）。

A. 根据民事权利的作用，可以将民事权利分为绝对权与相对权

B. 根据民事权利的效力范围，民事权利可分为支配权、请求权、抗辩权与形成权

C. 民事权利是民事法律关系主体享有的利益范围或者为某种行为的可能性

D. 民事权利的取得是由民事主体自主决定的

7.（2004 年司法考试试卷三第 1 题）下列关于民事权利的表述错误的是（　　）。

A. 抵销权是一种形成权

B. 知识产权是一种支配权

C. 债权请求权不具有排他性

D. 支配权不存在对应义务

8.（2008 年司法考试四川延考试卷三第 1 题）关于民事权利，下列哪一选项是正确的？（　　）

A. 抵销权属抗辩权

B. 权利的行使不都是事实行为

C. 支配权的客体只能是物

D. 请求权基于基础权利受侵害而发生

（二）多项选择题

1. 下列人身权不可以转让的是（　　）。

A. 生命权　B. 名誉权

C. 姓名权　D. 名称权

2. 下列关于民事权利的表述不正确的是（　　）。

A. 主权利和从权利相互依存，主权利消灭而从权利消灭，从权利消灭而主权利也消灭

B. 专属权不能转让，但可以继承

C. 民事权利作为法律上的权利，仅由国家提供保护

D. 超过权利人权利限定范围，义务人没有必为某种行为的义务

3.（2008 年司法考试试卷三第 51 题）关于民事权利，下列哪些选项是正确的？（　　）

A. 甲公司与乙银行签订借款合同，乙对甲享有的要求其还款的权利不具有排他性

B. 丙公司与丁公司协议，丙不得在丁建造的某楼前建造高于该楼的建筑，丁对丙享有的此项权利具有支配性

C. 债权人要求保证人履行，保证人以债权人未对主债务人提起诉讼或申请仲裁为由拒绝履行，保证人的此项权利是抗辩权

D. 债权人撤销债务人与第三人的赠与合同的权利不受诉讼时效的限制

4. 根据民法原理中物的分类标准，下列选项中属于主物与从物的关系的是（　　）。

A. 锁和钥匙

B. 汽车与备胎

C. 上衣和裤子

D. 电视机和遥控器

5.（2008年司法考试四川延考试卷三第61题）谢某为某电视台的著名栏目主持人，曾与何某在大学期间谈恋爱。何某为了炫耀，将谢某写给自己的署有真实姓名的求爱信在互联网上传播，给谢某造成了不良影响。何某侵害了谢某的哪些民事权利？（　　）

A. 发表权　　B. 信息网络传播权

C. 荣誉权　　D. 隐私权

6.（2008年司法考试四川延考试卷三第66题）李某与黄某未婚同居生子，取名黄小某。后李某和黄某分手，分别建立了家庭。黄小某长大后，进入演艺界，成为一名当红歌星。星星报社专职记者吴某（工作关系在报社）探知这一消息后，撰写文章将黄小某系私生子的事实公开报道，给黄小某造成极大痛苦。下列哪些选项是正确的？（　　）

A. 该报道侵害了黄小某的隐私权

B. 该报道侵害了黄小某的荣誉权

C. 吴某应对黄小某承担侵权责任

D. 星星报社应对黄小某承担侵权责任

（三）不定项选择题

1.（2005年司法考试试卷三第52题）下列各选项中，哪些属于民法上的孳息？（　　）

A. 出租柜台所得租金

B. 果树上已成熟的果实

C. 动物腹中的胎儿

D. 彩票中奖所得奖金

2. 甲、乙签订合同，由甲出售一台汽车给乙，乙已经付款，现履行期已到，则乙对甲享有的权利为（　　）。

A. 绝对权　　B. 相对权

C. 期待权　　D. 既得权

3. 在行为人进行的下列行为中，哪些属于行使形成权的行为？（　　）

A. 法定代理人对限制行为能力人的行为进行追认

B. 受欺诈人撤销可撤销法律行为的意思表示

C. 买受人认可试用买卖合同中标的物的意思表示

D. 承租人擅自转租，出租人作出解除合同的意思表示

4.（2006年司法考试试卷三第62题）某影楼与甲约定：影楼为甲免费拍写真集，甲允许影楼使用其中一张照片作为影楼的橱窗广告。后甲发现自己的照片被用在一种性药品广告上。经查，制药公司是从该影楼花500元买到甲照片的。下列说法正确的是（　　）。

A. 该影楼侵害了甲的肖像权

B. 该影楼享有甲写真照片的版权

C. 该影楼的行为构成违约

D. 制药公司的行为侵害了甲的隐私权

（四）名词解释与辨析

1. 原物与孳息

2. 主物与从物

3. 虚拟财产

（五）简答题

1. 简述物的概念与特征。

2. 简述动产与不动产的区别。

3. 简述货币区别于其他动产的特征。

（六）论述题

试论述民法上物的扩张。

四、案例分析

【案例】

A曾向B公司供应货物，一直未收到货款，后经诉讼知晓有×××××元款项被C分

五次以D名义领走,C、D相互串通将A所有的款项据为己有。A能否请求C、D在偿还本金之外偿还相应利息?

【问题聚焦】

孳息

【法律剖析】

不当得利是指没有合法根据而获得利益并使他人利益遭受损失的事实。根据《中华人民共和国民法通则》第92条之规定:“没有合法依据,取得不当利益,造成他人损失的,应当将取得的不当利益返还受损失的人。”故C应将该款项归还于A。根据《最高人民法院关于贯彻执行〈中华人民共和国民法通则〉若干问题的意见》第131条规定:“返还的不当利益,应当包括原物和原物所生的孳息。”A可以主张C返还不当得利款项×××××元自被占用之日后到款项实际付清之日止的利息。该利息按照银行同期贷款利率计算,应当由不当得利一方C支付。

五、深度拓展

◆ 非物质利益

非物质利益又称人身非物质利益或者精神利益,是物质利益或财产利益的对称。非物质利益成为权利客体或者民事法律关系客体是由其利益属性决定的。就自然人而言,非物质利益包括生命、健康、自由、名誉、个人秘密等。这些非物质利益使其成为生命权、健康权、自由权、名誉权、隐私权等的客体。就法人和其他社会组织而言,非物质利益包括名称、名誉(商业信誉)等。这些非物质利益使其成为名称权、商誉权的客体。非物质利益除法律有明确的例外规定外,不得转让。

◆ 虚拟财产

《民法总则》第127条规定:“法律对数据、网络虚拟财产有规定的,依照其规定。”一般认为,虚拟财产是指网络游戏中为玩家所拥有的、存储于网络服务器上的、以特定电磁记录为表现形式的无形财产,通常包括网络游戏中的武器装备、QQ币、QQ号码、电子邮箱以及网址等。虚拟财产作为一种新型财产,不仅具有一般的财产属性,还具有虚拟性、网络依附性等特征。虚拟性即虚拟财产不具有客观实在性,只存在于虚拟世界。网络依附性是指虚拟财产的外部表现形式只能在网络中得到体现,一旦离开网络,则虚拟财产只是电磁记录,其价值无法得到实现。作为新型的民事法律关系客体和新的财产形式,虚拟财产值得研究。

第八章

民事法律行为

一、知识结构图

- 民事法律行为
  - 概述——概念、特征、分类、形式
  - 意思表示(重点)
    - 概念
    - 分类
    - 撤回
    - 解释
    - 不一致
    - 不自由
  - 成立与生效(识记并理解)
    - 无效
    - 可撤销
    - 效力待定
  - 附条件与附期限(理解)

二、重难点归纳

(一)意思表示的构成要素

意思表示是指行为人把进行某一民事法律行为的内心效果意思,以一定的方式表达于外部的行为。一般认为,意思表示应由目的意思、效果意思两个主观要素和表示行为这一客观要素构成。

目的意思是指民事法律行为具体内容的意思,它是意思表示据以成立的基础。不具备目的意思、目的意思不完整或有矛盾的表示行为不构成意思表示或民事法律行为。

效果意思是指意思表示人使其表示内容引起法律上效果的意思,即具有设立、变更、终止民事法律关系的意图,又称法效意思、效力意思。行为人的期望必须具有法律意义,才有效果意思,否则不在法律规范之列。如邀请好友晚餐、举办学术研讨会,虽具有重要意义,但不发生民法上的权利义务关系。效果意思是意思表示的基础,它促使意思表示的形成,最后实现民事法律行为的效果。

表示行为是指行为人将内心意思以一定方式表现于外部,并足以为外界客观理解的行为。没有表示行为,即使有了内心效果意思,也不能将其客观化,而无法取得法律效果。因此,表示行为是意思表示不可缺少的客观要素。一般而言，表示行为应以社会上通用的语言、文字、动作为之。

(二)意思表示的不自由

意思表示的不自由是指由于他人的不当干涉，使意思表示存有瑕疵，分为欺诈、胁迫两种情况。

1. 欺诈

欺诈是指当事人一方故意编造虚假情况或隐瞒真实情况，使对方陷入错误而作出违背自己真实意思表示的行为。欺诈的构成要件是：

(1)必须有欺诈人的欺诈行为。欺诈行为情形有三：一是捏造虚伪事实；二是隐匿事实；三是歪曲事实。沉默是否构成欺诈，以行为人是否具有告知义务为限；主观意见陈述是否构成欺诈，以行为人是否具有故意为标准。

(2)欺诈人有欺诈故意。此含义有二：一是使相对人陷入错误认识。如果行为人非明知其表述事实为虚假，或者虽明知其表述事实为虚假，无使相对人陷入错误之意思，不为欺诈。二是使相对人因其错误认识而为一定意思表示的意思。行为人有无取得财产利益的意思及使相对人受财产损失的意思，对欺诈的成立没有影响。

(3)表意人因相对人的欺诈而陷入错误。包括两种情况：表意人原无错误，受欺诈人欺诈陷入错误；表意人已有错误，受欺诈人欺诈陷入更深错误。未受欺诈而陷入错误不构成欺诈。

(4)错误与意思表示之间有因果关系。可分为两种情况：一是无此错误，根本不为意思表示；二是无此错误，则不以此条件为意思表示。

第三人欺诈构成欺诈的条件除符合以上构成要件外，还要求对方明知或应知该欺诈行为(《民法总则》第149条)。

2. 胁迫

胁迫包括威胁和强迫。威胁是指行为人一方以未来的不法损害进行恐吓，使对方陷入恐惧，并因此作出有违自己真实意思的表示。强迫是指行为人一方以现时的身体强制，使对方处于无法反抗的境地而作出有违自己真实意思的表示。胁迫的构成要件是：

(1)胁迫人有胁迫的行为。胁迫行为可以直接对相对人实施，也可以对其亲友实施；胁迫对象不仅包括人的生命、身体健康及自由，也包括人的名誉、荣誉、隐私及财产。已经开始的损害不足以构成胁迫，但若告知对方将通过自己的行为使其损害继续，使其陷入恐惧的，就是胁迫行为。

(2)胁迫人有胁迫故意。胁迫故意是指胁迫人有通过胁迫行为而使得表意人产生恐惧，并因此而为意思表示的故意。胁迫人是否有取得财产上利益或者使表意人蒙受财产上损失的意思，在所不问。

(3)胁迫的本质在于对表意人的自由意思加以干涉，因此，胁迫行为应当具有违法性。其情形有三：一是目的违法，手段亦违法，如“不在伪造证书上签名，就烧了你家房子”；二是目的合法，手段违法，如“不履行债务，就揍你”；三是目的违法，手段合法，如“不给钱，就告发你所犯的罪行”。

(4)相对人因受胁迫而陷入恐惧。恐惧状态有二：一是原无恐惧，因行为人的胁迫而发生恐惧；二是原有恐惧，因行为人的胁迫而加深恐惧。

(5)相对人受胁迫而为意思表示。表意人陷入恐惧或无法反抗的境地，与意思表示之间有因果关系。

依据《民法总则》第150条的规定，第三人胁迫亦构成胁迫，第三人的胁迫视为行为人的胁迫。

三、全真题演练

(一)单项选择题

1.(2017年司法考试试卷三第3题)齐某

扮成建筑工人模样，在工地旁摆放一尊廉价购得的旧蟾蜍石雕，冒充新挖出文物等待买主。甲曾以 5 000 元从齐某处买过一尊同款石雕，发现被骗后正在和齐某交涉时，乙过来询问。甲有意让乙也上当，以便要回被骗款项，未等齐某开口便对乙说："我之前从他这买了一个貔貅，转手就赚了。这个你若不要，我就要了。"乙信以为真，以 5 000 元买下石雕。关于所涉民事法律行为的效力，下列哪一说法是正确的？（　　）

A. 乙可向甲主张撤销其购买行为

B. 乙可向齐某主张撤销其购买行为

C. 甲不得向齐某主张撤销其购买行为

D. 乙的撤销权自购买行为发生之日起 2 年内不行使则消灭

2.（2017 年司法考试试卷三第 6 题）甲遗失手链 1 条，被乙拾得。为找回手链，甲张贴了悬赏 500 元的寻物告示。后经人指证手链为乙拾得，甲要求乙返还，乙索要 500 元报酬，甲不同意，双方数次交涉无果。后乙在桥边玩耍时手链掉入河中被冲走。下列哪一选项是正确的？（　　）

A. 乙应承担赔偿责任，但有权要求甲支付 500 元

B. 乙应承担赔偿责任，无权要求甲支付 500 元

C. 乙不应承担赔偿责任，也无权要求甲支付 500 元

D. 乙不应承担赔偿责任，有权要求甲支付 500 元

3.（2017 年司法考试试卷三第 10 题）陈老伯考察郊区某新楼盘时，听销售经理介绍周边有轨道交通 19 号线，出行方便，便与开发商订立了商品房预售合同。后经了解，轨道交通 19 号线属市域铁路，并非地铁，无法使用老年卡，出行成本较高；此外，铁路房的升值空间小于地铁房。陈老伯深感懊悔。关于陈老伯可否反悔，下列哪一说法是正确的？（　　）

A. 属认识错误，可主张撤销该预售合同

B. 属重大误解，可主张撤销该预售合同

C. 该预售合同显失公平，陈老伯可主张撤销该合同

D. 开发商并未欺诈陈老伯，该预售合同不能被撤销

4.（2015 年司法考试试卷三第 2 题）甲以 23 万元的价格将一辆机动车卖给乙。该车因里程表故障显示行驶里程为 4 万公里，但实际行驶了 8 万公里，市值为 16 万元。甲明知里程表有误，却未向乙说明，乙误以为真。乙的下列哪一请求是错误的？（　　）

A. 以甲欺诈为由请求法院变更合同，在此情况下法院不得判令撤销合同

B. 请求甲减少价款至 16 万元

C. 以重大误解为由，致函甲请求撤销合同，合同自该函到达甲时即被撤销

D. 请求甲承担缔约过失责任

5.（2015 年司法考试试卷三第 3 题）张某和李某设立的甲公司伪造房产证，以优惠价格与乙企业（国有）签订房屋买卖合同，以骗取钱财。乙企业交付房款后，因甲公司不能交房而始知被骗。关于乙企业可以采取的民事救济措施，下列哪一选项是正确的？（　　）

A. 以甲公司实施欺诈损害国家利益为由主张合同无效

B. 只能请求撤销合同

C. 通过乙企业的主管部门主张合同无效

D. 可以请求撤销合同，也可以不请求撤销合同而要求甲公司承担违约责任

6.（2013 年司法考试试卷三第 3 题）下列哪一情形下，甲对乙不构成胁迫？（　　）

A. 甲说，如不出借 1 万元，则举报乙犯罪；乙照办，后查实乙构成犯罪

B. 甲说，如不将藏獒卖给甲，则举报乙犯罪；乙照办，后查实乙不构成犯罪

C. 甲说，如不购甲即将报废的汽车，将公开乙的个人隐私；乙照办

D. 甲说，如不赔偿乙撞伤甲的医疗费，则举报乙醉酒驾车；乙照办，甲取得医疗费和慰问金

7. 某单位领导李某欲将一套住房以 50 万元出售。某报记者张某找到李某，出价 20 万元，李某拒绝。张某对李某说："我有你贪污的材料，如果你不答应我，我就举报你。"李某遂以 20 万元将该房卖给张某。李某与张某订立该合同的行为属于（　）。

A. 欺诈行为

B. 胁迫行为

C. 乘人之危的行为

D. 重大误解的行为

8.（2012 年司法考试试卷三第 3 题）下列哪一情形构成重大误解，属于可变更、可撤销的民事行为？（　）

A. 甲立下遗嘱，误将乙的字画分配给继承人

B. 甲装修房屋，误以为乙的地砖为自家所有，并予以使用

C. 甲入住乙宾馆，误以为乙宾馆提供的茶叶是无偿的，并予以使用

D. 甲要购买电动车，误以为精神病人乙是完全民事行为能力人，并与之签订买卖合同

9.（2012 年司法考试试卷三第 4 题）甲与同学打赌，故意将一台旧电脑遗留在某出租车上，看是否有人送还。与此同时，甲通过电台广播悬赏，称将对捡到电脑并归还者支付奖金 500 元。该出租汽车司机乙很快将该电脑送回，主张奖金时遭拒。下列哪一表述是正确的？（　）

A. 甲的悬赏属于要约

B. 甲的悬赏属于单方允诺

C. 乙归还电脑的行为是承诺

D. 乙归还电脑是义务，不能获得奖金

10.（2010 年司法考试试卷三第 5 题）某校长甲欲将一套住房以 50 万元出售。某报记者乙找到甲，出价 40 万元，甲拒绝。乙对甲说："我有你贪污的材料，你若不答应，我就举报你。"甲信以为真，以 40 万元将该房卖与乙。乙实际并无甲贪污的材料。关于该房屋买卖合同的效力，下列哪一说法是正确的？（　）

A. 存在欺诈行为，属可撤销合同

B. 存在胁迫行为，属可撤销合同

C. 存在乘人之危的行为，属可撤销合同

D. 存在重大误解，属可撤销合同

11.（2007 年司法考试试卷三第 1 题）某酒店客房内备有零食、酒水供房客选用，价格明显高于市场同类商品。房客关某缺乏住店经验，又未留意标价单，误认为系酒店免费提供而饮用了一瓶洋酒。结账时酒店欲按标价收费，关某拒付。下列哪一选项是正确的？（　）

A. 关某应按标价付款

B. 关某应按市价付款

C. 关某不应付款

D. 关某应按标价的一半付款

（二）多项选择题

1.（2016 年司法考试试卷三第 59 题）甲隐瞒了其所购别墅内曾发生恶性刑事案件的事实，以明显低于市场价的价格将其转卖给乙；乙在不知情的情况下，放弃他人以市场价出售的别墅，购买了甲的别墅。几个月后乙获悉实情，向法院申请撤销合同。关于本案，下列哪些说法是正确的？（　）

A. 乙必须在得知实情后一年内申请法院撤销合同

B. 如合同被撤销，甲必须赔偿乙在订立及履行合同过程中支付的各种必要费用

C. 如合同被撤销，乙有权要求甲赔偿主张撤销时别墅价格与此前订立合同时别

墅价格的差价损失

D. 合同撤销后，乙必须向甲支付合同撤销前别墅的使用费

2.（2015年司法考试试卷三第52题）某旅游地的纪念品商店出售秦始皇兵马俑的复制品，价格标签上注明“秦始皇兵马俑”，2 800元一个。王某购买了一个，次日，王某以其购买的“秦始皇兵马俑”为复制品而非真品属于欺诈为由，要求该商店退货并赔偿。下列哪些表述是错误的？（　　）

A. 商店的行为不属于欺诈，真正的“秦始皇兵马俑”属于法律规定不能买卖的禁止流通物

B. 王某属于重大误解，可请求撤销买卖合同

C. 商店虽不构成积极欺诈，但构成消极欺诈，因其没有标明为复制品

D. 王某有权请求撤销合同，并可要求商店承担缔约过失责任

3.（2015年司法考试试卷三第53题）甲、乙之间的下列哪些合同属于有效合同？（　　）

A. 甲与丙离婚期间，用夫妻共同存款向保险公司乙购买保险，指定自己为受益人

B. 甲将其宅基地抵押给同村外嫁他村的乙用于借款

C. 甲将房屋卖给精神病人乙，合同履行后房价上涨

D. 甲驾车将流浪精神病人撞死，因查找不到死者亲属，民政部门乙代其与甲达成赔偿协议

4.（2012年司法考试试卷三第52题）下列哪些情形属于无效合同？（　　）

A. 甲医院以国产假肢冒充进口假肢，高价卖给乙

B. 甲、乙双方为了在办理房屋过户登记时避税，将实际成交价为100万元的房屋买卖合同价格写为60万元

C. 有妇之夫甲委托未婚女乙代孕，约定事成后甲补偿乙50万元

D. 甲父患癌症急需用钱，乙趁机以低价收购甲收藏的1幅名画，甲无奈之下与乙签订了买卖合同

5.（2011年司法考试试卷三第53题）关于意思表示法律效力的判断，下列哪些选项是正确的？（　　）

A. 甲在商场购买了一台液晶电视机，回家后发现其妻乙已在另一商场以更低折扣订了一台液晶电视机，甲认为其构成重大误解，有权撤销买卖

B. 甲向乙承诺，以其外籍华人身份在婚后为乙办外国绿卡，婚后，乙发现甲是在逃通缉犯，乙有权以甲欺诈为由撤销婚姻

C. 甲向乙银行借款，乙银行要求甲提供担保，丙为帮助甲借款，以举报丁偷税漏税相要挟，迫使其为甲借款提供保证，乙银行对此不知情，丁有权以其受到胁迫为由撤销保证

D. 甲患癌症，其妻乙和医院均对甲隐瞒其病情，经与乙协商，甲投保人身保险，指定身故受益人为乙，保险公司有权以乙欺诈为由撤销合同

6.（2009年司法考试试卷三第56题）乙公司以国产牛肉为样品，伪称某国进口牛肉，与甲公司签订了买卖合同，后甲公司得知这一事实。此时恰逢某国流行疯牛病，某国进口牛肉滞销，国产牛肉价格上涨。下列哪些说法是正确的？（　　）

A. 甲公司有权自知道样品为国产牛肉之日起一年内主张撤销该合同

B. 乙公司有权自合同订立之日起一年内主张撤销该合同

C. 甲公司有权决定履行该合同，乙公司无

权拒绝履行

D. 在甲公司决定撤销该合同前，乙公司有权按约定向甲公司要求支付货款

7.（2008 年司法考试四川延考试卷三第 51 题）关于民事法律行为，下列哪些选项是错误的？（　　）

A. 某演员将其演出收入捐赠给慈善机构的行为是单方行为

B. 陈某去世前设立遗嘱的行为是身份行为

C. 王某以自己的房屋为他人设立抵押权的行为是负担行为

D. 李某受领赵某错误交付标的物的行为是实践行为

（三）不定项选择题

1.（2007 年司法考试试卷三第 2 题）甲被乙打成重伤，支付医药费 5 万元。甲与乙达成如下协议："乙向甲赔偿医药费 5 万元，甲不得告发乙。"甲获得 5 万元赔偿后，向公安机关报案，后乙被判刑。下列哪一选项是正确的？（　　）

A. 甲、乙之间的协议有效

B. 因甲乘人之危，乙有权撤销该协议

C. 甲、乙之间的协议无效

D. 乙无权要求甲返还该 5 万元赔偿费

2. 下列行为属于效力待定民事行为的是（　　）。

A. 8 岁的李某接受其叔叔 1 000 元压岁钱

B. 江某以胁迫手段与王某签订买卖汽车的合同

C. 14 岁的张某与当代商城签订购买一台 1 万元的笔记本电脑合同

D. 赵某基于重大误解与钱某签订买卖不动产的合同

3. 甲继承了一个青花瓷瓶，误认为是近代的，遂以 5 万元价格出售给乙。乙购得此瓷瓶后，即以 10 万元价格转卖给知情的丙。后甲得知该瓷瓶是元代青花，为无价之宝，遂找到乙要求返还青花瓷瓶。为此发生争议，甲诉至法院，要求撤销与乙之间的交易，并要求丙返还瓷瓶。对于本案的处理，下列表述正确的是（　　）。

A. 甲与乙之间的合同合法有效，不得撤销

B. 甲与乙之间的合同存在重大误解，甲可主张撤销

C. 甲与乙之间的合同存在显失公平，甲可主张撤销

D. 甲无权要求丙返还瓷瓶

（四）名词解释与辨析

1. 准法律行为

2. 单务行为和双务行为

3. 意思表示

4. 真意保留

（五）简答题

1. 简述意思表示的构成要素。

2. 简述民事法律行为的有效要件。

3. 简述可撤销民事法律行为和效力待定民事法律行为的区别。

（六）论述题

试论述无效民事法律行为。

四、案例分析

【案例】

A 与 B 签订出兑协议书，约定：A 将甲社区 C 超市兑给 B，包括所有室内物品及货物，出兑价格为 60 000 元，签订出兑协议后，B 向 A 一次性付清 60 000 元；三年内如发生甲社区把 C 超市转让给别人，超市损失由 A 负责；如政府规划拆迁，B 必须无条件搬出，损失自负。协议签订后，B 给付 A 出兑款。A 将甲社区 C 超市交由 B 经营。另外，甲社区 C 超市的房屋系 A 租赁。A 与甲社区约定：A 不得转租，如转租，必须提前通知甲社区，甲社区同意后方可

转租;如甲社区不同意,则A无权转租。

【问题聚焦】

欺诈

【法律剖析】

根据《中华人民共和国民法总则》第148条规定:"一方以欺诈手段,使对方在违背真实意思的情况下实施的民事法律行为,受欺诈方有权请求人民法院或者仲裁机构予以撤销。"A、B双方签订的出兑协议书约定:三年内如发生甲社区把超市转让别人,超市损失由A负责。A与甲社区签订的租房协议书约定A不得转租,如转租,必须提前通知甲社区,甲社区同意后方可转租;如甲社区不同意,则A无权转租。故根据《最高人民法院关于贯彻执行若干问题的意见(试行)》第68条规定:"一方当事人故意告知对方虚假情况,或者故意隐瞒真实情况,诱使对方当事人作出错误意思表示的,可以认定为欺诈行为。"

同时,根据《中华人民共和国合同法》第58条规定:"合同无效或者被撤销后,因该合同取得的财产,应当予以返还,不能返还或者没有必要返还的,应当折价补偿。有过错的一方应当赔偿对方因此所受的损失,双方都有过错的,应当各自承担相应的责任。"

五、深度拓展

◆ 民事法律行为与情谊行为、准民事法律行为

情谊行为是指当事人因社交、帮助、道义等原因发生的,没有民法上权利、义务意思内容的行为,又称好意施惠行为。民事法律行为是基于当事人意思发生的民法上权利义务关系的行为。例如,邀请好友到家中吃饭,此为情谊行为,不发生民法上的权利义务关系。至于被邀请的好友购买鲜花、乘坐出租车到邀请者家,却发现家中无人,此时被邀请者是否可以主张买花、乘车之花费,应依据邀请者是否违背社会善良风俗故意导致被邀请者损害而定。

准民事法律行为是效力基于法律规定的表意行为。其可分为催告、通知以及宽恕。

第九章

代 理

一、知识结构图

- 代理
  - 概念、特征、分类
  - 代理权(重点)
    - 发生、行使、消灭
    - 禁止滥用
  - 无权代理(识记并理解)
    - 狭义的无权代理
    - 表见代理

二、重难点归纳

(一)授权行为

授权行为是以发生代理权为目的的单方行为。代理权因被代理人的单方意思表示而发生,不必有相对人的承诺,被选定人也不因此负担义务。授权的意思表示可向受托人或第三人为之,受托人或者第三人为授权行为的相对人。

受托人(通常是代理人)不要求具有完全的民事行为能力,只要求具有相应的意思能力。在代理人是限制民事行为能力人时,如未超出其行为能力的限度,不必经法定代表人的允许。此时代理产生的一切法律后果应由被代理人承受。

授权行为的形式可以为口头,也可以为书面。授权行为独立于代理人所为代理行为之组成部分,因此,即使代理人为要式行为,授权行为的形式也不必为要式,法律规定为要式者除外。

授权行为的内容由本人决定或者依行为的性质决定,通常包括代理事项、代理权限和代理期限。如果委托人采用授权书的形式,其内容由授权书规定;如果委托人采用默示方式授权的,其内容由该行为的性质决定。

授权不明的责任应区分有偿代理和无偿代理,仅在有偿代理中,代理人对授权不明存在重大过失的情况下,代理人才负相应责任。

(二)滥用代理权

滥用代理权是指代理人行使代理权时,违背代理权的设定宗旨和代理行为的基本准则,有损被代理人利益的行为。代理人有代理权是区分滥用代理权与无权代理的要件。通说认为,滥用代理权包括以下三种类型:

第一,自己代理。自己代理是指代理人以被代理人名义与自己进行民事法律行为。此情况下，代理人同时为代理关系中的代理人和第三人，交易双方的交易行为实际上只由一个人实施。由于交易双方都追求利益最大化，很难避免代理人为自己利益而牺牲被代理人利益的情况。《民法总则》第 168 条第 1 款规定：“代理人不得以被代理人名义与自己实施民事法律行为，但是被代理人同意或者追认的除外。”

第二，双方代理。双方代理又称同时代理，是指一人同时担任双方的代理人为同一民事法律行为。通常情况下，一人代表两方利益，难免顾此失彼，很难达到利益平衡。双方代理属于效力未定的民事法律行为，被代理人事后同意或者追认的，双方代理自始有效。

第三，代理人和相对人恶意串通，进行损害被代理人利益的行为。所谓恶意串通，是指代理人和相对人之间存在通谋；所谓损害被代理人的利益，是指实际造成了被代理人的财产损失。此行为是无效的法律行为，因其违背了代理关系中被代理人对代理人的信任，属于滥用代理权的极端表现。据《民法总则》第 164 条第 2 款规定，代理人和相对人恶意串通损害被代理人合法权益的，两者承担连带责任；但若代理人和相对人不存在损害被代理人利益的通谋，则不负连带责任。

（三）无权代理和表见代理

无权代理是指代理人不具有代理权，但以本人名义与第三人实施民事法律行为。狭义的无权代理是指行为人既没有代理权，也没有足以使第三人相信其有代理权的事实和理由，而以本人名义所为的代理。表见代理是指行为人没有代理权，但使相对人有理由相信其有代理权，法律规定被代理人应当负授权责任的无权代理。

狭义的无权代理与表见代理同属于广义的无权代理。无权代理和表见代理的行为并不因为代理人没有代理权而归于无效。正因为行为人与第三人之间的行为是有效的，才产生了该效力是否及于被代理人的问题。

无权代理和表见代理存在区别。其一，表现形式不同。前者实质上、表面上均没有令人相信其有代理权的理由，后者在表面上有足够理由使人相信其有代理权。其二，法律后果不同。前者效力处于待定状态：若本人追认，则自始发生有权代理的效力且该效果归属于本人；若本人拒绝追认，则该无权代理对本人不发生效力，法律效果由行为人承受。善意相对人有权请求行为人履行债务或者就其受到的损害请求行为人赔偿，但赔偿范围不超过获追认时所能获得的利益（《民法总则》第 171 条）。同时，行为人对于被代理人需承担侵权责任。后者对被代理人而言发生有权代理的后果，效果归属于本人。其因承受表见代理后果而遭受的损害，可向表见代理人主张损害赔偿。对相对人而言，则既可主张无权代理，又可主张表见代理，选择向被代理人或无权代理人追究责任。

三、全真题演练

（一）单项选择题

1. 下列行为中，属于代理行为的是（　　）。

A. 甲的朋友乙代替甲招待甲的生意伙伴

B. 甲要其朋友乙替其转达希望与丙缔结合同的意思表示

C. 公司总经理以公司名义对外签约的行为

D. 公司售货员向顾客卖冰箱的行为

2. 下列各项中，不能当然引起委托代理关系终止的原因是（　　）。

A. 代理期间届满　　B. 被代理人死亡

C. 代理人辞去委托　D. 代理人死亡

3. 甲厂业务员张某被开除后，为报复甲厂，用盖有甲厂公章的空白合同书与乙厂订立一份购销合同。乙厂并不知情，并按时将货送至甲厂所在地。甲厂因拒绝而与乙厂发生纠纷。下列说法中，正确的是（ ）。

A. 张某的行为为无权代理，合同无效

B. 张某的行为为表见代理，合同有效

C. 张某的行为为表见代理，合同无效

D. 张某的行为为委托代理，合同有效

4. 代理人与第三人串通，损害被代理人利益的，由代理人和第三人负（ ）。

A. 连带责任　　B. 按份责任

C. 有限责任　　D. 无限责任

5. 下列各项行为中，适用民事代理行为的是（ ）。

A. 婚姻登记

B. 收养子女

C. 向人民法院提起诉讼

D. 遗嘱

6. 根据代理权发生原因的不同，可将代理分为（ ）。

A. 法定代理、指定代理与委托代理

B. 自己代理与双方代理

C. 直接代理与间接代理

D. 本代理与复代理

7.（2017 年司法考试试卷三第 4 题）甲公司开发的系列楼盘由乙公司负责安装电梯设备。乙公司完工并验收合格投入使用后，甲公司一直未支付工程款，乙公司也未催要。诉讼时效期间届满后，乙公司组织工人到甲公司讨要。因高级管理人员均不在，甲公司新录用的法务小王擅自以公司名义签署了同意履行付款义务的承诺函，工人们才散去。其后，乙公司提起诉讼。关于本案的诉讼时效，下列哪一说法是正确的？（ ）

A. 甲公司仍可主张诉讼时效抗辩

B. 因乙公司提起诉讼，诉讼时效中断

C. 法院可主动适用诉讼时效的规定

D. 因甲公司同意履行债务，其不能再主张诉讼时效抗辩

8.（2015 年司法考试试卷三第 4 题）甲公司与 15 周岁的网络奇才陈某签订委托合同，授权陈某为甲公司购买价值不超过 50 万元的软件。陈某的父母知道后，明确表示反对。关于委托合同和代理权授予的效力，下列哪一表述是正确的？（ ）

A. 均无效，因陈某的父母拒绝追认

B. 均有效，因委托合同仅需简单智力投入，不会损害陈某的利益，其父母是否追认并不重要

C. 是否有效，需确认陈某的真实意思，其父母拒绝追认，甲公司可向法院起诉请求确认委托合同的效力

D. 委托合同因陈某的父母不追认而无效，但代理权授予是单方法律行为，无须追认即有效

9.（2009 年司法考试试卷三第 4 题）下列哪一情形构成无权代理？（ ）

A. 甲冒用乙的姓名从某杂志社领取乙的论文稿酬据为己有

B. 某公司董事长超越权限，以本公司名义为他人提供担保

C. 刘某受同学周某之托，冒充丁某参加求职面试

D. 关某代收邻居李某订购的保健品并代为付款

10.（2007 年司法考试试卷三第 3 题）甲公司业务经理乙长期在丙餐厅签单招待客户，餐费由公司按月结清。后乙因故辞职，月底餐厅前去结账时，甲公司认为，乙当月的几次用餐都是为招待私人朋友，因而拒付乙所签单的餐费。下列哪一选项是正确的？（ ）

A. 甲公司应当付款

B. 甲公司应当付款，乙承担连带责任

C. 甲公司有权拒绝付款

D. 甲公司应当承担补充责任

(二)多项选择题

1. 以下哪些情形属于无权代理?( )

A. 自始至终就没有代理授权的行为

B. 越权代理

C. 代理人以自己的名义实施代理行为

D. 代理权已经终止之后的代理

2. 以下属于代理权滥用的情形包括( )。

A. 代理他人与自己进行民事活动

B. 超越代理权的代理

C. 代理双方当事人进行同一民事行为

D. 代理人与第三人恶意串通,损害被代理人的利益

3. 表见代理的法律后果是( )。

A. 对本人产生有权代理的效力

B. 第三人可以主张有权代理或无权代理

C. 本人因表见代理产生的损失有权向无权代理人追索

D. 本人因表见代理产生的损失无权向无权代理人追索

4.(2012 年司法考试试卷三第 53 题)下列哪些情形属于代理?( )

A. 甲请乙从国外代购 1 套名牌饮具,乙自己要买 2 套,故乙共买 3 套一并结账

B. 甲请乙代购茶叶,乙将甲写好茶叶名称的纸条交给销售员,并告知销售员,自己是在为朋友买茶叶

C. 甲律师接受法院指定,担任被告人乙的辩护人

D. 甲介绍歌星乙参加某演唱会,并与主办方签订了三方协议

5.(2012 年司法考试试卷三第 54 题)甲委托乙采购一批手机,乙受丙诱骗,高价采购了一批劣质手机。丙一直以销售劣质手机为业,甲对此知情。关于手机买卖合同,下列哪些表述是正确的?( )

A. 甲有权追认

B. 甲有权撤销

C. 乙有权以甲的名义撤销

D. 丙有权撤销

6.(2010 年司法考试试卷三第 51 题)张某到王某家聊天,王某去厕所时张某帮其接听了刘某打来的电话。刘某欲向王某订购一批货物,请张某转告,张某应允。随后张某感到有利可图,没有向王某转告订购之事,而是自己低价购进了刘某所需货物,以王某名义交货并收取了刘某货款。关于张某将货物出卖给刘某这一行为的性质,下列哪些说法是正确的?( )

A. 无权代理　　B. 无因管理

C. 不当得利　　D. 效力待定

7.(2008 年司法考试试卷三第 52 题)关于复代理,下列哪些选项是正确的?( )

A. 复代理人是代理人基于复任权而选任的

B. 复代理人的代理行为后果直接由本人承担

C. 委托代理人转托他人代理必须取得被代理人同意

D. 委托代理人转托不明给第三人造成损失的,转托代理人应负连带责任

(三)不定项选择题

1. 甲委托乙采购木材,并给了乙一份无期限的授权委托书。10 月,甲通过其他途径购得木材,便通知乙取消委托,并要求乙交回授权委托书,乙因故未交。11 月,乙以甲的名义与不知情的丙订立了一份价值 10 万元的自行车订购合同。以下哪些说法是正确的?( )

A. 乙的行为不发生代理效力,由乙自行承担行为后果

B. 该合同对甲没有约束力

C. 乙的行为发生表见代理的法律效果

D. 丙有权要求甲承受该合同

2.(2014 年司法考试试卷三第 52 题)吴某

是甲公司员工，持有甲公司授权委托书。吴某与温某签订了借款合同，该合同由温某签字，吴某用甲公司合同专用章盖章。后温某要求甲公司还款。下列哪些情形有助于甲公司否定吴某的行为构成表见代理？（　）

A. 温某明知借款合同上的盖章是甲公司合同专用章而非甲公司公章，未表示反对

B. 温某未与甲公司核实，即将借款交给吴某

C. 吴某出示的甲公司授权委托书载明甲公司仅授权吴某参加投标活动

D. 吴某出示的甲公司空白授权委托书已到期

3.（2011 年司法考试试卷三第 90 题）张某以自有汽车为乙公司的债权提供抵押担保，未办理抵押登记。抵押合同约定："在丙公司不付款时，乙公司有权就出卖该汽车的价款清偿自己的债权。"李某为这笔货款出具担保函："在丙公司不付款时，由李某承担保证责任。"丙公司收到药材后未依约向乙公司支付 120 万元，乙公司向张某主张实现抵押权，同时要求李某承担保证责任。张某见状，便将其汽车赠与刘某。刘某将该汽车作为出资，与钱某设立丁酒店有限责任公司，并办理完出资手续。丁公司员工方某驾驶该车接送酒店客人时，为躲避一辆逆行摩托车，将行人赵某撞伤。方某自行决定以丁公司名义将该车放在戊公司维修，为获得维修费的八折优惠，方某以其名义在与戊公司相关的庚公司为该车购买一套全新座垫。汽车修好后，方某将车取走并交丁公司投入运营。戊公司要求丁公司支付维修费，否则对汽车行使留置权，丁公司回函请宽限一周。庚公司要求丁公司支付座垫费，丁公司拒绝。关于汽车维修合同，下列表述正确的是（　）。

A. 方某构成无因管理

B. 方某构成无权代理

C. 方某构成无权处分

D. 方某构成表见代理

（四）名词解释与辨析

1. 本代理与复代理

2.（清华大学 2009 年考研真题）表见代理

3. 无权代理

（五）简答题

1. 简述代理与行纪的联系和区别。

2. 简述表见代理的构成要件和效力。

（六）论述题

试论述委托代理中授权行为与基础行为的关系。

四、案例分析

【案例】

A 公司与 B 签订租赁合同，约定 A 公司将二楼房屋出租给 B 作为餐饮经营使用。合同履行期间，A 公司多次与 B 协商欲提前解除租赁合同，但未能协商一致。经仲裁，A、B 租赁合同解除。D 与 A 公司股东 E 系夫妻关系。D 曾出具一份说明，其上载明："A 公司多次与租赁户 B 洽谈，但因租赁户关于补偿费报价较高未能谈成。我受 A 公司董事会委托，经与 B 洽谈，最终 B 同意提前终止合同……此事一直拖至今日未能落实。以上是我对洽谈情况的说明，如公司对我洽谈的价格有异议，可在我的股金中扣除。"A 公司未认可该说明。

【问题聚焦】

无权代理

【法律剖析】

根据《中华人民共和国合同法》第 48 条第 1 款的规定，行为人没有代理权、超越代理权或者代理权终止后以被代理人名义订立的合同，

未经被代理人追认，对被代理人不发生效力，由行为人承担责任。即只要被代理人不追认无权代理行为，无权代理的结果应当由无权代理人承受，包括由无权代理人向相对人承担通常意义上的民事责任。D系A公司股东E的丈夫，其参与协调租赁合同解除事宜，并就搬迁补偿费用进行商谈，B对于D的代理人身份具有合理信赖，应认定为善意。D在代理A公司协商时，并未取得A公司的书面授权，其亦没有证据证明构成表见代理。由于A公司对D的代理行为不予追认，D的行为构成无权代理。A公司有权请求无权代理人承担相应的民事责任。

五、深度拓展

◆ 本代理与复代理

以代理权是由被代理人授予还是由代理人转托为标准，可以把代理划分为本代理与复代理。本代理是指基于被代理人选任代理人或者依法律规定而产生的代理，又称原代理；复代理是指代理人为被代理人的利益，将其所享有的代理权转托他人而产生的代理，故又称再代理、转代理。复代理具有以下特征：其一，复代理人是由代理人以自己的名义选任的；其二，复代理人是被代理人的代理人，行使代理权时以被代理人名义，法律后果归于被代理人；其三，复代理权由原代理人转托，以原代理权为限。

《民法总则》第169条规定："代理人需要转委托第三人代理的，应当取得被代理人的同意或者追认。转委托代理经被代理人同意或者追认的，被代理人可以就代理事务直接指示转委托的第三人，代理人仅就第三人的选任以及对第三人的指示承担责任。转委托代理未经被代理人同意或者追认的，代理人应当对转委托的第三人的行为承担责任，但是在紧急情况下代理人为了维护被代理人的利益需要转委托第三人代理的除外。"委托代理人原则上没有复任权，因为委托代理的基础是特定当事人之间的信任关系。法定代理人无条件享有复任权，因为其发生基础是法律的直接规定。法定代理权具有概括性，其范围广且不允许代理人任意辞任，且被代理人往往无同意表示的意思能力。因此，法定代理人享有无条件的复任权。

◆ 表见授权

表见授权是指自己的行为表示授予代理权，实际上未授予代理权。实践中表见授权多见于书面形式，包括：

1. 代理证书。通常包括授权委托书、委托书和介绍信等。若其中未明确代理期限和内容，无权代理人持有这些证书与相对人订约，相对人就有理由相信其有代理权。

2. 单位印章。该印章若非盗用或伪造，相对人就存在相信其有代理权的理由。仅持有单位负责人名章，则一般不能认定其具有代理权，因名章没有严格的管理制度，更易伪造。

3. 单位介绍信。若信中包含授权内容但不具体，则具备表见授权特征。但若信中没有授权内容，则不能认定无权代理人有代理权。

4. 空白合同。空白合同具有表见授权的特征，只要不是盗用或者伪造，就构成表见代理。

5. 其他证明材料。如不动产交易时使用的权利证书、金钱借款中的借据等。除被代理人能反证证明材料系伪造、盗用、拾得或借用（借用法律文件通常为规避法律的资质要求，违反法律的强制性规定，该类行为系无效的民事法律行为）外，构成表见代理。

第十章

诉讼时效、除斥期间与期限

一、知识结构图

- 诉讼时效、除斥期间与期限
  - 时效（重点）
    - 概念
    - 种类
      - 取得时效
      - 诉讼时效（识记）：起算、中止、中断、延长
  - 除斥期间（识记）
    - 概念、特征、性质、作用
    - 适用范围、计算、效力
  - 期限（理解）：概念、确定、计算

二、重难点归纳

（一）时效

时效是指一定事实状态在法定期间持续存在，从而产生与该事实状态相适应的法律效力的法律制度。其具有以下特征：

1. 时效是法律事实。无论其效果是引起权利取得、引起权利消灭或是引起权利不受保护，其均是民事法律关系产生、变更、消灭的证据。

2. 时效是状态。时效的法律后果是因为一定的事实状态持续地经过法定期间而当然地发生，与当事人的意志无涉。

3. 时效具有强制性。民法对时效的规定属于强制性规定，不得由当事人意志予以排除。时效期间不得由当事人协议延长或者缩短，时效期间不得由当事人预先抛弃。一旦时效期间届满，义务人所取得的时效利益就属于私人利益，允许其抛弃。时效利益一旦抛弃，应重新开始时效期间的计算。

（二）诉讼时效

诉讼时效是指权利人在法定期间不行使权利，义务人便享有抗辩权，从而导致权利人无法胜诉的法律制度。

诉讼时效的适用范围又称诉讼时效的客体，包括债权请求权、继承权请求权、物权请求权、人身权请求权、基于特殊身份（合伙人、股东等）产生的请求权、基于不动产相邻关系的请求权、基于共有关系产生的请求权，以及停止侵害、排除妨害、消除危险、返还财产请求权。

诉讼时效期间，是指权利人向人民法院请求保护其民事权利的法定期间。其具有法定性、可变性的特点。

诉讼时效的中止，是指在诉讼时效进行中，因一定的法定事由的发生而使权利人无法行使请求权，暂时停止计算诉讼时效期间。其目的是为保证权利人遇有阻却权利行使的特殊事由时仍然有行使权利的必要时间。《民法总则》第194条规定，诉讼时效期间的六个月内，因不可抗力或者其他障碍导致不能行使请求权的，诉讼时效中止。第194条第2款规定，自中止时效的原因消除之日起满六个月，诉讼时效期间届满。

诉讼时效的中断，是指在诉讼时效进行中，因法定事由的发生致使已进行的诉讼时效期间全部归于无效，诉讼时效期间重新计算。诉讼时效中断的法定事由如下：

1. 权利人向义务人提出履行请求

权利人向义务人明确提出要求其履行义务的主张，客观上改变了权利不行使的事实状态。据《最高人民法院关于适用〈中华人民共和国民法总则〉诉讼时效制度若干问题的解释》第10、11条规定及《最高人民法院关于贯彻执行〈中华人民共和国民法通则〉若干问题的意见》：(1)当事人一方直接向对方当事人送交主张权利文书，对方当事人在文书上签字、盖章，或者虽未签字、盖章，但能够以其他方式证明该文书到达对方当事人的，适用其规定。其中，对方当事人为法人或者其他组织的，签收人可以是其法定代表人、主要负责人、负责收发信件的部门或者被授权主体；对方当事人为自然人的，签收人可以是自然人本人、同住的具有完全行为能力的亲属或者被授权主体。(2)当事人一方以发送信件或者数据电文方式主张权利，信件或者数据电文到达或者应当到达对方当事人的，适用其规定。(3)当事人一方为金融机构，依照法律规定或者当事人约定从对方当事人账户中扣收欠款本息的，适用其规定。(4)当事人一方下落不明，对方当事人在国家级或者下落不明的当事人一方住所地的省级有影响的媒体上刊登具有主张权利内容的公告的，但法律和司法解释另有特别规定的，适用其规定。(5)权利人对同一债权中的部分债权主张权利，诉讼时效中断的效力及于剩余债权，但权利人明确表示放弃剩余债权的情形除外。(6)权利人向债务保证人、债务人的代理人或者财产代管人主张权利的，认定诉讼时效中断。

2. 义务人同意履行义务

义务人作出同意履行义务的意思表示，意味着对权利人权利存在的认可。该认可行为使当事人之间的权利义务关系得以明确。除书面或者能够证明的口头方式外，要求延期给付、支付利息或租金、债权转让、债务承担和作出部分履行或者分期履行的承诺或者行为的，都产生诉讼时效中断的效果。

3. 权利人提起诉讼或者仲裁

据《最高人民法院关于适用〈中华人民共和国民法总则〉诉讼时效制度若干问题的解释》第12条规定，当事人一方向人民法院提交起诉状或者口头起诉的，诉讼时效从提交起诉状或者口头起诉之日起中断。

4. 其他

据《最高人民法院关于适用〈中华人民共和国民法总则〉诉讼时效制度若干问题的解释》第13、14、15条规定，申请仲裁、支付令、破产、申报破产债权，为主张权利而申请宣告义务人失踪或死亡，申请诉前财产保全、诉前临时禁令等诉前措施，申请强制执行，申请追加当事人或者被通知参加诉讼，在诉讼中主张抵销，其他与提起诉讼具有同等诉讼时效中断效力的事项，均与提起诉讼具有同等诉讼时效中断效力。权利人向人民调解委员会以及其他依法有权解决相关民事纠纷的国家机关、事业单位、社会团体等社会组织提出保护相应民事权利的请求，诉讼时效从提出请求之日起中断。权利人向公安机关、人民检察院、人民法院报案或者控告，请求保护其民事权利的，诉讼时效从其报案或者控告之日起中断。上述机关决定不立案、撤销案件、不起诉的，诉讼时效期间从权利人知道或者应当知道不立案、撤销案件或者不起诉之日起重新计算；刑事案件进入审理阶段，诉讼时效期间从刑事裁判文书生效之日起重新计算。

诉讼时效中断原则上仅有相对效力，只对诉讼时效中断的当事人有效力。《最高人民法院关于适用〈中华人民共和国民法总则〉诉讼时效制度若干问题的解释》第17、18条规定，对于连带债权人中的一人发生诉讼时效中断效力的事由，应当认定对其他连带债权人也发生诉讼时效中断的效力。对于连带债务人中的一人发生诉讼时效中断效力的事由，应当认定对其他连带债务人也发生诉讼时效中断的效力。债权人提起代位权诉讼的，应当认定对债权人的债权和债务人的债权均发生诉讼时效中断的效力。《最高人民法院关于适用〈中华人民共和国担保法〉若干问题的解释》第36条规定，一般保证中，主债务诉讼时效中断的，保证债务诉讼时效中断。

诉讼时效中断对期间计算的效力是，中断事由发生前已经进行的诉讼时效全部归于无效，诉讼时效重新计算；但因起诉后法院受理而中断的，不重新计算。进入执行程序的请求权受到执行期间(2年)的限制。

诉讼时效中止与中断都是阻却时效完成的障碍；但中止为暂时性的，中断为根本性的。

(三)除斥期间与诉讼时效的区别

除斥期间是指法律规定或者当事人依法确定的对于某种权利所预定的存续期间，又称预定期间。诉讼时效是指权利人在法定期间不行使权利，义务人便享有抗辩权，从而导致权利人无法胜诉的法律制度。两者的区别在于：

1. 立法精神不同。除斥期间维护的是原秩序。在除斥期间内，权利人如果不行使权利，原秩序就继续存在。相反，诉讼时效维护的是新秩序。

2. 适用范围不同。除斥期间主要适用于形成权，诉讼时效适用于请求权。

3. 起算时间不同。除斥期间根据法律规定或者权利发生的时间起算，诉讼时效从知道或应当知道权利被侵害时起算。

4. 期间的可变性不同。除斥期间没有中止、中断、延长的规定，诉讼时效正相反。

5. 法律效力与法律援用不同。除斥期间为法院依职权援用，诉讼时效为当事人主张时法院才援用。

(四)期限的确定和计算

《民法总则》第200条规定，民法所称的期间按照公历年、月、日、小时计算。

期限的确定可以规定一定的期日、一定的期间、未来某一特定的时刻和以当事人提出请求的时间为准。

期日的计算一般以法定期日、制定期日和约定期日为准。期间的计算则比较复杂。

按照《民法总则》第201条规定，期间的起点，按小时计算者，“自法律规定或者当事人约定的时间开始计算”。按照日、月、年计算的，开始的当天不计入在内，从下一天开始计算。期间的最后一日是法定休假日的，以法定休假日结束的次日为期间的最后一日。期间的最后一日的截止时间为二十四时；有业务时间的，停止业务活动的时间为截止时间。按照年、月计算期间的，到期月的对应日为期间的最后一日；没有对应日的，月末日为期间的最后一日。

当事人约定的期间不以月、年第一天起算的，一个月为30日，1年为365天，对起算时间有约定的，从其约定。《民法总则》第205条对民法中的部分词语作了解释性规定，民法所称的“以上”“以下”“以内”“届满”，包括本数；民法所称的“不满”“超过”“以外”，不包括本数。

三、全真题演练

(一)单项选择题

1.《合同法》规定，撤销权人自知道撤销原因之日起1年内不行使撤销权，其撤销权消灭。该规定属于(　　)。

A. 诉讼时效　　B. 除斥期间

C. 消灭时效　　D. 取得时效

2. 甲向首饰店购买钻石戒指一枚，标签证明该钻石为天然钻石，买回后即被人告知实为人造钻石。甲遂多次与首饰店交涉，历时两年零三个月，未果。现甲欲以欺诈为由诉请法院撤销该买卖关系，则甲的诉讼请求(　　)。

A. 不可以得到支持，因已超过行使撤销权的1年除斥期间

B. 可以得到支持，因首饰店主观上存在欺诈故意

C. 可以得到支持，因未过诉讼时效

D. 可以得到支持，因双方系因重大误解订立合同

3. 诉讼时效一般只适用于(　　)。

A. 请求权　　B. 抗辩权

C. 形成权　　D. 支配权

4. 关于诉讼时效，下列说法错误的是(　　)。

A. 当事人约定诉讼时效的中止事由无效

B. 当事人对诉讼时效利益的预先放弃无效

C. 当事人在诉讼时效经过后，可以明示抛弃时效利益

D. 当事人不能约定延长诉讼时效，但可以约定缩短诉讼时效

5. 下列有关诉讼时效的表述中，正确的是(　　)。

A. 诉讼时效期间从权利人的权利被侵害之日起计算

B. 权利人提起诉讼是诉讼时效中止的法定事由之一

C. 只有在诉讼时效期间的最后6个月内发生诉讼时效中止的法定事由，才能中止时效进行

D. 诉讼时效中止的法定事由发生之后，已经经过的时效期间统归无效

6.(2012年司法考试试卷三第5题)关于诉讼时效，下列哪一选项是正确的？(　　)

A. 甲借乙5万元，向乙出具借条，约定1周之内归还；乙债权的诉讼时效期间从借条出具日起计算

B. 甲对乙享有10万元货款债权，丙是连带保证人；甲对丙主张权利，会导致10万元货款债权诉讼时效中断

C. 甲向银行借款100万元，乙提供价值80万元房产作抵押；银行实现对乙的抵押权后，会导致剩余的20万元主债务诉讼时效中断

D. 甲为乙欠银行的50万元债务提供一般保证；甲不知50万元主债务诉讼时效期间届满，放弃先诉抗辩权，承担保证责任后不得向乙追偿

7.(2011年司法考试试卷三第5题)关于诉讼时效中断的表述，下列哪一选项是正确的？(　　)

A. 甲欠乙10万元到期未还，乙要求甲先清偿8万元；乙的行为仅导致8万元债务诉讼时效中断

B. 甲和乙对丙因共同侵权而需承担连带赔偿责任计10万元，丙要求甲承担8万元；丙的行为导致甲和乙对丙负担的连带债务诉讼时效均中断

C. 乙欠甲8万元，丙欠乙10万元，甲对丙提起代位权诉讼；甲的行为不会导致丙对乙的债务诉讼时效中断

D. 乙欠甲10万元，甲将该债权转让给丙；

自甲与丙签订债权转让协议之日起，乙的10万元债务诉讼时效中断

8.（2009年司法考试试卷三第5题）诉讼时效因当事人一方提出要求而中断，下列哪一情形不能产生诉讼时效中断的效力？（　　）

A. 对方当事人在当事人主张权利的文书上签字、盖章的

B. 当事人一方以发送信件或数据电文方式主张权利，该信件或数据电文应当到达对方当事人的

C. 当事人一方为金融机构，依照法律规定或当事人约定从对方当事人账户中扣收欠款本息的

D. 当事人一方下落不明，对方当事人在下落不明的当事人一方住所地的县（市）级有影响的媒体上刊登具有主张权利内容的公告的

（二）多项选择题

1. 下列各项中能引起诉讼时效中断的是（　　）。

A. 向人民法院提起诉讼

B. 向仲裁机构申请仲裁

C. 向人民调解委员会提出请求

D. 向债务人提出请求

2. 关于除斥期间，下列说法正确的是（　　）。

A. 由法律直接规定

B. 法定期间经过，实体权利消灭

C. 为不变期间

D. 不得中止、中断，但法院可酌情予以延长

3. 诉讼时效期间最后六个月，发生下列哪些情形时，诉讼时效中止？（　　）

A. 不可抗力

B. 权利人申请支付令

C. 继承开始后未确定继承人

D. 权利人被义务人控制

4.（2014年司法考试试卷三第53题）下列哪些请求不适用诉讼时效？（　　）

A. 当事人请求撤销合同

B. 当事人请求确认合同无效

C. 业主大会请求业主缴付公共维修基金

D. 按份共有人请求分割共有物

5.（2010年司法考试试卷三第52题）某公司因合同纠纷的诉讼时效问题咨询律师。关于律师的答复，下列哪些选项是正确的？（　　）

A. 当事人不得违反法律规定，约定延长或者缩短诉讼时效期间、预先放弃诉讼时效利益

B. 当事人约定同一债务分期履行的，诉讼时效期间从最后一期履行期限届满之日起计算

C. 当事人在一审期间未提出诉讼时效抗辩的，二审期间不能提出该抗辩

D. 诉讼时效届满，当事人一方向对方当事人作出同意履行义务意思表示的，不得再以时效届满为由进行抗辩

6.（2009年司法考试试卷三第52题）关于诉讼时效的表述，下列哪些选项是正确的？（　　）

A. 当事人可以对债权请求权提出诉讼时效抗辩，但法律规定的有些债权请求权不适用诉讼时效的规定

B. 当事人不能约定延长或缩短诉讼时效期间，也不能预先放弃诉讼时效利益

C. 当事人未提出诉讼时效抗辩的，法院不应对诉讼时效问题进行阐明，也不应对主动适用诉讼时效的规定进行裁判

D. 当事人在一审、二审期间都可以提出诉讼时效抗辩

7.（2008年司法考试试卷三第52题）关于诉讼时效，下列哪些选项是正确的？（　　）

A. 诉讼时效仅适用于请求权

B. 一般诉讼时效期间属可变期间

C. 诉讼时效期间均从权利人知道或应当知道权利被侵害时起计算

D. 诉讼时效期间届满后所受领的给付构成不当得利

(三)不定项选择题

1.(2014年司法考试试卷三第5题)甲公司向乙公司催讨一笔已过诉讼时效期限的10万元货款。乙公司书面答复称:“该笔债务已过时效期限,本公司本无义务偿还,但鉴于双方的长期合作关系,可偿还3万元。”甲公司遂向法院起诉,要求偿还10万元。乙公司接到应诉通知后书面回函甲公司称:“既然你公司起诉,则不再偿还任何货款。”下列哪一选项是正确的?( )

A. 乙公司的书面答复意味着乙公司需偿还甲公司3万元

B. 乙公司的书面答复构成要约

C. 乙公司的书面回函对甲公司有效

D. 乙公司的书面答复表明其丧失了10万元的时效利益

2. 下列对诉讼时效特点的表述正确的是( )。

A. 诉讼时效属于取得时效

B. 诉讼时效适用于所有的请求权

C. 诉讼时效具有任意性

D. 诉讼时效属于消灭时效

3.(2013年司法考试试卷三第54题)甲为自己的车向乙公司投保第三者责任险,保险期间内甲车与丙车追尾,甲负全责。丙在事故后不断索赔未果,直至事故后第3年,甲同意赔款,甲友丁为此提供保证。再过1年,因甲、丁拒绝履行,丙要求乙公司承担保险责任。关于诉讼时效的抗辩,下列哪些表述是错误的?( )

A. 甲有权以侵权之债诉讼时效已过为由不向丙支付赔款

B. 丁有权以侵权之债诉讼时效已过为由不承担保证责任

C. 乙公司有权以侵权之债诉讼时效已过为由不承担保险责任

D. 乙公司有权以保险合同之债诉讼时效已过为由不承担保险责任

4. 自然人甲为无民事行为能力人,其法定代理人乙于2015年4月1日知道甲被人打伤,但由于工作繁忙,一直未对侵权人丙提起诉讼。2015年11月20日,乙因车祸死亡,直到2015年12月1日才为甲指定新的代理人丁,丁应当在( )之前对丙提起诉讼。

A. 2016年4月1日

B. 2016年6月1日

C. 2016年11月20日

D. 2016年12月1日

(四)名词解释与辨析

1. 时效

2. 取得时效

3. 期限

4. 诉讼时效的延长

(五)简答题

1. 简述诉讼时效与除斥期间的区别。

2. 简述诉讼时效中止与中断的区别。

(六)论述题

试论述诉讼时效的法律效力与适用范围。

四、案例分析

【案例】

2016年6月15日下午3时许,A在村中碰到B,A因十多年前帮B卖狗与他人发生争执受伤而住院治疗一事和B发生争吵,A先动手打了B,B未还手。后A持刀进入B家中,B用铁锹与A发生撕扯,A受伤。2016年8月1日,A治疗终结。2017年7月18日,某派出所向司法鉴定中心提出申请,对A进行人体损伤程度鉴定，该鉴定中心于 2017 年 8 月 10 日出具鉴定意见书。2017 年 11 月 29 日，A 向人民法院提起诉讼，B 认为 A 主张已超过诉讼时效。

【问题聚焦】

诉讼时效

【法律剖析】

公民的健康权受法律保护，行为人因过错侵害他人民事权益，应当承担侵权责任。被侵权人对损害的发生也有过错的，可以减轻侵权人的责任。公民受到伤害要求赔偿的诉讼时效期限为 1 年，诉讼时效从知道或应当知道权利被侵害时计算。人身损害赔偿的诉讼时效期限，伤害明显的，从伤害之日起算；伤害当时未发现，后经检查确诊并能证明是由侵害引起的，从伤势确诊之日起计算。A 受伤之日为 2016 年 6 月 15 日，治疗终结之日为 2016 年 8 月 1 日，其诉讼时效期限应从 2016 年 8 月 1 日起计算。诉讼时效因提起诉讼、当事人一方提出要求或者同意履行义务而中断。从中断时起，诉讼时效期间重新计算。2017 年 7 月 18 日，司法鉴定中心对原告进行人体损伤程度鉴定，此时诉讼时效中断，应从 2017 年 7 月 18 日重新计算诉讼时效。A 提起诉讼时为 2017 年 11 月 29 日，适用《民法总则》对于诉讼时效的规定。又由于公民受到伤害要求赔偿的诉讼时效期限为 1 年系特别规定，故综上，A 于 2017 年 11 月 29 日提起诉讼，尚未超过 1 年短期诉讼时效期间。

五、深度拓展

◆ 时效的种类

时效通常分为取得时效和诉讼时效。取得时效是指占有他人财产，持续达到法定期限，即可依法取得该项财产权的时效。因其事实状态必须占有他人财产，又称占有时效。外国一些立法例将诉讼时效称为消灭时效。

关于时效种类的立法例存在两种主张：其一是统一立法主义。例如《法国民法典》第三编“取得财产的各种方法”中专设第二十章“时效”，统一规定取得时效和消灭时效。其二是个别立法主义。如《德国民法典》第一编“总则”中，设第五章“消灭时效”；另在第三编“物权”第三章中，规定取得时效。

《民法总则》仅规定了诉讼时效，未规定取得时效。在是否规定取得时效的问题上，学者们有不同的主张。主要有两种学说。一是否定说。其主要理由是，近现代民事立法中，由于财产关系和调整财产关系法律的变化，土地法的独立、不动产登记制度的完善和动产善意取得制度的确立，使得取得时效没有存在的必要。另外，只要完善诉讼时效制度，可以同样起到取得时效的作用。因此，没必要在我国设立取得时效制度。二是肯定说。其主要理由是，取得时效和诉讼时效是两种完全不同的制度。土地法从传统民法中的分离、动产善意取得制度和不动产登记制度的建立都不能替代取得时效制度。因此，我国有确立取得时效制度的必要。

第二编　物权法

第十一章

物权总论

一、知识结构图

- 物权总论
  - 物权及物权法
    - 物权的概念、特征及物的分类(识记)
    - 物权法的概念及内容(识记)
  - 物权的效力
    - 优先(排他)效力
      - 物权对物权(重点)
      - 物权对债权(重点)
    - 物上请求权
      - 返还原物请求权(重点)
      - 排除妨碍、消除危险请求权(识记)
    - 追及效力(重点)
  - 物权的类型
    - 物权法之分类(重点)
      - 自物权:所有权
      - 他物权
        - 用益物权
        - 担保物权
    - 民法学之分类(了解)
  - 物权的变动(重点)
    - 物权变动概述
    - 物权变动的原因
      - 法律行为
      - 事实行为
    - 物权变动的模式
      - 不动产登记
      - 动产交付
  - 物权的保护(重点)
    - 物上请求权
    - 赔偿损失

二、重难点归纳

(一)物权的概念、特征及物的分类

1. 物权的概念

物权是指权利人依法对特定的物享有的直接支配和排他的权利,包括所有权、用益物权和担保物权(《民法总则》第114条第2款)。

2. 物权的特征

(1)支配权

所谓支配权,是指物权人可以根据自己的意志就标的物直接行使其权利,无须他人行为的介入,包括法律和事实上的支配权。相对于请求权，支配权是一种绝对权利、对世权利。

(2)财产权

物权作为财产权，是一种具有物质内容的、直接体现为财产利益的权利。特别强调的是，物权法上的“物”不同于物理意义上的“物”，它具有以下特征：

①有体物。有体物包括不动产、动产，以及虽然不占据一定空间或具备一定形状，但是能够为人力所控制的电、气、光波、磁波等物。

②特定物。物权的客体必须是特定物，即以物单独所具有的特征加以确定的物。换言之，如果物权的标的物不特定化，物权人就无从对其进行直接支配。

③独立物。物权的客体一般应是独立物，即能够单独、个别地存在的物。只有是独立物，物权人才可以对其进行直接支配，也才能用占有、登记等形式公示物上的权利状态。

(3)排他性

物权的排他性是支配权的衍生，只有对物享有绝对的直接支配权利，才会排除他人对物上权利之行使的干涉。物权的排他性也包括同一物上不允许有内容不相容的物权并存，即“一物一权”。

3. 物的分类

(1)动产与不动产

动产是指能够移动并且不损害价值的物，如桌子、电视机等。不动产是指性质上不能移动，或虽可移动但移动则会损害价值的物，如土地、房屋。两者从法律意义上的区分在于：

①所有权人限制

不动产中的土地、河流、森林等，只能成为国家或集体的所有权客体，任何自然人或集体组织以外的法人都不能成为这些不动产的所有权人。

②物权变动的公示方法不同

动产物权的变动通常以交付公示；而不动产物权的变动则以登记公示，不经登记的不生变动效力。我国《担保法》中规定的抵押、《城市房地产管理法》中规定的房屋及土地使用权转让，均须办理登记后才生效。

③设立的他物权类型不同

物权中的用益物权，如土地使用权、地役权、典权等，只能在不动产上设定，动产上不能设定用益物权。在担保物权中，不动产得设定抵押权，而不能设定质权和留置权；而动产可设定质权和留置权。依《担保法》第34条规定，机器、交通运输工具等动产可设定抵押权。从物的性质上看，不动产多属于稀缺性资源，为了物尽其用，以不动产为标的的他物权类型要多于动产。

④不动产物权发生相邻关系

由于不动产不能移动，相邻的占有人之间如因不动产的利用而产生冲突与矛盾时，就需要法律加以协调。所以，民法中有专门处理不动产相邻关系的条文，以处理截水、排水、通行、通风、采光等相邻关系。动产因能移动，所以不发生特定人之间的相邻关系。

⑤地域管辖不同

因不动产物权发生的争议，适用专属管辖。《民事诉讼法》第34条第1款规定：因不动产纠纷提起的诉讼，由不动产所在地人民法院管辖；而因动产引起的民事诉讼，则依普通管辖确定管辖法院，如被告住所地、合同履行地等。

⑥权利移转时的形式不同

不动产物权移转一般要求具备书面形式。

⑦权利的限制不同

法律对不动产物权转让往往有多种限制。

【名师点拨】汽车、飞机、轮船是特殊的动产，物权变动和抵押登记是重要的知识点。

(2)特定物与种类物

特定物是指独具特征或被特定化并且无从替代的物。特定物既包括独一无二的物，如鲁迅的手稿、张大千的画等；也包括经当事人指定后被特定化的种类物，如经挑选的家具等。特定物因其不可替代性，故也称不可替代物。种类物是指以品种、规格、质量或度量衡确认的一类具有共同特征的物，如1吨煤、20公斤大米等。种类物在交易时，具有可替代性，故也称可替代物。种类物如经当事人指定后，也可成为特定物。两者从法律意义上的区分在于：

①民事法律关系的专属性

民事法律关系，有的只能以特定物为客体，如租赁、借用合同等；而有的只能以种类物为客体，如消费借贷、货币借贷等。在租赁合同和借用合同期限届满时，承租人和借用人必须归还原物——特定物。相反，在消费借贷或货币借贷合同期限届满时，借贷人只要归还同种数量的物或同值的货币即可，因为所借之物或钱已被处分掉了，不可能也不需要返还原物或原币，况且原物、原币与返还的物、货币是具有共性、可替代的物——种类物。

②标的物灭失时的法律效果不同

当特定物作为债履行的标的物时，该物于交付对方当事人前灭失的，债务人可免除交付义务，改负过失赔偿责任；而若以种类物作为债履行的标的物时，债务人不能以交付前物已灭失作为免除交付的抗辩理由，仍需以同样品质、数量的种类物交付。

③所有权移转时间不同

特定物的转让，既可以物之交付为所有权移转的时间，也可依约定或法定，以交付以外的方式确定所有权移转的时间；而种类物的转让，因交付前尚未特定化，故只能以物之交付为所有权移转的时间。

(3)主物与从物

根据两个独立存在的物在用途上客观存在的主从关系，把物分为主物与从物。

主物是指独立存在，与其他独立物结合使用，并在其中发挥主要效用的物。从物是指在两个独立物结合使用中处于附属地位，并起辅助和配合作用的物。例如，杯子和杯盖，其中杯子是主物，杯盖是从物。构成从物的要件：①从物必须是独立的物；②主物与从物必须同属一人所有；③从物只有与主物配合使用才能发挥其最大效用，但是在与主物配合使用的过程中，从物只起辅助作用。

两者从法律意义上的区分在于：如果法律或者合同没有相反约定，从物的所有权随主物的所有权一并移转。

(4)原物与孳息

原物是指依自然属性或法律的规定，能够产生收益的物。基于自然属性能产生收益的物，如能结果实的果树、生幼畜的母畜等；基于法律规定产生收益的物，如能收租金的出租屋、生息的本金等。孳息是原物产生之物。依自然属性产生的孳息称天然孳息，依法律规定产生的孳息称法定孳息。两者从法律意义上的区分在于：

①确定孳息的所有权归属

除法律有特别规定或当事人有约定外，孳息归原物的所有权人所有，原物的所有权转让时，孳息的所有权一并移转。《合同法》第163条规定，标的物在交付之前产生的孳息归出卖人所有，交付之后产生的孳息归买受人所有。

②确定赔偿范围

当原物的所有权受到侵害，使孳息的收取发生不能时，侵害人应赔偿原物的损失，并依法律规定，赔偿孳息的损失。《最高人民法院关于贯彻执行〈中华人民共和国民法通则〉若干问题的意见(试行)》第143条规定，对从事种植业的承包经营户，侵害人不仅要赔偿原物的损失，对于孳息的损失也要按一定期限内的平均收入酌定补偿。

(二)物权法的概念和内容

1. 物权法的概念

物权法是民法的重要组成部分，它是调整

人(自然人、法人、其他组织,特殊情况下可以是国家)对于物的支配关系的法律规范的综合。

2. 物权法调整的内容

(1)支配关系的内容

支配关系包括人对物的全面支配、人对物的利用、人对物的交换价值的支配、人对物的占有。

(2)支配关系的变动

支配关系的变动包括:①支配关系的产生,如所有权取得;②支配关系的变更,即支配关系的客体、内容的变化,如建设用地使用权的期限和用途的变化;③支配关系的消灭,如建设用地使用权期限届满而支配关系消灭。

(3)支配关系的主体与第三人的关系

由于支配关系的排他性、绝对性的特征,其对物的静态支配和动态的变动都会涉及其他利害关系人,即第三人的利益。

(三)物权的效力

物权是权利人直接支配其标的物的排他性权利。依物权的这种性质,它当然具有优先效力和物上请求权。[①]

1. 优先效力[②]

物权的优先效力,也称物权的优先权,是指同一标的物上有数个相互矛盾、冲突的权利并存时,具有较强效力的权利排斥具有较弱效力的权利的实现,主要考察物权和物权以及物权和债权之间的关系。

(1)物权相互间的优先效力

物权相互间的优先效力,是指以物权成立时间的先后确定物权效力的差异,即物权与物权之间优先效力的比较,也可以被理解为物权的对内优先效力。

关于物权相互之间的优先效力,一般原则是,根据不同种类物权的排他性不同,并依据物权成立时间的先后,确定其相互间的优先顺序。

【名师点拨】物权之间的优先效力主要考察抵押权、质权、留置权两两或三者同时存在于同一标的物时的情况,而其关键在于要判断每一类物权设立的时间,这部分知识点会在讲解担保物权时详细阐述。

(2)物权对于债权的优先效力

物权对于债权的优先效力,是指在同一标的物上并存物权和债权时,物权有优先于债权的效力,也可以被理解为物权的对外优先效力。

主要表现在两个方面:①在同一标的物上,既有物权又有债权时,物权有优先于债权的效力。例如,甲同意将自己的房子出卖给乙且进行了交付,并约定3日之后办理房屋过户登记手续。第二天,甲又将该房屋出卖给丙,并于当天办理了房屋过户登记手续。对此,乙基于物权[③]享有房屋所有权,而丙只能根据债权要求甲承担违约责任。但这只是一般原则,在法律有特别规定的情况下,也有极少数的例外。②在债权人依破产程序或强制执行程序行使其债权时,作为债务人财产的物上存在他人的物权时,该物权优先于一般债权人的债权。例如,《企业破产法》中所规定的别除权[④]和出卖人取回权[⑤]。

需要注意的是,物权优先于债权是一般原则,在法律有特别规定的情况下,也有极少数的例外:①买卖不破租赁(《合同法》第229条)。租赁期间租赁物所有权变动的,包括但不限于买卖、继承、赠与等,不影响原承租人的

---

① 多数学者认为追及权应当包含在优先效力和物上请求权之中,本书采用该观点。

② 有些教材中把优先效力称为排他效力,或者将两者视为不同的效力。

③ 不动产的物权变动以登记为生效要件,这在物权变动章节会讲到。

④ 债务人破产时,在债务人的财产上设有担保物权的,担保物权人享有优先受偿的权利。

⑤ 出卖人已将出卖物发送,买受人尚未收到,也没有付清全部价款而宣布破产时,出卖人可以解除合同,并取回标的物。

债权，原租赁合同对新物权人仍有约束力。例如，甲将自己的房屋出租给乙，之后又将该房屋出卖给丙。乙在丙取得该房屋所有权以后，仍然可以根据原租赁合同对丙主张其租赁使用权。同理，先租赁后设立抵押的情况亦是如此。②房屋承租人的优先购买权。例如，甲将自己的房屋出租给了乙，之后在未通知乙的情况下，甲又将该房屋出卖给了丙。乙可以根据其作为承租人而享有的优先购买权，请求法院确认甲和丙之间的房屋买卖合同无效。③承包人的优先受偿权。甲作为建设单位，将某建设工程发包给乙施工单位，之后因资金需要，甲将该建设工程抵押给丙银行以获得贷款。后来，甲因资金短缺无法支付乙的工程款，也无法偿还丙银行的借款，乙和丙分别向法院提起诉讼。此案例中，乙作为承包方对甲享有的债权可以优先于丙银行的物权。

2. 物上请求权

物上请求权，也称物权请求权，是指物权人在其权利的实现上遇有某种妨害时，有权请求造成妨害事由发生的人排除此等妨害，包括返还原物请求权，以及排除妨碍、消除危险请求权。

(1)返还原物请求权

返还原物请求权(《物权法》第 34 条)是指物权人在其所有物被他人非法占有时，可以向非法占有人请求返还原物。请求返还原物需满足两个条件：①请求人为物权人；②被请求人为现时的无权占有人。

(2)排除妨碍、消除危险请求权

排除妨碍、消除危险请求权(《物权法》第 35 条)是指物权人虽然占有其物，但由于他人的非法行为，致使物权人无法充分行使占有、使用、收益、处分权能时，物权人可以请求侵害人排除妨碍、消除危险。请求排除妨碍、消除危险需满足三个条件：①请求人为物权人；②请求时妨碍正在发生或确有发生危险的妨碍；③请求人请求排除的妨碍是非法行为。

3. 追及效力

物权的追及效力是指无论物权的标的物被无权处分人或者处分权受限制的人转让给任何人，除法律另有规定，物权人均可以追及物之所在而行使物权。对于物权追及效力问题，理论上一直存在争议。否定其存在的观点认为，物权追及效力与善意取得制度、物权公信主义等相互排斥，因此在物权法逻辑中没有追及效力存在的空间。肯定说则承认物权追及效力的存在，但内部也存在不同观点。一种观点认为追及效力是物权的独立效力，另一种观点认为追及效力非物权的独立效力，而是包含在物权的其他效力之中。

本书认为，物权追及效力为物权的独立效力，主要理由包括：①即使物权追及效力在某些情况下受到善意取得制度等的限制，但只要其还有适用的余地，就应该承认该效力。②物权请求权与物权追及效力不能等同。物权追及效力指出，即使物与权利人分离，物权人最终可追回物，强调的是物权人对物的权利，而不是权利相对人的特定性。与之相反，物权请求权不一定表现为物的多次流转，只要物权有被妨碍或侵害的可能，物权人就可向具体侵权人行使请求权，更加强调权利相对人的特定性。③物权追及效力区别于物权优先效力，解决的是物的恢复占有的问题；物权优先效力解决的是同一标的物上存在多个权利的情况下，哪个权利优先实现的问题。④物权追及效力对于区分物权和债权意义重大。

(四)物权的分类

1. 物权法定原则

物权法定原则，又称物权法定主义，是指物权的种类及其内容等均有法律明确规定，当事人不得任意创设新物权或变更新物权的法定内容。其具体内容包括物权的种类法定、物权的内容法定，以及物权的效力、公示方法和取得方式等事项法定。

2. 物权的种类

(1)物权法上的分类

我国《物权法》规定了三种物权，分别是所有权、用益物权和担保物权。[①]

①所有权(《物权法》第 39 条)是所有人在法律规定的范围内独占性地支配其所有物的权利。

②用益物权(《物权法》第 117 条)是对他人所有的物在一定范围内使用、收益的权利，包括建设用地使用权、农村土地承包经营权、宅基地使用权和地役权。

③担保物权(《物权法》第 170 条)是为了担保债的履行，在债务人或第三人的特定财产上设定的物权，包括抵押权、质权和留置权。

(2)民法学上的分类

在学理上根据不同的分类标准，通常对物权作以下的分类：

①自物权与他物权。自物权是权利人对于自己的财产所享有的权利，也就是所有权。因其与他人之物无关，故称作自物权。他物权是指在他人所有的物上设定的物权。他物权是对他人财产的权利，由于他物权的内容是在占有、使用、收益或处分等方面对物的支配，故也是物权的形式。

②动产物权与不动产物权。这是根据物权的客体是动产还是不动产进行的区分。不动产所有权、地上权、永佃权、典权、不动产抵押权等是不动产物权，而动产所有权、动产质权、留置权则是动产物权。这种分类的意义在于，动产物权与不动产物权的取得方法、成立要件等各有不同。一般来说，动产物权的公示方法为交付，而不动产物权的公示方法为登记。

③主物权与从物权。这是以物权是否具有独立性进行的分类。主物权是指能够独立存在的物权，如所有权、地上权、永佃权。从物权则是指必须依附于其他权利而存在的物权。如抵押权、质权、留置权，是为担保的债权而设定的。

④所有权与限制物权。所有权是一种于全面关系上支配物的权利，是一种完全的权利。而他物权与所有权不同，是在他人之物上设定的权利，只是在一定方面支配物的权利，没有完全的支配权。一般情况下，限制物权有较优的效力。

⑤本权与占有。根据是否有物权之实质内容，可以分为本权和占有。占有是指对标的物有管领力的一种事实状态。本权是指当事人不仅对标的物有事实上的管领力，而且有产生该管领力所依据的权利。

(五)物权的变动

物权的变动是物权产生、变更和消灭的总称，包含物权产生、物权移转、物权变更以及物权消灭四种形态。

1. 物权的产生

即物权的取得，分为原始取得和继受取得。

(1)原始取得

原始取得是指非以他人既存的权利而取得物权，包括先占、添附、善意取得、生产、建造房屋、收取孳息、发现埋藏物、拾得遗失物、没收、征收以及时效取得等。

(2)继受取得

继受取得是指基于他人既存的权利而取得物权，包括买卖、赠与、遗赠和继承。

继受取得可以作以下分类：

①移转的继受取得和创设的继受取得。移转的继受取得是指就他人的物权依原状而取得，如买卖、赠与。创设的继受取得是指在他人所有物上设立用益物权或者担保物权。需要注意的是，创设取得只能设定他物权，所

① 占有究竟是一种权利还是一种单纯的事实，各国立法例不一致，本书采取后一种观点。

有权不能通过创设取得。

②特定继受取得和概括继受取得。特定继受取得是指仅对特定物继受取得物权，只继受权利，不负担义务；概括继受取得是指就他人的权利和义务予以全部继受而取得物权，不但取得权利，还应负担义务。

2. 物权的变更

有广义和狭义之分。广义物权的变更，是指物权的主体、内容或者客体的变更。狭义物权的变更，仅指物权的内容或者客体的变更。

3. 物权的消灭

即物权的丧失，可以分为绝对的消灭与相对的消灭。绝对的消灭是指物权本身因物的灭失而不存在了。相对的消灭是指原主体权利的丧失和新主体权利的取得，严格来说，应当属于物权的继受取得或主体变更问题。

4. 物权变动的原则

(1)公示原则

公示原则要求物权的产生、变更、消灭，必须以可以从外部查知的一定的方式表现出来。否则，因为物权具有排他的性质，如果没有通过公示方式将物权的变动表现出来，就会给第三人带来不测的损害，影响交易的安全。例如，在房屋上设定抵押权，如果不以一定的方式表现出该抵押权的存在，那么，不知道该抵押权存在的购买该房屋的第三人就可能蒙受损害。因此，民法中关于物权的变动，以“登记”为不动产物权的公示方法，以“交付”为动产物权的公示方法。

对于基于不同法律事实发生的物权变动，公示原则具有不同的意义。对于基于民事法律行为发生的物权变动，原则上非经公示，不发生物权变动的效果。而对于非基于民事法律行为发生的物权变动，不经公示虽然可以发生物权的效果，但是在公示完成之前，当事人不得处分之，比如因继承、法院判决、事实行为等发生的物权变动。

(2)公信原则

物权的变动以登记或者交付为公示方法，当事人如果信赖这种公示而为一定的行为(如买卖、赠与)，即使登记或者交付所表现出的物权状态与真实的物权状态不相符合，也不能影响物权变动的效力。公信原则包括以下两方面内容：其一，记载于不动产登记簿的人推定为该不动产的权利人，动产的占有人推定为该动产的权利人，除非有相反的证据证明，这称为“权利的正确性推定效力”；其二，凡是善意信赖公示的表象而为一定的行为，在法律上应当受到保护，保护的方式就是承认此行为所产生的物权变动的效力。

物权的变动之所以要有公信原则，是因为仅贯彻公示原则，在进行物权交易时，固然不必顾虑他人主张未公示的物权，以免遭受不测的损害，但公示所表现的物权状态与真实的物权状态不相符合的情况在现实生活中也是存在的。如果法律对这种情形无相应的措施，当事人一方也会因此而遭受损失。

5. 物权变动的原因

物权变动实质上是物权法律关系因一定的法律事实而产生或消灭。这些引起物权变动的法律事实被划分为两类，即基于民事法律行为和基于民事法律行为以外的原因。[①]

(1)基于民事法律行为

这是取得物权的最常见的法律事实，包括单方法律行为(抛弃、捐助等)、双方法律行为(买卖、抵押等)和多方法律行为(多人设立公司的协议等)。

(2)基于民事法律行为以外的原因

这种原因包括事件和事实行为。事件包括期间届满、不可抗力等；事实行为包括生产、建造、添附、拾得遗失物、发现埋藏物、继承、行

① 有教材认为物权变动的原因应划分为法律行为、事件和事实行为、公法上的行为或行政行为三类，本书不同意该观点。

政行为(征收、没收)、司法行为(判决书、裁决书、调解书)、孳息的取得等。

【名师点拨】并非所有的判决书、裁决书和调解书都会引起物权的变动,只有依法生效的改变原有物权关系的判决书、裁决书、调解书,即形成之诉的判决书、裁决书、调解书,以及人民法院在执行程序中作出的拍卖成交裁定书、以物抵债裁定书,才能引起物权的变动。

6. 基于法律行为的物权变动模式

(1)物权变动模式学说

物权变动的原因虽多,但最重要的是民事法律行为,主要分为三种不同的学说主张:

①意思主义。意思主义,又称债权意思主义,是指物权的设定与移转仅仅因当事人的债权意思表示而发生,不需要进行登记或交付。例如,甲和乙只需就房屋买卖达成合意,即发生物权变动的效果。

②物权形式主义。物权形式主义,是指当事人之间必须就物权的变动达成合意,并登记或交付。登记或交付只是达成物权合意之后的一种事实行为。例如,甲和乙除了就房屋买卖达成合意以外,还需就房屋的权属变动达成合意且办理登记,才会发生物权变动的效果。物权形式主义承认物权变动的无因性,即物权的变动不需要原因,债权行为的无效不会导致物权丧失。

③债权形式主义。债权形式主义,又称意思主义与登记或交付的结合,是指物权变动,只需在债权的意思表示之外加上登记或交付,不需要单独就物权达成合意。例如,甲和乙只需就房屋买卖达成合意,然后按照法律规定(并非合意)办理过户登记,即发生物权变动的效果。

我国以债权形式主义为原则,以意思主义为例外。

(2)物权变动区分原则

《物权法》第 15 条规定了基于法律行为的不动产物权变动的区分原则。所谓物权变动的区分原则,是指在基于法律行为的物权变动中,要区分债权效果和物权效果。债权是否有效应,根据债法的条件判断;物权是否有效应,根据物权变动规则确定。因欠缺公示手段(登记或交付)导致不能发生物权变动效果的,债权行为的效力不受影响。

与区分原则相关的是物权变动的无因性。所谓物权变动的无因性,简言之,在基于法律行为的物权变动中,即使债权行为无效,只要物权合同有效,则物权变动仍然发生。相反,我国不承认物权变动的无因性,若债权行为无效、不成立或被撤销,即使动产已经交付、不动产物权变动已经登记,依然不发生物权变动的效果。

【名师点拨】物权变动的模式与物权变动的区分原则是紧密联系的,两者都需要考虑债权效果和物权效果。债权效果需要当事人达成合意,物权变动效果需要登记或交付;未登记或未交付,则不发生物权变动的效果,但不影响债权的效力。相反,债权无效,则不可能发生物权变动的效果。

7. 非基于法律行为的物权变动模式

我国《物权法》第 28～30 条规定了非基于法律行为的物权变动模式。一般来说,非因法律行为而发生的物权变动,不经登记或交付即可直接设立。具体情形如下:因法院或仲裁机构的法律文书、政府的征收决定发生的物权变动,自该行为生效时发生效力;因继承、受遗赠取得物权的,自继承或受遗赠开始时发生效力;因合法建造、拆除房屋设立、消灭物权的,自该事实行为成就时发生效力。

此外,我国《物权法》第 31 条规定,对不动产进行处分时,法律要求登记而未登记的,不得处分所取得的不动产物权;否则,不发生物权效力。即权利人基于非法律行为取得物权时,不需要登记或交付,事实成就即可取得,但若要进一步处分该物权时，则需要先登记到自己名下之后再处分（抵押或转让），否则不发生物权变动的效力。

【名师点拨】上述生效法律文书仅限于形成判决，不包括给付判决和确认判决。[①]

8. 不动产物权变动的公示方法

（1）不动产的登记制度

不动产登记是指登记机关根据当事人的申请并经审查，对不动产物权的设立、变更、移转、消灭等事项登录记载于特定簿册的事实，由不动产所在地的登记机构办理。

物权变动的时间是不动产登记的时间，并非发放权属证书之日。不动产登记簿是物权变动的法律依据，权属证书不是物权变动的依据，仅为享有物权的初步证明材料。

（2）登记的效力

关于登记的法律效果，民法法系各国和地区民法立法例主要有两种：

①登记对抗主义。此主义以登记作为公示不动产物权状态的方法。不动产物权的变动，依当事人间的合意即产生法律效力。但是，非经登记，不能对抗第三人。

②登记要件主义。此主义以登记作为不动产物权变动的要件。不动产物权的变动除了当事人间的合意外，还要进行登记。非经登记，不仅不能对抗第三人，而且在当事人间也不发生效力。

（3）不动产登记的分类

不动产登记的种类包括更正登记、异议登记和预告登记。

①更正登记是指当事人认为登记有错误时申请更正，或登记机关发现登记有错误时依职权所进行的登记更正。要件包括登记出现错误、权利人提出更正申请、登记名义人书面同意更正或申请人确有证据证明登记错误。

②异议登记是指在登记出现错误，但又未能办理更正登记的情况下，利害关系人可以申请异议登记。需注意：异议登记申请人应当在15日内提起确权之诉，否则异议登记失去效力。此外，异议登记不能阻止债权的发生，也不能阻止物权的发生，其作用仅在于表明该物权存在权利瑕疵，以对抗第三人（不适用善意取得制度）。

③预告登记是指当事人签订买卖房屋或者其他不动产物权的协议，为保障将来实现物权，按照约定可以向登记机构申请预告登记。预告登记后，未经预告登记的权利人同意而处分该不动产的，不发生物权效力。预告登记后债权消灭，或者自能够进行不动产登记之日起三个月内未申请登记的，预告登记失效。

9. 动产物权变动的公示方法

动产交付是指动产物权的一方将物的直接占有移转给另一方的行为。关于交付的法律效果，主要有以下两种：

第一种是交付对抗主义。此主义以移转占有为物权的公示方法，即在移转占有前，动产物权的变动仅在当事人间发生效力，但不产生对抗第三人的效力。例如，甲将财产出卖给乙，在交付前又出卖给丙，则乙不能要求丙返还财产，而只能请求甲返还财产或赔偿损失。

第二种是交付要件主义。此主义以移转占有为物权变动生效的要件，即在移转占有前，物权的变动不仅不能对抗第三人，在当事人之间也不产生效力。例如，甲与乙订立了买卖合同，在甲将财产交付于乙之前，甲仍然享有财产的所有权。

（1）现实交付

现实交付是指动产物权的让与人将物的直接占有现实地移转给受让人的交付方式。

【名师点拨】现实交付是一个重要考点，常与《合同法》第141条结合考察。并且，交付和风险转移也是常考知识点。

---

① 建议先学习民事诉讼法中的给付之诉、形成之诉、确认之诉。

(2)观念交付

观念交付是指动产物权的让与人和受让人特别约定的而没有现实转移标的物的交付方式,包括简易交付、指示交付和占有改定。

①简易交付是指动产的受让人已经占有动产,双方当事人达成让与合意,代替动产现实移转占有的交付形态。例如,张三借用李四的照相机,后张三与李四达成协议购买该照相机,则动产自双方达成合意即移转。

②指示交付是指动产由第三人占有时,出让人将其对于第三人的返还请求权让与受让人的交付形态。例如,张三将借给李四的照相机出卖,由李四将照相机直接交付给受让人王五,自通知李四向王五交付照相机时交付移转。

③占有改定是指动产的转让人与受让人达成动产让与合意,由转让人继续占有该动产的交付形态。例如,赵茜茜将照相机卖给刘丽丽,并约定赵茜茜再使用一个月,自物权让与的合意达成时即完成交付。

【名师点拨】善意取得和动产质权不适用占有改定,因为不满足交付的条件。动产物权变动以交付为要件,但对于飞机、车辆和船舶等特殊动产,未经登记不可对抗善意第三人。

(六)物权的保护

物权的保护,是指通过法律规定的方法和程序,保障物权人在法律许可范围内对其财产行使占有、使用、收益、处分权利的制度。依据我国物权法及其他民事法律、法规的规定,我国民法对物权的保护有以下几种特殊方法:

(1)请求确认物权。在财产的归属、内容问题上发生争议而处于不确定状态的时候,当事人可以向法院提起诉讼,请求确认物权。

(2)物上请求权(参见物权的效力之物上请求权)。

(3)请求修理、重作、更换或者恢复原状。恢复原状一般是指通过修理或其他方法,使财产在价值和使用价值上恢复到财产受损害前的状态。

(4)请求赔偿损失。物权人的财产因他人的不法侵害而毁损、灭失时,物权人有权请求侵害人赔偿损失,或者请求人民法院责令侵害人赔偿损失。

【名师点拨】物上请求权是物权请求权,不适用诉讼时效;赔偿损失请求权是债权请求权,适用诉讼时效。

三、全真题演练

(一)单项选择题

1.(中国政法大学 2009 年考研真题)以下选项中,属于主物与从物关系的是(　　)。

A. 房屋与窗户

B. 电脑与鼠标

C. 甲的电视机与乙的遥控器

D. 壶与壶盖

2. 下列哪一选项不是民法上的物?(　　)

A. 无形的电

B. 天上的恒星

C. 与人体脱离的血液

D. 庭院中的果树

3.(中国政法大学 2005 年考研真题)甲将收藏的一件瓷器出售给乙,乙当场付清价金,约定甲 10 天后交货。丙听说后,表示愿意以双倍的价钱购买。甲当即决定卖给丙,约定 5 天后交货,并收定金若干。乙听说此事,诱甲 7 岁子将瓷器从家中取出给他。在瓷器为乙所占有的期间,该瓷器的所有权应归(　　)。

A. 甲　　B. 乙

C. 丙　　D. 乙、丙共有

4.(2008 年司法考试延考区试卷三第 9 题)甲将自己的电脑卖给乙,双方约定电脑卖给乙后仍然由甲使用一个月。乙是通过哪种交付方法取得电脑所有权的?(　　)

A. 现实交付　　B. 占有改定

C. 指示交付　　D. 简易交付

5.(2011年司法考试试卷三第8题)物权人在其权利的实现上遇有某种妨害时，有权请求造成妨害事由发生的人排除此等妨害，称为物权请求权。关于物权请求权，下列哪一表述是错误的?(　　)

A. 是独立于物权的一种行为请求权

B. 可以适用债权的有关规定

C. 不能与物权分离而单独存在

D. 必须依诉讼的方式进行

6.(2007年司法考试试卷三第6题)乙买甲一套房屋，已经支付1/3价款，双方约定余款待过户手续办理完毕后付清。后甲反悔，要求解除合同，乙不同意，起诉要求甲继续履行合同，转移房屋所有权。下列选项正确的是(　　)。

A. 合同尚未生效，甲应返还所受领的价款并承担缔约过失责任

B. 合同无效，甲应返还所受领的价款

C. 合同有效，甲应继续履行合同

D. 合同有效，法院应当判决解除合同、甲赔偿乙的损失

7.(2016年司法考试试卷三第5题)蔡永父母在共同遗嘱中表示，二人共有的某处房产由蔡永继承。蔡永父母去世前，该房由蔡永之姐蔡花借用，借用期未明确。2012年上半年，蔡永父母先后去世，蔡永一直未办理该房屋所有权变更登记，也未要求蔡花腾退。2015年下半年，蔡永因结婚要求蔡花腾退，蔡花拒绝搬出。对此，下列哪一选项是正确的?(　　)

A. 因未办理房屋所有权变更登记，蔡永无权要求蔡花搬出

B. 因诉讼时效期间届满，蔡永的房屋腾退请求不受法律保护

C. 蔡花系合法占有，蔡永无权要求其搬出

D. 蔡永对该房屋享有物权请求权

8.(2013年司法考试试卷三第6题)甲、乙和丙于2012年3月签订了散伙协议，约定登记在丙名下的合伙房屋归甲、乙共有。后丙未履行协议。同年8月，法院判决丙办理该房屋过户手续，丙仍未办理。9月，丙死亡，丁为其唯一继承人。12月，丁将房屋赠给女友戊，并对赠与合同做了公证。下列哪一表述是正确的?(　　)

A. 2012年3月，甲、乙按份共有房屋

B. 2012年8月，甲、乙按份共有房屋

C. 2012年9月，丁为房屋所有人

D. 2012年12月，戊为房屋所有人

9.(2008年司法考试试卷三第8题)中州公司在依法取得某块土地建设用地使用权并办理报建审批手续后，开始房屋建设并已经完成了外装修。对此，下列哪一选项是正确的?(　　)

A. 中州公司因为享有建设用地使用权而取得了房屋所有权

B. 中州公司因为事实行为而取得了房屋所有权

C. 中州公司因为法律行为而取得了房屋所有权

D. 中州公司尚未进行房屋登记，因此未取得房屋所有权

10.(2009年司法考试试卷三第8题)甲公司开发写字楼一幢，于2008年5月5日将其中一层卖给乙公司，约定半年后交房，乙公司于2008年5月6日申请办理了预告登记。2008年6月2日甲公司因资金周转困难，在乙公司不知情的情况下，以该层楼向银行抵押借款并登记。现因甲公司不能清偿欠款，银行要求实现抵押权。下列哪一判断是正确的?(　　)

A. 抵押合同有效，抵押权设立

B. 抵押合同无效，但抵押权设立

C. 抵押合同有效，但抵押权不设立

D. 抵押合同无效,抵押权不设立

11. 下列关于预告登记正确的是(　　)。

A. 只有预售商品房可以进行预告登记

B. 预告登记后,债权消灭或者自能够进行不动产正式登记之日起 2 个月内未申请登记的,预告登记失效

C. 预告登记具有终局效力

D. 预告登记后,未经预告登记权利人同意处分该不动产的,不发生物权效力

12. 某商场从电视机厂购进 100 台彩电。大周从中挑选了 10 台,此时这 10 台彩电在法律上的性质是(　　)。

A. 特定物

B. 种类物

C. 从物

D. 以上说法都正确

(二)多项选择题

1.(1997 年司法考试试卷三第 46 题)根据民法中物的分类标准,下列物中哪些属于主物与从物的关系?(　　)

A. 锁与钥匙　　B. 上衣与裤子

C. 电视机与遥控器　D. 房屋与窗户

2.(2008 年司法考试延考区试卷三第 59 题)某房屋登记的所有人为甲,乙认为自己是共有人,于是向登记机构申请更正登记。甲不同意,乙又于 3 月 15 日进行了异议登记。3 月 20 日,丙打算买甲的房屋,但是到登记机构查询发现甲的房屋存有异议登记,遂放弃购买。乙申请异议登记后,发现自己的证据不足,遂对此事置之不理。下列选项正确的是(　　)。

A. 异议登记后,未经乙同意而处分该房屋,不发生物权效力

B. 异议登记于 3 月 31 日失效

C. 甲有权向乙请求赔偿损失

D. 甲有权向登记机构请求赔偿损失

3.(2013 年司法考试试卷三第 55 题)叶某将自有房屋卖给沈某,在交房和过户之前,沈某擅自撬门装修,施工导致邻居赵某经常失眠。下列哪些表述是正确的?(　　)

A. 赵某有权要求叶某排除妨碍

B. 赵某有权要求沈某排除妨碍

C. 赵某请求排除妨碍不受诉讼时效的限制

D. 赵某可主张精神损害赔偿

4.(2012 年司法考试试卷三第 51 题)根据公平、正义理念的内涵,关于《物权法》第 42 条就“征收集体土地和单位、个人房屋及其他不动产”所作的规定,下列哪些说法可以成立?(　　)

A. 有公共利益的需要,方可进行征收,实现国家、集体和个人利益的统一

B. 征收必须依照法定权限和程序进行,保证程序公正

C. 对失地农民必须全面补偿,对失房市民可予拆迁补偿,合理考虑不同诉求

D. 明确保障住宅被征收人的居住条件,保护正当利益和民生

5.(2014 年司法考试试卷三第 55 题)刘某借用张某的名义购买房屋后,将房屋登记在张某名下。双方约定该房屋归刘某所有,房屋由刘某使用,产权证由刘某保存。后刘某、张某因房屋所有权归属发生争议。关于刘某的权利主张,下列哪些表述是正确的?(　　)

A. 可直接向登记机构申请更正登记

B. 可向登记机构申请异议登记

C. 可向法院请求确认其为所有权人

D. 可依据法院确认其为所有权人的判决,请求登记机关变更登记

6.(2010 年司法考试试卷三第 53 题)某房屋登记簿上所有权人为甲,但乙认为该房屋应当归己所有,遂申请仲裁。仲裁裁决争议房屋归乙所有,但裁决书生效后甲、乙未办理变更登记手续。一个月后,乙将该房屋抵押给丙银

行，签订了书面合同，但未办理抵押登记。对此，下列哪些说法是正确的？（　　）

A. 房屋应归甲所有　B. 房屋应归乙所有

C. 抵押合同有效　D. 抵押权未成立

7.（中国政法大学2008年考研真题）以下选项中，关于物权排他性的表述正确的是（　　）。

A. 物权内容不发生抵触时，法律允许其存在于同一物中

B. 同一物上不能成立两个不相容的物权

C. 当物权受到妨碍时，物权人可以基于排他效力排除不法妨碍

D. 以上说法都错误

8.（2011年司法考试试卷三第55题）吴某和李某共有一套房屋，所有权登记在吴某名下。2010年2月1日，法院判决吴某和李某离婚，并且判决房屋归李某所有，但是并未办理房屋所有权变更登记。3月1日，李某将该房屋出卖给张某，张某基于对判决书的信赖支付了50万元价款，并入住了该房屋。4月1日，吴某又就该房屋和王某签订了买卖合同，王某在查阅了房屋登记簿确认房屋仍归吴某所有后，支付了50万元价款，并于5月10日办理了所有权变更登记手续。下列哪些选项是正确的？（　　）

A. 5月10日前，吴某是房屋所有权人

B. 2月1日至5月10日，李某是房屋所有权人

C. 3月1日至5月10日，张某是房屋所有权人

D. 5月10日后，王某是房屋所有权人

（三）不定项选择题

1. 甲继承了一套房屋，在办理产权登记前将房屋出卖并交付给乙，办理产权登记后又将该房屋出卖给丙并办理了所有权移转登记。丙受丁胁迫将房屋出卖给丁，并完成了移转登记。丁旋即将房屋出卖并移转登记于戊。

（1）在办理继承登记前，关于甲对房屋的权利状态，下列选项正确的是（　　）。

A. 甲已经取得了该房屋的所有权

B. 甲对该房屋的所有权不能对抗善意第三人

C. 甲出卖该房屋未经登记不发生物权效力

D. 甲可以出租该房屋

（2）关于甲、乙、丙三方的关系，下列选项正确的是（　　）。

A. 甲与乙之间的房屋买卖合同因未办理登记而无效

B. 乙对房屋的占有是合法占有

C. 乙可以诉请法院宣告甲与丙之间的房屋买卖合同无效

D. 丙已取得该房屋的所有权

（3）关于戊的权利状态，下列选项正确的是（　　）。

A. 戊享有该房屋的所有权

B. 戊不享有该房屋的所有权

C. 戊原始取得该房屋的所有权

D. 戊继受取得该房屋的所有权

2.（2009年司法考试试卷三第91～92题）甲有一块价值1万元的玉石。甲与乙订立了买卖该玉石的合同，约定价格11 000元。由于乙没有带钱，甲未将该玉石交付给乙，约定三日后乙到甲的住处付钱取玉石。随后甲又向乙提出，再借用玉石把玩几天，乙表示同意。隔天，知情的丙找到甲，提出愿以12 000元购买该玉石，甲同意并当场将玉石交给丙。丙在回家路上遇到债主丁，向丙催要9 000元欠款甚急，丙无奈，将玉石交付给丁抵偿债务。后玉石被丁丢失并被戊拾得，戊将其转卖给己。

（1）关于乙对该玉石所有权的取得和交付的表述，下列选项正确的是（　　）。

A. 甲、乙的买卖合同生效时，乙直接取得

该玉石的所有权

B. 甲、乙的借用约定生效时，乙取得该玉石的所有权

C. 由于甲未将玉石交付给乙，所以乙一直未取得该玉石的所有权

D. 甲通过占有改定的方式将玉石交付给了乙

(2)关于丙、丁对该玉石所有权的取得问题，下列说法正确的是(　　)。

A. 甲将玉石交付给丙时，丙取得该玉石的所有权

B. 甲、丙的买卖合同成立时，丙取得该玉石的所有权

C. 丙将玉石交给丁时，丁取得该玉石的所有权

D. 丁不能取得该玉石的所有权

(四)名词解释与辨析

1.(武汉大学 2009 年考研真题)(物权的)公示原则和公信原则

2.(中国政法大学 2016 年考研真题)占有改定

(五)简答题

1.(清华大学 2014 年考研真题)简述预告登记的构成要件和法律效果。

2.(中国政法大学 2015 年考研真题)简述观念交付的种类。

(六)论述题

1.(西南政法大学 2003 年考研真题)试论述物权的区分原则。

2.(中国政法大学 2016 年考研真题)试论述处分行为和负担行为的区分标准及意义。

四、案例分析

【案例】

2007 年 2 月 10 日，甲公司与乙公司签订一份购买 1 000 台 A 型微波炉的合同，约定由乙公司于 3 月 10 日前办理托运手续，货到付款。乙公司如期办理了托运手续，但装货时多装了 50 台 B 型微波炉。甲公司于 3 月 13 日与丙公司签订合同，将处于运输途中的前述合同项下的 1 000 台 A 型微波炉转卖给丙公司，约定货物质量检验期为货到后 10 天内。3 月 15 日，上述货物在运输途中突遇山洪暴发，致使其中 100 台 A 型微波炉受损报废。3 月 20 日，货到丙公司。4 月 15 日，丙公司以部分货物质量不符合约定为由拒付货款，并要求退货。顾客张三从丙公司处购买了一台 B 型微波炉，在正常使用过程中微波炉发生爆炸，致张三右臂受伤，花去医药费 1 200 元。

问题：乙公司办理完托运手续后，货物的所有权归谁？为什么？

【问题聚焦】

物权变更

【法律剖析】

属于甲公司。依《合同法》第 141 条和《物权法》第 23 条，在甲、乙公司的动产买卖合同中，没有约定交付地点，且货物需要运输，乙公司将货交于第一承运人，即完成现实交付。微波炉的所有权在完成现实交付时移转于买受人甲。

五、深度拓展

◆ 债权形式主义

债权形式主义又称折衷主义、意思主义。其与登记或交付之结合，是指物权因法律行为而变动时，除有债权的合意之外，还必须履行登记或交付的法定形式，才可生效。在债权形式主义的物权变动模式之下，物权变动法律效果的发生，并非法律行为这一单一民事法律事实的作用，而是以债权合同这一法律行为与交付或登记这一事实行为的相互结合

为根据。

债权形式主义以奥地利民法为其典型。物权因法律行为发生变动时，当事人间除有债权合意外，还需履行登记或交付的法定方式。也就是说，原则上尽管要求以交付或登记行为作为标的物所有权移转的表征，但不承认所谓物权合意的存在，认为债权合同就是所有权移转的内在动力和根本原因。

第十二章

所有权

一、知识结构图

- 所有权
  - 建筑物区分所有权(重点)
    - 建筑物区分所有权的概念(识记)
    - 建筑物区分所有权的内容(重点)
  - 相邻关系
    - 相邻关系的概念(理解并识记)
    - 处理相邻关系的原则(重点)
    - 各种相邻关系(理解并识记)
  - 所有权的特别取得方法(重点)
    - 善意取得
    - 拾得遗失物
    - 发现埋藏物
    - 添附
    - 先占

二、重难点归纳

(一)建筑物区分所有权的概念和内容

1. 建筑物区分所有权的概念

所谓建筑物区分所有权,是指权利人即业主对于一栋建筑物中自己专有部分的单独所有权、对共有部分的共有权以及因共有关系而产生的管理权的结合。

2. 建筑物区分所有的要件

基于物权客体的独立性原则,区分所有的特定部分,必须具备一定的条件,才可以为建筑物区分所有的客体。这些条件有:

(1)必须具有构造上的独立性,即被区分的部分在建筑物的构造上可以被区分,从而与建筑物其他部分隔离。

(2)必须具有使用上的独立性,即建筑物被区分的各部分可以为居住、工作或其他的目的而使用。

(3)必须在构造上具有共用的部分,即各专有部分人为了利用其专有部分,必须利用共有部分。例如,一住宅楼各单元房的住户必须共用一个楼梯、一条通道等。

3. 建筑物区分所有权的内容

(1)专有部分的单独所有权

专有部分是在一栋建筑物内区分出的住宅或者商业用房等单元。该单元必须具备构造上的独立性与使用上的独立性;为各区分所有人单独所有,在性质上与一般所有权并无不

同。但是,业主行使其专有部分的单独所有权受到下列限制:

①业主行使权利不得危及建筑物的安全,不得损害其他业主的合法权益。

②业主不得违反法律、法规以及管理规约,将住宅改变为经营性用房。业主将住宅改变为经营性用房的,除遵守法律、法规以及管理规约外,应当经有利害关系的业主同意。

(2)共有部分的共有权

建筑物的共用部分为相关区分所有人共有,均不得分割。各区分所有人对共有部分,应按其目的加以使用。共有部分的修缮费以及其他负担,由各区分所有人按其单独所有的部分的面积占总面积的比例来分担。

此种共有在性质上应当属于按份共有,但是不得请求分割。转让专有部分的所有权必须同时转让共用部分的共有权,专有部分和共有部分不得分开转让。

①业主共有财产部分

关于道路的归属:属于业主共有建筑区划内的道路,属于业主共有,但属于城镇公共道路的除外。

关于绿地的归属:合同明确约定归个人所有的,属于个人所有;法律规定属于城镇公共绿地的,属于城市所有,即国家所有;其余的一律归全体业主共有。

关于车位的归属:占用业主共有的道路或者其他场地用于停放汽车的车位,属于业主共有;建筑区划内,规划用于停放汽车的车位、车库的归属,由当事人通过出售、附赠或者出租等方式约定。但是无论如何,建筑区划内,规划用于停放汽车的车位、车库应当首先满足业主的需要,然后才能对外出售、出租。

其他归业主共有的财产:凡是必须由业主共同使用的部分,都应当归业主共同所有,如楼梯、过道、建筑物的外墙等;不是必须由业主共同使用的部分,可以通过业主公约、出让合同等约定,归业主共有。

②共有部分的处分

共有部分财产不能单独转让、抵押、出租;业主转让其专有部分所有权的,其对共有部分享有的共有和共同管理的权利一并转让。

③业主对共有部分的权利和义务

业主对建筑物专有部分以外的共有部分享有权利、承担义务,不得以放弃权利为由不履行义务。建筑物及其附属设施的费用分摊、收益分配等事项,有约定的,按照约定;没有约定或者约定不明确的,按照业主专有部分占建筑物总面积的比例确定。

4. 业主的管理权

(1)业主大会与业主委员会

业主大会是全体业主进行集体决策的自治性组织,全体业主均有权利参加并在业主大会上行使表决权。业主委员会是业主大会的常设机构,在业主大会闭会期间行使业主大会的部分职权和其他由业主大会授予的权利。

根据《物权法》第74条,下列事项由业主共同决定:

①制定和修改业主大会议事规则;

②制定和修改建筑物及其附属设施的管理规约;

③选举业主委员会或者更换业主委员会成员;

④选聘和解聘物业服务企业或者其他管理人;

⑤筹集和使用建筑物及其附属设施的维修资金;

⑥改建、重建建筑物及其附属设施;

⑦有关共有和共同管理权利的其他重大事项。

决定前款第⑤项和第⑥项规定的事项,应当经专有部分占建筑物总面积三分之二以上的业主且占总人数三分之二以上的业主同意。决定前款其他事项,应当经专有部分占建筑物总面积过半数的业主且占总人数过半数的业主同意。

(2)业主对于业主大会决议的撤销诉权

业主大会或者业主委员会作出的决定侵害业主合法权益的,受侵害的业主可以请求人民法院予以撤销。

(3)业主大会与业主委员会的排除妨害请求权

业主大会和业主委员会,对任意弃置垃圾、排放污染物或者噪声、违反规定饲养动物、违章搭建、侵占通道、拒付物业费等损害他人合法权益的行为,有权依照法律、法规以及管理规约,要求行为人停止侵害、消除危险、排除妨害、赔偿损失。业主对侵害自己合法权益的行为,可以依法向人民法院提起诉讼。

5. 物业管理公司的选任

(1)业主既可以自行管理建筑物及其附属设施,也可以委托物业服务企业或者其他管理人管理。

(2)对建设单位聘请的物业服务企业或者其他管理人,业主有权依法更换。

(3)物业公司与业主之间的关系:

①物业管理机构与业主之间是委托合同关系,因此委托合同中关于委托人和受托人之间的权利义务关系适用于业主与物业管理机构之间。

②物业服务企业或者其他管理人根据业主的委托管理建筑区划内的建筑物及其附属设施,并接受业主的监督。

(二)相邻关系

1. 相邻关系的概念和特征

相邻关系即不动产相邻关系,是指相互毗邻的不动产所有人或使用人之间在行使所有权或使用权时,因相互之间给予便利或接受限制所发生的权利义务关系。相邻关系有如下特征:

(1)相邻关系的主体具有多数性;

(2)相邻关系的标的物具有相邻性;

(3)相邻关系的产生具有法定性;

(4)相邻关系的内容具有复杂性;

(5)相邻关系的客体具有特殊性。

2. 相邻关系的处理原则

(1)有利生活和方便生活原则;

(2)团结互助和公平合理的原则;

(3)尊重历史和习惯的原则。

3. 相邻关系的种类

(1)相邻用水、流水、截水、排水关系;

(2)相邻通行关系;

(3)相邻管线安设关系;

(4)相邻防险、排污关系;

(5)相邻日照、通风、采光关系;

(6)相邻竹木归属关系。

(三)所有权的特别取得方法

一般情况下,所有权的特别取得方法是针对动产而言的,但特殊情形下,不动产也适用。具体而言,有以下特别取得方法:

1. 善意取得

善意取得是指无权处分人转让标的物给善意第三人时,善意第三人一般可取得标的物的所有权,所有权人不得请求善意第三人返还原物。

(1)善意取得需满足的四个要件

①处分人为无权处分

无权处分是善意取得的首要条件,处分对象可以是动产,也可以是不动产。

②第三人受让该不动产或者动产时是善意的

这里的善意仅指第三人受让时的善意,如果受让之后发现标的物存在效力瑕疵的,仍然受善意取得的保护。《最高人民法院关于适用〈中华人民共和国物权法〉若干问题的解释(一)》(下简称《物权法司法解释(一)》)第15条规定:受让人受让不动产或者动产时,不知道转让人无处分权,且无重大过失的,应当认定受让人为善意。《物权法司法解释(一)》列明了以下五种非善意的情形：第一，登记簿上存在有效的异议登记；第二，预告登记有效期内，未经预告登记的权利人同意；第三，登记簿上已经记载司法机关或者行政机关依法裁定、决定查封或者以其他形式限制不动产权利的有关事项；第四，受让人知道登记簿上记载的权利主体错误；第五，受让人知道他人已经依法享有不动产物权。

③以合理的价格转让

合理价格的认定应该根据转让标的物的性质、数量以及付款方式等具体情况，参考转让时交易地市场价格以及交易习惯等因素综合认定。

④转让的不动产或者动产依照法律规定已经登记或交付

标的物已经登记或交付到善意第三人名下，所以占有改定不适用善意取得。

(2)善意取得的效果

善意取得是原始取得，原所有权人的所有权消灭，但原所有权人有权向无权处分人请求赔偿损失。

(3)善意取得的例外

盗赃物、遗失物、漂流物和埋藏物等占有脱离物原则上不适用善意取得，所有权人自知道或者应当知道受让人之日起2年内有权向受让人请求返还原物。若受让人通过拍卖或者向有经营资格的经营者购得该遗失物的，权利人请求返还原物时，应当支付受让人所付的费用。

2. 拾得遗失物

遗失物是所有人遗忘于某处、不为任何人占有的物。遗失物只能是动产，不动产不存在遗失问题。此外，遗失物不是无主财产，遗失人占有的丧失并非基于自己的意思，不同于抛弃物。

(1)拾得人的义务

①向失主返还遗失物及孳息。

②拾得人应当及时通知权利人领取，或者送交公安等有关部门。

③拾得人在将遗失物送交有关部门前，应当妥善保管遗失物。拾得人若因一般过失致使遗失物毁损、灭失的，不承担赔偿责任；因故意或重大过失致使遗失物毁损、灭失的，应当承担赔偿责任。

(2)拾得人的权利

①有权请求领取人返还必要的费用，如保管费、维修费、饲养费、登报费等；

②领取人悬赏寻找遗失物时，拾得人有权要求支付报酬；

③在领取人不支付必要费用时，拾得人有权留置遗失物。

【名师点拨】如果拾得人恶意侵占遗失物的，则不得主张上述三项权利。

(3)遗失物的归属

当遗失物无人领取时，自发布招领公告之日起6个月内无人认领的，归国家所有，不认定为无主物。

(4)参照适用拾得遗失物规则的情形

根据我国《物权法》规定，拾得漂流物、发现埋藏物或者隐藏物的，参照拾得遗失物的有关规定。

3. 添附

添附是指不同所有人之物结合、混合在一起，或者不同人的劳力与物结合在一起，形成一种新物的法律状态。

(1)添附的三种情形

①附合

附合是指两个或两个以上不同所有人的物结合在一起不能分离，若分离则会毁损该物或者所需费用过大。附合可分为动产与动产的附合、动产与不动产的附合。

②混合

混合是指两个或两个以上不同所有人的

种类物互相混杂、不能识别。

③加工

加工是指在他人之物上进行劳动，使之成为新物。

(2)法律后果

①附合

a. 动产与动产的附合。从我国的司法实践分析，动产与动产的附合应当由原所有人按照其动产的价值，共有合成物。如果可以区别主物或从物，或者一方动产的价值显然高于他方的动产，则应当由主物或价值较高的物的原所有人取得合成物的所有权，并给对方以补偿。

b. 动产与不动产的附合。在我国司法实践中，动产与不动产的附合，由不动产所有人取得合成物的所有权，但应当给原动产所有人以补偿。

②混合

混合发生在动产之间，它与附合的不同之处在于：附合(指动产的附合)的数个动产在形体上可以识别、分割，只是分离后要损害附合物的价值，出于社会利益考虑不许分割；而混合则是数个动产混合在一起，事实上不易区别。但两者的法律效果却无区别规定，故各国民法大多规定，混合准用附合的规定。

③加工

根据我国的司法实践，加工物的所有权原则上归原物的所有人，并给加工人以补偿。但是当加工增加的价值大于材料的价值时，加工物可以归加工人所有，但应当给原物的所有人以补偿。

4. 先占

先占是指最先占有无主财产。

(1)先占的要件

①必须为动产。

②必须为无主的动产。

所谓无主，是指没有所有人，而不是所有人不明。遗失物不是无主物，只是暂时与所有人脱离。无主物包括从来就没有所有人的物和所有人抛弃之后而没有所有人的物两种。

③标的物必须为非法律禁止占有的物。

若法律规定某些动产专属于国家，则不能通过先占而取得，比如珍奇动植物等。

④必须以所有的意思占有该无主物。

(2)性质和法律效果

①性质：事实行为，而不是法律行为，不以意思表示为要件。

②效果：由先占人取得该无主物的所有权。

三、全真题演练

(一)单项选择题

1. (2010 年司法考试试卷三第 8 题)北林公司是某小区业主选聘的物业服务企业。关于业主与北林公司的权利和义务，下列哪一选项是正确的？(　　)

A. 北林公司公开作出的服务承诺及制定的服务细则，不是物业服务合同的组成部分

B. 业主甲将房屋租给他人使用，约定由承租人缴纳物业费，北林公司有权请求业主甲对该物业费的缴纳承担连带责任

C. 业主乙拖欠半年物业服务费，北林公司要求业主委员会支付欠款，业主委员会无权拒绝

D. 业主丙出国进修两年返家，北林公司要求其补交两年的物业管理费，丙有权以两年未接受物业服务为由予以拒绝

2. (2008 年司法考试试卷三第 10 题)下列哪一选项属于所有权的继受取得？(　　)

A. 甲通过遗嘱继承其兄房屋一间

B. 乙通过存款 3 万元得利息 1 000 元

C. 丙购来木材后制成椅子一把

D. 丁拾得他人搬家时丢弃的旧电扇一台

3.(2011年司法考试试卷三第9题)潘某与刘某相约出游,潘某在长江边拾得一块奇石,爱不释手,拟带回家。刘某说,《物权法》规定河流属于国家所有,这一行为可能属于侵占国家财产。关于潘某能否取得奇石的所有权,下列哪一说法是正确的?( )

A. 不能,因为石头是河流的成分,长江属于国家所有,石头从河流中分离后仍然属于国家财产

B. 可以,因为即使长江属于国家所有,但石头是独立物,经有关部门许可即可以取得其所有权

C. 不能,因为即使石头是独立物,但长江属于国家所有,石头也属于国家财产

D. 可以,因为即使长江属于国家所有,但石头是独立物、无主物,依先占的习惯可以取得其所有权

4.(2016年司法考试试卷三第6题)甲被法院宣告失踪,其妻乙被指定为甲的财产代管人。3个月后,乙将登记在自己名下的夫妻共有房屋出售给丙,交付并办理了过户登记。在此过程中,乙向丙出示了甲被宣告失踪的判决书,并将房屋属于夫妻二人共有的事实告知丙。1年后,甲重新出现,并经法院撤销了失踪宣告。现甲要求丙返还房屋。对此,下列哪一说法是正确的?( )

A. 丙善意取得房屋所有权,甲无权请求返还

B. 丙不能善意取得房屋所有权,甲有权请求返还

C. 乙出售夫妻共有房屋构成家事代理,丙继受取得房屋所有权

D. 乙出售夫妻共有房屋属于有权处分,丙继受取得房屋所有权

5.(2013年司法考试试卷三第13题)方某将一行李遗忘在出租车上,立即发布寻物启事,言明愿以2 000元现金酬谢返还行李者。出租车司机李某在发现该行李并获悉寻物启事后,即与方某联系。现方某拒绝支付2 000元给李某。下列哪一表述是正确的?( )

A. 方某享有所有物返还请求权,李某有义务返还该行李,故方某可不支付2 000元酬金

B. 如果方某不支付2 000元酬金,李某可行使留置权,拒绝返还该行李

C. 如果方某未曾发布寻物启事,则其可不支付任何报酬或费用

D. 既然方某发布了寻物启事,则其必须支付酬金

6.(2009年司法考试试卷三第13题)一日清晨,甲发现一头牛趴在自家门前,便将其拴在自家院内,打探失主未果。时值春耕,甲用该牛耕种自家田地。其间该牛因劳累过度得病,甲花费300元将其治好。两年后,牛的主人乙寻牛来到甲处,要求甲返还,甲拒绝返还。下列哪一说法是正确的?( )

A. 甲应返还牛,但有权要求乙支付300元

B. 甲应返还牛,但无权要求乙支付300元

C. 甲不应返还牛,但乙有权要求甲赔偿损失

D. 甲不应返还牛,也无权要求乙支付300元

7.(2015年司法考试试卷三第6题)甲将一套房屋转让给乙,乙再转让给丙,相继办理了房屋过户登记。丙翻建房屋时在地下挖出一个瓷瓶,经查为甲的祖父埋藏,甲是其祖父的唯一继承人。丙将该瓷瓶以市价卖给不知情的丁,双方钱物交割完毕。现甲、乙均向丙和丁主张权利。下列哪一选项是正确的?( )

A. 甲有权向丙请求损害赔偿

B. 乙有权向丙请求损害赔偿

C. 甲、乙有权主张,丙、丁买卖无效

D. 丁善意取得瓷瓶的所有权

8.(2017年司法考试试卷三第5题)庞某有1辆名牌自行车,在借给黄某使用期间,达成转让协议,黄某以8 000元的价格购买该自行车。次日,黄某又将该自行车以9 000元的价格转卖给了洪某,但约定由黄某继续使用一个月。关于该自行车的归属,下列哪一选项是正确的?( )

A. 庞某未完成交付,该自行车仍归庞某所有

B. 黄某构成无权处分,洪某不能取得自行车所有权

C. 洪某在黄某继续使用一个月后,取得该自行车所有权

D. 庞某既不能向黄某,也不能向洪某主张原物返还请求权

9. 甲每天在房间内唱歌,影响邻居乙休息,乙和甲达成协议,规定唱歌的时间段。后甲将自己的房屋租给丙,丙不分时间段唱歌,乙难以忍受。下列说法正确的是( )。

A. 乙有权要求丙承担违约责任

B. 乙有权要求甲承担违约责任

C. 乙无权请求丙停止不分时间段唱歌

D. 乙有权请求丙停止不分时间段唱歌

10. 甲的责任田位于河边,一面近河,其余三面被乙的责任田包围,下列说法正确的是( )。

A. 甲未经乙的允许,不得通过乙的责任田

B. 甲有权自由通过乙的责任田

C. 甲有权通过乙的责任田,但需要选择损害最小的地点和方法

D. 因通行造成的损害,乙有容忍的义务,不得请求补偿

11.(2005年司法考试试卷三第3题)甲、乙、丙依次比邻而居。甲为修房而向乙提出在其院内堆放建材,乙不允。甲遂向丙提出在其院内堆放建材,丙要求甲付费200元,并提出不得超过20天,甲同意。修房过程中,甲搬运建材必须从乙门前经过,乙予以阻拦。对此,下列说法不正确的是( )。

A. 乙无权拒绝甲在其院内堆放建材

B. 乙无权阻拦甲经其门前搬运建材

C. 甲应依约定向丙支付占地费

D. 若建材堆放时间超过20天,丙有权要求甲清理现场

12. 以下财产所有权的取得方式中,属于继受取得的是( )。

A. 以所有的意思占有无主财产

B. 互易财物

C. 没收财产

D. 收取孳息

(二)多项选择题

1.(2008年司法考试试卷三第58题)王某有一栋两层楼房,在楼顶上设置了一个商业广告牌。后王某将该楼房的第二层出售给了张某。下列哪些选项是正确的?( )

A. 张某无权要求王某拆除广告牌

B. 张某与王某间形成了建筑物区分所有权关系

C. 张某对楼顶享有共有和共同管理的权利

D. 张某有权要求与王某分享其购房后的广告收益

2.(2009年司法考试试卷三第53题)甲发现去年丢失的自行车被路人乙推行,便上前询问,乙称从朋友丙处购买,并出示了丙出具的付款收条。如果甲想追回该自行车,可以提出下列哪些理由支持请求?( )

A. 甲丢失的该自行车被丙拾得

B. 丙从甲处偷了该自行车

C. 乙明知道该自行车是丙从甲处偷来的,仍然购买

D. 乙向丙支付的价格远远低于市场价

3.(中国政法大学2008年考研真题)甲将钻石戒指一枚出质于乙,乙交由丙保管,丙以

合理价格售与善意之丁并为交付。以下表述正确的是(　　)。

A. 丁善意取得该物,甲的所有权消灭

B. 丁善意取得该物,乙的质权也消灭

C. 甲的所有权消灭,但乙的质权具有对抗性,并不消灭,乙仍可向丁主张质权

D. 乙将质物交由丙保管,自应承担质物被转让的风险,故乙不能向丁主张质权

4. 甲、乙、丙、丁分别购买了某住宅楼(共四层)的一至四层住宅,并各自办理了房产证。下列说法哪些是正确的?(　　)

A. 甲、乙、丙、丁有权分享该住宅楼的外墙广告收入

B. 一层住户甲对三、四层间楼板不享有民事权利

C. 若甲出卖其住宅,乙、丙、丁享有优先购买权

D. 如四层住户丁欲在楼顶建一花圃,则需得到甲、乙、丙同意

5. 在下列民事关系中,哪些应按照相邻关系处理?(　　)

A. 甲在乙的房屋后挖菜窖,造成乙的房屋基础下沉、墙体开裂,引起纠纷

B. 甲新建的房屋滴水,滴在乙的房屋顶上,引起纠纷

C. 甲村在河流上游修建拦河坝,使乙村用水量剧减,引起纠纷

D. 甲家与乙家相邻,甲家的猫闯入乙家,打碎乙家的花瓶,引起纠纷

6. 根据我国《物权法》的规定,下列关系中,不属于共同共有关系的是(　　)。

A. 甲、乙、丙三人各出资2.5万元,购买一栋房屋

B. 甲、乙、丙三人共有一栋房屋,甲、乙主张按份共有,丙主张共同共有,但都没有证据

C. 甲、乙夫妻结婚后约定,各自的收入分别所有

D. 兄弟两人各自出资10 000元购买农用车

7.(2008年司法考试试卷三第59题)甲为乙的债权人,乙将其电动车出质于甲。现甲为了向丙借款,未经乙同意将电动车出质于丙,丙不知此车为乙所有。下列选项正确的是(　　)。

A. 丙因善意取得而享有质权

B. 因未经乙的同意,丙不能取得质权

C. 对电动车的毁损、灭失,甲应向乙承担赔偿责任

D. 对电动车的毁损、灭失,乙可向丙索赔

8. 下列对所有权特征的描述正确的是(　　)。

A. 所有权是绝对权,义务主体是所有权以外的一切的人

B. 所有权具有排他性,所有权人有权排除他人对其所有权的干涉,并且同一个物上不能并存两个或两个以上的所有权

C. 所有权包括对物的占有、使用、收益和处分的权能

D. 所有权具有永久性,不是指所有权能够永久存在,而是指所有权的存在不能预定其存续期间

(三)不定项选择题

1.(2009年司法考试试卷三第93题)甲有一块价值10 000元的玉石。甲与乙订立了买卖该玉石的合同,约定价格11 000元。由于乙没有带钱,甲未将该玉石交付给乙,约定三日后乙到甲的住处付钱取玉石。随后甲又向乙提出,再借用玉石把玩几天,乙表示同意。隔天,知情的丙找到甲,提出愿以12 000元购买该玉石,甲同意并当场将玉石交给丙。丙在回家路上遇到债主丁,向丙催要9 000元欠款甚急,丙无奈,将玉石交付给丁抵偿债务。后玉石被丁丢失并被戊拾得,戊将其转卖给己。

关于该玉石的返还问题，下列说法正确的是(　　)。

A. 戊已取得了该玉石的所有权，原所有权人无权请求返还该玉石

B. 该玉石的真正所有权人请求己返还该玉石不受时间限制

C. 该玉石的真正所有权人可以在戊与己的转让行为生效之日起两年内请求己返还该玉石

D. 该玉石的真正所有权人可以在知道或者应当知道该玉石的受让人己之日起两年内请求己返还该玉石

2. 甲未经乙的允许，将乙借给甲的手表卖给了不知情的丙，下列说法正确的是(　　)。

A. 甲以自己的名义与丙签订合同，两人之间的合同属于效力待定

B. 丙不能取得手表的所有权

C. 丙可以通过善意取得的方式取得所有权

D. 丙只能通过乙的追认才能取得手表所有权

3. 下列属于添附的是(　　)。

A. 附合

B. 混合

C. 加工

D. 以上都不是

4. (2003年司法考试试卷三第35题)私营企业主王某办公用的一台电脑损坏，遂嘱咐秘书张某扔到垃圾站。张某将电脑搬到垃圾站后想，与其扔了，不如拿回家给儿子用，便将电脑搬回家，经修理后又能正常使用。王某得知电脑能够正常使用后，要求张某返还。下列说法错误的是(　　)。

A. 张某违反委托合同，不能取得电脑的所有权

B. 张某基于先占取得电脑的所有权

C. 王某有权要回电脑，但应当向张某予以补偿

D. 因抛弃行为尚未完成，王某可以撤回其意思表示，收回对电脑的所有权

5. 下列关于善意取得的说法正确的是(　　)。

A. 善意取得只适用于动产

B. 赠与适用于善意取得

C. 善意取得属于原始取得

D. 以上说法都正确

(四)名词解释与辨析

1. (武汉大学2010年考研真题)地役权和相邻权

2. (武汉大学2003年考研真题)原始取得与继受取得

(五)简答题

1. (武汉大学2006年考研真题)任意举三种动产所有权原始取得的方式，并加以说明。

2. (西南政法大学2014年考研真题)简述所有权的继受取得方式。

(六)论述题

1. (中国人民大学2002年考研真题)结合《物权法》，试论述建筑物区分所有权。

2. (清华大学2004年考研真题)试论述我国物权法上的善意取得。

四、案例分析

【案例】

甲与乙房地产开发公司签订协议，以50万元价格购买乙公司已开工但尚未完工的远景花园商品房一套。合同签订后，双方到登记部门办理了预告登记手续。该项目建成后，甲与乙公司共同到登记部门办理了过户登记。随后甲搬进该房居住，但发现房产证上的姓名与登记部门的登记不一致，登记簿上错误登记成了其弟弟的名字，于是向登记部门申请变更，但遭到其弟的拒绝，遂起纠纷。同时，甲也

因该栋楼的维修费用、垃圾处理等与邻居发生纠纷，还因小区停车位与开发商发生纠纷。

(1)甲与乙公司办理的预告登记有何法律效力？

(2)甲所居住的该房屋产权以哪个登记为准？为什么？

(3)甲向登记部门主张异议登记，以解决与其弟之间的纠纷，该异议登记的效力如何？在异议有效期内，其弟可否将房屋出售给第三人？

(4)甲欲向银行贷款，可否将该房屋作为抵押财产？

(5)该栋房屋要进行重大修缮，谁有权决定？甲如果不同意修缮，应提起何种诉讼来维护自己的权利？

(6)如何确定小区规划范围内，但不属于业主共有用地的车位所有权、使用权的归属？

(7)甲的房屋能否改作商业经营用房？为什么？

【问题聚焦】

不动产预告登记、登记错误

【法律剖析】

(1)预告登记后，未经预告登记的权利人同意，处分该不动产的，不发生物权变动效力；预告登记后债权消灭，或者自能够进行不动产登记之日起三个月内未申请登记的，预告登记失效。

(2)如甲能举证证明不动产登记簿确有错误，以房产证为准；否则以登记簿为准。

(3)限制其弟处分该房屋，但异议登记后甲在十五日内不起诉，异议登记失效；不可。

(4)不可。

(5)由专有部分占该栋楼总面积三分之二以上的业主且占总人数三分之二以上的业主同意决定；请求法院撤销该决定。

(6)乙公司与小区业主通过出售、附赠或者出租等方式约定，但应满足业主的需要。

(7)原则上不能，但在遵守法律、法规以及管理规约的基础上，并经有利害关系的业主同意后可以。

五、深度拓展

◆ 所有权限制

所有权限制是指现代民法中关于所有权的内容及其行使的限制原则。近代社会以前，传统民法基本上奉行自罗马法以来形成的所有权绝对原则。自 19 世纪末期以来，资本主义各国民法对所有权的限制逐渐形成明显的趋势。在立法精神和法律形式上主要表现为：(1)所有权纯粹私权观为法定权利思想所取代。立法不再将所有权视为个人绝对意志自由的领域，而对其内容、范围、客体种类加以限定，所有权仅在法定范围内才得以存在。(2)以财产所有为中心演化为以财产利用为中心。立法确定了禁止所有权滥用原则，确认土地所有权不及于与权利人毫无利益的高度和深度，确认不动产租赁权的物权化，即所谓“买卖不破租赁”原则等。(3)权利个人本位观发展为权利社会本位观。法律对所有权的行使规定有各类义务限制，其中包括容忍他人合法侵害的义务、不违反社会公共利益和他人权益的不作为义务，以及某些作为义务。

第十三章

共　有

一、知识结构图

- 共有
  - 共有的概念与特征
    - 概念（识记）
    - 特征（重点）
  - 共有的类型
    - 按份共有（重点）
      - 内部关系
        - 份额
          - 转让
          - 优先购买权
        - 共有物
          - 收益
          - 管理
          - 分割
      - 外部关系
        - 连带责任
        - 内部追偿
    - 共同共有
      - 内部关系（重点）
        - 共有物
        - 共有类型
      - 外部关系（理解）
        - 连带责任
        - 内部共担

二、重难点归纳

（一）共有的概念与特征

共有也称共同所有权，是两个以上的人对同一物享有所有权，包括按份共有和共同共有。共有的特征如下：

1. 共有的主体不是单一的，是两个以上的人（包括法人）；

2. 共有的客体是特定的独立物；

3. 共有人对共有物，按照各自的份额或者平等地享有权利。

（二）按份共有

1. 按份共有的概念与特征

按份共有也称分别共有，是指两个以上的人对同一项不动产或者动产按照份额享有所有权。按份共有是常见的共有关系，法律特征如下：

(1)各个共有人对于共有物按照份额享有所有权；

(2)各个共有人按照各自的份额对共有物分享权利、分担义务；

(3)各个共有人虽然拥有一定的份额，但

共有人的权利及于物的全部。

【名师点拨】学习按份共有的知识，一定要区分共有份额和共有物两个概念。对共有份额的处置限制较少，但对共有物的处置限制较多。

2. 按份共有的内部关系

(1)基于共有物的权利与义务

①收益。各共有人依据份额对共有物进行占有、使用、收益。

②处分。对共有物的处分包括事实上的处分和法律上的处分。无论是哪种处分，都必须经过占份额2/3以上的按份共有人同意；否则，不发生物权变动的效力，但善意取得除外。

③重大修缮。对于重大修缮行为，应经过占份额2/3以上的按份共有人同意。

④管理。共有人按约定管理共有物；没有约定的，各共有人都有管理的权利和义务。

⑤分割。若约定共有期间不能分割的，原则上不能分割，但有重大情况的除外；若无约定，可随时请求分割。分割方式有约定的，按约定。分割方式无约定的，依照以下方式：

a. 实物分割。如果共有物为可分物，分割后无损于财产的价值，可以按各共有人的份额对实物进行分割，使各共有人分得其应有部分。

b. 变价分割。共有物如为不可分物，即不能进行实物分割。如果实物分割会减损财产的价值，但共有人都不愿取得共有物，可以把共有物予以出卖，各共有人依各自份额取得共有物的价款。

c. 作价补偿。如果共有人中有一人或者数人愿意取得共有物，可以把共有物作价，除其应得部分外，按份额补偿其他共有人，从而取得全部共有物的所有权。

(2)基于共有份额的权利与义务

①处分共有份额。各共有人可以按照自己的意愿质押或转让自己的份额，不需要经过任何人同意。

②优先购买权。按份共有人可以转让其享有的共有的不动产或者动产份额。其他共有人在同等条件下享有优先购买的权利。

a. 优先购买权行使期间。有约定的，依照约定。没有约定或约定不明的，按下列情形确定：转让人向其他按份共有人发出的包含同等条件内容的通知中载明行使期间的，以该期间为准；未载明期间的或者期间短于通知送达之日起15日的，为15日；转让人未通知的，为其他按份共有人知道或者应当知道最终确定的同等条件之日起15日；未通知且无法确定其他按份共有人知道或者应当知道最终确定的同等条件的，为共有份额权属移转之日起6个月。

b. 同等条件的理解。同等条件应当综合共有份额的转让价格、价款履行方式及期限等因素确定。若两个及以上按份共有人主张的，先行协商；协商不成的，按各自比例行使优先购买权。以下情形中，不认定其他按份共有人享有优先购买权：未在规定时间内主张，或者主张时提出减少转让价款等实质性变更要求；以优先购买权被侵害为由，仅请求撤销转让合同或确认无效，但不购买转让份额。

c. 优先购买权的例外。共有份额的权利主体因继承、赠与等原因发生变化时，其他按份共有人不享有优先购买权；按份共有人之间转让的，其他按份共有人不享有优先购买权，有约定的除外。

3. 按份共有的外部关系

共有人享有连带债权或连带债务关系，但法律另有规定或者第三人知道共有人不具有连带债权或债务关系的除外。除共有人另有约定外，按份共有人按照自己的份额享有债权、承担债务。超过自己份额的，有权向其他共有人追偿。

（三）共同共有

1. 共同共有的概念和类型

共同共有是指共有人对共有物享有共同的权利和义务，而不分份额大小。常见类型如下：

(1)夫妻共同共有；

(2)家庭共同共有；

(3)合伙企业共同共有；

(4)遗产分割前，继承人对遗产共同共有；

(5)未办理婚姻登记或婚姻被宣告无效或撤销，同居期间的财产按共同共有处理，但一方能证明属于自己财产的除外。

2. 共同共有内外部关系

(1)内部关系

共有人共同对共有物享有收益、管理、重大修缮、处分以及分割的权利和义务，但重大修缮和处分，应经过全体共有人的同意。

共有人约定不得分割的，依照其约定，但出现重大情形的除外。共有人未约定不得分割的，共有人在以下两种情况下可以请求分割：①共有的基础丧失；②有重大理由需要分割的。分割方式与按份共有一致。

(2)外部关系

共同共有人享有连带债权、承担连带债务，但法律另有规定或者第三人知道共有人不具有连带债权债务关系的除外。

三、全真题演练

（一）单项选择题

1.（2012 年司法考试试卷三第 6 题）甲、乙、丙、丁共有 1 套房屋，各占 1/4，对共有房屋的管理没有进行约定。甲、乙、丙未经丁同意，以全体共有人的名义将该房屋出租给戊。关于甲、乙、丙上述行为对丁的效力的依据，下列哪一表述是正确的？（　　）

A. 有效，出租属于对共有物的管理，各共有人都有管理的权利

B. 有效，对共有物的处分应当经占共有份额 2/3 以上的共有人同意，出租行为较处分为轻，当然可以为之

C. 无效，对共有物的出租属于处分，应当经全体共有人同意

D. 有效，出租是以利用的方法增加物的收益，可以视为改良行为，经占共有份额 2/3 以上的共有人同意即可

2.（2010 年司法考试试卷三第 7 题）红光、金辉、绿叶和彩虹公司分别出资 50 万元、20 万元、20 万元、10 万元建造一栋楼房，约定建成后按投资比例使用，但对楼房管理和所有权归属未作约定。对此，下列哪一说法是错误的？（　　）

A. 该楼发生的管理费用应按投资比例承担

B. 该楼所有权为按份共有

C. 红光公司投资占 50%，有权决定该楼的重大修缮事宜

D. 彩虹公司对其享有的份额有权转让

3.（2016 年司法考试试卷三第 8 题）甲、乙二人按照 3∶7 的份额共有一辆货车，为担保丙的债务，甲、乙将货车抵押给债权人丁，但未办理抵押登记。后该货车在运输过程中将戊撞伤。对此，下列哪一选项是正确的？（　　）

A. 如戊免除了甲的损害赔偿责任，则应由乙承担损害赔偿责任

B. 因抵押权未登记，戊应优先于丁受偿

C. 如丁对丙的债权超过诉讼时效，仍可在 2 年内要求甲、乙承担担保责任

D. 如甲对丁承担了全部担保责任，则有权向乙追偿

4. 甲、乙、丙三人依 3∶2∶1 的份额共有 12 间房屋，其中甲的份额为 1/2，乙为 1/3，丙为 1/6，则下列说法正确的是（　　）。

A. 甲有 6 间房屋的所有权，乙有 4 间房屋的所有权，丙有 2 间房屋的所有权

B. 甲、乙、丙三人各自拥有一间房屋的所有权

C. 甲、乙、丙三人的权利和义务都及于全部房屋

D. 甲、乙、丙三人间形成的法律关系为区分所有

5. 甲、乙、丙、丁共有一艘轮船，甲占该船70%份额。现甲欲将该船作抵押向某银行贷款500万元。如各共有人事先对此未作约定，则甲的抵押行为（　　）。

A. 无须任何人同意

B. 必须经乙、丙、丁一致同意

C. 必须经乙、丙、丁份额最大的一人同意

D. 必须经乙、丙、丁中的两人同意

6. 甲、乙共有房屋一幢，甲长期在外地，乙实际居住，并付给甲若干补偿。一日房屋因地基不牢倒塌，对邻房造成一定损害。对此，依我国《物权法》的规定，（　　）。

A. 应由乙承担赔偿责任

B. 应由甲、乙承担连带责任

C. 应由甲、乙分担责任，并由乙适当多负担

D. 应由甲承担赔偿责任

7. 甲、乙分别按20%和80%的份额共有一间房屋。二人将房屋出租给丙。现甲欲转让自己的份额。下列表述正确的是（　　）。

A. 乙、丙都有优先购买权

B. 乙有优先购买权，丙无优先购买权

C. 乙、丙都无优先购买权

D. 丙有优先购买权，乙无优先购买权

8. 甲、乙、丙共有一套房屋，其应有部分各为1/3。为提高房屋的价值，甲主张将此房的地面铺上木地板，乙表示赞同，但丙反对。下列选项正确的是（　　）。

A. 因没有经过全体共有人的同意，甲、乙不得铺木地板

B. 甲、乙可以铺木地板

C. 甲、乙只能在自己的应有部分上铺木地板

D. 若甲、乙坚持铺木地板，则需先分割共有房屋

9. 下列说法正确的是（　　）。

A. 有限责任公司由两个以上的出资人出资的，有限责任公司财产属于共有财产

B. 农村集体财产由成员共有

C. 国家财产由全民共有

D. 夫妻财产在没有另外约定的情况下由夫妻二人共有

10. 按份共有人在共有关系中享有权利、承担义务的依据是（　　）。

A. 所有权

B. 共有人身份

C. 份额

D. 贡献大小

11. 甲、乙各出资200元买了一头牛，轮流使用。在甲使用的时候，牛撞伤了一个老人，花费了大量医疗费。老人要求甲、乙赔偿。甲、乙应当如何承担债务？（　　）

A. 甲、乙按照出资比例承担责任

B. 甲承担责任

C. 甲、乙承担连带责任

D. 以上说法都不正确

12. 下列对共有关系特征的描述错误的是（　　）。

A. 主体为两人以上

B. 客体必须为不可分物

C. 客体必须为独立物

D. 共有人在法律上的权利和义务是平等的

（二）多项选择题

1.（2011年司法考试试卷三第56题）关于共有，下列哪些表述是正确的？（　　）

A. 对于共有财产，部分共有人主张按份共有，部分共有人主张共同共有；如不能

证明财产是按份共有的，应当认定为共同共有

B. 按份共有人对共有不动产或者动产享有的份额，没有约定或者约定不明确的，按照出资额确定；不能确定出资额的，视为等额享有

C. 夫或妻在处理夫妻共同财产上权利平等，因日常生活需要而处理夫妻共同财产的，任何一方均有权决定

D. 对共有物的分割，当事人没有约定或者约定不明确的，按份共有人可以随时请求分割；共同共有人在共有的基础丧失或者有重大理由需要分割时，可以请求分割

2.（2016 年司法考试试卷三第 53 题）甲、乙、丙、丁按份共有一艘货船，份额分别为 10%、20%、30%、40%。甲欲将其共有份额转让，戊愿意以 50 万元的价格购买，价款一次付清。关于甲的共有份额转让，下列哪些选项是错误的？（ ）

A. 甲向戊转让其共有份额，必须经乙、丙、丁同意

B. 如乙、丙、丁均以同等条件主张优先购买权，则丁的主张应得到支持

C. 如丙在法定期限内以 50 万元分期付款的方式要求购买该共有份额，应予支持

D. 如甲改由向乙转让其共有份额，丙、丁在同等条件下享有优先购买权

3. 甲、乙、丙、丁共有一辆汽车，各自占有 1/4 的份额，甲想出卖自己的份额，乙、丙、丁都想购买，下列说法正确的是（ ）。

A. 若甲想把自己的份额出卖给丙，乙、丁可以主张优先购买权

B. 若甲想把自己的份额出卖给大家，乙、丙、丁可以主张优先购买权

C. 若乙、丙、丁都主张行使优先购买权，在协商失败的情况下，乙、丙、丁按照 1/3 的比例行使优先购买权

D. 以上说法都正确

4.（2017 年司法考试试卷三第 54 题）甲、乙、丙、丁按份共有某商铺，各自份额均为 25%。因经营理念发生分歧，甲与丙商定将其份额以 100 万元转让给丙，通知了乙、丁；乙与第三人戊约定将其份额以 120 万元转让给戊，未通知甲、丙、丁。下列哪些选项是正确的？（ ）

A. 乙、丁对甲的份额享有优先购买权

B. 甲、丙、丁对乙的份额享有优先购买权

C. 如甲、丙均对乙的份额主张优先购买权，双方可协商确定各自购买的份额

D. 丙、丁可仅请求认定乙与戊之间的份额转让合同无效

5. 甲、乙按份共有一套房屋。甲因为手头紧想要出卖自己的份额，甲于 2019 年 1 月 1 日通知乙，告知乙可以在 1 月 10 日之前行使优先购买权。乙于 2019 年 1 月 1 日收到通知。下列说法正确的是（ ）。

A. 乙只能在 1 月 10 日之前购买甲的份额

B. 乙可以在 1 月 11 日主张行使优先购买权

C. 乙可以在收到通知之日起 15 日内行使优先购买权

D. 以上说法都错误

6. 共同共有的基本法律特征是（ ）。

A. 各个共有人对共有财产没有份额的区分

B. 各个共有人按照各自对共有财产的贡献享有权利

C. 各个共有人对共有财产享有平等的权利、承担平等的义务

D. 以上说法都正确

7. 下列关于共有关系的表述符合法律规定的是（ ）。

A. 按份共有人处分自己的共有份额，无须

取得其他共有人的同意

B. 共同共有人对共有财产的处分，必须征得全体共有人的同意

C. 按份共有人将份额出让给共有人以外的第三人时，必须征得其他共有人的同意

D. 以上说法都不正确

8. 1999 年甲和乙兄弟二人共同买了一套住房，甲后婚育一子一女，乙一直单身。2019 年 1 月甲去世。甲的子女与乙之间就这套房屋产生纠纷。由于年代久远，难以确定房屋当时约定是共同共有还是按份共有。下列说法正确的是（　　）。

A. 房屋为按份共有

B. 乙作为共有人在同等条件下对于甲的份额具有优先购买权

C. 甲的儿子与女儿享有平等的继承权

D. 以上说法都正确

（三）不定项选择题

1. 甲、乙、丙共同出资 5 000 元买了一头牛，其中甲和乙各出资 2 000 元，丙出资 1 000 元。某天，该牛踢伤小孩丁，需赔偿医疗费 8 000 元。因资金紧张，甲、丙主张将牛卖掉还债，乙不同意。下列说法正确的是（　　）。

A. 若甲、乙、丙三人对份额没有约定，视为等额享有

B. 甲、丙份额合计已经超过 50%，有权处分该牛

C. 甲、乙、丙可以主张其赔偿责任以 5 000 元为限

D. 若乙不同意，则甲、丙不能出卖该牛

2. 甲与同学乙、丙各出资 10 万元盖了一栋三层楼房，约定楼房盖好后三人共有。房屋竣工后，按照约定，甲住第一层，乙住第二层，丙住第三层。乙因常年在外做生意，打算将其居住的第二层出卖给丁，甲、丙均表示反对。对此，下列说法正确的是（　　）。

A. 甲、乙、丙对楼房形成区分所有，乙有权出卖其居住的第二层

B. 甲、乙、丙对楼房形成按份共有，乙有权出售其居住的第二层，甲、丙享有优先购买权

C. 甲、乙、丙对楼房形成按份共有，乙无权出售其居住的第二层

D. 甲、乙、丙对楼房形成共同共有，乙无权出售其居住的第二层

3.（2014 年司法考试试卷三第 6 题）张某与李某共有一台机器，各占 50% 份额。双方共同将机器转卖获得 10 万元，约定张某和李某分别享有 6 万元和 4 万元。同时约定该 10 万元暂存李某账户，由其在 3 个月后返还给张某 6 万元。后该账户全部款项均被李某债权人王某申请法院查封并执行，致李某不能按期返还张某款项。下列表述正确的是（　　）。

A. 李某构成违约，张某可请求李某返还 5 万元

B. 李某构成违约，张某可请求李某返还 6 万元

C. 李某构成侵权，张某可请求李某返还 5 万元

D. 李某构成侵权，张某可请求李某返还 6 万元

4. 张一、张二、张三各出资 3 000 元合买了一台电脑，张一后想转让自己的份额，张一通知张二、张三后，张二表示可以出 2 000 元买下张一的份额，大王知道后表示愿意以 2 500 元买下，张三也表示愿意以 2 500 元买下。张一的份额应当卖给（　　）。

A. 张二

B. 张三

C. 大王

D. 张三或者大王

5. 对共有财产进行分割的，可以采用的分割方式包括（　　）。

A. 实物分割

B. 变价分割

C. 作价补偿

D. 以上说法都正确

(四)名词解释与辨析

1.(中国人民大学 2011 年考研真题)建筑物共有部分

2.(武汉大学 2008 年考研真题)按份共有

(五)简答题

1. 简述共同共有的概念和类型。

2. 简述按份共有人的优先购买权。

(六)论述题

试论述按份共有情况下共有份额和共有物处分规则的不同。

四、案例分析

【案例】

吴某向银行贷款 20 万元，银行提出以房产作为抵押，吴某交出房产证，房产证上记载吴某为产权人。银行与吴某签订了借款合同和抵押合同，并办理抵押登记。借款期满，吴某因无力还款，银行正准备拍卖该房产时，突然接到诉状，吴某之弟在诉状中提出，抵押房屋系其父母购置，应归兄弟二人共有，现在吴某私自抵押，请求法院判决该抵押关系无效。经查，该房屋为吴某兄弟幼时其父母为此兄弟二人所购置，但只以吴某姓名登记，其间并无其他记载。分析：

(1)吴某能否以其兄弟二人共有的房产设定抵押？为什么？

(2)吴某与银行签订抵押合同的行为是否有效？为什么？

(3)银行能否对吴某抵押的房产行使抵押权？为什么？

【问题聚焦】

共有、无权处分、善意取得

【法律剖析】

(1)不能。吴某属于无权处分。

《物权法》第 97 条规定，处分共有的不动产或者动产以及对共有的不动产或者动产作重大修缮的，应当经占份额 2/3 以上的按份共有人或者全体共同共有人同意，但共有人之间另有约定的除外。

(2)合同有效。双方有相应的权利能力和行为能力，意思表示真实，内容也不违反法律行政法规的强行性规定和社会公共利益。

(3)可以。①吴某的行为属于无权处分；②房屋仅登记于吴某名下，因此银行是善意相对人；③已办理抵押登记，符合善意取得的构成要件，银行可以善意取得房屋的抵押权。

第十四章

用益物权

一、知识结构图

- 用益物权
  - 用益物权的概念与特征(理解并识记)
  - 用益物权类型
    - 土地承包经营权
      - 概念与特征(识记)
      - 权利变动(重点)
      - 权利内容(重点)
    - 建设用地使用权
      - 概念与特征(识记)
      - 权利变动(重点)
      - 权利内容(重点)
    - 宅基地使用权
      - 概念与特征(识记)
      - 权利变动(重点)
      - 权利内容(重点)
    - 地役权
      - 概念与特征(识记)
      - 权利变动(重点)
      - 权利内容(重点)

二、重难点归纳

(一)用益物权的概念与特征

1. 概念

用益物权是对他人所有的物,在一定范围内进行占有、使用和收益的权利。

2. 特征

(1)用益物权以对标的物的使用、收益为其主要内容,并以对物的占有为前提;

(2)用益物权是他物权、限制物权和有期限物权;

(3)用益物权是不动产物权;

(4)用益物权为独立物权。

(二)土地承包经营权

1. 土地承包经营权的概念与特征

(1)概念

土地承包经营权就是土地承包经营人依法对其承包经营的农民集体所有或者国家所有但由农民集体使用的耕地、林地、草地等,享有占有、使用和收益的权利,有权从事种植业、林业、畜牧业等农业生产。

(2)特征

土地承包经营权是存在于农民集体所有或者国家所有但由农民集体使用的耕地、林地、草地等中的权利；是承包使用、收益农民集体所有或者国家所有但由农民集体使用的耕地、林地等的权利；是从事种植业、林业、畜牧业或其他生产经营项目而享有的权利；有一定期限，耕地为30年，草地为30～50年，林地为30～70年。

2. 土地承包经营权的变动

(1)权利取得

《物权法》第127条规定，土地承包经营权自土地承包经营权合同生效时设立。县级以上地方人民政府应当向土地承包经营权人发放土地承包经营权证、林权证、草原使用权证，并登记造册，确认土地承包经营权。由此可知，土地承包经营权在合同生效时设立，不以登记为生效要件。

【名师点拨】本章主要考察各物权设立生效的节点，应重点掌握。

(2)权利变更

土地承包经营权的变更以合同生效为要件，未经登记的不得对抗善意第三人。即登记并非生效要件，而是对抗要件。

(3)权利消灭

土地承包经营权消灭的原因主要有：①承包期满而未续期；②依照法定程序调整；③依法收回；④被依法征收。

3. 土地承包经营权的内容

(1)承包人的权利和义务

①以家庭承包方式取得的土地承包经营权，只能依法将承包经营权采取转包、互换、转让等方式流转；流转期限不得超过承包剩余期限，且未经批准不得用于非农建设。

②通过招标、拍卖、公开协商等方式承包荒地等农村土地，依照农村土地承包法等规定，其土地承包经营权可以转让、入股、抵押或者以其他方式流转。

(2)发包人的权利和义务

①承包期内不得调整承包地，除非发生因自然灾害严重毁损等特殊情形；

②承包期内不得收回承包地。

(三)建设用地使用权

1. 建设用地使用权的概念与特征

(1)概念

建设用地使用权是因建筑物或者构筑物及其附属设施而使用国家所有的土地的权利。

(2)特征

存在于国家所有的土地上的物权；以保存建筑物或者构筑物及其附属设施为目的的权利；使用他人土地的权利。

2. 建设用地使用权的变动

(1)权利取得

①建设用地使用权的设定有两种方式：划拨方式和出让方式。划拨取得是指土地使用人依据法律规定，通过行政规划方式无偿取得建设用地使用权；出让取得是指土地使用人将建设用地使用权在一定期限内让与其他土地使用者，并由其支付土地出让金。

②建设用地使用权的设立以登记为生效要件；未经登记的，建设用地使用权不设立。

(2)权利变更

建设用地使用权的转让以登记为变动要件；未经登记的，建设用地使用权不发生转移。

(3)权利延续

住宅建设用地使用期间届满的，自动续期；非住宅建设用地使用期间届满后的续期，依照法律规定办理。

3. 建设用地使用权的内容

(1)使用人权利

①转让、互换、出资、赠与或者抵押建设用地使用权的权利；

②建设用地使用权被提前收回而取得补偿的权利；

③享有建设用地上所建造的建筑物及其

他构筑物的所有权。

(2)使用人义务

①支付出让金的义务；

②不改变土地用途。

4. 房地一体原则

(1)房随地走

建设用地使用权转让、互换、出资或者赠与的,附着于该土地上的建筑物、构筑物及其附属设施应一并处分。

(2)地随房走

建筑物、构筑物及其附属设施转让、互换、出资或者赠与的,该建筑物、构筑物及其附属设施占用范围内的建设用地使用权应一并处分。

(四)宅基地使用权

1. 宅基地使用权的概念与特征

(1)概念

宅基地使用权是指农村集体经济组织的成员依法享有的在农民集体所有的土地上建造个人住宅及其附属设施的权利。

(2)特征

①主体是农村集体经济组织的成员；

②用途仅限于村民建造个人住宅及其附属设施；

③实行“一户一宅”制。

2. 宅基地使用权的变动

(1)权利取得

宅基地使用权的取得应满足以下条件:①具备村民资格;②提出申请,经乡(镇)政府审核,由县政府批准;③符合土地利用总体规划。

(2)权利变更

宅基地使用权的转让应满足以下条件:①应征得本集体经济组织的同意;②受让人为同一集体经济组织内部成员;③受让人无住房和宅基地,且符合宅基地使用权分配条件。

3. 宅基地使用权的内容

使用权人的权利和义务:①占有和使用宅基地;②收益和处分;③宅基地使用权人出卖、出租住房后,再申请宅基地的,土地管理部门将不再批准。

(五)地役权

1. 地役权的概念与特征

(1)概念

地役权是指以他人土地供自己的土地便利而使用,以提高自己不动产效益的权利。

(2)特征

①同时涉及供役地和需役地。通过在供役地上设立负担来满足需役地之便利的权利。

②权利主体的广泛性。地役权人包括不动产的所有人、建设用地使用权人、土地承包经营权人、承租人等。

③客体广泛性。地役权的客体包括他人的土地、房屋、空间等。

④从属性。地役权不得与需役地分立单独转让或转让给不同的人,不得与需役地分离而成为其他权利的标的,也不得单独抵押。

2. 地役权的变动

(1)权利取得

地役权的取得可基于民事法律行为和民事法律行为以外的原因(如继承)。地役权的设立以合同生效为要件,不以登记为生效要件;未经登记的,不得对抗善意第三人。

(2)权利变更

地役权的转让以合同生效为设立要件;未经登记的,不可对抗善意第三人。供役地和需役地转让的,供役地和需役地之上的权利和义务随之转让,各方仍应受权利、义务的约束,但第三人不知情的除外。

(3)权利消灭

地役权的消灭有以下几种原因:①土地灭失;②目的实现不能;③供役地权利人解除关系;④抛弃;⑤期限届满或其他预定事由发生。

三、全真题演练

(一)单项选择题

1. 依据我国《物权法》的规定,建设用地使用权从法律性质上讲属于(　　)。

A. 自物权　　B. 完全物权
C. 他物权　　D. 准物权

2. 甲公司与乙公司约定:为满足甲公司开发住宅小区观景的需要,甲公司向乙公司支付100万元,乙公司在20年内不在自己厂区建造6米以上的建筑。甲公司将全部房屋售出后不久,乙公司在自己的厂区建造了一栋8米高的厂房。下列哪一选项是正确的?(　　)

A. 小区业主有权请求乙公司拆除超过6米的建筑
B. 甲公司有权请求乙公司拆除超过6米的建筑
C. 甲公司和小区业主均有权请求乙公司拆除超过6米的建筑
D. 甲公司和小区业主均无权请求乙公司拆除超过6米的建筑

3.(2017年司法考试试卷三第7题)村民胡某承包了一块农民集体所有的耕地,订立了土地承包经营权合同,未办理确权登记。胡某因常年在外,便与同村村民周某订立土地承包经营权转让合同,将地交由周某耕种,未办理变更登记。关于该土地承包经营权,下列哪一说法是正确的?(　　)

A. 未经登记不得处分
B. 在土地承包经营权合同生效时设立
C. 其转让合同自完成变更登记起生效
D. 其转让未经登记不发生效力

4.(2010年司法考试试卷三第9题)某郊区学校为方便乘坐地铁,与相邻研究院约定,学校人员有权借研究院道路通行,每年支付1万元。据此,学校享有下列哪一项权利?(　　)

A. 相邻权　　B. 地役权
C. 建设用地使用权　　D. 宅基地使用权

5. 李某从自己承包的土地上出入不便,遂与张某书面约定在张某承包的土地上开辟一条道路供李某通行,李某支付给张某2万元,但没有进行登记。下列哪一选项是错误的?(　　)

A. 该约定属于有关相邻关系的约定
B. 该约定属于地役权合同
C. 如果李某将其承包经营权转移给他人,受让人有权在张某承包的土地上通行,但合同另有约定的除外
D. 如果张某将其承包经营权转移给他人,则善意的受让人有权拒绝李某在自己的土地上通行

6. 甲为了能在自己房中欣赏远处风景,便与相邻的乙约定:乙不在自己的土地上建造高层建筑。作为补偿,甲一次性支付给乙4万元。两年后,甲将该房屋转让给丙,乙将该土地使用权转让给丁。下列说法正确的是(　　)。

A. 甲、乙之间的约定为有关相邻关系的约定
B. 甲、乙之间的约定因房屋和土地使用权转让而失去效力
C. 甲、乙之间的约定是关于地役权的约定
D. 以上说法都错误

7. 甲房产公司在开发"玫瑰园"小区时与相邻的学校乙达成协议,乙20年内不得在校内兴建10层以上的建筑物,甲一次性支付1 000万元作为补偿。但双方一直未办理登记手续。"玫瑰园"开盘后很快销售一空。几年后,乙因招生规模扩大,为改善教学条件,在校内开工建造一栋15层的学生公寓。甲以及"玫瑰园"的部分业主得知这一情况后,要求乙停止修建。以下哪一项表述是正确的?(　　)

A. 甲有权禁止乙建造该学生公寓，因为甲系地役权合同的当事人

B. 业主无权禁止乙建造该学生公寓，因为业主不是地役权合同的当事人

C. 业主无权禁止乙建造该学生公寓，因为地役权合同未经登记

D. 涉及地役权的业主有权禁止乙建造该学生公寓

8. 下列物权中只能是动产物权的是（　　）。

A. 所有权　　B. 抵押权

C. 留置权　　D. 用益物权

9. 邻居大周超过界限扩建房屋，侵入了农民小张的宅基地，小张向法院起诉。大周的行为侵犯了小张的何种权利？（　　）

A. 相邻权　　B. 住宅所有权

C. 宅基地使用权　　D. 宅基地所有权

10. 下列关于用益物权的说法正确的是（　　）。

A. 可以在动产上设立用益物权

B. 土地承包经营权有一定的期限

C. 以家庭承包的方式取得的土地承包经营权不能流转

D. 土地承包经营权自登记之日起生效

11. 甲以家庭承包的方式承包了一块土地，又通过招标的方式取得了一块"四荒"土地的承包经营权。现甲的父亲患癌症急需用钱，甲想以这两块土地作为抵押物向乙借钱。下列说法正确的是（　　）。

A. 我国禁止抵押土地承包经营权

B. 通过家庭承包方式设立的土地承包经营权可以设立地役权

C."四荒"土地的承包经营权可以抵押

D. 两块土地的承包经营权均可抵押

12. 土地承包经营权消灭的原因不包括（　　）。

A. 存续期限届满且未续期

B. 土地承包经营权人自愿交回承包地

C. 承包地被征收

D. 承包人在承包期内进城打零工

（二）多项选择题

1.（2016年司法考试试卷三第54题）河西村在第二轮土地承包中将本村耕地全部发包，但仍留有部分荒山，此时本村集体经济组织以外的Z企业欲承包该荒山。对此，下列哪些说法是正确的？（　　）

A. 集体土地只能以家庭承包的方式进行承包

B. 河西村集体之外的人只能通过招标、拍卖、公开协商等方式承包

C. 河西村将荒山发包给Z企业，经2/3以上村民代表同意即可

D. 如河西村村民黄某也要承包该荒山，则黄某享有优先承包权

2.（2014年司法考试试卷三第56题）季大与季小兄弟二人成年后各自立户，季大一直未婚。季大从所在村集体经济组织承包耕地若干。关于季大的土地承包经营权，下列哪些表述是正确的？（　　）

A. 自土地承包经营权合同生效时设立

B. 如季大转让其土地承包经营权，则未经变更登记，不发生转让的效力

C. 如季大死亡，则季小可以继承该土地承包经营权

D. 如季大死亡，则季小可以继承该耕地上未收割的农作物

3. 关于土地承包经营权的设立，下列哪些表述是正确的？（　　）

A. 在土地承包经营权合同成立时设立

B. 在土地承包经营权合同生效时设立

C. 县级以上地方政府在土地承包经营权设立时，应当发放土地承包经营权证

D. 县级以上地方政府应当对土地承包经营权登记造册，未经登记造册的，不得

对抗善意第三人

4. 2013年2月，A地块使用权人甲公司与B地块使用权人乙公司约定，由乙公司在B地块上修路。同年4月，甲公司将A地块过户给丙公司；6月，乙公司将B地块过户给不知上述情形的丁公司。下列哪些表述是正确的？（ ）

A. 2013年2月，甲公司对乙公司的B地块享有地役权

B. 2013年4月，丙公司对乙公司的B地块享有地役权

C. 2013年6月，甲公司对丁公司的B地块享有地役权

D. 2013年6月，丙公司对丁公司的B地块享有地役权

5. 甲村为了灌溉A土地，与乙村签订了书面合同，约定甲村每年支付乙村1万元，甲村在乙村的B水库取水1 000吨，合同期限为10年。双方办理了地役权登记手续。一年后，甲村将A土地承包给丙，乙村将B水库承包给丁。后来，丙经过甲村的允许，将部分土地转包给戊，转包的土地需要灌溉。下列表述正确的是（ ）。

A. 丁无权禁止丙继续在B水库取水

B. 丁有权禁止丙继续在B水库取水

C. 丁有权禁止戊在B水库取水

D. 丁无权禁止戊在B水库取水

6. 地役权消灭的情形包括（ ）。

A. 合同期限届满

B. 供役地被征收

C. 当事人约定的事由发生

D. 目的不能实现

7. 农民甲进城打工，将自己宅基地上的住房出租。后甲以没有宅基地为由再次申请宅基地，下列说法正确的是（ ）。

A. 对于甲申请宅基地的行为，不予以批准

B. 我国现行法禁止出租宅基地使用权

C. 宅基地使用权人可以将宅基地作为地役权的供役地为他人设立地役权

D. 以上说法都不正确

8. 宅基地使用权消灭的理由包括（ ）。

A. 宅基地被征收

B. 占有宅基地的农户家庭成员全部死亡

C. 占有宅基地的农户家庭成员中男性全部死亡

D. 宅基地因为自然原因灭失

（三）不定项选择题

1. 下列说法正确的是（ ）。

A. 土地承包经营权经登记后设立

B. 土地承包经营权变更以合同生效为要件

C. 建设用地使用权的设立以登记为对抗要件

D. 建设用地使用权的变更以登记为对抗要件

2. 下列关于地役权的说法正确的是（ ）。

A. 地役权是法定的

B. 地役权是为需役地设立的

C. 地役权具有从属性

D. 以上说法都不正确

3. 下列权利中，不属于用益物权的是（ ）。

A. 宅基地使用权

B. 建设用地使用权

C. 地役权

D. 宅基地所有权

4. 下列关于地役权和相邻关系的描述正确的是（ ）。

A. 相邻关系不是独立的物权，地役权是独立的用益物权

B. 相邻关系是基于法律的规定，地役权是当事人约定的

C. 相邻关系是所有人或使用人的财产权

利的延伸,地役权的内容由当事人自由设定

D. 相邻关系的权利取得是无偿的,地役权合同一般为有偿

5. 甲村和乙村约定,甲村从乙村取水,甲、乙签订了地役权合同并进行了登记,合同期为2年。为了取水方便,甲村在乙村建了一些取水设施。下列说法正确的是(　　)。

A. 合同期限届满,甲村可以取回相关取水设施

B. 合同期限届满,乙村可以将取水设施作价补偿给甲村

C. 该地役权合同自登记之日起生效

D. 该地役权合同无效

(四)名词解释与辨析

1.(中国人民大学2012年考研真题)土地承包经营权

2.(中国政法大学2016年考研真题)地役权

(五)简答题

1. 简述用益物权的特征。

2. 简述用益物权的设立要件。

(六)论述题

1.(华东政法大学2007年考研真题)试以土地承包经营权为例,说明债权和物权各自成立的不同条件及其对权利人的影响。

2.(中国人民大学2005年考研真题)试论述我国《物权法》用益物权体系的完善。

四、案例分析

【案例】

甲为了自己别墅的采光方便,与前方的住户乙约定,乙不得在其土地上修建二层以上建筑,并到登记机构办理了登记。后甲将该别墅卖给丙,乙便在其土地上修建三层小楼。由于该三层小楼阻挡了别墅采光,丙遂请求乙去除一层,遭到乙的拒绝。乙坚持主张,地役权乃他与甲设定,旁人不得享有。问:丙的主张是否可以得到支持?

【问题聚焦】

地役权

【法律剖析】

依据于2007年10月1日实施的《物权法》第166条“需役地以及需役地上的土地承包经营权、建设用地使用权部分转让时,转让部分涉及地役权的,受让人同时享有地役权”之规定,地役权的设立目的,是为了方便需役地的利用,提高需役地的价值,地役权是就需役地的全部而存在。就供役地而言,地役权对供役地是一种负担,此负担也是就供役地的全部而存在。地役权与需役地共存亡,需役地既然已经转移到丙,为需役地所设定的地役权也当然转移到丙,这无须另行约定。所以本案中丙的主张应予支持,乙的主张不成立。

五、深度拓展

◆ 典权

典权是中国一项古老的传统制度,以其特有的便民功能根植于中国千百年。所谓典权,是指占有、使用、收益他人不动产的一种物权。占有他人不动产而享有使用、收益权利的一方,为典权人;收取典价而将自己的不动产交典权人占有、使用、收益的一方,为出典人;作为典权客体的不动产,称为典物;典价为典权人因对他人不动产占有、使用、收益而支付的对价。典权是一种物权。历史上存在以人身为对象的典权,如典妻雇子、典雇男女等。在中国大陆地区,承认以房屋作为典权标的物。典权是中国传统特有的法律制度。

学界对典权的性质长期以来就存在分歧,主要有三种学说。

（一）用益物权说

该学说的主要观点是：

1. 典权是典权人占有典物而为使用、收益的权利。

2. 典权人向出典人支付典价，这不同于担保物权所担保的借款；出典人向典权人返还典价而收回典物，这不同于担保物权所担保的债务的清偿。

3. 在典权关系中，如果出典人抛弃回赎权，即可使典权关系消灭，出典人对于典物实际价值低于典价的差额不负清偿责任。而在担保物权关系中，担保物权消灭并不当然导致受担保的债权债务关系消灭，且债务人对于担保物实际价值低于借款的差额仍然负清偿责任。

（二）担保物权说

该学说的主要观点是：

1. 典权是债权人借贷给出典人的金钱，典物是移转占有的担保财产，相当于质权标的，只能收取其孳息。

2. 民国时期制定的民法典将典权规定在质权和抵押权之间，说明典权为担保物权。

（三）折衷说

该学说又称特种物权说，兼有用益物权和担保物权的性质。其主要观点包括：

1. 典权虽有使用、收益的效能，但非其主要目的，而以典权人取得其所有权为最终目的。不能以法条对典权人的规定有使用、收益字样，即认定其为用益物权。

2. 典权虽有担保作用，但也不是纯粹的担保物权。担保物权是从权利，必须以主权利的存在为前提，而典权则否，因而典权与抵押权等纯担保物权亦不相同。由此可见，典权既不是纯粹的用益物权，亦非纯粹的担保物权，而是兼具双重性质的特种物权。

第十五章

担保物权

一、知识结构图

- 担保物权
  - 担保物权概述
    - 概念（重点）
    - 特征（重点）
  - 担保物权类型
    - 抵押权
      - 概念
      - 变动
        - 设立
          - 不动产
          - 动产
            - 一般动产
            - 特殊动产
        - 变更
        - 实现
      - 特殊类型（重点）
    - 质权
      - 概述（理解并识记）
      - 权利类型（重点）
        - 动产质权
        - 权利质权
      - 权利内容（重点）
    - 留置权
      - 概述（理解并识记）
      - 变动（重点）
        - 设立
        - 变更
        - 消灭
      - 权利内容（重点）

二、重难点归纳

（一）担保物权的概念与特征

1. 概念

担保物权是指为确保债权的实现，在债务人或者第三人的物上设定的以直接取得或者支配其交换价值为内容的权利。

2. 特征

（1）以确保债务的履行为目的，担保范围包括主债权及其利息、违约金、损害赔偿金、保管担保物和实现担保物权的费用。

（2）是在债务人或者第三人的特定物上设

定的权利。

(3)以支配担保物的价值为内容,也称物上代位性。即担保物权的效力不仅及于担保物本身,而且及于担保物的变异物、赔偿金、补偿金和保险金等代位物。

(4)具有从属性和不可分性。担保物权的从属性包括其成立、内容和范围、效力、消灭以及移转上的从属性;担保物权的不可分性是指无论担保物一部分灭失或分割或价值减少,剩余部分或价值仍担保全部债权。

【名师点拨】学习担保物权这一章一定要结合《担保法》,并就相似概念进行比较记忆,比如混合担保和共同抵押、共同保证等。

(二)抵押权

1. 抵押权的概念

抵押权是指债权人对于债务人或者第三人不移转占有而供担保的物或者财产权利,优先清偿其债权的权利。

2. 抵押权的变动

(1)权利取得

①抵押权的标的是指抵押人用以设定抵押的财产,包括不动产和动产;动产又分为一般动产和特殊动产。不动产抵押权的取得以登记为生效要件,动产抵押权的取得以抵押合同生效为设立要件,但特殊动产(交通运输工具、正在建造的船舶和航空器)的抵押权,未经登记的,不可对抗善意第三人。

②抵押权标的应满足以下条件:具有特定性;具有交换价值和可让与性;为非消耗物;未被禁止抵押的财产。

③可以抵押的财产:建筑物和其他土地附着物;建设用地使用权;以招标、拍卖、公开协商等方式取得的荒地等土地承包经营权;生产设备、原材料、半成品、产品;正在建造的建筑物、船舶、航空器;交通运输工具;其他未被禁止抵押的财产。

④禁止抵押的财产:国有土地所有权;集体土地所有权(以招标等方式取得的土地承包经营权除外;以乡镇、村企业厂房抵押的,占用范围内的建设用地使用权可以一并抵押);公益法人的公益设施,非公益设施除外;所有权、使用权不明或有争议的财产(如共有物);依法被查封、扣押的财产;依法被确认为违法、违章建筑的。

(2)权利变更

①抵押权顺序确定的规则。a. 同一不动产上并存数个抵押权时,顺序为,先登记＞后登记;同一天登记的,顺序相同,按照债权比例清偿。b. 同一动产上并存数个抵押权时,顺序为,登记＞未登记,先登记＞后登记;均未登记的,顺序相同,按债权比例清偿。

②抵押权顺序的变更。不动产抵押权顺序的变更,应当进行变更登记。未经其他抵押权人书面同意,抵押权顺序的变更不得对其他抵押权人产生不利影响。

③抵押权顺序放弃。a. 相对放弃。例如,甲抵押权人先于乙抵押权人,甲对乙放弃抵押权顺序,不优先受偿,而是按债权比例清偿。b. 绝对放弃。例如,甲抵押权人先于乙、丙、丁抵押权人,甲放弃在先抵押权顺序,变为最后顺序的抵押权人,其他抵押权人顺序依次升进。

(3)权利实现

①抵押权的实现和方式。抵押权的实现是指在债务人届期不履行债务或者发生当事人约定的实现抵押权的情形时,抵押权人处分抵押权并以其变价价值优先受偿其债权的行为。抵押权人可以与抵押人协议,以抵押财产折价或者以拍卖、变卖该抵押财产所得到的价款优先受偿。不能达成协议的,抵押权人不得自行拍卖、变卖抵押财产,但可以请求法院拍卖、变卖。

流质(押)契约禁止。抵(质)押权人和抵(质)押人可以在债务到期后就抵(质)押财产的处置作出约定，但不能事先约定若债务人不能履行到期债务时，担保物的所有权直接归抵(质)押权人所有；否则，将被视为流质(押)条款而无效。

②抵押权实现的时效。抵押权人应当在主债务诉讼时效期间行使抵押权；逾期未行使的，抵押人产生抗辩权。

③抵押权与买卖不破租赁。a. 先租后抵。财产租赁在前，抵押在后，抵押权实现时不能影响原租赁关系。b. 先抵后租。若抵押权已经登记，则不再适用买卖不破租赁。若抵押权未登记(限于动产)，仍然适用买卖不破租赁。

3. 抵押权的内容

(1)抵押人的权利和义务

①权利：占有、使用、收益。

②义务：抵押期间处分权的限制。抵押期间，抵押人可以出租抵押物，但未经抵押权人同意，不得转让抵押物，否则不发生物权变动的效力。但是，受让人代为清偿债务的，抵押权消灭，发生物权变动效力。

(2)抵押权人的权利

①优先受偿权；②保全请求权。抵押财产价值减少的，抵押权人有权要求恢复抵押财产的价值，或者提供与减少价值相应的担保。抵押人不恢复抵押财产的价值也不提供担保的，抵押权人有权要求提前清偿债务。

(三)特殊抵押类型

1. 共同抵押

共同抵押包括按份共同抵押和连带共同抵押。按份共同抵押是指各个抵押人仅对特定的债权数额承担担保责任；连带共同抵押是指各个抵押人在清偿债务时不受份额的限制，抵押权人行使抵押权时，也不受顺序和份额的限制。

【名师点拨】学习共同抵押时的难点在于抵押权人行使权利时的顺序限制以及抵押人如何实现内部追偿的问题，并且要与混合担保对比记忆。

(1)顺序限制

混合担保情况下(既有物保又有人保)，债务人不履行到期债务或者发生当事人约定的实现担保物权的情形，债权人应当按照约定实现债权；没有约定或者约定不明确，债务人自己提供物的担保的，债权人应当先就该物的担保实现债权；第三人提供物的担保的，债权人可以就物的担保实现债权，也可以要求保证人承担保证责任。提供担保的第三人承担担保责任后，有权向债务人追偿。

(2)内部追偿

①共同抵押。按份共同抵押无追偿权的问题；连带共同抵押无顺序限制，既可向债务人追偿，也可向其他连带共同抵押人按份额追偿。

②混合担保。追偿权无顺序限制。

③连带共同保证。承担了担保责任的保证人应先向债务人全额追偿，不能追偿的部分，按比例向其他连带共同保证人追偿。

2. 动产浮动抵押

(1)概念

经当事人书面协议，企业、个体工商户、农业生产经营者可以将现有的以及将有的生产设备、原材料、半成品、产品抵押，债务人不履行到期债务或者发生当事人约定的实现抵押权的情形，债权人有权就实现抵押权时的动产优先受偿。

(2)特点

①主体的特定性。抵押人限于企业、个体工商户、农业生产经营者。未从事生产经营的自然人不能设立此种抵押权。

②担保财产的集合性。动产浮动抵押是一物一权原则的例外，其抵押财产是经营者所有的集合动产，包括经营者现有或将有的生产设备、原材料、半成品、产品。

③抵押财产的不特定性。动产浮动抵押

设立之初，抵押财产并未特定，包括“现有”和“将有”的财产且抵押财产具有变动性，即抵押财产的范围、价值都处于变动之中。

④抵押财产的可转让性。只要《物权法》第196条规定的情形没有出现，即抵押财产未确定时，在抵押期间，抵押人“可以不经抵押权人的允许”，在正常的经营活动中转让抵押物。

【名师点拨】动产浮动抵押中，抵押财产处于变动当中，只要未确定，在正常经营中，无论第三人善意或恶意，抵押人都可以自主转让抵押物；但一旦抵押财产特定，抵押人未经抵押权人的允许，不得转让抵押财产。

(3)抵押物的确定

①债务履行期届满，债权未实现；

②抵押人被宣告破产或者被撤销；

③当事人约定的实现抵押权的情形；

④严重影响债权实现的其他情形。

(4)抵押权的设立

动产浮动抵押权的设立以合同生效为要件，但未经当地工商行政管理部门登记的，不可对抗善意第三人。

3. 最高额抵押

(1)概念

最高额担保是指为担保将来一段时间可能发生的不超过一定数额债权的实现而设立的担保方式。其中，最高额抵押是指抵押人与抵押权人协议，在最高债权额度内，以抵押物对一定期限内连续发生的债权作担保。

(2)特点

①担保合同成立在前，主债权合同成立在后；

②担保的主债权的发生及其数额具有不确定性；

③在担保债权确定前，部分债权转让的，最高额抵押权不随之转让。

(3)担保债权的确定

①约定的债权确定期间届满；

②没有约定或约定不明的，抵押权人或抵押人自最高额抵押权设立之日起满2年后确定债权；

③新的债权不可能发生；

④抵押财产被查封、扣押；

⑤债务人、抵押人被宣告破产或被撤销。

(4)效力

抵押权人实现抵押权时，如果实际发生的债权余额高于最高限额的，以最高限额为限，超过部分为一般债权。

(5)其他

①最高额质权参照适用最高额抵押权的规则。

②最高额保证：未约定保证期间的最高额保证，保证人可以随时单方面解除合同。合同解除后，保证人仅对通知到债权人前已发生的债权承担保证责任。

(四)质权

1. 质权的概念与特征

(1)概念

质权是指为了担保债权的履行，债务人或第三人将其动产或权利移交给债权人占有，当债务人不履行债务时，债权人有就其占有的财产优先受偿的权利。质权分为动产质权和权利质权。

(2)特征

①具有一切担保物权具有的共同特性，即从属性、不可分性和物上代位性。

②质权的标的是动产和可转让的权利，不动产不能设定质权。金钱经特定化后也可以出质：债务人或者第三人将其金钱以特户、封金、保证金等形式特定化后，移交债权人占有作为债权的担保；债务人不履行债务时，债权人可以以该金钱优先受偿。

③质权是移转质物的占有的担保物权，质权以占有标的物为成立要件。

2. 动产质权

(1)动产质权的设立

动产质权的设立以交付为要件。不交付标的物的质权不成立,但是不影响质押合同的效力。交付包括现实交付、指示交付和简易交付,但不包括占有改定。质权人曾经占有质物又返还给出质人的,质权不得对抗第三人。

(2)动产质权的内容

①质权人的权利:a. 占有;b. 收取孳息;c. 保全质权;d. 优先受偿权;e. 转质权。转质包含承诺转质和责任转质。承诺转质是指经过出质人的同意,以质权人身份转质;责任转质是指未经出质人同意,以质权人身份转质,但应就发生的损害承担赔偿责任。

②质权人的义务:a. 妥善保管质物;b. 不得擅自使用、出租、处分质物;c. 及时行使质权。

③出质人的权利:a. 出质人在质权人因保管不善致使质物毁损、灭失时,有权要求质权人承担民事责任。b. 质权人不能妥善保管质物而可能致使其灭失或者毁损的,出质人可以要求质权人将质物提存,或者要求提前清偿债权而返还质物。将质物提存的,质物提存费用由质权人负担;出质人提前清偿债权的,应当扣除未到期部分的利息。c. 债务履行期届满,债务人履行债务的,或出质人提前清偿所担保的债权的,出质人有权要求质权人返还质物。

④出质人的义务:出质人以其不具有所有权但合法占有的动产出质的,不知出质人无处分权的质权人行使质权后,因此给动产所有人造成损失的,由出质人承担赔偿责任。

3. 权利质权

(1)权利质权的设立

①以汇票、本票、支票、债券、存款单、仓单、提单出质的,在交付权利凭证之日成立;

②以其他财产出质的,在登记之日成立。

(2)权利质权的标的

①有价证券出质:汇票、本票、支票、债券、存款单、仓单、提单。

②依法可以转让的股份、股票。

③依法可以转让的商标专用权、专利权、著作权中的财产权。

④基金份额、股权出质。

⑤应收账款出质。

(3)权利质权的内容

①权利质权成立后,出质人未经质权人同意,不得再将出质的权利予以转让。

②在取得质权人同意的前提下,可以将出质权利予以转让,但是应当将转让所得价款提前清偿债务或者提存。

【名师点拨】债权质押适用《合同法》中债权转让的规则。

(五)留置权

1. 留置权概述

(1)概念

留置权是指债权人按照合同约定占有债务人的动产,在债务人不履行基于该动产而发生的债务时,有留置该财产并就该财产优先受偿的权利。

(2)特征

①留置权是法定担保物权,且优先于抵押权、质权等意定担保物权而实现;

②留置权是动产担保物权,以债权人占有动产为要件;

③留置权人留置标的物后不得直接处分标的物,必须先定期催告。只有债务人仍不履行债务时,留置权人可处分标的物且优先受偿。

2. 留置权构成要件

(1)积极要件

①债务人未履行到期债务;

②债权人合法占有债务人的动产;

③债权人占有的动产与所担保的债权属于同一法律关系。

(2)消极要件

①因侵权行为取得动产占有的；

②当事人约定不得留置的动产，不得留置；

③留置不得违反公共秩序或善良风俗；

④留置不得与留置人所承担的义务相抵触。

【名师点拨】企业之间的留置权（商事留置权）不受同一法律关系的束缚。

3. 留置权的内容

(1)留置权人的权利

①留置标的物；

②优先受偿的权利；

③收取留置物所产生的孳息；

④为保管之目的而使用留置物。

(2)留置权人的义务

①妥善保管留置物的义务。

②不得擅自使用、出租或处分留置财产的义务。

③经债务人的请求行使留置权的义务。

④留置权消灭后返还留置财产的义务。

⑤只有在宽限期满后债务人仍未履行债务的，留置权人才可以行使权利。具体而言，宽限期有约定的，按照约定；没有约定的，留置权人应当确定2个月以上的宽限期；留置的动产具有鲜活、易腐等不易保管属性的，留置权人可以直接实现优先受偿权，无须给债务人宽限期。

4. 留置权的消灭

(1)一般原因

①留置权人抛弃留置权；②留置权实现；③留置权担保的债权消灭；④留置物毁损、灭失且无代位物。

(2)特殊事由

所谓特殊事由，是指仅适用留置权（不适用抵押权与质权）。有两种特殊事由：①债务人另有提供担保，留置权人接受的，留置权消灭；②留置权人占有的留置物被他人侵夺的，若留置权人未自侵夺之日起1年内行使占有回复请求权，1年期限届满时，留置权消灭。

(六)动产质权、抵押权和留置权竞合规则

1. 留置权和动产质权、抵押权并存

(1)一般情况下，留置权＞抵押权和质押权；

(2)留置权人在留置物上设立质押权和抵押权时，质押权和抵押权＞先留置权。

2. 质权与抵押权

已登记的抵押权优先于质押权。

(1)先抵押且登记＞后质权；

(2)先质押且经当事人同意＞后抵押权。

三、全真题演练

(一)单项选择题

1.(2014年司法考试试卷三第8题)甲公司欠乙公司货款100万元，先由甲公司提供机器设备设定抵押权，并且丙公司担任保证人，后由丁公司提供房屋设定抵押权并办理了抵押登记。甲公司届期不支付货款，下列哪一表述是正确的？(　)

A. 乙公司应先行使机器设备抵押权

B. 乙公司应先行使房屋抵押权

C. 乙公司应先请求丙公司承担保证责任

D. 丙公司和丁公司可相互追偿

2.(2008年司法考试试卷三第11题)黄河公司以其房屋作抵押，先后向甲银行借款100万元、向乙银行借款300万元、向丙银行借款500万元，并依次办理了抵押登记。后丙银行与甲银行商定交换各自抵押权的顺序，并办理了变更登记，但乙银行并不知情。因黄河公司无力偿还三家银行的到期债务，银行拍卖其房屋，仅得价款600万元。关于三家银行对该价款的分配，下列哪一选项是正确的？(　)

A. 甲银行100万元，乙银行300万元，丙银行200万元

B. 甲银行得不到清偿，乙银行100万元，

丙银行 500 万元

C. 甲银行得不到清偿，乙银行 300 万元，丙银行 300 万元

D. 甲银行 100 万元，乙银行 200 万元，丙银行 300 万元

3.（2007 年司法考试试卷三第 13 题）甲公司向乙银行贷款 1 000 万元，约定 2005 年 12 月 2 日一次性还本付息。甲公司以自己的一栋房屋作抵押。甲到期没有清偿债务，乙银行每个月都向其催收，均无效果，最后一次催收的时间是 2007 年 3 月 6 日。乙银行在下列哪一时间前行使抵押权，才能得到法院的保护？（　　）

A. 2007 年 12 月 2 日

B. 2009 年 12 月 2 日

C. 2009 年 3 月 6 日

D. 2011 年 3 月 6 日

4.（2013 年司法考试试卷三第 8 题）甲公司以其机器设备为乙公司设立了质权。10 日后，丙公司向银行贷款 100 万元，甲公司将机器设备又抵押给银行，担保其中 40 万元贷款，但未办理抵押登记。同时，丙公司将自有房产抵押给银行，担保其余 60 万元贷款，办理了抵押登记。20 日后，甲将机器设备再抵押给丁公司，办理了抵押登记。丙公司届期不能清偿银行贷款。下列哪一表述是正确的？（　　）

A. 如银行主张全部债权，应先拍卖房产以实现抵押权

B. 如银行主张全部债权，可选择拍卖房产或者机器设备以实现抵押权

C. 乙公司的质权优先于银行对机器设备的抵押权

D. 丁公司对机器设备的抵押权优先于乙公司的质权

5.（2012 年司法考试试卷三第 7 题）甲对乙享有 10 万元的债权，甲将该债权向丙出质，借款 5 万元。下列哪一表述是错误的？（　　）

A. 将债权出质的事实通知乙不是债权质权生效的要件

B. 如未将债权出质的事实通知乙，丙不得向乙主张权利

C. 如将债权出质的事实通知了乙，即使乙向甲履行了债务，乙也不得对丙主张债已消灭

D. 乙在得到债权出质的通知后，向甲还款 3 万元，因还有 7 万元的债权额作为担保，乙的部分履行行为对丙有效

6.（2013 年司法考试试卷三第 7 题）甲公司为乙公司向银行贷款 100 万元提供保证，乙公司将其基于与丙公司签订的供货合同而对丙公司享有的 100 万元债权出质给甲公司作反担保。下列哪一表述是正确的？（　　）

A. 如乙公司依约向银行清偿了贷款，甲公司的债权质权仍未消灭

B. 如甲公司、乙公司将出质债权转让给丁公司但未通知丙公司，则丁公司可向丙公司主张该债权

C. 甲公司在设立债权质权时可与乙公司约定，如乙公司届期不清偿银行贷款，则出质债权归甲公司所有

D. 如乙公司将债权出质的事实通知了丙公司，则丙公司可向甲公司主张其基于供货合同而对乙公司享有的抗辩权

7.（2009 年司法考试试卷三第 7 题）根据《物权法》的规定，下列哪一类权利不能设定权利质权？（　　）

A. 专利权　　　B. 应收账款债权

C. 可以转让的股权　D. 房屋所有权

8.（2010 年司法考试试卷三第 10 题）辽东公司欠辽西公司货款 200 万元。辽西公司与辽中公司签订了一份价款为 150 万元的电脑买卖合同。合同签订后，辽中公司指示辽西公司，将该合同项下的电脑交付给辽东公司。因

辽东公司届期未清偿所欠货款，故辽西公司将该批电脑扣留。关于辽西公司的行为，下列哪一选项是正确的？（　　）

A. 属于行使抵押权

B. 属于行使动产质权

C. 属于行使留置权

D. 属于自助行为

9. 依照我国担保法的规定，在质押生效后，质物灭失的风险损失由谁承担？（　　）

A. 质押人　　B. 质权人

C. 质押人或质权人　D. 质押人和质权人

10. 甲将房屋一间作抵押向乙借款，抵押期间，甲欲将该房屋出卖给丙，并告知丙抵押情况。对此，下列表述正确的是（　　）。

A. 甲有权将该房屋出卖，但必须事先通知抵押权人乙

B. 甲可以将该房屋出卖，无须事先通知抵押权人乙

C. 甲可以将该房屋出卖，但应征得抵押权人乙的同意

D. 甲无权将该房屋出卖，因为已经设置了抵押

11. 甲为担保自己对乙的债务，于2008年3月1日与乙签订书面质押合同，约定甲将自己的越野吉普车质押给乙，甲于4月1日向乙交付吉普车。4月1日甲交付吉普车时，未将备胎和工具箱交付给乙。下列表述正确的是（　　）。

A. 甲、乙之间的质押合同自3月1日起生效

B. 甲、乙之间的质押合同自4月1日起生效

C. 乙的质权自3月1日起设立

D. 乙对备胎和工具箱享有质权

（二）多项选择题

1.（2017年司法考试试卷三第55题）甲公司以一地块的建设用地使用权作抵押向乙银行借款3 000万元，办理了抵押登记。其后，甲公司在该地块上开发建设住宅楼，由丙公司承建。甲公司在取得预售许可后与丁订立了商品房买卖合同，丁交付了80%的购房款。现住宅楼已竣工验收，但甲公司未能按期偿还乙银行借款，并欠付丙公司工程款1 500万元，乙银行和丙公司同时主张权利，法院拍卖了该住宅楼。下列哪些选项是正确的？（　　）

A. 乙银行对建设用地使用权拍卖所得价款享有优先受偿权

B. 乙银行对该住宅楼拍卖所得价款享有优先受偿权

C. 丙公司对该住宅楼及其建设用地使用权的优先受偿权优先于乙银行的抵押权

D. 丙公司对该住宅楼及其建设用地使用权的优先受偿权不得对抗丁对其所购商品房的权利

2.（2017年司法考试试卷三第56题）2016年3月3日，甲向乙借款10万元，约定还款日期为2017年3月3日。借款当日，甲将自己饲养的市值5万元的名贵宠物鹦鹉质押交付给乙，作为债务到期不履行的担保；另外，第三人丙提供了连带责任保证。关于乙的质权，下列哪些说法是正确的？（　　）

A. 2016年5月5日，鹦鹉产蛋一枚，市值2 000元，应交由甲处置

B. 因乙照管不善，2016年10月1日鹦鹉死亡，乙需承担赔偿责任

C. 2017年4月4日，甲未偿还借款，乙未实现质权，则甲可请求乙及时行使质权

D. 乙可放弃该质权，丙可在乙丧失质权的范围内免除相应的保证责任

3.（2015年司法考试试卷三第53题）甲向某银行贷款，甲、乙和银行三方签订抵押协议，由乙提供房产抵押担保。乙把房本交给银行，因登记部门原因导致银行无法办理抵押物登

记。乙向登记部门申请挂失房本后换得新房本，将房屋卖给知情的丙并办理了过户手续。甲届期未还款，关于贷款、房屋抵押和买卖，下列哪些说法是正确的？（ ）

A. 乙应向银行承担违约责任

B. 丙应代为向银行还款

C. 如丙代为向银行还款，可向甲主张相应款项

D. 因登记部门原因未办理抵押登记，但银行占有房本，故取得抵押权

4.（2013年司法考试试卷三第57题）甲向乙借款，丙与乙约定以自有房屋担保该笔借款。丙仅将房本交给乙，未按约定办理抵押登记。借款到期后甲无力清偿，丙的房屋被法院另行查封。下列哪些表述是正确的？（ ）

A. 乙有权要求丙继续履行担保合同，办理房屋抵押登记

B. 乙有权要求丙以自身全部财产承担担保义务

C. 乙有权要求丙以房屋价值为限承担担保义务

D. 乙有权要求丙承担损害赔偿责任

5.（2009年司法考试试卷三第55题）甲公司向某银行贷款100万元，乙公司以其所有的一栋房屋作抵押担保，并完成了抵押登记。现乙公司拟将房屋出售给丙公司，通知了银行并向丙公司告知了该房屋已经抵押的事实。乙、丙订立书面买卖合同后到房屋管理部门办理过户手续。下列哪些说法是正确的？（ ）

A. 不论银行是否同意转让，房屋管理部门应当准予过户，但银行仍然对该房屋享有抵押权

B. 如丙公司代为清偿了甲公司的银行债务，则不论银行是否同意转让，房屋管理部门均应当准予过户

C. 如丙公司向银行承诺代为清偿甲公司的银行债务，则不论银行是否同意转让，房屋管理部门均应当准予过户

D. 如甲公司清偿了银行债务，则不论银行是否同意，房屋管理部门均应当准予过户

6.（2012年司法考试试卷三第57题）甲以自有房屋向乙银行抵押借款，办理了抵押登记。丙因甲欠钱不还，强行进入该房屋居住。借款到期后，甲无力偿还债务。该房屋由于丙的非法居住而难以拍卖，甲怠于行使对丙的返还请求权。乙银行可以行使下列哪些权利？（ ）

A. 请求甲行使对丙的返还请求权，防止抵押财产价值的减少

B. 请求甲将对丙的返还请求权转让给自己

C. 可以代位行使对丙的返还请求权

D. 可以依据抵押权，直接对丙行使返还请求权

7.（2012年司法考试试卷三第55题）甲公司向乙银行借款100万元，丙、丁以各自房产分别向乙银行设定抵押，戊、己分别向乙银行出具承担全部责任的担保函，承担保证责任。下列哪些表述是正确的？（ ）

A. 乙银行可以就丙或者丁的房产行使抵押权

B. 丙承担担保责任后，可向甲公司追偿，也可要求丁清偿其应承担的份额

C. 乙银行可以要求戊或者己承担全部保证责任

D. 戊承担保证责任后，可向甲公司追偿，也可要求己清偿其应承担的份额

8.（2010年司法考试试卷三第56题）某农村养殖户为扩大规模而向银行借款，欲以其财产设立浮动抵押。对此，下列哪些表述是正确的？（ ）

A. 该养殖户可将存栏的养殖物作为抵押财产

B. 抵押登记机关为抵押财产所在地的工商部门

C. 抵押登记可对抗任何善意第三人

D. 如借款到期未还，抵押财产自借款到期时确定

9.(2015年司法考试试卷三第54题)2014年7月1日，甲公司、乙公司和张某签订了《个人最高额抵押协议》，张某将其房屋抵押给乙公司，担保甲公司在一周前所欠乙公司货款300万元，最高债权额400万元，并办理了最高额抵押登记，债权确定期间为2014年7月2日到2015年7月1日。债权确定期间内，甲公司因从乙公司分批次进货，又欠乙公司100万元。甲公司未还款。关于有抵押担保的债权额和抵押权期间，下列哪些选项是正确的？(　　)

A. 债权额为100万元

B. 债权额为400万元

C. 抵押权期间为1年

D. 抵押权期间为主债权诉讼时效期间

(三)不定项选择题

1.(2017年司法考试试卷三第89～91题)甲服装公司与乙银行订立合同，约定甲公司向乙银行借款300万元，用于购买进口面料。同时，双方订立抵押合同，约定甲公司以其现有的以及将有的生产设备、原材料、产品为前述借款设立抵押。借款合同和抵押合同订立后，乙银行向甲公司发放了贷款，但未办理抵押登记。之后，根据乙银行要求，丙为此项贷款提供连带责任保证，丁以一台大型挖掘机作质押并交付。

(1)关于甲公司的抵押，下列选项正确的是(　　)。

A. 该抵押合同为最高额抵押合同

B. 乙银行自抵押合同生效时取得抵押权

C. 乙银行自抵押登记完成时取得抵押权

D. 乙银行的抵押权不得对抗在正常经营活动中已支付合理价款并取得抵押财产的买受人

(2)如甲公司违反合同约定，将借款用于购买办公用房，则乙银行享有的权利有(　　)。

A. 提前收回借款

B. 解除借款合同

C. 请求甲公司按合同约定支付违约金

D. 对甲公司所购办公用房享有优先受偿权

(3)如甲公司未按期还款，乙银行欲行使担保权利，当事人未约定行使担保权利顺序，下列选项正确的是(　　)。

A. 乙银行应先就甲公司的抵押实现债权

B. 乙银行应先就丁的质押实现债权

C. 乙银行可选择就甲公司的抵押或丙的保证实现债权

D. 乙银行可选择就甲公司的抵押或丁的质押实现债权

2.(2016年司法考试试卷三第87题)甲公司将1台挖掘机出租给乙公司，为担保乙公司依约支付租金，丙公司担任保证人，丁公司以机器设备设置抵押。乙公司欠付10万元租金时，经甲公司、丙公司和丁公司口头同意，将6万元租金债务转让给戊公司。之后，乙公司为现金周转，将挖掘机分别以45万元和50万元的价格先后出卖给丙公司和丁公司，丙公司和丁公司均已付款，但乙公司没有依约交付挖掘机。在乙公司将6万元租金债务转让给戊公司之前，关于丙公司和丁公司的担保责任，甲公司下列做法正确的是(　　)。

A. 可以要求丙公司承担保证责任

B. 可以要求丁公司承担抵押担保责任

C. 必须先要求丙公司承担保证责任，后要求丁公司承担抵押担保责任

D. 必须先要求丁公司承担抵押担保责任，后要求丙公司承担保证责任

3.(2015年司法考试试卷三第55题)下列哪些情形下,权利人可以行使留置权?(　　)

A. 张某为王某送货,约定货物送到后一周内支付运费,后张某在货物运到后立刻要求王某支付运费而被拒绝,张某可留置部分货物

B. 刘某把房屋租给方某,方某退租搬离时尚有部分租金未付,刘某可留置方某部分家具

C. 何某将丁某的行李存放在火车站小件寄存处,后丁某取行李时认为寄存费过高而拒绝支付,寄存处可留置该行李

D. 甲公司加工乙公司的机器零件,约定先付费后加工,其后付费和加工均已完成,但乙公司尚欠甲公司借款,甲公司可留置机器零件

(四)名词解释与辨析

1.(中国人民大学2013年考研真题)抵押权

2.(中国人民大学2010年考研真题)留置权

(五)简答题

1. 简述担保物权的特征。

2.(华东政法大学2009年考研真题)简述最高额抵押权及其特点。

(六)论述题

1.(中国政法大学2015年考研真题)试论述我国《物权法》对抵押权的规定。

2. 试论述我国《物权法》对动产浮动抵押的规定。

四、案例分析

【案例】

2003年8月,郭某为了筹集资金,向其朋友孙某借款50万元,并许诺将自己刚刚买下的一套价值40万元的房屋抵押给孙某,孙某考虑到房价一直在上涨,遂答应借款。不料,两人开车去办理抵押登记时,汽车发动机失灵,郭某对孙某说:“看来今天办不了了。改天抽空再办吧,你还信不过我?”因为两人关系一直不错,孙某看郭某很诚恳,就同意了。2003年9月,有消息说该地被划入开发区,房价大涨,郭某的房子又靠近大路,位置很好,因此价格上涨了20万元。孙某一直催郭某赶紧办理抵押登记,郭某说:“现在房价上涨了,我正好还缺一笔资金,你能不能再借我10万元?”并许诺钱到手后立即办理抵押登记。孙某担心如不借钱,郭某就不给办理登记,则又借给了他10万元。两人共同去办理了登记。试分析:

(1)假如在办理登记后,郭某又背着孙某将房子转让给赵某并办理了过户手续,那么孙某是否还享有对房子的抵押权?赵某能否取得该房的所有权?

(2)假如该地并未被划入开发区,房价又降至35万元。那么,郭某是否有义务应孙某要求提供25万元担保以进行补充?

【问题聚焦】

代为清偿、抵押权的不可分性

【法律剖析】

(1)《物权法》第191条规定:“抵押期间,抵押人经抵押权人同意转让抵押财产的,应当将转让所得的价款向抵押权人提前清偿债务或者提存。转让的价款超过债权数额的部分归抵押人所有,不足部分由债务人清偿。抵押期间,抵押人未经抵押权人同意,不得转让抵押财产,但受让人代为清偿债务消灭抵押权的除外。”

本案中,郭某和孙某已经办理了抵押物登记,因此孙某仍可以对房屋行使抵押权。赵某若想取得房屋的所有权,需要代替郭某清偿债

务或由郭某自行清偿债务，赵某替郭某清偿后，可以向郭某追偿。

(2)本题涉及抵押权的不可分性。所谓不可分性，就是指担保物的各个部分应该担保债权的全部，享有担保物权的债权人有权就担保物的全部行使担保物权，担保物是否被分割或产生部分的毁损、灭失，或担保物权所担保的债权是否已经部分履行，都对担保物权的存在不产生影响。《物权法》第 193 条规定："抵押人的行为足以使抵押财产价值减少的，抵押权人有权要求抵押人停止其行为。抵押财产价值减少的，抵押权人有权要求恢复抵押财产的价值，或者提供与减少的价值相应的担保。抵押人不恢复抵押财产的价值也不提供担保的，抵押权人有权要求债务人提前清偿债务。"《担保法》第 51 条规定："抵押人的行为足以使抵押物价值减少的，抵押权人有权要求抵押人停止其行为。抵押物价值减少时，抵押权人有权要求抵押人恢复抵押物的价值，或者提供与减少的价值相当的担保。抵押人对抵押物价值减少无过错的，抵押权人只能在抵押人因损害而得到的赔偿范围内要求提供担保。抵押物价值未减少的部分，仍作为债权的担保。"因此，只有在抵押人存在过错的情况下，抵押权人才有权要求抵押人恢复抵押物的价值或提供与减少的价值相当的担保。而本题中，房价的上涨或下跌与郭某的行为无关，因此，郭某无须再提供补充担保。

五、深度拓展

◆ 让与担保

让与担保是一种非典型担保方式，与典型担保在法律构造和规则内容上存在一些区别，但它能弥补典型担保存在的一些缺陷，在担保债权受偿和融通资金方面具有独特的作用，能促进市场经济繁荣和发展。让与担保又是一种非规则担保，在实践中也存在一些消极作用，必须在规则设计上予以防范和规制。让与担保以担保物所有权的移转作为担保标的，对其法律构造和性质作何种理解，涉及当事人之间以及与第三人之间的权利义务关系问题。让与担保的实行方式既可采取变价受偿，也可采取流质受偿；流质受偿虽有弊端，但可以从制度上予以规制和防范，没有禁止适用的必要。让与担保的基本原理与规则内容在传统民法理论中难以得到合理解释，故大陆法系国家均未采取立法方式，而是采取判例法形式确认其有效。我国应全面引进和建立让与担保制度，但其建立不宜采取立法方式，而应采用司法解释的形式。

第十六章

占　有

一、知识结构图

- 占有
  - 占有概述
    - 概念(识记)
    - 特征(识记)
  - 占有类型
    - 自主占有与他主占有(识记)
    - 直接占用与间接占有(识记)
    - 有权占有与无权占有(识记)
    - 善意占有与恶意占有(识记)
    - 单独占有与共同占有(识记)
  - 占有变动(重点)
    - 占有取得
    - 占有消灭
    - 占有推定
      - 事实推定
      - 权利推定
  - 占有保护请求权(重点)
    - 占有返还请求权
    - 排除妨碍或者消除危险请求权
    - 损害赔偿请求权

二、重难点归纳

(一)占有概述

1. 概念

占有是指人对物管领、控制的事实。

2. 特征

(1)占有是一种事实,而非权利;

(2)占有是一种财产利益;

(3)占有的客体为物;

(4)民法承认观念占有,如间接占有。

3. 要素

认定占有需满足两个要素:体素和心素。所谓体素,是指事实上对物的管理和控制;而心素是指主观上具有占有的意思,两者缺一不可。

(二)占有类型

1. 自主占有与他主占有

(1)自主占有:以自己所有的意思占有物。

(2)他主占有:无所有的意思,仅以某种特定关系支配物的意思的占有。

【名师点拨】在先占和时效取得中，要求权利人必须为自主占有。

2. 直接占有与间接占有

(1)直接占有：直接对物进行事实上的管领与控制。

(2)间接占有：虽未直接占有某物，但依据一定的法律关系而对于直接占有人享有占有返还请求权的占有。

3. 有权占有与无权占有

(1)有权占有：基于法律上的原因对物进行的占有。

(2)无权占有：欠缺法律依据的占有。

【名师点拨】占有返还请求权只能针对无权占有人；因侵权行为占有他人之物的，不发生留置权；无权占有的占有状态仍受法律保护，不可被随意侵犯。

4. 善意占有与恶意占有

(1)善意占有：误以为自己具有占有的权利而无怀疑地进行的占有。

(2)恶意占有：明知无占有权利仍然进行的占有。

【名师点拨】善意占有和恶意占有均属无权占有；善意占有人对使用占有物导致磨损、折旧的，不承担赔偿责任，而恶意占有人应承担赔偿责任；善意占有人有权请求权利人支付保管、维修等必要费用，恶意占有人无此权利；标的物毁损、灭失的，两者均应返还补偿金等代位物，但对于此外的损失，恶意占有人应承担赔偿责任。

5. 单独占有与共同占有

(1)单独占有：一个主体对物的占有。

(2)共同占有：数人对同一物的占有。

(三)占有权利变动

1. 权利取得

占有的取得是指占有人依照某种事实或者原因对物产生了事实上的支配与控制。占有的取得分为原始取得与继受取得。占有的原始取得是指不以他人既存的占有为根据而取得的占有。占有的继受取得是指基于他人的占有而取得的占有。占有的继受取得表现在：①占有的让与。占有的让与是指占有人以法律行为将其占有物交付于他人，受让人因此而取得占有。②占有的继承。

2. 权利消灭

占有的消灭是指占有人对标的物事实上的支配力与控制力不复存在。

3. 权利推定

占有推定包括事实状态的推定和权利的推定。

(1)所谓事实状态的推定，包括以下几个方面：①有权占有和无权占有不明时，除非有相反证据，否则应推定为有权占有；②在无权占有中，善意占有和恶意占有不明时，除非有相反证据，否则应推定为善意占有；③和平占有、公然占有的事实不明时，推定为和平占有、公然占有。

(2)所谓权利的推定，包括以下两方面：①占有人在占有物上行使权利的，推定其合法有此权利，占有人免负举证责任；②占有权利推定原则上以动产为限，未登记的不动产物权准用之。但权利推定有以下限制：①已经登记的不动产，不适用占有权利推定规则；②权利的推定不仅权利人自己可以援用，第三人也可以援用；③权利的推定一般是为占有人的利益；④权利推定属于消极性的，占有人不得利用此项推定作为其行使权利的积极证明，如请求办理权属登记。

(四)占有保护请求权

1. 占有返还请求权

占有返还请求权是占有人于其占有物被侵夺时，可以请求返还其占有物。占有保护请求权基于占有事实，如租用、借用等事实，其作用仅仅在于恢复占有人对物的占有，维护社会秩序的稳定，并不涉及占有物的权利归属问题。

占有返还请求权的构成要件包括:①占有被侵夺;②请求权人必须为占有被侵夺人;③被请求人为占有的侵夺人或继受人(概括继承者或恶意的特定继承者);④自侵夺之日起1年内行使。

2. 排除妨碍或消除危险请求权

占有人在其占有受到妨碍或者出现妨碍的危险时,有权请求排除妨碍或消除危险。该权利无时效限制。

3. 损害赔偿请求权

因侵占占有物或者妨害占有造成损害的,占有人有权请求损害赔偿。损害赔偿请求权适用一般诉讼时效。

【名师点拨】占有返还请求权和返还原物请求权为重要考点,且经常对比考察,应特别对比记忆。

三、全真题演练

(一)单项选择题

1. 我国物权法规定的占有返还请求权存续期间属于(　　)。

A. 除斥期间　　B. 诉讼时效

C. 取得时效　　D. 消灭时效

2. 按照我国物权法的规定,占有返还请求权自侵权发生之日起(　　)后,权利消灭。

A. 半年　　B. 一年

C. 两年　　D. 二十年

3. 甲遗失一部相机,乙拾得后放在办公桌抽屉内,并张贴了招领启事。丙盗走该相机,卖给了不知情的丁,丁出质给戊。对此,下列哪一种说法不正确?(　　)

A. 乙对相机的占有属于无权占有

B. 丙对相机的占有属于他主占有

C. 丁对相机的占有属于自主占有

D. 戊对相机的占有属于直接占有

4.(2014年司法考试试卷三第9题)张某拾得王某的一只小羊拒不归还,李某将小羊从张某羊圈中抱走交给王某。下列哪一表述是正确的?(　　)

A. 张某拾得小羊后因占有而取得所有权

B. 张某有权要求王某返还占有

C. 张某有权要求李某返还占有

D. 李某侵犯了张某的占有

5.(2016年司法考试试卷三第9题)甲、乙就乙手中的一枚宝石戒指的归属发生争议。甲称该戒指是其在2015年10月1日外出旅游时让乙保管,属甲所有,现要求乙返还。乙称该戒指为自己所有,拒绝返还。甲无法证明对该戒指拥有所有权,但能够证明在2015年10月1日前一直合法占有该戒指,乙则拒绝提供自2015年10月1日后从甲处合法取得戒指的任何证据。对此,下列哪一说法是正确的?(　　)

A. 应当推定乙对戒指享有合法权利,因占有具有权利公示性

B. 应当认定甲对戒指享有合法权利,因其证明了自己的先前占有

C. 应当由甲、乙证明自己拥有所有权,否则应判决归国家所有

D. 应当认定由甲、乙共同共有

6. 以下占有为恶意占有的是(　　)。

A. 甲拾到一个钱包,于是坐在附近等候失主

B. 甲和乙出去玩,乙托甲照看自己的行李

C. 甲喜欢乙的钢笔,趁乙不在,甲拿了乙的钢笔

D. 妈妈收拾孩子的房间,发现了孩子从同学那里借来的一本书,以为是孩子买的,便放在自己的房间里

7. 承租人对承租物的占有属于(　　)。

A. 善意占有　　B. 他主占有

C. 自主占有　　D. 恶意占有

8. 甲去乙家做客,不慎将手机遗忘在乙

家，乙发现后没有通知甲，而是留下自用。一周后，乙将手机丢失。后来甲得知此事，要求乙返还手机。乙不愿返还，为此引起纠纷。以下说法正确的是（　　）。

A. 甲无权请求赔偿，因为乙是无因管理

B. 甲无权请求赔偿，因为乙是善意占有人

C. 甲无权请求赔偿，因为乙是保管人

D. 甲有权请求赔偿，因为乙是恶意占有人

9. 下列属于自主占有的是（　　）。

A. 承租人对租赁物的占有

B. 质权人对质物的占有

C. 所有人对其所有物的占有

D. 小偷对盗赃物的占有

10. 甲在路边拾得一只木箱，将其带回家。晚上，乙闯入甲的家中，将该木箱偷走。后甲在乙家发现该木箱，遂要求乙返还，乙拒绝。下列说法正确的是（　　）。

A. 甲已经丧失了对木箱的占有，故其无权要求返还

B. 甲拾得遗失物，理应返还失主，不能取得对木箱的占有

C. 甲可向乙主张占有物返还请求权

D. 以上说法都不正确

11. 甲捡到一包物品，等待失主前来认领。几个月之后失主找到甲，发现这包物品中的名贵花草已经死亡，另有一块玉石因甲不慎碰坏了一个角而导致价值贬损，还有一条项链被甲送给了女朋友。为此失主与甲发生纠纷。以下说法正确的是（　　）。

A. 甲对该物品的占有为自主占有

B. 甲应赔偿失主名贵花草的损失

C. 甲应赔偿玉石贬值的损失

D. 失主有权请求甲的女朋友返还项链

12. 下列说法正确的是（　　）。

A. 善意占有是有权占有的一个情形

B. 在难以判断是善意占有还是恶意占有的情况下，考虑到对所有权人的保护，推定为恶意占有

C. 第三人可以选择向占有辅助人或者占有主人行使占有返还请求权

D. 善意占有和恶意占有都属于无权占有

（二）多项选择题

1.（2015 年司法考试试卷三第 56 题）甲拾得乙的手机，以市价卖给不知情的丙并交付。丙把手机交给丁维修。修好后丙拒付部分维修费，丁将手机扣下。关于手机的占有状态，下列哪些选项是正确的？（　　）

A. 乙丢失手机后，由直接占有变为间接占有

B. 甲为无权占有、自主占有

C. 丙为无权占有、善意占有

D. 丁为有权占有、他主占有

2. 下列属于有权占有的是（　　）。

A. 承租人对于承租房屋的占有

B. 留置权人对留置物的占有

C. 拾得人对于遗失物的占有

D. 质权人对于质物的占有

3.（2012 年司法考试试卷三第 56 题）甲将一套房屋出卖给乙，已经移转占有，没有办理房屋所有权移转登记。现甲死亡，该房屋由其子丙继承。丙在继承房屋后又将该房屋出卖给丁，并办理了房屋所有权移转登记。下列哪些表述是正确的？（　　）

A. 乙虽然没有取得房屋所有权，但是基于甲的意思取得占有，乙为有权占有

B. 乙可以对甲的继承人丙主张有权占有

C. 在丁取得房屋所有权后，乙可以以占有有正当权利来源对丁主张有权占有

D. 在丁取得房屋所有权后，丁可以基于其所有权请求乙返还房屋

4. 甲在搬家过程中不慎丢失了一台电脑，被乙捡回家中。后乙家失窃，该电脑被丙偷走。丙盗窃案告破，丙被收监，为此引起纠纷。

下列表述正确的是(　　)。

A. 甲对该电脑享有返还请求权

B. 乙对该电脑享有返还请求权

C. 乙的返还请求权受一年期的限制

D. 乙的返还请求权不受时间限制

5. 以下关于占有的说法正确的是(　　)。

A. 善意占有人只需要返还权利人原物

B. 恶意占有人需要返还权利人原物及其孳息

C. 善意占有人可以要求权利人支付必要费用

D. 恶意占有人不仅不可以要求权利人支付必要费用,造成占有物损害的,还要赔偿损失

6.(2012 年司法考试试卷三第 58 题)丙找甲借自行车,甲的自行车与乙的很相像,均放于楼下车棚。丙错认乙车为甲车,遂把乙车骑走。甲告知丙骑错车,丙未理睬。某日,丙骑车购物,将车放在商店楼下,因墙体倒塌将车砸坏。下列哪些表述是正确的?(　　)

A. 丙错认乙车为甲车而占有,属于无权占有人

B. 甲告知丙骑错车前,丙修车的必要费用,乙应当偿还

C. 无论丙是否知道骑错车,乙均有权对其行使占有返还请求权

D. 对于乙车的毁损,丙应当承担赔偿责任

7. 甲公司有一批货物存放在乙公司的仓库,后来丙公司声称甲公司拖欠其 15 万元货款未归还,便强行将该批货物拉走抵债。下列说法不正确的是(　　)。

A. 甲公司有权要求内公司返还货物,该权利的存续期间为两年

B. 乙公司有权要求丙公司返还货物,该权利的存续期间为两年

C. 丙公司的行为属于行使留置权

D. 丙公司的行为属于自助行为

8. 乙窜入一大学自习室,盗取甲的手机一部,并将该手机作为生日礼物送给不知情的表弟丙。丙使用半年后,觉得该手机太落伍,就将手机当作垃圾扔掉了。下列表述错误的是(　　)。

A. 甲可以向乙主张返还原物

B. 甲可以向乙主张损害赔偿

C. 甲可以向丙主张返还原物

D. 甲可以向丙主张损害赔偿

(三)不定项选择题

1.(2015 年司法考试试卷三第 89～90 题)顺风电器租赁公司将一台电脑出租给张某,租期为 2 年。在租赁期间内,张某谎称电脑是自己的,分别以市价与甲、乙、丙签订了三份电脑买卖合同并收取了三份价款,但张某把电脑实际交付给了乙。后乙的这台电脑被李某拾得,因暂时找不到失主,李某将电脑出租给王某获得很高收益。王某租用该电脑时出了故障,遂将电脑交给康成电脑维修公司维修。王某和李某就维修费的承担发生争执。康成公司因未收到修理费而将电脑留置,并告知王某,如 7 天内不交费,将变卖电脑抵债。李某听闻后,于当日潜入康成公司偷回电脑。

(1)如乙请求李某返还电脑和所获利益,下列说法正确的是(　　)。

A. 李某向乙返还所获利益时,应以乙所受损失为限

B. 李某应将所获利益作为不当得利返还给乙,但可以扣除支出的必要费用

C. 乙应以所有权人身份而非不当得利债权人身份,请求李某返还电脑

D. 如李某拒绝返还电脑,需向乙承担侵权责任

(2)关于康成公司的民事权利,下列说法正确的是(　　)。

A. 王某在 7 日内未交费,康成公司可变卖

电脑并自己买下电脑

B. 康成公司曾享有留置权，但当电脑被偷走后，丧失留置权

C. 康成公司可请求李某返还电脑

D. 康成公司可请求李某支付电脑维修费

2. 甲将自己的相机借给乙使用，乙不小心将相机遗失，被丙捡到。丙在自己家中将该相机卖给不知情的丁，丁为了担保自己的债务将该相机出质于戊。下列表述错误的是(　　)。

A. 乙对相机的占有属于善意占有

B. 丙对相机的占有属于恶意占有

C. 丁对相机的占有属于有权占有

D. 戊对相机的占有属于他主占有

3. 占有人以所有的意思为的占有是(　　)。

A. 恶意占有

B. 自主占有

C. 他主占有

D. 自己占有

4. 下列占有中，属于间接占有的是(　　)。

A. 出质人对质物的占有

B. 寄存人对保管物的占有

C. 承租人对承租房屋的占有

D. 质权人对质物的占有

(四)名词解释与辨析

占有推定

(五)简答题

1. 简述善意占有和恶意占有的区别。

2. 简述占有返还请求权和返还原物请求权的区别。

(六)论述题

1.(中国政法大学 2016 年考研真题)试论述占有的意义。

2.(中国人民大学 2009 年考研真题)试论述物权法中的占有保护请求权。

四、案例分析

【案例】

村民陈某在耕田时捡到一匹马并牵回家饲养，同时等待马的主人来认领。时隔一年，仍未有人来认马，陈某也要搬到县城里居住，经人介绍，陈某将马在县交易所以市场价格卖给了邻村的赵某，但卖马时陈某并未说明马是他人的。几天后，马的主人郭某来找陈某认领马。问题：

(1)在饲养马的过程中，陈某与郭某之间构成什么民事法律关系？

(2)如果在陈某饲养过程中，马脱逃，但陈某已采取了足够的防护措施，陈某是否应对马的脱逃承担相应民事责任？为什么？

(3)如果陈某捡到马后故意隐蔽信息，意在占有，与郭某构成什么民事法律关系？

(4)在第(3)题的情况下，如郭某来要马，陈某不给，则陈某与郭某之间产生何种民事法律关系？

(5)本案中，赵某能否取得马的所有权？为什么？

(6)如果陈某在卖马时向赵某说明马是捡到的，但赵某仍支付相当价款，郭某能否向赵某要求取回马？为什么？

【问题聚焦】

无因管理、不当得利、占有、善意取得

【法律剖析】

(1)陈某和郭某之间构成无因管理关系。

(2)陈某已经尽到了一般善意管理人的注意义务，因此不应承担相应民事责任。

(3)两者构成不当得利关系。

(4)两者之间由不当得利关系转化为侵权关系。

(5)赵某在主观善意的情况下,已经支付相应对价,能取得对该马的所有权。

(6)由于赵某主观上并非善意,因而不能取得对马的所有权,因此郭某享有对马的物上请求权。

五、深度拓展

◆ 准物权

准物权是指以物之外的其他财产为客体,具有支配性、绝对性和排他性,因而类似于物权的民事财产权,比如占有。

准物权具体包括海域使用权、探矿权、采矿权、取水权,以及使用水域、滩涂从事养殖、捕捞的权利,是用益物权的一部分。

(1)准物权是以物之外的其他财产为权利客体的财产权。物权的客体是物,包括动产和不动产在内,所以准物权不属于物权的范畴。准物权与物权的制度性区别主要是由客体的特殊性决定的。

(2)准物权在性质上与物权相类似。准物权与物权都属于支配权、绝对权和对世权,所以这两种权利都具有保护上的绝对性、效力上的优先性和排他性等共同特性。

(3)准物权不是物权,但是关于物权的规范可以准用于准物权之上。尽管准物权在性质上类似于物权,但是其客体的特殊性决定了它仍然不属于物权,不能将物权的规范直接适用于准物权之上。不过,既然准物权与物权在性质上类似,法律可以将物权的规范准用于准物权之上。

第三编　债　权

第十七章

债的概述和类型

一、知识结构图

- 债的概述和类型
  - 债的概念、性质与要素（理解）
    - 债的概念
    - 债的性质
    - 债的要素
      - 主体
      - 客体
      - 内容
        - 债权
        - 债务
  - 债的发生原因（了解）
    - 合同
    - 缔约过失
    - 单独行为
    - 侵权行为
    - 无因管理
    - 不当得利
    - 其他
  - 债的分类（重点）
    - 单一之债与多数人之债
    - 按份之债与连带之债
    - 种类物之债与特定物之债
    - 简单之债与选择之债
    - 法定之债与意定之债

二、重难点归纳

（一）债的概念

债是指按照合同的约定或者依照法律的规定，在当事人之间产生的特定的权利和义务关系。债具有以下特征：债是一种财产性民事法律关系；债发生于特定当事人之间；债以债权、债务为内容；债以特定行为为客体；债的发生原因多样。

（二）债的要素

债的要素包括债的主体、客体、内容。

1. 债的主体

债的主体是指参与债的关系的当事人，最大特征在于特定性。享有债权的主体称为债权人，负有债务的主体称为债务人。债权人和债务人是相互对立、相互依存的，缺少任何一方，债的关系就不能成立和存续。

2. 债的客体

债的客体为给付，且给付应为合法、确定和适格。

3. 债的内容

债的内容即债权、债务。

(1)债权

债权是指债权人请求债务人为特定给付的权利。债权为请求权、相对权，具有相容性和平等性，设立上具有任意性，无排他性。其具体权能包括给付请求权、给付受领权、债权保护请求权和处分权能。

(2)债务

债务是指债务人依约定或者法定应为的给付义务。债务的特点在于具有特定性，债务人应为的特定行为包括作为与不作为。债务可以分为给付义务与附随义务。给付义务又可以分为主给付义务与从给付义务。主给付义务是指债的关系所固有、必备，并用以决定债的类型的基本义务。从给付义务是不具有独立的意义，仅具有补助主给付义务功能的义务。附随义务则是指以诚实信用原则为依据，根据债的性质、目的和交易习惯，随着债的关系的发展逐渐产生的义务。除给付义务和附随义务以外，债的关系上还有不真正义务，其特征在于，权利人通常不得请求履行，违反它也不发生损害赔偿责任，仅使负担该义务的一方遭受权利减损或者丧失的不利益。

(三)债的发生原因

债的发生原因，是指引起债产生的法律事实。可以分为基于法律行为产生的债和基于法律规定产生的债两类。在我国民法上，债的发生原因主要包括合同、缔约过失、单独行为、侵权行为、无因管理、不当得利等。

合同是指当事人之间设立、变更、终止债权债务关系的协议。缔约过失是指当事人在缔约过程中具有过错，从而导致合同不成立、无效、被撤销或者不被追认等，使他方当事人受到损害的情况。单独行为又称单务约束，是指表意人向相对人作出的为自己设定某种义务，使相对人取得某种权利的意思表示。侵权行为是指不法侵害他人的民事权益，应承担民事责任的行为。无因管理是指没有法定或者约定的义务而为他人管理事务。不当得利是指没有合法依据，致使他人受到损失而取得的利益。

(四)债的分类

根据不同标准，可以将债分为不同种类。

1. 根据债的发生原因，可以将债分为法定之债与意定之债。依据当事人约定发生的债为意定之债；根据法律规定发生的债为法定之债。

2. 根据财产之债标的物的不同属性，可以将债分为种类物之债与特定物之债。以具有相同品质、可以用相同的物代替的种类物为标的物的债是种类物之债；而以特定物为标的物的债是特定物之债。特定物之债要求债发生之时，标的物已经特定化。

3. 按照债的主体双方是单一还是多数，可以将债分为单一之债和多数人之债。债权人和债务人均为单一民事主体的债是单一之债；有一方包括两个以上民事主体的是多数人之债。

4. 按照债的标的有无选择可能性，可以将债分为简单之债与选择之债。只有一种履行标的的是简单之债；标的有多种，当事人可以择其一的为选择之债。

三、全真题演练

(一)单项选择题

1. 甲向乙购买一批钢材，甲在支付价款之后，要求乙交付钢材，乙以钢材市场价格上涨为由拒不交付，甲遂向法院起诉，要求乙交付该批钢材，甲所行使的权利性质为(　　)。

A. 支配权　　B. 形成权

C. 请求权　　D. 抗辩权

2. 下列情形中不发生债的关系的是(　　)。

A. 甲与市福利院签订协议，收养一个孤儿乙

B. 丙将代丁保管的自行车擅自卖给了戊

C. 方方食品公司未经他人许可，擅自把他人的肖像用在本公司的食品包装上

D. 某超市为吸引顾客，每月第一天在超市举行抽奖活动

3. 下列行为不属于从给付义务的是(　　)。

A. 张某去珠宝店购买和田玉手镯，店员在交付手镯的同时将鉴定证书交给张某

B. 陈某将自己使用过的二手自行车卖给刘某，并告知刘某自行车刹车不灵

C. 陶某将房屋卖给熊某，同时交付房屋产权证明

D. 何某受高某的委托出卖一批商品，何某将售卖情况及所得货款交付给高某

4. 李某从联中商场购买的商品质量不合格，李某要求该商场进行修理。李某与该商场之间存在的债是(　　)。

A. 法定之债

B. 简单之债

C. 选择之债

D. 多数人之债

5. 区分财物之债与劳务之债的法律意义在于(　　)。

A. 财物之债是不特定的，而劳务之债是特定的

B. 财物之债转移所有权，而劳务之债转移使用权

C. 财物之债不履行时，可以金钱赔偿，而劳务之债不能

D. 财物之债可强制执行，而劳务之债一般不能强制执行

6. 下列不属于法定之债的是(　　)。

A. 侵权损害之债

B. 不当得利之债

C. 无因管理之债

D. 合同之债

7. 连带债务的债权人(　　)。

A. 只能向债务人中的一人或数人同时请求其履行全部债务

B. 只能同时向全体债务人请求其履行全部债务

C. 只能向债务人中的一人或数人请求其履行部分债务

D. 可以向债务人中的一人或数人同时或先后请求其履行全部或部分债务

8. (2017年司法考试试卷三第12题)德凯公司拟为新三板上市造势，在无真实交易意图的情况下，短期内以业务合作为由邀请多家公司来其主要办公地点洽谈。其中，真诚公司安排授权代表往返十余次，每次都准备了详尽可操作的合作方案，德凯公司佯装感兴趣并屡次表达将签署合同的意愿，但均在最后一刻推脱拒签。其间，德凯公司还将知悉的真诚公司的部分商业秘密不当泄露。对此，下列说法正确的是(　　)。

A. 未缔结合同，则德凯公司就磋商事宜无须承担责任

B. 虽未缔结合同，但德凯公司构成恶意磋商，应赔偿损失

C. 未缔结合同，则商业秘密属于真诚公司自愿披露，不应禁止外泄

D. 德凯公司也付出了大量的工作成本，如被对方主张赔偿，则据此可主张抵销

9. (2013年司法考试试卷三第12题)甲、

乙与丙就交通事故在交管部门的主持下达成《调解协议书》，由甲、乙分别赔偿丙5万元，甲当即履行。乙赔了1万元，余下4万元给丙打了欠条。乙到期后未履行，丙多次催讨未果，遂持《调解协议书》与欠条向法院起诉。下列表述正确的是（　　）。

A. 本案属侵权之债

B. 本案属合同之债

C. 如丙获得工伤补偿，乙可主张相应免责

D. 丙可要求甲继续赔偿4万元

10.（2011年司法考试试卷三第10题）甲公司向银行贷款1 000万元，乙公司和丙公司向银行分别出具担保函："在甲公司不按时偿还1 000万元本息时，本公司承担保证责任。"关于乙公司和丙公司对银行的保证债务，下列表述正确的是（　　）。

A. 属于选择之债

B. 属于连带之债

C. 属于按份之债

D. 属于多数人之债

11.（2009年司法考试试卷三第9题）甲对乙说："如果你在三年内考上公务员，我愿将自己的一套住房或者一辆宝马轿车相赠。"乙同意。两年后，乙考取某国家机关职位。关于甲与乙的约定，下列说法正确的是（　　）。

A. 属于种类物之债

B. 属于选择之债

C. 属于连带之债

D. 属于劳务之债

12.（2008年司法考试四川延考试卷三第5题）任某门前公路上有一泥沟。某日，一货车经过泥沟，由于颠簸掉落货物一件，被任某拾得据为己有。任某发现有利可图，遂将泥沟挖深半尺。次日，果然又拾得两袋从车上颠落的货包。关于任某行为的性质，下列选项正确的是（　　）。

A. 无因管理和侵权行为

B. 不当得利

C. 无因管理和不当得利

D. 不当得利和侵权行为

13.（2005年司法考试试卷三第8题）某演出公司与"黑胡子"四人演唱组合订立演出合同，约定由该组合在某晚会上演唱自创歌曲2～3首，每首酬金2万元。由此成立的债的关系属何种类型？（　　）

A. 特定物之债　　B. 单一之债

C. 选择之债　　D. 法定之债

（二）多项选择题

1. 下列有关债权性质表述正确的是（　　）。

A. 债权为人身权　　B. 债权为财产权

C. 债权为绝对权　　D. 债权为相对权

2. 下列关于债权的描述正确的是（　　）。

A. 在同一标的上可同时并存数个债权

B. 债权人不能直接支配债务人的行为

C. 债权人只能向债务人主张权利，而不能向债务人以外的任何人主张权利

D. 所有债权都可以由当事人约定设立

3.（2017年司法考试试卷三第57题）2016年8月8日，玄武公司向朱雀公司订购一辆小型客用汽车。2016年8月28日，玄武公司按照当地政策取得本市小客车更新指标，有效期至2017年2月28日。2016年底，朱雀公司依约向玄武公司交付了该小客车，但未同时交付机动车销售统一发票、合格证等有关单证资料，致使玄武公司无法办理车辆所有权登记和牌照。关于上述购车行为，下列说法正确的是（　　）。

A. 玄武公司已取得该小客车的所有权

B. 玄武公司有权要求朱雀公司交付有关单证资料

C. 如朱雀公司一直拒绝交付有关单证资料，玄武公司可主张购车合同解除

D. 朱雀公司未交付有关单证资料，属于

从给付义务的违反，玄武公司可主张违约责任，但不得主张合同解除

4.（2008年司法考试试卷三第56题）婷婷满一周岁，其父母将某影楼摄影师请到家中为其拍摄纪念照，并要求影楼不得保留底片用作他途。相片洗出后，影楼违反约定，将婷婷相片制成挂历出售，获利颇丰。本案中存在哪些债的关系？（　）

A. 承揽合同之债　　B. 委托合同之债
C. 侵权行为之债　　D. 不当得利之债

5.（2008年司法考试四川延考试卷三第54题）甲、乙与丙签订了一份购销合同，约定丙供给甲、乙原油3 000吨，每吨价格为2 500元，原油运到甲、乙所在地车站后，甲和乙按4∶6比例分配并按该比例付款。关于该合同之债的种类，下列选项正确的是（　）。

A. 多数人之债　　B. 按份之债
C. 简单之债　　D. 特定物之债

（三）不定项选择题

1. 作为债的客体的给付形态可以表现为（　）。

A. 转移权利　　B. 提交成果
C. 提供劳务　　D. 不作为

2. 债权的权能包括（　）。

A. 给付请求权　　B. 给付受领权
C. 保护请求权　　D. 处分权能

3. 选择之债出于下列哪些原因，变为简单之债？（　）

A. 可供选择的标的只余下一种可以履行
B. 当事人一方提出变更
C. 有选择权的一方行使了选择权
D. 没有选择权的一方只同意以数种标的中的一种履行，有选择权的一方同意

4. 张某向王某借了50万元，双方约定张某可以还钱，也可以用张某收藏的油画抵债，但应在一年内还清。这一债的关系属（　）。

A. 单一之债　　B. 多数人之债
C. 选择之债　　D. 简单之债

5. 合伙关系中，合伙对第三人负有债务时，（　）。

A. 各合伙人对外负连带之债，对内是按份之债
B. 各合伙人对外是按份之债，对内是连带之债
C. 对外、对内承担何种责任由合伙章程规定
D. 对外、对内均承担连带之债

（四）名词解释与辨析

1. 不真正义务
2. 种类物之债与特定物之债
3. 债的标的与标的物

（五）简答题

1.（武汉大学2009年考研真题）简述合同给付义务与合同附随义务的区别。

2. 简述选择之债的特定。

（六）论述题

（武汉大学2008年考研真题）试论述合同的相对性原理及突破。

四、案例分析

【案例一】

（改编自2007年司法考试试卷三第4题）甲公司在与乙公司协商购买某种零件时提出，由于该零件的工艺要求高，只有乙公司先行制造出符合要求的样品后，才能考虑批量购买。乙公司完成样品后，甲公司因经营战略发生重大调整，遂通知乙公司：本公司已不需此种零件，终止谈判。甲公司是否要赔偿乙公司的损失？

【问题聚焦】

缔约过失责任

【法律剖析】

甲公司是否需要赔偿乙公司的损失，涉及乙公司生产成本的责任承担问题。本题中，首先，甲、乙两公司之间没有任何有效成立的合同，故而甲公司的行为不构成违约，于违约责任无涉。其次，虽然甲公司终止了缔约的谈判，但是并不存在违背诚实信用原则的行为，不符合《合同法》第42条规定的缔约过失责任的成立要件，故而不应承担缔约过失责任。最后，甲、乙双方处于缔约过程中，双方均不能保证一定会签署合同，甲公司终止谈判并非违法行为，乙公司也应当预见存在对方终止谈判的风险，甲的行为不构成侵权。因此，甲公司不应该赔偿乙公司因磋商造成的损失。

【法条链接】

➤《中华人民共和国合同法》第42条　当事人在订立合同过程中有下列情形之一，给对方造成损失的，应当承担损害赔偿责任：

(一)假借订立合同，恶意进行磋商；

(二)故意隐瞒与订立合同有关的重要事实或者提供虚假情况；

(三)有其他违背诚实信用原则的行为。

【案例二】

普新公司与大成公司订立一项粮食收购合同，合同的附则规定："有关交货事宜由力新公司出面协调解决。"后来，双方就合同的履行发生争议，于是普新公司起诉力新公司和大成公司，要求其共同承担相应的违约责任。大成公司无力清偿时，普新公司能否要求力新公司承担全部责任？

——王利明：《债法总则》，中国人民大学出版社2016年版。

【问题聚焦】

合同的相对性

【法律剖析】

债的关系具有相对性，仅对债的当事人产生拘束力。在债的法律关系中，债权、债务只存在于特定的当事人之间，债权人只能向债务人主张权利，请求其向自己履行债务。债务人以外的一切他人，因与债权人之间不存在权利义务关系，故债权人不得向其主张债权，他们也不负对债权人的履行义务。① 虽然本案中合同约定"有关交货事宜由力新公司出面协调解决"，但合同的当事人仍是普新公司和大成公司，力新公司并不是债务人，除非力新公司同意承担债务，否则普新公司不能要求力新公司承担全部责任。

五、深度拓展

◆试比较债权与物权的关系

与其他财产法律关系，尤其是与物权法律关系相比较，债权法律关系具有以下特征：

(一)法律关系的比较

	债权法律关系	物权法律关系
主体	双方当事人都是特定的，因此债权又称相对权	义务主体是不特定的任何人，因此物权又称绝对权
内容	权利的实现依赖于义务的履行，因此债权又称为请求权	物权人可以直接行使和实现权利，义务人只需不妨碍即可，因此物权又称支配权
客体	给付行为	物

(二)法律效力的比较

1. 债权具有相容性，在同一标的物上可以设立数个债权，都具有债的效力。而物权具有排他性，在同一物上不能并存具有不相容性质的物权，否则后成立的物权无效。

① 张广兴：《债法总论》，法律出版社1997年版，第25页。

2. 债权具有平等性，在同一标的物上成立的债的关系相互间是平等的。而物权具有优先性，同一标的物上有数个物权关系时，先成立的物权具有优先效力。

3. 债权的效力劣后于物权行使。物权与债权同时存在于同一物上时，物权具有优先于债权行使的效力。例如，在债务人的财产上设定有担保物权时，担保权人有优先受偿的权利。此外，债权也不具有类似物权的追及效力，债权标的物的所有权移转于债权人之前，如果债权人将其转让于第三人，债权人对于该第三人无请求返还或赔偿的权利。

第十八章

债的履行

一、知识结构图

- 债的履行
  - 债的履行原则（了解）
    - 全面履行原则
    - 协作履行原则
    - 经济合理原则
    - 情事变更原则
  - 债的适当履行（理解）
    - 债的主体适当
    - 债的履行标的适当
    - 债的履行期限适当
    - 债的履行地点适当
    - 债的履行方式适当
  - 债的不履行
    - 履行不能（了解）
    - 拒绝履行（理解）
    - 迟延履行（理解）
    - 加害履行（重点）

二、重难点归纳

（一）债的履行原则

1. 全面履行原则

全面履行原则是指债务人不仅要按债规定的标的履行，还应按照法定或约定的标的物的质量、数量、规格、时间、地点等方式全部履行债务。履行期限不明确的，债务人可以随时向债权人履行义务，债权人也可以随时要求债务人履行义务，但应当给对方必要的准备时间。

2. 协作履行原则

协作履行原则是指当事人不仅应适当履行自己的债务，而且应基于诚实信用原则的要求，在必要的限度内，协助对方当事人履行债务的履行原则。

3. 经济合理原则

经济合理原则要求履行债务时，讲求经济效率，付出最小的成本，取得最佳的利益。

4. 情事变更原则

情事变更原则是指合同依法成立后，因不可归责于双方当事人的原因发生了不可预见的情事变更，致使合同的基础丧失或动摇，若继续维持合同原有效力则显失公平，从而允许变更或解除合同的原则。适用情事变更应具备以下条件：

（1）必须有情事变更的事实。所谓情事，是指作为合同成立基础的某种客观情况，只有当该客观情况的变化导致当事人订立合同时的交易基础动摇甚至丧失才足以构成情事变更。

（2）情事变更发生在合同成立之后、履行完毕之前。若订立合同时客观情况发生重大变更，当事人对此不知情，则应依意思表示错误规则处理；若客观情况重大变更发生于合同履行完毕之后，则合同关系已因履行而消灭，不存在变更或解除合同的可能性。

（3）当事人订立合同时无法预见且不可归责于当事人。

（4）继续履行特别困难，债权人受领严重不足或履行对债权人无利益。情事变更原则产生的效果为当事人有权请求法院变更或解除合同，法院根据公平原则，并结合案件实际情况确定是否变更或解除合同。[①]

（二）债的适当履行

债的适当履行是指当事人按照法律规定或者合同约定的标的及其质量、数量，由适当的主体在适当的履行期限、履行地点，以适当的履行方式，全面完成债务的履行原则。适当履行与全面履行的区别在于：全面履行更强调债务人履行债的数量和期限符合法律和债的规定；适当履行则更强调债务人履行质量符合法律和债的规定，或者以适当的方式履行债务。[②] 债的适当履行在履行主体、履行标的、履行期限、履行地点和履行方式上都有要求。

在履行主体上，债务人自是适当履行主体。但在不违反法律规定或当事人约定，或者符合债的性质的情况下，也可由第三人替代履行，但此时第三人只是履行主体，而非合同当事人。对于履行标的，必须依债务本旨进行。只有在部分履行不损害债权人利益等情况下，可以允许部分履行。对于履行期限，合同有约定时，依其约定；法律、法规有规定时，依其规定；依上述规则不能确定履行期限时，债务人可以随时履行，债权人也可以要求随时履行，但应当给对方必要的准备时间。对于履行地点，当事人有约定的，依其约定；约定不明的，可以协议补充；不能达成补充协议的，按照合同有关条款或者交易习惯确定；法律有特别规定的，依其规定。仍不能确定的，给付货币的，在接受货币一方所在地履行；交付不动产的，在不动产所在地履行；其他标的，在履行义务一方所在地履行。履行方式没有明确约定或者约定不明的，应以诚实信用原则，按照有利于实现债的目的的方式履行。

（三）加害履行

加害履行又称加害给付，是指因债务人的履行有瑕疵且因其瑕疵而致使债权人受到履行利益以外的损害。其与瑕疵履行都属于履行不符合约定，区别在于：瑕疵给付侵害的是债权人的履行利益，从而使得给付的价值减少；而加害给付侵害的是履行利益之外的其他利益，又称为固有利益或者维持利益。在法律后果上，瑕疵给付造成债务不履行责任的承担，而加害给付导致违约责任和侵权责任的竞合。

三、全真题演练

（一）单项选择题

1. 下列说法符合协作履行原则的是（　　）。

A. 债务人履行债务，债权人应当受领给付

B. 债权人应当对债务人的履行提供必要的帮助

---

① 杨巍：《债法总论》，武汉大学出版社 2017 年版，第 176 页。

② 王利明：《债法总则》，中国人民大学出版社 2016 年版，第 271 页。

C. 债权人应积极采取措施以避免因迟延履行而造成损失，但因债务人原因造成迟延履行除外

D. 各方当事人可以根据实际情况履行合同

2. 关于代物清偿的要件，下列说法错误的是(　　)。

A. 必须有原债务存在

B. 必须以他种给付替代原定给付，且两种给付价值相同

C. 双方当事人达成关于代物清偿的合意

D. 有受领权的人必须现实地受领给付

3. 下列关于附随义务的说法错误的是(　　)。

A. 仅存在于合同有效期内

B. 其内容包括通知、协作、保密等

C. 是诚实信用原则的具体体现

D. 一方不得以对方不履行附随义务为由解除合同

4. 张某将一套别墅卖给高某，该别墅位于A地，签订合同时张某住所地为B地，合同履行时张某住所地为C地，高某住所地一直为D地，双方在合同中未对合同履行地作出约定，也未达成补充协议，则交付别墅的履行地为(　　)。

A. A地　　B. B地

C. C地　　D. D地

5. 鹏飞公司向天宇公司购买一批木材，双方在合同中未对价格进行说明，也没有达成补充协议，后木材价格下跌，鹏飞公司与天宇公司就木材买卖合同中价格发生争议，那么应该按照(　　)。

A. 订立合同时履行地的市场价格确定

B. 订立合同时订立地的市场价格确定

C. 履行合同时履行地的市场价格确定

D. 履行合同时订立地的市场价格确定

6. 债务人履行迟延后发生不可抗力的，(　　)。

A. 应当免除责任

B. 可以免除责任

C. 不能免除责任

D. 可以部分免除责任

7. 甲公司与乙建筑公司于2016年4月签订一份买卖合同，约定2016年8月30日由甲公司向乙公司提供建筑用水泥200吨。同年5月初，甲公司所在地发生洪水灾害，乙公司通过新闻报道了解到甲公司所在地受灾严重，但甲公司未将灾情之事通知乙公司。同年8月底，乙公司催促交货，甲公司未交。同年9月30日，甲公司发货，同时致函乙公司，表明因受水灾而致迟延交货事实。乙公司因延期收到水泥而影响工程进度，被发包方扣罚工程款10万元。有关该案的正确表述是(　　)。

A. 甲公司因不可抗力而迟延交货，对乙公司被扣罚的10万元损失不承担赔偿责任

B. 甲公司因不可抗力而迟延交货，对乙公司被扣罚的10万元只承担部分赔偿责任

C. 甲公司在证明乙公司知道甲公司所在地受灾严重后，免予承担赔偿乙公司10万元损失的责任

D. 由于甲公司未能及时通知乙公司不能按时交货，故应向乙公司承担10万元损失的赔偿责任

8. 下列不属于不完全给付的构成要件的是(　　)。

A. 必须有履行行为

B. 必须是债务人的履行不当

C. 必须可归责于债务人

D. 给付有害于债权人

9. 债权人受领迟延造成债务人履行不能的，(　　)。

A. 债权人要负损害赔偿责任

B. 债务人免除履行义务

C. 债务人要负赔偿责任

D. 债务人继续履行

10. 甲、乙订立买卖合同，约定由买方乙自提货物。合同订立后，甲于1月4日通知乙1月20日前提货，但乙一直未去提货。1月25日，标的物因不可抗力灭失，该损失应由(　　)承担。

A. 卖方甲

B. 买方乙

C. 在价款未支付的情况下由卖方甲

D. 双方共同

(二)多项选择题

1. 富强公司和明希公司依法签订了一份购销产品合同，该产品依规定执行国家定价，在明希公司逾期付款的情况下，该产品价格如何确定？(　　)

A. 遇有价格上涨时，按原价格执行

B. 遇有价格上涨时，按新价格执行

C. 遇有价格下降时，按原价格执行

D. 遇有价格下降时，按新价格执行

2.(中国政法大学2006年考研真题)下列关于债的履行的说法正确的有(　　)。

A. 履行地点不明确，给付货币的，在接受货币一方所在地履行；交付不动产的，在不动产所在地履行；其他标的，在履行义务一方所在地履行

B. 履行期限不明确的，债务人可以随时履行，债权人也可以随时要求履行，但应该给对方必要的准备时间

C. 履行方式不明确的，按照有利于实现合同目的的方式履行

D. 履行费用的负担不明确的，由履行义务一方负担

3. 债的履行中，债务人交付有缺陷的标的物，一般的处理方法是(　　)。

A. 适当降价　　B. 更换

C. 修理　　D. 赔偿损害

4. 债的履行中，如果债的履行地点不明确时，依照法律规定，应分别下列不同情况确定履行地点，即(　　)。

A. 给付货币的，在给付一方所在地履行

B. 给付货币的，在接受货币一方所在地履行

C. 交付不动产的，在不动产所在地履行

D. 其他标的，在接受给付一方的所在地履行

5. 给付迟延的构成要件包括(　　)。

A. 债务履行期已届满

B. 给付必须是可能的

C. 必须有可归责于债务人的事由

D. 债务人故意不履行

6. 受领迟延的构成要件包括(　　)。

A. 债务的履行需要债权人的协助

B. 债务已届履行期

C. 债务人已提出履行或已实际履行

D. 债权人不为或者不能受领且债权人有过错

7.(2004年司法考试试卷三第58题)合同当事人一方违约后，守约方要求其承担继续履行的违约责任，在下列哪些情况下，人民法院对守约方的请求不予支持？(　　)

A. 违约方所负债务为非金钱债务

B. 债务的标的不适于强制履行

C. 继续履行费用过高

D. 违约方已支付违约金或赔偿损失

8.(2003年司法考试试卷三第49题)合同规定甲公司应当在8月30日向乙公司交付一批货物。8月中旬，甲公司把货物运送到乙公司。此时乙公司有权如何处理？(　　)

A. 拒绝接收货物

B. 不接收货物并要求对方承担违约责任

C. 接收货物并要求对方承担违约责任

D. 接收货物并要求对方支付增加的费用

(三)不定项选择题

1. 下列关于债的履行的说法正确的是( )。

A. 债的履行与债的给付、债的清偿含义完全等同

B. 债的主体即为债的履行主体

C. 债的履行标的即为债的标的

D. 债的履行内容包括履行给付义务和履行附随义务

2. 债的履行不能的类型主要有( )。

A. 事实不能和法律不能

B. 自始不能和嗣后不能

C. 主观不能和客观不能

D. 全部不能和部分不能

3.(2016 年司法考试试卷三第 56 题)王某向丁某借款 100 万元,后无力清偿,遂提出以自己所有的一幅古画抵债,双方约定第二天交付。对此,下列哪些说法是正确的?( )

A. 双方约定以古画抵债,等同于签订了另一份买卖合同,原借款合同失效,王某只能以交付古画履行债务

B. 双方交付古画的行为属于履行借款合同义务

C. 王某有权在交付古画前反悔,提出继续以现金偿付借款本息方式履行债务

D. 古画交付后,如果被鉴定为赝品,则王某应承担瑕疵担保责任

4.(中国政法大学 2005 年考研真题)张某新购得一辆宝来轿车,遂将其原有的奥拓车转让给刘某。双方签订了合同,并约定 5 日后刘某付款,张某交付并办理过户手续。签约后第三日,张某家车库旁房屋起火,火势蔓延至张某家的车库,并将其奥拓车烧毁。则张某与刘某之间合同为( )。

A. 标的主观不能　　B. 标的客观不能

C. 标的自始不能　　D. 标的嗣后不能

(四)名词解释与辨析

1. 全面履行原则

2. 代物清偿

3. 加害履行

(五)简答题

1. 简述债的履行原则。

2. 简述迟延履行的条件与法律后果。

3.(武汉大学 2010 年考研真题)简述不可抗力、意外事件、情事变更的区别。

(六)论述题

(北京大学 2016 年考研真题)《合同法》第 72 条规定:“债权人可以拒绝债务人部分履行债务,但部分履行不损害债权人利益的除外。债务人部分履行债务给债权人增加的费用,由债务人负担。”试评析这一法条。

四、案例分析

【案例一】

甲建筑企业向乙苗圃公司购买银杏树苗 5 棵,合同约定,每棵银杏苗木的直径为 50 厘米,每棵价格为 45 000 元,由乙方送货上门,并负责栽种。但起苗后,乙方运送到甲方时,正逢“五一”长假,甲公司无人负责,乙方只能等待,后来由于天气炎热,导致银杏树苗失水过多,树苗栽种后死亡。甲方认为,乙方应当告知银杏树苗必须及时栽种的情况,甲方可派人及时栽种,但乙方未作任何通知,试问乙方是否应当承担违约责任?

——王利明:《债法总则》,中国人民大学出版社 2016 年版。

【问题聚焦】

协作履行原则

【法律剖析】

根据协作履行原则的要求,当事人不仅应

适当履行自己的债务，而且应基于诚实信用原则的要求，在必要的限度内，协助对方当事人履行债务。只有双方当事人在履行过程中相互配合、相互协作，债务才会得到适当履行。虽然本案中乙方只有栽种的义务而没有保证栽种的银杏树存活的义务，但是乙方作为专业的苗圃公司，应当按照诚实信用原则的要求及时通知甲方尽早种植银杏树苗。因为乙方没有尽到告知义务，造成甲方损失，故而乙方应当承担违约责任。

【法条链接】

▶《中华人民共和国合同法》第 60 条　当事人应当按照约定全面履行自己的义务。

当事人应当遵循诚实信用原则，根据合同的性质、目的和交易习惯，履行通知、协助、保密等义务。

【案例二】

2003 年 6 月，郭甲以 24 800 元的价格卖给王乙 3 头奶牛。几天后，王乙以郭甲所售的奶牛无子宫、不会产奶为由，要求退还购牛款，但协商未果。

后经评估，这 3 头奶牛均无子宫，无生育和泌乳能力，不能作为奶牛饲养，其实际价值为 5 700 元。之后，这 3 头奶牛全部死亡。王乙于 2005 年 5 月 20 日向法院提起诉讼。

——李显冬主编：《案例合同法学》，中国法制出版社 2012 年版。

【问题聚焦】

履行标的的质量

【法律剖析】

本案中双方当事人虽然在合同中对奶牛质量没有明确约定，并不表示当事人对于买卖合同的标的物质量没有要求。对于奶牛的质量没有国家标准、行业标准，故而应当按照通常标准或者符合合同目的的特定标准履行。按照通常标准，对于买卖奶牛的合同，一般都希望奶牛能够产奶，按照符合合同目的的特定标准，王乙购买奶牛的目的也在于奶牛产奶而带来经济效益，否则也不会以高于不产奶的奶牛的价格购买，更不会因此产生争议。郭甲所售的奶牛无子宫、不能产奶，不符合合同标的物的质量要求，属于违约行为，应当承担违约责任。

【法条链接】

▶《中华人民共和国合同法》第 61 条　合同生效后，当事人就质量、价款或者报酬、履行地点等内容没有约定或者约定不明确的，可以协议补充；不能达成补充协议的，按照合同有关条款或者交易习惯确定。

▶《中华人民共和国合同法》第 62 条　当事人就有关合同内容约定不明确，依照本法第 61 条的规定仍不能确定的，适用下列规定：

（一）质量要求不明确的，按照国家标准、行业标准履行；没有国家标准、行业标准的，按照通常标准或者符合合同目的的特定标准履行。

……

五、深度拓展

◆ 诚实信用原则在债的履行中的适用

诚实信用原则作为民法的基本原则，一方面要求当事人以诚实、善意的态度行使债权、履行债务，在追求自己利益的同时，兼顾对方利益和社会公共利益；另一方面赋予法官较大的公平裁量权，以求得双方当事人利益的平衡以及当事人利益与社会利益的平衡。诚实信用原则在债的履行中也应遵循，该原则不仅适用于债务人，即债务人应按照诚实信用原则履行自己的给付义务以及依诚实信用原则所发生的附随义务，而且也适用于债权人。《合同法》第60条规定，当事人应当按照约定，全面履行自己的义务。当事人应当遵循诚实信用原则，根据合同的性质、目的和交易习惯，履行通知、协助、保密等义务。这就体现了，债的履行应当坚持诚实信用原则。

在债务履行中，当事人遵循诚实信用原则，具体体现在以下几个方面：

1. 在履行时间方面，按照诚实信用原则的要求，债务人应当在合理的期限内履行。就合同之债而言，债务人原则上应当按照约定的期限履行其债务，债务人可以提前清偿，但若债权人受领给付需要作出一定准备的，必须提前通知债权人。就法定之债而言，债务人也应当在合理期限内履行。

2. 在履行地点方面，债务人应当选择合适的履行地点，债权人也不得选择不合理的履行地点，否则债务人有权拒绝，增加的费用也应当由债权人承担。

3. 在履行方式上，债务人应当选择适当的履行方式，因债务人履行方式不当而造成债权人损失的，债务人应当承担相应的损害赔偿责任。

4. 在履行内容方面，债务人原则上应当一次性清偿所负的全部债务，但如果没有规定债务必须一次清偿，债务人所负债务必须多次清偿，而且多次清偿也不会对债权人的利益造成重大不利影响时，按照诚实信用原则，债权人应当允许债务人分批、多次清偿。

5. 债的关系的当事人应当按照诚实信用原则的要求，负担保护、保密等附随义务，以保障债的目的的全面实现。

6. 债的当事人负有相互协助的义务。①

① 王利明：《债法总则》，中国人民大学出版社2016年版，第268～269页。

第十九章

债的保全

一、知识结构图

- 债的保全
  - 债的保全的概念（了解）
  - 债权人的代位权（重点）
    - 概念
    - 要件
      - 债务人享有对第三人的权利
      - 债务人怠于行使到期债权
      - 债务人已陷于迟延
      - 有保全债权的必要
    - 行使
    - 效果
      - 对债权人的效力
      - 对债务人的效力
      - 对次债务人的效力
  - 债权人的撤销权（重点）
    - 概念
    - 要件
      - 客观要件
      - 主观要件
    - 行使
    - 效果
      - 对债权人的效力
      - 对债务人的效力
      - 对受让人的效力

二、重难点归纳

(一)债的保全的概念与特征

债的保全是指法律为防止因债务人的财产不当减少给债权人的债权带来危害，允许债权人代债务人之位向第三人行使债务的权利，或请求法院撤销债务人与第三人的民事法律行为的法律制度。债的保全具有以下特点：①债的保全是债对外效力的体现，是债的关系相对性的例外；②债的保全主要发生在债的关系存续期间，以债的关系有效为前提，应在债的履行期限内实施；③债的保全目的是维持债务人的责任财产，并最终保障债权人债权的实现；④债的保全的基本方式包括债权人的代位权和撤销权两种;⑤债权人的代位权属于债权的法定权能,是从属于债权的特别权利。

(二)债权人代位权的成立要件

债权人的代位权是指因债务人怠于行使其对第三人的到期债权,对债权人造成损害的,债权人可以向人民法院请求以自己的名义代位行使债务人对第三人之债权的权利。具体而言,债权人代位权的构成要件包括:

1. 债务人享有对于第三人的权利

债务人对于第三人的权利,为债权人代位权的标的。债权人的代位权属于涉及第三人之权的权利,若债务人享有的权利与第三人无涉,则不得成为债权人代位权的行使对象。现行法将债权人代位权的客体——债务人——对于次债务人享有的债权限定为具有金钱给付内容的到期债权,且该债权不得为专属于债务人自身的债权。专属于债务人自身的债权包括基于扶养关系、抚养关系、赡养关系、继承关系产生的给付请求权和劳动报酬、退休金、养老金、抚恤金、安置费、人寿保险金、人身伤害赔偿请求权等不得行使代位权。

2. 债务人怠于行使到期债权

怠于行使是指应行使并且能行使而不行使其权利。应行使是指若不及时行使,其权利存在消灭或丧失的可能;能行使是指不存在权利行使的任何障碍;不行使即消极地不作为,关于是否出于债务人的过错、其原因如何,都在所不问。

债务人已陷于迟延,但若债权人的代位权是专为保全债务人权利的保存行为,防止债务人权利变更或者消灭的,虽债务人的债务清偿期未届至,债权人也得行使代位权。

3. 有保全债权的必要

只有当债务人行为对债权人实现债权造成损害,即有债权不能实现的危险时,才具有保全债权的必要。一般认为,债务人除了对次债务人的金钱债权之外,其他财产不足以清偿对于债权人的债务,即构成有保全债权的必要。

债权人代位权的行使效果归属于债务人,第三人向债务人给付时,若债务人不受领,债权人可代为受领,但受领后应将其取得的利益归还债务人,债务人也有权请求债权人交付其受领的财产。

(三)债权人的撤销权

债权人的撤销权是指债权人对于债务人所为的危害债权的行为,可请求法院予以撤销的权利。该权利的成立,必须具有客观和主观两方面的要件。

客观方面要件包括:①债务人实施了处分财产行为,具体包括债务人放弃到期债权、无偿转让财产、以明显不合理低价转让财产、放弃债权担保以及恶意延长到期债权的履行期;②债务人处分财产的行为已经发生了法律效力;③债务人处分财产的行为已经或者将要严重损害债权。

主观方面要件包括:①债务人恶意;②第三人恶意。① 当债务人所为的行为为有偿时,债务人和第三人必须为恶意;若为无偿时,则不以债务人和第三人的恶意为要件。

债权人应以诉讼的方式行使撤销权,撤销权诉讼由被告住所地人民法院管辖,其中债权人为原告、债务人为被告,法院可以追加受益人或者受让人为第三人。行使的范围以债权人的债权为限,撤销权应在债权人知道或应当知道撤销事由之日起 1 年内行使,并且自债务人的行为发生之日起 5 年内没有行使撤销权的,该撤销权消灭。

对债务人而言,债务人的行为一经被撤销,视为自始无效。对受益人而言,债务人的行为被撤销后,受益人已受领债务人财产的,应当返还。原物不能返还的,折价返还其利

① 王利明:《债法总则》,中国人民大学出版社 2016 年版,第 419~422 页。

益。对于债权人而言,行使撤销权的债权人得请求受益人将所得利益返还给债务人,也得请求返还给自己。但是,撤销权行使的效力及于全体债权人,行使撤销权的债权人不得从受领的给付中优先受偿。

三、全真题演练

(一)单项选择题

1. 张某向李某借款2万元,到期后张某没有还款。张某家除旧电视机外,没有值钱的东西。张某曾帮助王某做木工,工钱为3万元,但王某逾期半年一直未支付。下列关于李某享有债权人的代位权的理解,正确的是( )。

A. 李某可以以张某的名义向王某要回欠款3万元

B. 李某可以扣押张某的旧电视机来行使其代位权

C. 李某可以请求张某或王某偿还王某所欠张某的工钱

D. 李某可以直接享有债权人的代位权,而无须张某的同意或与张某协商

2. 下列行为中,可以作为债权人撤销权标的的是( )。

A. 债务人甲某在其父死亡后,拒绝接受继承

B. 债务人乙某在不能清偿对债权人所负债务时,将其机器设备无偿赠送给与其有同类业务的兄长

C. 债务人丙某捡到他人的钱包后又将其返还给他人,并且拒绝他人给付他酬金

D. 债务人丁某自身比较贫困,却收养了一个孤儿,这一行为有可能害及债权

3. 下列有关代位权行使的表述,正确的是( )。

A. 债权人必须以债务人的名义行使代位权

B. 债权人代位权的行使必须取得债务人的同意

C. 代位权行使的费用必须由债权人自己承担

D. 债权人代位权的行使必须通过诉讼程序,而且范围以其债权为限

4. 下列可以作为债权代位权的权利是( )。

A. 甲某被乙某开车撞伤而对乙某享有的人身损害赔偿请求权

B. 某学校教师王某享有的工资请求权

C. 小张享有的其父母为其设定的人寿保险金领取权

D. 某天雨夜,刘某替出门的邻居修理被风刮跑的屋顶而享有对其邻居的无因管理费用请求权

5. 下列选项不属于代位权行使的条件的是( )。

A. 债务人享有对第三人的权利

B. 债务人怠于行使其权利

C. 债务人已经陷于迟延

D. 债务人主观上有恶意

6. 关于债权人的撤销权,下列说法错误的是( )。

A. 既可以通过诉讼方式行使,也可以通过非诉讼方式行使

B. 只能通过诉讼方式行使

C. 行使范围受债权人债权数额的限制

D. 受法定除斥期间的限制

7.(2012年司法考试试卷三第15题)甲公司在2011年6月1日欠乙公司货款500万元,届期无力清偿。2010年12月1日,甲公司向丙公司赠送一套价值50万元的机器设备。2011年3月1日,甲公司向丁基金会捐赠50万元现金。2011年12月1日,甲公司向戊希望学校捐赠价值100万元的电脑。甲公司的3项赠与行为均尚未履行。下列选项正确的是

( )。

A. 乙公司有权撤销甲公司对丙公司的赠与

B. 乙公司有权撤销甲公司对丁基金会的捐赠

C. 乙公司有权撤销甲公司对戊学校的捐赠

D. 甲公司有权撤销对戊学校的捐赠

(二)多项选择题

1. 针对债务人的下列情形,债权人可以行使撤销权的有( )。

A. 债务人放弃到期债权,以致不能清偿其债务,对债权人造成损害的

B. 债务人延展其到期债权,以致不能清偿其债务,对债权人造成损害的

C. 债务人无偿转让财产,对债权人造成损害的

D. 债务人放弃其未到期债权,又无其他财产清偿到期债权,可能影响债权人实现其债权的

2.(2006年司法考试试卷三第51题)甲欠乙20万元到期无力偿还,其父病故后遗有价值15万元的住房一套,甲为唯一继承人。乙得知后与甲联系,希望以房抵债。甲便对好友丙说:“反正这房子我继承了也要拿去抵债,不如送给你算了。”二人遂订立赠与协议。下列说法错误的是( )。

A. 乙对甲的行为可行使债权人撤销权

B. 乙可主张赠与协议无效

C. 乙可代位行使甲的继承权

D. 丙无权对因受赠房屋瑕疵造成的损失请求甲赔偿

3.(2006年司法考试试卷三第54题)甲企业借给乙企业20万元,期满未还。丙欠乙20万元货款也已到期,乙曾向丙发出催收通知书。乙、丙之间的供货合同约定,若因合同履行发生争议,由Y仲裁委员会仲裁。下列选项错误的是( )。

A. 甲对乙的20万元债权不合法,故甲不能行使债权人代位权

B. 乙曾向丙发出债务催收通知书,故甲不能行使债权人代位权

C. 甲应以乙为被告、丙为第三人提起代位权诉讼

D. 乙、丙约定的仲裁条款不影响甲对丙提起代位权诉讼

4.(2007年司法考试试卷三第54题)甲公司欠乙公司货款20万元已有10个月,其资产已不足偿债。乙公司在追债过程中发现,甲公司在一年半之前作为保证人向某银行清偿了丙公司的贷款后一直没有向其追偿,同时还将自己对丁公司享有的30%的股权无偿转让给了丙公司。下列选项错误的是( )。

A. 乙公司可以对丙公司行使代位权

B. 若乙公司对丙公司提起代位权诉讼,法院应当追加甲公司为第三人

C. 乙公司可以请求法院确认甲、丙之间无偿转让股权的合同无效

D. 乙公司有权请求法院撤销甲、丙之间无偿转让股权的合同

5.(2010年司法考试试卷三第58题)甲对乙享有2006年8月10日到期的6万元债权,到期后乙无力清偿。乙对丙享有5万元债权,清偿期已届满7个月,但乙未对丙采取法律措施。乙对丁还享有5万元人身损害赔偿请求权。后乙去世,无其他遗产,遗嘱中将上述10万元的债权赠与戊。对此,下列选项正确的是( )。

A. 甲可向法院请求撤销乙的遗赠

B. 在乙去世前,甲可直接向法院请求丙向自己清偿

C. 在乙去世前,甲可直接向法院请求丁向自己清偿

D. 如甲行使代位权胜诉,行使代位权的

诉讼费用和其他费用都应该从乙财产中支付

6.(2012年司法考试试卷三第59题)甲公司对乙公司享有5万元债权,乙公司对丙公司享有10万元债权。如甲公司对丙公司提起代位权诉讼,则针对甲公司,丙公司的下列主张中,具有法律依据的是(　　)。

A. 有权主张乙公司对甲公司的抗辩

B. 有权主张丙公司对乙公司的抗辩

C. 有权主张代位权行使中对甲公司的抗辩

D. 有权要求法院追加乙公司为共同被告

7.(2014年司法考试试卷三第54题)杜某拖欠谢某100万元。谢某请求杜某以登记在其名下的房屋抵债时,杜某称其已把房屋作价90万元卖给赖某,房屋钥匙已交,但产权尚未过户。该房屋市值为120万元。关于谢某权利的保护,下列表述错误的是(　　)。

A. 谢某可请求法院撤销杜某、赖某的买卖合同

B. 因房屋尚未过户,杜某、赖某买卖合同无效

C. 如谢某能举证杜某、赖某构成恶意串通,则杜某、赖某买卖合同无效

D. 因房屋尚未过户,房屋仍属杜某所有,谢某有权直接取得房屋的所有权以实现其债权

8.(2016年司法考试试卷三第58题)乙向甲借款20万元,借款到期后,乙的下列哪些行为导致无力偿还甲的借款时,甲可申请法院予以撤销?(　　)

A. 乙将自己所有的财产用于偿还对他人的未到期债务

B. 乙与其债务人约定放弃对债务人财产的抵押权

C. 乙在离婚协议中放弃对家庭共有财产的分割

D. 乙父去世,乙放弃对父亲遗产的继承权

(三)不定项选择题

1.(2003年司法考试试卷三第93～95题)乙是A市的建材经销商,因资金周转困难,便从A市甲处借了50万元人民币,购买了一批建材,并销售给了B市的丙,约定价款为60万元人民币,但丙未付款。乙与丙约定的合同履行地在A市。后来,甲要求乙还钱,乙说因为丙没有支付货款,所以无力偿还。鉴于此,甲欲直接起诉丙,要求其支付50万元。

(1)如果甲对丙提起诉讼,法院在下列何种情形下不应当受理?(　　)

A. 甲对乙的债权未到期

B. 甲向A市的法院起诉

C. 乙不愿意通过诉讼或仲裁的方式主张对丙的到期债权

D. 甲以乙的名义起诉

(2)假设法院受理甲对丙提起的诉讼,下列关于乙的诉讼地位的何种表述是错误的?(　　)

A. 乙在诉讼中是有独立请求权的第三人

B. 乙在诉讼中是无独立请求权的第三人

C. 如果参加诉讼,就处于共同原告的地位

D. 乙在诉讼中处于共同被告的地位

(3)在代位权诉讼中,关于债权人、债务人、次债务人三方的关系,下列哪种说法是正确的?(　　)

A. 次债务人对债务人的抗辩可以向债权人主张

B. 债务人对债权人的债权提出异议,经审查成立的,人民法院应当裁定驳回债权人的起诉

C. 债权人胜诉的,诉讼费用由次债务人负担

D. 债权人请求人民法院对次债务人的财产采取保全措施的,应当提供相应的财

产担保

2.(2013年司法考试试卷三第90题)材料①:2012年2月,甲公司与其全资子公司——乙公司——签订了《协议一》,约定甲公司将其建设用地使用权用于抵偿其欠乙公司的2 000万元债务,并约定了仲裁条款。但甲公司未依约将该用地使用权过户到乙公司名下,而是将其抵押给不知情的银行以获得贷款,并办理了抵押登记。

材料②:同年4月,甲公司、丙公司与丁公司签订了《协议二》,约定甲公司欠丁公司的5 000万元债务由丙公司承担,且甲公司法定代表人张某为该笔债务提供保证,但未约定保证方式和期间。曾为该5 000万元负债提供房产抵押担保的李某对《协议二》并不知情。同年5月,丁公司债权到期。

材料③:同年6月,丙公司丧失偿债能力。丁公司查知乙公司作为丙公司的股东(非发起人),对丙公司出资不实,尚有3 000万元未注入丙公司。同年8月,乙公司既不承担出资不实的赔偿责任,又怠于向甲公司主张权利。

根据材料①、材料②和材料③,如果丁公司向甲公司提起3 000万元代位权诉讼,甲公司认为丁公司不能提起代位权之诉的下列抗辩理由中,不能成立的是(　　)。

A. 甲公司对乙公司的债务是过户建设用地使用权,而非金钱债务

B.《协议一》中有仲裁条款

C. 乙公司多次发函给甲公司要求清偿债务

D.《协议一》中的2 000万元数额低于乙公司出资不实的3 000万元

(四)名词解释与辨析

1. 债的保全

2.(中国人民大学2002年考研真题)代位权

3. 债权人的撤销权

(五)简答题

1.(中国政法大学2011年考研真题)简述我国现行法上代位权的行使要件及效果。

2.(中国政法大学2004年考研真题)简述我国现行法上的代位权制度与大陆法系传统民法上的代位权制度有何区别。

(六)论述题

试论述代位权制度与强制执行制度的联系与区别。

四、案例分析

【案例一】

乙是A市的建材经销商,因资金周转困难,便从A市甲处借了50万元人民币,购买了一批建材,并销售给了B市的丙,约定价款为60万元人民币,但丙未付款。乙与丙约定的合同履行地在A市。后来,甲要求乙还钱,乙说因为丙没有支付货款,所以无力偿还。鉴于此,甲欲直接起诉丙,要求其支付50万元。

(1)若甲在向丙提起诉讼前,已经向乙提起了要求返还借款的诉讼,在甲对乙提起的诉讼裁决发生法律效力前,法院对甲与丙之间的诉讼应当如何处理?

(2)法院如果判决丙支付货款,则丙应该向谁支付?支付多少?

【问题聚焦】

债权人的代位权

【法律剖析】

(1)法院应当中止甲、丙之间的代位权诉讼。

(2)本案中,甲的债权只有50万元,故只能就50万元行使代位权。如果代位权成立,依法应由丙直接向甲清偿50万元。

【法条链接】

▶《最高人民法院关于适用〈中华人民共和国合同法〉若干问题的解释(一)》第15条　债权人向人民法院起诉债务人以后，又向同一人民法院对次债务人提起代位权诉讼，符合本解释第14条的规定和《中华人民共和国民事诉讼法》第108条规定的起诉条件的，应当立案受理；不符合本解释第14条规定的，告知债权人向次债务人住所地人民法院另行起诉。

受理代位权诉讼的人民法院在债权人起诉债务人的诉讼裁决发生法律效力以前，应当依照《中华人民共和国民事诉讼法》第136条第5款的规定中止代位权诉讼。

▶《最高人民法院关于适用〈中华人民共和国合同法〉若干问题的解释(一)》第20条　债权人向次债务人提起的代位权诉讼经人民法院审理后认定代位权成立的，由次债务人向债权人履行清偿义务，债权人与债务人、债务人与次债务人之间相应的债权债务关系即予消灭。

【案例二】

甲公司向乙贷款公司借款1 000万元，约定一年后还本付息，由于是亲友介绍，因而贷款公司总经理未要求其提供担保。到期后甲未能按期还款。此后一个月，甲将其机器设备等优良资产以远低于市场交易价格的条件出售给丙公司，丙公司知道这一价格远低于市场价，但不知道甲公司是为了逃债而出售资产。乙公司得知这一情况后向法院提起诉讼，请求撤销甲与丙之间的交易。

(1)若此时甲公司尚在银行有存款1 200万元，法院是否应支持乙公司的请求？

(2)若甲公司除已出售的机器设备外无其他财产，法院是否应该支持乙公司的请求？

——改编自王利明：《合同法》，中国人民大学出版社2015年版。

【问题聚焦】

债权人的撤销权

【法律剖析】

(1)不应该支持。若甲公司仍有1 200万元存款，则甲公司以其剩余财产仍然可以对乙公司承担违约损害赔偿责任，甲公司出售机器设备的行为没有对乙公司的债权造成损害，故而乙公司不得行使撤销权。

(2)应该支持。甲公司以明显不合理的低价转让财产，丧失了清偿对乙的债务的能力。乙可以撤销甲、丙之间的合同以保全债权。受让人丙公司虽然没有故意损害乙公司的意图，但乙公司只要举证证明丙公司知道甲公司出售资产价格明显低于市场价，即可撤销。

【法条链接】

▶《中华人民共和国合同法》第74条　因债务人放弃其到期债权或者无偿转让财产，对债权人造成损害的，债权人可以请求人民法院撤销债务人的行为。债务人以明显不合理的低价转让财产，对债权人造成损害，并且受让人知道该情形的，债权人也可以请求人民法院撤销债务人的行为。

撤销权的行使范围以债权人的债权为限。债权人行使撤销权的必要费用，由债务人负担。

五、深度拓展

◆(中国政法大学2005年考研真题)试区分可撤销合同的撤销权与债的保全中的撤销权

合同撤销权即可撤销合同的撤销权，是指撤销权人因合同欠缺一定的生效要件，而享有的以单方意思表示撤销已成立的合同的权利。

债的保全中的撤销权是指债权人在债务人与他人实施处分其财产或权利的行为危害债权的实现时，得请求法院予以撤销的权利。撤销权为实体法上的权利；撤销权为附属于债权的权利；撤销权兼具形成权与请求权的性质。

两者有以下区别：

1. 两种撤销权的权利人不同。合同撤销权的撤销权人是享有撤销请求权的合同当事人；而就被撤销的民事行为而言，债权人撤销权的权利人不是民事行为当事人，而是与此行为有利益关系的第三人。

2. 两种撤销权的对象不同。合同撤销权所保护的是民事行为当事人正常地缔结契约、缔结正常的契约的权利，归根到底，是民事行为当事人自由、平等、合理的意思表达与合同自由等民事基本权利；而债权人撤销权所保护的对象直接指向债权人的债权效力，或者说债权实现的可能性。简言之，可撤销合同中的撤销权以消灭法律行为效力来保护撤销请求权人的基本民事权利；而债权人的撤销权以取消民事法律行为的效力来保护债权人的债权。

3. 两种撤销权的实现途径不同。合同撤销权的实现途径是，请求权人请求人民法院或者仲裁机构撤销；而债权人撤销权的行使必须通过诉讼的方式。

4. 两种撤销权所依据的法律基础不同。合同撤销权的法律依据是《合同法》第 54 条；而债权人撤销权的法律依据是《合同法》第 74 条。

第二十章

债的担保

一、知识结构图

- 债的担保
  - 债的担保概述
    - 概念（识记）
    - 特征（了解）
      - 从属性
      - 补充性
      - 相对独立性
    - 分类（了解）
      - 典型担保与非典型担保
      - 约定担保与法定担保
      - 人的担保与物的担保
      - 本担保与反担保
  - 保证（重点）
    - 概念、法律性质
    - 保证合同
      - 概念与法律特征
      - 当事人
      - 形式与内容
    - 效力
      - 保证债务的范围
      - 保证人与主债权人之间的关系
      - 保证人与主债务人之间的关系
    - 保证责任的免除和消灭
    - 共同保证
    - 最高额保证
  - 定金
    - 概念、特征、种类（了解）
    - 成立（重点）
    - 效力（重点）

二、重难点归纳

（一）保证的概念与特征

1. 保证的概念与分类

保证是指第三人与债权人约定，当债务人不履行其债务时，该第三人按照约定履行债务或者承担责任的担保方式。这里的“第三人”叫作保证人；这里的“债权人”既是主债的债权人，又是保证合同中的债权人；这里的"按照约定履行债务或者承担责任"称为保证债务，或保证责任。

我国现行法上将保证分为一般保证和连带责任保证。所谓一般保证，是指当事人在保证合同中约定，债务人不能履行债务时，由保证人承担保证责任的保证。所谓连带责任保证，是指当事人在保证合同中约定，保证人与债务人对债务承担连带责任的保证。

保证合同是指保证人与债权人订立的，当债务人不履行其债务时，由保证人承担保证责任的协议。保证合同为诺成合同、要式合同、附从性合同。

2. 保证的特点

(1)保证具有从属性。首先，保证在成立及效力上具有从属性，以主债有效成立为前提，且存续附属于主债。其次，保证在范围和内容上从属于主债，保证债务的范围和强度不得超过主债。再次，保证在移转上具有从属性，除保证合同另有约定，主债权转移时，对保证人的保证债权一并转移。最后，保证在消灭上具有从属性，主债务消灭时，保证债务也随之消灭。

(2)保证具有独立性。保证债务虽然从属于主债务，但并非主债务的一部分，而是另一个独立的债务，在从属于主债务的范围内具有独立性。

(3)保证具有补充性。一方面，保证补充了主债务人的责任财产，保证合同有效成立，从而使得保证债权实现的责任财产得到扩张，增强了债权实现的可能性。另一方面，在效力上，只有主债务人不履行时，主债权人才可以请求保证人承担保证责任。

(二)先诉抗辩权

先诉抗辩权是保证人基于保证人地位而特有的抗辩权，又称检索抗辩权，是指保证人在债权人未就主债务人的财产依法强制执行而无效果时，对于债权人可拒绝清偿的权利。保证人必须为一般保证的保证人，且应于债权人未就债务人的财产依法强制执行而无效果前行使，既可以通过诉讼行使，也可以在诉讼外行使。根据《担保法》第 17 条第 3 款规定，对于以下三种情况，保证人不得行使先诉抗辩权：①债务人住所变更，致使债权人要求履行债务发生重大困难；②人民法院受理债务人破产案件，中止执行程序；③保证人以书面形式放弃先诉抗辩权。

(三)最高额保证

最高额保证是指在最高债权额的限度内，就一定期间内连续发生的债权所设立的保证。其主要适用于担保基于连续发生借款合同或者某项商品交易合同而发生的债权。其担保的债权是未来的、不特定的，被担保的主合同是数个，所担保的债权额是在一定期间内发生的，并且必须在约定的最高限额度内，保证人有单方终止保证合同的权利。需要说明的是，在规定的期间届满时，如实际发生的债权数额不足最高限额，保证人仅对实际发生且存在的债权数额承担保证责任；如实际发生的债权额超过约定的最高额，则保证人仅对约定的最高限额范围内的实存债权承担保证责任。

(四)定金的担保效力

担保效力是定金主要效力和基本效力，当合同当事人不履行约定的债务时，定金的担保效力开始发生。债务人履行债务后，定金应当抵作价款或者收回；给付定金一方不履行债务的，无权要求返还定金；收受定金一方不履行债务的，应当双倍返还定金，即所谓的定金罚则。适用定金罚则必须有一方不履行合同的事实，且不履行一方有过错。因不可抗力、意外事件致使主合同不能履行的，不适用定金罚则；因合同关系以外的第三人的过错致使主合同不能履行的，适用定金罚则。受定金处罚的一方当事人，可以依法向第三人追偿。

三、全真题演练

(一)单项选择题

1. 同一债务存在两个以上保证人的，保证人的责任形式为(　　)。

A. 保证人之间承担按份责任

B. 保证人之间承担连带责任

C. 保证人与债权人、主债务人协商确定承担的责任份额

D. 约定保证份额的承担按份责任，否则承担连带责任

2. 飞马公司向银行贷款200万元，银豹公司作为保证人提供连带责任保证。后飞马公司与银行协议将贷款数额增加到300万元，未经银豹公司书面同意。贷款到期后，银行(　　)。

A. 可以直接要求银豹公司偿还300万元

B. 只能先要求飞马公司偿还300万元，当飞马公司无力偿还时，再要求银豹公司偿还剩余部分

C. 可以直接要求飞马公司偿还300万元

D. 只能要求飞马公司偿还100万元，要求银豹公司偿还200万元

3. 关于定金合同，下列说法正确的是(　　)。

A. 定金合同是诺成合同

B. 定金合同不要求采取书面形式，只需交付即可

C. 定金数额最高不超过主合同标的额的25%

D. 收受定金的一方不履行约定的债务的，应当双倍返还定金

4. 关于保证人的权利、义务的说法正确的是(　　)。

A. 连带保证的保证人享有先诉抗辩权

B. 一般保证人不享有债务人的抗辩权

C. 保证人享有不安抗辩权

D. 一般保证的保证人不享有先诉抗辩权

5. 关于保证人的保证责任，下列说法正确的是(　　)。

A. 债务人与债权人协议变更主合同，只有轻微加重债务人的义务，未经保证人同意的，保证人依然对全部债务承担责任

B. 保证期间，债权人与债务人协议变更了债务的履行期限并通知保证人的，保证人应继续承担保证责任

C. 当事人对保证范围没有约定的，保证人应对全部债务承担责任

D. 保证期间，债权人许可债务人转让全部债务并通知保证人的，保证人仍需承担保证责任

6. 下列何种情况下，保证人仍需承担保证责任？(　　)

A. 未约定保证期间的一般保证，主债务履行期届满6个月内，债权人对债务人提起诉讼的

B. 未约定保证期间的连带责任保证，主债务履行期满6个月内，债权人仅对债务人提起诉讼的

C. 一般保证约定了保证期间，在保证期间届满后，债权人对债务人提起诉讼的

D. 连带责任保证约定了保证期间，保证期间届满，债权人未要求债务人承担责任的

7.(2004年司法考试试卷三第5题)甲向乙借款5万元，还款期限6个月，丙作保证人，约定丙承担保证责任直至甲向乙还清本息为止。丙的保证责任期间应为(　　)。

A. 主债务履行期届满之日起6个月

B. 借款发生之日起2年

C. 借款发生之日起6个月

D. 主债务履行期届满之日起2年

8.(2011年司法考试试卷三第11题)甲、乙双方拟订的借款合同约定：甲向乙借款11

万元，借款期限为1年。乙在签字之前，要求甲为借款合同提供担保。丙应甲要求同意担保，并在借款合同保证人一栏签字，保证期间为1年。甲将有担保签字的借款合同交给乙。乙要求从11万元中预先扣除1万元利息，同时将借款期限和保证期间均延长为2年。甲应允，双方签字，乙依约将10万元交付给甲。下列表述正确的是（　　）。

A. 丙的保证期间为1年

B. 丙无须承担保证责任

C. 丙应承担连带保证责任

D. 丙应对10万元本息承担保证责任

9.（2014年司法考试试卷三第10题）甲公司与乙公司达成还款计划书，约定在2012年7月30日归还100万元，8月30日归还200万元，9月30日归还300万元。丙公司对3笔还款提供保证，未约定保证方式和保证期间。后甲公司同意乙公司将3笔还款均顺延3个月，丙公司对此不知情。乙公司一直未还款，甲公司仅于2013年3月15日要求丙公司承担保证责任。关于丙公司保证责任，下列表述正确的是（　　）。

A. 丙公司保证担保的主债权为300万元

B. 丙公司保证担保的主债权为500万元

C. 丙公司保证担保的主债权为600万元

D. 因延长还款期限未经保证人同意，丙公司不再承担保证责任

10.（2010年司法考试试卷三第14题）甲、乙约定：甲将100吨汽油卖给乙，合同签订后3天内交货，交货后10天内付货款。还约定，合同签订后乙应向甲支付10万元定金，合同在支付定金后生效。合同订立后，乙未交付定金，甲按期向乙交付了货物，乙到期未付款。对此，下列表述正确的是（　　）。

A. 甲可请求乙支付定金

B. 乙未支付定金不影响买卖合同的效力

C. 甲交付汽油使得定金合同生效

D. 甲无权请求乙支付价款

11.（2004年司法考试试卷三第8题）甲向乙订购15万元货物，双方约定："乙收到甲的5万元定金后，即应交付全部货物。"合同订立后，乙在约定时间内只收到甲的2万元定金。下列说法正确的是（　　）。

A. 实际交付的定金少于约定数额的，视为定金合同不成立

B. 实际交付的定金少于约定数额的，视为定金合同不生效

C. 实际交付的定金少于约定数额的，视为定金合同的变更

D. 当事人约定的定金数额超过合同标的额20%，定金合同无效

12.（2003年司法考试试卷三第5题）甲欲购买乙的汽车。经协商，甲同意3天后签订正式的买卖合同，并先交1 000元给乙，乙出具的收条上写明"收到甲订金1 000元"。3天后，甲了解到乙故意隐瞒了该车证照不齐的情况，故拒绝签订合同。下列说法正确的是（　　）。

A. 甲有权要求乙返还2 000元并赔偿在买车过程中受到的损失

B. 甲有权要求乙返还1 000元并赔偿在买车过程中受到的损失

C. 甲只能要求乙赔偿在磋商买车过程中受到的损失

D. 甲有权要求乙承担违约责任

（二）多项选择题

1.（2015年司法考试试卷三第57题）根据甲公司的下列哪些承诺（保证），如果乙公司未履行义务，甲公司应承担保证责任？（　　）

A. 甲公司承诺："积极督促乙公司还款，努力将丙公司的损失降到最低。"

B. 甲公司承诺："乙公司向丙公司还款，如乙公司无力还款，甲公司愿代为清偿。"

C. 甲公司保证："乙公司实际投资与注册资金相符。"但乙公司的实际投资与注

册资金不符

D. 甲公司承诺:“指定乙公司与丙公司签订保证合同。”乙公司签订了保证合同,但拒不承担保证责任

2.(2005年司法考试试卷三第57题)依照《中华人民共和国担保法》和《最高人民法院关于适用〈中华人民共和国合同法〉若干问题的解释》的相关规定,连带责任保证的法定保证期间属(　　)。

A. 诉讼时效期间　　B. 除斥期间

C. 可变期间　　D. 不可变期间

3.(2008年司法考试四川延考第53题)甲向乙借款10万元,由丙作为保证人,约定:“如果甲到期不能偿还该债务,由丙承担保证责任,直至甲的债务本息还清为止。”下列选项正确的是(　　)。

A. 该保证为一般保证

B. 该保证为连带责任保证

C. 保证期间为主债务履行期届满之日起2年

D. 保证期间为主债务履行期届满之日起6个月

4.(2002年司法考试试卷三第63题)甲因办厂无资金而向乙借款10万元,借期两年,并且由丙担保在甲不还钱时,代甲向乙还款。两年后,甲因经营不善而无力偿还借款,乙向甲和丙索款未果,遂向法院提起诉讼。本案中关于甲、丙诉讼地位的判断,正确的是(　　)。

A. 乙可以同时向甲和丙主张权利,甲、丙是共同被告

B. 乙可以只起诉丙,但法院应通知甲作为共同被告参加诉讼

C. 乙可以只起诉甲,人民法院可以只列甲为被告

D. 乙只能起诉甲、丙两人中的一人

5.(2003年司法考试试卷三第36题)出现下列何种情形时,一般保证的保证人不得行使先诉抗辩权?(　　)

A. 债务人被宣告失踪,且无可供执行的财产

B. 债务人移居国外,但国内有其购买的、现由亲属居住的住宅

C. 债务人被宣告破产,中止执行程序的

D. 保证人曾以书面方式向主合同当事人以外的第三人表示放弃先诉抗辩权

6.(2008年司法考试试卷三第53题)甲向乙借款5万元,乙要求甲提供担保,甲分别找到友人丙、丁、戊、己,他们各自作出以下表示,其中哪些构成保证?(　　)

A. 丙在甲向乙出具的借据上签署“保证人丙”

B. 丁向乙出具字据,称“如甲到期不向乙还款,本人愿代还3万元。”

C. 戊向乙出具字据,称“如甲到期不向乙还款,由本人负责。”

D. 己向乙出具字据,称“如甲到期不向乙还款,由本人以某处私房抵债。”

7.(2003年司法考试试卷三第42题)下列有关保证责任的诉讼时效的表述,哪些符合法律的规定?(　　)

A. 一般保证中,主债务诉讼时效中断,保证债务诉讼时效中断

B. 一般保证中,主债务诉讼时效中断,保证债务诉讼时效不中断

C. 连带责任保证中,主债务诉讼时效中断,保证债务诉讼时效中断

D. 连带责任保证中,主债务诉讼时效中断,保证债务诉讼时效不中断

8.(2006年司法考试试卷三第59题)下列关于保证债务诉讼时效的表述正确的是(　　)。

A. 保证期间届满后,不必再起算保证债务的诉讼时效

B. 保证债务的诉讼时效起算后,不必再计

算保证期间

C. 保证债务的诉讼时效随主债务诉讼时效中止而中止

D. 保证债务的诉讼时效随主债务诉讼时效中断而中断

9.(2011 年司法考试试卷三第 54 题)甲公司从乙公司采购 10 袋菊花茶,约定:“在乙公司交付菊花茶后,甲公司应付货款 10 万元。”丙公司提供担保函:“若甲公司不依约付款,则由丙公司代为支付。”乙公司交付的菊花茶中有 2 袋经过硫磺熏蒸,无法饮用,价值 2 万元。乙公司要求甲公司付款未果,便要求丙公司付款 10 万元。下列哪些表述是正确的?(　　)

A. 如丙公司知情并向乙公司付款 10 万元,则丙公司只能向甲公司追偿 8 万元

B. 如丙公司不知情并向乙公司付款 10 万元,则乙公司会构成不当得利

C. 如甲公司付款债务诉讼时效已过,丙公司仍向乙公司付款 8 万元,则丙公司不得向甲公司追偿

D. 如丙公司放弃对乙公司享有的先诉抗辩权,仍向乙公司付款 8 万元,则丙公司不得向甲公司追偿

(三)不定项选择题

1. 甲公司向银行借款 80 万元,还款期为 4 年,由乙公司提供保证,保证合同中未明确保证方式。1 年后,银行发现乙公司经营状况不好,发生亏损,便要求甲公司提前还款或再提供担保,甲公司请丙公司做保证人,保证合同中约定保证的方式为一般保证。还款期届满后,甲公司未能归还借款。归还此笔借款的责任应如何承担?(　　)

A. 由甲、乙、丙公司承担连带责任

B. 由甲、乙公司承担连带清偿责任,如经过法院强制执行后仍不能清偿全部借款,丙公司对未清偿的部分承担还款责任

C. 如经法院强制执行甲公司财产后仍不能清偿全部借款,乙公司和丙公司对未清偿的部分承担连带还款责任

D. 如经法院强制执行甲公司财产后仍不能清偿全部借款,乙公司和丙公司对未清偿的部分各承担一半的还款责任

2. 甲将 800 公斤西瓜卖给乙,因担心乙不付款,要求乙找保证人。乙找来其好友丙做保证人,丙即与甲达成协议:“甲卖西瓜 800 公斤给乙,价款为 3 500 元。我保证乙有钱,能按期付款。”后来乙下落不明,甲收不回西瓜款,便要求丙偿还此款,丙拒绝偿还。甲遂诉至人民法院,则(　　)。

A. 保证合同成立,丙应承担保证责任

B. 保证合同不成立,丙不应承担保证责任

C. 丙有欺诈行为,应承担侵权责任

D. 以上答案均不正确

3. 甲向乙借款 2 万元,并由丙从中作保,三人均在借款合同上签字。后甲请求乙推迟还款期限 1 年,乙应允,但提出推迟 1 年期间的利息为 30%,甲同意,并签订了变更合同协议。甲、乙将变更合同的内容告知了丙。丙当时碍于情面,口头表示同意。后因甲到期不能还款,遂发生纠纷。丙应承担什么责任?(　　)

A. 丙应对该 2 万元借款及其推迟 1 年期间的 30%的利息承担保证责任

B. 丙应对该 2 万元借款及其推迟 1 年期间的法定存款利息承担保证责任

C. 丙应对该 2 万元借款承担保证责任,对推迟 1 年期间的利息则不承担保证责任

D. 丙对该 2 万元借款及其推迟 1 年期间的利息均不承担保证责任

4.(2010 年司法考试试卷三第 93 题)甲公司与乙公司签订了一份手机买卖合同,约定:甲公司供给乙公司某型号手机 1 000 部,每部单价 1 000 元,乙公司支付定金 30 万元,任何

一方违约，应向对方支付合同总价款30%的违约金。合同签订后，乙公司向甲公司支付了30万元定金，并将该批手机转售给丙公司，每部单价1 100元，指明由甲公司直接交付给丙公司。但甲公司未按约定期间交货。

关于返还定金和支付违约金，乙公司向甲公司提出请求，下列表述正确的是(　　)。

A. 请求甲公司双倍返还定金60万元并支付违约金30万元

B. 请求甲公司双倍返还定金40万元并支付违约金30万元

C. 请求甲公司双倍返还定金60万元或者支付违约金30万元

D. 请求甲公司双倍返还定金40万元或者支付违约金30万元

5.(改编自2015年司法考试试卷三第88题)2012年4月，甲公司、丙公司与丁公司签订了协议，约定甲公司欠丁公司的5 000万元债务由丙公司承担，且甲公司法定代表人张某为该笔债务提供保证，但未约定保证方式和期间。同年5月，丁公司债权到期。关于协议中张某的保证期间和保证债务诉讼时效，下列表述正确的是(　　)。

A. 保证期间为自2012年5月起6个月

B. 保证期间为自2012年5月起2年

C. 保证债务诉讼时效从2012年5月起算

D. 保证债务诉讼时效从2012年11月起算

(四)名词解释与辨析

1. 保证
2. 定金罚则
3. 先诉抗辩权
4. 保证期间
5. 本担保与反担保

(五)简答题

1. 简述债的担保的法律特征。
2. 简述最高额保证的特点。
3. 简述共同保证的效力。
4.(中国人民大学2001年考研真题)试比较定金与预付款。

(六)论述题

试论述保证责任的免除和消灭事由。

四、案例分析

【案例】

2015年11月19日，建设银行某支行与某市新阳光贸易公司签订一份借款合同。双方约定：建设银行某支行借给新阳光贸易公司300万元，借款期限自2015年11月20日至2016年5月20日，利率按月息千分之九点二四计算。同时，建设银行某支行与某市腾达科技公司签订一份担保合同，合同规定，由腾达科技公司为上述借款合同承担一般担保责任。两份合同签订后，建设银行某支行履行了出借300万元的义务，可到期后，新阳光贸易公司却未能如约履行还本付息的义务。为此，建设银行某支行诉至某人民法院，请求判令借款方新阳光贸易公司还本付息。

2017年5月18日经人民法院调解，建设银行某支行、新阳光贸易公司达成了于2017年8月30日前偿还借款本息的协议。之后，因新阳光贸易公司没有按期履行调解协议，建设银行某支行便向人民法院递交了执行申请书。可是，此时新阳光贸易公司早已人去楼空。在此情况下，建设银行某支行请求腾达科技公司承担还本付息的责任。

(1)腾达科技公司的担保是一种什么样的担保方式？

(2)腾达科技公司应否承担担保责任？为什么？

【问题聚焦】

连带责任保证

【法律剖析】

(1)腾达科技公司的担保是连带责任保证。因为腾达科技公司与建设银行之间签订的担保合同仅说明是一般担保责任,没有明确是一般保证或者连带责任保证。这种情况下,根据《担保法》的有关规定,属于当事人没有明确约定保证方式的,保证人应按照连带责任保证承担保证责任。

(2)腾达科技公司不应承担担保责任,因为虽然腾达科技公司提供的是连带责任保证,但是没有约定保证期间。这种情况下,保证期间应为主债务履行期届满之日起6个月。在该保证期间,债权人未要求保证人承担保证责任的,保证人免除保证责任。本案中,债务履行期届满之日是2016年5月20日,主债权人建设银行没有在法定的保证期间内(2016年11月20日之前)要求保证人承担保证责任,所以保证人腾达科技公司的保证责任从此消灭。

【法条链接】

▶《中华人民共和国担保法》第19条　当事人对保证方式没有约定或者约定不明确的,按照连带责任保证承担保证责任。

▶《中华人民共和国担保法》第25条　一般保证的保证人与债权人未约定保证期间的,保证期间为主债务履行期届满之日起6个月。

五、深度拓展

◆ 定金与违约金的关系

违约金是指当事人在合同中约定或法律规定的,一方违约时应支付给对方一定数量的货币。违约金和定金都可以督促债务人履行债务,定金中的违约定金也具有填补违约损失的功能,但定金还包含立约定金、成约定金以及解约定金等多种类型。

违约金与定金的区别主要在于:

1. 性质不同。虽然从理论上讲,定金与违约金都有担保主债权实现的功能,大陆法系国家也都把这两种规定为债的担保方式,但在我国立法中,违约金只是民事责任的形式,并未将其作为独立的担保形式看待。而且,我国《合同法》规定的违约金是以制裁性为原则、以赔偿性为补充,其担保效力远比定金担保的效力要弱。而定金以确保债权的实现为目的,其作为一种担保形式被《担保法》加以明确规定。违约金的根本目的是制裁违约行为,为民事责任的承担方式。也正因此,有关定金的约定为独立于主合同的从合同;而关于违约金的约定为合同内容的一部分。

2. 作用不同。定金具有证约和预先给付的作用;而违约金没有上述作用。

3. 产生方式不同。定金只能依当事人之间的约定而发生;而违约金既可基于当事人的约定而发生,也可基于法律的直接规定而发生。

4. 交付时间不同。定金是在合同履行前交付的;而违约金是在发生违约行为后交付的。

5. 法律后果不同。依照我国《担保法》第89条的规定,定金具有解约功能,即不履行约定债务的,支付定金的一方无权要求返还定金,接受定金的一方必须双倍返还定金。一方面,定金的支付意味着主合同的解除,违约一方不再承担对主债的继续履行义务;另一方面,定金可以作为预定赔偿额,受害人对于超出定金数额的损失,不得另外提出赔偿。而违约金的支付并不导致合同的解除。《合同法》第114条规定:“当事人就迟延履行约定违约金的,违约方支付违约金后,还应当履行债务。”

根据《合同法》第116条的规定,当事人既约定违约金,又约定定金的,一方违约时,对方可以选择适用违约金或者定金条款。在具体适用上应遵循以下规则:(1)违约定金和违约金功能一致，原则上不能并用，但在定金为赔偿性定金、违约金为惩罚性违约金的情形下可以并用;(2)解约定金与违约金可以并用;(3)订约定金、成约定金与违约金可以并用。[①]

① 参见杨巍:《债法总论》,武汉大学出版社 2017 年版,第 352 页。

第二十一章

债的移转

一、知识结构图

- 债的移转
  - 债的移转的概念与特征(了解)
  - 债权让与
    - 债权让与的概念(了解)
    - 债权让与的有效条件(重点)
    - 债权让与的效力(重点)
  - 债务承担
    - 债务承担的概念(重点)
    - 免责的债务承担(重点)
    - 并存的债务承担(重点)
  - 债的概括承受
    - 债权、债务概括移转的类型(重点)
    - 债权、债务概括移转的效力(重点)

二、重难点归纳

(一)债的移转

债的移转是指债的关系不失其同一性,即债的内容与客体保持不变的情形下,而其主体有所变更的现象。债的移转是债的主体变更,以债权债务关系存在为前提;可以是债权移转,可以是债务移转,也可以是债权、债务关系移转;可以是全部移转,也可以是部分移转。

债的移转主要有以下几种原因:

(1)法律行为,可以是双方法律行为,也可以是单方法律行为;

(2)法律的直接规定;

(3)法院的裁决,也称裁判上的移转。

债的移转不失其同一性,是指债的效力依旧不变,其原有的利益和瑕疵以及从属于其的权利均不发生变化。

(二)债权让与的有效条件

债权让与是指债的关系不失其同一性,债权人通过让与合同将其债权移转于第三人享有的现象。

债权让与必须满足以下条件:

1. 必须存在有效的债权。这是债权让与的前提。已罹诉讼时效的债权、因可撤销法律行为所生债权也可以成为让与的标的。

2. 被让与的债权必须具有可让与性。《合同法》第 79 条明确规定了三种不得转让的债权:根据合同性质不得转让的债权,如雇佣合同、委托合同中受雇人、受托人所享有的债权;按照当事人约定不得转让的债权,这种禁止让与的约定应不得对抗善意第三人;依照法律规定不得让与的债权。

3. 让与人和受让人必须就债权的转让意思表示达成一致,债权让与既为双方民事法律行为,则有效须满足民事法律行为有效要件。

4. 必须通知债务人,才能对债务人发生效力。债务人未收到债权让与通知的,则该让与对债务人不发生效力,债务人向原债权人清偿,其清偿有效。

(三)债权让与的法律效力

债权让与有效成立后,即在让与人、受让人和债务人之间发生一定的法律效果。其中,债权让与在让与人和受让人之间的效力称为债权让与的内部效力,债权让与对债务人的效力则称为债权让与的外部效力。

1. 债权让与的内部效力

(1)法律关系的取代。债权让与生效后,在债权全部让与的场合,该债权即由原债权人(让与人)移转于受让人,让与人脱离原债的关系,受让人取代让与人的法律地位而成为新的债权人。但在债权部分让与时,让与人和受让人共同享有债权。

(2)从权利随之移转。债权人转让债权,受让人取得与该债权有关的从权利,包括担保权与其他从权利,但该从权利专属于债权人自身的除外。

(3)让与人应将债权证明文件全部交付受让人,并告知受让人行使债权所必要的一切情况。

(4)让与人对其让与的债权应负瑕疵担保责任。当债权让与有偿时,在瑕疵担保责任上可准用买卖合同的有关规定。

2. 债权让与的外部效力

(1)债权让与对债务人的效力以债权让与通知为准,该通知不得迟于债务履行期。

(2)表见让与的效力。当债权人将债权让与第三人的事项通知债务人后,即使让与并未发生或该让与无效,债务人基于对通知的信赖而向该第三人所为的履行仍然有效。

(3)债务人接到债权让与通知时,债务人对让与人的抗辩可以向受让人主张。

(4)债务人接到债权让与通知时,债务人对让与人享有债权的,债务人仍然可以依法向受让人主张抵销。

(四)免责的债务承担与并存的债务承担的区别

免责的债务承担是指第三人取代原债务人的地位而承担全部债务,使债务人脱离债的关系的债务承担方式。并存的债务承担是指第三人加入债的关系之中,与原债务人一起向债权人承担债务的现象。

免责的债务承担与并存的债务承担区别如下:

1. 两者的性质不同。免责的债务承担是债务的特定承受,即第三人是对原存债务的承受,而非新债务的承担。并存的债务承担则属于新的债务负担,因为并存的债务承担的结果并不导致原债务人免除其合同债务,而且第三人的债务与原债务人的债务不必相同。

2. 两者主体的变更不同。免责的债务承担导致原债务人脱离债的关系,第三人取代原债务人而成为新的债务人,从而引起主体的完全改变。并存的债务承担并不影响原债务人的地位,第三人只是新加入债的关系中来,在主体的变化上只是增加了债务人而已,所以并存的债务承担又称为债务加入。

3. 两者成立的条件不同。两者成立条件上最大的不同在于,是否需要经债权人的同意。免责的债务承担必须要取得债权人的同意才能生效。并存的债务承担原则上不需要取得债权人的同意,债务人或第三人向债权人发出债务承担的通知即可生效。

4. 第三人承担债务的方式和范围不同。免责的债务承担中的第三人只能独立地承担所移转的债务，其承担范围一般与原债务及其从债务相同。并存的债务承担则是由第三人与原债务人共同承担连带责任，其承担范围不超过原债务的限制。

（五）债的概括承受

债的概括承受是指债的一方当事人将其债权、债务一并移转给第三人，由第三人概括地继受这些权利、义务的法律现象。债的概括承受可以是基于当事人之间民事法律行为产生的，称为意定概括承受；也可以是基于法律规定产生的，称为法定概括承受。债的概括承受可以是全部移转，也可以是同时移转。

债的概括承受主要类型为合同承受和企业的合并与分立。合同承受又称合同承担，是指合同关系一方当事人将其合同上的权利和义务全部地移转给第三人，由其在移转范围内承受自己在合同上的地位，享受合同权利并负担合同义务。

三、全真题演练

（一）单项选择题

1. 下列关于债的移转的说法正确的是（　　）。

A. 债的移转改变了债的内容

B. 债的移转等同于债的变更

C. 债的移转只能因法律行为产生

D. 债的移转的实质是债权或债务在不同的民事主体之间的移转

2. 下列选项中关于合同权利转让的表述错误的是（　　）。

A. 合同权利转让属于合同主体的协议变更

B. 所有的合同权利都可以转让

C. 合同权利人可以转让全部权利

D. 合同权利人转让权利，一般不需要经合同义务人同意，但应将转让事实通知合同义务人；否则，其转让对合同义务人不发生效力

3. 甲、乙签订了一份购销水泥的合同，约定由乙向甲供应水泥 100 吨，合同履行前，甲未征得乙同意，就将合同的权利转让给丙，并通知乙直接向丙供货。则下列说法正确的是（　　）。

A. 甲的转让行为有效，乙应该向丙供货

B. 甲的转让行为无效，乙应该向甲供货

C. 甲的转让行为有效，但乙向甲供货仍有效

D. 甲的转让行为效力待定，乙向丙供货有效

4. 下列关于合同义务移转的说法正确的是（　　）。

A. 债务人将合同义务全部或部分移转给第三人，应当通知债权人

B. 合同义务移转后，新债务人可以主张原债务人对债权人的抗辩

C. 合同义务移转后，新债务人应承担主债务及一切从债务

D. 合同义务移转后，原合同即变更为由第三人履行的合同

5. 甲公司分立为乙公司和丙公司。在分立过程中，乙公司和丙公司对甲公司所欠丁、戊、己、庚的债务达成协议，乙公司承担对丁、戊的债务，丙公司承担对己、庚的债务。对甲公司的债权人来说，该债务承担协议（　　）。

A. 无效　　B. 有效

C. 可撤销　　D. 效力未定

6.（2009 年司法考试试卷三第 3 题）甲公司分立为乙、丙两家公司，约定由乙公司承担甲公司全部债务的清偿责任，丙公司继受甲公司全部债权。关于该协议的效力，下列选项正确的是（　　）。

A. 该协议仅对乙、丙两家公司具有约束力，对甲公司的债权人并非当然有效

B. 该协议无效，应当由乙、丙两家公司对

甲公司的债务承担连带清偿责任

C. 该协议有效，甲公司的债权人只能请求乙公司对甲公司的债务承担清偿责任

D. 该协议效力待定，应当由甲公司的债权人选择分立后的公司清偿债务

7.（2013年司法考试试卷三第5题）甲公司与乙银行签订借款合同，约定借款期限自2010年3月25日起至2011年3月24日止。乙银行未向甲公司主张过债权，直至2013年4月15日，乙银行将该笔债权转让给丙公司并通知了甲公司。2013年5月16日，丁公司通过公开竞拍购买并接管了甲公司。下列选项正确的是（　　）。

A. 因乙银行转让债权通知了甲公司，故甲公司不得对丙公司主张诉讼时效的抗辩

B. 甲公司债务的诉讼时效从2013年4月15日起中断

C. 丁公司债务的诉讼时效从2013年5月16日起中断

D. 丁公司有权向丙公司主张诉讼时效的抗辩

8.（2012年司法考试试卷三第13题）甲将其对乙享有的10万元货款债权转让给丙，丙再转让给丁，乙均不知情。乙将债务转让给戊，得到了甲的同意。丁要求乙履行债务，乙以其不知情为由抗辩。下列表述正确的是（　　）。

A. 甲将债权转让给丙的行为无效

B. 丙将债权转让给丁的行为无效

C. 乙将债务转让给戊的行为无效

D. 如乙清偿10万元债务，则享有对戊的求偿权

9.（2015年司法考试试卷三第12题）甲、乙两家公司签订协议，约定甲公司向乙公司采购面包券。双方交割完毕，面包券上载明"不记名、不挂失，凭券提货"。甲公司将面包券转让给张某，后张某因未付款等原因被判处合同诈骗罪。面包券全部流入市场。关于协议和面包券的法律性质，下列表述正确的是（　　）。

A. 面包券是一种物权凭证

B. 甲公司有权解除与乙公司的协议

C. 如甲公司通知乙公司停止兑付面包券，乙公司应停止兑付

D. 如某顾客以合理价格从张某处受让面包券，该顾客有权请求乙公司兑付

10.（2017年司法考试试卷三第9题）甲经乙公司股东丙介绍购买乙公司矿粉，甲依约预付了100万元货款，乙公司仅交付部分矿粉，经结算欠甲50万元货款。乙公司与丙商议，由乙公司和丙以欠款人的身份向甲出具欠条。其后，乙公司未按期支付。关于丙在欠条上签名的行为，下列选项正确的是（　　）。

A. 构成第三人代为清偿

B. 构成免责的债务承担

C. 构成并存的债务承担

D. 构成无因管理

11.（2011年司法考试试卷三第11题）甲公司对乙公司享有10万元债权，乙公司对丙公司享有20万元债权。甲公司将其债权转让给丁公司并通知了乙公司，丙公司未经乙公司同意，将其债务移转给戊公司。如丁公司对戊公司提起代位权诉讼，戊公司的下列哪一抗辩理由能够成立？（　　）

A. 甲公司转让债权未获乙公司同意

B. 丙公司移转债务未经乙公司同意

C. 乙公司已经要求戊公司偿还债务

D. 乙公司、丙公司之间的债务纠纷有仲裁条款约束

（二）多项选择题

1. 债的移转可以（　　）。

A. 基于法律的直接规定

B. 基于行政机关的命令

C. 基于法院的判决

D. 基于当事人之间设定的民事法律行为

2. 下列各选项中属于债的移转的有(　　)。

A. 甲将其对乙的债权让与丙

B. 乙经甲同意,将其对甲所负的债务转让给丙

C. 甲公司被乙公司兼并,甲对外所享有的债权和所负担的债务都归乙公司承受

D. 甲委托其代理人丙履行其对乙所负的债务

3. 下列债权中,不得让与的有(　　)。

A. 雇佣合同所生的债权

B. 保证债权

C. 当事人约定不得让与的债权

D. 最高额抵押担保的主合同债权

4. 债权让与后,下列法律效力发生的是(　　)。

A. 债权人的法律地位由受让人取代

B. 主债权的从权利移转

C. 让与人应对其让与的债权负瑕疵担保责任

D. 让与人与债务人之间的法律关系消灭

5.(2013年司法考试试卷三第59题)债的法定移转是指依法使债权、债务由原债权人和债务人移转给新的债权人和债务人。下列哪些选项属于债的法定移转的情形?(　　)

A. 保险人对第三人的代位求偿权

B. 企业发生合并或者分立时对原债权、债务的承担

C. 继承人在继承遗产范围内对被继承人生前债务的清偿

D. 根据买卖不破租赁规则,租赁物的受让人对原租赁合同的承受

6.(2010年司法考试试卷三第57题)甲向乙借款300万元,于2008年12月30日到期,丁提供保证担保,丁仅对乙承担保证责任。后乙从甲处购买价值50万元的货物,双方约定2009年1月1日付款。2008年10月1日,乙将债权让与丙,并于同月15日通知甲,但未告知丁。对此,下列选项正确的是(　　)。

A. 2008年10月1日,债权让与在乙、丙之间生效

B. 2008年10月15日,债权让与对甲生效

C. 2008年10月15日,甲可向丙主张抵销50万元

D. 2008年10月15日后,丁的保证债务继续有效

7.(改编自2002年司法考试试卷三第44题)下列哪些债的移转无效?(　　)

A. 甲公司与韩国乙公司成立中外合资企业,合资合同经过审批机关批准后,甲公司未经乙方同意,将合同权利、义务转让给丙公司

B. 丙教授曾答应为丁校讲课,但因讲课当天临时有急事,便让自己的博士生代为授课

C. 债权人李某因急需用钱,便将债务人杨某欠自己的20 000元债权以15 000元的价格转让给了柳某,李某将此事打电话通知了杨某

D. 张某借给刘某10万元钱,后未经刘某同意,将已产生的5 000元利息的债权单独让与高某,事后通过电子邮件告知了刘某

(三)不定项选择题

1.(改编自2005年司法考试试卷三第88题)甲对乙享有60万元债权,丙、丁分别与甲签订保证合同,但未约定保证责任的范围和方式。戊以价值30万元的房屋为乙向甲设定抵押并办理了登记。若乙的朋友己与乙达成协议,由其代替乙向甲还款,下列说法正确的是(　　)。

A. 该协议在通知甲后发生效力

B. 如甲同意该协议，则丙、丁不再承担保证责任

C. 甲同意该协议，戊无论同意与否，均应继续承担抵押担保责任

D. 若甲、戊都书面同意该协议，甲对戊的抵押权不因债务移转而受影响

2.（2015 年司法考试试卷三第 88 题）甲公司、乙公司签订的《合作开发协议》约定，合作开发的 A 区房屋归甲公司、B 区房屋归乙公司。乙公司与丙公司签订《委托书》，委托丙公司对外销售房屋。《委托书》中委托人签字盖章处有乙公司盖章和法定代表人王某签字，王某同时也是甲公司法定代表人。张某查看《合作开发协议》和《委托书》后，与丙公司签订《房屋预订合同》，约定："张某向丙公司预付房款 30 万元，购买 A 区房屋一套。待取得房屋预售许可证后，双方签订正式合同。"丙公司将房款用于项目投资，全部亏损。后王某向张某出具《承诺函》："如张某不闹事，将协调甲公司卖房给张某。"但甲公司取得房屋预售许可后，将 A 区房屋全部卖与他人。张某要求甲公司、乙公司和丙公司退回房款。张某与李某签订《债权转让协议》，将该债权转让给李某，并通知了甲、乙、丙三家公司。因李某未按时支付债权转让款，张某又将债权转让给方某，也通知了甲、乙、丙三家公司。关于 30 万元预付房款，下列表述正确的是（　　）。

A. 由丙公司退给李某

B. 由乙公司和丙公司退给李某

C. 由丙公司退给方某

D. 由乙公司和丙公司退给方某

（四）名词解释与辨析

1.（中国人民大学 2005 年考研真题）债权让与

2.（厦门大学 2008 年考研真题）债务承担

3. 合同承受

（五）简答题

1.（北京大学 2003 年考研真题）简述债务承担的条件与效力。

2.（中国人民大学 2009 年考研真题）简述合同权利转让的法律效果。

（六）论述题

试论述债权让与的有效条件。

四、案例分析

【案例一】

2009 年 7 月，被告刘某向甲啤酒厂购买"富力"牌扎啤 1 万瓶。同年 7 月 26 日，甲啤酒厂按约将扎啤送到被告刘某处，并由被告出具了收条，言明："今收到甲啤酒厂扎啤壹万瓶整，收货人刘某，2009 年 7 月 26 日。"在收条中注明"由徐某来结清"。2009 年 10 月 10 日，甲啤酒厂出具了一份证明，其内容是："兹由我厂供销科徐某在 2009 年 7 月 26 日经手发给刘某的扎啤壹万瓶，每瓶价格 1.10 元，计货款壹万壹仟元整，此款已由徐某在年终供销员结账时结算到徐某个人名下，刘某的货款归徐某个人负责收回，特此证明。"现因徐某向被告索要货款无果，诉至法院，要求被告刘某偿还所欠货款。被告认为，与其有债权债务关系的是甲啤酒厂，而非原告徐某，甲啤酒厂将其债权转让给徐某时并未通知他，因此，原告徐某无权向其主张权利；且其在收条中并未约定啤酒的价格，甲啤酒厂认为每瓶价格 1.10 元并无依据。经查，徐某系甲啤酒厂供销科的业务员。

——法律考试中心组编：《2007 年司法考试辅导用书配套测试题解》。

(1) 本案中，甲啤酒厂将其对被告刘某的债权转让给原告徐某是否已经生效？为什么？

(2) 本案中，甲啤酒厂与徐某之间的债权转让是否对债务人刘某发生法律效力？为什么？

【问题聚焦】

债权转让

【法律剖析】

(1)已经生效。债权转让有效必须满足以下条件:①必须存在有效的债权;②被让与的债权必须具有可让与性;③让与人和受让人必须就债权的转让意思表示达成一致;④必须通知债务人,才能对债务人发生效力。其中第④点是对债务人发生效力的条件,如果没有通知债务人,债权转让在转让人和受让人之间已经生效。本案中啤酒厂转让啤酒,虽然具体价款存在争议,但债权是有效存在的,而且具有可让与性。啤酒厂出具的证明表明,啤酒厂和徐某之间就债权转让达成了合意,所以甲啤酒厂将其对被告刘某的债权转让给徐某已经生效。

(2)不发生效力。如上所述,债权转让只有对债务人作出通知,才能对债务人产生效力。本案中啤酒厂虽然将债权转让给徐某,但是没有通知债务人刘某,故而对刘某来说,债权人仍是啤酒厂。虽然啤酒厂在收条中注明"由徐某来结清",但这是基于徐某是啤酒厂的业务员,故而希望徐某代理啤酒厂结账,并不是在债权移转后收到的通知。

【法条链接】

➤《中华人民共和国合同法》第79条　债权人可以将合同的权利全部或者部分转让给第三人,但有下列情形之一的除外:

(一)根据合同性质不得转让;

(二)按照当事人约定不得转让;

(三)依照法律规定不得转让。

➤《中华人民共和国合同法》第80条　债权人转让权利的,应当通知债务人。未经通知,该转让对债务人不发生效力。

债权人转让权利的通知不得撤销,但经受让人同意的除外。

【案例二】

2004年9月28日,原告甲旅行社委托被告吴甲,要求其负责承运某厂职工于2004年10月13日上午7时许从该单位办公楼出发至上海浦东机场,乘坐当日11时30分的航班,运费为一千多元,由吴甲与原告结算。后被告吴甲将该运输转交给被告吴乙,并通告了原告,原告未表示反对,并与吴乙取得了联系,约定了发车时间。该车于13日上午7时出发,但吴乙未在约定的时间内将原告的客人送至机场,导致原告所订的39张飞机票作废。原告遂提起诉讼,要求两名被告赔偿损失。

——李显冬主编:《案例合同法学》,中国法制出版社2012年版。

【问题聚焦】

债务承担与第三人代为履行

【法律剖析】

本案争议的焦点在于,吴甲将运输的义务移转给吴乙,是构成债务承担,还是由吴乙代为履行?第三人代为履行,主要是指合同双方当事人约定由合同以外的第三人代替债务人向债权人履行合同义务的情形。第三人代为履行与债务承担主要有以下区别:

(1)生效条件不同。债务移转时,债务人和债权人应与第三人达成转让债务的协议。而在第三人代替履行的情况下,第三人单方表示代替债务人清偿债务或者与债权人或债务人达成代替清偿债务的协议,但并没有转让债务。

(2)债务人与第三人在新合同中的法律地位不同。在债务移转的情况下,债务人已经成为合同的当事人。如果是债务的全部转让,则第三人将完全代替债务人的地位,债务人将退出该合同关系，原合同关系将消灭；若是债务的部分转让，第三人也将加入合同关系成为债务人。但是在第三人代替债务人履行的情况下，第三人只是履行主体，而不是合同的债务人。对于债权人来说，只能将第三人作为债务履行的辅助人，而不能将其作为合同当事人。

(3)债务人与第三人承担的责任不同。在债务移转的情况下，第三人已经成为合同关系当事人，如果其未能依照合同约定履行债务，债务人可直接请求第三人履行义务和承担违约责任。而在第三人代替履行时，当第三人不履行或履行债务不符合约定时，对第三人的履行不适当的行为，仍由债务人承担债不履行的民事责任。

具体到本案中，虽然吴甲将运输的义务交由吴乙履行，而且原告也没有表示异议，但是合同的主体仍然是甲旅行社与吴甲，否则甲旅行社也不会与吴甲进行结算。因此，应由吴甲承担违约责任。

【法条链接】

▶《中华人民共和国合同法》第 65 条　当事人约定由第三人向债权人履行债务的，第三人不履行债务或者履行债务不符合约定，债务人应当向债权人承担违约责任。

▶《中华人民共和国合同法》第 84 条　债务人将合同的义务全部或者部分移转给第三人的，应当经债权人同意。

五、深度拓展

◆ 债权让与、债务承担与合同权利、义务转让的关系

在大陆法系的民法体系中，合同作为债法体系中的一环，其合同权利、义务的转让是在债法通则中债的移转中予以调整，故称债权让与、债务承担。《合同法》中没有采用债权让与和债务承担的说法，而是采用了合同权利、义务转让或移转。一般在我国语境下，债权让与就是合同权利的转让，债务承担就是合同义务的移转。[①] 但从法律上看，二者之间也存在一定的区别，以债权让与为例，合同权利的转让是债权让与的一种形式，但是债权让与还应当包括因侵权行为发生的侵权行为之债的让与以及因不当得利发生的不当得利之债的让与等。[②]《商事合同通则》认为，权利转让不限于合同性质的权利，非合同债权也可以转让。例如，非合同性质的请求权，或者基于法院判决而产生的请求权，以及未来的权利，都可以成为转让的对象。而且虽然是债权让与，但理论上也承认返还原物请求权等物上请求权也可以让与。然而这一区别不具有较大意义：一方面，合同权利、义务的转让是债的关系移转中最重要、最复杂的一种形式，合同权利、义务移转的规则也可以抽象地适用于其他种类债的移转之中；另一方面，在实务中认为，《合同法》第 79 条、第 84 条、第 88 条中的“合同的权利”、“合同的义务”也应当包括合同无效，基于法律直接规定而产生新的债权债务关系。合同无效产生的不当得利返还请求权、返还原物请求权也可以归入合同权利转让。

◆ 债权让与、债务承担与合同权利及义务概括移转的关系

《合同法》第 89 条规定，权利和义务一并转让的，适用本法第 79 条、第 81～83 条、第 85～87 条的规定。也就是说，合同承受涉及合同权利转让、合同义务移转部分，多准用债权让与、债务承担相关规定。

但合同权利、义务的概括移转并不是债权让与和债务承担的简单相加，合同权利、义务概括移转除了转让具体的债权和债务之外，还转让作为合同一方当事人的地位。所以在债

---

① 参见马俊驹、余延满：《民法原论》(第四版)，法律出版社 2010 年版，第 596、598 页。

② 参见王利明：《合同法新问题研究》(修订版)，中国社会科学出版社 2011 年版，第 517 页。

权让与、债务承担的情况下，虽然依附于主债权、债务的从权利也一并移转，但是，由合同一方当事人行使的权利——比如撤销权、解除权——并不随债权、债务的转让而当然转让于受让人。而在合同权利、义务概括移转的情况下，合同的承受人完全取代原当事人的法律地位而成为新的合同当事人，所以即使专属于合同一方当事人的权利也一并移转于承受人，而出让人则完全从原有的合同关系中脱离出来。进而有学者认为，合同权利、义务的概括移转会消灭原合同关系，产生新的合同关系。[①]

① 王利明：《合同法研究》（第三版）第二卷，中国人民大学出版社 2015 年版，第 240 页。胡康生主编：《中华人民共和国合同法释义》（第 2 版），法律出版社 2009 年版，第 141 页。

第二十二章

债的消灭

一、知识结构图

- 债的消灭
  - 清偿（重点）
    - 清偿的概念
    - 代为清偿
    - 清偿抵充
  - 提存
  - 抵销（重点）
    - 抵销的概念
    - 法定抵销
    - 合意抵销
  - 免除（识记）
  - 混同（识记）

二、重难点归纳

（一）债的消灭

债的消灭又称债的终止，是指债的当事人双方间的权利、义务在客观上已不复存在。

债的消灭原因可以分为以下几类：(1)基于当事人的意思而消灭，如免除、解除；(2)基于债的目的达到而消灭，如清偿、混同；(3)基于债的目的不能达到而消灭，如给付不能；(4)基于法律直接规定而消灭。

债的消灭同时使债的担保及其他权利、义务也归于消灭，债权人应将负债字据返还于债务人。当事人还应当遵循诚实信用原则，根据交易习惯，履行通知、协助、保密等义务。

（二）法定抵销的要件

抵销是指二人互负债务时，各以其债权充当债务的清偿，而使其债务与对方债务在等额内互相消灭。主张抵销的债权称为主动债权（或称自动债权、能动债权），被抵销的债权称为被动债权（或称受动债权、反对债权）。抵销根据产生依据不同，可以分为法定抵销与合意抵销两种。

法定抵销是指由法律规定其构成要件，当要件具备时，依当事人一方的意思表示即可发生抵销的效力。根据《合同法》第 99 条的规定，法定抵销需具备以下要件才能生效：

1. 双方必须互负有效存在的债务、互享债权

抵销以消灭双方债权为目的，自然以双方

债权有效存在为前提。附生效条件的债权于条件成就前不得为主动债权抵销。附解除条件的债权得为抵销，且条件成就无溯及力，行使抵销权后条件成就抵销仍有效。超过诉讼时效期间的债权和负同时履行抗辩权的债权不得为主动债权，但可以为被动债权用作抵销，视为债权人抛弃了时效利益或是同时履行抗辩权。

2. 主动债权必须已届清偿期

《合同法》第 99 条虽然规定双方债权均届清偿期，但债权人有权抛弃期限利益，所以被动债权即使未届清偿期，也当允许抵销。

3. 双方当事人互负债务的标的物种类、品质必须相同

因为只有给付的种类相同时，当事人双方的经济目的才一致，通过抵销才可满足当事人双方的利益需要。两项债务为不同种类的给付，若当事人以抵销而不必为给付，则会难以满足当事人的经济需要。因此，抵销的债务一般为金钱债务和种类物之债。

4. 双方当事人互负的债务必须非不得抵销的债务

抵销的债务必须为可以抵销的债务。对于依法律规定或者债务的性质不得抵销的债务，不得抵销。双方约定不得抵销的债务也不得抵销。例如，相互提供劳务的债务，以及与人身不可分离的债务（如抚恤金、退休金等债务），依其性质不能抵销。法律规定不得抵销的债务主要有：禁止强制执行的债务；因故意侵权行为而产生的债务；约定应向第三人为给付的债务；违约金债务、赔偿金债务等。

（三）提存

提存是指债务人于债务已届履行期时，将无法给付的标的物交提存机关，以消灭债务的行为。提存需具备以下要件：

1. 必须有可以提存的合法原因

根据《合同法》第 101 条，提存的原因包括：(1)债权人无正当理由拒绝受领；(2)债权人下落不明；(3)债权人死亡且未确定继承人，或者债权人丧失民事行为能力且未确定监护人；(4)法律规定的其他情形。

2. 必须经法定程序

首先由提存人提出申请，申请书中应载明提存的原因、提存的标的物、标的物的受领人。提存机关审查决定，是否同意提存。同意提存的，提存人将提存物交有关人员保管，提存机关制成提存证书交给提存人。

3. 提存的主体与客体适当

提存的主体为提存人与提存机关。一般情形下，提存人即为债务人，但提存人不以债务人为限。凡债务的清偿人均可为提存人。提存机关是法律规定的有权接受提存物并为保管的机关。提存标的必须适于提存。

提存的效力包括三个方面。一是在债务人与债权人间的效力。标的物提存后，债因提存当然消灭，债务人不再负清偿责任。提存物的所有权移转于债权人，标的物毁损、灭失的风险也一并移转于债权人，标的物的孳息归债权人所有。二是在提存人与提存机关间的效力。在提存成立后，提存机关有保管提存物的义务。提存人在发现提存或提存原因消灭时，得撤销提存行为，并取回提存物。三是在提存机关与债权人间的效力。提存成立后，债权人有受领提存物的权利，有权请求提存机关交付提存物。债权人领取提存物的权利应于法律规定的期限内行使。债权人在法律规定或者提存机关公告的领取时间范围内未领取提存物的，其权利即行丧失。

（四）清偿抵充

清偿抵充是指债务人对同一债权人负担数宗同种类债务，而债务人的履行不足以清偿全部债务时，决定该履行抵充某宗或者某几宗债务的现象。

清偿抵充需具备以下要件：(1)必须是债

务人对同一债权人负担数宗债务。(2)数宗债务的种类相同。(3)必须是债务人的给付不足以清偿全部债务,但至少是足以清偿一宗债务;否则,债权人可以拒绝,也不会发生抵充的问题。

(五)混同

混同是指债权和债务同归于一人,原则上致使债的关系消灭的事实。

债权、债务的混同,由债权或者债务的承受而产生。其承受包括概括承受与特定承受两种。概括承受是发生混同的主要原因,例如债权人继承债务人的财产、债务人继承债权人的财产、企业合并、营业的概括承受等。特定承受是指债务人自债权人处受让债权,或者债权人承担债务人的债务时发生的混同。

三、全真题演练

(一)单项选择题

1. 当事人约定由第三人向债权人履行债务的,若第三人不履行债务,则(　　)。

A. 第三人应向债权人承担违约责任

B. 债务人应向债权人承担违约责任

C. 债务人和第三人应当承担连带责任

D. 债务人和第三人应当按过错大小向债权人承担违约责任

2. 甲向乙借了30元钱,同时甲又为乙修好了收音机。修理费恰好是30元,则他们之间的债权、债务可以(　　)。

A. 提存　　B. 混同

C. 抵销　　D. 免除

3. 债权人甲某下落不明,债务人乙某在难以履行债务的情况下,将标的物提存。若乙某将标的物提存后,该标的物毁损、灭失,该损失应由(　　)承担。

A. 甲某

B. 乙某

C. 甲某和乙某共同

D. 提存机关

4. 从(　　)之日起,义务人与权利人合同权利义务关系终止。

A. 提存机关公告

B. 提存有效成立

C. 权利人知道提存

D. 义务人提出申请提存

5. (改编自2005年司法考试试卷三第4题)甲装修公司欠乙建材商场货款5万元,乙商场需付甲公司装修费2万元。现甲公司对乙商场享有的债权已到期,乙商场对甲公司享有的债权已过诉讼时效,甲公司欲以装修费充抵货款。下列说法正确的是(　　)。

A. 甲公司有权主张抵销

B. 甲公司主张抵销,必须经乙商场同意

C. 双方债务性质不同,不得抵销

D. 乙商场的债权已过诉讼时效,不得抵销

6. (2008年司法考试四川延考试卷三第8题)甲和乙之间有借贷关系,后二人结婚。此时,甲、乙之间的债权债务关系可以因下列哪一情形消灭?(　　)

A. 因混同而消灭　　B. 因混合而消灭

C. 因结婚而消灭　　D. 因免除而消灭

7. (2012年司法考试试卷三第12题)甲公司对乙公司负有交付葡萄酒的合同义务。丙公司和乙公司约定,由丙公司代甲公司履行,甲公司对此全不知情。下列表述正确的是(　　)。

A. 虽然甲公司不知情,但丙公司的履行仍然有法律效力

B. 因甲公司不知情,故丙公司代为履行后对甲公司不得追偿代为履行的必要费用

C. 虽然甲公司不知情,但如丙公司履行有瑕疵的,甲公司需就此对乙公司承担违约责任

D. 虽然甲公司不知情，但如丙公司履行有瑕疵从而承担违约责任的，丙公司可就该违约赔偿金向甲公司追偿

8.（2012 年司法考试试卷三第 14 题）乙在甲提存机构办好提存手续并通知债权人丙后，将 2 台专业相机、2 台天文望远镜交甲提存。后乙另行向丙履行了提存之债，要求取回提存物。但甲机构工作人员在检修自来水管道时因操作不当引起大水，致乙交存的物品严重毁损。下列选项错误的是（　　）。

A. 甲机构构成违约行为

B. 甲机构应承担赔偿责任

C. 乙有权主张赔偿财产损失

D. 丙有权主张赔偿财产损失

9.（2014 年司法考试试卷三第 15 题）张某从甲银行分支机构乙支行借款 20 万元，李某提供保证担保。李某和甲银行又特别约定，如保证人不履行保证责任，债权人有权直接从保证人在甲银行及其支行处开立的任何账户内扣收。届期，张某、李某均未还款，甲银行直接从李某在甲银行下属的丙支行账户内扣划了 18 万元存款用于偿还张某的借款。下列表述正确的是（　　）。

A. 李某与甲银行关于直接在账户内扣划款项的约定无效

B. 李某无须承担保证责任

C. 在乙支行收回 20 万元全部借款本金和利息之前，李某不得向张某追偿

D. 乙支行应以自己的名义向张某行使追索权

10.（2014 年司法考试试卷三第 13 题）胡某于 2006 年 3 月 10 日向李某借款 100 万元，期限 3 年。2009 年 3 月 30 日，双方商议再借 100 万元，期限 3 年。两笔借款均先后由王某保证，未约定保证方式和保证期间。李某未向胡某和王某催讨。胡某仅于 2010 年 2 月归还借款 100 万元。关于胡某归还的 100 万元，下列表述正确的是（　　）。

A. 因 2006 年的借款已到期，故归还的是该笔借款

B. 因 2006 年的借款无担保，故归还的是该笔借款

C. 因 2006 年和 2009 年的借款数额相同，故按比例归还该两笔借款

D. 因 2006 年和 2009 年的借款均有担保，故按比例归还该两笔借款

（二）多项选择题

1. 下列关于债的消灭的说法正确的是（　　）。

A. 债的消灭就是债的效力的停止

B. 债的消灭就是债的变更

C. 债的消灭就是债的终止

D. 债的关系消灭后，原债的当事人之间发生后契约义务

2. 合同可以因抵销而终止，抵销必须具备的要件有（　　）。

A. 当事人双方相互负有义务

B. 两项债务的性质是同一的

C. 两项债务都已到了履行期

D. 不违反法律的规定和双方的约定

3. 下列哪些情况下，债务可以抵销？（　　）

A. 一项债务已到了规定的履行期，而另一项债务没有规定履行期限

B. 两项债务都已到规定的履行期

C. 一项债务已到履行期，另一债务尚未到履行期，未到期债务人主张或同意抵销的

D. 一项债务已到履行期，另一债务尚未到履行期，已到期债务人主张或同意抵销的

4. 下列哪些情况下，债务人可以将标的物提存？（　　）

A. 某运输公司承运一批货物，运至目的地

后发现收货人不明而无法交货

B. 甲向乙借款 3 000 元，约定 10 月 11 日偿还，结果乙于 10 月 10 日去世，继承人尚未确定

C. 陈某与王某本是好友，陈某曾借王某 1 万元钱，后两人生隙成仇，陈某再不愿见王某，更不愿将借款当面交给王某

D. 甲与乙仓储公司签有仓储合同，存储期届满时，甲仍不提取仓储物，乙数次告知甲在合理期限内提取，甲仍未提取

5. 债权人无正当理由拒绝债务人履行义务，债务人将履行的标的物向有关部门提存的，将产生下列哪些法律后果？（　　）

A. 应当认定债务已经履行

B. 因提存所支出的费用，应当由债权人承担

C. 提存期间，财产收益归债权人所有

D. 提存期间，财产风险责任由债权人承担

6. 债权、债务发生混同的原因有（　　）。

A. 作为债务人的自然人死亡

B. 企业合并

C. 债权、债务的概括承受

D. 债务的特定承受

7. 下列关于债务免除的说法不正确的有（　　）。

A. 债的关系绝对消灭

B. 债的关系相对消灭

C. 从债务免除

D. 一切债权均可以免除

（三）不定项选择题

1. 甲对乙享有债权，该债权是被甲用来作为权利质权的标的。后因乙经营不善，甲兼并乙，则会发生下列哪些法律后果？（　　）

A. 甲对乙的债权因甲兼并乙而消灭

B. 甲对乙的债权因混同而消灭

C. 甲可以免除乙的债务

D. 甲对乙的债权不消灭

2. 下列关于债务免除的说法正确的是（　　）。

A. 债务免除是双方法律行为

B. 债权人可以仅免除从债务而保留主债务

C. 债权人可以仅免除主债务而保留从债务

D. 债务免除是要式行为

（四）名词解释与辨析

1. 提存

2. 免除

3.（清华大学 2008 年考研真题）混同

4. 代为清偿

5. 法定抵销与合意抵销

（五）简答题

1. 简述清偿抵充的要件与方法。

2.（武汉大学 2012 年考研真题）简述民法上的抵销与商法上的交互计算的区别。

3.（中国政法大学 2011 年考研真题）简述提存的要件及效力。

（六）论述题

试论述抵销的构成要件。

四、案例分析

【案例】

甲厂向乙银行贷款人民币 10 万元，由丙公司提供保证担保，双方签订保证合同约定：保证人未按本合同约定履行其保证义务的，同意贷款人乙银行直接或委托他人从丙公司各类账户上扣划资金。

借款期满后，甲厂未能还款，各方在诉讼中达成调解协议：甲厂同意分期付款，丙公司对借款本息承担连带清偿责任。后甲厂未能履行还款义务，乙银行从丙公司在乙银行丁支行账户上扣划人民币 159 300 元，用于偿还甲

厂的贷款本息。丙公司不服而诉至法院，请求确认乙银行扣划存款行为构成侵权。

——改编自李显冬主编：《案例合同法学》，中国法制出版社2012年版。

【问题聚焦】

抵销

【法律剖析】

抵销是指二人互负债务且其给付种类相同的情形，各以其债权充当债务之清偿，而使其债务与相对人的债务在对等额内相互消灭。抵销依其产生的根据不同，可分为法定抵销与合意抵销两种。法定抵销由法律规定其构成要件，当其要件具备时，依当事人一方的意思表示即可发生抵销的效力。合意抵销是指按照当事人双方的合意所为的抵销。两者的区别在于：

1. 双方债务是否已届清偿期不同。在法定抵销中，双方债务均须已届清偿期；在合意抵销中，债务是否已届清偿期在所不问。

2. 抵销的方法不同。在法定抵销中，必须由抵销权人通知对方当事人；而在合意抵销中，则必须有主动债权人与受动债权人的意思表示一致，即双方一致订立抵销协议。

3. 对抵销标的物的要求不同。在法定抵销中，要求抵销的“标的物种类、品质相同”；而在合意抵销中，当事人双方可以商定种类、品质不同的标的物进行抵销。

4. 能否附期限不同。在法定抵销中，对抵销的通知不得附条件或者期限；而在合意抵销中，双方当事人可以在抵销合同中商定抵销的条件或者期限。

5. 效力不同。合意抵销具有消灭当事人之间同等数额之内的债务关系的基本效力，这一点与法定抵销相同。但是，由于合意抵销贯彻了当事人的意思自由，故具体的效力取决于当事人双方在抵销契约中的约定。

本案中，虽然丙公司与乙银行约定可以在丙公司各类账户上划扣资金，但是乙银行起诉甲厂已经经过法院调解结案，约定抵销契约已经被民事调解书所取代，故而乙银行不得再依据约定抵销的合同划扣丙公司的存款。

【法条链接】

➤《中华人民共和国合同法》第99条　当事人互负到期债务，该债务的标的物种类、品质相同的，任何一方可以将自己的债务与对方的债务抵销，但依照法律规定或者按照合同性质不得抵销的除外。

当事人主张抵销的，应当通知对方。通知自到达对方时起生效。抵销不得附条件或者附期限。

➤《中华人民共和国合同法》第100条　当事人互负债务，标的物种类、品质不相同的，经双方协商一致，也可以抵销。

五、深度拓展

◆ 债的更新

债的更新也称债的更改，是指以新的债替代旧的债，从而使旧债归于消灭。债的更新一般通过合同实现。

债的更新具有以下特点：第一，债的更新是一种以成立新债、消灭旧债为内容的协议。故而只有新债产生，旧债才归于消灭；新债不成立或无效，则旧债仍然存在。第二，变更后的债与原债之间不具有同一性。这也是债的更新与债的变更的区别。第三，债的更新是债的消灭的原因。当债的内容发生实质性变更时，即视为债的更新，产生了新的债。

债的更新需具备以下条件：第一，应消灭债务有效存在。尚未成立或尚未生效的债不得更新，但可撤销的债在未撤销前，不影响债的更新的效力。第二，必须有新债务的发生。

第三，新债务与旧债务之间必须有实质性差异。若新、旧债务给付相同，仅某些条件变更，则为债的变更，而不是债的更新。第四，当事人之间必须有更新债的合意。

债的更新的效力主要体现在以下两个方面：第一，原债因更新而消灭，从权利也随之消灭。第二，新债的发生。新债是与旧债完全不同的另一债，因债的更新是以新债代替旧债的，因而若因当事人的更新协议无效而新债不能发生时，旧债也不能消灭，新债的无效不影响旧债的效力。

◆ **代为清偿**

代为清偿是指在法律没有规定或者当事人之间也没有约定清偿可以由第三人进行时，第三人向权利人所为的债务履行行为。

代为清偿制度有一定的适用条件。首先，依合同的性质，可以由第三人代为清偿。如果作为合同关系内容的债务具有专属性，则不得代为清偿。其次，债权人与债务人之间无不得由第三人代为清偿的约定。再次，债权人没有拒绝代为清偿的正当理由，债务人也无提出异议的正当理由。最后，代为清偿的第三人必须有为债务人清偿的意思。

代为清偿的效力包括：

1. 对债权人与债务人之间关系的影响。由于代为清偿是因第三人以为债务人清偿的意思而为清偿，所以，在债权人与债务人之间，债的关系归于消灭，债务人免除义务。但在双务合同中，双方的债务必须均获清偿，合同关系才消灭。如果债权人无正当理由而拒绝受领代为清偿，应负受领迟延责任。

2. 对债权人与第三人之间关系的影响。代为清偿的第三人如果为就债务履行有利害关系的第三人，则依代为清偿制度，在其可得求偿的范围内，债权人所享有的权利当然移转于第三人；如果为其他第三人，也可依约定而在其求偿权的范围内享有代位权。

3. 对第三人与债务人之间关系的影响。如果第三人与债务人之间有委托合同，则适用委托合同的规范，第三人有求偿权。如果第三人与债务人之间既无委托合同，又无其他履行上的利害关系，第三人可依无因管理或不当得利的规定求偿。于此场合，第三人负有将其清偿事实及时通知债务人的义务。若怠于通知，导致债务人为二重清偿时，第三人应负损害赔偿责任。不过，该赔偿债务不妨与第三人（清偿人）的求偿权相抵销。但第三人以赠与的意思为清偿的，不发生求偿权。第三人因代为清偿而有代位权。第三人在其求偿权的范围内，得对债务人行使债权人的一切权利。债务人对于债权人有可得抗辩的事由，有可供抵销的债权的，对于代位后的第三人也可主张。

第二十三章

合同概述

一、知识结构图

- 合同概述
  - 合同概述
    - 合同的概念与特征(识记并理解)
    - 合同的分类(识记并理解)
  - 合同的订立
    - 合同的订立(重点)
      - 要约
      - 承诺
    - 合同内容与解释
  - 双务合同中的履行抗辩权
    - 同时履行抗辩权(重点)
    - 先履行抗辩权(重点)
    - 不安抗辩权(重点)
  - 合同的变更与解除(重点)
    - 概念
    - 条件
    - 程序
    - 法律后果
  - 违约责任
    - 违约责任的概念与特征
    - 违约形态及法律后果(重点)
    - 违约责任的形式(重点)
    - 免责事由(重点)

二、重难点归纳

(一)合同的概念与特征

根据《合同法》第 2 条规定,合同是指平等主体之间设立、变更、终止民事权利义务关系的协议。我国现行法上已不再区分合同和契约,统称为合同。

合同具有以下法律特征:(1)合同是一种民事法律行为;(2)合同是两方以上当事人的意思表示一致的民事法律行为;(3)合同是以设立、变更、终止民事权利义务关系为目的的民事法律行为;(4)合同是当事人各方在平等、自愿的基础上实施的民事法律行为。

(二)合同的分类

1. 根据双方当事人是否互负对待给付义务为标准,合同可以分为双务合同和单务合同。双务合同是指双方当事人互负对待给付义务的合同,单务合同是指仅一方当事人负对待给付义务的合同。

2. 以当事人取得利益是否需付相应代价为标准,合同可以分为有偿合同与无偿合同。有偿合同是指当事人一方享有合同规定的权益,必须向对方当事人偿付相应代价的合同。无偿合同是指当事人一方享有合同规定的权益,不必向对方当事人偿付相应代价的合同。一般来说,双务合同是有偿合同,无偿合同是单务合同。

3. 根据合同的成立是否需交付标的物为标准,合同可以分为诺成合同和实践合同。诺成合同又称不要物合同,是指不以交付标的物为成立要件的合同。实践合同又称要物合同,是指以交付标的物为成立要件的合同。

4. 根据合同依法律规定或当事人约定是否应采取特定形式为标准,合同可以分为要式合同与不要式合同。要式合同是依法律规定或当事人约定应采取特定形式的合同。不要式合同是指法律没有特别规定,当事人也没有特别约定应采用特定形式的合同。

5. 以是否为订约人自己的利益订立合同为标准,合同可以分为为订约人自己利益订立的合同与为第三人利益订立的合同。

6. 以合同的效果在缔约时是否确定为标准,合同可以分为确定合同与射幸合同。确定合同是指合同的法律效果在缔约时已确定的合同。射幸合同是指合同的法律效果在缔约时不能确定的合同。

7. 根据订立合同是否有事先约定的关系为标准,合同可以分为预约合同和本合同。预约合同又称预约或预备合同,是指当事人约定将来订立一定合同的合同。本合同又称本约或正式合同,是指依预约合同将来应订立的合同。

8. 以法律是否设定规范并赋予一个特定名称为标准,合同可以分为有名合同与无名合同。有名合同又称典型合同,是指法律设有规范,并赋予一定名称的合同。无名合同又称非典型合同,是指法律尚未特别规定,亦未赋予一定名称的合同。

(三)要约

要约是希望和他人订立合同的意思表示。发出要约的人称为要约人,接受要约的人称为受要约人。要约必须具备的条件有:(1)要约必须具有订立合同的意图,即要约必须表明,一经受要约人承诺,要约人即受该意思表示约束。(2)要约是由特定人作出的意思表示。(3)要约的内容必须具体确定。具体是指要约的内容必须包含合同成立所必需的条款,确定是指要约的内容必须明确,不能含糊不清。(4)要约通常向特定当事人发出,仅在例外情形下可不向特定当事人发出,比如自动售货机。

要约的生效时间,我国采用到达主义,只要要约送达受要约人所能控制的地方即为到达。要约在法律效力上包括形式拘束力和实质拘束力。前者是指要约一经生效,即对要约人所具有的拘束力;后者又称为承诺适格,是指受要约人在要约生效时,即取得依照要约进行承诺而成立合同的法律地位。

要约的撤回是指在要约人发出要约后,在要约生效前取消要约。撤回要约的通知应先于要约或者和要约同时到达受要约人才能有效。要约的撤销是指要约人在要约生效后,将该要约取消。要约原则上可以撤销,但在以下两种情形中不能撤销:(1)要约人确定了承诺期限,或者以其他的形式明示要约不可撤销;(2)受要约人有理由认为要约是不可撤销的,并已经为履行合同做了准备工作。

(四)承诺

承诺是指受要约人作出同意要约以成立合同的意思表示。

1. 承诺的要件

承诺必须具备以下要件：(1)承诺必须由受要约人向要约人作出。(2)承诺的内容必须与要约的内容一致，承诺若限制、扩张或者变更要约的内容，则不构成承诺，应当视为对原要约的拒绝并作出反要约。(3)承诺必须在要约的存续期间内作出，确定的期限即为要约中规定的期限。如果要约是以对话方式作出的，承诺人应当即时作出承诺；若要约以非对话方式作出，应当在合理的期限内作出承诺并到达要约人。迟到的承诺原则上视为新要约。

2. 承诺的效力

承诺通知到达要约人，承诺生效。若承诺不需要通知，则根据交易习惯或者要约的要求，当受要约人作出承诺的行为时，承诺生效。承诺生效时，诺成合同成立。承诺迟延是指受要约人未在承诺期限内作出承诺。超过承诺期限发出承诺的，要约人可承认其有效，但要约人应及时通知受要约人。若受要约人不承认其承诺，迟到的承诺为新发起的要约。承诺撤回是指受要约人在发出承诺通知以后，在承诺正式生效之前撤回其承诺。承诺撤回必须在承诺通知到达要约人之前或者与承诺通知同时到达要约人时，才能生效。

（五）不安抗辩权

对于不安抗辩权，我国规定见《合同法》第68条、第69条。《合同法》第68条规定："应当先履行债务的当事人，有确切证据证明对方有下列情形之一的，可以中止履行：(一)经营状况严重恶化；(二)转移财产、抽逃资金，以逃避债务；(三)丧失商业信誉；(四)有丧失或者可能丧失履行债务能力的其他情形。当事人没有确切证据中止履行的，应当承担违约责任。"《合同法》第69条规定："当事人依照本法第68条的规定中止履行的，应当及时通知对方。对方提供适当担保时，应当恢复履行。中止履行后，对方在合理期限内未恢复履行能力并且未提供适当担保的，中止履行的一方可以解除合同。"

基于现行法规定，不安抗辩权的适用应具备以下条件：(1)双方当事人因同一双务合同而互负债务；(2)有先后的履行顺序；(3)后给付义务人的履行能力明显降低，有不能为对待给付的现实危险，且先履行义务人必须有充足的证据证明，相对人无能力履行债务。

不安抗辩权具有以下几项效力：(1)先给付义务人中止履行。先给付义务人有确切证据证明，后给付义务人的履行能力明显降低，有不能为对待给付的现实危险的，有权中止履行。所谓中止履行，就是暂停履行或者延期履行，履行义务仍然存在。在后给付义务人提供适当担保时，应当恢复履行。(2)先给付义务人解除合同。先给付义务人中止履行后，后给付义务人在合理期限内未恢复履行能力并且未提供适当担保的，先给付义务人可以解除合同。解除的方式为，由先给付义务人通知后给付义务人，通知到达时发生合同解除效力；但后给付义务人有异议时，可以请求人民法院或与仲裁机构确认合同解除效力。后给付义务人的行为构成违约时，应负违约责任。

（六）同时履行抗辩权

同时履行抗辩权，是指双务合同的当事人一方在对方未为对待给付以前，可拒绝履行自己的债务之权。同时履行抗辩权存在的基础在于双务合同的牵连性，也是诚实信用原则的要求。

行使同时履行抗辩权需具备以下要件：

1. 必须基于同一双务合同互负债务

同时履行抗辩权的根据在于双务合同功能上的牵连性，因而它适用于双务合同，而不适用于单务合同和不真正的双务合同。可主张同时履行抗辩权的，系基于同一双务合同而生的对待给付。如果双方当事人的债务不是基于同一双务合同而发生，即使在事实上有密切关系，也不得主张同时履行抗辩权。因此，成立同时履行抗辩权，必须有双方当事人基于同一双务合同互负债务这一要件。

这里的债务，首先应为主给付义务。当从给付义务的履行与合同目的的实现具有密切关系时，也应认为它与主给付义务之间有牵连关系，产生同时履行抗辩权。双方互负的债务应具有对价关系。该对价关系不强调客观上等值，只要双方当事人主观上认为等值即可。

2. 必须双方互负的债务均已届清偿期

同时履行抗辩权制度，旨在使双方当事人所负的债务同时履行，所以只有双方的债务同时届期时，才能行使同时履行抗辩权。如果一方当事人负有先履行的义务，就不由同时履行抗辩权制度管辖，而让位于不安抗辩权或先履行抗辩权。

3. 必须对方未履行债务或未提出履行债务

原告向被告请求履行债务时，必须自己已为履行或提出履行，否则，被告可行使同时履行抗辩权，拒绝履行自己的债务。不过，原告未履行的债务或未提出履行的债务，与被告所负的债务无对价关系时，被告仍不得主张同时履行抗辩权。原告的履行不适当时，被告可行使同时履行抗辩权。但在原告已为部分履行，依其情形，被告拒绝履行自己的债务而违背诚实信用原则时，不得主张同时履行抗辩权。

4. 必须对方的对待给付是可能履行的

同时履行抗辩权制度旨在促使双方当事人同时履行其债务。对方当事人的对待给付已不可能时，则同时履行的目的已不可能达到，不发生同时履行抗辩权问题，应由合同解除制度解决。

（七）合同的解除

1. 概念

合同的解除是指在合同有效成立以后，当解除的条件具备时，因当事人一方或者双方的意思表示，使合同关系自始或者仅向将来消灭的行为。

2. 条件

合同解除的条件，因解除有法定解除与约定解除之分，故有法定解除的条件和约定解除的条件之别。法定解除又有一般法定解除和特别法定解除的条件之分。一般法定解除的条件主要有：

（1）因不可抗力致使合同不能达到目的

因不可抗力造成合同不能达到目的的，该合同应该消灭。我国《合同法》允许当事人通过行使解除权的方法将合同解除。

（2）迟延履行

迟延履行又称债务人迟延，是指债务人能够履行，但在履行期限届满时却未履行债务的现象。它作为合同解除的条件，因合同的性质不同而有不同的限定。①根据合同的性质和当事人的意思表示，履行期限在合同的内容上不特别重要时，即使债务人在履行期限届满后履行，也不至于使合同目的落空的，原则上不允许在迟延履行时债权人立即解除合同，而由债权人向债务人发出履行催告，给债务人规定一个宽限期。债务人在该宽限期限届满时仍未履行的，债权人有权解除合同。②根据合同的性质和当事人的意思表示，履行期限在合同的内容上特别重要，债务人未在此履行期限内履行，就不能实现合同目的的，债权人可以未经催告而径直解除合同。

（3）拒绝履行

拒绝履行是指债务人能够履行却不法地对债权人表示不履行。拒绝履行一般表现为债务人明确表示不履行其债务，有时也以其行为表示不履行债务的意思。债务人拒绝履行，《合同法》不要求债权人为履行催告，可径直解除合同。

（4）不完全履行

不完全履行是指债务人虽然以适当履行

的意思进行了履行,但不符合法律的规定或者合同的约定。不完全履行可分为量的不完全履行和质的不完全履行。债务人以适当履行的意思提供标的物,而标的物的数量有所短缺的,属于量的不完全履行。它可以由债务人补充履行,使之符合合同目的,但在某些情况下,如果债务人不进行补充履行,或者补充履行也不能达到合同目的,债权人就有权解除合同。

债务人以适当履行的意思提供标的物,但标的物在品种、规格、型号等方面不符合法律的规定或合同的约定,或者标的物有隐蔽缺陷,或者提供的劳务达不到合同规定的水平等,都属于质的不完全履行。在此情况下,应多给债务人一定的宽限期,使之消除缺陷或另行给付。如果在此期限内未能消除缺陷或另行给付,解除权产生,债权人可解除合同。《合同法》第 94 条第 4 款中关于在“其他违约行为致使不能实现合同目的”时可以解除合同的规定,可解释为对以不完全履行致使不能实现合同目的作为解除条件的承认。

(5)债务人的过错造成合同不能履行

自始不能履行是合同的无效原因,嗣后不能履行是合同免除的条件。因不可抗力或其他意外事故造成合同不能履行,为合同免除的条件,因债务人的过错造成合同不能履行,亦应如此。《合同法》第 94 条第 4 款中关于“其他违约行为致使不能实现合同目的”的规定包含了这一解除条件。

3. 约定解除与协议解除

根据合同自由原则,合同当事人享有解除合同的权利。也就是说,当事人可以通过其约定或行使约定的解除权而导致合同的解除。当事人双方经过协商,达成一致的意思表示可以导致合同的解除;当事人也可以在合同中约定一方行使解除权的条件,待条件成就时单方解除合同,这就是合同的约定解除。当事人的约定只要不违背法律和社会公共道德,在法律上就是有效的,且可以产生当事人的预期效果。

约定解除包括两种情况:协议解除和约定解除权。所谓协议解除,是指合同成立后,未履行或未完全履行前,当事人双方通过协商而解除合同,使合同效力消灭的行为。由于协议解除是在合同成立后而非合同订立时约定解除,因而又称为事后协商解除。协议解除以当事人双方自愿协商且意思表示真实为前提,如果一方当事人在解除合同中所作的意思表示是非自愿、不真实的,则可以请求人民法院撤销解除合同的协议。约定解除权是指当事人双方在合同中约定,在合同成立以后,未履行或者未完全履行之前,由当事人一方在出现某种情况后通过行使解除权,使合同关系消灭。解除权既可以由一方享有,也可以双方都享有;既可以在订立合同时约定,也可以在订立合同后另行约定。

4. 法律后果

合同解除的法律后果依合同解除有无溯及力而不同。合同解除有溯及力,是指解除使合同关系溯及既往地消灭,合同如同自始未成立。合同解除无溯及力,是指合同解除权仅仅使合同关系向将来消灭,解除之前的合同关系仍然有效。合同解除有无溯及力应视具体情况而定。

《合同法》第 97 条规定:“合同解除后,尚未履行的,终止履行;已经履行的,根据履行情况和合同性质,当事人可以要求恢复原状、采取其他补救措施。”据此,合同解除效力溯及合同成立之时,但合同已部分履行的,除当事人另有约定外,解除效力不溯及已履行部分。

合同解除不影响合同中结算和清理条款的效力,不影响当事人请求损害赔偿的权利。

(八)违约责任

1. 概念与特征

违约责任是指当事人一方不履行合同债

务或者其履行不符合合同约定或法律规定时，对另一方当事人所应承担的赔偿损失、支付违约金、强制实际履行等民事责任。违约责任作为民事责任的一种，具有民事责任的一般属性，包括财产性、补偿性、惩罚性等。违约责任的特征具体体现在：

(1)违约责任的产生是以合同当事人不履行合同义务为条件的。违约责任的产生以合同债务存在为前提，违约责任是违反合同义务所产生的法律后果。

(2)违约责任具有相对性。违约责任是违约方自己承担的责任，因第三人的行为造成债务不履行时，债务人仍然向债权人承担违约责任，违约方也只向合同另一方当事人承担违约责任。

(3)违约责任主要具有补偿性。违约责任的补偿性是指违约责任旨在弥补或补偿因违约行为造成的损害后果。当然，强调违约责任的补偿性不能完全否认违约责任所具有的制裁性。因为违约责任和其他法律责任一样都具有一定的强制性，此种强制性也体现了一定程度的制裁性。在债务人不履行合同时，强迫其承担不利的后果，本身就体现了对违约行为的制裁。正是通过这种制裁性，使得这种责任能够有效地促使债务人履行债务，保证债权实现。

(4)违约责任可以由当事人在法律允许的范围内约定。违约责任尽管具有明显的强制性特点，但是作为民事责任的一种，仍有一定的任意性，即当事人可以在法律规定的范围内，对一方的违约责任作出事先的安排。

(5)违约责任是财产责任。主要适用于补偿合同债权人所受财产损失、支付违约金等财产性民事责任形式，而不适用于赔礼道歉等非财产性民事责任形式。

2. 违约责任的归责原则

《合同法》第107条规定，被认为是采取了严格责任原则。同时，在《合同法》中，过错责任原则上不会被无过错责任完全取代。《合同法》中也规定了若干过错责任，如供电人责任、承租人的保管责任、承揽人责任、建设工程合同中的承包人的过错责任、寄存人未履行告知义务的责任、保管责任等。

3. 违约责任的免责条件

《合同法》中虽然采取了无过错责任的原则，但并不意味着违约方在任何情况下均需对其违约行为负责。在法律规定有免责条件的情况下，当事人不承担违约责任；在当事人以约定排除或者限制其未来责任的情况下，也可能不承担违约责任或者只承担一部分违约责任。

所谓免责条件，是指法律明文规定的当事人对其不履行合同不承担违约责任的条件。我国法律规定的免责条件主要是不可抗力、货物本身的自然性质、货物的合理损耗、债权人的过错等。其中，不可抗力是普遍适用的免责条件，其他则仅适用于个别场合。

4. 违约责任的承担方式

违约责任主要包括以下情形：

(1)实际履行。对实际履行的界定，各国存在较大分歧。简言之，大陆法把实际履行作为主要救济方法，一方当事人违约，另一方当事人可要求其履行或请求法院判决其履行合同规定的特定义务，而不允许其以金钱或其他方法代替履行。

(2)采取补救措施。如质量不符合约定的，应当按照当事人的约定承担违约责任；如无约定或约定不明确的，非违约方可根据标的性质和损失的大小，合理要求对方采取修理、更换、重做、退货、减少价款或报酬等补救措施。

(3)赔偿损失。又称损害赔偿，是违约人补偿、赔偿受害人因违约所遭受的损失的责任承担方式，它是一种最重要、最常见的违约补救方法。损害赔偿具有典型的补偿性，它以违约行为造成对方财产损失的事实为基础。

(4)支付违约金。违约金是指合同当事人在合同中约定的，在合同债务人不履行或不适当履行合同义务时，向对方当事人支付的一定数额的金钱。当事人可以在合同中约定违约金；如未约定，则不产生违约金责任。并且违约金的约定不应过高或者过低。

(5)定金罚则。当事人可以约定定金，定金按担保法规定执行。但如果同时约定定金和违约金，当事人可选择适用其一。

(九)缔约过失责任

缔约过失责任是指合同不成立、无效、被撤销或者不被追认，当事人一方因此受到损失，对方当事人对此有过错时，应赔偿受害人的损失。

缔约过失责任的成立，需要具备以下要件：

(1)缔约人一方违反先合同义务。所谓先合同义务，是指自缔约双方为签订合同而相互接触磋商开始逐渐产生的注意义务，而非合同有效成立而产生的给付义务，包括互相协助、互相照顾、互相保护、互相通知、诚实信用等义务。由于这些义务系以诚实信用原则为基础，随着债的关系的发展而逐渐产生的，因而在学说上又称附随义务。它自要约生效开始产生。

(2)对方当事人受有损失。该损失仅为财产损失，不包括精神损害。该损失为信赖利息的损失，而非履行利益的损失。

(3)违反先合同义务与该损失之间有因果联系。即对方当事人的损失是由违反先合同义务引起的。

(4)违反先合同义务有过错。这里的过错是指对形成合同无效、被撤销、不被追认、不成立存在过错。

三、全真题演练

(一)单项选择题

1.(2017年司法考试试卷三第11题)甲与乙公司订立《美容服务协议》，约定服务期为半年，服务费预收后逐次计扣，乙公司提供的协议格式条款中载明："如甲单方放弃服务，余款不退"(并注明该条款不得更改)。协议订立后，甲依约支付5万元服务费。在接受服务1个月并发生费用8 000元后，甲感觉美容效果不明显，单方放弃服务并要求退款，乙公司不同意。甲起诉乙公司要求返还余款。下列哪一选项是正确的？(　　)

A. 美容服务协议无效

B. "如甲单方放弃服务，余款不退"的条款无效

C. 甲单方放弃服务无须承担违约责任

D. 甲单方放弃服务应承担继续履行的违约责任

2.(2015年司法考试试卷三第10题)甲与乙公司签订的《房屋买卖合同》中约定："乙公司收到首期房款后，向甲交付房屋和房屋使用说明书；乙公司收到二期房款后，将房屋过户给甲。"甲缴纳首期房款后，乙公司交付房屋，但未立即交付房屋使用说明书。甲以此为由行使先履行抗辩权而拒不支付二期房款。下列哪一表述是正确的？(　　)

A. 甲的做法正确，因乙公司未完全履行义务

B. 甲不应行使先履行抗辩权，而应行使不安抗辩权，因乙公司有不能交付房屋使用说明书的可能性

C. 甲可主张解除合同，因乙公司未履行义务

D. 甲不能行使先履行抗辩权，因甲的付款义务与乙公司交付房屋使用说明书不形成主给付义务对应关系

3.(2005年司法考试试卷三第1题)教授甲举办学术讲座时，在礼堂外的张贴栏中公告其一部新著的书名及价格，告知有意购买者在门口的签字簿上签名。学生乙未留意该公告，以为签字簿是为签到而设，遂在上面签名。对乙的行为应如何认定?(　　)

A. 乙的行为可推定为购买甲新著的意思表示

B. 乙的行为构成重大误解，在此基础上成立的买卖合同可撤销

C. 甲的行为属于要约，乙的行为属于附条件承诺，两者之间成立买卖合同，但需乙最后确认

D. 乙的行为并非意思表示，在甲、乙之间并未成立买卖合同

4.(2013年司法考试试卷三第14题)甲、乙签订一份买卖合同，约定违约方应向对方支付18万元违约金。后甲违约，给乙造成损失15万元。下列哪一表述是正确的?(　　)

A. 甲应向乙支付违约金18万元，不再支付其他费用或者赔偿损失

B. 甲应向乙赔偿损失15万元，不再支付其他费用或者赔偿损失

C. 甲应向乙赔偿损失15万元并支付违约金18万元，共计33万元

D. 甲应向乙赔偿损失15万元及其利息

5.(2012年司法考试试卷三第10题)甲公司未取得商铺预售许可证，便与李某签订了《商铺认购书》，约定李某支付认购金即可取得商铺优先认购权，商铺正式认购时甲公司应优先通知李某选购。双方还约定了认购面积和房价，但对楼号、房型未作约定。李某依约支付了认购金。甲公司取得预售许可后，未通知李某前来认购，将商铺售罄。关于《商铺认购书》，下列哪一表述是正确的?(　　)

A. 无效，因甲公司未取得预售许可证即对外销售

B. 不成立，因合同内容不完整

C. 甲公司未履行通知义务，构成根本违约

D. 甲公司必须承担继续履行的违约责任

6.(2011年司法考试试卷三第13题)甲公司与乙公司签订《并购协议》:“甲公司以1亿元收购乙公司在丙公司中51%的股权。若股权过户后，甲公司未支付收购款，则乙公司有权解除并购协议。”后乙公司依约履行，甲公司却分文未付。乙公司向甲公司发送一份经过公证的《通知》:“鉴于你公司严重违约，建议双方终止协议，贵方向我方支付违约金;或者由贵方提出解决方案。”3日后，乙公司又向甲公司发送《通报》:“鉴于你公司严重违约，我方现终止协议，要求你方依约支付违约金。”下列哪一选项是正确的?(　　)

A.《通知》送达后，《并购协议》解除

B.《通报》送达后，《并购协议》解除

C. 甲公司对乙公司解除《并购协议》的权利不得提出异议

D. 乙公司不能既要求终止协议，又要求甲公司支付违约金

7.(2011年司法考试试卷三第14题)2011年5月6日，甲公司与乙公司签约，约定甲公司于6月1日付款，乙公司6月15日交付“连升”牌自动扶梯。合同签订后10日，乙公司销售给他人的“连升”牌自动扶梯发生重大安全事故，质监局介入调查。合同签订后20日，甲、乙、丙公司三方合意，由丙公司承担付款义务。丙公司6月1日未付款。下列哪一表述是正确的?(　　)

A. 甲公司有权要求乙公司交付自动扶梯

B. 丙公司有权要求乙公司交付自动扶梯

C. 丙公司有权行使不安抗辩权

D. 乙公司有权要求甲公司和丙公司承担连带债务

8.(2010年司法考试试卷三第11题)张某和李某采用书面形式签订一份买卖合同，双方

在甲地谈妥合同的主要条款，张某于乙地在合同上签字，李某于丙地在合同上摁了手印，合同在丁地履行。关于该合同签订地，下列哪一选项是正确的？（　）

A. 甲地　　B. 乙地

C. 丙地　　D. 丁地

9.（2010 年司法考试试卷三第 12 题）甲、乙同为儿童玩具生产商。“六一”儿童节前夕，丙与甲商谈进货事宜。乙知道后向丙提出更优惠条件，并指使丁假借订货与甲接洽，报价高于丙以阻止甲与丙签约。丙经比较后与乙签约，丁随即终止与甲的谈判，甲因此遭受损失。对此，下列哪一说法是正确的？（　）

A. 乙应对甲承担缔约过失责任

B. 丙应对甲承担缔约过失责任

C. 丁应对甲承担缔约过失责任

D. 乙、丙、丁无须对甲承担缔约过失责任

10.（2010 年司法考试试卷三第 13 题）甲、乙订立一份价款为 10 万元的图书买卖合同，约定甲先支付书款，乙两个月后交付图书。甲由于资金周转困难，只交付 5 万元，答应余款尽快支付，但乙不同意。两个月后甲要求乙交付图书，遭乙拒绝。对此，下列哪一表述是正确的？（　）

A. 乙对甲享有同时履行抗辩权

B. 乙对甲享有不安抗辩权

C. 乙有权拒绝交付全部图书

D. 乙有权拒绝交付与 5 万元书款价值相当的部分图书

11.（2009 年司法考试试卷三第 10 题）甲公司与乙公司签订服装加工合同，约定乙公司支付预付款 1 万元，甲公司加工服装 1 000 套，3 月 10 日交货，乙公司 3 月 15 日支付余款 9 万元。3 月 10 日，甲公司仅加工服装 900 套，乙公司此时因濒临破产致函甲公司，表示无力履行合同。下列哪一说法是正确的？（　）

A. 因乙公司已支付预付款，甲公司无权中止履行合同

B. 乙公司有权以甲公司仅交付 900 套服装为由，拒绝支付任何货款

C. 甲公司有权以乙公司已不可能履行合同为由，请求乙公司承担违约责任

D. 因乙公司丧失履行能力，甲公司可行使顺序履行抗辩权

12.（2009 年司法考试试卷三第 11 题）关于合同解除的表述，下列哪一选项是正确的？（　）

A. 赠与合同的赠与人享有任意解除权

B. 承揽合同的承揽人享有任意解除权

C. 没有约定保管期间保管合同的保管人享有任意解除权

D. 居间合同的居间人享有任意解除权

13.（2008 年司法考试试卷三第 4 题）甲、乙因合伙经商向丙借款 3 万元，甲于约定时间携带 3 万元现金前往丙家还款，丙因忘却此事而外出，甲还款未果。甲返回途中，将装有现金的布袋夹放在自行车后座，路经闹市时被人抢夺，不知所踪。下列哪一选项是正确的？（　）

A. 丙仍有权请求甲、乙偿还 3 万元借款

B. 丙丧失请求甲、乙偿还 3 万元借款的权利

C. 丙无权请求乙偿还 3 万元借款

D. 甲、乙有权要求丙承担此款被抢夺的损失

14.（2008 年司法考试试卷三第 7 题）甲手机专卖店门口立有一块木板，上书“假一罚十”四个醒目大字。乙从该店购买了一部手机，后经有关部门鉴定，该手机属于假冒产品，乙遂要求甲履行其“假一罚十”的承诺。关于本案，下列哪一选项是正确的？（　）

A.“假一罚十”过分加重了甲的负担，属于无效的格式条款

B.“假一罚十”没有被写入合同，故对甲没

有约束力

C.“假一罚十”显失公平，甲有权请求法院予以变更或者撤销

D.“假一罚十”是甲自愿作出的真实意思表示，应当认定为有效

15.（2008 年司法考试四川延考试卷三第 4 题）甲公司在 2005～2007 年间连续与乙公司签订了 3 份煤炭买卖合同，并按照合同的约定分别向乙公司的 6 家子公司发运了货物，但乙公司及其 6 家子公司迄今未支付货款。关于本案，下列哪一选项是正确的？（　　）

A. 甲公司只能要求乙公司付款，无权要求乙公司的 6 家子公司付款

B. 甲公司只能要求乙公司的 6 家子公司付款，无权要求乙公司付款

C. 甲公司有权要求乙公司及其 6 家子公司对所欠货款承担连带责任

D. 甲公司只能选择乙公司付款，但可要求其 6 家子公司承担补充付款责任

16.（2008 年司法考试四川延考试卷三第 6 题）甲公司于 6 月 10 日向乙公司发出要约订购一批红木，要求乙公司于 6 月 15 日前答复。6 月 12 日，甲公司欲改向丙公司订购红木，遂向乙公司发出撤销要约的信件，该信件于 6 月 14 日到达乙公司。而 6 月 13 日，甲公司收到乙公司的回复，乙公司表示红木缺货，问甲公司能否用杉木代替。甲公司的要约于何时失效？（　　）

A. 6 月 12 日　　　　B. 6 月 13 日

C. 6 月 14 日　　　　D. 6 月 15 日

17.（2008 年司法考试四川延考试卷三第 7 题）刘某提前两周以 600 元订购了海鸥航空公司全价 1 000 元的六折机票。后因临时改变行程，刘某于航班起飞前一小时前往售票处办理退票手续。海鸥航空公司规定，起飞前两小时内退票，按机票价格收取 30%手续费。下列哪一选项是正确的？（　　）

A. 退票手续费的规定是无效格式条款

B. 刘某应当支付 300 元的退票手续费

C. 刘某应当支付 180 元的退票手续费

D. 航空公司只能收取退票的成本费，而不能收取手续费

18.（2007 年司法考试试卷三第 8 题）甲公司通过电视发布广告，称其有 100 辆某型号汽车，每辆价格 15 万元，广告有效期 10 天。乙公司于该则广告发布后第 5 天自带汇票去甲公司买车，但此时车已全部售完，无货可供。下列哪一选项是正确的？（　　）

A. 甲构成违约

B. 甲应承担缔约过失责任

C. 甲应承担侵权责任

D. 甲不应承担民事责任

（二）多项选择题

1.（2006 年司法考试试卷三第 57 题）甲对乙享有 10 万元到期债权，乙对丙也享有 10 万元到期债权，三方书面约定，由丙直接向甲清偿。下列说法正确的是（　　）。

A. 丙可以向甲主张其对乙享有的抗辩权

B. 丙可以向甲主张乙对甲享有的抗辩权

C. 若丙不对甲清偿，甲可以要求乙清偿

D. 若乙对甲清偿，则构成代为清偿

2.（2014 年司法考试试卷三第 51 题）甲房产开发公司在交给购房人张某的某小区平面图和项目说明书中都标明有一个健身馆。张某看中居住在小区健身方便，决定购买一套商品房，并与甲公司签订了购房合同。张某收房时发现，小区没有健身馆。下列哪些表述是正确的？（　　）

A. 甲公司不守诚信，构成根本违约，张某有权退房

B. 甲公司构成欺诈，张某有权请求甲公司承担缔约过失责任

C. 甲公司恶意误导，张某有权请求甲公司双倍返还购房款

D. 张某不能滥用权利，在退房和要求甲公司承担违约责任之间只能选择一种

3.（2012年司法考试试卷三第60题）甲公司与乙公司签订商品房包销合同，约定甲公司将其开发的10套房屋交由乙公司包销。甲公司将其中1套房屋卖给丙，丙向甲公司支付了首付款20万元。后因国家出台房地产调控政策，丙不具备购房资格，甲公司与丙之间的房屋买卖合同不能继续履行。下列哪些表述是正确的？（　）

A. 甲公司将房屋出卖给丙的行为属于无权处分

B. 乙公司有权请求甲公司承担违约责任

C. 丙有权请求解除合同

D. 甲公司只需将20万元本金返还给丙

4.（2005年司法考试试卷三第56题）甲、乙双方达成协议，约定甲将房屋无偿提供给乙居住，乙则无偿教甲的女儿弹钢琴。关于该协议，下列说法正确的是（　）。

A. 属于无名合同

B. 属于实践合同

C. 应适用《合同法》总则的规定

D. 可以参照《合同法》关于租赁合同的规定

5.（2008年司法考试试卷三第54题）喜好打网球和游泳的赵某从宏大公司购买某小区商品房一套，交房时发现，购房时宏大公司售楼部所展示的该小区模型中的网球场和游泳池并不存在。经查，该小区设计中并无网球场和游泳池。下列哪些选项是正确的？（　）

A. 赵某有权要求退房

B. 赵某如要求退房，有权请求宏大公司承担缔约过错责任

C. 赵某如要求退房，有权请求宏大公司双倍返还购房款

D. 赵某如不要求退房，有权请求宏大公司承担违约责任

6.（2008年司法考试试卷三第57题）某热电厂从某煤矿购煤200吨，约定交货期限为2007年9月30日，付款期限为2007年10月31日。9月底，煤矿交付200吨煤。热电厂经检验发现，煤的含硫量远远超过约定标准，根据政府规定，这种煤不能在该厂区燃烧。基于上述情况，热电厂的哪些主张有法律依据？（　）

A. 行使顺序履行抗辩权

B. 要求煤矿承担违约责任

C. 行使不安抗辩权

D. 解除合同

（三）不定项选择题

1.（2014年司法考试试卷三第86～89题）张某、方某共同出资，分别设立甲公司和丙公司。2013年3月1日，甲公司与乙公司签订了开发某房地产项目的《合作协议一》，约定如下：“甲公司将丙公司10%的股权转让给乙公司，乙公司在协议签订之日起3日内向甲公司支付首付款4 000万元，尾款1 000万元在次年3月1日之前付清。首付款用于支付丙公司从某国土部门购买A地块土地使用权。如协议签订之日起3个月内丙公司未能获得A地块土地使用权致双方合作失败，乙公司有权终止协议。”

《合作协议一》签订后，乙公司经甲公司指示，向张某、方某支付了4 000万元首付款。张某、方某配合甲公司将丙公司的10%的股权过户给了乙公司。

2013年5月1日，因张某、方某未将前述4 000万元支付给丙公司，致其未能向某国土部门及时付款，A地块土地使用权被收回挂牌卖掉。

2013年6月4日，乙公司向甲公司发函：“鉴于土地使用权已被国土部门收回，故我公司终止协议，请贵公司返还4 000万元。”甲公司当即回函：“我公司已把股权过户到贵公司

名下，贵公司无权终止协议，请贵公司依约支付1 000万元尾款。”

2013年6月8日，张某、方某与乙公司签订了《合作协议二》，对继续合作开发房地产项目做了新的安排，并约定：“本协议签订之日，《合作协议一》自动作废。”丁公司经甲公司指示，向乙公司送达了《承诺函》：“本公司代替甲公司承担4 000万元的返还义务。”乙公司对此未置可否。

（1）关于《合作协议一》，下列表述正确的是（　　）。

A. 是无名合同

B. 对股权转让的约定构成无权处分

C. 效力待定

D. 有效

（2）关于2013年6月4日乙公司向甲公司发函，下列表述正确的是（　　）。

A. 行使的是约定解除权

B. 行使的是法定解除权

C. 有权要求返还4 000万元

D. 无权要求返还4 000万元

（3）关于2013年5月1日张某、方某未将4 000万元支付给丙公司所应承担的责任，下列表述错误的是（　　）。

A. 向乙公司承担违约责任

B. 与甲公司一起向乙公司承担连带责任

C. 向丙公司承担违约责任

D. 向某国土部门承担违约责任

（4）关于甲公司的回函，下列表述正确的是（　　）。

A. 甲公司对乙公司解除合同提出了异议

B. 甲公司对乙公司提出的异议理由成立

C. 乙公司不向甲公司支付尾款构成违约

D. 乙公司可向甲公司主张不安抗辩权，拒不向甲公司支付尾款

2.（2007年司法考试试卷三第91～93题）某市A乡农户甲于2006年3月1日与乙公司订立合同，出售自己饲养的活鸡1万只，乙公司应在3月21日前支付5万元的首期价款，甲从4月1日起分批交付，交付完毕后乙公司付清余款。3月20日，乙公司得知该市的B乡发现了鸡瘟，即致电向甲询问。甲称，尽管B乡邻近A乡，但是鸡瘟应当不会传播过来。乙公司表示等到事情比较明朗后再付款，甲坚持要求其按时付款，否则将不交货并追究责任。3月25日，因失火导致鸡棚倒塌，致甲所饲养的大部分鸡毁于一旦，甲当即将此事通知了乙。

2006年3月10日，甲向丙公司订购了一批饲料，约定4月10日至20日期间送货上门，甲验收后10日内付款。甲在3月26日把鸡死亡情况通知了丙公司，要求取消交易。丙公司称，货物已经备好，不同意解约，除非甲赔偿其损失。

（1）关于甲与乙公司之间关系，表述正确的是（　　）。

A. 乙公司虽在3月21日没有付款，但不应承担违约责任

B. 甲于3月20日在电话中关于将不交货的表示构成违约

C. 甲不需要承担不能交付标的物的违约责任

D. 乙公司有权解除合同

（2）关于甲与丙公司之间关系，表述正确的是（　　）。

A. 由于甲所养殖的鸡于3月25日大部分灭失，合同自动解除

B. 甲取消交易构成违约，应对丙承担违约责任

C. 甲有权单方解除合同，但是应赔偿丙公司的损失

D. 丙有权要求甲继续履行合同

（3）假设甲所养的鸡并未因失火导致鸡棚倒塌所灭，但当地政府为防止疫情爆发，自3月21日起对甲的养殖场实行管制，禁止鸡鸭

外运，一旦发现疫情即全部消灭，乙知情后没有支付首期价款，关于甲、乙之间关系，下列表述正确的是（　）。

A. 虽然乙公司在 3 月 21 日前没有付款，但也不应承担违约责任

B. 甲有权以乙未付首期价款为由，拒绝履行相应的交货义务

C. 如果双方协商解除合同，甲应当适当赔偿乙公司的损失

D. 如果双方协商解除合同，乙公司应当适当赔偿甲的损失

（四）名词解释与辨析

1.（中国人民大学 2007 年考研真题）根本违约

2.（武汉大学 2001 年考研真题）要约与要约邀请

3.（华东政法大学 2004 年考研真题）本约合同和预约合同

4.（西南政法大学 2003 年考研真题）合同责任与违约责任

（五）简答题

1.（清华大学 2005 年考研真题）简述同时履行抗辩权的法律效力。

2.（厦门大学 2008 年考研真题）简述不安抗辩权。

3.（中国政法大学 2005 年考研真题）简述预期违约与不安抗辩权在性质、效果方面的主要区别。

4.（中南财经政法大学 2004 年考研真题）简述违约救济的基本形态。

（六）论述题

1.（北京大学 2010 年考研真题）结合《合同法》，试论述违约责任和缔约过失责任的关系。

2.（北京大学 2013 年考研真题）《合同法》第 119 条规定："当事人一方违约后，对方应当采取适当措施防止损失的扩大；没有采取适当措施致使损失扩大的，不得就扩大的损失要求赔偿。当事人因防止损失扩大而支出的合理费用，由违约方承担。"请谈谈对上述法条的理解。

3.（北京大学 2012 年考研真题）《合同法》第 45 条规定："当事人对合同的效力可以约定附条件。附生效条件的合同，自条件成就时生效；附解除条件的合同，自条件成就时失效。"《合同法》第 93 条规定："当事人协商一致，可以解除合同。当事人可以约定一方解除合同的条件。解除合同的条件成就时，解除权人可以解除合同。"试比较这两条的异同，并举例分析。

4.（中国政法大学 2012 年考研真题）试论述《合同法》上的实际履行。

四、案例分析

【案例一】

被告夏甲开办体育彩票网点，夏乙为其雇员，原告刘某自 2005 年 4 月 2 日起在夏甲处购买体育彩票。同年 4 月 23 日，原、被告进行结算，原告当场付给被告现金 6 400 元，尚欠被告彩票款 27 000 元。原告要求继续投注，包"首 5"，夏乙谎称停机了，导致原告未能投注。当晚开奖，"首 5"出现，奖金为 4 500 元。刘某提起诉讼，要求被告赔偿奖金 45 000 元。原告刘某的诉讼请求是否能得到支持？

——李显冬主编：《案例合同法学》，中国法制出版社 2012 年版。

【问题聚焦】

射幸合同

【法律剖析】

不应该得到支持，本案争议的焦点是，原告没有实际出资购得当晚中奖彩票，其主张获

奖利益是否应当予以支持。国家民政部将彩票定义为,国家为支持社会公益事业而特许专门机构销售,供人们自愿选择和购买,并按照事前公布的规则取得中奖权利的有价凭证。彩票只有中奖后才具有真正的权利意义,不中奖就是普通的纸张。彩票的买卖行为当属实践性民事法律行为,即以彩票的交付为合同成立要件,只有彩票交付给购买人,双方买卖关系才成立。本案中双方买卖合同并没有成立。而在实践性合同中,交付标的物只是先合同义务,违反该义务不产生违约责任,可构成缔约过失责任。原告的诉请违背公平原则。买卖彩票合同是射幸合同,合同当事人一方支付的代价所获得的只是一个机会,可能获得远远大于投资,但中奖率极低,所以投资彩票风险巨大。假设当晚出现的中奖号不是“首 5”,被告的拒绝则让原告少损失当日投注成本。原告如能确信当晚能够中奖的话,其完全可以到其他彩票点购买。原告当晚没有实际出资购买彩票,即没有承担不能中奖的风险,但其主张当晚中奖彩票权利,权利与义务显然不对等。所以,原告的诉请不符合民法公平原则和诚实信用原则,其诉讼请求不应该得到支持。

【法条链接】

▶《中华人民共和国合同法》第 5 条　当事人应当遵循公平原则,确定各方的权利和义务。

▶《中华人民共和国合同法》第 6 条　当事人行使权利、履行义务,应当遵循诚实信用原则。

【案例二】

被告甲公司对外发布售房广告,承诺其承建的某大厦的房屋取暖方式为集中供暖、地辐射采暖。后该大厦的部分设计进行了变更,原设计集中供暖改成壁挂式供暖,但未通知原告荣某,荣某于 1 月 8 日与被告签订了商品房买卖合同。11 月 10 日,被告向原告送达入住通知书。因被告未采用集中供暖方式,原告于同年 11 月 15 日向被告提出退房通知,由此双方发生争执。荣某诉至法院,要求撤销商品房买卖合同。荣某的诉讼请求是否应得到支持?

——李显冬主编:《案例合同法学》,中国法制出版社 2012 年版。

【问题聚焦】

要约

【法律剖析】

应该得到支持。首先,被告在售房广告中对于房屋取暖方式为集中供暖、地辐射采暖的内容具体确定,并对商品房买卖合同的订立以及房屋价格的确定有重大影响,应当视为要约而不是要约邀请。该要约作出的相对人是不特定公众,故要约一经作出,即发生法律效力。后来甲公司修改了规划,将集中供暖改成壁挂式供暖,但并未告知原告荣某,因此原要约仍然有拘束力。甲公司明知自己采用的是壁挂式供暖,仍与荣某按照原要约签订了商品房买卖合同,构成了欺诈,具有撤销合同的法定事由,法院应当支持荣某的请求。

【法条链接】

▶《中华人民共和国合同法》第 14 条　要约是希望和他人订立合同的意思表示,该意思表示应当符合下列规定:

(一)内容具体确定;

(二)表明经受要约人承诺,要约人即受该意思表示约束。

▶《中华人民共和国合同法》第 54 条第 2 款　一方以欺诈、胁迫的手段或者乘人之危,使对方在违背真实意思的情况下订立的合同,受损害方有权请求人民法院或者仲裁机构变更或者撤销。

▶《中华人民共和国民法总则》第148条 一方以欺诈手段，使对方在违背真实意思的情况下实施的民事法律行为，受欺诈方有权请求人民法院或者仲裁机构予以撤销。

▶《最高人民法院关于审理商品房买卖合同纠纷案件适用法律若干问题的解释》第3条 商品房的销售广告和宣传资料为要约邀请，但是出卖人就商品房开发规划范围内的房屋及相关设施所作的说明和允诺具体确定，并对商品房买卖合同的订立以及房屋价格的确定有重大影响的，应当视为要约。该说明和允诺即使未载入商品房买卖合同，亦应当视为合同内容；当事人违反的，应当承担违约责任。

五、深度拓展

◆ 合同中的附随义务

附随义务是以诚实信用原则为依据，根据债的性质、目的和交易习惯，随着债的关系的发展逐渐产生的。《合同法》中的附随义务依诚实信用原则而产生，不以当事人的约定为存在前提。其功能在于，使当事人的权益获得完美的实现，有助于实现法律保护交易安全之义务。

附随义务具有以下特征：(1)附随义务不是合同约定中必然存在的义务，是在合同约定之外具有或然性的义务。(2)附随义务的产生直接来自法律的规定，但其产生以诚信原则为其基本法律理念，即使当事人双方在订立合同时没有约定，也不影响该种义务的存在。而且，一般情况下当事人也无权废止此类义务。附随义务的产生旨在使合同当事人的利益得到最大限度的实现。(3)附随义务不仅可以产生于合同关系存续期间，而且可以在缔约过程中和合同关系结束后的阶段存在。

附随义务在合同关系发展的各个阶段都可以产生。在缔约过程中的附随义务主要体现为：(1)以缔结合同为目的，依诚信原则提供协助、告知的义务；(2)在合同没有达成的情况下，对缔约过程中获知的相对方商业秘密或技术秘密负有的保密义务。

在缔约过程中，当事人之间逐渐强化的信赖关系是缔约的重要基础，但是如果一方或故意或过失地没有履行自己的告知、协助等义务，导致相对方的信赖利益遭受损失，法律应当提供救济。缔约过程中附随义务的效力表现为，违反附随义务者依法承担法律责任。对缔约过程中的附随义务的违反，一不考虑合同是否成立，二不强调义务人违反义务时均必须在主观上有故意。也就是说，法律要求有主观故意的，则依法律规定而构成责任；法律没有要求主观故意的，只要有过失，即构成责任。该责任就是民法理论上的缔约过失责任。在合同成立、生效后，双方当事人约定的义务基于有效合同而产生约束力，通常表现为给付义务。根据给付义务设定的目的，分为主给付义务、从给付义务和附随义务。在理论上，主给付义务是指构成某种合同类型所必须具备的固有义务。从给付义务是指非合同所必备，但有助于实现债权人利益且能够独立成为诉权标的的义务。从给付义务的功能在于，使债权人的利益得到最大限度的满足。对从给付义务，当事人依其债权而享有请求力与执行力。附随义务是指依合同关系发展情形且根据诚信原则所产生的为保障债权人给付利益的实现之义务。通常认为，在合同履行完毕后，当事人的权利义务关系即告终止。但是，在合同权利义务关系消灭后，当事人为了维护给付效果，抑或为了协助相对方终了善后事务所负的作为或不作为，依然依诚实信用原则、交易惯例而负有履行通知、协助和保密的义务，这些义务即为履行后阶段的附随义务。该义务持续至义务履行完毕。履约后阶段的义务既可以基于法律的特别规定，也可以根据当事人的约定。

附随义务与主合同义务存在以下区别：(1)从义务的确定性上分析，主给付义务自始确定，并决定着合同关系的类型；附随义务则随着合同关系的发展，因维护合同依法当事人的利益需要而产生要求相对方为一定作为或不作为的请求权，故附随义务在任何合同关系中均可发生，不受特定合同关系类型的限制。(2)从履行抗辩权上分析，一方未履行主给付义务，相对方有权拒绝履行自己的附随义务。但如果一方既有主给付义务，又有附随义务，在其履行主给付义务而未履行附随义务，且该附随义务与合同目的的实现没有直接关联的情况下，相对方没有同时履行抗辩权。(3)从解除权上分析，凡一方不履行主给付义务，相对方有权解除合同；而附随义务不履行，债权人原则上不得解除合同，对所受损害可根据不完全给付的规定，请求损害赔偿。

区分主给付义务与附随义务的要点是：考察该义务在合同目的实现上，是属于不可或缺的义务，还是随合同关系发展在特定情形下产生的不影响合同目的的实现的义务。

附随义务与从给付义务也存在区别，主要体现在以下几点：(1)从给付义务得独立诉请履行，附随义务不得独立诉请履行。(2)从给付义务是合同义务，由当事人约定；附随义务依诚实信用原则而产生，不由当事人约定。(3)从给付义务旨在使主给付义务得以满足，而附随义务价值在于实现合同利益最大化。

◆ 几种特殊的合同订立方式

1. 广告。以广告方式订立合同，其广告多指悬赏广告。所谓悬赏广告，是指以广告的方式公开表示对于完成一定行为之人给予报酬的意思表示。

2. 招标投标。招标投标程序是指由招标人向数人或者公众发出招标通知或者公告，在诸多投标人中选择自己最满意者并与之订立合同的方式。

3. 拍卖。拍卖是指以公开竞价的形式，将特定物品或者财产权利转让给最高应价者的买卖方式。拍卖必须有拍卖标的，该标的应当是委托人所有或者依法可以处分的物品或财产权利。

4. 强制缔约。强制缔约是指个人或者企业负有应对方的请求与其订立合同的义务，即对对方的要约非有正当理由不得拒绝承诺。强制缔约仍采用要约和承诺的程序，只要一方当事人负有必须承诺的义务。

5. 附合缔约。附合缔约是指合同条款由当事人一方预先拟定，对方只有附合该条款，方能成立合同的缔约方式。在附合缔约的情况下，一方所提供的合同条款，是格式合同条款，简称格式合同或格式条款。

第二十四章

合同分论

一、知识结构图

- 合同分论
  - 转移财产所有权的合同
    - 买卖合同
      - 买卖合同的概念与特征
      - 买卖合同当事人的权利与义务(重点)
      - 风险负担(重点)
      - 特殊买卖合同
        - 分期付款买卖
        - 样品买卖
        - 试用买卖
        - 招标投标买卖
        - 拍卖
    - 供应电、水、热合同
      - 概念与特征
      - 双方权利与义务(重点)
    - 赠与合同
      - 赠与人的义务与责任(理解)
      - 附负担的赠与(理解)
      - 赠与的撤销(重点)
    - 借款合同
      - 贷款合同(重点)
      - 民间借款合同(识记并理解)
  - 使用财产的合同
    - 租赁合同
      - 租赁的期限(识记)
      - 租凭物的保管与维修(了解)
      - 转租(重点)
      - 买卖不破租赁(重点)
    - 融资租赁合同
      - 特征(识记)
      - 权利义务关系(重点)
  - 完成工作的合同
    - 承揽合同
      - 承揽合同的概念与特征(理解)
      - 承揽合同当事人的权利与义务(重点)
      - 承揽中的风险负担(重点)
      - 承揽合同的终止(了解)
    - 建设工程合同
      - 建设工程合同的概念与特征(理解)
      - 建设工程合同的订立(理解)
      - 建设工程合同当事人的权利与义务(重点)

- 合同分论
  - 提供服务的合同
    - 运输合同
      - 客运合同的效力(重点)
      - 货运合同的效力(重点)
    - 保管合同
      - 保管合同的概念与特征(理解)
      - 多式联运合同的特殊规则(重点)
      - 保管合同的效力(重点)
    - 仓储合同
      - 仓储合同的概念与特征(理解)
      - 仓单(重点)
      - 仓储合同的效力(重点)
    - 委托合同
      - 委托合同的概念与特征(重点)
      - 委托合同的效力(重点)
      - 委托合同的终止
    - 行纪合同
      - 行纪合同的概念与特征(识记并理解)
      - 行纪合同的效力(重点)
    - 居间合同
      - 居间合同的概念与特征(识记并理解)
      - 居间合同的效力(重点)
  - 技术合同
    - 技术合同概述
      - 技术合同的概念与特征(了解)
      - 技术合同的价款、报酬、使用费支付方式(了解)
      - 技术合同的效力(识记并理解)
      - 技术成果的归属(重点)
    - 技术开发合同
      - 技术开发合同的概念与特征(了解)
      - 委托开发合同的效力(重点)
      - 技术开发合同的风险负担(了解)
      - 合作开发合同的效力(重点)
      - 技术开发合同技术成果权益的归属(重点)
    - 技术转让合同
      - 技术转让合同的概念与特征(了解)
      - 技术转让合同的效力(重点)
    - 技术咨询合同
      - 技术咨询合同的概念与特征(了解)
      - 技术咨询合同的效力(识记并理解)
    - 技术服务合同
      - 技术服务合同的概念和种类(了解)
      - 技术服务合同的效力(识记并理解)

二、重难点归纳

(一)有名合同与无名合同的关系

以法律是否设有规范并赋予一个特定名称为标准,合同分为有名合同与无名合同。有名合同又称典型合同,是指法律设有规范,并赋予一定名称的合同。无名合同又称非典型合同,是指法律尚未特别规定,亦未赋予一定名称的合同。

《合同法》奉行合同自由原则,即在不违反社会公德和社会公共利益,以及强行性规范的前提下,允许当事人订立任何内容的合同。据此,当事人订立法未规定的非典型合同是自然之事。何况社会在不断发展变化,交易活动日益复杂,当事人不能不在法定合同类型之外,另创新形态的合同,以满足不同需要。但是,这并不意味着典型合同无存在的必要。其道理在于:其一,当事人往往不是法律工作者,所拟合同不周全、未达利益平衡是常有之事,而典型合同规范是立法者就实际存在的具有成熟性和典型性的交易形式,斟酌当事人的利益状态和各种冲突的可能性,以主给付义务为出发点所作的规定,一般都体现公平、正义,符合当事人的利益。以典型合同规范补充当事人约定的疏漏,使合同内容臻于完备,十分必要。其二,典型合同规范中可设有强制性规范,在当事人的约定损害社会公共利益、国家利益,或使当事人之间的利益状态严重失衡时,可以依该强制性规范矫正,从而保护社会公共利益、国家利益和当事人的合法权益。正因此,在合同自由原则下规定典型合同,仍然必要。非典型合同产生以后,经过一定的发展阶段,具有成熟性和典型性时,合同立法应适时地设置规范,使之成为典型合同。从这个意义上说,合同法的历史是非典型合同不断地变成典型合同的过程。

(二)无名合同的法律适用

无名合同存在的价值需要肯定,但无名合同的主要难点在于,当事人意思不完备时如何适用法律?首先必须强调的是,《民法总则》中关于法律行为的规定及《合同法》总则,对非典型合同均有适用余地;其次应说明的是,不同类型的非典型合同,适用法律的规则不同,有的参照《合同法》分则或其他法律最相类似的规定,即类推适用,有的则采用结合说或吸收说,等等。

1. 纯粹非典型合同的法律适用

所谓纯粹非典型合同,是指以法律全无规定的事项为内容,即其内容不符合任何典型合同要件的合同。广告使用他人肖像或姓名的合同,属于此类。其法律关系应依合同约定、诚实信用原则,并斟酌交易惯例加以确定。

2. 合同联立的法律适用

所谓合同联立,是指数个合同具有互相结合的关系。一种情况是单纯外观的结合,即数个独立的合同仅因缔约行为而结合,相互之间不具有依存关系。于此场合,应分别适用各自的合同规范。

3. 混合合同的法律适用

所谓混合合同,是指由数个合同的部分而构成的合同。它在性质上属于一个合同,具有四种类型。第一种类型是典型合同附其他种类的从给付。所谓典型合同附其他种类的从给付,是指双方当事人所提出的给付符合典型合同,但一方当事人尚附带负有其他种类的从给付义务。对此,原则上仅适用主要部分的合同规范,非主要部分被主要部分吸收。第二种类型是类型结合合同。所谓类型结合合同,是指一方当事人所负的数个给付义务属于不同的合同类型,彼此间居于同值的地位,而对方当事人仅负单一的对待给付或不负任何对待给付的合同。对此,应分解各构成部分,分别适用各部分的典型合同规范,并依当事人可推知的意思调和其歧义。第三种类型是二重典型合同。所谓二重典型合同,是指双方当事人互负的给付分属于不同的合同类型的合同。对此,应分别适用各个典型合同的规定。第四种类型是类型融合合同。所谓类型融合合同,是指一个合同中所含构成部分同时属于不同的合同类型的合同。例如,甲以半赠与的意思,将其价值50万元的图书以25万元的价款出售给乙图书馆。甲的给付同时属于买卖和赠与。对此,原则上适用两种典型合同规范:关于物的瑕疵,依买卖合同的规定;关于乙图书馆的不当行为,按赠与的规定处理。

(三)买卖合同中的瑕疵担保责任

买卖合同有效成立后,出卖人依合同负有交付标的物的义务和使买受人获得标的物所有权的义务,此外,还负有两项瑕疵担保责任,即权利瑕疵担保责任和物的瑕疵担保责任。

所谓权利瑕疵担保，即保证买受人不致因第三人主张权利而丧失其标的物；所谓物的瑕疵担保，即担保标的物应具有通常的品质或特别保证的品质。买卖的瑕疵担保是买卖合同中出卖人负有的一项重要义务，也即出卖人就其所交付的标的物，担保其品质及其移转的标的物权利上不存在未告知的瑕疵。我国合同法理论肯定出卖人负有瑕疵担保责任，即出卖人应保证标的物符合国家规定的质量标准或者合同中约定的质量标准。标的物不符合规定或约定的质量标准，即为有瑕疵。买受人用通常方法检查即可发现的瑕疵，属于表面瑕疵；需要经过技术鉴定或者在使用过程中才能发现的瑕疵，属于隐蔽瑕疵。出卖人对于表面瑕疵和隐蔽瑕疵，都应承担责任。瑕疵担保责任性质上为无过错责任，不以出卖人有故意过失为要件。瑕疵担保之所以采无过错责任，其理论上的根据在于维护商品交换的等价原则，借以特别保护交易的公平。

1. 物的瑕疵担保

物的瑕疵担保责任是指担保标的物应具有通常的品质或者特别约定的品质。它包括价值瑕疵担保责任、效用瑕疵担保责任和所保证的品质担保责任三种。价值瑕疵担保责任是指担保标的物无灭失或者减少其价值的瑕疵。这里的价值是指物的交换价值，而不包括物的使用价值，使用价值的担保属物的效用担保。效用瑕疵担保责任是指出卖人应担保标的物具备应有的使用价值，标的物无灭失或减少效用的瑕疵。这种效用包括通常的效用和合同中约定的特殊效用。所保证的品质担保责任是指出卖人应担保标的物具有其所保证的品质。出卖人对标的物所具有的品质保证，应以双方当事人的合同中的约定为准。关于标的物品质的认定，首先以当事人在合同中的约定为准，如未有明确约定，但出卖人提供了质量说明的，依该说明为准；当事人无约定或约定不明，且出卖人未提供任何相关质量说明，则根据《合同法》相关规定认定。《合同法》第153、155条的规定属于物的瑕疵担保的规定。

2. 权利瑕疵担保

权利瑕疵担保责任是指出卖人不能将买卖标的的财产权之全部或部分，移转于买受人，或所移转的财产权不完全时，所产生的出卖人的担保责任。权利瑕疵担保也称追夺担保、权源担保，是指出卖人应保证对其所出售的标的物享有合法的权利，这种出售行为没有侵犯任何第三人的权利，并且任何第三人都不会向买受人就该标的物提出任何权利要求。在第三人基于所有权、用益物权或担保物权等向买受人追夺标的物时，出卖人即应负担保责任。当事人对此有约定的，依约定承担责任；如无约定，出卖人只承担一般责任，即返还价款，买受人有损失时，还可请求损害赔偿。权利瑕疵担保义务则是指出卖人就标的物的所有权不能完全移转于买受人时应当承担的义务。权利瑕疵担保责任与物的瑕疵担保责任同为法定的、特殊的债务不履行责任及无过错责任。《合同法》第150、151、152条的规定属于权利瑕疵担保责任的规定。

（四）买卖合同中的风险负担与利益承受

1. 风险负担

风险负担是指在买卖合同订立后标的物因不可归因于任何一方的事由而发生毁损、灭失的损失由何方负担。对于标的物风险的负担，可由当事人约定。当事人没有特别约定的，依以下原则确定：

（1）除法律另有规定外，标的物毁损、灭失的风险依标的物的交付而转移，即在交付之前由出卖人承担，交付之后由买受人承担。

（2）因买受人的原因致使标的物不能按照约定的期限交付的，自约定交付之日起标的物毁损、灭失的风险转移给买受人承担。

(3)出卖人出卖交由承运人运输的在途标的物的，标的物毁损、灭失的风险自合同成立时起由买受人承担。

(4)当事人未明确约定交付地点或者约定不明确的，按照规定标的物需要运输的，自出卖人将标的物交付给第一承运人后，标的物毁损、灭失的风险由买受人承担。

(5)按照约定或者规定出卖人应于特定地点交付标的物的，出卖人将标的物置于交付地点，买受人违反约定没有收取的，自买受人违反约定之日起，标的物毁损、灭失的风险转移给买受人承租。

(6)因标的物质量不符合质量要求，致使不能实现合同目的，买受人拒绝接受标的物或者解除合同的，标的物毁损、灭失的风险由出卖人承担。

(7)标的物为种类物，出卖人未以可识别的方式清楚地将标的物特定于买卖合同的，买受人可主张不负担标的物毁损、灭失的风险。若出卖人履行债务不符合约定，买受人虽承担标的物毁损、灭失的风险，但仍有权请求出卖人承担违约责任。

2. 利益承受

利益承受是指合同订立后标的物所生的孳息的归属，包括天然孳息和法定孳息。根据《合同法》第163条规定，标的物在交付之前产生的孳息归出卖人所有，交付之后产生的孳息归买受人所有。

(五)附负担的赠与

1. 附负担的赠与

附负担的赠与，是指以受赠人对赠与人或者第三人为一定给付为条件的赠与，也即使受赠人接受赠与后负担一定义务的赠与。

(1)附负担的赠与的主要特征

①赠与所附义务，是赠与合同的组成部分，而不是另外的独立合同。

②赠与所附义务，可以约定向赠与人履行，也可以约定向第三人履行，还可以约定向不特定的多数人履行。

③附义务的赠与，其所附义务有一定限度，通常低于赠与财产的价值。一般情况下，在赠与人履行了赠与义务后，才发生受赠人义务的履行问题，但当事人也可以另行约定。

(2)附负担的赠与的效力

①受赠人义务的履行。赠与人向受赠人给付赠与财产后，受赠人应依约履行其义务。受赠人不履行的，赠与人有权要求受赠人履行义务或者撤销赠与。赠与人撤销赠与的，受赠人应将取得的赠与财产返还赠与人。赠与附有负担，如赠与人已为给付，而受赠人不履行其负担时，赠与人得请求受赠人履行其负担，或者申请强制执行，或撤销赠与。

②在附义务的赠与中，赠与的财产如有瑕疵，赠与人在赠与所附义务的限度内，应当承担与出卖人相同的瑕疵担保责任。

2. 附负担赠与与附条件赠与

赠与可以附条件，不过附条件赠与不等于附义务赠与，因为赠与所附条件不一定就是受赠人的义务，也可能是赠与人要求在自己方面一定条件的实现后才实施赠与。当然，附条件赠与也可能是增加一定负担给受赠人。因此，附条件赠与包括了附义务赠与，而且主要是附义务赠与，但却不限于附义务赠与。

附义务赠与是一种特殊赠与，所附的义务不是单独的另一个合同的内容，而是赠与合同的一部分。由于赠与合同为单务无偿合同，因此，附义务赠与所附的义务不是赠与的对价，赠与人不能以受赠人不履行义务为抗辩。原则上，赠与人履行交付赠与财产的义务后，始发生受赠人履行其所附义务的义务。

附义务赠与与目的赠与和附条件、附期限赠与不同。目的赠与是指为实现一定目的、达到一定结果而为的赠与。其与附义务赠与的区别，主要体现在目的赠与的赠与人不得向受赠人请求结果的实现，而只能在结果不能实现时请求受赠人返还不当得利；而在附义务赠与中，受赠人不按照约定履行义务的，赠与人得请求其履行。附条件或附期限的赠与中，条件或期限直接关系到赠与合同的效力无关，所附义务的履行与否不影响赠与合同的效力。

（六）赠与的撤销

在特定情况下，赠与人可以撤销赠与。赠与的撤销包括任意撤销和法定撤销。

1. 赠与的任意撤销

赠与的任意撤销，是指赠与合同成立后，赠与财产的权利转移之前，赠与人可以根据自己的意思不再为赠与行为。法律规定赠与的任意撤销，源于赠与是无偿行为。当然，对于任意性不加限制，则等同于赠与合同无任何约束力，既对受赠人不公平，也违背诚实信用原则，对社会道德也是一种冲击。

因此，应当对赠与的撤销在以下几个方面有所限制：

（1）赠与的财产已转移其权利的，赠与人不得任意撤销赠与。

（2）赠与合同订立后经公证的，赠与人不得任意撤销。

（3）具有社会公益、道德义务性质的赠与合同，不论当事人以何种形式订立，不论是否经过公证，也不论赠与的财产是否已转移其权利，赠与人均不得任意撤销。具有社会公益性质的赠与，主要是指为了救灾、扶贫、助学等目的或为了资助公共设施建设、环境保护等公共事业所为的赠与。

2. 赠与的法定撤销

赠与的法定撤销，是指赠与合同成立后，在具备法律规定的情形时，赠与人或者赠与人的继承人、法定代理人可以撤销赠与。

赠与的法定撤销与任意撤销的不同点在于：第一，撤销赠与必须依法律规定的事由；第二，只要具备法定事由，不论赠与合同以何种形式订立甚至经过公证，不论赠与的财产是否已交付，也不论赠与是否属于社会公益和道德义务性质，享有撤销权的人均可以撤销赠与。

赠与本是使受赠人取得利益的行为，如果受赠人对赠与人有加害行为或者其他忘恩负义行为的，法律应赋予赠与人有撤销赠与的权利。

（1）赠与人的法定撤销情形

赠与人可以撤销赠与的法定情形有如下3项：第一，受赠人严重侵害赠与人或者赠与人的近亲属；第二，受赠人对赠与人有扶养义务而不履行的；第三，受赠人不履行赠与合同约定的义务。

（2）赠与人的继承人和法定代理人的法定撤销条件

赠与的撤销权本应属于赠与人，但因受赠人的违法行为致赠与人死亡或使其丧失民事行为能力时，赠与人的撤销权事实上已无法行使。而由赠与人的继承人或法定代理人行使撤销权，才能实现赠与人撤销赠与的权利与意愿。同时，也只有在赠与人不能行使其撤销权时，赠与人的继承人或法定代理人才有撤销赠与的权利。因此，赠与人的继承人或法定代理人撤销赠与必须基于赠与人因受赠人的违法行为而致死亡或者丧失民事行为能力这一法定情形。

（3）撤销权的行使

赠与人的撤销权，自知道或者应当知道撤销原因之日起一年内行使。赠与人的继承人或者法定代理人的撤销权，自知道或者应当知道撤销原因之日起六个月内行使。

赠与的法定撤销权，一经撤销权人行使即发生效力，使赠与关系解除。在赠与的财产未交付时，赠与人可以拒绝赠与；在赠与的财产交付后撤销赠与的，赠与人或其继承人、法定代理人可以要求受赠人返还赠与的财产。[1]

（七）转租的法律后果

转租是指承租人不退出租赁关系，而将租赁物出租给第三人（次承租人）使用、收益的行为。转租后承租人虽然仍是租赁关系的当事人，但实际上是将租赁物有偿地再转移给第三人即次承租人使用、收益，而租赁物如何进行使用、收益，对出租人有着直接的利害关系。而且租赁合同属于继续性合同，需要较强的人身信赖基础。因此，《合同法》第22条以当事人是否同意为衡量转租是否合法的标准：转租经出租人同意的，为合法转租；否则，为非法转租。

1. 合法转租时，当事人之间的法律关系

（1）出租人与承租人之间的租赁关系不因转租而受影响，原租赁合同继续有效。承租人并应就因次承租人应负责的事由所产生的损害向出租人负赔偿责任。

（2）承租人为转租人，其与次承租人之间的转租关系同一般租赁关系并无区别。两者之间的合同为独立的租赁合同，但次承租人使用和收益必须受承租人使用和收益权限的限制。

（3）出租人与次承租人之间并不存在直接的法律关系，但次承租人应当直接向出租人履行承租人应当履行的义务，出租人也可以直接向次承租人行使转租人得行使的权利，在这些情况下发生债的第三人履行问题。就次承租人而言，负有保管租赁物的义务，不尽保管义务以致租赁物发生毁损、灭失等损害时，应向出租人负赔偿责任，承租人为连带债务人；次承租人对出租人负有侵权损害赔偿义务，如其对租赁物构成侵权行为时，出租人可直接向其请求损害赔偿；在租赁关系终止时，次承租人对于出租人负有返还租赁物的义务，此时承租人仍是连带债务人；除经特别约定，次承租人对出租人不负租金支付义务。

（4）转租是以承租人存有租赁权为基础的，在承租人的租赁权因合法终止等原因消灭时，次承租人不能向出租人主张租赁权。如因此次承租人不能得到租赁权而受损害时，次承租人也只能向承租人请求赔偿。

2. 非法转租时，当事人之间的法律关系

（1）出租人与承租人之间，因承租人转租为严重违约行为，出租人有权终止合同，并得请求损害赔偿。出租人不终止合同的，租赁关系仍然有效，不因承租人的转租而受影响，但承租人必须就次承租人对租赁物造成的损失，向出租人承担赔偿损失的责任。

（2）转租人与次承租人之间租赁合同发生债权的效力，因而租赁合同可以有效，转租人负有使次承租人取得对租赁物为使用、收益权利的义务。若因转租人不能使次承租人取得使用、收益的权利，转租人应负债务不履行的责任。

（3）出租人与次承租人之间，次承租人的租赁权不能对抗出租人，出租人可基于其所有权直接请求次承租人返还租赁物。

（八）融资租赁合同

1. 融资租赁合同的特征

（1）融资租赁合同是诺成合同、要式合同。融资租赁合同经当事人意思表示一致即成立，而非以租赁物或租金的实际交付为条件。因此，融资租赁合同应为诺成合同。另根据《合同法》第238条规定，融资租赁合同应当采用书面形式，当事人未采用书面形式的，该合同应确定为无效，因此，融资租赁合同为要式合同。

（2）融资租赁合同是双务合同、有偿合同。在融资租赁合同中，出租人和承租人互负对待给付义务，出租人享有的权利就是承租人负有

---

① 参见《赠与人可以撤销赠与吗?》，载“中国人大网”，http://www.npc.gov.cn/npc/flsyywd/flwd/2002－04/22/content_293775.htm。

的义务；反之亦如此。无论是出租人还是承租人，通过履行融资租赁合同给予对方当事人一定的利益，对方当事人在取得该利益时都必须支付相应的代价。

(3)融资租赁合同主体具有特殊性。融资租赁合同的主体为三方当事人，即出租人(买受人)、承租人和出卖人(供货商)。承租人要求出租人为其融资购买承租人所必需的设备，然后由供货商直接将设备交给承租人。而且，由于融资租赁合同具有融资的性质，出租人必须具有从事融资租赁业务的资格，即只有专营融资租赁业务的租赁公司才能成为出租人，在我国，只有经金融管理部门批准许可经营的公司，才有从事融资租赁交易、订立融资租赁合同的资格。

(4)融资租赁合同中的租金具有特殊性。融资租赁合同中的租金是一种完全清偿性的租金，出租人在这次融资租赁交易中以收取租金的方式收回自己的本金，并赚取利润。从这个意义上而言，融资租赁更类似于中长期贷款，这是由融资租赁的融资性质和交易方式所决定的。一般来说，融资租赁合同中的租金构成包括以下四项要素：设备购置成本、融资成本、手续费及利润。此外，如果承租人为设备投保，保险费应计入租金。我国《合同法》第243条规定："融资租赁合同的租金，除当事人另有约定的以外，应当根据购买租赁物的大部分或全部成本以及出租人的合理利润确定。"

(5)融资租赁合同以租赁为主体，兼具融资和买卖的性质。从融资租赁交易的基本内容可以看到，融资租赁在本质上是租赁。但是，融资租赁又并非单纯的租赁，它是以向承租人融资的形式并以存在买卖合同为条件而实现的租赁。因此，融资租赁合同还兼有融资和买卖的性质，这是融资租赁合同最主要、最关键的特点。由于这一特点，使融资租赁合同不仅有承租人和出租人双方当事人，还涉及第三人供货商；不仅有租赁合同，还包括买卖合同。这一特点将融资租赁合同与一般的租赁合同即买卖合同区别开来。

(6)融资租赁的标的物是同一的，它既是买卖合同的标的物，也是租赁合同的标的物。融资租赁合同的标的物在合同成立时并未被出租人所控制，出租人得用自己的资金依承租人的要求向第三人购买，承租人指定设备并选择供应商，并不主要依赖出租人的技能和判断。

(7)融资租赁合同终止时，承租人有选择权，即有权选择支付合理代价取得租赁物所有权，或者续订租赁合同，或者将租赁物退还出租人。[①]

2. 出租人的主要义务

(1)按照承租人的要求订立买卖合同购买租赁物。出租人必须根据承租人对租赁物和出卖人的选择，以自己的名义与出卖人签订购买租赁物的买卖合同。出租人不与出卖人订立购买租赁物的买卖合同的，应当向承租人负赔偿责任。出租人根据承租人对出卖人、租赁物的选择订立的买卖合同，未经承租人同意，出租人不得变更与承租人有关的合同内容。

(2)保证承租人对租赁物的占有和使用。出租人应当保证承租人对租赁物的占有和使用，即保证出卖人将标的物交付给承租人占有，在出卖人不履行买卖合同、未按时交付标的物给承租人时，出租人应当向出卖人请求其及时交付，并且因承租人未受领租赁物，出租人不得向承租人请求支付租金；保证承租人在租赁期间对租赁物的占有、使用；保证不得妨碍承租人对租赁物的使用和收益并排除他人的妨碍；保证向出卖人支付货款。

(3)协助承租人向出卖人索赔。出租人、

---

① 参见《融资租赁合同制度研究》，载"中国法院网"，https://www.chinacourt.org/article/detail/2016/01/id/1791066.shtml。

出卖人、承租人可以约定,出卖人不履行买卖合同义务的,由承租人行使索赔的权利。承租人行使索赔权利的,出租人应当协助。

(4)例外情况下的瑕疵担保责任。融资租赁的出租人对于标的物的瑕疵一般不负担保责任,但承租人依赖出租人的技能确定租赁物或者出租人干预选择租赁物的除外。这种除外情况包括:第一,由出租人选择决定标的物的种类、规格、型号、商标、出卖人等;第二,出租人干预选择租赁物,如出租人迫使承租人选择出卖人、标的物,出租人擅自变更标的物等;第三,出租人明知租赁标的物有瑕疵而不告知或者因重大过失而不知有瑕疵;第四,出租人与出卖人之间有密不可分的关系,如融资租赁公司为出卖人的子公司;第五,因当事人间的约定使承租人不能或者无法直接向出卖人行使索赔的权利。

3. 承租人的主要义务

(1)按时接受出卖人交付的标的物。承租人在接受标的物时,应按照合同的约定对标的物进行验收。承租人在接受标的物并验收后,应将收到标的物的结果通知出租人。

承租人通知出租人收到标的物是其租金义务发生的唯一要件,即使承租人通知出租人收到标的物,但实际上其并未收到标的物,也不得拒付租金或请求返还已交的租金。

(2)按照约定支付租金。这是出租人向承租人提供融资的对价。需注意:第一,在租赁标的物存有瑕疵时,承租人不得拒付租金;第二,在租赁期间,承租人承担标的物灭失的风险责任。因此,在租赁期间,若标的物因不可归责于双方的事由而发生毁损、灭失时,承租人仍应支付租金,而不能免除或减少其支付租金的义务。

承租人应当按照约定支付租金。承租人经催告在合理期限内仍不支付租金的,出租人既可以要求支付全部租金,也可以解除合同、收回租赁物。

(3)保管、维修标的物。出租人享有租赁物的所有权。承租人破产的,租赁物不属于破产财产。因此,承租人为自己使用、收益的需要,应当妥善保管、使用租赁物,并承担占有租赁物期间的维修义务。

(4)因租赁物致人损害的赔偿责任。承租人占有租赁物期间,租赁物造成第三人的人身伤害或者财产损害的,出租人不承担责任,而应由承租人承担民事责任。

(5)合同终止时返还标的物。出租人和承租人可以约定租赁期间届满租赁物的归属。对租赁物的归属没有约定或者约定不明确的,可以签订补充协议;如果不能达成补充协议,也不能按照合同有关条款或者交易习惯确定的,租赁物的所有权归出租人。当事人约定租赁期间届满租赁物归承租人所有,承租人已经支付大部分租金,但无力支付剩余租金,出租人因此解除合同收回租赁物的,收回的租赁物的价值超过承租人欠付的租金以及其他费用的,承租人可以要求部分返还。

4. 出卖人的主要义务

(1)按照约定向承租人交付标的物。出卖人交付标的物是其收取价款的前提,但出卖人的对方当事人虽为出租人,其交付标的物的义务却应向承租人履行。

(2)向承租人负标的物的瑕疵担保责任。

(九)租赁合同中的风险负担

因既不可归责于承租人,又不可归责于出租人的事由,致使租赁物部分或全部毁损、灭失的,就产生了租赁合同中的风险负担问题。租赁合同中的风险负担问题,可以分解为两个问题来考察。

首先是租赁物的风险负担问题,即因不可归责于承租人和出租人双方当事人的事由,致使租赁物部分或全部毁损、灭失的,租赁物部分或全部毁损、灭失的损失应由谁负担?就此问题，除非法律有特别规定，或当事人之间有特别约定，自罗马法以来，就形成了由物的所有人负担风险，即天灾归物权人负担的法律思想。此为标的物风险负担的一般原则。因此，租赁物的所有人应负担此种情形下标的物毁损、灭失的风险。

其次是因不可归责于双方当事人的事由，致使租赁物部分或全部毁损、灭失，从而引起租赁合同部分或全部不能履行时，租金风险应由谁负担的问题。与租赁物的风险负担不同，此处的风险负担主要解决双务合同对待给付义务的履行问题，尤其是承租人支付租金义务的履行问题。如何分配合同不能履行的风险，与租赁物毁损、灭失的风险有所不同。依据《合同法》第231条规定，因不可归责于承租人的事由，致使租赁物部分或全部毁损、灭失的，承租人可以要求减少租金或者不支付租金，即包含有对租赁合同中的风险负担的规定。故当因不可归责于双方当事人的事由，致使合同部分或全部不能履行时，租金的风险由出租人负担，承租人可相应地减少履行或不履行其对待给付义务，即请求减少租金或者不支付租金。

（十）承揽合同中的风险负担

承揽合同中的风险负担，是指在承揽工作完成中，工作成果或原材料因不可归责于当事人任何一方的原因而毁损、灭失时，应由何方负担损失。

1. 材料的风险负担

关于原材料的风险负担，当由定作人提供的材料发生毁损、灭失时，除非合同另有约定，应由定作人承担材料风险；当由承揽人提供材料时，在承揽工作所需的原材料转化为工作成果之前，与定作人无关，原材料毁损、灭失的风险应由承揽人自己承担。

2. 工作成果的风险负担

而对于工作成果的风险承担，若工作成果需要实际交付，则以交付为标准确定。在交付前由承揽人承担，在交付后由定作人承担，因定作人受领迟延所产生的风险应由定作人承担。若工作成果不需要交付，则以工作成果完成为标准：在工作成果完成前，工作成果毁损、灭失的风险由承揽人承担；在工作成果完成后，工作成果毁损、灭失的风险由定作人承担。

（十一）承揽合同中定作人的任意解除权

对于承揽合同可否因当事人一方的意愿而任意解除的问题，《合同法》原则上承认定作人可以变更承揽工作的要求，并规定定作人可以解除合同。但定作人变更、解除合同的，应符合以下要求：(1)应在合同成立生效后、承揽工作完成前提出变更或者解除的请求。(2)应及时通知承揽人。定作人不对承揽人为变更、解除通知的，不能发生变更、解除的效力。(3)对承揽人造成损失的，应负赔偿责任。

（十二）建设工程中的分包与转包

建设工程的分包是指建设工程承包人经发包人同意，将所承包建设工程的一部分依法发包给具有相应资质的第三人的行为。合法的分包必须满足以下几个条件：(1)分包必须取得发包人的同意；(2)分包单位不得将其承包的工程再分包出去；(3)分包必须是分包给具备相应资质条件的单位；(4)建设工程的主体结构的施工必须由承包人自行完成。

转包则是指承包人在承包工程后，又将其承包的工程建设任务转让给第三人，不对工程承担任何技术、质量、经济法律责任的行为。转包有两种形式：承包单位将其承包的全部建设工程转包给别人；承包单位将其承包的全部建设工程肢解以后，以分包的名义分别转包给他人，即变相的转包。转包人不履行建设工程合同全部义务，不履行施工、管理、技术指导等技术经济责任。任何形式的转包都为法律禁止，转包人对转承包人的履行行为承担连带责任。

(十三)客运合同的内容

客运合同即旅客运输合同,是指当事人双方约定承运人将旅客及其行李安全运送到目的地,旅客为此支付旅费的合同。客运合同具有以下特征:(1)客运合同以将旅客安全运送到约定的地点为目的;(2)客运合同采用票证形式;(3)客运合同包括运送旅客行李的内容。

客运合同中承运人主要有以下义务:(1)重要事项告知义务,对于运输中出现的不能正常进行运输的异常情况,以及有关运输安全应当注意的事项,承运人应当向旅客及时告知;(2)按照客票运输的义务;(3)按照约定的运输工具运输的义务;(4)尽力救助旅客的义务;(5)保证旅客人身安全的义务;(6)保证旅客行李安全的义务。

旅客主要有以下义务:(1)支付票款和持有效客票乘运的义务;(2)按客票记载的时间乘运的义务;(3)遵守承运人告知的安全事项的义务;(4)不得携带危险或者违禁物品的义务。

(十四)客运合同的变更或解除

1. 因旅客自身原因导致的变更或解除

旅客运输合同成立后,在合同履行之前,旅客一方因自己的原因不能按照客票记载的时间乘坐的,可以在法定或约定的时间内变更或解除合同,即变更客票记载时间或办理退票手续。此种变更或解除称为自愿变更或解除。旅客因自己的原因不能按照客票记载的时间乘坐的,应当在约定的时间内办理退票或者变更手续;逾期办理的,承运人可以不退票款,并不再承担运输义务。

2. 因承运人的原因导致的变更或解除

因承运人的原因导致的客运合同变更或解除,称为非自愿的变更或解除,主要包括两种情况:(1)因承运人的迟延运输导致的变更或解除。承运人应当按照客票载明的时间和班次运输旅客。承运人迟延运输的,应当根据旅客的要求安排改乘其他班次、变更运输路线以到达目的地或者退票。(2)承运人擅自变更运输工具引起的合同变更。在客运合同订立后,承运人单方变更运输工具的,应视为一种违约行为。承运人擅自变更运输工具而降低服务标准的,旅客有权要求退票或者减收票款。承运人变更运输工具以提高服务标准的,无权向旅客加收票款。

(十五)多式联运合同的特殊规则

所谓多式联运合同,是指多式联运经营人与托运人订立的,约定以两种或两种以上的不同运输方式,采用同一运输凭证将货物运输至约定地点的货物运输合同。

多式联运合同具有以下特征:第一,多式联运合同由具有两种以上不同运输方式的承运人相继履行运输义务;第二,托运人是一次交费并使用同一运输凭证;第三,合同当事人是托运人与联营经营人。

《合同法》规定,多式联运合同有以下几项特殊规则:

1. 多式联运经营人视同承运人

根据《合同法》第317条规定,多式联运经营人负责履行或者组织履行多式联运合同,对全程运输享有承运人的权利、承担承运人的义务。无论多式联运经营人是否真正实际承运货物,其都被视为承运人。

2. 经营人统一责任制

根据《合同法》第318条规定,多式联运经营人可以与参加多式联运的各区段承运人就多式联运合同的各区段运输约定相互之间的责任,但该约定不影响多式联运经营人对全程运输承担的义务。若发生损害,仅为多式联运经营人对托运人承担责任,即使其与实际承运人之间有内部责任分担协议,该协议也不得对抗托运人。

3. 经营人承担责任的法律依据的差异性

根据《合同法》第321条规定,货物的毁

损、灭失发生于多式联运的某一运输区段的，多式联运经营人的赔偿责任和责任限额，适用调整该区段运输方式的有关法律规定。货物毁损、灭失发生的运输区段不能确定的，依照相关规定承担损害赔偿责任。例如，一多式联运涉及铁路运输和航空运输，若货物的毁损、灭失发生在航空运输区段的，应按照《民用航空法》的规定进行赔偿；若损害发生在铁路运输区段的，应按照《铁路法》的规定进行赔偿；若不能确定损害发生在哪一区段，则应按《合同法》第 17 章的相关规定进行赔偿。

4. 托运人责任

根据《合同法》第 320 条规定，因托运人托运货物时的过错造成多式联运经营人损失的，即使托运人已经转让多式联运单据，托运人仍然应当承担损害赔偿责任。托运人对多式联运经营人的损害赔偿以其主观过错为基础，其责任承担并不随多式联运单据的转让而转移。

(十六)保管合同的效力

保管合同是保管人保管寄存人交付的保管物并返还该物的合同。保管人和寄存人分别负有以下几项义务：

1. 保管人的义务

(1)保管凭证给付义务

除非当时另有约定或另有交易习惯，寄存人向保管人交付保管物的，保管人应当给付保管凭证。

(2)妥善保管保管物的义务

①按照约定的保管方法和场所保管。当事人可以约定保管场所或者方法。除紧急情况或者为了维护寄存人利益的以外，不得擅自改变保管场所或方法。

②保管人应亲自为保管行为。保管人必须亲自为保管行为，除当事人另有约定，不得将保管义务转托给他人履行。

③不得使用或许可他人使用保管物。保管人有权占有保管物，但不得使用保管物，也不能让第三人使用，但经寄存人同意或基于保管物的性质必须使用的情形除外。

(3)危险通知义务

危险通知义务是指在出现寄存人寄存的保管物因第三人或自然原因可能会失去的危险情形下，保管人应通知当事人。

(4)返还保管物的义务

在保管合同期限届满或者寄存人提前领取保管物时，保管人应及时返还保管物。保管人返还的物品应为原物，原物生有孳息的，保管人还应返还保管期间的原物孳息。但在消费保管合同中，由于保管物为种类物，保管人得取得保管物的所有权，故而仅负以种类、品质、数量相同的物返还寄存人的义务。返还地点一般应为保管地，保管人并无送交的义务，当事人另有约定的除外。

2. 寄存人的义务

(1)支付保管费和负担必要费用的义务。

(2)有关情况的告知义务。寄存人交付的保管物有瑕疵或者按照保管物的性质需要采取特殊保管措施的，寄存人应当将有关情况告知保管人。由于寄存人未告知致使保管物受损失的，保管人不承担损害赔偿责任。由于保管物本身的性质或者瑕疵使保管人受到损害的，寄存人应当承担赔偿责任。在保管人于合同成立时已知或应知保管物有发生危险的性质或瑕疵的情况下，寄存人得免除损害赔偿责任；保管人因过失而不知上述情形时，寄存人仍不能免责，在此情况下，应适用过失相抵原则。

(3)领取保管物义务。

(十七)仓储合同的效力

仓储合同是保管人储存存货人交付的仓储物、存货人支付仓储费的合同。仓储合同具有以下特征：

第一，仓储合同的保管人必须为从事保管业务的人，具有专营或兼营仓储保管业务的资格；

第二，仓储合同的标的物必须是动产，且为特定物或特定化的种类物；

第三，仓储合同为诺成合同；

第四，仓储合同为双务合同、有偿合同、不要式合同。

1. 保管人的义务

(1)填发和交付仓单的义务。根据《合同法》第385条的规定，存货人交付仓储物的，保管人应当给付仓单。保管人应当在仓单上签字或盖章。仓单就是仓储合同存在的证明，也是仓储合同的组成部分。

(2)接受和验收存货人的货物入库的义务。根据我国《合同法》第384条规定，保管人在接受存货人交存仓储物入库时，应当按照合同的约定对入库仓储物进行验收。保管人验收时发现入库仓储物与约定不符合的，应当及时通知存货人。在对仓储物验收时，保管人未提出异议的，视为存货人交付的仓储物符合合同约定的条件。保管人验收后，发生仓储物的品种、数量、质量不符合约定的，保管人应当承担损害赔偿责任。

(3)危险通知义务。在遇到以下情况时，保管人有义务通知存货人：①货物发生变化，如发现仓储物出现异状，发生数量减少或价值减少。②货物临近失效期。对于外包装或货物标记上标明或者合同中申明了有效期的货物，保管人应当向存货人提前通知失效期。一般应在仓储物临近失效期60天前，通知存货人。③第三人对仓储物主张权利起诉或扣押时，保管人应立即通知存货人或仓单持有人。

如果因为情况紧急，保管人来不及通知存货人，应当先采取必要的措施保护仓储物的安全，事后仍有义务将该情况及时通知存货人或仓单持有人。

(4)妥善保管仓储物的义务。由于仓储合同为双务有偿合同，所以保管人应对仓储物尽妥善保管的义务，并且此义务的程度较重。如果未尽到此种义务，造成仓储物毁损、灭失的，即应承担损害赔偿责任。根据《合同法》第394条的规定，保管人有如下免责事由：①仓储物的毁损、灭失是因其自身性质所致；②仓储物的毁损、灭失是因饲养不符合约定所致；③仓储物的毁损、灭失是因超过有效储存期所致。

(5)允许存货人检查和采取样品的义务。《合同法》第388条规定，保管人根据存货人或仓单持有人的要求，应当同意其检查仓储物或者提取样品。这就是关于保管人容忍义务的规定。所谓检查仓储物，实际上就是仓储物的检点。存货人或仓单持有人可以进行何种程度的检查，应根据仓库的状况及习惯决定。存货人或仓单持有人请求样品的提取时，保管人可以请求其交付证明书或请求价值相当的担保。

(6)返还仓储物的义务。合同期限届满或因其他事由导致合同终止时，保管人应将仓储物返还给存货人或存货人指定的第三人，不得无故扣押仓储物。若因合同期限未到，存货人或第三人请求返还仓储物，原则上也应予以返还，但因此遭受的损失可以向存货人请求赔偿。

2. 存货人的义务

(1)按照合同的约定将存放物交付入库的义务。存货人应当按照合同约定的品名、数量、时间，将货物交付给保管人，并在验收期间向保管人提供验收资料。

(2)告知义务和处置危险品的义务。储存易燃、易爆、有毒、有腐蚀性、有放射性等危险物品或者易变质物品的，存货人应向保管人说明仓储物的性质和预防危险、腐烂的方法，并提供有关保管、运输等技术资料，还应采取相应的防范措施。存货人违反此项义务时，保管人有权拒收该货物。保管人因接受该货物并为避免货物发生损失而支出的费用，存货人应当承担。保管人因接受该货物而造成损害的，存货人应承担损害赔偿责任。

(3)按合同约定的期限提取仓储物。

(4)支付仓储费和其他费用。仓储费是指保管人因储存、保管仓储物应取得的报酬，存货人应按约定的数额、支付方式、支付时间和支付地点等向保管人支付。其他费用是指保管人因储存、保管货物而支出的必要费用，主要指运费、修缮费、转仓费、保险费等。

(十八)委托合同

1. 委托合同的效力

(1)委托人的主要义务与责任

①费用偿付以及按约定支付报酬的义务。受托人处理委托事务的费用由委托人负担。委托人支付费用的方式分为预付费用和偿还费用两种。对于当事人约定报酬或者依交易习惯或处理委托事务的性质，委托人应支付报酬的，委托人应当向受托人支付报酬。

②清偿债务的义务。由于受托人是为委托人处理事务的，因此，对于受托人处理委托事务所产生的债务，委托人有清偿的义务。

③赔偿损失的责任。受托人在处理委托事务中因不可归责于自己的事由受到损失的，可以向委托人要求赔偿损失。

(2)受托人的主要义务与责任

①处理委托事务的义务。受托人应当在委托的权限范围内，按照委托人的指示，亲自处理委托事务。

②报告义务。根据《合同法》第 401 条的规定，受托人在处理委托事务的过程中，应当按照合同的约定和委托人的要求，报告委托事务的处理情况。委托合同终止时，受托人应当报告委托事务的结果。

③交付财产和转移权利的义务。因受托人是为委托人的利益处理委托事务的，因此，受托人处理委托事务取得财物的，以及从第三人取得权利的，应当转交给委托人。

④忠诚和勤勉义务。受托人在处理委托事务中应忠诚于委托人，忠实地处理委托事务，为委托人的利益计算，而不得利用委托人的地位为自己谋利。受托人违反忠诚义务，未尽相应的注意义务给委托人造成损害的，应负赔偿责任。

⑤共同委托人的连带责任。根据《合同法》第 409 条的规定，两个以上的受托人共同处理委托事务的，对委托人承担连带责任。

2. 委托合同的当事人与第三人的关系

若第三人知道受托人与委托人之间的代理关系，受托人以自己的名义与第三人订立合同时，受托人虽未指出委托人的身份，但第三人知道受托人实际上是在代理他人与自己订立合同，才产生显名代理的效果，该合同直接约束委托人和第三人，但有证据证明该合同只约束受托人和第三人的除外。

若第三人不知道受托人与委托人之间的代理关系，发生以下三方面效力：

(1)受托人因第三人的原因对委托人不履行义务时，受托人应当向委托人披露第三人，委托人因此可以行使受托人对第三人的权利，但第三人与受托人订立合同时如果知道该委托人，就不会订立合同的除外。

(2)受托人因委托人的原因对第三人不履行义务时，受托人应当向第三人披露委托人，第三人因此可以选择受托人或者委托人作为相对人主张其权利，但第三人不得变更选定的相对人。

(3)委托人行使受托人对第三人的权利的，第三人可以向委托人主张其对受托人的抗辩。第三人选定委托人作为其相对人的，委托人可以向第三人主张其对受托人的抗辩以及受托人对第三人的抗辩。

3. 委托合同的终止

委托合同除可因合同终止的一般原因而终止以外，还可因下列原因终止：

(1)当事人一方解除委托合同。在委托合同中,合同的当事人双方均享有任意终止权,可以任意终止合同。

(2)当事人一方死亡、丧失民事行为能力或破产。在发生当事人一方死亡、丧失民事行为能力或破产时,除当事人另有约定或根据委托事务的性质不宜终止的以外,委托合同终止。

委托合同因当事人一方死亡、丧失民事行为能力或破产而终止,这是一般原则。在特殊情况下,委托合同也可以不终止。这里有两种特殊情况:一是合同另有约定。当事人可以在合同中约定即使当事人一方有死亡、丧失民事行为能力或破产的情形时,委托合同仍不终止。二是委托事务的性质不宜终止。

(十九)行纪合同的效力

根据《合同法》第414条规定,行纪合同是指行纪人以自己的名义为委托人从事贸易活动,委托人支付报酬的合同。行纪合同具有以下法律特征:(1)行纪合同是行纪人以自己的名义为委托人从事法律活动、办理事务。(2)行纪人的法律活动是为委托人办理事务、争取利益。(3)行纪合同是双务合同、有偿合同、诺成合同、不要式合同。(4)行纪人具有限定性,行纪人具有资格上的限制。

1. 行纪人的义务

(1)按照委托人的指示从事交易活动。行纪人在处理行纪事务时,应当遵从委托人的指示。根据《合同法》第418条规定,行纪人低于委托人指定的价格卖出或者高于委托人价格买入的,应经委托人同意。未经委托人同意,行纪人补偿其差额的,该买卖对委托人发生效力。但根据该条第3款规定,委托人对价格有特别指示的,行纪人不得违背该指示卖出或者买入。

(2)负担费用的义务。行纪人处理委托事务支出的费用,由行纪人负担,但当事人另有约定的除外。

(3)妥善保管和处置行纪物。根据《合同法》第416条规定,行纪人占有委托物的,应当妥善保管委托物。因行纪人保管不善而造成委托物损毁的,行纪人应负赔偿责任。

(4)报告和移交交易所得的义务。行纪人接受委托人委托的事务,在处理过程中,应及时向委托人报告有关行纪物的情况。行纪合同终止时,行纪人应当报告事务处理的结果,并将处理委托事务所得的财产移交给委托人。

2. 委托人的主要义务

(1)支付报酬的义务。委托人应向行纪人支付报酬。行纪人以自己的名义为委托人从事贸易活动,是一种有偿合同。行纪人在完成委托事务时,委托人应向其支付相应的报酬。

(2)接受或者取回委托物的义务。委托人应当及时验收并接受行纪人完成所托事务的后果。

(二十)居间合同的效力

居间合同是指居间人向委托人报告订立合同的机会或提供订立合同的媒介服务,委托人支付报酬的合同。居间合同具有以下特征:(1)居间合同是由居间人向委托人提供居间服务的合同。居间人向委托人报告订立合同的机会或者提供订立合同的媒介服务,委托人是否与第三人订立合同,与居间人无关,居间人不是委托人与第三人之间的合同的当事人。(2)居间合同是双务合同、有偿合同、诺成合同。(3)居间合同中,委托人的给付义务的履行具有不确定性。

1. 居间人的义务

(1)如实报告义务。根据《合同法》第245条第1款规定,居间人应当就有关订立合同的事项向委托人如实报告。这是居间人在居间合同中承担的基本义务。在指示居间中,居间人对于订约的有关事项,诸如相对人的信用状况、相对人用于交易标的物的存续状况,都应如实向委托人报告。在媒介居间中,居间人应将订约的有关事项据实报告给各方当事人。

(2)负担居间费用的义务。居间人促使合同成立的，居间活动的费用由居间人负担。除当事人另有约定，由居间人承担居间费用，在合同促成之后，居间人才能向委托人请求支付报酬。

(3)忠实、保密与尽力义务。

2. 委托人的义务

(1)支付报酬义务。根据《合同法》第426条规定，居间人促使合同成立的，委托人应当按照约定支付报酬。对居间人的报酬没有约定或者约定不明确，依照《合同法》第61条的规定仍不能确定的，根据居间人的劳务合理确定。因居间人提供订立合同的媒介服务而促使合同成立的，由该合同的当事人平均负担居间人的报酬。

(2)费用返还义务。根据《合同法》第427条的规定，居间活动费用是居间人在促使合同成立的活动中支出的必要费用，与报酬不是一个概念。由于居间人的活动能否达到目的、委托人与第三人之间的合同能否促成有着不确定性，不是完全由居间人的意志决定的，因此委托人的给付义务是否必须履行也是不确定的。但是，居间人为促成合同的成立也付出了劳务和费用，因此，本着公平和诚实信用原则，法律规定在合同未促成的情况下，由委托人支付必要的居间费用，如居间人在居间活动中支出的交通费等。

(二十一)技术合同价款、报酬和使用费支付的特殊规定

技术合同价款、报酬和使用费支付属于合同内容，根据意思自治原则，其支付方式由当事人协商确定。当事人可以采取一次总算、一次总付，或者一次总算、分期支付，也可以采取提成支付或者提成支付附加入门费的方式。一次总算、一次总付是指当事人将合同价款一次算清并全部一次性支付。这种方式下，交易风险全部由受让方承担，对转让方较为有利；但对于价格较低的技术合同，这种支付方式简捷便利，能及时结清。提成支付方式是指受让方将技术实施后产生的经济效益按一定比例和期限支付给对方，作为支付给转让方的价金。提成支付的方式旨在使双方当事人公平、合理地分担交易风险，在那些技术较成熟、市场前景较稳定、技术价格较高的技术交易项目中经常采用。提成支付附加入门费的方式是指受让方首先在一定期限内向转让方支付一部分固定的价款，称为入门费，其余的价款则采用提成方式分期支付。这种方式既可以公平分担交易风险，又可以给已为技术投入了大量成本的转让方一些固定的补偿，适合履行期长、技术价格高、技术水平高的技术合同。

对技术合同的价款、报酬和使用费，当事人没有约定或者约定不明确的，按照以下原则处理：(1)对于技术开发合同和技术转让合同，根据有关技术成果的研究开发成本、先进性、实施转化和应用的程度，当事人享有的权益和承担的责任，以及技术成果的经济效益等合理确定；(2)对于技术咨询合同和技术服务合同，根据有关咨询服务工作的技术含量、质量和数量，以及已经产生和预期产生的经济效益等合理确定。技术合同价款、报酬、使用费中包含非技术性款项的，应当分项计算。

(二十二)技术合同的效力

1. 技术合同的无效

非法垄断技术、妨碍技术进步或者侵害他人技术成果情形的技术合同无效，具体包括以下情形：(1)限制当事人一方在合同标的技术基础上进行新的研究开发或者限制其使用所改进的技术，或者双方交换改进技术的条件不对等，包括要求一方将其自行改进的技术无偿提供给对方、非互惠性转让给对方、无偿独占或者共享该改进技术的知识产权；(2)限制当事人一方从其他来源获得与技术提供方类似

的技术或者与其竞争的技术；(3)阻碍当事人一方根据市场需求，按照合理方式充分实施合同标的技术，包括明显不合理地限制技术接受方实施合同标的技术生产产品或者提供服务的数量、品种、价格、销售渠道和出口市场；(4)要求技术接受方接受并非实施技术必不可少的附带条件，包括购买非必需的技术、原材料、产品、设备、服务以及接收非必需的人员等；(5)不合理地限制技术接受方购买原材料、零部件、产品、设备等的渠道或来源；(6)禁止技术接受方对合同标的技术知识产权的有效性提出异议或者对提出异议附加条件。

根据《中外合资经营企业法实施条例》第43条第2款规定，中外合资经营企业的技术转让协议中技术使用费应当公平合理，对中方有不合理的限制条款也无效。具体包括：(1)双方没有协议，技术输出方限制技术输入方出口其产品的地区、数量和价格；(2)技术转让协议的期限超过10年；(3)不允许技术输入方于技术转让协议期满后继续使用该项技术；(4)相互交换改进技术的条件不对等。

2. 委托开发合同的效力和成果归属

(1)委托开发合同的效力。委托开发合同的委托人应当按照约定：支付研究开发经费和报酬；提供技术资料、原始数据；完成协作事项；按期接受研究开发成果。受托方，即研究开发人，应当按照约定：制定和实施研究开发计划；合理使用研究开发经费；按期完成研究开发工作，交付研究开发成果；提供有关技术资料和必要的技术指导；帮助委托人掌握研究开发成果。

(2)委托开发的技术成果的归属。根据《合同法》第339条规定，委托开发完成的发明创造，除当事人另有约定的以外，申请专利的权利属于研究开发人。研究开发人取得专利权的，委托人可以免费实施该专利。研究开发人转让专利申请权的，委托人享有以同等条件优先受让的权利。根据《合同法》第341条规定，委托开发完成的技术秘密成果的使用权、转让权以及利益的分配办法，由当事人约定；没有约定或者约定不明确，依照习惯仍不能确定的，当事人均有使用和转让的权利，但委托开发的研究开发人不得在向委托人交付研究开发成果之前，将研究开发成果转让给第三人。

3. 合作开发合同的效力和成果归属

(1)合作开发合同的效力。合作开发合同中，当事人主要有以下义务：按照约定进行投资，包括以技术进行投资；按照约定分工参与研究开发工作；配合完成研究开发工作；保守技术情报和资料的秘密。

(2)合作研究开发的成果归属。根据《合同法》第341条规定，合作开发完成的发明创造，除当事人另有约定的以外，申请专利的权利属于合作开发的当事人共有。当事人一方转让其共有的专利申请权的，其他各方享有以同等条件优先受让的权利。合作开发的当事人一方声明放弃其共有的专利申请权的，可以由另一方单独申请或者由其他各方共同申请。申请人取得专利权的，放弃专利申请权的一方可以免费实施该专利。合作开发的当事人一方不同意申请专利的，另一方或者其他各方不得申请专利。根据《合同法》第341条规定，合作开发完成的技术秘密成果的使用权、转让权以及利益的分配办法，由当事人约定；没有约定或者约定不明确，依照习惯仍不能确定的，当事人均有使用和转让的权利。

4. 技术转让合同的效力

技术转让合同是指一方当事人将技术成果的所有权或使用权转让给另一方，另一方支付约定的价款的合同。《合同法》规定，技术转让合同包括专利权转让合同、专利申请权转让合同、专利实施许可合同。

技术转让合同中，让与人的主要义务有：(1)保证自己是所转让的技术的权利持有人；

(2)按照合同约定，将技术移交受让人所有或者持有，并保证该技术的真实、完整、有效；(3)按照合同约定，办理技术转移手续，交付与转让的权利有关的技术资料等材料，并向受让人提供必要的技术指导；(4)遵守保密义务，不得泄露与技术有关的内容；(5)承担受让人按照约定实施技术侵害他人合法权益的责任。

受让人的主要义务有：(1)按照合同约定，向让与人支付约定的价款；(2)技术转让合同的受让人应当按照约定的范围和期限，对让与人提供的技术中尚未公开的秘密部分承担保密义务。

5. 技术咨询合同的效力

技术咨询合同是指当事人就特定技术项目提供可行性论证、技术预测、专题技术调查、分析评价报告所订立的合同。

委托人的主要义务有：(1)按照合同的约定阐明咨询的问题，提供技术背景材料及有关技术资料、数据；(2)及时接受受托人的工作成果，并支付报酬。

受托人的主要义务有：(1)按照合同约定的期限完成咨询报告或者解答问题；(2)提出的咨询报告应当达到合同约定的要求。

6. 技术服务合同的效力

技术服务合同是指当事人一方以技术知识为另一方解决特定技术问题所订立的合同。

委托人的主要义务有：(1)按照约定提供工作条件，完成配合事项；(2)接受工作成果并支付报酬。

受托人的主要义务有：(1)按约完成服务项目，解决技术问题，并保证工作质量；(2)传授解决技术问题的知识。

三、全真题演练

(一)单项选择题

1.(2016年司法考试试卷三第13题)2013年甲购买乙公司开发的商品房一套，合同约定面积为135平方米。2015年交房时，住房和城乡建设部相关部门的测绘报告显示，该房的实际面积为150平方米。对此，下列哪一说法是正确的？(　　)

A. 房屋买卖合同存在重大误解，乙公司有权请求予以撤销

B. 甲如在法定期限内起诉请求解除房屋买卖合同，法院应予支持

C. 如双方同意房屋买卖合同继续履行，甲应按实际面积支付房款

D. 如双方同意房屋买卖合同继续履行，甲仍按约定面积支付房款

2.(2016年司法考试试卷三第11题)甲有一件玉器欲转让，与乙签订合同，约好10日后交货付款。第二天，丙见该玉器，愿以更高的价格购买，甲遂与丙签订合同，丙当即支付了80%的价款，约好3天后交货。第三天，甲又与丁订立合同，将该玉器卖给丁，并当场交付，但丁仅支付了30%的价款。后乙、丙均要求甲履行合同并诉至法院。下列哪一表述是正确的？(　　)

A. 应认定丁取得了玉器的所有权

B. 应支持丙要求甲交付玉器的请求

C. 应支持乙要求甲交付玉器的请求

D. 第一份合同有效，第二、三份合同均无效

3.(2016年司法考试试卷三第9题)甲将其1辆汽车出卖给乙，约定价款30万元。乙先付了20万元，余款在6个月内分期支付。在分期付款期间，甲先将汽车交付给乙，但明确约定付清全款后甲才将汽车的所有权移转给乙。嗣后，甲又将该汽车以20万元的价格卖给不知情的丙，并以指示交付的方式完成交付。下列哪一表述是正确的？(　　)

A. 在乙分期付款期间，汽车已经交付给乙，乙即取得汽车的所有权

B. 在乙分期付款期间，汽车虽然已经交付

给乙，但甲保留了汽车的所有权，故乙不能取得汽车的所有权

C. 丙对甲、乙之间的交易不知情，可以依据善意取得制度取得汽车所有权

D. 丙不能依甲的指示交付取得汽车所有权

4.（2011年司法考试试卷三第6题）周某从迅达汽车贸易公司购买了1辆车，约定周某试用10天，试用期满后3天内办理登记过户手续。试用期间，周某违反交通规则将李某撞成重伤。现周某经济困难，无力赔偿。关于李某受到的损害，下列哪一表述是正确的？（　　）

A. 因在试用期间该车未交付，李某有权请求迅达公司赔偿

B. 因该汽车未过户，不知该汽车已经出卖，李某有权请求迅达公司赔偿

C. 李某有权请求周某赔偿，因周某是该汽车的使用人

D. 李某有权请求周某和迅达公司承担连带赔偿责任，因周某和迅达公司是共同侵权人

5.（改编自2010年司法考试试卷三第6题）甲将一辆汽车以15万元卖给乙，乙付清全款，双方约定7日后交付该车并办理过户手续。丙知道此交易后，向甲表示愿以18万元购买，甲当即答应并与丙办理了过户手续。乙起诉甲、丙，要求判令汽车归己所有，并赔偿因不能及时使用汽车而发生的损失。关于该汽车的归属，下列哪一说法是正确的？（　　）

A. 归乙所有，甲、丙应赔偿乙的损失

B. 归乙所有，乙只能请求甲承担赔偿责任

C. 归丙所有，但甲应赔偿乙的损失

D. 归丙所有，但丙应赔偿乙的损失

6.（2011年司法考试试卷三第6题）甲将300册藏书送给乙，并约定乙不得转让给第三人，否则甲有权收回藏书。其后甲向乙交付了300册藏书。下列哪一说法是正确的？（　　）

A. 甲与乙的赠与合同无效，乙不能取得藏书的所有权

B. 甲与乙的赠与合同无效，乙取得了藏书的所有权

C. 甲与乙的赠与合同为附条件的合同，乙不能取得藏书的所有权

D. 甲与乙的赠与合同有效，乙取得了藏书的所有权

7.（2011年司法考试试卷三第5题）神牛公司在H省电视台主办的赈灾义演募捐现场举牌表示向S省红十字会捐款100万元，并指明此款专用于S省B中学的校舍重建。事后，神牛公司仅支付50万元。对此，下列哪一选项是正确的？（　　）

A. H省电视台、S省红十字会、B中学均无权请求神牛公司支付其余50万元

B. S省红十字会、B中学均有权请求神牛公司支付其余50万元

C. S省红十字会有权请求神牛公司支付其余50万元

D. B中学有权请求神牛公司支付其余50万元

8.（2007年司法考试试卷三第11题）甲将其父去世时留下的毕业纪念册赠与其父之母校，赠与合同中约定，该纪念册只能用于收藏和陈列，不得转让。但该大学在接受乙的捐款时，将该纪念册馈赠给乙。下列哪一选项是正确的？（　　）

A. 该大学对乙的赠与无效，乙不能取得纪念册的所有权

B. 该大学对乙的赠与无效，但乙已取得纪念册的所有权

C. 只有经甲同意后，乙才能取得纪念册的所有权

D. 该大学对乙的赠与有效，乙已取得纪念册的所有权

9.（2017年司法考试试卷三第8题）甲以

某商铺作抵押向乙银行借款，抵押权已登记，借款到期后甲未偿还。甲提前得知乙银行将起诉自己，在乙银行起诉前将该商铺出租给不知情的丙，预收了1年租金。半年后经乙银行请求，该商铺被法院委托拍卖，由丁竞买取得。下列哪一选项是正确的？（　　）

A. 甲与丙之间的租赁合同无效

B. 丁有权请求丙腾退商铺，丙有权要求丁退还剩余租金

C. 丁有权请求丙腾退商铺，丙无权要求丁退还剩余租金

D. 丙有权要求丁继续履行租赁合同

10.（2015年司法考试试卷三第11题）甲将房屋租给乙，在租赁期内未通知乙，就把房屋出卖并过户给不知情的丙。乙得知后，劝丙退出该交易，丙拒绝。关于乙可以采取的民事救济措施，下列哪一选项是正确的？（　　）

A. 请求解除租赁合同，因甲出卖房屋未通知乙，构成重大违约

B. 请求法院确认买卖合同无效

C. 主张由丙承担侵权责任，因丙侵犯了乙的优先购买权

D. 主张由甲承担赔偿责任，因甲出卖房屋未通知乙而侵犯了乙的优先购买权

11.（2014年司法考试试卷三第14题）孙某与李某签订房屋租赁合同，李某承租后与陈某签订了转租合同，孙某表示同意。但是，孙某在与李某签订租赁合同之前，已经把该房租给了王某并完成交付。李某、陈某、王某均要求继续租赁该房屋。下列哪一表述是正确的？（　　）

A. 李某有权要求王某搬离房屋

B. 陈某有权要求王某搬离房屋

C. 李某有权解除合同，要求孙某承担赔偿责任

D. 陈某有权解除合同，要求孙某承担赔偿责任

12.（2014年司法考试试卷三第10题）甲与乙订立房屋租赁合同，约定租期5年。半年后，甲将该出租房屋出售给丙，但未通知乙。不久，乙以其房屋优先购买权受侵害为由，请求法院判决甲、丙之间的房屋买卖合同无效。下列哪一表述是正确的？（　　）

A. 甲出售房屋无须通知乙

B. 丙有权根据善意取得规则取得房屋所有权

C. 甲侵害了乙的优先购买权，但甲、丙之间的合同有效

D. 甲出售房屋应当征得乙的同意

13. 下列关于承揽合同的表述错误的是（　　）。

A. 承揽人可以自行留存其所承揽物品的复制品和相关的技术资料

B. 经定作人同意，承揽人可以将其承揽的主要工作交由第三人完成

C. 定作人未向承揽人支付报酬或者材料费等价款的，承揽人对完成的工作成果享有留置权

D. 定作人可以随时解除承揽合同，但应当赔偿因此造成承揽人的损失

14. 甲欲装修其房屋，与乙装修公司签订装修合同。双方约定，甲应于5月1日前负责腾出房屋。但5月1日甲未腾出房屋，则乙可以（　　）。

A. 自行腾出房屋，且腾出房屋费用由甲承担

B. 只能请求甲腾出房屋

C. 径行解除合同

D. 催告甲在合理期限内腾出房屋，逾期不腾出，得解除合同

15. 甲百货公司和乙服装厂签订一份服装加工合同，由甲方负责提供样品，乙方提供面料并根据样品进行加工，4月10日交货。4月8日，乙服装厂因经营不善，资不抵债，陷于破

产。则该批加工的服装能否作为破产财产？（　）

A. 能，因为乙享有所有权

B. 能，但甲对其享有别除权

C. 不能，因为甲享有所有权

D. 该批服装的一半可以作为破产财产，因为甲、乙共有

16. 某市园林管理处为兴建一座园林景观，经招投标与甲建筑公司签订了工程施工合同。但该工程实际由乙工程施工队施工，该工程竣工后经验收合格。乙施工队要求该市园林管理处支付约定的报酬，但园林管理处认为甲建筑公司与乙工程施工队之间的合同无效，拒绝支付约定的款项，则下列说法正确的是（　）。

A. 建设工程合同无效，园林管理处应将工程价款收缴国库

B. 建设工程合同无效，园林管理处无须支付工程价款

C. 建设工程合同无效，园林管理处应支付约定工程价款

D. 建设工程合同有效，园林管理处应支付约定工程价款

17. 甲公司承揽乙公司的工程，答应垫付工程款。但对于工程款的利息，双方没有约定，后因乙公司不支付工程款，双方发生纠纷，下列说法正确的是（　）。

A. 对于垫付的工程款，按借款处理

B. 对于垫付的工程款，按工程欠款处理

C. 对于垫付的工程款，按银行同期贷款利率计算利息

D. 对于垫付的工程款，按银行同期存款利率计算利息

18.（2015 年司法考试试卷三第 14 题）甲公司与没有建筑施工资质的某施工队签订合作施工协议，由甲公司投标乙公司的办公楼建筑工程，施工队承建并向甲公司缴纳管理费。中标后，甲公司与乙公司签订建筑施工合同。工程由施工队负责施工。办公楼竣工验收合格交付给乙公司。乙公司尚有部分剩余工程款未支付。下列哪一选项是正确的？（　）

A. 合作施工协议有效

B. 建筑施工合同属于效力待定

C. 施工队有权向甲公司主张工程款

D. 甲公司有权拒绝支付剩余工程款

19. 甲委托乙为其购买木材，乙为此花去一定的时间和精力。现甲不想要这批木材，于是电话告诉乙取消委托，乙不同意。下列论述正确的是（　）。

A. 甲无权单方取消委托

B. 甲可以单方取消委托，但必须以书面形式进行

C. 甲可以单方取消委托，但需承担乙受到的损失

D. 甲可以单方取消委托，但仍需按合同约定支付乙报酬

20.（2015 年司法考试试卷三第 9 题）甲去购买彩票，其友乙给甲 10 元钱让其顺便代购彩票，同时告知购买号码，并一再嘱咐甲不要改变。甲预测乙提供的号码不能中奖，便擅自更换号码为乙购买了彩票并替乙保管。开奖时，甲为乙购买的彩票中了奖，二人为奖项归属发生纠纷。下列哪一分析是正确的？（　）

A. 甲应获得该奖项，因按乙的号码无法中奖，甲、乙之间应类推适用借贷关系，由甲偿还乙 10 元

B. 甲、乙应平分该奖项，因乙出了钱，而甲更换了号码

C. 甲的贡献大，应获得该奖项之大部分，同时按比例承担彩票购买款

D. 乙应获得该奖项，因乙是委托人

21.（2015 年司法考试试卷三第 15 题）刘某与甲房屋中介公司签订合同，委托甲公司帮

助出售房屋一套。关于甲公司的权利和义务，下列哪一说法是错误的？(　　)

A. 如有顾客要求上门看房时，甲公司应及时通知刘某

B. 甲公司可代刘某签订房屋买卖合同

C. 如促成房屋买卖合同成立，甲公司可向刘某收取报酬

D. 如促成房屋买卖合同成立，甲公司自行承担居间活动费用

22. (2011年司法考试试卷三第4题)甲委托乙销售一批首饰并交付，乙经甲同意转委托给丙。丙以其名义与丁签订买卖合同，约定将这批首饰以高于市场价10%的价格卖给丁，并赠其一批箱包。丙因此与戊签订箱包买卖合同。丙依约向丁交付首饰，但因戊不能向丙交付箱包，导致丙无法向丁交付箱包。丁拒绝向丙支付首饰款。下列哪一表述是正确的？(　　)

A. 乙的转委托行为无效

B. 丙与丁签订的买卖合同直接约束甲和丁

C. 丙应向甲披露丁，甲可以行使丙对丁的权利

D. 丙应向丁披露戊，丁可以行使丙对戊的权利

23. (2008年司法考试试卷三第4题)甲委托乙购买一套机械设备，但要求以乙的名义签订合同，乙同意，遂与丙签订了设备购买合同。后由于甲的原因，乙不能按时向丙支付设备款。在乙向丙说明了自己是受甲委托向丙购买机械设备后，关于丙的权利，下列哪一选项是正确的？(　　)

A. 只能要求甲支付

B. 只能要求乙支付

C. 可选择要求甲或乙支付

D. 可要求甲和乙承担连带责任

24. (2017年司法考试试卷三第13题)甲、乙两家公司约定：甲公司向乙公司支付5万元研发费用，乙公司完成某专用设备的研发生产后，双方订立买卖合同，将该设备出售给甲公司，价格暂定为100万元，具体条款另行商定。乙公司完成研发生产后，却将该设备以120万元卖给丙公司，甲公司得知后提出异议。下列哪一选项是正确的？(　　)

A. 甲、乙两家公司之间的协议系承揽合同

B. 甲、乙两家公司之间的协议系附条件的买卖合同

C. 乙、丙两家公司之间的买卖合同无效

D. 甲公司可请求乙公司承担违约责任

25. (2013年司法考试试卷三第16题)甲公司向乙公司转让了一项技术秘密。技术转让合同履行完毕后，经查该技术秘密是甲公司通过不正当手段从丙公司获得的，但乙公司对此并不知情，且支付了合理对价。下列哪一表述是正确的？(　　)

A. 技术转让合同有效，但甲公司应向丙公司承担侵权责任

B. 技术转让合同无效，甲公司和乙公司应向丙公司承担连带责任

C. 乙公司可在一定范围内继续使用该技术秘密，但应向丙公司支付合理的使用费

D. 乙公司有权要求甲公司返还其支付的对价，但不能要求甲公司赔偿其因此受到的损失

26. (2012年司法考试试卷三第16题)甲公司与乙公司签订一份专利实施许可合同，约定乙公司在专利有效期限内独占实施甲公司的专利技术，并特别约定乙公司不得擅自改进该专利技术。后乙公司根据消费者的反馈意见，在未经甲公司许可的情形下对专利技术做了改进，并对改进技术采取了保密措施。下列哪一说法是正确的？(　　)

A. 甲公司有权自己实施该专利技术

B. 甲公司无权要求分享改进技术

C. 乙公司改进技术侵犯了甲公司的专利权

D. 乙公司改进技术属于违约行为

27.（2011 年司法考试试卷三第 15 题）甲公司与乙公司签订一份技术开发合同，未约定技术秘密成果的归属。甲公司按约支付了研究开发经费和报酬后，乙公司交付了全部技术成果资料。后甲公司在未告知乙公司的情况下，以普通使用许可的方式许可丙公司使用该技术，乙公司在未告知甲公司的情况下，以独占使用许可的方式许可丁公司使用该技术。下列哪一说法是正确的？（　）

A. 该技术成果的使用权仅属于甲公司

B. 该技术成果的转让权仅属于乙公司

C. 甲公司与丙公司签订的许可使用合同无效

D. 乙公司与丁公司签订的许可使用合同无效

28.（2006 年司法考试试卷三第 16 题）甲公司委托乙公司开发一种浓缩茶汁的技术秘密成果，未约定成果使用权、转让权以及利益分配办法。甲公司按约定支付了研究开发费用。乙公司按约定时间开发出该技术秘密成果后，在没有向甲公司交付之前，将其转让给丙公司。下列哪种说法是正确的？（　）

A. 该技术秘密成果的使用权只能属于甲公司

B. 该技术秘密成果的转让权只能属于乙公司

C. 甲公司和乙公司均有该技术秘密成果的使用权和转让权

D. 乙公司与丙公司的转让合同无效

29. 甲公司和乙公司签订了一份技术合同。按照合同约定，甲公司为乙公司解决某技术开发项目中的一个特定技术问题，乙公司提供技术资料和工作条件。甲公司在提供技术服务的过程中，利用乙公司提供的技术资料和工作条件，又完成了一项新的技术成果。双方对该项技术成果的归属没有约定和达成协议。该项技术成果（　）。

A. 属于甲公司

B. 属于乙公司

C. 属于甲公司和乙公司

D. 属于甲公司或乙公司

30. 甲科技公司接受乙汽车厂的委托完成一项发明创造，双方就专利申请权的归属没有约定，则甲科技公司完成委托的发明创造之后，如要申请专利，专利申请权归（　）。

A. 甲科技公司

B. 乙汽车厂

C. 甲科技公司和乙汽车厂

D. 甲科技公司和乙汽车厂中先申请的一方

（二）多项选择题

1.（2017 年司法考试试卷三第 59 题）冯某与丹桂公司订立商品房买卖合同，购买了该公司开发的住宅楼中的一套住房。合同订立后，冯某发现该房屋存在问题，要求解除合同。就冯某提出的解除合同的理由，下列哪些选项是正确的？（　）

A. 房屋套内建筑面积与合同约定面积误差比绝对值超过 5%的

B. 商品房买卖合同订立后，丹桂公司未告知冯某，又将该住宅楼整体抵押给第三人的

C. 房屋交付使用后，房屋主体结构质量经核验确属不合格的

D. 房屋存在质量问题，在保修期内丹桂公司拒绝修复的

2.（2016 年司法考试试卷三第 57 题）甲公司借用乙公司的一套设备，在使用过程中不慎损坏一个关键部件，于是甲公司提出买下该套设备，乙公司同意出售。双方还口头约定在甲

公司支付价款前，乙公司保留该套设备的所有权。不料在支付价款前，甲公司生产车间失火，造成包括该套设备在内的车间所有财物被烧毁。对此，下列哪些选项是正确的？（　　）

A. 乙公司已经履行了交付义务，风险责任应由甲公司负担

B. 在设备被烧毁时，所有权属于乙公司，风险责任应由乙公司承担

C. 设备虽然已经被烧毁，但甲公司仍然需要支付原定价款

D. 双方关于该套设备所有权保留的约定应采用书面形式

3.（2016 年司法考试试卷三第 61 题）周某以 6 000 元的价格向吴某出售一台电脑，双方约定 5 个月内付清货款，每月支付 1 200 元，在全部价款付清前电脑所有权不转移。合同生效后，周某将电脑交给吴某使用。其间，电脑出现故障，吴某将电脑交周某修理，但周某修好后以 6 200 元的价格将该电脑出售并交付给不知情的王某。对此，下列哪些说法是正确的？（　　）

A. 王某可以取得该电脑所有权

B. 在吴某无力支付最后一个月的价款时，周某可行使取回权

C. 如吴某未支付到期货款达 1 800 元，周某可要求其一次性支付剩余货款

D. 如吴某未支付到期货款达 1 800 元，周某可要求解除合同，并要求吴某支付一定的电脑使用费

4.（2015 年司法考试试卷三第 60 题）郭某意外死亡，其妻甲怀孕两个月。郭某父亲乙与甲签订协议："如把孩子顺利生下来，就送 10 根金条给孩子。"当日乙把 8 根金条交给了甲。孩子顺利出生后，甲不同意由乙抚养孩子，乙拒绝交付剩余的 2 根金条，并要求甲退回 8 根金条。下列哪些选项是正确的？（　　）

A. 孩子为胎儿，不具备权利能力，故协议无效

B. 孩子已出生，故乙不得拒绝赠与

C. 8 根金条已交付，故乙不得要求退回

D. 2 根金条未交付，故乙有权不交付

5.（2014 年司法考试试卷三第 60 题）甲公司与小区业主吴某订立了供热合同。因吴某要出国进修半年，向甲公司申请暂停供热未果，遂拒交上一期供热费。下列哪些表述是正确的？（　　）

A. 甲公司可以直接解除供热合同

B. 经催告吴某在合理期限内未交费，甲公司可以解除供热合同

C. 经催告吴某在合理期限内未交费，甲公司可以中止供热

D. 甲公司可以要求吴某承担违约责任

6.（2014 年司法考试试卷三第 61 题）甲公司员工魏某在公司年会抽奖活动中中奖，依据活动规则，公司资助中奖员工子女次年的教育费用，如员工离职，则资助失效。下列哪些表述是正确的？（　　）

A. 甲公司与魏某成立附条件赠与

B. 甲公司与魏某成立附义务赠与

C. 如魏某次年离职，甲公司无给付义务

D. 如魏某次年未离职，甲公司在给付前可撤销资助

7.（2013 年司法考试试卷三第 61 题）甲、乙约定，卖方甲负责将所卖货物运送至买方乙指定的仓库。甲如约交货，乙验收收货，但甲未将产品合格证和原产地证明文件交给乙。乙已经支付 80％的货款。交货当晚，因山洪暴发，乙仓库内的货物全部毁损。下列哪些表述是正确的？（　　）

A. 乙应当支付剩余 20％的货款

B. 甲未交付产品合格证与原产地证明，构成违约，但货物损失由乙承担

C. 乙有权要求解除合同，并要求甲返还已支付的 80％货款

D. 甲有权要求乙支付剩余的20%货款，但应补交已经毁损的货物

8.（2009年司法考试试卷三第58题）某房地产开发公司在销售中被查出欺诈消费者的大量事实。下列哪些情形中，买受人可以请求该公司返还已付购房款及利息，并请求该公司承担不超过已付购房款一倍的赔偿责任？（ ）

A. 该公司故意隐瞒没有取得商品房预售许可证明的事实

B. 该公司故意隐瞒所售房屋已经抵押的事实

C. 该公司故意隐瞒所售房屋已经出卖给第三人的事实

D. 该公司故意隐瞒所售房屋存在严重质量问题的事实

9.（2009年司法考试试卷三第59题）曾某购买某汽车销售公司的轿车一辆，总价款20万元，约定分10次付清，每次2万元，每月的第一天支付。曾某按期支付6次共计12万元后，因该款汽车大幅降价，曾某遂停止付款。下列哪些表述是正确的？（ ）

A. 汽车销售公司有权要求曾某一次性付清余下的8万元价款

B. 汽车销售公司有权通知曾某解除合同

C. 汽车销售公司有权收回汽车，并且收取曾某汽车使用费

D. 汽车销售公司有权收回汽车，但不退还曾某已经支付的12万元价款

10.（2017年司法考试试卷三第60题）居民甲经主管部门批准修建了一排临时门面房，核准使用期限为2年，甲将其中一间租给乙开餐馆，租期2年。期满后未办理延长使用期限手续，甲又将该房出租给了丙，并签订了1年的租赁合同。因租金问题，发生争议。下列哪些选项是正确的？（ ）

A. 甲与乙的租赁合同无效

B. 甲与丙的租赁合同无效

C. 甲无权将该房继续出租给丙

D. 甲无权向丙收取该年租金

11.（2017年司法考试试卷三第61题）甲融资租赁公司与乙公司签订融资租赁合同，约定乙公司向甲公司转让一套生产设备，转让价为评估机构评估的市场价200万元，再租给乙公司使用2年，乙公司向甲公司支付租金300万元。合同履行过程中，因乙公司拖欠租金，甲公司诉至法院。下列哪些选项是正确的？（ ）

A. 甲公司与乙公司之间为资金拆借关系

B. 甲公司与乙公司之间为融资租赁合同关系

C. 甲公司与乙公司约定的年利率超过24%的部分无效

D. 甲公司已取得生产设备的所有权

12.（2016年司法考试试卷三第60题）居民甲将房屋出租给乙，乙经甲同意对承租房进行了装修并转租给丙。丙擅自更改房屋承重结构，导致房屋受损。对此，下列哪些选项是正确的？（ ）

A. 无论有无约定，乙均有权于租赁期满时请求甲补偿装修费用

B. 甲可请求丙承担违约责任

C. 甲可请求丙承担侵权责任

D. 甲可请求乙承担违约责任

13.（2015年司法考试试卷三第59题）甲将其临街房屋和院子出租给乙作为汽车修理场所。经甲同意，乙先后两次自费扩建多间房屋作为烤漆车间。乙在又一次扩建报批过程中发现，甲出租的全部房屋均未经过城市规划部门批准，属于违章建筑。下列哪些选项是正确的？（ ）

A. 租赁合同无效

B. 因甲、乙对于扩建房屋都有过错，应分担扩建房屋的费用

C. 因甲未告知乙租赁物为违章建筑，乙可解除租赁合同

D. 乙可继续履行合同，待违章建筑被有关部门确认并影响租赁物使用时，再向甲主张违约责任

14.（2014 年司法考试试卷三第 57 题）2013 年 2 月 1 日，王某以一套房屋为张某设定了抵押，办理了抵押登记。同年 3 月 1 日，王某将该房屋无偿租给李某 1 年，以此抵王某欠李某的借款。房屋交付后，李某向王某出具了借款还清的收据。同年 4 月 1 日，李某得知房屋上设有抵押后，与王某修订租赁合同，把起租日改为 2013 年 1 月 1 日。张某实现抵押权时，要求李某搬离房屋。下列哪些表述是正确的？（　　）

A. 王某、李某的借款之债消灭

B. 李某的租赁权可对抗张某的抵押权

C. 王某、李某修订租赁合同行为无效

D. 李某可向王某主张违约责任

15.（2014 年司法考试试卷三第 59 题）刘某欠何某 100 万元货款届期未还且刘某不知所踪。刘某之子小刘为替父还债，与何某签订书面房屋租赁合同，未约定租期，仅约定：“月租金 1 万元，用租金抵货款，如刘某出现并还清货款，本合同终止，双方再行结算。”下列哪些表述是错误的？（　　）

A. 小刘有权随时解除合同

B. 何某有权随时解除合同

C. 房屋租赁合同是附条件的合同

D. 房屋租赁合同是附期限的合同

16.（2011 年司法考试试卷三第 57 题）丁某将其所有的房屋出租给方某，方某将该房屋转租给唐某。下列哪些表述是正确的？（　　）

A. 丁某在租期内基于房屋所有权可以对方某主张返还请求权，方某可以基于其与丁某的合法的租赁关系主张抗辩权

B. 方某未经丁某同意将房屋转租，并已实际交付给唐某租用，则丁某无权请求唐某返还房屋

C. 如丁某与方某的租赁合同约定，方某未经丁某同意将房屋转租，丁某有权解除租赁合同，则在合同解除后，其有权请求唐某返还房屋

D. 如丁某与方某的租赁合同约定，方某未经丁某同意将房屋转租，丁某有权解除租赁合同，则在合同解除后，在丁某向唐某请求返还房屋时，唐某可以基于其与方某的租赁关系进行有效的抗辩

17.（2009 年司法考试试卷三第 60 题）甲将自己的一套房屋租给乙住，乙又擅自将房屋租给丙住。丙是一个飞镖爱好者，因练飞镖将房屋的墙面损坏。下列哪些选项是正确的？（　　）

A. 甲有权要求解除与乙的租赁合同

B. 甲有权要求乙赔偿墙面损坏造成的损失

C. 甲有权要求丙搬出房屋

D. 甲有权要求丙支付租金

18.（2008 年司法考试四川延考试卷三第 56 题）甲、乙签订协议，约定甲租用乙的房屋 10 年，租金每年 1 万元，甲可以转租。第二年，甲将该房屋转租给丙，租期 3 年，租金每年 1.5 万元。后因乙经营不善，房屋被法院拍卖还债，丙购得该房屋。现甲、乙对两份租赁合同的履行产生争议，下列哪些选项是正确的？（　　）

A. 本案适用买卖不破租赁原则

B. 本案不适用买卖不破租赁原则

C. 丙有权主张将转租合同的租金变更

D. 甲有权要求丙继续履行转租合同

19.（2017 年司法考试试卷三第 62 题）甲房地产开发公司开发一个较大的花园公寓项目，作为发包人，甲公司将该项目的主体工程

发包给了乙企业，签署了建设工程施工合同。乙企业一直未取得建筑施工企业资质。现该项目主体工程已封顶完工。就相关合同效力及工程价款，下列哪些说法是正确的？（　　）

A. 该建设工程施工合同无效

B. 因该项目主体工程已封顶完工，故该建设工程施工合同不应认定为无效

C. 该项目主体工程经竣工验收合格，则乙企业可参照合同约定，请求甲公司支付工程价款

D. 该项目主体工程经竣工验收不合格，经修复后仍不合格的，乙企业不能主张工程价款

20.（2012 年司法考试试卷三第 61 题）甲公司与乙公司签订建设工程施工合同，将工程发包给乙公司施工，约定乙公司垫资 1 000 万元，未约定垫资利息。甲公司、乙公司经备案的中标合同中工程造价为 1 亿元，但双方私下约定的工程造价为 8 000 万元，均未约定工程价款的支付时间。7 月 1 日，乙公司将经竣工验收合格的建设工程实际交付给甲公司，甲公司一直拖欠工程款。关于乙公司，下列哪些表述是正确的？（　　）

A. 1 000 万元垫资应按工程欠款处理

B. 有权要求甲公司支付 1 000 万元垫资自 7 月 1 日起的利息

C. 有权要求甲公司支付 1 亿元

D. 有权要求甲公司支付 1 亿元自 7 月 1 日起的利息

21.（2011 年司法考试试卷三第 51 题）甲公司将建筑工程发包给乙公司，乙公司将其转包给丙公司，丙公司将部分工程包给由 121 个农民工组成的施工队。施工期间，丙公司拖欠施工队工程款达 500 万元之多，农民工因此踏上维权之路。丙公司以乙公司拖欠其工程款 800 万元为由、乙公司以甲公司拖欠其工程款 1 000 万元为由均拒付欠款。施工队将甲公司诉至法院，要求甲公司支付 500 万元。根据社会主义法治理念，关于本案的处理，下列哪些说法是正确的？（　　）

A. 法院应驳回施工队的诉讼请求；因甲公司与施工队无合同关系，法院不应以破坏合同相对性为代价，片面实现社会效果

B. 法院应支持施工队的诉讼请求；法院不能简单以坚持合同的相对性为由否定甲公司的责任，从而造成农民工不断申诉，无法结案

C. 法院应当追加乙公司和丙公司为本案当事人；法院一并解决乙公司和丙公司的欠款纠纷，以避免机械执法，就案办案

D. 法院可以追加乙公司和丙公司为本案当事人；法院加强保护农民工权益的力度，有利于推进法律效果和社会效果的有机统一

22.（2010 年司法考试试卷三第 59 题）甲公司将一工程发包给乙建筑公司，经甲公司同意，乙公司将部分非主体工程分包给丙建筑公司，丙公司又将其中一部分分包给丁建筑公司。后丁公司因工作失误致使工程不合格，甲公司欲索赔。对此，下列哪些说法是正确的？（　　）

A. 上述工程承包合同均无效

B. 丙公司在向乙公司赔偿损失后，有权向丁公司追偿

C. 甲公司有权要求丁公司承担民事责任

D. 法院可收缴丙公司由于分包已经取得的非法所得

23.（2013 年司法考试试卷三第 60 题）某律师事务所指派吴律师担任某案件的一、二审委托代理人。第一次开庭后，吴律师感觉案件复杂，本人和该事务所均难以胜任，建议不再继续代理。但该事务所坚持代理。一审判决

委托人败诉。下列哪些表述是正确的？（　　）

A. 律师事务所有权单方解除委托合同，但必须承担赔偿责任

B. 律师事务所在委托人一审败诉后不能单方解除合同

C. 即使一审胜诉，委托人也可解除委托合同，但必须承担赔偿责任

D. 只有存在故意或者重大过失时，该律师事务所才对败诉承担赔偿责任

24.（2010 年司法考试试卷三第 60 题）甲委托乙寄售行以该行名义将甲的一台仪器以 3 000 元出售，除酬金外，双方对其他事项未作约定。其后，乙将该仪器以 3 500 元卖给了丙，为此乙多支付费用 100 元。对此，下列哪些选项是正确的？（　　）

A. 甲与乙订立的是居间合同

B. 高于约定价格卖得的 500 元属于甲

C. 如仪器出现质量问题，丙应向乙主张违约责任

D. 乙无权要求甲承担 100 元费用

25.（2010 年司法考试试卷三第 61 题）关于保管合同和仓储合同，下列哪些说法是错误的？（　　）

A. 二者都是有偿合同

B. 二者都是实践性合同

C. 寄存人和存货人均有权随时提取保管物或仓储物而无须承担责任

D. 因保管人保管不善造成保管物或仓储物毁损、灭失的，保管人承担严格责任

26.（2009 年司法考试试卷三第 61 题）甲将 10 吨大米委托乙商行出售。双方只约定，乙商行以自己名义对外销售，每公斤售价 2 元，乙商行的报酬为价款的 5%。下列哪些说法是正确的？（　　）

A. 甲与乙商行之间成立行纪合同关系

B. 乙商行为销售大米而支出的费用应由自己负担

C. 如乙商行以每公斤 2.5 元的价格将大米售出，双方对多出价款的分配无法达成协议，则应平均分配

D. 如乙商行与丙食品厂订立买卖大米的合同，则乙商行对该合同直接享有权利、承担义务

27.（2008 年司法考试四川延考试卷三第 55 题）甲委托乙代销电视机，乙分别与丙、丁签订了买卖合同，但没有说明是代甲销售。后乙将与丙、丁签订合同的事实告知甲。甲分别以自己的名义向丙和丁送交了约定数量的电视机。丙接收了电视机，丁拒收电视机并要求乙履行合同。后丁反悔，直接向甲履行了付款义务。下列哪些选项是正确的？（　　）

A. 如丙迟延履行付款义务，甲可以要求乙承担连带责任

B. 乙可以自己是受托人为由，拒绝对丁履行交货义务

C. 丁拒收电视机并要求乙履行合同意味着选择乙作为相对人

D. 丁拒收电视机后又向甲付款的行为不发生合同履行的效力

28.（2010 年司法考试试卷三第 62 题）甲、乙、丙三人合作开发一项技术，合同中未约定权利归属。该项技术开发完成后，甲、丙想要申请专利，而乙主张通过商业秘密来保护。对此，下列哪些选项是错误的？（　　）

A. 甲、丙不得申请专利

B. 甲、丙可申请专利，申请批准后专利权归甲、乙、丙共有

C. 甲、丙可申请专利，申请批准后专利权归甲、丙所有，乙有免费实施的权利

D. 甲、丙不得申请专利，但乙应向甲、丙支付补偿费

29.（2009 年司法考试试卷三第 62 题）甲公司非法窃取竞争对手乙公司最新开发的一

项技术秘密成果，与丙公司签订转让合同，约定丙公司向甲公司支付一笔转让费后拥有并使用该技术秘密。乙公司得知后，主张甲、丙间的合同无效，并要求赔偿损失。下列哪些说法是正确的？（　）

A. 如丙公司不知道或不应当知道甲公司窃取技术秘密的事实，则甲、丙间的合同有效

B. 如丙公司为善意，有权继续使用该技术秘密，乙公司不得要求丙公司支付费用，只能要求甲公司承担责任

C. 如丙公司明知甲公司窃取技术秘密的事实，仍与其订立合同，不得继续使用该技术秘密，并应当与甲公司承担连带赔偿责任

D. 不论丙公司取得该技术秘密时是否为善意，该技术转让合同均无效

30.（2008 年司法考试试卷三第 67 题）甲公司于 2004 年 5 月 10 日申请一项汽车轮胎的实用新型的专利，2007 年 6 月 1 日获得专利权，2008 年 5 月 10 日与乙公司签订一份专利独占实施许可合同。下列哪些选项是正确的？（　）

A. 该合同属于技术转让合同

B. 该合同的有效期不得超过 10 年

C. 乙公司不得许可第三人实施该专利技术

D. 乙公司经甲公司授权，可以自己的名义起诉侵犯该专利技术的人

31.（2008 年司法考试四川延考试卷三第 62 题）中国龙腾公司从美国虎跃公司引进一套鱼苗育种技术。在两家公司所签技术引进合同的下列条款中，哪些是不合法的？（　）

A. 虎跃公司提供与该技术相关的指导说明

B. 龙腾公司不得从欧盟获得类似技术

C. 龙腾公司不得将引进技术泄露给任何第三方

D. 龙腾公司应在引进技术的同时，购进虎跃公司的部分库存汽车配件

32.（2008 年司法考试四川延考试卷三第 63 题）甲公司于 2000 年 5 月 10 日申请一项饮料配方的发明，2004 年 6 月 1 日获得专利权，2006 年 5 月 11 日与乙公司签订一份专利独占实施许可合同。下列哪些选项是正确的？（　）

A. 该合同属于技术转让合同

B. 该合同的有效期不得超过 14 年

C. 乙公司不得许可第三人实施该专利技术

D. 乙公司可以起诉侵犯该专利技术的人

（三）不定项选择题

1.（2012 年司法考试试卷三第 86 题）甲公司将 1 台挖掘机出租给乙公司，为担保乙公司依约支付租金，丙公司担任保证人，丁公司以机器设备设置抵押。乙公司欠付 10 万元租金时，经甲公司、丙公司和丁公司口头同意，将 6 万元租金债务转让给戊公司。之后，乙公司为现金周转，将挖掘机分别以 45 万元和 50 万元的价格先后出卖给丙公司和丁公司。丙公司和丁公司均已付款，但乙公司没有依约交付挖掘机。关于乙公司与丙公司、丁公司签订挖掘机买卖合同的效力，下列表述错误的是（　）。

A. 乙公司可以主张其与丙公司的买卖合同无效

B. 丙公司可以主张其与乙公司的买卖合同无效

C. 乙公司可以主张其与丁公司的买卖合同无效

D. 丁公司可以主张其与乙公司的买卖合同无效

2.（2011 年司法考试试卷三第 86 题）甲公司与乙公司约定，由甲公司向乙公司交付 1 吨

药材，乙公司付款100万元。乙公司将药材转卖给丙公司，并约定由甲公司向丙公司交付，丙公司收货后3日内应向乙公司支付价款120万元。关于乙公司与丙公司签订合同的效力，下列表述正确的是（ ）。

A. 效力待定

B. 为甲公司设定义务的约定无效

C. 有效

D. 无效

3. A市的甲与B市的乙订立买卖合同，约定出卖人甲出售500箱景德镇高档瓷器交给乙，由甲负责运输，运送车队应于7月10日从A市开出。后甲到7月12日才电话通知乙，车队刚出发，正将瓷器运往B市乙处。乙称由于甲违约，要求解除合同，瓷器不需要运过来了。正在此时，C市的丁告诉甲急需400箱景德镇高档瓷器，于是甲通过手机与车队队长联系，即刻将装有400箱瓷器的5辆车开往C市，剩下的2辆车开回A市。车队在开往C市的途中恰遇山洪暴发，400箱瓷器全部被毁。开回A市的2辆车在途中被车匪路霸拦截，并被抢走60箱瓷器。

(1) 400箱瓷器毁损的风险由谁承担？（ ）

A. 甲　　B. 乙

C. 丁　　D. 车队

(2) 被车匪路霸拦截抢走60箱瓷器的风险由谁承担？（ ）

A. 甲

B. 乙

C. 车队

D. 甲、乙、车队三方公平分担

4. 下列哪些情形中，赠与人在赠与财产的权利转移前可以撤销赠与？（ ）

A. 甲赠送给外国友人乙一幅中国山水画

B. 李某向中国青少年发展基金会捐赠500台平板电脑

C. 抗洪救灾期间，某公司捐赠1 000个活动帐篷给灾民

D. 张某答应在王某结婚那天赠送一辆保时捷跑车给王某

5.（2006年司法考试试卷三第61题）甲根据乙的选择，向丙购买了1台大型设备并出租给乙使用。乙在该设备安装完毕后，发现不能正常运行。下列哪些判断是正确的？（ ）

A. 乙可以基于设备质量瑕疵而直接向丙索赔

B. 甲不对乙承担违约责任

C. 乙应当按照约定支付租金

D. 租赁期满后由乙取得该设备的所有权

6. 甲于2016年2月租住乙一套房屋，租期一年。乙于2016年5月出国。租期届满，乙并未作任何表示。次年3月乙归来，乙要求甲立即搬出。下列选项正确的是（ ）。

A. 双方没有续订合同，租赁关系消灭

B. 次年2～3月，双方依然存在租赁合同关系，甲仍需支付租金

C. 次年3月乙归来，乙不能要求甲立即搬出

D. 次年2月起，由于租赁期限届满乙没有提出异议，则原租赁合同继续有效，但租赁期限为不定期

7. 下列属于承揽合同的有（ ）。

A. 张某为李某进行红木家具的鉴定

B. 某广告设计公司为某公司制作新产品广告横幅

C. 某公司举办大型国际展览会，从某学院聘请了20名口译人员

D. 某施工队为某大学承建多功能报告中心

8. 下列关于承揽合同中民事责任的陈述，正确的有（ ）。

A. 如果承揽人因保管不善而将定作人提供的材料毁损的，应当承担赔偿责任

B. 在没有特别约定的情况下,共同承揽人应当对定作人承担连带责任

C. 承揽人发现定作人提供的图纸存在问题,因没有及时通知定作人而继续完成工作造成定作人损失的,承揽人应当承担赔偿责任

D. 定作人可以随时解除承揽合同,但因此造成承揽人损失的,定作人应当赔偿

9. 甲建筑公司与乙棉纺厂签订了一份建设工程合同,由甲建筑公司为乙棉纺厂承建厂房一栋,包工包料,工程总造价 2 500 万元。工程如期竣工后,棉纺厂因经营亏损,无力支付工程款。试问依照《合同法》的规定,甲公司可以选择下列哪些方式实现自己的债权?(　　)

A. 首先催告乙棉纺厂在合理的期限内支付价款

B. 如果逾期仍不支付,可以直接申请人民法院拍卖该厂房

C. 也可以与棉纺厂协商将该厂房折价

D. 建筑公司对该厂房卖得的价款可优先受偿

10. 张某将一批价值 20 万元的布匹委托甲商行出售,下列陈述正确的有(　　)。

A. 除非经张某特别同意,否则甲商行不能自己买进这批布匹

B. 甲商行如果以 25 万元卖出该批布匹,5 万元属于甲商行的收益,张某不必另行支付报酬

C. 张某特别告诉甲商行,不得将该布匹卖给自己的情敌李某,只要李某的出价符合要求,则甲商行也可以卖给李某

D. 如果在双方约定的期限内甲商行没有将布匹卖出,则张某可以将布匹取回,且无须支付报酬

11. 高某前往美国出差,王某委托其代为购买一台某品牌笔记本电脑。高某出差回来时为王某购得一台某品牌笔记本电脑,价值 20 000 元。高某将笔记本电脑送到王某家时,王某妻子刘某称王某因车祸去世,这台笔记本电脑已经用不上了,高某则以自己已有一台笔记本电脑为由,要求刘某收下该电脑。关于此事,下列说法正确的是(　　)。

A. 高某与王某之间的委托合同因合同一方当事人死亡而终止,刘某完全可以拒收该电脑

B. 因为刘某在王某死亡后没有及时通知高某不要再购买该笔记本电脑,因此刘某必须收下高某购买的电脑

C. 如果刘某接受了该台电脑,则高某与王某的委托合同变更成为高某与刘某的委托合同,发生合同权利、义务的转让

D. 只有在刘某不同意接受该台电脑时,高某与王某之间的委托合同才因合同一方当事人死亡而终止

12. 下列可以适用留置的合同有(　　)。

A. 保管合同　　B. 货运合同

C. 行纪合同　　D. 承揽合同

13. 下列对行纪合同与居间合同的相同点和不同点叙述正确的是(　　)。

A. 居间合同中,居间人不参与委托人与第三人的合同关系,行纪人则直接与第三人订立合同,并享有权利、承担义务

B. 居间活动的费用由居间人自己承担,行纪人处理委托事务的花费除非合同另有约定,否则由行纪人承担

C. 居间合同与行纪合同都是有偿合同

D. 居间人可以从委托人及其相对人双方处取得报酬,而行纪人只能请求委托人支付报酬

14. 下列对委托合同叙述正确的有(　　)。

A. 在任何情形下,受托人如果未经委托人同意,不能将委托事务转委托

B. 紧急情况下且难以和委托人取得联系时，受托人可以变更委托人指示，但事后应当将该情况及时报告委托人

C. 委托人行使受托人对第三人的权利的，第三人可以向委托人主张其对受托人的抗辩

D. 受托人只能以委托人的名义从事委托事务，否则其与第三人订立的合同无效

15. 甲技术开发公司与乙科技公司合作开发一种新产品，甲公司指派研究员余某、乙公司指派研究员李某共同从事科研工作。双方就专利申请权没有约定，产品研制成功后若申请专利，专利申请权应当属于(　　)。

A. 余某和李某共有

B. 余某和李某中先提出申请的一方

C. 甲公司和乙公司

D. 甲公司和乙公司中先提出申请的一方

16. 甲锅炉厂委托乙技术公司研制一种新产品，但乙技术公司研制成功后，被丙公司员工王某窃取，丙公司迅速占领了该产品的大部分市场份额。在此情况下，甲锅炉厂可以向乙技术公司主张(　　)。

A. 解除合同

B. 赔偿损失

C. 减少报酬

D. 若有违约金，给付违约金

17. 甲公司与乙公司签订了一份技术转让合同，经双方协商，达成以下协议，该协议中哪些条款是无效的？(　　)

A. 乙公司作为受让方，不得在合同标的技术的基础上进行新的研究开发

B. 乙公司作为受让方，必须在丙公司购买该实施技术所必需的原材料

C. 乙公司作为受让方，必须接受甲公司的技术培训

D. 乙公司作为受让方，乙公司基于甲公司转让的技术在进行自行改进的技术转让时，甲公司在同等条件下享有优先受让权

18. 赵某窃取甲公司的技术秘密后，与乙公司签订技术转让合同，将其窃取的技术秘密转让给乙公司，乙公司对于所转让的技术是窃取而得并不知情，并支付 100 万元，甲公司知道后产生纠纷，下列说法正确的是(　　)。

A. 甲公司有权向赵某主张侵权责任

B. 甲公司有权要求乙公司停止使用该技术

C. 乙公司有权继续使用该技术，但要向甲公司支付使用费

D. 乙公司有权继续使用该技术，由赵某向甲公司支付使用费

(四)名词解释与辨析

1. 物的瑕疵担保责任

2. 样品买卖

3. 分期付款买卖

4. 穷困抗辩权

5. 买卖不破租赁

6. 转租

7.(中国人民大学 2002 年考研真题)融资租赁合同与租赁合同

8. 承揽合同

9. 建设工程合同

10. 分包与转包

11. 多式联运合同

12. 消费保管合同

13. 仓单

14. 转委托

15. 行纪人的介入权

16.(中国人民大学 2004 年考研真题)居间合同

17. 职务技术成果

18. 技术秘密

19. 专利实施许可合同

（五）简答题

1.（北京大学 2003 年考研真题）简述"一物二卖"行为的法律效力。

2. 简述自然人间借款合同当事人的权利和义务。

3.（中国人民大学 2006 年考研真题）简述分期付款买卖中所有权及风险转移规则。

4.（武汉大学 2011 年考研真题）简述穷困抗辩权的含义及成立要件。

5. 简述融资租赁合同的法律特征。

6. 简述承揽合同中承揽人的主要义务。

7. 简述建设工程合同与承揽合同的区别。

8.（中国人民大学 2006 年考研真题）简述建设工程价款优先权的效力。

9. 简述运输合同的特征。

10. 试比较保管合同和仓储合同的异同。

11. 简述委托合同终止原因及后果。

12.（武汉大学 2013 年考研真题）简述商事居间与民事居间的区别。

13. 简述技术咨询合同的法律特征。

14. 简述技术合同无效的情形。

（六）论述题

1.（中国政法大学 2003 年考研真题）试论述我国《合同法》关于买卖合同中标的物毁损、灭失的风险承担规则及其违约构成的关系。

2. 试论述租赁权的物权化。

3. 试论述承揽合同中定作人合同任意解除权的法理基础与法定条件。

4.（清华大学 2015 年考研真题）试论述代理与委托的关系。

5. 试论述运输合同中承运人强制缔约义务。

6. 试论述如何确认技术合同中技术成果的归属。

四、案例分析

【案例一】

原、被告签订购销合同一份，约定由原告卖给被告香水和香水瓶，同时免费向被告提供香水分销机一台和展柜一个。合同签订后，原告依约向被告交付了货物及香水分销机、展柜。后原告催要货款，被告拒付。原告遂提起诉讼，请求判令被告给付供货欠款并支付滞纳金。被告抗辩称：香水分销机质量不符合要求，给其造成的损失理应承担赔偿责任。被告的抗辩理由能否成立？

——李显冬主编：《案例合同法学》，中国法制出版社 2012 年版。

【问题聚焦】

物的瑕疵担保责任

【法律剖析】

物的瑕疵担保责任，是指出卖人就其所交付的标的物欠缺约定或者法定品质所必须负担的责任。买卖合同中出卖方应承担物的瑕疵担保责任，当买受人因标的物有瑕疵而受有损害时，出卖方应承担损害赔偿责任。但是赠与合同作为无偿合同，赠与人一般不对赠与物承担瑕疵担保责任，只有在故意不告知瑕疵或者保证无瑕疵的情况下，造成受赠人损失的，才应当承担损害赔偿责任。本案中香水和香水瓶是买卖合同的标的物，原告应就其承担瑕疵担保责任，而香水分销机只是原告赠与被告的，只要原告没有故意不告知瑕疵或者保证无瑕疵，则原告不用承担瑕疵担保责任，故被告的抗辩不能成立。

【法条链接】

➤《中华人民共和国合同法》第 191 条

赠与的财产有瑕疵的，赠与人不承担责任。附义务的赠与，赠与的财产有瑕疵的，赠与人在附义务的限度内承担与出卖人相同的责任。

赠与人故意不告知瑕疵或者保证无瑕疵，造成受赠人损失的，应当承担损害赔偿责任。

【案例二】

1995 年 6 月 30 日，许某与其父及同村王某等五人到甲公司处购买摩托车。经看样品，许某看中某摩托车，价格为 15 800 元。许某到柜台交款后随营业员到仓库提货。此时，有一男青年混迹其中，帮助营业员提货、组装。营业员认为，这个男青年是和许某一起的，许某则认为这个青年也是营业员。车装好后营业员叫该男青年到外面试一下车。结果男青年骑车一去不回。许某遂向法院提起诉讼，要求甲公司交付一辆同型号、同价款的摩托车或返还 15 800 元，并赔偿其误工费 5 000 元。甲公司答辩称，已经给许某开具了发货单，车是许某从仓库中推出来的，所有权已经移转给许某，故不应承担任何责任。

——李显冬主编：《案例合同法学》，中国法制出版社 2012 年版。

【问题聚焦】

交付

【法律剖析】

本案关键在于甲公司是否将摩托车交付给许某。原告交付了货款，但是被告并没有将标的物直接交付给原告，而是交付给了第三者，故而原告实际上并没有取得标的物的占有，标的物的交付并没有完成。本案特殊之处在于，其标的物虽也是即时交易，但交付存在一定的过程，原告虽然取得了取货单，但是按照摩托车买卖交易惯例，仍需要售货员从仓库的种类物中提取一件，特定化之后进行组装并由买受人试车满意之后，再最终向买受人交付。所以本案中交付并未完成，原告仍需履行其交付义务。在标的物交付之前，标的物毁损、灭失的风险由出卖人承担。

【法条链接】

▶《中华人民共和国合同法》第 135 条　出卖人应当履行向买受人交付标的物或者交付提取标的物的单证，并转移标的物所有权的义务。

▶《中华人民共和国合同法》第 142 条　标的物毁损、灭失的风险，在标的物交付之前由出卖人承担，交付之后由买受人承担，但法律另有规定或者当事人另有约定的除外。

【案例三】

甲为某钢材生产企业，乙为某融资租赁公司，丙为某钢材生产设备经销商。甲为生产某种型号的钢材，需要购买丙所生产的某种钢材生产专用设备，但由于甲资金紧张，便与乙订立融资租赁合同，由乙从丙处购买该机器设备，而甲则分期向乙支付租金。为节省运输费用，丙通知甲直接到丙公司取货。在生产过程中，甲发现该机器存在质量问题，致使其所生产的钢材不合格，使甲遭受经济损失 10 万元。甲能否请求丙承担违约责任？

——王利明：《债法总则》，中国人民大学出版社 2016 年版。

【问题聚焦】

融资租赁合同中的索赔权

【法律剖析】

融资租赁合同中，当事人可以约定由承租人行使索赔的权利。为了保证承租人能够行使索赔权利，当事人若约定由承租人行使索赔权利，出租人应当协助，包括寻找出卖人，帮助调查取证，提供有关合同文本、订阅资料以及在诉讼中出庭作证等。但是如果当事人没有约定，则应当由出租人向出卖人主张违约的请求权。本案中虽然是甲直接从丙处取得机器，但是甲与乙并没有约定由谁行使索赔的权利，故而仍应当由出租人也就是乙请求丙承担违约责任。因此在该案中，由出卖人丙所提供的标的物存在质量问题时，承租人甲无权直接请求丙承担违约责任。

【法条链接】

▶《中华人民共和国合同法》第240条　出租人、出卖人、承租人可以约定，出卖人不履行买卖合同义务的，由承租人行使索赔的权利。承租人行使索赔权利的，出租人应当协助。

【案例四】

甲为某家具经销商，乙为某家具加工企业。甲与乙订立定作合同，约定乙在2个月内为甲制作红木家具50套，在交付家具后，甲应向乙支付报酬5万元，木材由甲提供。一个月后，因当地发生泥石流，导致甲提供的木材以及乙已经加工好的25套红木家具灭失。甲请求乙赔偿其木材损失10万元，而乙则请求甲支付约定的报酬，并主张甲的木材因意外原因灭失，不应由其赔偿。双方因此产生争议。

——王利明：《合同法》，中国人民大学出版社2015年版。

【问题聚焦】

承揽合同中的风险负担

【法律剖析】

对于承揽合同中原材料毁损、灭失风险的承担，定作人尚未将材料交付承揽人时，由定作人承担；材料已交付承揽人时，在承揽人占有期间，因一切原材料、样品都在承揽人的占有和管理之下，承揽人负有保管的义务。所以，材料毁损、灭失的风险，由承揽人承担。但由于不可抗力造成的毁损、灭失，则遵循民法上标的物毁损、灭失风险承担的一般规则，由原材料所有人即定作人承担。承揽人应当采取积极措施，尽量减少损失。如果应当采取措施而未采取措施，使损失扩大的，不得就扩大的部分要求免责。在本案中虽然材料是交付之后灭失，但因为泥石流这一不可抗力，乙对于原材料的灭失不存在过错，无须赔偿甲的木材损失。对于工作成果灭失风险由谁承担的问题，《合同法》虽然没有明确规定，但是根据《民法》原理应当由所有权人负担，在工作成果交付之前，工作成果由承揽人所有，所以因不可归责于任何一方当事人的事由致使标的物毁损、灭失的，其风险由承揽人承担，也就是由乙承担。所以，乙无权请求甲支付约定的报酬。

【法条链接】

▶《中华人民共和国合同法》第265条　承揽人应当妥善保管定作人提供的材料以及完成的工作成果，因保管不善造成毁损、灭失的，应当承担损害赔偿责任。

【案例五】

甲、乙是邻居，甲要出国一段时间，便在临行前将自己的一盆兰花搬到乙的院子里，请求乙代为保管，但并没有就报酬问题作出约定。乙时常将兰花搬到室外，几天后，由于突然下雨，乙急忙将甲的兰花搬到室内，在搬运过程中不慎滑倒，导致甲的兰花毁损。甲回国后得知这一情况，认为乙没有尽到其保管义务，要求乙赔偿损失。乙是否需要承担赔偿责任？

——王利明：《合同法》，中国人民大学出版社2015年版。

【问题聚焦】

保管人中的保管义务

【法律剖析】

在保管合同中，保管人应当妥善保管保管物。根据《合同法》的规定，保管期间，因保管人保管不善造成保管物毁损、灭失的，保管人应当承担损害赔偿责任，但保管是无偿的，保管人如能证明自己没有重大过失的，不承担损害赔偿责任。本案中，甲和乙就保管合同的报酬没有约定，应当视为无偿保管，乙是在搬运过程中不慎滑倒，故而对于兰花的毁损没有故意或重大过失，因此不用承担赔偿责任。

【法条链接】

▶《中华人民共和国合同法》第366条　寄存人应当按照约定向保管人支付保管费。

当事人对保管费没有约定或者约定不明确，依照本法第六十一条的规定仍不能确定的，保管是无偿的。

▶《中华人民共和国合同法》第374条　保管期间，因保管人保管不善造成保管物毁损、灭失的，保管人应当承担损害赔偿责任，但保管是无偿的，保管人证明自己没有重大过失的，不承担损害赔偿责任。

【案例六】

原告阿某携带约40千克物品乘坐甲运输公司的班车。甲公司规定一名乘客可免费携带10千克物品，为使自己携带的物品不花托运费，阿某事先将其他三人车票拿上。在进站时，车站的工作人员要阿某将携带的物品过磅，并打行李票，阿某随即出示四张车票，以表明他携带的物品没有超过四人乘车准许免费携带物品的重量。故其携带的物品虽然过磅，但没买行李票。阿某将行李放在车顶的行李包架上，后行李丢失。甲公司是否需要赔偿阿某的损失？

——李显冬主编：《案例合同法学》，中国法制出版社2012年版。

【问题聚焦】

运输合同中旅客的义务

【法律剖析】

甲公司无须赔偿阿某的损失。一般而言，客运合同都会附带一个行李托运合同，对于托运的行李，按照《合同法》的规定，承运人有保护行李安全的义务。而对于旅客自行携带的行李，则自负安全保障义务，承运人对于旅客自行携带的物品，不承担除因为承运人原因之外的毁损风险。本案中，甲公司允许每位乘客免费携带10千克物品，原告的行李达到40千克，超过了免费携带物品的重量，应当办理行李托运，从而形成行李托运合同。但是阿某为了省钱，没有办理行李托运，故而没有达成行李托运合同。40千克的行李属于乘客随身携带的行李，甲公司对于行李的毁损、灭失没有过错，故而不用承担责任。

【法条链接】

▶《中华人民共和国合同法》第303条　在运输过程中旅客自带物品毁损、灭失，承运人有过错的，应当承担损害赔偿责任。

旅客托运的行李毁损、灭失的，适用货物运输的有关规定。

▶《中华人民共和国合同法》第311条　承运人对运输过程中货物的毁损、灭失承担损害赔偿责任，但承运人证明货物的毁损、灭失是因不可抗力、货物本身的自然性质或者合理损耗以及托运人、收货人的过错造成的，不承担损害赔偿责任。

【案例七】

1992年9月，李某调入甲中医学院工作。因其已有开发研制新产品“益智宝”等三种口服液的构思，甲中医学院遂指派其到下属单位乙医药公司(性质为国有企业)从事新产品的研制开发工作。在李某研制开发新药的过程中，甲中医学院支付房租费、水电费、取暖费、检验费、原材料费以及李某工资等研制费共计228 866.23元，并为李某开展此项开发研究工作提供了新设备。

1994年3月4日，李某与乙医药公司签订知识产权合同书，明确“益智宝”等三种口服液产权归李某所有，乙公司应及时付给李某研制期间所开支的原材料等项费用。但合同未经上级主管机关批准。后“益智宝”口服液被批准生产。“益智宝”专利申请权应属谁所有?

——李显冬主编:《案例合同法学》，中国法制出版社2012年版。

【问题聚焦】

职务技术成果的归属

【法律剖析】

职务技术成果是指执行法人或其他组织的工作任务，或者主要是利用法人或其他组织的物质技术条件所完成的技术成果。李某在研制过程中，是在执行所属的甲中医学院或乙医药公司的任务，其研制所利用资金、设备、器材或者原材料等物质条件也都是由医药公司提供的，所以“益智宝”口服液发明创造属于职务发明创造。李某虽然和乙公司签订过知识产权合同，约定“益智宝”的专利和专利申请权归李某所有，但是根据我国《专利法》的规定，转让专利申请权或者专利权的，当事人应当订立书面合同，并向国务院专利行政部门登记，由国务院专利行政部门予以公告。专利申请权或者专利权的转让自登记之日起生效。而本案中李某与乙公司签订的转让合同并没有生效。因此本案中“益智宝”口服液为职务技术成果，且双方就其专利归属没有有效约定，该口服液的使用权、转让权以及专利申请权应当归属于法人即乙公司。

【法条链接】

▶《中华人民共和国合同法》第326条　职务技术成果的使用权、转让权属于法人或者其他组织的，法人或者其他组织可以就该项职务技术成果订立技术合同。法人或者其他组织应当从使用和转让该项职务技术成果所取得的收益中提取一定比例，对完成该项职务技术成果的个人给予奖励或者报酬。法人或者其他组织订立技术合同转让职务技术成果时，职务技术成果的完成人享有以同等条件优先受让的权利。

职务技术成果是指执行法人或者其他组织的工作任务，或者主要是利用法人或者其他组织的物质技术条件所完成的技术成果。

▶《中华人民共和国专利法》第10条　专利申请权和专利权可以转让。

中国单位或者个人向外国人、外国企业或者外国其他组织转让专利申请权或者专利权的，应当依照有关法律、行政法规的规定办理手续。

转让专利申请权或者专利权的，当事人应当订立书面合同，并向国务院专利行政部门登记，由国务院专利行政部门予以公告。专利申请权或者专利权的转让自登记之日起生效。

【案例八】

甲制桶厂与乙设备开发公司签订了《设计、制造25—70升钢桶生产线协议书》。该协议书约定:甲制桶厂委托乙设备开发公司设计、制造25—70升钢桶生产线，要求消化、吸收引进技术，达到或超过某厂引进的法国设备水平。签约后，甲制桶厂向乙设备开发公司交付了设计任务书和43万元定金。

后乙设备开发公司将生产线设备送至甲制桶厂安装、调试。因输送部分不能达到设计要求，设备不能使用。甲制桶厂遂以乙设备开发公司工作进度迟缓，至今未能将生产线调试合格交付使用为由诉至法院，请求法院判令解除合同，由乙设备开发公司返还定金、预付款及偿付违约金共计205万元。

——李显冬主编：《案例合同法学》，中国法制出版社2012年版。

【问题聚焦】

开发风险的承担

【法律剖析】

本案焦点问题在于，被告不能履行合同，是属于违约行为还是因为技术开发合同的风险所致？技术开发是一项探索性活动，蕴藏着开发不出来的危险。在研究开发过程中，如果当事人一方或者双方已尽了最大努力，但仍因科技知识、认识水平或试验条件等客观因素的限制，出现无法克服的技术困难，致使研究开发全部或者部分失败，未能取得合同约定的预期目的，即为技术开发合同的风险。

一项技术开发的失败或者部分失败属于风险，应当具备以下各项条件：(1)课题本身在国际和国内现有技术水平下具有足够的难度；(2)研究开发方尽了主观努力；(3)该领域专家认为研究开发失败属于合理的失败。

由于技术开发存在风险，风险一旦出现，将使技术开发合同无法履行，给当事人造成损失，因此，当事人应当在订立合同时明确约定风险责任的承担。如果当事人没有约定或者约定不明确，风险发生后，当事人可以协议补充风险责任。不能达成补充协议的，可以按照合同的有关条款或者交易习惯确定；仍不能确定的，风险责任由当事人合理分担。本案中被告在设备开发中所遇到的设备运输问题，虽经长时间调试，仍不能达到要求，应属于研发风险，乙设备开发公司不构成违约，双方就风险负担没有约定，应由当事人合理分担。

【法条链接】

▶《中华人民共和国合同法》第338条　在技术开发合同履行过程中，因出现无法克服的技术困难，致使研究开发失败或者部分失败的，该风险责任由当事人约定；没有约定或者约定不明确，依照本法第61条的规定仍不能确定的，风险责任由当事人合理分担。

当事人一方发现前款规定的可能致使研究开发失败或者部分失败的情形时，应当及时通知另一方并采取适当措施减少损失；没有及时通知并采取适当措施，致使损失扩大的，应当就扩大的损失承担责任。

五、深度拓展

◆ 融资租赁合同与保留所有权的分期付款买卖合同

保留所有权的买卖合同是指在移转财产所有权的买卖合同中，根据法律的规定或者当事人的约定，财产所有人移转标的物的占有于对方当事人，但仍保留其对该财产的所有权，待对方当事人支付部分或全部价款，或完成特定条件时，该财产的所有权才发生移转。

融资租赁合同与保留所有权的分期付款买卖合同的主要区别在于：

1. 当事人的交易意图不同。在保留所有权的分期付款买卖合同中，一方当事人的交易意图是出让标的物的所有权、获取价金，对方当事人的交易意图是支付价金、获取标的物的所有权。而在融资租赁合同中，出租人虽为承租人的使用购买租赁物，但出租人所购买的物件却是归出租人所有，出租人仅将物的使用、收益权利授予承租人。仅在当事人双方有特别约定的情况下，承租人方可以在租赁期满时，取得租赁物的所有权。

2. 融资租赁合同的租赁期中承租人无期待权。保留所有权的分期付款合同作为一种特殊交易制度，具有与出卖人的所有权处于相对状态并形成消长关系的买受人的期待权。此买受人的期待权因买卖合同而成立，并与买卖合同同法律上之命运；其目的在于取得标的物所有权，系取得所有权之前阶段，因条件成就变为所有权，因此属于物权化的债权或兼具物权与债权两种因素之特殊权利。与此相反，在融资租赁的整个租赁期间，承租人并无取得租赁物所有权的期待权。

3. 期间届满后标的物所有权归属不同。保留所有权的分期付款买卖，乃以支付全部价金为移转标的物所有权之延缓条件。一旦条件成就，即买受人支付全部价金，标的物所有权便当然移转于买受人，无须另订协议。而融资租赁合同中，必须有特别约定，承租人方可于租赁期满时取得租赁物的所有权。

◆ 互易合同概念、特征及效力

互易合同是指当事人双方约定互相移转金钱以外的财产权的合同。互易合同的双方当事人均称为互易人。互易合同可以分为一般互易和补足金的互易。一般互易是指当事人双方约定互相交付给对方财产并移转财产权，又有单纯互易与价值互易之分。单纯互易是指当事人双方并不考虑对方给付的标的物的价值的一种互易。有人认为此种互易类似于两个赠与，只是这两个赠与互为前提或条件。价值互易是指当事人双方以标的物的价值为标准，互相交换财产并移转财产权的一种互易。这种互易的特点在于，当事人双方以两个价值相同的物进行交换。有人认为此种互易类似于两个买卖，其价款相互抵销，其实它不同于价款相互抵销的非以货换货的两个独立的买卖，也不同于代物清偿价金的买卖。因此，互易合同是有偿合同。补足金的互易是指当事人约定一方向另一方移转金钱以外的财产权，而另一方除移转金钱以外的财产权外，应支付一定的金钱，以补足互换的两物的差价的互易。它不同于买受人向出卖人支付价款，但可以给付一定的实物作价的买卖。

互易合同具有以下特征：(1)当事人双方必须向对方给付货币以外的财物；(2)互易合同是双务有偿合同；(3)互易合同是诺成合同；(4)互易合同一般为不要式合同。

我国《合同法》第 175 条规定："当事人约定易货交易，转移标的物所有权的，参照买卖合同的有关规定。"因此，互易效力内容如下：(1)互易人互负移转财产给对方的义务，同时因其为双务合同，有关同时履行抗辩、危险移转、利益承受的规定或理论亦适用于互易；(2)互易人对交付的财物互负瑕疵担保责任；(3)在补足金的互易中，补足金的部分准用买卖价金的规定，其履行及履行场所，如无反对的意思表示，应解释为与交付财物相同，就瑕疵可请求减少价金时，应先从补足金中减少。

◆ 承包人的建设工程优先权

所谓建设工程优先权，是指建设工程竣工以后，发包人未按照约定支付价款，承包人对其承包的建设工程，通过折价、拍卖等方式而获得的价款优先受偿的权利。《合同法》第 286 条规定："发包人未按照约定支付价款的，承包人可以催告发包人在合理期限内支付价款。发包人逾期不支付的，除按照建设工程的性质不宜折价、拍卖的以外，承包人可以与发包人协议将该工程折价，也可以申请人民法院将该工程依法拍卖。建设工程的价款就该工程折价或者拍卖的价款优先受偿。"建设工程优先权具有以下几个特性：(1)法定性。建设工程优先权是由法律直接规定的，不能由当事人约定享有或放弃，也不得就优先权进行协商调解。(2)依附性。建设工程优先权的作用在于担保工程款债权的实现，依附于工程款债权而一并产生、转移和消灭。(3)优先性。建设工程优先权的效力高于抵押权和普通债权，承包人较工程抵押权人和其他债权人可以优先受偿。

建设工程优先权具有以下效力：

1. 建设工程优先权具有优先于一般债权的效力。发包人未按照约定支付价款的，承包人可以催告发包人在合理的期限内支付价款，只有在催告之后，发包人仍不支付价款，承包人才可以行使优先权。此处所说的优先，是针对发包人的一般债权人，只允许法院以拍卖的方式处置建设工程，而不允许以变卖的方式。

2. 建设工程优先权优先于抵押权。建设工程优先权并不需要经登记才能产生，故而较难判断建设工程优先权产生的时间，较难适用“先来后到”的原则。因此，在工程款是预先登记的情况下，应认为建设工程优先权优先于抵押权。

3. 建设工程优先权不得对抗消费者作为商品房买受者的权利。根据《最高人民法院关于建设工程价款优先受偿权问题的批复》的规定，消费者交付购买商品房的全部或者大部分款项后，承包人就该商品房享有的工程价款优先受偿权不得对抗买受人。但是，买受人享有的权利必须经过预告登记以后才能产生物权的效力，如果没有经过预告登记，买受人只享有一般债权。[①]

◆ 委托合同与相关合同的区别

(一)(中国政法大学2012年考研真题)委托合同与行纪合同之间的区别

行纪合同是行纪人以自己的名义为委托人从事贸易活动，委托人支付报酬的合同。以自己名义为他人从事贸易活动的一方为行纪人，委托行纪人为自己从事贸易活动并支付报酬的一方为委托人。委托合同是指受托人为委托人办理委托事务，委托人支付约定报酬或不支付报酬的合同。行纪合同与委托合同都是为委托人处理事务的合同，但两者除有共同特征外，区别如下：

1. 适用范围不同。行纪合同涉及的事务仅限于购销和寄售；而委托合同涉及的事务是民事活动中除必须由特定当事人处理以外的民事活动。

2. 委托人的法律地位不同。行纪合同中行纪人以自己的名义从事法律活动，与第三人订立的合同委托人不享有权利和不履行义务；而委托合同中受托人以委托人的名义从事活动，受托人与第三人订立的合同对委托人可直接发生效力。

3. 提供服务的活动方式不同。行纪合同的行纪人有权以自己的名义与第三人签订合同，必要时可介入交易活动；而委托合同的受托人必须在委托人指示权限内从事工作，始终受委托人意志的控制。

4. 有偿性不同。行纪合同必然是有偿合同；而委托合同既可以是有偿合同，也可以是无偿合同。

(二)委托合同与雇佣合同之间的区别

委托合同与雇佣合同都属于提供劳务类的合同，这是两者的相同之处。但两者是不同的，其区别主要表现在：

1. 雇佣合同的订立目的在于由受雇人向雇佣人提供劳务，而不在于实现雇佣人的预期利益。这种劳务一般表现为，受雇人利用自己的劳力为雇佣人提供一定的劳动；而委托合同的订立目的在于由受托人为委托人办理事务，实现一定的预期利益，受托人提供劳务不过是满足这一目的的一种手段。

2. 受雇人依据雇佣合同提供劳务，必须服

① 王利明：《债法总则》，中国人民大学出版社2016年版，第397～400页。

从雇佣人的指示，自己一般不享有独立的酌情裁量的权利；而受托人虽然必须依委托人的指示处理事务，但一般享有一定的独立裁量的权利。

3. 雇佣合同为有偿合同，不存在无偿的情况；而委托合同可以是有偿合同，也可以是无偿合同。

(三)委托合同与承揽合同之间的区别

承揽合同是指承揽人按照定作人的要求完成工作、交付工作成果，定作人给付报酬的合同。承揽合同与委托合同都包含劳力付出的内容，而且都包含遵照他人要求实施一定事务的内容，从这些特点来看，两者具有相似性。但是，两者也有明显的区别：

1. 承揽合同中，仅存在承揽人与定作人之间的关系，一般不会涉及第三人，即使承揽人将承揽合同的辅助工作交由其他人完成，这些辅助承揽人也同样是承揽人，而且辅助承揽人不必以承揽人名义而为承揽。而在委托合同中，受托人一般要以委托人名义行事，即使不以委托人名义行事的，受托人对外签订合同的义务最终也要由委托人负担，受托人实际上与合同的相对方并无权利义务关系。

2. 承揽合同中，承揽人要自己承担风险和责任，独立完成工作，定作人一般不会对此承担风险和责任。而委托合同则不同。因为受托人所处理的事务并非自己的事务，而是为委托人处理事务，所以委托人要承担处理事务中发生的风险和责任。受托人虽直接处理事务，但并不对此承担风险和责任。

3. 承揽合同为有偿合同。委托合同可以为有偿合同，也可以是无偿合同，当事人自己可以自由约定。

4. 在承揽合同中，承揽人的工作一般必须有工作成果，至少在合同中有约定的工作成果，否则就不能成立承揽合同。而在委托合同中，委托人一般只是要求受托人处理一定事务，这种事务处理虽然会有结果，但仅是一种客观的后果。

(四)委托合同与居间合同之间的区别

居间合同是指居间人向委托人报告订立合同的机会或者提供订立合同的媒介服务，委托人支付报酬的合同。委托合同与居间合同均是一方当事人接受另一方当事人的委托，实施相应的民事行为，处理受托事务。两者区别主要体现在：

1. 受托一方的法律地位不同。委托合同中的受托人一方在与第三人从事民事法律活动的过程中，实际上处于类似委托代理人的地位。而居间合同中的受托一方为居间人，他不介入委托人与第三人所签订的合同关系之中，在居间过程中他只处于一个中介服务人的地位。

2. 受托一方的委托内容不同。委托合同中的受托人接受委托的内容是办理委托事务。而委托事务的范围既包括法律事务，又包括非法律事务；其中，后者包括有经济意义的事务和单纯的事实行为。但是在居间合同中，居间人接受委托的内容只限于为委托人报告订约机会或介绍委托人与第三人订约。

3. 委托合同中的受托人在处理委托事务时，有权在委托权限范围内独立进行意思表示，他对于委托事务的处理享有一定的独立决定权。而居间合同中的居间人在居间活动过程中，并不介入委托人与第三人的订约活动。即使是在介绍委托人与第三人订约时，居间人也只能是如实传达合同双方当事人的原有意思表示，不能对之添加、消减、更改，更不能独立表达自己的意思。

4. 合同的有偿性不同。委托合同根据双方当事人的约定，可以为有偿，也可以为无偿。但是，委托人为处理委托事务而支付的合理费用必须由委托人承担。而且，对于有偿的委托合同而言，受托人即使没有将委托事务处理完毕，也有权要求委托人就其已处理的委托事务部分支付相应的报酬。与之相比，居间合同则有很大差别。除法律另有特殊规定外，居间合同应为有偿合同，不过，居间人的居间活动只有在使委托人与第三人之间建立起合同关系后才有意义。如果居间人的居间行为没有取得成功的结果，则居间人不能取得约定或规定的报酬。同时，居间人在其居间活动中所支付的必要费用，非经双方事先约定，不得请求委托人予以承担。

◆ 仓单的性质

仓单是指仓储合同的保管人于接受存货人交付的仓储物时填发给存货人的收据。仓单既是保管人收货的证明，又是存货人提取货物的有效凭证。仓单具有以下性质：

1. 仓单是要式证券。要式证券是必须具备法定格式才能有效的证券，即法律对要式证券的格式有严格要求。各国法律对仓单的记载事项均有所规定。我国《合同法》对仓单的格式和记载事项有严格规定，即仓单必须有保管人签字或盖章，并记载规定的事项；否则，仓单不能产生效力。

2. 仓单是背书证券。背书证券是指可以通过背书方式加以转让的证券。根据我国《合同法》规定，存货人或仓单持有人在仓单上背书并经保管人签字或盖章的，可以转让提取仓储物的权利。由于仓单可以背书转让，故仓单又是流通证券。

3. 仓单是物权证券。物权证券是以物权为证券权利内容的证券。仓单是提取仓储物的凭证。存货人取得仓单后，即意味着取得了仓储物的所有权。仓单发生转移，仓储物的所有权也发生转移。从仓单代表仓储物的角度看，仓单又是物品证券。

4. 仓单是文义证券。文义证券是指证券上的权利、义务仅依证券上记载的文义而确定的证券。仓单所创设的权利、义务是依仓单记载的文义予以确定的，不能以仓单记载以外的其他因素加以认定或变更。

5. 仓单是记名证券。记名证券是指在证券上记载权利人姓名或名称的证券。仓单可否为无记名证券，各国规定不一，学者们的看法也不一致。日本、意大利、俄罗斯等国都规定仓单是记名证券，而瑞士则规定仓单可以是无记名证券。我国《合同法》规定，仓单上应当载明存货人的名称或姓名和住所。

6. 仓单为无因证券。无因证券是指证券权利的存在和行使不以作成证券的原因为要件，证券的效力与作成证券的原因完全分离的证券。仓单是否为要因证券，学者们的观点并不一致。有学者主张仓单为无因证券，其理由是，既然仓单为文义证券，就应当理解为无因证券为妥，因为文义证券不宜为要因证券。也有学者主张仓单为要因证券，其理由是，仓单上的权利不因证券的发行行为而发生。我国多数学者认为，仓单为无因证券。在仓储合同中，保管人签发仓单后，仓单持有人对保管人即可行使权利，而对取得仓单的原因，不负证明责任。

7. 仓单为自付证券。自付证券是指发行人自己给付的证券。根据《合同法》的规定，存货人交付仓储物的，保管人应当给付仓单。可见，仓单是由保管人填发并给付存货人的。同时，在仓单持有人请求交付仓储物时，也只能向保管人为之，由保管人向仓单持有人交付仓储物。仓单持有人请求保管人交付仓储物时，应当将仓单交还于保管人，故仓单又是缴回证券。

◆ 技术合同无效或被撤销后的处理

技术合同无效或者被撤销后，技术开发合同研究开发人、技术转让合同让与人、技术咨询合同和技术服务合同的受托人已经履行或者部分履行了约定的义务，并且造成合同无效或者被撤销的过错在对方的，对其已履行部分应当收取的研究开发经费、技术使用费、提供咨询服务的报酬,人民法院可以认定为因对方原因导致合同无效或者被撤销给其造成的损失。技术合同无效或者被撤销后,因履行合同所完成新的技术成果或者在他人技术成果基础上完成后续改进技术成果的权利归属和利益分享,当事人不能重新协议确定的,人民法院可以判决由完成技术成果的一方享有。

◆ 侵害他人技术成果的技术合同无效问题

侵害他人技术秘密的技术合同被确认无效后,除法律、行政法规另有规定的以外,善意取得该技术秘密的一方当事人可以在其取得时的范围内继续使用该技术秘密,但应当向权利人支付合理的使用费并承担保密义务。当事人双方恶意串通,或者一方知道或者应当知道另一方侵权,但仍与其订立或者履行合同的,属于共同侵权,人民法院应当判令侵权人承担连带赔偿责任和保密义务,因此取得技术秘密的当事人不得继续使用该技术秘密。特别是在技术转让合同中,如果转让人转让的技术成果属于剽窃他人的技术成果,则该转让合同无效。如果受让人为恶意,则受让人与转让人对被侵权人承担连带责任;如果受让人为善意,其行为构成侵权,但为善意侵权,受让人只负停止侵害的责任,不负损害赔偿的责任,赔偿损失的责任由转让人承担。

第二十五章

无因管理之债

一、知识结构图

- 无因管理
  - 无因管理的概念与性质（识记并理解）
  - 无因管理的构成要件（重点）
    - 为他人管理事务
    - 有为他人管理事务的意思
    - 没有法定或约定义务
  - 无因管理的法律效力（重点）

二、重难点归纳

（一）无因管理的概念和性质

无因管理是指没有法定的或者约定的义务，为避免他人利益受损失而对他人进行事务的管理或者服务的事实行为。《民法总则》第121条规定："没有法定的或者约定的义务，为避免他人利益受损失而进行管理的人，有权请求受益人偿还由此支出的必要费用。"进行管理或者服务的当事人称为管理人；受事务管理或者服务的一方当事人称为本人，又称为受益人。

作为债的发生根据的法律事实，无因管理属于合法的事实行为。首先，无因管理与人的意志有关，不属于事件，而属于行为。其次，因为无因管理的管理人并不是以发生一定民事法律后果为目的而实施管理行为，并不以行为人的意思表示为要素，所以无因管理不属于民事行为，而是属于事实行为。最后，无因管理是一种合法行为。事实行为有合法的，也有不合法的，无因管理属于合法的事实行为。

（二）无因管理的构成要件

1. 管理他人事务

管理他人事务是无因管理成立的前提条件，没有对他人事务的管理和管理自己的事务就不是无因管理。管理他人事务既包括对他人的事物的管理行为，如对他人财物的保存、利用、改良、管领、处分等；也包括对他人提供服务，如为他人提供劳务帮助。管理人所管理的事务包括有关人们生活利益的一切事项，可以是财产性的，也可以是非财产性的。管理内容可以是事实行为，也可以是法律行为，在实施法律行为时，管理人可以以自己的名义，也可以以本人的名义。无因管理在管理人与本人间产生债权债务关系，所以对不能在当事人之间发生债权债务关系的事项的管理则不能构成无因管理。因此,下列事务的管理一般不发生无因管理:(1)违法的或者违背社会公德的行为;(2)不足以发生民事法律后果的纯粹道义上的、宗教上的或者其他一般性的生活事务;(3)单纯的不作为行为;(4)依照法律规定必须由本人实施或者必须经本人授权才能实施的行为。管理人所管理的事务必须为他人的事务。管理人所管理的事务是否为他人事务,应依事务性质和管理人证明来确定。

2. 为他人利益而管理

管理人主观上必须有为他人利益而管理的意思,亦即是为他人谋利益的。这是无因管理成立的主观要件,也是无因管理具有阻却违法性的根本原因。管理人是否为他人谋利益,应由管理人负举证责任,即管理人应从自己的主观愿望、事务的性质、管理的必要性以及管理的后果诸方面来证明自己的管理是为他人谋利益的。无因管理的成立以管理人有为他人谋利益的目的为要件,但是这并不要求管理人必须有为他人利益的明确表示,也不要求管理人有专为他人谋利益的目的,只要管理人的管理在客观上确实避免了他人利益的损失或者为他人带来了利益,即使管理人虽未明确表示其是为了他人利益而管理的目的,但又不是单纯为自己的利益管理事务的"利己"行为,就可以构成无因管理。管理人主观上同时具有为他人的目的和为自己的动机,客观上自己也同时受益的,仍可成立无因管理。

3. 无法律上的义务

无因管理中所谓"无因",就是指"没有法定或约定义务"。没有法定或约定义务是无因管理成立的重要条件。衡量管理人有无法定或约定义务,应以客观标准确定,不以管理人的主观认识为标准。如果负有义务而管理人认为没有义务,其管理事务不能构成无因管理;如果本无义务而管理人误认为有义务,其管理事务仍构成无因管理。

(三)无因管理的法律效力

无因管理成立后,在管理人和本人之间产生的债权债务关系就是无因管理之债。无因管理是无因管理之债的发生根据,无因管理之债是无因管理的法律后果。对于无因管理之债的法律效力,可以从管理人的义务和权利两方面说明。

1. 管理人的义务

管理人的义务是指管理人着手管理事务后依法承担的义务。无因管理的管理人原本无管理的义务,但是因无因管理的成立,管理人也就承担了一定的义务。

(1)适当管理的义务

不违反本人的意思,以有利于本人的方法为适当管理是管理人的基本义务。所谓不违反本人的意思,是指管理人的管理与本人的意思或者本人的真实利益不相悖。本人的意思包括明示的或可推知的意思。本人的意思与其根本利益不一致的,管理人应该依照其根本利益而管理。所谓有利于本人的方法,是指管理人对事务管理的方法、手段和结果有利于本人,而不损害本人的利益。管理方法是否有利于本人,应该以管理人管理事务当时的具体情况确定,而不能以管理人的主观意识为标准。为了鼓励无因管理行为,对管理人的注意义务不能要求过高,应当要求管理人对所管理事务给予如同管理自己事务一样的注意。

(2)通知义务

管理人在开始管理后,应将开始管理的事实通知本人,但管理人的此项义务以能够通知和有必要通知为限。如果管理人无法通知,则不负通知义务;本人已经知道管理事实的,管理人则没有必要通知。管理人在开始管理的事实通知本人后,只要停止管理会使本人不利而继续管理又可以避免本人利益受损失,就应当继续管理;否则,应当听候本人的处理。管理人未履行通知义务的，对因其不通知所造成的损失应负赔偿责任。

(3)报告与计算义务

管理人在开始管理后，应及时地将管理的有关情况报告给本人，尤其是对于管理过程中发生的财务支出情况，应列明清单，并应本人的要求予以说明。管理人的报告义务也应该以管理人能够报告为限。管理关系终止时，管理人应向本人报告事务管理的始末，并将管理事务所取得的各种利益，如取得的权利、物品、金钱等转移于本人。

2. 管理人的权利

管理人的权利也就是本人应当承担的义务。本人的义务主要是偿还管理人支出的费用，所以管理人的权利主要是得请求本人偿付与管理事务所支出的必要费用。

(1)必要费用偿还请求权

管理人有权请求本人偿还的必要费用包括两部分：一是管理人在管理事务中直接支出的费用；二是管理人在事务管理中受到的实际损失。管理人在管理中直接支出的费用只有为管理所必要的，管理人才有权要求偿还。管理人所支出的费用是否为必要的，应以管理活动当时的客观情况而定。如果当初该项费用的支出是必要的，即使其后看来是不必要的，也应为必要费用；如果当时该项费用的支出是不必要的，即使其后为必要的，一般也不应视为必要的费用。

(2)损害赔偿请求权

管理人为管理事务而受到损害时，本人应当给予补偿。此项损害的发生应当与管理事务的行为有因果关系，并且应当以实际损失为限。管理人在管理中受到的实际损失不应该由本人全部偿付。除了管理人处于急迫危险状态以外，管理人对该项损失的造成有过错时，应当适当减轻本人的责任，如果管理人对损失的发生没有过错，而该损害又大于本人因管理所受的利益，则应遵从公平原则，由双方分担责任。

(3)负债清偿请求权

管理人除了享有必要费用偿还请求权外，还享有负债清偿请求权，即管理人在事务管理中以自己的名义为管理事务负担债务时，有权要求本人直接向债权人清偿。本人应当负责清偿的债务也仅以事务管理所必要者为限。对于管理人所设立的不必要的债务，本人不应当承担，而应该由管理人自己负责清偿。

三、全真题演练

(一)单项选择题

1. 在下列情形中，属于无因管理的是(　　)。

A. 在加工合同中，承揽人管理定作人提供的原材料

B. 买方无正当理由拒收卖方交付的货物，卖方对该货物进行管理

C. 甲拾得乙丢失的牛，在积极寻找失主的同时，对该牛进行管理

D. 超市对进入超市的顾客的皮包进行管理

2. 以下行为中，不构成无因管理的是(　　)。

A. 甲错把乙的事务当成丙的事务而为管理

B. 甲的邻居乙家中失火，甲恐殃及自己，买一灭火器救火

C. 甲(12岁)将昏倒于路旁的老人送回家中

D. 甲不知其父的自行车系借自丙，其父病故后，将该车拿去修理

3. 无因管理之债是根据法律规定产生的债，无因管理人有权要求受益人给付(　　)。

A. 报酬

B. 支出的一切费用

C. 收益中的合理份额

D. 支出的必要费用

4. 甲捡到了一头走失的母牛饲养起来，并花钱配种生了一只小牛，后失主乙找到甲要牛，则（　　）。

A. 乙无权要回他的牛

B. 母牛还给乙，小牛甲留下

C. 母牛、小牛全还给乙，乙付给甲饲养费和配种费

D. 母牛、小牛全都归乙，乙付给甲饲养费，但不付配种费

5. 甲发现一头牛在自家麦地里吃麦苗，而将其牵回家中进行喂养。乙发现自家的牛在甲家而要求牵回。甲允，但提出了一些请求。对于甲的下列请求，不予支持的是（　　）。

A. 请求支付麦苗损失费

B. 请求支付拾牛报酬

C. 请求支付饲料费

D. 请求支付误工损失费

6.（2014年司法考试试卷三第20题）甲的房屋与乙的房屋相邻。乙把房屋出租给丙居住，并为该房屋在A公司买了火灾保险。某日甲见乙的房屋起火，唯恐大火蔓延至自家，遂率家人救火，火势得到及时控制，但甲被烧伤住院治疗。下列表述正确的是（　　）。

A. 甲主观上为避免自家房屋受损，不构成无因管理，应自行承担医疗费用

B. 甲依据无因管理只能向乙主张医疗费赔偿，因乙是房屋所有人

C. 甲依据无因管理只能向丙主张医疗费赔偿，因丙是房屋实际使用人

D. 甲依据无因管理不能向A公司主张医疗费赔偿，因甲欠缺为A公司的利益实施管理的主观意思

7.（2013年司法考试试卷三第21题）下列情形中会引起无因管理之债的是（　　）。

A. 甲向乙借款，丙在明知诉讼时效已过后擅自代甲向乙还本付息

B. 甲在自家门口扫雪，顺便将邻居乙的小轿车上的积雪清扫干净

C. 甲与乙结婚后，乙生育一子丙，甲抚养丙5年后才得知丙是乙和丁所生

D. 甲拾得乙遗失的牛，寻找失主未果后牵回暂养，因地震致屋塌、牛死，甲出卖牛皮、牛肉获价款若干

8.（2012年司法考试试卷三第21题）甲聘请乙负责照看小孩，丙聘请丁做家务。甲和丙为邻居，乙和丁为好友。一日，甲突生急病昏迷不醒，乙联系不上甲的亲属，急将甲送往医院，并将甲的小孩委托给丁临时照看。丁疏于照看，致甲的小孩在玩耍中受伤。下列说法正确的是（　　）。

A. 乙将甲送往医院的行为属于无因管理

B. 丁照看小孩的行为属于无因管理，不构成侵权行为

C. 丙应当承担甲小孩的医疗费

D. 乙和丁对甲小孩的医疗费承担连带责任

9.（2011年司法考试试卷三第20题）刘某承包西瓜园，收获季节突然病故。好友刁某因联系不上刘某家人，便主动为刘某办理后事和照看西瓜园，并将西瓜卖出，获益5万元。其中，办理后事花费1万元，摘卖西瓜雇工费以及其他必要费用共5 000元。刁某认为自己应得劳务费5 000元。关于刁某的行为，下列说法正确的是（　　）。

A. 5万元属于不当得利

B. 应向刘某家人给付3万元

C. 应向刘某家人给付4万元

D. 应向刘某家人给付3.5万元

10.（2009年司法考试试卷三第12题）张某外出，台风将至。邻居李某担心张某年久失修的房子被风刮倒而殃及自家，就雇人用几根

木料支撑住张某的房子，但张某的房子仍然不敌台风，倒塌之际压死了李某养的数只鸡。下列说法正确的是(　　)。

A. 李某初衷是为自己，故不构成无因管理

B. 房屋最终倒塌，未达管理效果，故无因管理不成立

C. 李某的行为构成无因管理

D. 张某不需支付李某固房费用，但应赔偿房屋倒塌给李某造成的损失

(二)多项选择题

1. 甲被车撞伤，昏迷于路旁，肇事司机驾车逃逸。乙路过此地，打了一辆出租车将甲送往医院，支出医疗费若干元。在救助过程中，乙的名贵衣服被血渍染脏，已无法使用。则乙可以向甲主张哪些权利？(　　)

A. 出租车费用返还请求权

B. 医疗费返还请求权

C. 衣服的损害赔偿请求权

D. 误工费请求权

2. 在无因管理之债中，管理人的义务主要包括(　　)。

A. 适当管理的义务

B. 及时通知本人的义务

C. 管理终止时向本人报告的义务

D. 将因管理所得财物交还本人的义务

3. 下列情形中不属于无因管理的是(　　)。

A. 甲担心邻居家的自行车丢失而将该车推入自己家中

B. 乙担心行人滑倒，主动清扫公路上的积雪

C. 客运公司的司乘人员代管旅客行李

D. 将他人的牛误认为自己的牛进行饲养

4. 甲、乙两家是邻居，甲常年在外打工，乙在家务农。一次天气预报说有暴风雨天气，乙见甲房屋年久失修，便与甲联系，但联系不上，便决定自己维修甲的房屋，为此花去材料费200元。在维修中，乙踩在房顶腐朽的椽子上，失足摔倒在地，花去医药费300元。下列说法正确的有(　　)。

A. 乙的行为是无因管理

B. 乙的行为是侵权行为

C. 甲应负担材料费200元，不负担医药费

D. 甲应负担材料费200元和医药费300元

5. 甲的朋友乙来拜访甲，不料因甲外出，未能得遇。甲的好友丙遂代为接待。丙请乙吃饭花费250元。经甲返回，丙告知甲此事，并要求甲返还其所支付款项。对此，下列说法正确的有(　　)。

A. 甲应返还丙250元

B. 甲不应返还丙250元

C. 丙的行为构成无因管理

D. 丙的行为乃道义行为

6.(2008年司法考试试卷三第55题)下列行为中，哪些构成无因管理？(　　)

A. 甲错把他人的牛当成自家的而饲养

B. 乙见邻居家中失火，恐殃及自己家，遂用自备的灭火器救火

C. 丙(15岁)租车将在体育课上昏倒的同学送往医院救治

D. 丁见门前马路下水道井盖被盗致路人跌伤，遂自购一个井盖铺上

(三)不定项选择题

1. 甲将走失山羊一只带回家中饲养。两月后以40元卖给乙。在回家路上，羊主人丙认出，向乙索还，二人争执不下，告到法院。根据法律规定，(　　)。

A. 山羊归丙，甲退乙40元钱，丙付给甲两个月饲养山羊费用

B. 山羊归丙，丙付40元钱给乙

C. 乙将山羊退还甲，并索还40元

D. 乙将山羊退还甲，并索还40元，甲给丙40元

2. 甲、乙是邻居，一天，甲起床后发现天气很好，便将新收的谷子在院子里晾晒，后进城购物。午后下雨，乙怕甲家谷子被淋湿，便找人帮忙将谷子收起来并用塑料布盖好。雨后天又放晴。甲进城后当晚住在亲戚家，忘记了谷子晾晒一事。第二天，甲回家打开塑料布，发现谷子已经发霉，就找到乙，要求乙赔偿，乙认为自己没有责任，不同意赔偿，双方发生争执。下列说法正确的是（　　）。

A. 乙的行为是无因管理，甲不能要求乙赔偿

B. 甲应当支付乙帮助其收谷子的费用，无权要求乙赔偿损失

C. 乙可以要求甲支付收谷子的费用，但乙也应赔偿甲的损失

D. 甲的损失应由甲自己承担，因是不可抗力造成的

3. 2010 年夏秋之交，张某出海打渔，需要 2 个月后才能回家。气象预报该地近期有强台风。张家的邻居赵某见张某家无人，房子又年久失修，难以承受台风袭击，遂花钱请人对张某家的房子进行了加固，共花费 5 000 元。但台风过后，张某家的房子还是倒塌了。赵某（　　）。

A. 所做的行为是无因管理

B. 所做的行为是受托行为

C. 有权请求张某偿还所支付的费用

D. 无权请求张某偿还所支付的费用

（四）名词解释与辨析

1. 无因管理

2. 真正的无因管理和不真正的无因管理

（五）简答题

简述无因管理之债的效力。

（六）论述题

试论述无因管理和不当得利的关系。

四、案例分析

【案例】

李某在楼顶层的平台上摆放了 20 盆君子兰花，浇完花以后就去上班。下午突然刮起大风，大雨即将来临，刘某上楼顶收拾晾晒的衣服，发现李某养的花将遭雨淋，遂动手将花盆搬下楼，在搬运至第三盆时，因年事已高，不慎摔了一跤，扭伤了自己的脚，同时将李某一盆名贵的花摔坏。李某回家后，发现花已被摔坏，非常恼怒，认为刘某擅自搬动其花盆，由此造成损失，应当负责赔偿。刘某是否应承担赔偿责任？

——王利明：《债法总论》，中国人民大学出版社 2016 年版。

【问题聚焦】

无因管理的构成要件

【法律剖析】

刘某的行为构成无因管理。其根据在于：

1. 刘某实施了管理他人事务的行为。管理事务包含的范围是很广泛的，包括处理、管理、保存、改良及提供各种服务和帮助等。只要是有利于避免他人损失，或有利于他人的行为，都属于管理他人事务的行为。当然，管理人在管理事务中必须明确认识到：他所管理的事务是他人的事务，而非自己的事务；否则，不成立无因管理。从本案来看，刘某发现李某养的花将遭雨淋，遂动手将其搬下楼，刘某的行为显然是一种为李某提供帮助的行为，且刘某明确意识到他是在为李某提供帮助，所以可以认定刘某是在为他人管理事务。

2. 刘某具有为他人利益进行管理的意思。为他人谋利益的意思，简称为管理意思，这是构成无因管理的主观要件。此处所说的利益，

既包括通过管理人的行为使本人取得一定利益，也包括因管理人的行为使本人避免一定损失。所谓具有为他人利益管理的意思，就是指管理人意识到他是在为他人利益进行管理或服务，从管理或服务中最终所产生的利益将属于他人，而非属于自己。当然，管理人通过事务的管理，而使管理人与本人都得到了利益，则可以就他人受益部分成立无因管理。从本案来看，刘某担心李某的花遭受雨淋，不是为了故意毁损花盆或者将其窃为己有，也不是为了通过搬运行为而向李某索赔。尽管刘某在搬运第三盆花时扭伤了脚，摔坏了一盆名贵的花，且无法继续搬运其他花盆，造成其避免的损失小于其不慎造成的损失，亦不能否认刘某具有为他人管理的意思。本案中的刘某所实施的管理行为，尽管造成了李某一定的损失，但不能认为刘某不具有为本人谋利的意思，也不能认为刘某的行为完全违反本人的意思。

3. 刘某没有法定或约定的义务而为李某从事管理行为。具体来说，就是指管理人不具有法定和约定义务，而为本人利益从事管理行为。从本案来看，双方事先并无任何约定，这样李某从事管理行为，纯粹是为了帮助他人，因此可以构成无因管理。

值得探讨的是，刘某在本案中确实具有一定的过失，即不慎将花盆摔坏。如前所述，在一定情况下，如果构成无因管理，则可以否认侵权行为的成立。但是，无因管理情况也是极为复杂的。如果在无因管理过程中，管理人因故意或重大过失，造成本人财产损害，则表明无因管理行为在性质上已发生了变化，即无因管理行为已转化为侵权行为，管理人不再是为他人利益而管理他人事务，而是在不法侵害他人权益，因此应负侵权责任。但是，是否认定无因管理行为已转化为侵权行为，关键是看管理人的注意程度和过错程度。由于无因管理行为是一种受到法律鼓励的行为，从鼓励此种行为的角度出发，对管理人在从事管理活动中应尽的注意程度的要求不应太高。在一般情况下，管理人只要按照一个善良管理人所应尽的注意义务来处理管理事务，应认为其已履行了注意义务。在管理的事务处于紧迫状态、不能延误时机的情况下，管理人只要不具有恶意或者并非毫不顾及本人的利益，即使具有一般的过失，也不应认为其已构成侵权。从本案来看，刘某搬运花盆之前，因不能与李某及时取得联系，无法征求李某是否同意其搬运花盆的意见，而大雨即将来临，李某的花盆确实即将遭受雨淋，在此紧急状况下，刘某从事管理行为只要不具有重大过失，即使造成损害，也不应认为侵权。所以刘某的行为构成无因管理，不应承担赔偿责任。

【法条链接】

➤《中华人民共和国民法总则》第 121 条　没有法定的或者约定的义务，为避免他人利益受损失而进行管理的人，有权请求受益人偿还由此支出的必要费用。

五、深度拓展

◆ 不适法的无因管理

无因管理包括适法的无因管理和不适法的无因管理。适法的无因管理是指管理事务的方法符合本人明示或者推知的意思，管理的效果也符合本人的利益，虽然管理人管理他人事务的行为与本人的真实意思不相符合，但为了本人履行其根据法律规定或社会公共道德所应承担的义务，也应当成立适法的无因管理。[①] 不适法的无因管理也称不当的无因管理，是指管理人虽有管理的意思，但管理方法违背本人明示或者推知的意思，管理的效果也不符合本人的利益。在本人已经明确表达事

① 王利明：《债法总则》，中国人民大学出版社 2016 年版，第 163 页。

务管理意愿的情况下，管理人必须遵从本人的意愿，否则即使该管理行为客观上有利于本人，也属于不适法的无因管理。在本人没有就事务的管理作出明确的表示时，管理人应当结合客观情况，推定本人的意思，并按照善良管理人的标准管理本人的事务。

一般认为，就不适法的无因管理而言，如果被管理人认可这一管理，则成立适法的无因管理。此时本人应当向管理人偿还相应的管理费用，管理人仍有权依据无因管理，请求本人偿还因无因管理而支出的费用，但本人有权主张仅在受益范围内偿还相关费用。如果本人不认可其构成无因管理，则管理人的行为构成对他人事务的不当干涉，应当属于侵权行为，因此造成本人损害的，本人有权请求管理人承担损害赔偿责任。①

① 王利明：《债法总则》，中国人民大学出版社 2016 年版，第 164 页。

第二十六章

不当得利之债

一、知识结构图

- 不当得利
  - 不当得利概述
  - 不当得利构成要件(重点)
    - 一方受利益
    - 他方受损失
    - 受利益和受损失之间有因果关系
    - 没有合法依据
  - 不当得利的基本类型(重点)
    - 给付型不当得利
    - 非给付型不当得利
  - 不当得利的法律效力(重点)

二、重难点归纳

(一)不当得利的性质和概念

不当得利是指没有法律上的根据,使得他人遭受损失而自己获得利益。根据我国《民法总则》第122条规定,因他人没有法律根据,取得不当利益,受损失的人有权请求其返还不当利益。获得不当得利的人称为受益人,是不当得利之债的债务人,对该债务负有返还义务;财产受损失的人称为受害人,是不当得利之债的债权人,享有请求该债权的权利。

关于不当得利的性质,有两种不同的观点。一种观点认为,不当得利属于行为,因为尽管不当得利的原因有很多,但其本身与人的意志有关,属于一种不公正的行为。另一种观点认为,不当得利属于事件,不当得利之债的产生不是基于当事人的意思,而是基于法律的规定。后一种观点是通说。尽管发生不当得利的原因有事件也有行为,但不当得利都是与人的意志无关的,不是由受益人的意志决定取得的。

(二)不当得利的构成要件

1. 一方受利益

所谓一方受利益,是指一方当事人因一定的事实结果而使其得到一定的财产利益。财产利益的增加也就是财产总量的增加:既包括财产的积极增加,即财产权利的增强或财产义务的消灭;也包括财产的消极增加,即财产利益本应减少而没有减少。

2. 他方受损失

所谓他方受损失,是指因一定的法律事实而使其财产总额减少。既包括积极损失,也包括消极损失。积极损失又称直接损失，是指现有财产利益的减少；消极损失又称间接损失，是指财产应增加而未增加，亦即应得利益的损失。这里的应得利益是指在正常情形下可以得到的利益，并非必然得到的利益。

3. 受利益与受损失之间有因果关系

所谓受利益与受损失之间有因果关系，是指他方的损失是因一方受益造成的，一方受益是他方受损的原因，两者之间有一种变动的关联性。受利益和受损失之间的因果关系，理论上又分为直接因果关系说和非直接因果关系说。直接因果关系说认为，受利益与受损失必须基于同一原因事实，即由于同一原因使一方获得利益、他方受到损失，收益与损失之间才有因果关系。非直接因果关系说认为，受利益与受损失间的因果关系不以产生于同一原因事实为限，即使受益与受损是由两方面原因事实造成的，如果社会观念认为两者有牵连关系，也应认为两者间具有因果关系。

4. 没有合法依据

没有合法根据，是不当得利构成的实质条件。不是直接根据法律或者根据民事法律行为取得利益的，其取得利益就是没有合法依据的，亦即没有法律上的原因，该得利即为不正当的。

(三)不当得利的基本类型

1. 因给付而发生的不当得利

给付不当得利是指受益人受领他人基于给付行为而移转的财产或利益，因欠缺给付目的而发生的不当得利。它包括以下几种情形：

(1)给付目的自始不存在。这是指一方为履行自己的义务而向受益人给付，但该义务自始不存在，又称非债清偿。但在以下情形中，虽没有给付原因，但排除不当得利的成立：因履行道德义务而为给付；因履行未到期债务而为清偿；明知无债务而为清偿；因不法原因而为给付。

(2)给付目的嗣后不存在。这是指给付时虽有法律上的原因，但其后该原因不存在，因一方的给付而发生不当得利。

(3)给付目的未达到。为实现将来某种目的而为给付，但因种种障碍，给付目的不能按照给付意图实现的，受领给付欠缺保有给付利益的正当性，因而构成不当得利。

2. 基于给付以外事实而发生的不当得利

基于给付以外的事实而发生不当得利的，主要有以下情形：

(1)基于受益人自己的行为而发生不当得利；

(2)基于受损者行为而发生不当得利；

(3)基于第三人行为而发生不当得利；

(4)基于法律规定而发生不当得利；

(5)基于事件而发生不当得利。

(四)不当得利的法律效力

不当得利之债的内容包括受益人返还不当利益的义务与受损人请求返还不当利益的权利。因此，不当得利之债的效力就是受损人的不当得利返还请求权。

受益人的返还范围因其是否为善意而有所不同，具体分为以下三种情形：

1. 受益人为善意

受益人取得利益时不知道没有合法依据，此为善意受益人。此种返还义务以现存利益为限；如果现存利益已经不存在，可以不负返还义务，并得主张因取得该利益所支出的费用以及对受领物所支出的必要费用和有益费用。

2. 受益人为恶意

明知没有法律上的依据而取得利益的人为恶意受益人。受益人恶意取得利益的返还范围是受益人恶意取得的利益，不论该利益是否存在；也不得主张因利益所支出的费用，但可以主张对受领物所支出的必要费用以及现存的有益费用。

3. 先善意、后恶意

先善意、后恶意是指受益人的返还范围以

恶意开始之时存在的利益为准，并分别适用善意、恶意受领的准则。

三、全真题演练

（一）单项选择题

1. 下列事实中，能发生不当得利的是（　　）。

A. 债务人清偿还未到期的债务

B. 给付因赌博而欠的钱

C. 养子女给其生父母的赡养费

D. 顾客多付售货员的货款

2.（2013年司法考试试卷三第20题）下列哪一情形产生了不当得利之债？（　　）

A. 甲欠乙款，超过诉讼时效后，甲向乙还款

B. 甲欠乙款，提前支付全部利息后又在借期届满前提前还款

C. 甲向乙支付因前晚打麻将输掉的2 000元现金

D. 甲在乙银行的存款账户因银行电脑故障多出1万元

3.（2012年司法考试试卷三第20题）甲将某物出售于乙，乙转售于丙，甲应乙的要求，将该物直接交付于丙。下列哪一说法是错误的？（　　）

A. 如仅甲、乙间买卖合同无效，则甲有权向乙主张不当得利返还请求权

B. 如仅乙、丙间买卖合同无效，则乙有权向丙主张不当得利返还请求权

C. 如甲、乙间以及乙、丙间买卖合同均无效，甲无权向丙主张不当得利返还请求权

D. 如甲、乙间以及乙、丙间买卖合同均无效，甲有权向乙、乙有权向丙主张不当得利返还请求权

4.（2011年司法考试试卷三第19题）下列哪一情形不产生不当得利之债？（　　）

A. 甲向乙借款10万元，1年后根据约定偿还本息15万元

B. 甲不知诉讼时效已过，向债权人乙清偿债务

C. 甲久别归家，误把乙的鸡当成自家的吃掉

D. 甲雇用的装修工人误把邻居乙的装修材料用于甲的房屋装修

5.（2009年司法考试试卷三第13题）一日清晨，甲发现一头牛趴在自家门前，便将其拴在自家院内，打探失主未果。时值春耕，甲用该牛耕种自家田地。其间该牛因劳累过度得病，甲花费300元将其治好。两年后，牛的主人乙寻牛来到甲处，要求甲返还，甲拒绝返还。下列哪一说法是正确的？（　　）

A. 甲应返还牛，但有权要求乙支付300元

B. 甲应返还牛，但无权要求乙支付300元

C. 甲不应返还牛，但乙有权要求甲赔偿损失

D. 甲不应返还牛，无权要求乙支付300元

6.（2009年司法考试试卷三第7题）张某发现自己的工资卡上多出2万元，便将其中1万元借给郭某，约定利息500元；另外1万元投入股市。张某单位查账发现此事，原因在于财务人员工作失误，遂要求张某返还。经查，张某借给郭某的1万元到期未还，投入股市的1万元已获利2 000元。下列哪一选项是正确的？（　　）

A. 张某应返还给单位2万元

B. 张某应返还给单位2.2万元

C. 张某应返还给单位2.25万元

D. 张某应返还给单位2万元及其孳息

7. 返还的不当利益，应当包括原物和原物所生的孳息。利用不当得利所取得的其他利益，扣除劳务管理费用后，应当（　　）。

A. 返还给原所有人

B. 由得利人与原所有人共同平分

C. 予以收缴

D. 上缴

8. 农民甲到某农场购买了10头公牛，因农场管理人员疏忽，多给了一头母牛。一年间，甲用11头牛替人耕地，共赚3 300元。在这期间，母牛又产下一头小牛。后来，农场管理人员发现了自己的疏忽，遂向甲索还母牛和小牛。甲只同意归还母牛，但要留下小牛。请问，对这一事件应如何处理？（ ）

A. 农场只能索还母牛，小牛的所有权归甲

B. 农场有权领回母牛和小牛，但该母牛耕地所赚的300元不予归还

C. 农场有权领回母牛和小牛，该母牛耕地所赚的300元扣除管理费用后，如有剩余，应归还给农场；如有不足，由农场给予适当补偿

D. 农场有权领回母牛和该母牛耕地所赚的300元，小牛应归甲所有

9.（2005年司法考试试卷三第10题）在下列何种情形中，乙构成不当得利？（ ）

A. 甲欠乙500元，丙在甲不知情的情况下自愿代为偿还

B. 甲大学新建校区，当地居民乙的房屋大幅升值

C. 甲以拾得的100元还了欠乙的债务

D. 甲雇人耕田，雇工误耕了乙的数亩待耕之田

（二）多项选择题

1. 不当得利成立必须具备的条件有（ ）。

A. 一方取得利益

B. 一方受到损害

C. 取得利益和受到损害间有因果关系

D. 取得利益没有合法依据

2. 因不当得利在受损人与受益人之间产生的效力有（ ）。

A. 受益人返还原物

B. 受益人无法返还原物，则应折价返还

C. 原物所生孳息也应一并返还

D. 原物不存在的，善意受益人也应赔偿

3. 根据不当得利之债的构成要件，下列事实中，构成不当得利之债的事实有（ ）。

A. 甲基于房屋租赁合同应向乙支付租金8 000元，但甲向乙支付了双份租金，实际支付16 000元

B. 邮局错将甲的邮包发给乙

C. 甲赠送给乙5 000元，后来甲反悔，要求乙返还，此时乙已将这5 000元用完

D. 因风灾，甲的300只羊混入乙的羊群中

4. 下列情形不构成不当得利的是（ ）。

A. 甲将乙丢弃的病牛拾回家，经精心治疗，病牛痊愈

B. 甲研究所从乙工厂堆放在厂外的废料中提取贵重物品而获利

C. 甲捡到乙的一块手表，拿回家自己用

D. 甲鱼塘的鱼跳入乙鱼塘

5. 以下给付不属于不当得利的是（ ）。

A. 养子女对生父母虽无赡养义务而赡养

B. 债务人对未届清偿期的债务的履行

C. 债务人对已过诉讼时效的债务进行清偿

D. 债务人发货出现溢货

6. 甲在坐出租车时捡到乙丢失的钱包，内有5 000元现金。甲想占为已有，于是准备将钱存入自己的存折，但在途中被抢劫4 000元。以下说法正确的是（ ）。

A. 甲无须返还乙5 000元现金

B. 甲需返还乙5 000元现金

C. 甲应当返还1 000元

D. 甲占有乙现金的行为构成侵权

7.（2015年司法考试试卷三第61题）甲遗失其为乙保管的迪亚手表，为偿还乙，甲窃取丙的美茄手表和4 000元现金。甲将美茄手表交给乙，因美茄手表比迪亚手表便宜1 000元，甲又从4 000元中补偿乙1 000元。乙不知甲盗窃情节。乙将美茄手表赠与丁，又用该

1 000元的一半支付某自来水公司水费，用另一半在某商场购得一件衬衣。下列说法正确的是(　　)。

A. 丙可请求丁返还手表

B. 丙可请求甲返还3 000元，请求自来水公司和商场各返还500元

C. 丙可请求乙返还1 000元不当得利

D. 丙可请求甲返还4 000元不当得利

(三)不定项选择题

1. 甲服装厂和乙百货公司签订服装买卖合同。合同约定由甲服装厂出售5万件服装给乙百货公司，由乙百货公司于11月5日之前到甲服装厂提货。11月4日，乙百货公司派员工前往甲服装厂提货，500件一包，应提100包。在装货时，由于装卸工人的失误，共装了105包，双方人员当时均未察觉。货车回商场途中因雾气太重，导致其与一辆运油车相撞起火，车上服装全部被烧毁。双方就额外5包货物的损失承担发生纠纷。对甲、乙之间纠纷的表述正确的是(　　)。

A. 甲、乙公司之间不存在不当得利之债，因为多装的5包货已灭失，乙公司并没有实际得利

B. 乙公司对多装的5包货承担不当得利之债，因为乙已提货，货的风险已发生转移

C. 甲、乙公司对多装的5包货均不承担责任，而应由运油车承担责任

D. 甲对货物的灭失承担责任，因为货物并没有交付

2. 甲、乙毗邻而居，乙得病需钱治疗。甲便给乙送去3 000元，并对乙说："你先用着，以后再说。"乙接收，并表示谢意。3年以后，甲、乙因口角闹翻，甲要求乙返还3 000元，乙拒绝。双方为此发生纠纷。现问，下列表述哪些是正确的？(　　)

A. 甲与乙之间构成不当得利关系

B. 甲与乙之间构成赠与关系

C. 甲与乙之间构成借贷关系

D. 甲与乙之间构成借贷关系，但甲因时效而丧失请求法院强制乙返还借款的权利

3. 一个深冬的傍晚，甲发现了一条走失的牛，将其关在自家牛栏中，等待失主前来认领。当晚，狂降大雪。大雪压塌了牛栏，将牛压死。第二天，甲请人将牛屠宰，花去屠宰费50元。牛皮、牛肉共卖得价款500元。该牛价值1 000元。后牛主乙知道此事，要求甲返还牛款1 000元。为此甲与乙发生纠纷。甲应向乙返还多少钱？(　　)

A. 500元　　B. 1 000元

C. 450元　　D. 1 500元

(四)名词解释与辨析

1. 不当得利

2. 非债清偿

(五)简答题

1. (清华大学2011年考研真题)简述给付型不当得利的构成要件。

2. 简述不当得利的两种基本类型。

(六)论述题

试论述不当得利之债的效力。

四、案例分析

【案例】

张三的兄弟张四手持张三的存折，到中国建设银行某支行办理5万元取款业务，并在取款凭条上填写了储户姓名和身份证号，银行工作人员为其办理了取款业务，张四在打印的取款凭条签字栏上进行了签字确认，并取走了5万元款项。在办理取款业务电脑录入过程中，建行工作人员将取款交易代码误操作为存款交易代码，导致取款5万元被记录为存款5万元，使张三获利10万元。此后，建行多次与张

三联系以解决此事，但张三一再拖延、推诿并办理了销户手续。建行遂向法院起诉，要求被告张三返还不当得利10万元及利息。原告的诉讼请求能否得到人民法院的支持？

——杨立新主编：《杨立新品百案》，中国法制出版社2007年版。

【问题聚焦】

不当得利的构成要件与效力

【法律剖析】

能够得到人民法院的支持。本案中张三因为银行工作人员工作的失误，导致本应减少5万元的账户增加了5万元，实际上共获利10万元，而张三的获利给银行造成了损失10万元，获利与损害之间有因果关系。而且张三的获利既非依据法律的规定，也非依据法律行为，仅是因为银行工作人员的失误，不构成合法依据，故而符合不当得利的构成要件，张三应当返还。

张三虽然取款时因非本人取款并且不可能知道银行内部流程，可能并不知其得利，但在银行联系张三以后，张三仍然拒绝将10万元返还银行，并且一再推诿，故其主观上是恶意的。对于恶意的不当得利，债务人除返还不当得利外，还应当负担不当得利的利益损失。因此，原告的诉讼请求能够得到法院的支持。

【法条链接】

➤《中华人民共和国民法总则》第122条 因他人没有法律根据，取得不当利益，受损失的人有权请求其返还不当利益。

五、深度拓展

◆ **不当得利返还请求权与物权请求权的关系**

在一方侵占他人财物，或者一方基于无效行为给付他人财物，标的物的所有权不发生移转时，成立所有物返还请求权。同时因为一方取得他人财物的占有，在此情况下，发生返还原物请求权与不当得利请求权的竞合。因不当得利请求权为债权请求权，所有物返还请求权为物权请求权，权利人可以据此选择。

两者主要区别在于：

1. 性质和效力不同。物权请求权是基于物权产生的，其依附于物权，并具有物权的效力。而不当得利返还请求权在性质上属于债权请求权的范畴，并不具有物权的效力。

2. 功能不同。物权请求权的功能在于保护权利人对其物的圆满支配状态。而不当得利返还请求权的功能则在于调整欠缺法律原因的财产变动关系，维护当事人之间的利益平衡；同时，其还可以剥夺行为人因不当行为而获得的利益，具有一定程度的预防不法行为的功能。

3. 返还财产的范围不同。就物权请求权而言，其返还范围仅限于原物及因原物所产生的孳息，限于有体物。而不当得利返还旨在将受益人所获得的一切不当利益全部返还给受损害一方，剥夺受益人一切不当利益。

4. 在返还范围上是否考虑过错不同。就物权请求权而言，权利人提出请求时，无须证明对方是否具有过错。而对不当得利返还请求权而言，获利人主观上是善意还是恶意，会对返还范围产生影响。

5. 构成要件不同。物权请求权的成立以原物仍存在为要件。而对不当得利返还请求权而言，无论原物是否存在，只要受益人获得利益，其就负有返还义务。

6. 是否适用诉讼时效不同。不当得利返还请求权受诉讼时效的限制，而物权请求权不适用诉讼时效。[①]

① 王利明：《债法总则》，中国人民大学出版社2016年版，第194页。

第四编　继承权

第二十七章

继承权概述

一、知识结构图

- 继承权概述
  - 继承权的概念与特征(识记并理解)
    - 继承权的概念
    - 继承权的特征
  - 我国《继承法》基本原则(识记并理解)
  - 继承权的接受与放弃(重点)
  - 继承权的丧失(重点)
    - 法定事由
    - 法律效力
  - 继承权的保护

二、重难点归纳

(一)继承权的概念与特征

1. 继承权的概念

继承权有客观意义上的继承权和主观意义上的继承权之分。客观意义上的继承权是指自然人依照法律的规定或者遗嘱的指定享有的继承被继承人遗产的资格,是继承开始前继承人的法律地位,实际上是继承人所拥有的继承遗产的权利能力。主观意义上的继承权是指继承人在继承法律关系中实际享有的具体权利,是于继承开始后由客观意义上的继承权转化而来,是继承人可以现实取得被继承人遗产的权利。

2. 继承权的特征

继承权有以下特征:(1)继承权是自然人基于一定的身份关系享有的权利。继承权的主体只能是自然人,并且是以一定的身份为前提的权利。(2)继承权是依照法律的直接规定或者合法有效的遗嘱而享有的权利。(3)继承权的标的为遗产。(4)继承权是继承人于被继承人死亡时才可行使的权利。

(二)我国《继承法》基本原则

我国《继承法》有以下基本原则:(1)保护自然人私有财产继承权原则;(2)继承权男女平等原则;(3)限定继承原则;(4)养老育幼原则;(5)互助互让、团结和睦原则。

(三)继承权的接受和放弃

1. 继承权的接受

继承权的接受是指享有继承权的继承人参与继承、接受被继承人遗产的意思表示。继承权的接受无须继承人有明示的意思表示,只要继承人未作出放弃继承的意思表示,就为接受继承。意思表示由继承人本人作出，无民事行为能力人的意思表示由其法定代理人作出，限制民事行为能力人的意思表示由其法定代理人作出或征得法定代理人同意后自己作出。

2. 继承权的放弃

继承权的放弃是指继承人作出的放弃继承被继承人遗产的权利的意思表示。需要注意以下几点：(1)继承人只能于继承开始后、遗产分割前放弃继承权；(2)继承的放弃只能以明示的方式作出；(3)继承的放弃是单方法律行为，且溯及继承开始之时；(4)继承的放弃不能附加条件。

(四)继承权的丧失

继承权丧失有以下法定事由：(1)故意杀害被继承人的；(2)为争夺遗产而杀害其他继承人的；(3)遗弃被继承人或者虐待被继承人情节严重的，无论是否应当追究刑事责任；(4)伪造、篡改或者销毁遗嘱，情节严重的。

继承权丧失有以下法律效力：(1)继承权丧失的法定事由发生在继承开始以前的，自该事由发生之时继承权丧失；若发生在继承开始之后，法律效力溯及继承开始之时，即继承人自始没有继承权。(2)继承人因法定事由丧失对某一被继承人的继承权，不影响其对其他被继承人的继承权。(3)继承权的丧失不影响被继承人生前赠与的效力。

(五)继承权的保护

继承权受到侵害时，继承人可以请求法院通过诉讼程序予以保护，以恢复其继承权，即继承权恢复请求权。

继承权恢复请求权主体为真正继承人，相对人为侵害继承权的人。继承权纠纷提起诉讼的期限为2年，自继承人知道或者应当知道权利受到侵害之日起计算。但是，自继承开始之日起超过20年的，不得再提起诉讼。

三、全真题演练

(一)单项选择题

1. 下列关于丧失继承权的事由说法正确的是(　　)。

A. 只要杀害被继承人即丧失继承权

B. 遗弃或者虐待被继承人只有在构成犯罪时才丧失继承权

C. 为了争夺遗产且故意杀害其他继承人即丧失继承权

D. 只要伪造了遗嘱就丧失继承权

2. 王某在去世前，亲笔写下遗嘱：“我的两套位于××市房屋由儿子王二丫继承，几个女儿都已经出嫁，不给她们留下任何财产。”老人亲笔签名，注明年、月、日。不久老人去世。这份遗嘱(　　)。

A. 违背继承法的男女平等原则，无效

B. 无见证人见证，无效

C. 符合法律规定，有效

D. 未经公证，无效

3. 王某与其儿子小王某父子关系恶劣。王某去世前总是和别人说，不让小王某继承自己的财产。小王某也在王某生前多次宣称，日后不会要王某一分钱。2018年1月王某去世，未留下任何遗嘱。以下说法正确的是(　　)。

A. 因为小王某在王某生前多次表明不会继承财产，小王某放弃了继承权

B. 因为王某生前多次表示不让小王某继承自己的财产，所以小王某无继承权

C. 王某的口头表明无效，小王某的口头放弃也无效，小王某仍然有继承王某遗产的权利

D. 以上说法都不正确

4. 林某有两个孩子，林某于2018年1月去世，其二儿子在遗产处理前两个月既没有拒绝继承遗产，也没有说要接受遗产。其行为导致(　　)。

A. 丧失继承权

B. 接受继承

C. 继承份额降低

D. 以上说法都不对

5.(2011年司法考试试卷三第23题)下列哪种行为会引起放弃继承权的后果?(　　)

A. 张某承认口头放弃继承权,本人承认

B. 王某在遗产分割后放弃继承权

C. 李某以不再赡养父母为前提,书面表示放弃对父母财产的继承权

D. 赵某与父亲共同发布断绝父子关系的书面声明

6. 张某生前共有四个儿女张一、张二、张三、张四。下列哪种情况下,继承人丧失继承权?(　　)

A. 张一过失杀死了张某

B. 张二为了争夺遗产杀死了张一

C. 张三每个月给张某打钱,但长期不看望张某

D. 张四伪造遗嘱

7. 下列人员中,基于抚养关系而享有继承权的是(　　)。

A. 养子女对生父母享有继承权

B. 继子女对生父母享有继承权

C. 继子女对继父母享有继承权

D. 亲生子女对生父母享有继承权

8. 继承权纠纷提起诉讼的期限为自继承人知道或者应当知道其权利受到侵犯之日起计算。但是,自(　　)之日起超过20年的,不得再提起诉讼。

A. 知道被继承人死亡

B. 应当知道被继承人死亡

C. 知道或者应当知道被继承人死亡

D. 继承开始

9. 在现代法学,继承专指(　　)。

A. 承接　　B. 传递

C. 身份继承　　D. 财产继承

10. 放弃继承是(　　)的法律行为。

A. 单方

B. 双方

C. 多方

D. 以上都不正确

11. 张余去世前立下遗嘱,将自己所有的财产留给自己4岁的孙女小张余。后张余去世。小张余的妈妈李某知道遗嘱内容后表示:我代我的女儿表示放弃继承。以下说法正确的是(　　)。

A. 李某不能代小张余放弃继承

B. 因为李某代小张余放弃了继承权,小张余无权继承张余的遗产

C. 张余遗产按照法定继承处理

D. 以上都不正确

12. 李某有两个儿子李一、李二,还有一个外孙女李三。两个儿子长期在外地,对李某不管不顾。李某的生活都是由其外孙女李三照顾。为此李某将自己的一套房子过户给了李三,并自书遗嘱表示自己的所有财产总共价值10万元由李三继承。后李某去世。李某的两个儿子回来吵闹,要求继承遗产。李三争吵不过,表示放弃继承权。下列说法正确的是(　　)。

A. 李某已经过户给李三的房子因为其放弃继承权而由李一、李二继承

B. 李某价值10万元的遗产由李一、李二继承

C. 李某的遗产归国家所有

D. 以上都不正确

(二)多项选择题

1. 继承的平等原则主要体现在(　　)。

A. 继承权男女平等

B. 非婚生子女和婚生子女享有平等的继承权

C. 养子女、形成事实上抚养关系的继子女与亲生子女继承权平等

D. 同一顺序继承人继承遗产的权利平等

2. 下列对于继承权的放弃，正确的是（　　）。

A. 可以以默示的方式作出

B. 是一种单方法律行为

C. 继承权放弃的效力溯及继承开始时

D. 以上都正确

3. 下列属于丧失继承权的事由的是（　　）。

A. 故意杀害被继承人

B. 为争夺遗产杀害其他继承人

C. 虐待被继承人的

D. 伪造、篡改或者销毁遗嘱的

4. 甲生前欠贷款 70 000 元，病逝后，留下一些遗产价值 50 000 元。甲有一个儿子小甲。下列说法正确的是（　　）。

A. 小甲有权继承甲的遗产 50 000 元，不承担返还 70 000 元贷款的义务

B. 小甲可以放弃继承权，不承担债务

C. 小甲应当继承甲的遗产 50 000 元，并偿还 70 000 元债务

D. 小甲有权继承甲的遗产 50 000 元，并偿还 50 000 元债务

5. 王某有四个儿子甲、乙、丙、丁，2018 年 1 月 1 日死亡，2018 年 3 月 1 日开始分割遗产。下列说法正确的是（　　）。

A. 甲 2018 年 1 月 2 日口头表示放弃继承权并承认，因此其无权继承遗产

B. 乙 2018 年 1 月 4 日当着丙、丁的面口头放弃继承权，但后来又否认，因此其无权继承遗产

C. 丙 2018 年 1 月 4 日书面表示放弃继承权，所以无权继承遗产

D. 丁 2018 年 1 月 2 日书面表示放弃继承权，其有权继承遗产

6. 我国继承权取得依据包括（　　）。

A. 基于婚姻关系

B. 基于血缘关系

C. 基于抚养关系

D. 以上都正确

7. 村民周某有一个儿子周一和女儿周周。周周在生下儿子李某后就去世了。周一长期对周某不管不顾，一直都是外孙李某照顾周某。周某买了一份人身保险，并指定李某为受益人。后周某立下遗嘱表示，自己全部价值 20 万元的财产由李某继承。不久后周某去世。周一向李某表示要继承遗产，李某表示放弃继承。下列说法错误的是（　　）。

A. 因为李某放弃继承，周某的保险金应由周一继承

B. 周某价值 20 万元的遗产按照法定继承处理

C. 周某价值 20 万元的遗产归村集体所有

D. 以上都不正确

8. 张余去世后留下一子小张余、一女张小余和价值 50 万元的遗产。张小余表示放弃继承，之后在遗产处理之前反悔了，主张继承遗产。小张余认为张小余已经放弃继承了，现在不能再反悔，因此起诉到法院。以下说法错误的是（　　）。

A. 人民法院应当根据张小余提出的理由，决定其之前所做的放弃继承的意思表示是否能够撤销

B. 张小余已经放弃继承了，该意思表示不能撤销

C. 张余全部遗产应由小张余继承

D. 以上说法都不正确

（三）不定项选择题

1. 我国《继承法》基本原则有（　　）。

A. 保护自然人私有财产继承权原则

B. 继承权男女平等原则

C. 限定继承原则

D. 养老育幼原则

2. 现代民法中，继承开始于（　　）。

A. 被继承人的死亡

B. 夫妻离婚

C. 继承人表示接受继承的时间

D. 被继承人同意继承开始

3. 以下各项，不属于继承权绝对丧失的是（　　）。

A. 故意杀害被继承人的

B. 为争夺遗产而杀害其他继承人的

C. 遗弃被继承人，情节严重的

D. 虐待被继承人，情节严重的

4. 可以成为继承人的是（　　）。

A. 自然人

B. 法人

C. 非法人组织

D. 以上都可以

5. 下列不属于继承权的特征的是（　　）。

A. 继承权是财产权

B. 继承权可以转让

C. 享有继承权的主体只能是自然人

D. 继承权的取得以继承人与被继承人存在特定的身份关系为前提

（四）名词解释与辨析

1.（中国人民大学 2008 年考研真题）继承权恢复请求权

2.（中国人民大学 2009 年考研真题）继承权丧失

3.（武汉大学 2003 年考研真题）继承权与酌情分得遗产权

（五）简答题

简述继承权的法律特征。

（六）论述题

（复旦大学 2008 年考研真题）试论述我国继承法上权利、义务一致性的体现。

四、案例分析

【案例一】

刘富和刘贵的父亲死后，弟弟刘贵书面表示接受继承；而远在国外的刘富却伤心过度、意志消沉，对继承之事毫不过问。后除刘富之外的继承人分割了父亲的遗产，没有给刘富留下任何遗产。刘富回国后要继承遗产，刘贵称其未作出书面表示接受遗产，拒绝对其分割遗产。

刘富是否有权继承？

【问题聚焦】

继承权的接受与放弃

【法律剖析】

继承权的接受无须继承人有明示的意思表示，只要继承人未作出放弃继承的意思表示，就视为接受继承；而继承的放弃只能以明示的方式作出。刘富作为其父亲的法定继承人，未表示拒绝继承父亲遗产，仍然有权继承父亲遗产。

【法条链接】

▶《中华人民共和国继承法》第 25 条　继承开始后，继承人放弃继承的，应当在遗产处理前，作出放弃继承的表示；没有表示的，视为接受继承。

【案例二】

张余和余张结婚，婚后不久张余去世，此时余张已经怀孕。之后张余的哥哥张二余说余张克夫，和余张打了起来。后余张因故意伤害罪被判处有期徒刑 3 年。

余张被判处有期徒刑后，是否仍然享有继承权？为什么？

【问题聚焦】

继承权的丧失

【法律剖析】

继承人有下列行为之一的，丧失继承权：故意杀害被继承人的；为争夺遗产而杀害其他继承人的；遗弃被继承人的，或者虐待被继承人情节严重的；伪造、篡改或者销毁遗嘱情节严重的。本案中余张没有为了争夺遗产而企图杀害其他继承人，也没有其他法定事由，故仍然拥有继承权。

【法条链接】

▶《中华人民共和国继承法》第 7 条　继承人有下列行为之一的，丧失继承权：

（一）故意杀害被继承人的；

（二）为争夺遗产而杀害其他继承人的；

（三）遗弃被继承人的，或者虐待被继承人情节严重的；

（四）伪造、篡改或者销毁遗嘱情节严重的。

五、深度拓展

◆ 继承权恢复请求权对于第三人的效力

在受让的继承财产为动产时，在第三人为善意取得时，在第三人占有动产时取得对该动产的权利，真正的继承人只能向僭称继承人或者表见继承人主张权利，要求返还不当得利或者赔偿损失。第三人不构成善意取得时，真正继承人可以在继承开始时向第三人主张权利。在受让的继承财产为不动产或者依法采用登记作为物权变更条件的，如果已经办理了登记，第三人基于对登记簿的信赖为善意取得时，真正继承人只能向僭称继承人或者表见继承人主张权利。如果未办理登记或者第三人为恶意时，真正继承人可以要求第三人返回财产。

◆ 继承权的绝对丧失与相对丧失

继承权的丧失可以分为绝对丧失和相对丧失。继承权的绝对丧失是指由于某些法定事由，继承人的继承权终局丧失，该继承人绝对不得也不能享有继承权，即使得到了被继承人的宽恕，该继承人也不能享有继承权。继承权的相对丧失是指由于发生某些法定事由，继承人的继承权丧失，但在具备一定条件下继承人的继承权最终也可不丧失。采用继承权绝对丧失制度的国家有法国和日本等。采用继承权相对丧失制度的国家有德国、瑞士等。我国采用继承权相对丧失和绝对丧失相结合的方式。对于继承人虐待被继承人情节严重的，或者遗弃被继承人的，如以后确有悔改表现，而且被虐待人、被遗弃人生前又表示宽恕的，可以不确认其丧失继承权。

第二十八章

法定继承

一、知识结构图

- 法定继承
  - 法定继承的概念和适用范围(重点)
  - 法定继承人的范围和继承顺序(重点)
  - 代位继承和转继承(重点)
    - 代位继承
    - 代位继承和转继承的区别
  - 法定继承中的遗产分配(重点)

二、重难点归纳

(一)法定继承的概念和适用情形

1. 法定继承的概念

法定继承又称为无遗嘱继承,是相对于遗嘱继承而言的,是指根据法律直接规定的继承人范围、继承人继承的顺序、继承人继承遗产的份额以及遗产的分配原则,继承被继承人的遗产的继承制度。

2. 法定继承适用的情形

法定继承适用的情形包括:(1)遗嘱继承人放弃继承或者受遗赠人放弃受遗赠的;(2)遗嘱继承人丧失继承权的;(3)遗嘱继承人、受遗赠人先于遗嘱人死亡的;(4)遗嘱无效部分所涉及的遗产;(5)遗嘱未处分的遗产。

(二)法定继承人的范围与继承顺序

1. 法定继承人的范围

依据《继承法》,我国法定继承人的范围包括配偶、子女、父母、兄弟姐妹、祖父母和外祖父母、对公婆尽了主要赡养义务的丧偶儿媳和对岳父母尽了主要赡养义务的丧偶女婿。

配偶是在被继承人死亡时与被继承人之间存在合法婚姻关系的人,包括以下情形:夫妻在离婚诉讼程序中,或者在法院已经作出离婚的判决,但是判决未发生效力前的;依法可认定为事实婚姻关系的,但与被继承人非法同居或姘居的,不为配偶;已办理了结婚登记,但未同居的;新中国成立之前遗留下来的一夫多妻、一妻多夫,若在继承开始时,婚姻关系没有解除的。

子女包括婚生子女、非婚生子女、存在合法收养关系的养子女和与被继承人间有抚养关系的继子女。养子女为养父母的法定继承人,不是其生父母的法定继承人,即使尽了主要的抚养义务,仍然只可以适当分得其生父母的遗产。继子女无论是否有权继承其继父母的遗产，均有权继承其生父母的遗产。

兄弟姐妹包括具有全血缘关系的同父同母的、具有半血缘关系的同父异母或同母异父的兄弟姐妹，拟制血亲的养兄弟姐妹，以及有抚养关系的继兄弟姐妹。

2. 法定继承人的顺序

我国法定继承人的继承顺序包括：第一顺序的法定继承人，有配偶、子女、父母、对公婆尽了主要赡养义务的丧偶儿媳、对岳父母尽了主要赡养义务的丧偶女婿；第二顺序的法定继承人，有兄弟姐妹、祖父母、外祖父母。

（三）代位继承和转继承

1. 代位继承

代位继承是指继承人的子女先于被继承人死亡时，由被继承人的死亡子女的晚辈直系血亲继承其应继承的遗产份额的制度。

代位继承的特征：(1)被代位人必须为先于被继承人死亡的子女；(2)代位人必须是被继承人的死亡子女的生存的晚辈直系血亲；(3)被代位人未丧失继承权；(4)代位继承人作为第一顺序继承人参加继承，一般只能继承被代位人应继承的遗产份额；(5)代位继承只适用于法定继承。

2. 转继承

转继承是指继承人在继承开始后、遗产分割前死亡时，其有权接受的遗产转由其法定继承人继承的制度。转继承的条件：(1)继承人于继承开始后、遗产分割前死亡；(2)被转继承人在被继承人死亡后，未放弃继承。

代位继承和转继承的区别：(1)两者性质和效力不同，转继承是代替被转继承人实际接受其有权继承的遗产，代位继承人有权继承被代位继承人应继承的遗产份额；(2)转继承可以适用于法定继承和遗嘱继承，代位继承只适用于法定继承；(3)被转继承人在被继承人死亡后、遗产分割前死亡，被代位继承人先于被继承人死亡；(4)转继承人是被转继承人死亡时生存的一切法定继承人，代位继承人只能是被代位继承人的晚辈直系血亲。

（四）法定继承中的遗产分配

法定继承中的遗产分配有以下原则：(1)继承人继承遗产的份额一般应当均等。(2)有以下特殊情况，份额可以不均等：对于生活特殊困难的缺乏劳动能力的继承人，分配遗产时，应当予以照顾；对被继承人尽了主要扶养义务或者与被继承人共同生活的继承人，在分配遗产时，可以多分；有扶养能力和有扶养条件的继承人，不尽到扶养义务的，分配遗产时，应当不分或者少分；继承人协商同意不均分的。

法定继承中，除法定继承人之外，具备法定条件的其他人也有权适当分得遗产：(1)继承人以外的依靠被继承人扶养的缺乏劳动能力且没有生活来源的人；(2)继承人以外的对被继承人扶养较多的人。此处的“继承人以外”，是指能够参加继承的继承人以外的人，而不是指法定继承人以外的人。

对于可分得适当遗产的人，分给他们遗产时，按具体情况，可以多于或者少于继承人应继承的遗产额。

三、全真题演练

（一）单项选择题

1.（2006年司法考试试卷三第22题）张某1岁时被王某收养并一直共同生活。张某成年后，将年老多病的生父母接到自己家中悉心照顾。2000年，王某、张某的生父母相继去世。下列说法正确的是（　　）。

A. 张某有权作为第一顺序继承人继承生父母的财产

B. 张某有权作为第二顺序继承人继承生父母的财产

C. 张某无权继承养父王某的财产

D. 张某可适当分得生父母的财产

2. 遗嘱继承人先于被继承人死亡的，被继承人遗嘱中指定由该遗嘱继承人继承的部分按(　　)办理。

A. 法定继承　　B. 遗赠

C. 遗嘱继承　　D. 无主财产

3. 张余在70岁的时候收养了3岁的小张余，办理了合法收养手续，两人一直以祖孙相称。张余死后，小张余是张余的(　　)。

A. 第二顺序的法定继承人

B. 第一顺序的法定继承人

C. 受遗赠人

D. 酌情分得遗产的人

4. 对生活有特殊困难且缺乏劳动能力的继承人，在遗产分割时(　　)。

A. 没有特殊之处　　B. 应当予以照顾

C. 可以予以照顾　　D. 酌情予以照顾

5. 有抚养能力和抚养条件的继承人，未尽到抚养义务的，在分割遗产时(　　)。

A. 应当不分或者少分

B. 可以不分或者少分

C. 与其他继承人平均分割

D. 以上都不正确

6. 张余的女儿小张余先于张余死亡，张余死亡后，张余的遗产由(　　)继承。

A. 张余的姐姐　　B. 张余的弟弟

C. 小张余的丈夫　　D. 小张余的女儿

7. 张余去世后，张余的儿子小张余在遗产分割前死亡。小张余应当继承的遗产由小张余的继承人承受的继承方式叫做(　　)。

A. 法定继承　　B. 遗赠

C. 代位继承　　D. 转继承

8. 张某一家四口：张某夫妇、两岁的儿子和张父。张某自1992年起外出打工，1993年春节托人捎给其妻王某一封信和6 000元现金，其后音信全无。1998年2月，对张某的归来不再抱有希望的王某向法院申请宣告张某死亡。法院依法于1999年10月宣告张某死亡。张某和王某共有面积相同的6间房屋以及现金6 000元。2000年5月，王某将儿子送与李某收养。之后，王某与刘某结婚，但1年后刘某病故。

(1)张某被宣告死亡后，对上述6间房屋和6 000元现金的正确处理是(　　)。

A. 应由王某、其子、张父平均继承

B. 王某应当分得4间房屋和4 000元现金

C. 应全部由张父继承

D. 应全部由其子继承

(2)李某的儿子甲先于李某死亡，下列哪些人有代位继承权？(　　)

A. 甲的儿子　　B. 甲的父母

C. 甲的配偶　　D. 甲的兄弟

9. 陆家有三兄弟甲、乙、丙。丙幼年时被送给胡某当作养子，丙结婚时，胡某为其盖了新房。后因为地震，该房屋被毁。丙的生母就将自己的住房腾出来一间房间，让丙夫妇及胡某定居，不久丙的生母病故。甲与乙要收回房子，丙认为自己有权继承母亲的遗产，拒不搬出。依照法律规定，死者的遗产由(　　)继承。

A. 甲和乙　　B. 甲、乙、丙

C. 甲、乙、丙、胡某　　D. 乙、丙

10. 张余的生父和同张余形成抚养关系的继父先后死亡，张余(　　)。

A. 只能继承继父的遗产

B. 只能继承生父的遗产

C. 只能选择其一继承

D. 可以继承继父的遗产，也可以继承生父的遗产

11. 被继承人的子女先于被继承人死亡，由被继承人的(　　)代位继承。

A. 直系血亲

B. 法定继承人

C. 死亡子女的晚辈直系血亲

D. 以上都不正确

(二)多项选择题

1.(2016 年司法考试试卷三第 66 题)熊某和杨某结婚后,杨某与前夫所生之子小强一直由二人抚养,熊某死亡,未立遗嘱。熊某去世前杨某怀有身孕,并于熊某去世后生下双胞胎,产出时男婴为死体、女婴为活体,但之后马上死亡。关于对熊某遗产的继承,下列说法正确的是(　　)。

A. 杨某、小强均是第一顺序继承人

B. 女婴死亡后,应当发生法定的代位继承

C. 为男婴保留的遗产份额由杨某和小强继承

D. 为女婴保留的遗产份额由杨某继承

2.(2014 年司法考试试卷三第 65 题)甲(男)与乙(女)结婚,其子小明 20 周岁时,甲与乙离婚。后甲与丙(女)再婚,丙子小亮 8 周岁,随甲、丙共同生活。小亮成年结婚后自立门户,甲、丙感到孤独,收养孤儿小光为养子,视同己出,未办理收养手续。丙去世,其遗产的第一顺序继承人有(　　)。

A. 小明　　　　B. 小亮

C. 甲　　　　D. 小光

3.(2010 年司法考试试卷三第 67 题)郭大爷女儿 5 年前病故,留下一子甲。女婿乙一直与郭大爷共同生活,尽了主要赡养义务。郭大爷继子丙虽然与其无抚养关系,但也不时从外地回来探望。郭大爷还有一丧失劳动能力的养子丁。郭大爷病故,关于其遗产的继承,下列选项正确的是(　　)。

A. 甲为第一顺序继承人

B. 乙在分配财产时,可多分

C. 丙无权继承遗产

D. 分配遗产时应该对丁予以照顾

4.(2009 年司法考试试卷三第 68 题)钱某与胡某婚后生有子女甲和乙,后钱某与胡某离婚,甲、乙归胡某抚养。胡某与吴某结婚,当时甲已参加工作,而乙尚未成年,乙跟随胡某与吴某居住,后胡某与吴某生下一女丙,吴某与前妻生有一子丁。钱某和吴某先后去世,下列说法正确的是(　　)。

A. 胡某、甲、乙可以继承钱某的遗产

B. 甲和乙可以继承吴某的遗产

C. 胡某和丙可以继承吴某的遗产

D. 乙和丁可以继承吴某的遗产

5.(2007 年司法考试试卷三第 68 题)李某死后留下一套房屋和数十万元存款,生前未立遗嘱。李某有三个女儿,并收养了一子。大女儿中年病故,留下一子。养子收入丰厚,却拒绝赡养李某。在两个女儿办理丧事期间,小女儿因交通事故意外身亡,留下一女。下列选项正确的是(　　)。

A. 二女儿和小女儿之女均是第一顺序继承人

B. 大女儿之子对李某遗产的继承属于代位继承

C. 小女儿之女属于转继承人

D. 分配遗产时,养子应当不分或少分

6.(2006 年司法考试试卷三第 67 题)唐某有甲、乙、丙成年子女三人,并于 2002 年收养了 5 岁的孤儿丁,但未办理收养登记。甲生活条件较好,但未对唐某尽赡养义务,乙丧失劳动能力又无其他生活来源,丙长期和甲共同生活。2004 年 5 月唐某死亡,因分配遗产发生纠纷。下列说法正确的是(　　)。

A. 甲应当不分或者少分遗产

B. 乙应当多分遗产

C. 丙可以多分遗产

D. 丁可以分得适当的遗产

7.(2003 年司法考试试卷三第 86 题)田某死后留下五间房间、一批字画以及数十万元存款的遗产。田某生三子一女,长子早已病故,留下二子一女。就在两个儿子和一个女儿办理丧事并协商如何处理遗产时,小儿子因交通

事故身亡,其女儿刚满周岁。田某的上述亲属中可以作为第一顺序继承人继承他的遗产的是(　　)。

A. 二儿子和女儿

B. 小儿子

C. 小儿子之女

D. 大儿子之子女

8. 张余生前有两个儿子和一个女儿。他的大儿子生活比较好,但是不孝顺,对张余不管不顾。女儿远嫁他乡,生活上不方便照顾张余。张余与二儿子一起生活,二儿子也很照顾张余。张余没有其他继承人。张余去世后,遗产应该如何分割?(　　)

A. 由于大儿子不孝顺,应当由二儿子和小女儿平分

B. 首先由三人协商,按照协议处理

C. 如果三人协商不成,大儿子应当少分

D. 如果三人协商不成,二儿子可以多分

(三)不定项选择题

1.《继承法》中的配偶包括(　　)。

A. 合法夫妻

B. 在离婚诉讼程序中的夫妻

C. 依法可认定为事实婚姻关系的夫妻

D. 新中国成立之前遗留下来的一夫多妻,在继承开始时婚姻关系没有解除的

2. 张余在晚上睡觉时猝死,留下 8 万元遗产,但没有留下任何遗嘱,法定继承下张余的遗产应由谁继承?(　　)

A. 张余的妻子

B. 张余的父母

C. 张余的哥哥

D. 在张余生前无微不全照顾张余且先于张余去世的儿子的女儿

3. 张余与其妻子感情不和,已经分居半年,正在闹离婚。某日,张余暴病身亡,未留下遗嘱。张余的 100 万元遗产应当由谁继承?(　　)

A. 张余的妻子

B. 张余的哥哥

C. 张余的母亲

D. 张余的儿子

4. 相互间有继承权的兄弟姐妹包括(　　)。

A. 同父同母的兄弟姐妹

B. 同父异母的兄弟姐妹

C. 养兄弟姐妹

D. 以上都正确

5.《继承法》上对被继承人享有继承权的子女包括(　　)。

A. 被继承人的婚生子女

B. 被继承人的非婚生子女

C. 没有抚养关系的继子女

D. 有合法收养关系的养子女

(四)名词解释与辨析

1.(中国人民大学 2009 年考研真题)法定继承

2.(清华大学 2016 年考研真题)转继承

3.(武汉大学 2012 年考研真题)代位继承

(五)简答题

1.(武汉大学 2014 年考研真题)简述代位继承与转继承的区别。

2.(北京大学 2000 年考研真题)简述法定继承中遗产分配规则体现了我国《继承法》的哪些基本原则。

(六)论述题

试论述法定继承的适用范围。

四、案例分析

【案例一】

王某与张某育有二子:长子王甲,次子王乙。王甲娶妻李某,并于 1995 年生有一子王小甲。王甲于 1999 年 5 月遇车祸身亡。王某于 2000 年 10 月病故,留有与张某婚后修建的面积相同的房屋 6 间。王某过世后,张某随儿

媳李某生活，该6间房屋暂时由次子王乙使用。

王某过世后留下的6间房屋应由哪些人分配？各自应分得多少？

【问题聚焦】

夫妻共同财产、法定继承

【法律剖析】

继承人包括张某、王乙、王小甲。

每人分配房屋数额：张某分得4间，王乙、王小甲各分得1间。

原因在于：该6间房为王某与张某婚后共同所建，为夫妻共同财产，依据《继承法》的规定，王某死后，张某应获得其中的3间，余下3间房在第一顺序继承人间平均分配。第一顺序的继承人有张某、王乙，因王甲先于王某死亡，其子王小甲作为晚辈直系血亲，享有代位继承权。故余下3间房中张某、王乙、王小甲应各分得1间。

【法条链接】

▶《中华人民共和国继承法》第10条　遗产按照下列顺序继承：

第一顺序：配偶、子女、父母。

第二顺序：兄弟姐妹、祖父母、外祖父母。

▶《中华人民共和国继承法》第11条　被继承人的子女先于被继承人死亡的，由被继承人的子女的晚辈直系血亲代位继承。代位继承人一般只能继承他的父亲或者母亲有权继承的遗产份额。

▶《中华人民共和国继承法》第26条　夫妻在婚姻关系存续期间所得的共同所有的财产，除有约定的以外，如果分割遗产，应当先将共同所有的财产的一半分出为配偶所有，其余的为被继承人的遗产。

【案例二】

张余在其丈夫余某去世后再婚，但一直与其公公大余和婆婆李某生活在一起，照顾其公公、婆婆。2018年，大余去世，大余的子女分割了大余的遗产，未留给张余任何遗产。张余起诉到法院，请求分得其应有的遗产。

张余是否有权继承大余的遗产？

【问题聚焦】

丧偶儿媳、女婿的继承权

【法律剖析】

丧偶儿媳对公公、婆婆，丧偶女婿对岳父、岳母尽了主要赡养义务的，可成为第一顺序的法定继承人。张余作为丧偶儿媳，在丈夫去世后仍与公公、婆婆住在一起，尽到了主要的赡养义务，可作为公公的第一顺序继承人，不论其是否再婚。

【法条链接】

▶《中华人民共和国继承法》第12条　丧偶儿媳对公、婆，丧偶女婿对岳父、岳母尽了主要赡养义务的，作为第一顺序人继承。

五、深度拓展

◆ 如何判断丧偶儿媳、女婿是否尽了主要的赡养义务

《最高人民法院关于贯彻执行〈中华人民共和国继承法〉若干问题的意见》第30条规定："对被继承人的生活提供了主要经济来源，或者在劳务等方面给予了主要扶助的，应当认为尽了主要赡养义务或主要抚养义务。"

司法实践中，主要从以下三个方面考察：(1)经济上是否给予扶助；(2)生活上是否进行照顾；(3)对被继承人的赡养是否是经常的、长期的。

◆ 酌情分得遗产权的效力

对于法定继承人之外依照法律规定可以适当分得遗产的，该酌情分得遗产权是否具有优先效力，国内学者观点不一。余延满教授认为，既然酌情分得遗产要么是因为依靠被继承人抚养、缺乏劳动能力又没有生活来源，要么

是因为在被继承人生前对被继承人抚养较多，那么酌情分得遗产权应当优先于继承权，在总遗产中扣除应当酌情分给继承人之外的人的数额之后，由继承人分割。但是，遗产债权的效力优先于酌情分得遗产权。依照《最高人民法院关于贯彻执行〈中华人民共和国继承法〉若干问题的意见》第 31 条规定，酌情分得遗产权没有优先于继承权的效力，但酌情可分得的遗产可以多于或者少于继承人应当分得的遗产。

第二十九章

遗嘱继承

一、知识结构图

- 遗嘱继承
  - 遗嘱继承的概念与特征(识记并理解)
  - 遗嘱的设立
    - 遗嘱的概念与特征(识记并理解)
    - 遗嘱的形式(重点)
    - 遗嘱的有效要件(重点)
    - 合立遗嘱(理解)
  - 遗嘱的变更、撤销与执行(重点)

二、重难点归纳

(一)遗嘱继承的概念与特征

1. 遗嘱继承的概念

遗嘱继承与法定继承相对应,是指继承开始后,按照被继承人所立的合法有效遗嘱继承被继承人遗产的继承制度。

2. 遗嘱继承的特征

遗嘱继承有以下特点:(1)遗嘱继承直接体现被继承人的意愿;(2)必须有合法有效的遗嘱;(3)遗嘱继承是对法定继承的一种排斥,遗嘱继承人必须为法定继承人,但不受法定继承顺序的限制。

3. 遗嘱继承适用的条件

遗嘱继承适用的条件包括:(1)没有遗赠抚养协议;(2)被继承人设有合法有效的遗嘱;(3)遗嘱中指定的继承人没有丧失和放弃继承权。

(二)遗嘱的设立

1. 遗嘱的概念与特征

遗嘱是自然人生前按照法律的规定处分自己的财产及安排与此有关事务并于死亡后发生法律效力的单方民事法律行为。遗嘱有以下法律特征:(1)遗嘱是一种单方民事法律行为;(2)需要遗嘱人生前亲自独立实施;(3)遗嘱是一种死因行为;(4)遗嘱是要式行为;(5)遗嘱是依照法律规定处分财产的民事法律行为。

2. 遗嘱的形式

遗嘱的形式包括公证遗嘱、自书遗嘱、代书遗嘱、录音遗嘱、口头遗嘱五种。《继承法》第17条规定:"公证遗嘱由遗嘱人经公证机关办理。自书遗嘱由遗嘱人亲笔书写、签名,注明年、月、日。代书遗嘱应当有两个以上见证人在场见证，由其中一人代书，注明年、月、日，并由代书人、其他见证人和遗嘱人签名。以录音形式立的遗嘱，应当有两个以上见证人在场见证。遗嘱人在危急情况下，可以立口头遗嘱。口头遗嘱应当有两个以上见证人在场见证。危急情况解除后，遗嘱人能够用书面或者录音形式立遗嘱的，所立的口头遗嘱无效。”

3. 遗嘱的有效要件

遗嘱的有效要件包括：(1)遗嘱人有遗嘱能力；(2)遗嘱是遗嘱人真实意思表示；(3)遗嘱不得取消既缺乏劳动能力又没有生活来源的继承人的继承权；(4)遗嘱中所处分的财产必须为遗嘱人的个人财产；(5)遗嘱不违反社会公共利益和社会公德。

4. 合立遗嘱

合立遗嘱又称作共同遗嘱，是指两个以上的遗嘱人共同设立一份遗嘱来处分共同遗嘱人各自所有的或者共同所有的财产。合立遗嘱的特殊性在于：(1)合立遗嘱是一种共同民事法律行为；(2)合立遗嘱人对遗产处置的意思表示相互制约；(3)合立遗嘱的生效时间不同于单独遗嘱，只有在合立遗嘱的遗嘱人全部死亡时，合立遗嘱才生效。

(三)遗嘱的变更、撤销和执行

1. 遗嘱的变更、撤销

遗嘱变更是指遗嘱人在遗嘱设立后对遗嘱的内容进行修改。遗嘱撤销是指遗嘱人在遗嘱设立后取消其设立的遗嘱。遗嘱的变更和撤销都是单方法律行为，遗嘱人可以随时变更或者撤销遗嘱。

遗嘱变更和撤销需要以下条件：(1)遗嘱人有遗嘱能力；(2)遗嘱的变更、撤销是遗嘱人真实意思表示；(3)遗嘱的变更、撤销要依照法定方式由遗嘱人亲自为之。公证遗嘱的撤销只能以公证的方式。遗嘱人设有多份遗嘱且内容相抵触，推定遗嘱变更、撤销。遗嘱人生前行为同遗嘱内容相抵触的，推定遗嘱变更、撤销。遗嘱人故意销毁遗嘱的，推定遗嘱人撤销原遗嘱。

2. 遗嘱的执行

遗嘱执行是指在遗嘱生效后由遗嘱执行人实现遗嘱内容。对于执行人的确定，遗嘱中指定了遗嘱执行人的，由被指定的遗嘱执行人执行遗嘱。遗嘱中没有指定遗嘱执行人或者被指定的执行人不能执行遗嘱的，应由有能力的继承人为遗嘱执行人。继承人也不能执行遗嘱的，由遗嘱人生前所在单位或者继承开始地的居委会、村委会为遗嘱执行人。

遗嘱执行人因过错而给继承人或者受遗赠人造成损害的，应当承担赔偿责任。遗嘱执行人不能忠实履行职责的，有关人员可请求法院撤换遗嘱执行人。

三、全真题演练

(一)单项选择题

1.(2008年司法考试试卷三第14题)甲立下一份公证遗嘱，将大部分财产留给儿子乙，少部分存款留给女儿丙。后乙因为盗窃而被判刑，甲伤心至极，在病榻上当着众亲友的面将遗嘱烧毁，不久去世。乙出狱后要求按照遗嘱的内容继承遗产。对此，下列说法正确的是(　　)。

A. 乙有权依据遗嘱的内容继承遗产

B. 乙只能依据法定继承的规定继承遗产

C. 乙无权继承任何遗产

D. 可以分给乙适当的遗产

2.(2014年司法考试试卷三第24题)甲有乙、丙、丁三个女儿。甲于2013年1月1日亲笔写下一份遗嘱，写明全部遗产由乙继承，并签名和注明年、月、日。同年3月2日，甲又请张律师代书一份遗嘱，写明全部遗产由丙继承。同年5月3日，甲因病被丁送至医院急救，甲出口头遗嘱一份，内容是全部遗产由丁继承，在场的赵医生和李护士见证。甲转好后出院休养，未立新遗嘱。如果甲死后，甲遗产的继承人是(　　)。

A. 乙　　B. 丙

C. 丁　　D. 乙、丙、丁

3.(2015年司法考试试卷三第21题)老夫妇王冬与张霞有一子王希、一女王楠，王希婚后育有一女王小力。王冬和张霞曾经约定，自家的门面房和住房属于王冬所有。2012年8月9日，王冬办理了公证遗嘱，确定门面房由张霞和王希共同继承。2013年7月10日，王冬将门面房卖给他人并办理了过户手续。2013年12月，王冬去世，不久王希也去世。关于住房和出售门面房价款的继承，下列说法错误的是(　　)。

A. 张霞有部分继承权

B. 王楠有部分继承权

C. 王小力有部分继承权

D. 王小力对住房有部分继承权，对出售的门面房价款有全部继承权

4.(2016年司法考试试卷三第21题)贡某立公证遗嘱：死后财产全部归长子贡文所有。贡文知悉后，自书遗嘱：贡某全部遗产归弟弟贡武，自己所有遗产归儿子贡小文。贡某随后在贡文遗嘱上书写：同意，但还是留10万元给贡小文。其后，贡文先于贡某死亡。关于遗嘱的效力，下列选项正确的是(　　)。

A. 贡某遗嘱已经被其通过书面方式变更

B. 贡某遗嘱因贡文先死亡而不发生效力

C. 贡文遗嘱被贡某篡改部分合法有效

D. 贡文遗嘱涉及贡某财产的部分有效

5. 甲有二子乙、丙，甲于1996年立下遗嘱，将其全部财产留给乙。甲于2004年4月死亡。经查，甲立遗嘱时，乙17岁、丙14岁，现乙、丙均已工作。甲的遗产应如何处理？(　　)

A. 乙、丙各得二分之一

B. 乙得三分之二，丙得三分之一

C. 乙获得全部遗产

D. 丙获得全部遗产

6. 下列遗嘱无效的是(　　)。

A. 张余死亡后，在遗嘱中没有为受其抚养、患有精神病的母亲保留必要的份额

B. 张二余去世前，由村民李代书，立下遗嘱，村民王、周和张二余的儿子张小余在场并按下手印

C. 周五于80岁时立下遗嘱，后因大病变成植物人

D. 林某之子威胁其父，应当依照其意思立下遗嘱，否则对林某不利，但林某不为所动，仍然按照自己的意愿立下遗嘱

7. 遗嘱继承人的范围是(　　)。

A. 与法定继承人范围相同

B. 法定继承人范围之外的人

C. 任何公民或者法人

D. 任何公民、法人、国家或者其他组织

8. 张余在去世前设立了四份遗嘱，按时间先后顺序分别为公证、自书、代书、口头遗嘱。张余去世后，应按何种遗嘱执行张余的遗产？(　　)

A. 自书遗嘱　　B. 代书遗嘱

C. 公证遗嘱　　D. 口头遗嘱

9. 遗嘱应给(　　)保留必要的遗产份额。

A. 法定继承人

B. 被继承人的父母

C. 缺乏劳动能力又没有生活来源的继承人

D. 配偶

10. 确定遗嘱人有无遗嘱能力，应当以什么时间为准？(　　)

A. 遗嘱设立时　　B. 遗产分割时

C. 遗嘱执行时　　D. 遗嘱生效时

11. 高某14岁时闲着无聊写下一份遗嘱，以后便将遗嘱忘得一干二净。19岁时由于过于肥胖，患高血压猝死。家人在整理其遗物时

发现了这份遗嘱。这份遗嘱的效力如何？（ ）

A. 无效

B. 有效

C. 部分有效

D. 以上都不正确

12. 张余生前立有一份遗嘱，在遗嘱中写着以下内容，哪一个不符合法律规定？（ ）

A. 将自己的一幅古画赠给好友余某

B. 自己所有的财产由妻子继承

C. 将自己所有的存款捐赠给慈善基金会

D. 将他人寄存的财产由女儿继承

（二）多项选择题

1.（2007年司法考试试卷三第69题）甲有一子一女，二人请了保姆乙照顾甲。甲为感谢乙，自书遗嘱，表示其三间房屋由两个子女平分，所有现金都赠给乙。后甲又立下书面遗嘱，将其全部现金分给两个子女。不久甲去世。下列选项错误的是（ ）。

A. 甲的前一遗嘱无效

B. 甲的后一遗嘱无效

C. 所有现金应归甲的两个子女所有

D. 所有现金应归乙所有

2.（2011年司法考试试卷三第65题）张某、李某系夫妻，生有一子张甲和一女张乙。张甲于2007年意外去世，有一女丙。张某在2010年死亡，生前拥有个人房产一套，遗嘱将该房产处分给李某。关于该房产的继承，下列表述正确的是（ ）。

A. 李某可以通过张某的遗嘱继承该房产

B. 丙可以通过代位继承，要求对该房产进行遗产分割

C. 继承人自张某死亡时取得该房产所有权

D. 继承人自该房产变更登记后取得所有权

3. 依照我国法律规定，设立遗嘱一定要有两个以上见证人的是（ ）。

A. 公证遗嘱

B. 自书遗嘱

C. 代书遗嘱

D. 录音遗嘱

4. 遗嘱无效的情形有（ ）。

A. 遗嘱人在设立遗嘱时为限制民事行为能力人

B. 遗嘱是伪造的或是被篡改的

C. 遗嘱处分的财产不属于遗嘱人

D. 遗嘱未为在继承开始时缺乏劳动能力又没有生活来源的法定继承人保留必要的遗产份额

5. 李某在去世前立下遗嘱，表示将遗产50万元留给妹妹小李，但此款项必须全部捐赠给希望小学。不久，李某去世。小李取得了李某的遗产，但一直没有履行捐赠义务且无正当理由。李某有一子一女。下列选项正确的是（ ）。

A. 李某的女儿或者儿子可以请求法院取消小李取得的遗产

B. 小李的继承权被取消后，按照法定继承原则分配李某的财产

C. 李某的儿子或者女儿必须按照李某的要求履行义务，才能取得李某的遗产

D. 以上都不正确

6. 张余有一子，名叫小张余。张余留下一份遗嘱，其中一条为：有房屋一间，暂由××保管，如果小张余和××之女余张在2年内结婚，该房屋由小张余继承；否则，将该房屋出卖后，全款捐赠给希望小学。下列说法正确的有（ ）。

A. 涉及房屋部分无效

B. 该部分无效，因为所附条件违法，侵犯他人婚姻自由

C. 该部分无效，因为违反了遗嘱自由原则

D. 该部分无效，但不影响其他部分的效

力

7. 下列哪些遗嘱因为见证人不符合要求而无效？（　　）

A. 张某在病危时立下口头遗嘱，当时只有10岁的孙女和一名护士在场

B. 杨某外出旅游时遇难，立下录音遗嘱，有1名公证员在场

C. 林某有3个儿子，其遗嘱由其中一个儿子代书，由林某的妻子作为见证人

D. 孙某在牢狱中所立的口头遗嘱，其内容由3个服刑犯人证明

8. 张余突发脑溢血去世，弥留之际留下口头遗嘱，在场的人员有护工周某、值班医生陈某、其长子大张、其次子的合伙人王某。上述人员中可作为遗嘱见证人的有（　　）。

A. 周某　　B. 陈某

C. 大张　　D. 王某

（三）不定项选择题

1. 袁某与马某为夫妻，婚后买了一套房屋，登记在袁某名下。袁某在生前立下遗嘱，在其死后，家里的存款30万元全部由马某继承，房子由袁某的儿子袁直继承，藏书2 000册由其侄子袁方继承。袁某死后，袁方得知袁某将藏书留给自己，便过来帮助袁家操办后事。2个月后，诸事已定，袁方向袁直请求交付藏书，被袁直拒绝。下列说法正确的有（　　）。

A. 袁某的遗嘱部分无效

B. 袁某死后，袁直无须办理登记，即取得房屋的所有权

C. 袁方有权请求袁直交付2 000册藏书

D. 袁直有权拒绝向袁方交付2 000册藏书

2. 确定继承人是否为缺乏劳动能力又没有生活来源的人，应当以下述哪个时间点为准？（　　）

A. 遗嘱生效时　　B. 遗嘱设立时

C. 遗嘱执行时　　D. 以上都不正确

3. 张余80岁，长期因患有精神病而神志不清，一日亲笔写下遗嘱："女儿张二余已经嫁人，有了固定工资收入，小儿子小张余中学毕业后尚在待业，没有固定的生活来源。我的所有财产由小张余继承。"张余亲笔签名，记明年、月、日。之后老人去世。这份遗嘱（　　）。

A. 因违反男女继承权平等的原则，无效

B. 因遗嘱人在设立遗嘱时没有遗嘱能力，无效

C. 因遗嘱未经公证，无效

D. 符合自书遗嘱的要求，有效

4. 以下遗嘱中能撤销公证遗嘱的是（　　）。

A. 自书遗嘱　　B. 代书遗嘱

C. 公证遗嘱　　D. 录音遗嘱

5. 遗嘱继承人先于遗嘱人死亡的，遗嘱中指定由该继承人继承的遗产份额，应当由下列选项中的（　　）继承。

A. 由人民法院决定

B. 该遗嘱继承人的法定继承人

C. 该遗嘱人的法定继承人

D. 其他遗嘱继承人

（四）名词解释与辨析

1.（清华大学2009年考研真题）代书遗嘱

2.（中国人民大学2007年考研真题）遗嘱能力

3. 合立遗嘱

4. 遗嘱的变更和撤销

（五）简答题

1.（上海交通大学2006年考研真题）简述遗赠和遗嘱继承。

2. 同法定继承相比，遗嘱继承有什么特征？

（六）论述题

试论述遗嘱的有效要件。

四、案例分析

【案例一】

甲自书遗嘱，将所有遗产留给长子乙，并明确次子丙不能继承。乙与丁婚后育有一女戊、一子己。后乙、丁遇车祸，死亡先后时间不能确定。甲悲痛成疾，不久去世。丁母健在。

甲、乙、丁的遗产分别由谁继承？

【问题聚焦】

死亡时间推定、遗嘱继承人死亡、代位继承

【法律剖析】

相互有继承关系的几个人在同一事件中死亡，如不能确定死亡先后时间的，推定没有继承人的人先死亡。死亡人各自都有继承人的，如几个死亡人辈分不同，推定长辈先死亡；几个死亡人辈分相同，推定同时死亡，彼此不发生继承，由他们各自的继承人分别继承。乙、丁遭遇车祸，死亡先后时间不能确定，均有继承人，应当推定为同时死亡，彼此不发生继承，由各自的继承人分别继承。

对于乙的遗产，甲、戊、己作为乙的第一顺序法定继承人，有权继承乙的遗产。

对于丁的遗产，戊、己、丁母作为丁的第一顺序法定继承人，有权继承丁的遗产。乙、丁之间不发生继承。

依照《继承法》规定，遗嘱继承人先于遗嘱人死亡的，遗产中的有关部分按照法定继承办理。甲遗嘱指定遗产由乙继承，丙无权继承。但乙先于甲死亡，丙有权按照法定继承来继承甲的遗产。乙先于甲死亡，乙的孩子戊、己作为晚辈直系血亲依照法定继承，有权代位继承甲的遗产。

【法条链接】

➤《中华人民共和国继承法》第10条　遗产按照下列顺序继承：

第一顺序：配偶、子女、父母。

第二顺序：兄弟姐妹、祖父母、外祖父母。

继承开始后，由第一顺序继承人继承，第二顺序继承人不继承。没有第一顺序继承人继承的，由第二顺序继承人继承。

➤《中华人民共和国继承法》第27条　有下列情形之一的，遗产中的有关部分按照法定继承办理：

……

（三）遗嘱继承人、受遗赠人先于遗嘱人死亡的。

➤《最高人民法院关于贯彻执行〈中华人民共和国继承法〉若干问题的意见》第2条　相互有继承关系的几个人在同一事件中死亡，如不能确定死亡先后时间的，推定没有继承人的人先死亡。死亡人各自都有继承人的，如几个死亡人辈分不同，推定长辈先死亡；几个死亡人辈分相同，推定同时死亡，彼此不发生继承，由他们各自的继承人分别继承。

【案例二】

老人张余80岁，有三个成年儿子和一个成年女儿，收入稳定。张余与女儿张二余同住。2018年张余去世，留下一份遗嘱：我的所有遗产留给女儿张二余。该遗嘱为打印而成，张余亲笔签名，并由两名见证人在场见证并签名。其中一名见证人打印了遗嘱。三个儿子认为，该遗嘱因非张余亲笔所写而无效，并以此为由起诉至法院。

张余的遗嘱是否有效？该遗嘱是什么类型的遗嘱？

【问题聚焦】

遗嘱有效的要件与遗嘱的类型

【法律剖析】

我国《继承法》规定的遗嘱类型包括自书遗嘱、代书遗嘱、录音遗嘱、口头遗嘱和公证遗嘱。自书遗嘱必须由遗嘱人亲笔书写，遗嘱为打印而成，非遗嘱人自书而成。遗嘱为见证人代位打出并打印而成，计算机作为现代书写工具，符合“代书”的含义。代书遗嘱应当有两个以上见证人在场见证，由其中一人代书，注明年、月、日，并由代书人、其他见证人和遗嘱人签名。遗嘱符合形式要件。遗嘱人在设立遗嘱时为完全民事行为能力人，有遗嘱能力，是其真实意思的表示，孩子均已成年且收入稳定，不需要为其特别保留遗产，遗嘱有效。

【法条链接】

▶《中华人民共和国继承法》第17条　代书遗嘱应当有两个以上见证人在场见证，由其中一人代书，注明年、月、日，并由代书人、其他见证人和遗嘱人签名。

▶《中华人民共和国继承法》第22条　无行为能力人或者限制行为能力人所立的遗嘱无效。

五、深度拓展

◆ 遗嘱自由原则

遗嘱自由是指被继承人有生前通过设立遗嘱的方式处分自己财产的自由。对于遗嘱自由，有绝对遗嘱自由和相对遗嘱自由两种态度。绝对遗嘱自由强调遗嘱人有自由处分自己遗产的绝对权利。相对遗嘱自由认为，遗嘱人处分自己遗产，不能违背法律关于法定继承人的“特留份”的规定，或者不能违背道德或者社会公共利益。

我国《继承法》保护公民个人财产所有权，允许公民用遗嘱的方式处分自己的财产，但也对遗嘱自由做了限制：(1)遗嘱不能违背社会公共利益和公序良俗；(2)遗嘱应当对缺乏劳动能力又没有生活能力的继承人保留必要的份额，即保留份。对于保留份的规定，有学者认为，保留份适用的范围过于狭窄。

◆ 合立遗嘱的效力

对于合立遗嘱的效力，我国《继承法》没有作出规定，学者也有不同的观点。第一种观点认为，我国立法上虽然没有规定合立遗嘱的效力，但也没有排除其有效性，承认其效力有利于妥善家庭共有财产的问题。第二种观点承认夫妻合立遗嘱，而不承认其他的合立遗嘱。第三种观点认为，由于合立遗嘱不仅在设立时受到他人意思的约束，而且变更、撤销也要遗嘱人共同进行，这容易违反遗嘱人意思，不应当承认合立遗嘱的效力。而且合立遗嘱在执行时也容易发生纠纷。

第三十章

遗赠和遗赠扶养协议

一、知识结构图

- 遗赠和遗赠抚养协议
  - 遗赠
    - 遗赠的概念与特征(识记并理解)
    - 遗赠和遗嘱继承的异同(重点)
  - 遗赠扶养协议
    - 遗赠扶养协议的概念与特征(识记并理解)
    - 遗赠扶养协议与遗赠的区别(重点)
    - 遗赠扶养协议的效力(重点)

二、重难点归纳

(一)遗赠

1. 遗赠的概念与特征

遗赠是指自然人以遗嘱的方式将其个人财产赠与国家、集体或者法定继承人以外的自然人,而于其死亡后发生效力的民事法律行为。遗赠有以下法律特征:

(1)遗赠是一种单方法律行为;

(2)遗赠是于遗赠人死亡后发生效力的死因行为;

(3)受遗赠人是国家、集体或者法定继承人以外的自然人;

(4)遗赠是无偿给予受遗赠人财产利益的行为;

(5)遗赠是只能由受遗赠人接受的行为,受遗赠权不能转让。

2. 遗赠和遗嘱继承

遗赠和遗嘱继承都是被继承人以遗嘱处分个人财产的行为,都必须具备遗嘱的有效条件才能生效。两者的区别在于:

(1)两者主体范围不同。受遗赠人可以是法定继承人以外的自然人、国家或者集体;遗嘱继承人只能是法定继承人范围以内的自然人。

(2)客体范围不同。受遗赠权的客体是财产权利,而不能是财产义务;遗嘱继承权的客体是遗产,包括财产权利和财产义务。

(3)权利行使方式不同。受遗赠人是接受遗赠,必须在法定期间内作出接受的意思表示;遗嘱继承人接受继承的,无须作出明示的意思表示。

(4)取得遗产的方式不同。受遗赠人不能直接参与财产的分配,而是从遗嘱执行人处取得受遗赠的财产;遗嘱继承人可以直接参与遗产分配。

（二）遗赠扶养协议

1. 遗赠扶养协议的概念和特征

遗赠扶养协议是指自然人（遗赠人、受扶养人）与扶养人之间关于扶养人扶养受扶养人，受扶养人将遗产遗赠给扶养人的协议。遗赠扶养协议有以下法律特征：(1)遗赠扶养协议是双方民事法律行为；(2)遗赠扶养协议是诺成性、要式民事法律行为，遗赠扶养协议需要采用书面形式；(3)遗赠扶养协议是双务、有偿行为；(4)遗赠扶养协议内容的实现有阶段性；(5)遗赠扶养协议不因受扶养人的死亡而终止；(6)遗赠扶养协议中的扶养人必须无法定扶养义务。

2. 遗赠扶养协议与遗赠的区别

两者有以下区别：

(1)两者性质不同。遗赠扶养协议是双方、双务、有偿法律行为；遗赠是单方、单务、无偿法律行为。

(2)遗赠扶养协议是生前法律行为和死后法律行为相结合，一旦签署，任何一方不得随意变更、撤销；遗赠是死因行为，在遗赠人死亡之前，遗赠人可以随时变更和撤销。

(3)形式不同。遗赠扶养协议采用的是合同的方式；遗赠以遗嘱的方式进行，遗嘱可以采用继承法规定的遗嘱的方法。

(4)效力不同。遗赠扶养协议优先于遗嘱适用。如果遗赠扶养协议与遗嘱协议相冲突，应当按照遗赠扶养协议处理；如果不冲突，两者都有效。

3. 遗赠扶养协议的效力

遗赠扶养协议效力分为内部效力和外部效力。

遗赠扶养协议的内部效力规定了双方当事人的权利与义务。扶养人的义务为在受扶养人生前扶养受扶养人，在受扶养人死后安葬受扶养人。扶养人不认真履行扶养义务的，受扶养人有权请求解除遗赠扶养协议。受扶养人的义务是将财产遗赠给扶养人。遗赠扶养协议中指定遗赠给扶养人的财产，受扶养人在生前可以占有、使用、收益，但不能处分。

遗赠扶养协议的外部效力为：遗赠扶养协议是遗产处理的依据，在遗产处理时排斥遗嘱继承和法定继承。

三、全真题演练

（一）单项选择题

1.（2004 年司法考试试卷三第 16 题）梁某已八十多岁，老伴和子女都已过世，年老体弱，生活拮据，欲立一份遗赠扶养协议，死后将三间房屋送给在生活和经济上照顾自己的人。梁某的外孙子女、侄子、侄女及干儿子等都争着要做扶养人。这些人中，不应作为遗赠扶养协议的扶养人的是（　　）。

A. 外孙子女　　B. 侄子

C. 侄女　　D. 干儿子

2.（2007 年司法考试试卷三第 23 题）甲与乙签订协议，约定甲将其房屋赠与乙，乙承担甲生养死葬的义务。后乙拒绝扶养甲，并将房屋擅自用作经营活动，甲遂诉至法院要求乙返还房屋。下列选项正确的是（　　）。

A. 该协议是附条件的赠与合同

B. 该协议在甲死亡后发生法律效力

C. 法院应判决乙向甲返还房屋

D. 法院应判决乙取得房屋所有权

3.（2010 年司法考试试卷三第 19 题）甲妻病故，膝下无子女，养子乙成年后常年在外地工作。甲与村委会签订遗赠扶养协议，约定甲的生养死葬由村委会负责，死后遗产归村委会所有。后甲又自书一份遗嘱，将其全部财产赠与侄子丙。甲死后，乙就甲的遗产与村委会以及丙发生争议。对此，下列选项正确的是（　　）。

A. 甲的遗产应归村委会所有

B. 甲所立遗嘱应予撤销

C. 村委会、乙和丙共同分割遗产，村委会可适当多分

D. 村委会和丙平分遗产，乙无权分得任何遗产

4. 下列继承方式发生冲突时，按其效力从高到低的排列顺序应该是（ ）。

A. 法定继承、遗嘱继承、遗赠扶养协议

B. 遗嘱继承、遗赠扶养协议、法定继承

C. 遗赠扶养协议、遗嘱继承、法定继承

D. 遗嘱继承、法定继承、遗赠扶养协议

5. 遗赠必须以（ ）方式进行。

A. 合同　　B. 遗赠扶养协议

C. 遗嘱　　D. 以上都正确

6. 张余生前与余某签订了遗赠扶养协议，约定由余某负责张余的生养死葬，张余死后将50万元存款留给余某。后张余的儿女强烈反对，张余要求撤销该协议，余某无奈接受，但仍然细心照顾张余直至张余去世。下列说法正确的是（ ）。

A. 余某可以得到50万元存款

B. 余某可要求张余的继承人承担违约责任

C. 余某不能得到任何财产

D. 余某不能得到50万元存款，但可以要求张余继承人返还其扶养张余所付出的所有费用

7. 受遗赠人应当在知道受遗赠后（ ）内，作出接受或者放弃受遗赠的表示。到期没有表示的，视为放弃受遗赠。

A. 1个月　　B. 2个月

C. 6个月　　D. 1年

8. 下列选项不能成为受遗赠人的是（ ）。

A. 法定继承人

B. 国家

C. 集体

D. 法定继承人以外的自然人

9. 张余于2017年10月1日去世，去世前留下遗嘱，将全部财产留给侄女张不余。张不余于当日知道遗嘱内容，直到2018年1月1日才表示接受赠与。张不余的行为应视为（ ）。

A. 接受继承

B. 接受遗赠

C. 放弃继承

D. 放弃受遗赠

10. 张余临死前立下遗嘱，将自己所有财产赠送给自己的侄子。2017年10月1日，张余死亡。其侄子在当日知道了遗嘱内容，表示："叔叔不需要这样。"之后就没有做过任何表态。其侄子的行为应视为（ ）。

A. 推定为放弃受遗赠

B. 推定为接受遗赠

C. 部分接受遗赠

D. 由人民法院决定

11. 张某与村委会签订遗赠扶养协议，规定："村委会负责张某的生养死葬，张某所有的三间房屋和日用品归村委会所有。"签订协议之后，张某又自书遗嘱，将自己的三间房屋中的两间留给自己的儿子，所有的存款留给外孙女。下列表述正确的是（ ）。

A. 张某的自书遗嘱无效

B. 遗赠扶养协议和遗嘱均未涉及的遗产归村委会

C. 应当按照遗赠扶养协议处理遗产，因为遗赠扶养协议优先

D. 遗赠扶养协议和遗嘱均未涉及部分归法定继承人

12.（2006年司法考试试卷三第21题）甲死后留有房屋1套、存款3万元和古画1幅。甲生前立有遗嘱，将房屋分给儿子乙，存款分给女儿丙，古画赠与好友丁，并要求丁帮丙找份工作。下列说法正确的是（ ）。

A. 甲的遗嘱部分无效

B. 若丁在知道受遗赠后2个月内没有作出接受的意思表示，则视为接受遗赠

C. 如古画在交付丁前由乙代为保管，若意外灭失，丁无权要求乙赔偿

D. 如丁在作出了接受遗赠的意思表示后死亡，则其接受遗赠的权利归于消灭

（二）多项选择题

1. 张余生前曾与朋友李某签订一份遗赠扶养协议，李某尽了扶养义务，但是张余在他去世前留下一份遗嘱，将其财产留给儿子继承。张余去世后，他女儿要求继承遗产，下列说法不正确的是（　　）。

A. 应当按遗嘱继承

B. 应当按遗赠扶养协议、遗嘱继承的顺序继承

C. 应当按照遗嘱、遗赠扶养协议的顺序继承

D. 应当由当事人协商解决，如果协商不成，由人民法院判决

2. 甲在遗嘱中指定遗产由下列人员取得，其中受遗赠人是（　　）。

A. 妻子　　B. 儿子

C. 保姆　　D. 侄子

3. 遗赠有哪些法律特征？（　　）

A. 单方法律行为

B. 死因行为

C. 受遗赠权不能转让

D. 以上都正确

4. 下列选项不能成为遗赠扶养协议的扶养人的是（　　）。

A. 妻子　　B. 女儿

C. 外孙女　　D. 保姆

5. 甲和乙有大儿子丙、小儿子丁，丁常年不看望照顾甲和乙，只有丙对他们进行无微不至的照料。甲立下遗嘱，将自己的个人存款100万元留给丙，并进行了公证。后甲发现丙、丁预谋杀害自己夺得遗产，甲私下更改了公证遗嘱，将自己的100万元存款赠送给好友张余。之后又与领导余张签订了遗赠扶养协议，由余张负责甲的生养死葬，待甲死后，将其一套房子赠与余张。下列说法正确的是（　　）。

A. 甲私下更改的遗嘱不发生法律效力

B. 余张有权通过遗赠扶养协议主张自己的权利

C. 丙、丁丧失继承权

D. 若丁先于甲死亡，丁的女儿可以代位继承

6. 2017年，张余与余张签订遗赠扶养协议，由余张对张余进行扶养，而张余将其所有财产赠与余张。合同履行过程中，余张不认真履行扶养义务，导致张余经常处于生活缺乏照顾的状态。2018年1月1日，张余死亡，其死后，法院的以下做法不正确的是（　　）。

A. 直接解除张余和余张的遗赠扶养协议

B. 确认张余和余张的遗赠扶养协议

C. 直接剥夺余张的受遗赠权

D. 可以酌情对余张受遗赠的财产数额予以限制

7. 张小立生前立下遗嘱，将两件古董赠与甲。张小立死后，甲表示接受继承，但在遗产分割之前死亡。对于该古董的处理，以下说法不正确的是（　　）。

A. 由张小立的子女继承

B. 由甲的子女继承

C. 如果张小立子女同意，可以让甲的子女继承

D. 作为无主物处理

8. 甲死后留有房屋一间和存款若干，甲有儿子乙。甲生前立有遗嘱，将其存款赠予侄女丙。乙和丙被告知3个月后参与甲的遗产分割，但直到遗产分割时，乙与丙均未作出是否接受遗产的意思表示。下列说法不正确的是（　　）。

A. 乙、丙视为放弃接受遗产

B. 乙视为接受继承，丙视为放弃接受遗赠

C. 乙、丙均应视为接受遗产

D. 乙视为放弃继承，丙视为接受遗赠

（三）不定项选择题

1. 张余生前与余张签订遗赠扶养协议，后来又设立了遗嘱，两者内容相冲突。继承开始后，张余的遗产该如何处理？（　　）

A. 法定继承

B. 遗嘱继承

C. 代位继承

D. 遗嘱扶养协议

2.（2012年司法考试试卷三第24题）甲与保姆乙签订协议约定：甲生前由乙照料，死后遗产全部归乙。乙一直细心照料甲。后甲女儿丙回国，与乙一起照料甲，半年后甲去世。丙认为自己是第一顺序继承人，且尽了义务，主张甲、乙约定无效。下列表述不正确的是（　　）。

A. 遗赠扶养协议有效

B. 协议部分无效，丙可以继承甲的一半遗产

C. 协议无效，应按法定继承处理

D. 协议有效，应按遗嘱继承处理

3. 根据我国《继承法》的规定，放弃继承和放弃受遗赠可以采用的方式包括（　　）。

A. 放弃继承可以采用明示或者默示的方式，放弃受遗赠也是如此

B. 放弃继承和放弃受遗赠一样，只能采用明示的方式

C. 放弃继承只能采用明示方式，放弃受遗赠可以采用明示或者默示方式

D. 放弃继承可以采用明示或者默示方式，放弃受遗赠只能采用明示方式

4. 根据《继承法》的有关规定，如果受遗赠人在被继承人之前死亡的，以下说法正确的是（　　）。

A. 受遗赠人接受遗赠的权利转由他的继承人继承

B. 受遗赠人丧失受遗赠权

C. 受遗赠人接受遗赠的权利转由其晚辈直系血亲代位继承

D. 以上都不正确

5. 张余去世前立下遗嘱，所有遗产由其侄女周某继承。后周某明确表示放弃遗产，关于张余遗产的处理，以下说法不正确的是（　　）。

A. 由周某的晚辈直系血亲代位继承

B. 由张余的法定继承人继承

C. 按照无主物处理

D. 归国家所有

（四）名词解释与辨析

1.（中国人民大学2014年考研真题）遗赠扶养协议

2. 遗赠

3.（武汉大学2005年考研真题）遗赠和赠与

（五）简答题

1.（上海交通大学2009年考研真题）简述遗赠扶养协议的效力。

2.（中国人民大学2000年考研真题）简述遗嘱继承与遗赠扶养协议的区别。

（六）论述题

试论述遗赠扶养协议的法律特征。

四、案例分析

【案例一】

韩某无子女，但有相当丰厚的家业。19世纪80年代收养了一个儿子，取名小韩。韩某与小韩父子关系不好，因此韩某和邻居张余签订了合法有效的遗赠扶养协议，协议规定张余负责韩某的生养死葬，在其离世后，韩某全部财产归张余所有。之后韩某病危，忽然想起昔日好友余张现在生活潦倒，急需帮助，韩某便自书遗嘱一份，将其所有财产的一半赠给余

张。不久韩某去世，张余依约处理了韩某的丧事。时过半月，余张要求接受遗赠。此时，小韩也闻讯火速赶来要求继承遗产。

韩某的遗产应如何处理？

【问题聚焦】

遗赠扶养协议的效力的优先性

【法律剖析】

韩某与张余签订了有效的遗赠扶养协议，张余履行了生养死葬的义务，可以接受遗赠。遗嘱规定将一半遗产赠与余张，遗赠扶养协议规定所有遗产归张余，遗嘱和遗赠扶养协议相冲突。依照我国《继承法》的规定，遗赠扶养协议和遗嘱有冲突时，遗赠扶养协议的效力优先。在有遗赠扶养协议时，遗赠扶养协议优先于法定继承。

【法条链接】

▶《中华人民共和国继承法》第 5 条　继承开始后，按照法定继承办理；有遗嘱的，按照遗嘱继承或者遗赠办理；有遗赠扶养协议的，按照协议办理。

【案例二】

张余生前留下遗嘱，将两套房子留给儿子小张余，一个古董留给侄子余小张。2017 年 8 月 8 日，张余去世。张余妻子李某通知了小张余和余小张，但两人都没有任何表示。2017 年 11 月 8 日，遗产分割时，李某和小张余、余小张发生争执。李某认为，房产和古董应当按照法定继承由自己和小张余继承，因为小张余和余小张在两个月内没有表示接受遗嘱继承，视为放弃。小张余和余小张则主张分别继承房产和古董。为此李某起诉到法院。

房产和古董应当如何处理？

【问题聚焦】

继承和遗赠的接受与放弃

【法律剖析】

遗嘱继承中，继承人在遗产处理之前没有作出放弃的意思表示的，视为接受继承。受遗赠人应当在知道遗嘱内容后两个月内表示接受遗赠或者拒绝遗赠，否则视为拒绝。小张余为法定继承人，遗产分割前没有拒绝继承，视为接受继承。余小张为法定继承人之外的人，张余将古董赠与的行为属于遗赠，其两个月内没有表示接受赠与，视为拒绝，按照法定继承。因此房屋由小张余继承，古董由张余的法定继承人小张余和李某继承。

【法条链接】

▶《中华人民共和国继承法》第 25 条　继承开始后，继承人放弃继承的，应当在遗产处理前，作出放弃继承的表示。没有表示的，视为接受继承。

受遗赠人应当在知道受遗赠后两个月内，作出接受或者放弃受遗赠的表示。到期没有表示的，视为放弃受遗赠。

五、深度拓展

◆ 遗赠扶养协议和五保供养协议

两者区别在于：

1. 性质不同。遗赠扶养协议是一种劳动群众互助互济的措施；五保供养协议是一种社会保障手段。

2. 遗赠扶养协议是双方当事人自愿平等协商签订的；五保供养协议虽然是协商订立，但供养人依法有强制缔约的义务，而且还要接受县级以上人民政府民政部门的监督。

3. 遗赠扶养协议的扶养人为集体经济组织或遗赠人法定继承人以外的自然人；五保供养协议的供养人为农村集体经济组织。

4.《继承法》对于遗赠扶养协议的受扶养人没有强制规定；五保供养协议中对被供养人有明确规定，只能是老年、残疾或者未满 16 周岁的村民，无劳动能力、无生活来源，又无法定赡养、扶养、扶养义务人，或者其法定赡养、扶养、扶养义务人无赡养、扶养、扶养能力的人。

第三十一章

遗产的处理

一、知识结构图

- 遗产的处理
  - 继承的开始（识记）
    - 继承开始的时间与意义
    - 继承开始的地点
    - 继承开始的通知
  - 遗产
    - 遗产的概念与特征（识记）
    - 遗产的范围（重点）
    - 遗产的保管（识记）
  - 遗产的分割（重点）
    - 分割原则
    - 分割方式
    - 分割效力
  - 被继承人债务清偿（重点）
    - 被继承人债务范围
    - 清偿原则
    - 清偿时间和方式
  - 无人继承又无人受遗赠的遗产处理（了解）

二、重难点归纳

（一）继承的开始

继承从被继承人死亡时开始。继承开始的地点是指继承人参与继承法律关系、行使继承权、接受遗产的地点。继承开始的地点一般为被继承人生前最后的住所地。被继承人生前最后住所地和主要遗产所在地不一致的，以主要遗产所在地为继承开始地点。遗产为不动产的，以不动产所在地为继承的地点。依照《继承法》第23条规定，继承开始后，知道被继承人死亡的继承人应当及时通知其他继承人和遗嘱执行人。继承人中无人知道被继承人死亡或者知道但不能通知的，由被继承人生前所在单位或者住所地的居民委员会、村民委员会负责通知。

（二）遗产

1. 遗产的范围

遗产是公民死亡时遗留的个人合法财产，有积极财产和消极财产之分，主要包括：公民收入；公民的房屋、储蓄与生活用品；公民的林木、牲畜和家禽；公民的文物、图书资料；法律允许公民所有的生产资料；公民的著作权、专利权中的财产权利；公民的其他合法财产。遗产中不能包括的权利、义务有：与被继承人人身不可分割的人身权利；与人身有关的专属性的债权、债务；国有资产使用权；其他依法不能继承的财产。

2. 遗产的保管

依照《继承法》第24条规定，在遗产分割前，存有遗产的人，应当妥善保管遗产，任何人不得侵吞或者争抢。人民法院在审理继承案件时，如果知道继承人而无法通知的，分割遗产时，要保留其应继承的遗产，并确定该遗产的保管人或者保管单位。遗产保管人有催告遗产债权人、清点遗产并制作遗产清单、妥善保管遗产、清偿债务、移交遗产的职责。

（三）遗产的分割

1. 遗产分割的原则

遗产分割是指共同继承人之间按照各继承人应继承的份额分配遗产的行为。遗产分割的原则包括：

(1)遗产分割自由；

(2)保留胎儿继承份额；

(3)互谅互让、协商分割；

(4)物尽其用，遗产分割时应注重发挥遗产的效用，不损害遗产的价值。

2. 遗产分割的方式

如果遗嘱中已经指定了遗产分割方式，则应按照遗嘱指定的方式分割。遗嘱中未指定的，由继承人具体协商；协商不成的，可以通过调解或者诉讼解决。

3. 遗产分割的效力

对于遗产分割的效力，各国继承法中有转移主义和宣告主义的两种主张。我国《继承法》中没有明确规定，多数学者主张宣告主义，即遗产分割应当溯及继承开始之时，继承人因遗产分割取得的财产为直接继承被继承人的遗产。各继承人之间互相负有担保责任，即继承人应就其分得的遗产份额对其他继承人负瑕疵担保责任，包括物的瑕疵担保责任和权利瑕疵担保责任。

（四）被继承人债务清偿

1. 被继承人债务范围

被继承人债务是指被继承人死亡时遗留的应由被继承人清偿的财产义务，是被继承人遗产中的消极财产。主要包括：

(1)被继承人依照税法应当缴纳的税款；

(2)被继承人因合同之债而发生的尚未履行的债务；

(3)被继承人因不当得利而承担的返还不当得利的债务；

(4)被继承人因为侵权行为而承担的损害赔偿债务；

(5)被继承人因无因管理而承担的返还管理人必要费用的债务；

(6)其他被继承人应承担的债务。

2. 被继承人遗产债务清偿原则

被继承人债务是指被继承人死亡时遗留的应由被继承人清偿的财产义务。清偿应当坚持以下原则：

(1)限定继承原则。继承人对被继承人的遗产债务的清偿只以继承的遗产的实际价值为限。

(2)保留必留份原则。清偿被继承人的债务，应当为需要特殊照顾的继承人保留适当的遗产。

(3)清偿债务优先于执行遗嘱原则。执行遗嘱必须在清偿债务之后。

(4)继承人连带清偿责任原则。继承遗产的共同继承人对被继承人债务的清偿应当负连带责任。

3. 清偿时间和方式

清偿被继承人的债务一般应于遗产分割前进行，即继承人应于清偿被继承人应缴纳的税款和债务后才分割遗产。但继承人未清偿债务而分割遗产的,也无不可。遗产已分割而未清偿债务时,如果有法定继承又有遗嘱继承和遗赠的,先由法定继承清偿债务;不足时,剩余债务由遗嘱继承人和受遗赠人按比例用所得遗产偿还。如果只有遗嘱继承和遗赠的,由遗嘱继承人和受遗赠人按比例用所得偿还。

(五)无人继承又无人受遗赠的遗产

无人继承又无人受遗赠的遗产,归国家所有;死者生前是集体所有制组织成员的,归集体所有制组织所有。

三、全真题演练

(一)单项选择题

1.(2012年司法考试试卷三第22题)甲在乙寺院出家修行,立下遗嘱,将下列财产分配给女儿丙:乙寺院出资购买并登记在甲名下的房产;甲以僧人身份注册的微博账号;甲撰写《金刚经解说》的发表权;甲的个人存款。甲死后,在遗产分割上,乙寺院与丙之间发生争议。下列说法正确的是(　　)。

A. 房产虽然登记在甲名下,但甲并非事实上所有权人,其房产应归寺院所有

B. 甲以僧人身份注册的微博账号,目的是为推广佛法理念,其微博账号应归寺院所有

C. 甲撰写的《金刚经解说》属于职务作品,为保护寺院的利益,其发表权应归寺院所有

D. 甲既已出家,四大皆空,个人存款应属寺院财产,为维护宗教事业发展,其个人存款应归寺院所有

2.(2013年司法考试试卷三第24题)甲与乙结婚,女儿丙三岁时,甲因医疗事故死亡,获得60万元赔款。甲生前留有遗书,载明其死亡后的全部财产由其母丁继承。经查,甲与乙婚后除共同购买了一套住房外,另有20万元存款。下列说法正确的是(　　)。

A. 60万元赔款属于遗产

B. 甲的遗嘱未保留丙的遗产份额,遗嘱全部无效

C. 住房和存款的各一半属于遗产

D. 乙有权继承甲的遗产

3.(2009年司法考试试卷三第20题)甲、乙结婚的第10年,甲父去世。其生前留下遗嘱,将其拥有的一套房子留给甲,并声明该房屋只归甲一人所有。下列表述正确的是(　　)。

A. 该房屋经过10年婚后生活,即变成夫妻共有财产

B. 如甲将该房屋出租,租金为夫妻共同财产

C. 该房屋及租金均属共同财产

D. 甲、乙即使约定将该房屋变为共同财产,其协议也无效

4. 甲生前曾多次表示,要将自己尚未发表的书稿赠送给乙,但一直未交付。后甲立遗嘱由丙继承全部遗产,但甲临终前又将该书稿赠与丁并立即交付。该书稿的发表权应由谁行使?(　　)

A. 乙　　　　B. 丙

C. 丁　　　　D. 丙和丁

5. 夫妻在同一事件中死亡,不能确定死亡先后时间的,如丈夫和妻子各有父母,推定(　　)。

A. 丈夫先死亡

B. 妻子先死亡

C. 夫妻同时死亡

D. 由人民法院确定夫或妻先死亡

6. 2017年8月8日吴某病逝,8月9日安葬完毕,9月9日继承人继承吴某的遗产,9月12日继承人确定各自继承比例,10月28日遗产分割完毕。继承从哪一天开始?(　　)

A. 8月8日　　　　B. 10月28日

C. 9月9日　　D. 9月12日

7. 共同继承人对清偿被继承人的债务对外(　　)。

A. 不承担责任

B. 承担连带责任

C. 承担按份责任

D. 以上都不正确

8. 甲从小就是孤儿,没有任何亲人,10岁开始就在北京流浪。2017年甲去世,其遗产无人继承,也无人受遗赠。甲遗产归(　　)所有。

A. 经常居住地的居委会

B. 户口所在地的居委会

C. 国家

D. 集体所有制组织

9. 陆某死后,甲按照陆某的遗嘱继承了4万元现金,乙按照陆某的遗嘱分得古董一件(价值2万元),丙按照法定继承得到店铺一间(价值10万元)。遗产分割后,发现陆某生前欠丁债务3万元,丁债权如何实现?(　　)

A. 甲、乙、丙按照继承比例清偿

B. 甲还1万元,乙还2万元

C. 甲还2万元,乙还1万元

D. 丙还3万元

10. 张余夫妇共有存款1 000 000元,家中有张余刚领到的工资6 000元和其妻子的工资4 000元。张余死后,其遗产有(　　)。

A. 505 000元　　B. 506 000元

C. 504 000元　　D. 503 000元

11. 张余和余张为夫妻,父母双亡。张余只有一个亲弟弟,没有其他近亲属,余张没有任何近亲属。2018年1月30日,两人同坐一架飞机,遭遇事故死亡。张余和余张有共同财产10万元,该10万元应当如何处理?(　　)

A. 全部由张余的弟弟继承

B. 其中5万元归国家所有

C. 全部归国家所有

D. 其中5万元归张余弟弟所有

12. 周某于2008年3月1日离家出走后音信全无,其妻子于2012年5月1日向人民法院申请宣告死亡。2013年5月2日,法院作出宣告周某死亡的判决(判决书中未表明周某死亡日期)。2013年5月3日,妻子收到判决书。妻子继承周某的遗产开始于(　　)。

A. 2013年5月3日　B. 2013年5月2日

C. 2012年5月1日　D. 2008年3月1日

(二)多项选择题

1.(2005年司法考试试卷三第81题)马俊于1991年去世,其妻张桦于1999年去世,剩下夫妻共有房屋5间。马俊遗有伤残补助金3万元。张桦于1990年以个人名义在单位集资入股,获得收益1万元。双方生有一子马明,1995年病故。马明生前与胡芳婚后育有一子马飞。张桦长期患病,生活不能自理,由表侄常生及改嫁儿媳胡芳养老送终。5间房屋于2001年11月被拆迁,拆迁单位与胡芳签订《危旧房改造货币补偿协议书》,胡芳领取作价补偿款、提前搬家奖励款、搬迁补助费、货币安置奖励费、使用权补偿款共计25万元。下列选项属于遗产的是(　　)。

A. 提前搬家奖励款

B. 搬迁补助费

C. 货币安置奖励费

D. 使用权补偿款

2.(2009年司法考试试卷三第67题)何某死后留下一间价值6万元的房屋和4万元现金。何某立有遗嘱,4万元现金由四个子女平分,房屋的归属未作处理。何某女儿主动提出放弃对房屋的继承权,于是三个儿子将房屋变卖,每人分得2万元。现债权人主张何某生前曾向其借款12万元,并有借据为证。下列说法错误的是(　　)。

A. 何某已死,债权债务关系消灭

B. 四个子女平均分担,每人偿还3万元

C. 四个子女各自以继承所得用于清偿债务，剩下2万元由四人平均分担

D. 四个子女各自以继承所得用于清偿债务，剩下2万元，四人可以不予清偿

3. 遗产债务清偿的原则包括(　　)。

A. 限定继承

B. 保留必留份

C. 连带清偿

D. 清偿债务优先于执行遗赠

4. 王某与李某系夫妻，二人带女儿外出旅游，因发生车祸全部遇难，但无法确定死亡的先后时间。下列选项正确的是(　　)。

A. 推定王某和李某先于女儿死亡

B. 推定王某和李某同时死亡

C. 王某和李某互不继承

D. 女儿作为第一顺序继承人继承王某和李某的遗产

5. 甲生前租住三居室住房一套，另有存款50万元。2017年甲因公死亡，保险公司按照其在保险单上所填写的受益人为其儿子乙，将5万元保险赔偿金交给乙。单位发给其家属5万元抚恤金。甲的遗产不包括(　　)。

A. 住房

B. 存款

C. 保险赔偿金

D. 抚恤金

6. 张余死后，下列选项不得作为遗产的是(　　)。

A. 房屋所有权

B. 采矿权

C. 一套房屋的租赁权

D. 著作权收入

7. 张余死后留有房屋6间、水牛1头。张余有妻余张及两个孩子张一和张二，其外祖母仍然健在。对于张余的遗产的处理，下列说法正确的是(　　)。

A. 房屋6间由余张分得3间，张一、张二和其外祖母各1间

B. 房屋6间由余张分得4间，张一和张二各1间

C. 对水牛的分割应采取变价分割或作价补偿，而不宜采用实物分割的方式

D. 在遗产没有分割之前，各继承人对遗产的权利为共同共有

8. 继承开始的时间具有下列何种法律意义？(　　)

A. 依继承开始的时间确定法定继承人的范围

B. 依继承开始的时间确定遗产范围

C. 确定遗产权利归属

D. 确定遗嘱效力及确定继承人的应继承份额

(三)不定项选择题

1. 林某从小父母双亡，后娶妻，生下一子小林。林某的妻子去世后，父子两人相依为命。后林某去世，其全部遗产价值10万元。小林为唯一的继承人。林某生前欠周某9万元，并欠税款2万元。林某死后所欠债务和税款应当如何处理？(　　)

A. 全部由小林缴纳清偿

B. 不用缴纳清偿

C. 由小林以10万元为限缴纳清偿

D. 以上都不正确

2. 遗产已经被分割但债务还未清偿时，对于债务的清偿，下列说法正确的是(　　)。

A. 有法定继承人的，先由法定继承人在其继承的遗产价值范围内清偿债务

B. 由所有的继承人、受遗赠人按比例用所得遗产偿还

C. 如果只有遗嘱继承和遗赠的，由遗嘱继承人和受遗赠人按比例用所得遗产偿还

D. 以上都不正确

3. 在继承人遗产不足以清偿其债务的时

候，下列人中应当为其保留必留份的是（　）。

A. 正在上大学的20岁的女儿

B. 患有脑瘫的7岁的侄子

C. 双臂截肢且瘫痪的没有工作的妻子

D. 50岁仍然工作的母亲

4. 张余死后留有遗产100万元。其立有遗嘱，将价值50万元的店铺留给女儿，将价值10万元的古董留给侄子。遗嘱中未涉及的剩余40万元存款由妻子刘某与女儿按照法定继承各分得一半。遗产处理完毕后，王某通知刘某等人，张余死亡前向其借款70万元至今未还。经查，王某所言属实，此借款系张余个人债务。女儿应向王某偿还多少钱？（　）

A. 20万元　　B. 40万元

C. 45万元　　D. 50万元

5. 张某死后，遗产包括2 000元现金、1台电视机和1辆电动车。张甲、张乙、张丙是张某的三个儿子。因无遗嘱，三人协商后，张甲继承了现金，张乙继承了电视机，张丙继承了电动车。一段时间后，王某向张乙出示了自己将电视机借于张某的借条，张乙将电视机还给王某。据此，下列选项正确的是（　）。

A. 分遗产时张乙自愿要电视机，无权要求张甲、张丙赔偿

B. 张甲、张丙不用承担瑕疵担保责任

C. 张甲、张丙应按照其取得的遗产比例向张乙补偿

D. 以上说法都正确

（四）名词解释与辨析

1.（武汉大学2015年考研真题）限定继承原则

2. 遗产债务

3. 遗产

（五）简答题

1.（上海交通大学2009年考研真题）简述被继承人遗产清偿债务的原则。

2. 简述我国遗产的范围。

（六）论述题

试论述遗产分割的原则。

四、案例分析

【案例一】

张余与余张夫妻二人在外打工，结婚前丈夫张余向朋友刘某借款1万元筹备婚宴，但一直没还。2002年，张余在外地意外死亡，经劳动部门认定为工伤。妻子余张和张余所在公司达成协议，由公司一次性赔偿死亡赔偿金10万元。刘某得知后找到余张，要求其偿还张余的1万元借款。余张认为这10万元是公司给自己的精神损害赔偿，应属于自己所有，张余没有留下任何遗产，因此拒绝了刘某。

死亡赔偿金是否为遗产？

【问题聚焦】

死亡赔偿金的性质

【法律剖析】

死亡赔偿金是一种特殊的财产，实践中认为，其填补的是受害人近亲属因受害人死亡导致的生活资源的减少和丧失，是对受害人家庭损失的弥补、对死者家庭利益的赔偿。遗产应当是公民死亡时遗留的个人合法财产。因此，死亡赔偿金不是遗产。

【法条链接】

▶《中华人民共和国继承法》第3条　遗产是公民死亡时遗留的个人合法财产，包括：

（一）公民的收入；

（二）公民的房屋、储蓄和生活用品；

（三）公民的林木、牲畜和家禽；

（四）公民的文物、图书资料；

（五）法律允许公民所有的生产资料；

（六）公民的著作权、专利权中的财产权利；

（七）公民的其他合法财产。

▶《最高人民法院关于审理人身损害赔偿案件适用法律若干问题的解释》第 18 条　精神损害抚慰金的请求权，不得让与或者继承。但赔偿义务人已经以书面方式承诺给予金钱赔偿，或者赔偿权利人已经向人民法院起诉的除外。

【案例二】

张余和余张是夫妻，张大大和张大是丈夫张余的父母，张余有一兄弟张二余，妻子余张有母亲余大。张余、余张、张大、张大大一起爬山，四人不小心坠崖身亡，无法确定死亡时间。张余、余张共有财产 20 万元，张大、张大大共有财产 30 万元。

张余和余张以及张大和张大大的遗产应当如何继承？

【问题聚焦】

死亡时间的推定

【法律剖析】

相互有继承关系的几个人在同一事件中死亡，如不能确定死亡先后时间的，推定没有继承人的人先死亡。死亡人各自都有继承人的，如几个死亡人辈分不同，推定长辈先死亡；几个死亡人辈分相同，推定同时死亡，彼此不发生继承，由他们各自的继承人分别继承。此案例中四人都有继承人，但辈分不同，推定张大、张大大先死，彼此不发生继承关系，两人所有遗产由张余和张二余继承，张余继承 15 万元，张二余继承 15 万元。再推定张余、余张两人同时死亡，彼此不发生继承关系，两人各自财产由各自继承人继承。张余遗产由张二余继承，余张遗产由余大继承。张二余一共继承 35 万元，余大继承 15 万元。

【法条链接】

▶《最高人民法院关于贯彻执行〈中华人民共和国继承法〉若干问题的意见》第 2 条　相互有继承关系的几个人在同一事件中死亡，如不能确定死亡先后时间的，推定没有继承人的人先死亡。死亡人各自有继承人的，如几个死亡人辈分不同，推定长辈先死亡；几个死亡人辈分相同，推定同时死亡，彼此不发生继承，由他们各自的继承人分别继承。

五、深度拓展

◆ 遗产分割效力的不同立法例

遗产分割的效力主要有两种立法例，即转移主义和宣告主义。转移主义认为，遗产分割为一种交换，继承人因分割而互相让与各自的应有部分，以此取得分配给自己的财产的单独所有权。宣告主义认为，因为遗产分割而分配给继承人的财产，视为从继承开始之日起已经归属于各继承人单独所有，遗产分割仅仅有宣告效力。我国《继承法》没有明确规定，多数学者主张宣告主义。从继承开始到遗产分割之前，各共同继承人对遗产为暂时的共同共有的关系，但与一般的共同共有不一样的是，一般共有物的分割从分割之日起发生效力，但遗产分割的效力溯及既往，视为共有关系自始没有发生过。

第五编　人身权

第三十二章

人身权概述

一、知识结构图

- 人身权概述
  - 人身权的概念与分类
    - 概念
    - 特征
    - 分类
      - 人格权
      - 身份权
  - 人身权的内容与意义
    - 人身权的内容
    - 人身权的意义
    - 人身权制度的未来发展

二、重难点归纳

(一)人身权的概念与特征

人身权是指民事主体基于人格或者身份而依法享有的,以在人身关系包括人格关系和身份关系中所体现的人格利益或者身份利益为内容的民事权利。

人身权的特征包括:第一,人身权是与民事主体自身主体资格密不可分的一项民事权利;第二,人身权的法定性;第三,人身权的固有性,大多数人身权是自民事主体成立之时就开始享有;第四,人身权是体现在人身关系中的民事权利;第五,人身权具有非财产性,但并非指人身权与财产利益无关,它是具有可财产救济性的。

(二)人身权的分类

1. 人格权和身份权

人身权根据客体内容的不同,分为人格权和身份权。

2. 一般人格权和具体人格权

人格权根据客体范围的不同,分为一般人格权和具体人格权。

3. 物质性人格权和精神性人格权

具体人格权根据权利客体的不同,分为物质性人格权和精神性人格权。物质性人格权包括生命权、健康权和身体权;精神性人格权包括姓名权、肖像权、自由权、名誉权、隐私权、贞操权、信用权、婚姻自主权等。

4. 亲属法上的身份权和亲属法外的身份权

身份权根据是否仅能由自然人享有,分为亲属法上的身份权和亲属法外的身份权。前者包括配偶权、亲权和亲属权;后者包括荣誉权、知识产权中的身份权等。

三、全真题演练

(一)单项选择题

1. 人身权法调整的对象是(　　)。

A. 收养关系　　B. 财产关系

C. 亲属关系　　D. 人身关系

2. 法人不具有以下哪项权利?(　　)

A. 名称权　　B. 亲权

C. 著作权　　D. 财产权

3. 下列不属于人身权的是(　　)。

A. 配偶权　　B. 身份权

C. 人格权　　D. 知识产权

(二)多项选择题

1. 下列哪几项属于人身权的性质?(　　)

A. 法定性　　B. 固有性

C. 非财产性　　D. 约定性

2. 物质性人格权包括下列哪些内容?(　　)

A. 生命权　　B. 健康权

C. 身体权　　D. 自由权

3. 一般人格权包括(　　)。

A. 人格独立　　B. 人格平等

C. 人格自由　　D. 人格尊严

(三)名词解释与辨析

1.(暨南大学 2016 年考研真题)物质性人格权

2. 具体人格权

(四)简答题

简述人身权的分类。

(五)论述题

试论述人身权的专属性。

四、案例分析

【案例】

2016 年 9 月 20 日,北京市大兴区人民法院对邱少云烈士之弟邱少华诉孙杰(网名“作业本”)、加多宝(中国)饮料有限公司一般人格权纠纷案一审公开宣判,判决二被告于判决生效之日起三日内公开发布赔礼道歉公告,向原告邱少华赔礼道歉,消除影响,该公告须连续刊登五日;二被告连带赔偿原告邱少华精神损害抚慰金 1 元,于判决生效后三日内履行。

法院审理查明,2013 年 5 月 22 日,孙杰在新浪微博通过用户名为“作业本”的账号发文称:“由于邱少云趴在火堆里一动不动,最终食客们拒绝为半面熟买单,他们纷纷表示还是赖宁的烤肉较好。”加多宝公司于 2015 年 4 月 16 日以该公司新浪微博账号“加多宝活动”发博文称,“多谢@作业本,恭喜你与烧烤齐名。作为凉茶,我们力挺你成为烧烤摊 CEO,开店十万罐,说到做到^_^#多谢行动#”,并配了一张与文字内容一致的图片。

【问题聚焦】

死者名誉的法律保护

【法律剖析】

我国《民法通则》第 101 条明确规定:“公民、法人享有名誉权,公民的人格尊严受法律保护,禁止用侮辱、诽谤等方式损害公民、法人的名誉。”这是我国保护死者名誉权的基本法律依据。该规定虽然没有明确涉及公民死亡之后名誉权是否受到保护的具体问题,但是最高人民法院早在 20 世纪 90 年代就已经对公民死亡后其名誉权应该受到依法保护予以明确回答,并在 2001 年《关于确定民事侵权精神损害赔偿责任若干问题的解释》中进一步规定了死者近亲属因死者名誉、荣誉等人格权利受侵害而遭受精神痛苦时诉请精神损害赔偿的权利。

与此同时,死者人格权保护的利益相关者不仅仅是死者本人,也包括他的亲属。按照最高法院的解释,针对死者人格权提起的诉讼,应该可以通过两种形式:一种是死者亲属以死者本人名义提起，要求停止侵害、消除影响的他益诉讼；另一种则是死者亲属以自己名义，因自己遭受精神损害而提起的自益诉讼，通常诉讼请求为赔礼道歉和损害赔偿。而且，如果死者亲属认为，自己的精神因死者人格权遭损害而受到巨大创伤，可以要求精神损害赔偿。

五、深度拓展

◆ 著作人身权

著作权也称版权，是知识产权的一个重要组成部分，其内容包括著作人身权和著作财产权两个部分。著作人身权又称作者人格权、精神权利，是指作者基于作品创作而产生的人身权利。著作财产权又称经济权利，是指著作权人对作品享有的使用及许可他人使用并获得报酬的权利。由于著作权具有双重权利属性，它比其他知识产权的交易更具有复杂性，尤其是进入信息时代以后，科学技术的发展给传统的著作权制度带来了巨大的冲击，同时也给我国的著作权交易制度带来了更多的挑战。在确认著作财产权的可转让性的同时，如何实现著作人身权的有效流转，使作者能更全面、充分地享有著作权的权益，是大家都关注的一个重点问题。

在大陆法系国家，将“人格价值观”作为著作权立法的哲学基础，把天赋人权的思想引入著作权理论范畴，确立了以保护作者人身权利为中心的著作权观念。在这种自然法思想的影响下，作品被视为作者智慧的结晶和人格的延伸，因此作者对作品享有类似父子关系的天赋自然权利，他不但应当有权像对待财产权那样控制作品的经济利用，更应当有权维护作者人格与作品之间无法割断的精神联系。

基于民法的一般原理，学者们普遍认为：著作财产权可与作者分离而单独存在，可依作者之自由意愿而处分，进行转让和许可；而著作人身权由于其与主体是密不可分的，因而也是不可让与的。

主张二元说的学者认为，著作财产权是可以转让的，而著作人身权则不可转让。如法国《著作权法》第 6 条规定：“作者有权使其姓名、资格和作品得到尊重。上述权利是人身权利。人身权利是终生的、不可转让的、不可剥夺的权利。”这是二元说的代表。

采用一元说的国家也认为著作人身权具有不可让与性。德国 1965 年《著作权法》第 29 条规定：“著作权除因处分之履行而转移，或遗产分割而转移于共同继承人；除此之外著作权不得转移。”我国《著作权法》虽对此无明文规定，但从《著作权法实施细则》中可以看出，其只规定了著作财产权可以转移，事实上也说明著作人身权是不能转移的。

同时，著作人身权还具有永久性。著作权的保护期间分永久保护的无限主义和限定保护期间的有限主义两种。著作人身权的保护，有采取无限主义的，如法国《著作权法》第 6 条；也有采取有限主义的，如德国《著作权法》规定，著作人身权仅及于著作权人死亡的一定期间，该期间与著作财产权的保护期间相同。我国《著作权法》第 20 条规定：“作者的署名权、修改权、保护作品完整权的保护期不受限制。”因此，我国采取的是无限主义原则。

第三十三章

人格权

一、知识结构图

人格权
- 人格权概述
- 生命权
- 健康权
- 身体权
- 姓名权与名称权
- 肖像权
- 名誉权
- 隐私权
- 信用权
- 自由权
- 贞操权
- 一般人格权

二、重难点归纳

(一)人格权的概念与特征

人格权是指民事主体平等享有的、经法律认可、以人格利益为客体、作为民事权利和义务主体应当具备的基本权利。

人格权的特征包括:第一,人格权是作为民事主体所应当具备的,民事主体只有具备人格权,才具备民事主体的资格,除此之外只要是民事主体,都具备人格权;第二,民事主体具有的人格权是经过法律认可的;第三,民事主体享有的人格权是完全平等的;第四,人格权以人格利益为客体。

(二)生命权

生命权是指自然人享有的以生命安全和安宁为内容的权利。生命是自然人作为民事主体的前提和基础,是自然人最高的人格利益。法律最重要的目标之一就是致力于保障自然人生命的安全和安宁。生命权的主体只能是自然人,法人或非法人组织都不是生命权的主体,生命权的客体是生命的安全和安宁。生命权的内容包括生命安全的维护权、生命安宁的维护权、生命利益的支配权。总而言之,法律应当提倡人们善待自己的生命。

（三）健康权

健康权是指自然人以维护身体和心理机能健康为内容的人格权。高质量生活是以身心健康为基础的，因此健康权是自然人重要的人格权。健康权的主体只能是自然人，内容包括身体机能健康的维护权、心理机能健康的维护权和健康利益的支配权。健康利益的支配权问题不仅是法律问题，同时涉及道德、伦理、哲学、宗教、文化、医学等诸多方面。即使法律不承认，每一个自然人也一直在对自我健康利益进行支配，而且法律也无法对此行为规定某种消极后果。因此，不仅要提倡健康的生活方式，也要承认权利人对自己健康利益享有支配权。

（四）身体权

身体权是自然人维护其身体组织完整、安全并支配其身体或身体组成部分的人格权，身体权的主体只能是自然人，法人及其他组织均不是身体权的主体。尽管身体权和生命权、健康权有很多类似或者重合的地方，但是身体权和生命权、健康权所体现的是不同的人格利益。侵犯身体权，并不必然侵犯生命权和健康权。例如，非法剪人的毛发，只侵犯身体权，而并不侵犯生命权和健康权；又如，用针刺他人大腿等身体部位，未导致严重后果，则侵犯了身体权，但未必侵犯健康权。身体权包括维护身体组织完整完全的权利和对身体或者身体组成部分的支配权。

生命权、健康权与身体权都是非常重要的人格权，三者之间彼此独立。区别主要是：

(1)保护的人格利益不同。生命权保护的是生命利益，健康权保护的是健康利益，身体权保护的则是身体利益。

(2)三者被侵犯后果的严重程度不同。一般来说，生命权受到侵害时带来的后果最为严重；健康权受到侵害时造成的后果要轻于生命权的后果，但要重于侵犯身体权造成的后果；总体来说，侵犯身体权给人造成的后果相对最轻。

(3)责任性质和责任范围不同。侵犯生命权和健康权既可能构成刑事责任，也可能构成民事责任；侵犯身体权一般只构成民事责任。在责任范围上，侵犯生命权的刑事责任一般要重于侵犯健康权的刑事责任，侵犯生命权的民事责任一般要重于侵犯健康权的民事责任，侵犯身体权的民事责任可能最轻。

(4)从重吸收。若一行为同时侵犯生命权、健康权和身体权时，将选择最重的后果确定行为性质，因此，将会被认为侵犯生命权；在确定赔偿范围时，也按照最重的情况来计算。这就是说，对生命权的侵犯吸收了对健康权和身体权的侵犯。

（五）姓名权和名称权

姓名权是自然人对其姓名享有的决定、使用和依照规定改变，同时禁止他人干涉、盗用和假冒的权利，姓名权的主体限于自然人。一般来说，每个自然人都有一个正式的姓名，这个正式姓名应当是身份证记载的姓名，正式姓名是自然人身份具有法律意义的象征。因此，一般而言，关于姓名权的规定，所指的都是正式姓名。姓名权的内容包括姓名决定权、姓名使用权和姓名变更权。

名称权是指自然人以外的其他民事主体依法享有的决定、使用、改变及转让自己的名称并排除他人非法干扰的人格权。名称权的内容包括名称决定权、名称使用权、名称变更权、名称转让权。

名称与商号或者字号的关系如下：

《企业名称登记管理规定》第7条规定，企业名称应当由以下部分依次组成：字号（或者商号，下同）、行业或者经营特点、组织形式。企业名称应当冠以企业所在地省（包括自治区、直辖市）、市（包括州）或者县（包括市辖区）行政区划名称。据此，名称是民事主体的全称，而商号或者字号只是名称的组成部分，当然一般是最核心、最具有识别性的组成部分。

（六）肖像权

肖像权是指自然人享有的以自己肖像所体现的人格利益为内容的人格权。

《民法总则》第110条规定，自然人享有肖像权。

肖像权具有以下法律特征：

(1)肖像权的主体只有自然人，法人及其他组织不是肖像权的主体。

(2)肖像权主体去世后，其肖像权应当依法受到保护。任何污损、丑化或者擅自以营利为目的使用死者肖像的行为，都构成对肖像利益的侵犯。

(3)肖像权体现的是自然人的精神利益，自然人享有形象及肖像不受非法毁损、玷污的权利。

(4)肖像权中包含有物质利益。肖像是自然人形象的再现，总是与自然人的品格、魅力等属性联系在一起。当某人的肖像与某种商品联系在一起的时候，人们往往就会将该商品与肖像所体现的该自然人的个人品格、魅力联系在一起，此时肖像就具有了商业价值。

肖像权的内容包括肖像制作权、维护肖像所体现的精神利益的权利和肖像使用权。

（七）名誉权

名誉权是指民事主体所享有的保护自己的名誉不被以侮辱、诽谤等方式加以丑化的权利。

《民法总则》第110条规定，自然人享有名誉权，法人、非法人组织享有名誉权。

民法学中将名誉分为内部名誉和外部名誉。外部名誉是指对民事主体的社会评价，内部名誉是指民事主体内心对自己各方面的感知。一般认为，外部名誉应当受到名誉权的保护；至于内部名誉是否应当受到名誉权的保护，学者之间存在分歧。

名誉权具有以下法律特征：

(1)名誉权的主体，包括所有民事主体、自然人和其他民事主体享有名誉权。

(2)自然人去世后，其名誉依然应当受到保护。

(3)良好的名誉。名誉权与财产利益有密切关系，良好的名誉会给民事主体带来良好的社会关系，包括财产关系。侵犯他人的名誉会给这种社会关系带来破坏。法人及非法人组织的良好声誉会带来无尽的财富。名誉权的内容包括名誉维护权和名誉利益支配权。

（八）隐私权

隐私权是指自然人对属于自己私人生活范畴的事项依法自由支配，并排斥他人非法干涉的权利。隐私权的客体是自然人的隐私，隐私权的本质在于确保个人远离公众的目光。就隐私权的概念来说，首先需要明确隐私的范围。隐私的范围随着人类社会的进步而不断变化和拓展。总体而言，凡属于自然人自身私人生活范畴、与公共利益无关的内容，就应该属于隐私的范围。具体而言，隐私权包括私人信息、私人生活、私人空间、身体隐私、生命信息（身体基因）等，这些都属于隐私权保护的范围。侵犯隐私权可能会同时构成对名誉权的侵犯，最高法院也曾有司法解释以名誉权来保护自然人的隐私。《民法总则》第110条规定，自然人享有隐私权。隐私权的内容包括隐私控制权、隐私利用权、隐私维护权。

关于公众人物的隐私权。隐私权的本质在于确保远离公众的目光，公众人物需要经常处于公众的监督和目光之下。许多公众人物，尤其是公知人物，需要公众的监督。因此公众人物隐私权的保护标准要远远低于普通人，但是这不等同于公众人物不享有隐私权，因为公众人物也有作为普通人的一面。如何把握公众人物的公众属性与社会属性，是隐私权保护需要研究的重要课题。

与此同时，随着网络的出现和普及，为隐私权保护提出了新的挑战。问题在于，如何在不妨碍电子商务以及网上信息流通的情况下，保护互联网用户的隐私权？在大数据背景下，上网信息可以被轻易地记录和汇总，技术发展和个人隐私权保护之间的关系更加紧张。

(九)信用权

信用权是指民事主体所享有的保护自己的信用不被以非法方式降低的权利。信用属于名誉范畴，一般认为，名誉是指民事主体各个方面所享有的社会评价，信用则专指民事主体在经济方面所享有的社会评价。之所以将信用权从名誉权中独立出来，是因为信用的重要性。我国现行法尚未明确规定信用权。

信用权的特征包括信用权的主体具有多样性、信用权的客体相对单一性、信用权与财产权密切相连。

信用权的内容包括信用维护权和信用利益支配权。

(十)自由权

法律上的自由权包括两方面含义：一是指宪法意义上的自由权，它包括我国宪法所规定的言论、出版、结社、集会、游行示威的自由以及宗教信仰自由等；二是指民法意义上的自由权，这里所讨论的就是民法意义上的自由。民法意义上的自由权，又包括婚姻自由和契约自由。

人格权法上的自由权是指自然人对自己的行为自由及意志自由等人格权利所享有的权利。《民法通则》中没有规定自由权，但是最高人民法院在许多司法解释和条文及文件中规定了自由权。2001年2月26日，《最高人民法院关于确定民事侵权精神损害赔偿责任若干问题的解释》中更明确将人身自由权规定为独立的人格权利。《民法总则》第109条规定，自然人的人身自由、人格尊严受法律保护。

自由权具有以下法律特征：

(1)自由权的主体只限于自然人；

(2)自由权包括行为自由权和意志自由权两方面；

(3)自由权是一种基本的权利。

自由权的内容包括行为自由权和意志自由权。行为自由权是指自然人的人身及行动自由不受到他人非法限制及干涉的权利，行为自由是自然人重要的人格利益；意志自由权是指自然人的意志自由不受他人非法限制及强迫干涉和影响的权利。

(十一)贞操权

贞操权是指在法律和公序良俗的范围内，自然人享有的支配自己性利益的权利。性是自然人身体和生活的重要组成部分，是自然人重要的人格利益，也是人类社会繁衍发展的基础。因为性的重要性，人类社会对此一直采取谨慎的态度。法律，尤其是公序良俗，从方方面面树立了性及性行为的各种规范。因此，一方面，要承认自然人享有支配自己性利益的权利，有权拒绝他人违背自己意愿的性接触；另一方面，必须同时强调，这种支配权必须限定在法律和公序良俗的范围之内。我国现行法没有将贞操权规定为人格权，但是从法律关于强奸罪的规定以及有关司法解释中可以认定，贞操权是自然人享有的人格权。

贞操权包括性利益的支配权和反抗权。贞操权与其他人身权和财产权不同，一旦遭到侵害就无法恢复原状，因此，自然人的贞操受到侵犯时，享有更大的私力救济的权利。

(十二)一般人格权

一般人格权是指民事主体基于人格平等、人格独立、人格自由以及人格尊严等根本人格利益而享有的人格权。

一般人格权具有以下法律特征：

(1)主体的普遍性；

(2)客体的高度概括性；

(3)所保护利益的根本性；

(4)权利内容的不确定性。

一般人格权和具体人格权共同构成了完整的人格权。具体人格权所保护的人格利益具有特定性,因此也就具有了局限性;而一般人格权所保护的人格利益具有不确定性,从而具有一般条款的功能,因此它可以产生、解释和补充具体人格权,使人格权制度能够更好地保护民事主体的人格利益。

一般人格权具有如下功能:产生具体人格权、解释具体人格权、补充具体人格权。

一般人格权的内容具有不确定性,因此无法以定义或者列举的方式穷尽一般人格权的内容,在学理上通常将一般人格权的内容概括为人格平等、人格独立、人格自由、人格尊严四个方面。人格平等、人格独立、人格自由及人格尊严,是彼此联系、互为补充、互相解释的关系。一般人格权作为一种一般条款,在人格权保护方面起着补充的作用。除具体人格权所保护的人格利益之外,其他的人格利益是否可以纳入一般人格权保护的范围,值得进一步讨论。

三、全真题演练

(一)单项选择题

1.(2013年司法考试试卷三第22题)甲用其拾得的乙的身份证在丙银行办理了信用卡,并恶意透支,致使乙的姓名被列入银行不良信用记录名单。经查,丙银行在办理发放信用卡之前,曾通过甲在该行留下的乙的电话(实为甲的电话)核实乙是否申请办理了信用卡。根据我国现行法律规定,下列表述正确的是(　　)。

A. 甲侵犯了乙的姓名权

B. 甲侵犯了乙的名誉权

C. 甲侵犯了乙的信用权

D. 丙银行不应承担责任

2. 与人格权相比,身份权的特征有(　　)。

A. 基于特定身份而取得

B. 客体是财产利益

C. 是民事主体固有的一种权利

D. 始于自然人出生,终于自然人死亡?

3. 下列属于人身权特点的是(　　)。

A. 人身权的客体是精神利益

B. 人身权具有财产属性

C. 人身权具有相对性

D. 人身权具有专属性

4.(2010年司法考试试卷三第20题)朴某系知名美容专家。某医院未经朴某同意,将其作为医院美容专家在医院网站上使用了朴某照片和简介,且将朴某名字和简介错误地安在了其他专家的照片旁。下列说法正确的是(　　)。

A. 医院未侵犯朴某的姓名权

B. 医院未侵犯朴某的肖像权

C. 医院侵犯了朴某的肖像权和姓名权

D. 医院侵犯了朴某的荣誉权

(二)多项选择题

1. 法人、个体工商户和个人合伙享有人身权,但不可以享有(　　)。

A. 名称权　　B. 名誉权

C. 身体权　　D. 健康权

2.(2010年司法考试试卷三第68题)女青年牛某因在一档电视相亲节目中言辞犀利而受到观众关注,一时应者如云。有网民对其发动"人肉搜索",在相关网站首次披露牛某的曾用名、儿时相片、家庭背景、恋爱史等信息,并有人在网站上捏造牛某曾与某明星有染的情节。关于网民的行为,下列说法正确的是(　　)。

A. 侵害牛某的姓名权

B. 侵害牛某的肖像权

C. 侵害牛某的隐私权

D. 侵害牛某的名誉权

3.（2011年司法考试试卷三第66题）甲女委托乙公司为其拍摄一套艺术照。不久，甲女发现丙网站有其多张半裸照片，受到众人嘲讽和指责。经查，乙公司未经甲女同意，就将其照片上传到公司网站做宣传，丁男下载后将甲女头部移植至他人半裸照片中，并上传到丙网站。下列说法正确的是（　　）。

A. 乙公司侵犯了甲女的肖像权

B. 丁男侵犯了乙公司的著作权

C. 丁男侵犯了甲女的名誉权

D. 甲女有权主张精神损害赔偿

4.（2015年司法考试试卷三第66题）张某毕业后要去外地工作，将自己贴身生活用品、私密照片及平板电脑等装箱交给甲快递公司运送。张某在箱外贴了“私人物品，严禁打开”的字条。张某到外地后收到快递后察觉有异，经查实，甲公司工作人员李某曾翻看箱内物品，并损坏了平板电脑。下列选项正确的是（　　）。

A. 甲公司侵犯了张某的隐私权

B. 张某可请求甲公司承担精神损害赔偿责任

C. 张某可请求甲公司赔偿平板电脑的损失

D. 张某可请求甲公司和李某承担连带赔偿责任

（三）名词解释与辨析

1. 一般人格权

2.（黑龙江大学2011年考研真题）贞操权

3.（清华大学2013年考研真题）隐私权

（四）简答题

1. 简述一般人格权和具体人格权的关系。

2. 简述肖像权的特征。

（五）论述题

试论述名誉权与隐私权之间的区别。

四、案例分析

【案例】

演员葛优在电视剧《我爱我家》中饰演角色，其创作的将身体完全放松躺在沙发上的形象被网民称为“葛优躺”。2016年7月，艺龙网公司发布微博，共使用包括葛优为某服装品牌代言及《我爱我家》剧照在内的18张含葛优肖像的图片，并配以文字等，内容多次直接使用“葛优躺”。葛优认为该微博中提到“葛优”的名字，并非剧中人物名称，宣传内容为商业性使用，侵犯其肖像权。艺龙网于同年8月删除了上述微博。12月，艺龙网未经葛优同意，在其微博发布致歉信。葛优认为致歉信承认了侵权事实，但同时认为致歉行为属再次利用其进行商业宣传。

【问题聚焦】

肖像权的法律保护

【法律剖析】

《民法总则》第110条规定，自然人享有肖像权。肖像权是指自然人所享有的以自己的肖像所体现的人格利益为内容的人格权。肖像权包括：公民有权拥有自己的肖像以及对肖像的制作专有权和使用专有权；公民有权禁止他人非法使用自己的肖像或对肖像进行损害、玷污。

公民的姓名权、肖像权、名誉权、荣誉权受到侵害的，有权要求停止侵害，恢复名誉，消除影响，赔礼道歉，并可以要求赔偿损失。

艺龙网公司在其新浪微博“艺龙旅行网”中发布了使用原告肖像图片的配图微博，其中未经原告许可，使用了18张原告的肖像图片，并在每张图片中均添加台词字幕。整篇微博以图片中配台词的形式，通过介绍“葛优躺”，转而介绍与被告业务相关的酒店预订，也难怪葛优告状。不经过别人允许，擅自使用别人的肖像和图片并配有文字，这是无论如何都不能允许的，也是法律所禁止的。

五、深度拓展

◆ 人格权独立成编

中华人民共和国第十二届全国人民代表大会第五次会议于 2017 年 3 月 15 日表决通过了《中华人民共和国民法总则》，《民法总则》自 2017 年 10 月 1 日起正式施行。在制定民法典的过程中，围绕人格权是否应该独立成编，学界有不同的观点，争议的核心在于，人格权是应置于《民法总则》的主体制度中，还是应在民法分则层面独立成编地规定？以王利明为代表的学者认为，人格权与主体制度存在明显区别，其规定的具体性和民法总则规定的抽象性并不兼容。人格权的发展趋势也表明，其无法为民法总则的规定所涵盖，将人格权置于民法总则之中将影响人格权的充分保护和利用，人格权不应规定于总则中的主体制度，甚至不能全面规定于总则之中。人格权独立成编是有效应对科技进步和社会发展的需要，随着高科技、互联网的快速发展，也出现了大量的人格权保护的现实问题，市场经济的发展、商业模式的改变提出了对人格权保护的挑战。与此同时，我国正在从农业社会向工业社会、信息社会转变，这一转变过程实际上也是从熟人社会到陌生人社会的变化，这种转变可从多个侧面和角度予以描述，包括网络社会、科技社会、传媒社会、消费社会、风险社会、商业社会等，这些变化使得对人格权已经不能再是消极和简单的保护，由于涉及社会生活的诸多方面，因此需要在法律上予以规范。人格权的独立成编不仅具有足够的理论支持和重大的实践意义，而且从民法典的体系结构来看，也完全符合民法典体系的发展规律，并有利于推动民法典体系的发展与完善。

也有一些学者认为，人格利益的范围具有不确定性和持续的扩张性，如果以与财产权、身份权等民事权利相同的构造方法来设置人格权制度，会将人格权保护限定于民事生活领域。人格权编对人格权种类及范围的封闭性设计，限制了侵权责任法的适用范围。对人格权保护的强化，必须将人格权保护的一般条款和具体条款移入侵权责任制度，使其对人格尊严的保护范围扩至人们社会生活的全部领域。由于人格权为法定权利且纯属“防卫型”权利，在存在侵权责任编的情况下，人格权编仅仅只能确认人格权的类型，其应有的条文为数甚少且不具有行为规范的性质，不能作为裁判依据，故这些学者认为人格权独立成编没有应用价值。

第三十四章

身份权

一、知识结构图

身份权
- 身份权的概念与特征
- 荣誉权
- 其他身份权

二、重难点归纳

(一)身份权的概念与特征

身份是指民事主体在特定社会关系中所享有的社会地位和不可让与的资格。身份权是指民事主体基于在特定社会关系中的地位和资格而依法享有的民事权利。从本质上来讲,民事主体本身就是一种身份,基于这种身份,才具有人格权。但是,身份权的身份是指民事主体具有身份之外的身份。

身份权的特征包括:(1)身份权属于人身权;(2)身份权必须以一定社会关系中的地位或者资格作为前提;(3)身份权不直接体现它的内容。

根据身份权客体的不同,身份权可以分为婚姻和家庭法上的身份权、知识产权上的身份权以及荣誉权等。

(二)荣誉权

荣誉是指民事主体因一定事由而获得的积极评价。荣誉权是指民事主体获得、保持、利用荣誉并享有其所产生利益的权利。

《民法总则》第110条规定,自然人享有荣誉权;法人、非法人组织享有荣誉权。《最高人民法院关于确定民事侵权精神损害赔偿责任若干问题的解释》第1条规定,自然人因荣誉权而受到非法侵害,向人民法院起诉请求赔偿精神损害的,人民法院应当依法受理。

荣誉权的特征包括:(1)荣誉权属于身份权;(2)荣誉权的主体可以是自然人,也可以是法人或者其他民事主体;(3)荣誉权可以因为荣誉被取消而消灭。

荣誉权的内容包括荣誉保持权、荣誉利用权和享有因荣誉产生的各种利益的权利。

(三)其他身份权

除荣誉权外,身份权还包括配偶权、亲权以及知识产权上的各种人身权。《民法总则》第112条规定,自然人因婚姻、家庭关系等产生的人身权利受法律保护。

配偶权是指具有合法婚姻关系的夫妻之间基于配偶关系发生的、为夫妻双方专属并且平等享有的、以配偶身份利益为客体的身份权。配偶权是一组权利和义务的集合。

具体而言，配偶权包括夫妻姓名权、住所决定权、同居的权利和义务、忠实义务、相互扶助义务以及日常事务代理权。

亲权是指父母基于其身份而对未成年子女的人身和财产进行管教和保护的权利和义务。亲权名为权利，实际上也是权利和义务的集合体。亲权只能够由父母专有。具体而言，亲权的内容包括人身照护权和财产照护权两方面。

三、全真题演练

（一）单项选择题

1. 下列权利中，属于身份权的是（　　）。

A. 名誉权　　B. 名称权

C. 隐私权　　D. 配偶权

2. 下列关于身份权的说法正确的是（　　）。

A. 身份权不可让与，也不可剥夺

B. 亲权的客体是未成年子女

C. 有些身份权中包含义务成分

D. 亲属权的客体是成年子女

3. 民事主体基于某种特定的身份而依法享有的以身份利益为客体的民事权利是（　　）。

A. 人格权　　B. 人身权

C. 身份权　　D. 名誉权

4. 荣誉权的内容不包括（　　）。

A. 荣誉保持权

B. 荣誉利用权

C. 享有因荣誉产生的各种利益的权利

D. 荣誉设定权

（二）多项选择题

1. 关于身份权说法正确的是（　　）。

A. 身份权可以转让

B. 身份权属于人身权

C. 身份权必须以一定社会关系中的地位或者资格为前提

D. 身份权直接体现财产的内容

2. 下列权利的内容中包含义务成分的是（　　）。

A. 亲权　　B. 配偶权

C. 荣誉权　　D. 隐私权

（三）名词解释与辨析

1. 亲权

2. 配偶权

3. 荣誉权

（四）简答题

1. 简述名誉权与荣誉权的区别。

2. 简述亲权与亲属权的区别。

（五）论述题

试论述著作人身权的内容。

四、案例分析

【案例】

20年前的一个冬季，宁某和林某同时在惠州某医院分别产下一个男婴，两个男婴均同时放置在育婴室暖箱中特护保温。两对母子一周后出院，护士将男婴交给各自的父母，双双将其抚养成人。20年后，宁某的儿子在大学义务献血，经检验，血型是AB型。宁某得知后觉得奇怪。因为自己和丈夫的血型都是O型，是不可能生出AB型的孩子的，便猜测是不是当年生孩子时和林某抱错了孩子。于是费尽周折和林家联系上，两家分别做了亲子鉴定，结果是，宁家养育的孩子是林家的，林家养育的孩子是宁家的，从而暴露出医院抱错了孩子的真相。

真相大白后，两家均要求医院赔礼道歉和赔偿，但协商未果，遂一纸诉状将医院告上法庭，请求判令医院构成侵权，书面赔礼道歉，并赔偿精神损失费20万元。

【问题聚焦】

侵害亲权赔偿案件

【法律剖析】

父母对于未成年子女在人身和财产方面的管教和保护的权利与义务，是基于特定身份关系所产生的亲权。在我国《婚姻法》第 23 条有明确的规定：父母有保护和教育未成年子女的权利和义务，在未成年子女对国家、集体或者他人造成损害时，父母有承担民事责任的义务。因此，亲权不得抛弃、非法转让或非法剥夺。在对亲权的保护上，《最高人民法院关于确定民事侵权精神损害赔偿责任若干问题的解释》第 2 条作出了较为明确的规定："非法使被监护人脱离监护，导致亲子关系或者近亲属间的亲属关系遭受严重损害，监护人向人民法院起诉请求赔偿精神损害的，人民法院应当依法予以受理。"本案即属于典型的侵害亲权赔偿案件。

法院经审理认为：父母对子女监护、教育以及子女被父母照顾、呵护，是基于血缘关系而与生俱来的一种权利，这种权利与身份关系密切相关，是一种人格利益，应当受到良好的保护。行为人的行为如果阻碍了父母与子女间权利的行使，这就直接侵害了权利人的人格利益，即应当承担侵权民事责任。法院遂判决医院向原告书面赔礼道歉，并支付精神损害赔偿金 14 万元。

五、深度拓展

◆ 配偶权的侵权保护

《中华人民共和国侵权责任法》第 2 条第 2 款明确规定了监护权这种亲属身份权受此法保护，但是对同属于亲属身份权的配偶权是否应受此法保护，则未作明确规定。那么，配偶权是否属于该款规定的人身权益，从而受到此法的保护，我国理论界有不同的看法。传统民法理论认为，所谓离婚损害，可以分为两种：一种是离因损害，即夫妻一方的行为是构成离婚原因的侵权行为时，他方可请求因侵权行为所产生的损害赔偿。例如因杀害、伤害而侵害对方的生命健康权，或因重婚、通奸等贞操义务之违反而侵害对方的配偶身份权等都属于离因损害。另一种是离异损害，即离婚本身所构成的对夫妻一方的损害。离异损害与离因损害不同，不具备侵权行为之要件，离异本身即为构成损害赔偿的直接原因。例如，虐待他方配偶的直系血亲而离婚时，对他方配偶并不构成侵权行为，但他方配偶仍得以请求离婚损害赔偿。也就是说，离因损害赔偿是因配偶一方的过错行为给对方所造成的损害赔偿责任，属于侵权损害赔偿的范畴；而离异损害赔偿是因离婚本身给另一方配偶所造成的损害赔偿责任，并非侵权损害赔偿的范围。

实践通说之所以认为配偶权不受侵权责任法保护，主要是因为其认为亲属法具有封闭性，违反婚姻义务在损害赔偿法上的后果也应由亲属法的条款进行专门调整。既然关于侵犯配偶权的民事责任问题，亲属法没有作出明确规定，而且亲属法也没有作出除外规定，那么自应适用侵权责任法的规定。采用潘德克顿体系的日本民法和我国台湾地区民法，正是基于此种适用规则，主张侵犯配偶权的民事责任问题适用侵权责任法的规定。尽管我国 2001 年《婚姻法》修正案中增设了离婚损害赔偿制度，但无过错配偶方并不能依此规定请求有过错并导致其婚姻破裂的第三者承担侵权责任，受害方不能得到有效救济。配偶权受《侵权责任法》保护的价值在于，其在保护婚姻自由的同时实现社会正义，并对离婚破裂主义所带来的弊端进行矫正。在完善我国有关立法时，应考量我国的伦理道德因素、社会因素及其他因素，有条件地承认侵犯配偶权的行为受《侵权责任法》的调整。

第六编　侵权责任

第三十五章

侵权责任概述

一、知识结构图

- 侵权责任概述
  - 侵权行为(识记并理解)
    - 概念
    - 特征
  - 侵权责任
    - 概念
    - 特征(重点)

二、重难点归纳

(一)损害

对损害的理解可以分为狭义、广义和最广义三种情况。狭义的损害仅指财产损失。广义的损害既包括财产损失,也包括精神损失。最广义的损害是指行为给他人造成的所有不利后果,既包括现实损害,也包括可能给受害人造成的危险。在一般意义上,《侵权责任法》使用的是最广义的损害概念,即不但包括现实的已经存在的不利后果,还包括构成现实威胁的不利后果。采用最广义的损害概念有利于保护受害人,体现了《侵权责任法》预防侵权行为的立法目的。这也是《侵权责任法》与传统大陆法系侵权法将侵权责任仅限于损害赔偿的最大区别。在一些具体的场合,《侵权责任法》也分别在广义和狭义意义上使用损害概念。即在具体场合,损害概念的具体含义因语境而不同。

(二)侵权责任的特征

1. 它是因违反法律规定的义务而应承担的法律后果。民事责任是对民事义务违反的结果。违反法律规定的义务构成了侵权责任。侵权行为可能涉及几种不同的法定义务,在构成要件上,不同的法定义务的违反对应着不同的构成要件。

2. 它以侵权行为存在为前提。除出现免责事由之外,有侵权行为,就一定有侵权责任;有侵权责任,就一定有侵权行为。

3. 它的方式具有法定性。有关侵权责任方式和具体内容,法律都有明确规定。如损害赔偿的项目和计算方法。此外,当事人可以在法律规定的侵权责任基础上协商确定责任的内容、方式等。《侵权责任法》第 25 条规定:“损害发生后,当事人可以协商赔偿费用的支付方式。协商不一致的,赔偿费用应当一次性支付;一次性支付确有困难的,可以分期支付,但应当提供相应的担保。”

4. 它的责任形式具有多样性。侵权责任主要但不限于财产责任。由于侵权行为大多给他人造成一定的财产损害，行为人需要以自己的财产对行为后果负责。同时，金钱损害可以作为替代方式，弥补侵权行为给受害人造成的非财产损失。为了充分保护民事主体的合法权益，《民法总则》第 179 条还规定了停止侵害、恢复名誉、消除影响、赔礼道歉等非财产责任形式。它们可以与财产责任形式并用或单独使用。

5. 它具有优先性。据《侵权责任法》第 4 条第 2 款规定："因同一行为应当承担侵权责任和行政责任、刑事责任，侵权人的财产不足以支付的，先承担侵权责任。"

三、全真题演练

(一)单项选择题

1.(2007 年司法考试试卷三第 18 题)甲公司铺设管道，在路中挖一深坑，设置了路障和警示标志。乙驾车撞倒全部标志，致丙骑摩托车路过该地时避让不及而驶向人行道，造成丁轻伤。对丁的损失，下列选项正确的是(　　)。

A. 应由乙承担赔偿责任

B. 应由甲、乙共同承担责任

C. 应由乙、丙共同承担赔偿责任

D. 应由甲、乙、丙共同承担赔偿责任

2.(2006 年司法考试试卷三第 11 题)甲忘带家门钥匙，邻居乙建议甲从自家阳台攀爬到甲家，并提供绳索以备不测，丙、丁在场协助固定绳索。甲在攀越时绳索断裂，从三楼坠地致重伤。各方当事人就赔偿事宜未达成一致，甲诉至法院。下列说法错误的是(　　)。

A. 法院可以酌情让乙承担部分赔偿责任

B. 损害后果应由甲自行承担

C. 应由乙承担主要责任，丙、丁承担补充责任

D. 应由乙、丙、丁承担连带赔偿责任

3.(2013 年司法考试试卷三第 1 题)兹有四个案例：①张某驾车违章发生交通事故，致搭车的李某残疾；②唐某参加王某组织的自助登山活动，因雪崩死亡；③吴某与人打赌举重物，因用力过猛致残；④何某因心情不好邀好友郑某喝酒，郑某畅饮后驾车撞树致死。根据公平、正义的法治理念和民法有关规定，下列观点可以成立的是(　　)。

A. 案例①中张某与李某未形成民事法律关系合意，如让张某承担赔偿责任，是惩善扬恶，显属不当

B. 案例②中唐某应自担风险，如让王某承担赔偿责任，有违公平

C. 案例③中吴某有完整意思能力，其自担损失，是非清楚

D. 案例④中何某虽有召集，但未劝酒，无须承担责任，方能兼顾法理与情理

4. 下列情形可以适用精神损害赔偿的是(　　)。

A. 某公司连续一年未发工资，致职工甲忧心忡忡

B. 某学校违反合同，提前解聘教师乙，致其痛苦不堪

C. 某行政机关公布对工作人员丙的处分决定，致其精神萎靡不振

D. 某医院因失误致产妇丁抱错孩子，其抚养 15 年后发现真相，痛苦万分

5.(2008 年司法考试延考区试卷三第 3 题)任某门前公路上有一泥沟。某日，一货车经过泥沟，由于颠簸掉落货物一件，被任某拾得据为己有。任某发现有利可图，遂将泥沟挖深半尺。次日，果然又拾得两袋车上颠落的货包。关于任某行为的性质，下列选项正确的是(　　)。

A. 无因管理和侵权行为

B. 不当得利

C. 无因管理和不当得利

D. 不当得利和侵权行为

6.（2012 年司法考试试卷三第 18 题）下列选项不属于侵犯专利权的行为的是（　　）。

A. 甲公司与专利权人签订独占实施许可合同后，许可其子公司乙公司实施该专利技术

B. 获得强制许可实施权的甲公司许可他人实施该专利技术

C. 甲公司销售不知道是侵犯他人专利的产品，并能证明该产品来源合法

D. 为提供行政审批所需要的信息，甲公司未经专利权人的同意而制造其专利药品

7.（2013 年司法考试试卷三第 19 题）甲公司为其生产的啤酒申请注册了“冬雨之恋”商标，但在使用商标时没有在商标标识上加注“注册商标”字样或注册标记。下列哪一行为未侵犯甲公司的商标权？（　　）

A. 乙公司误认为该商标属于未注册商标，故在自己生产的啤酒产品上也使用“冬雨之恋”商标

B. 丙公司不知某公司假冒“冬雨之恋”啤酒而予以运输

C. 丁饭店将购买的甲公司“冬雨之恋”啤酒倒入自制啤酒桶，自制“侠客”牌散装啤酒出售

D. 戊公司明知某企业生产假冒“冬雨之恋”啤酒而向其出租仓库

8.（2016 年司法考试试卷三第 15 题）奔马公司就其生产的一款高档轿车造型和颜色组合获得了外观设计专利权，又将其设计的“飞天神马”造型注册为汽车的立体商标，并将该造型安装在车头。某车行应车主陶某请求，将陶某低价位的旧车改装成该高档轿车的造型和颜色，并从报废的轿车上拆下“飞天神马”标志安装在改装车上。陶某使用该改装车提供专车服务，收费高于普通轿车。关于上述行为，下列说法错误的是（　　）。

A. 陶某的行为侵犯了奔马公司的专利权

B. 车行的行为侵犯了奔马公司的专利权

C. 陶某的行为侵犯了奔马公司的商标权

D. 车行的行为侵犯了奔马公司的商标权

（二）多项选择题

1.（2007 年司法考试试卷三第 64 题）丁某在自家后院种植了葡萄，并垒起围墙。谭某（12 岁）和马某（10 岁）爬上围墙偷摘葡萄，在争抢中谭某将马某推下围墙，围墙上松动的石头将马某砸伤。下列选项正确的是（　　）。

A. 丁某应当承担赔偿责任

B. 谭某的监护人应当承担民事责任

C. 马某自己有过失，应当减轻赔偿人的赔偿责任

D. 本案应适用特殊侵权规则

2.（2008 年司法考试试卷三第 63 题）王某以 5 万元从甲商店购得标注为明代制品的瓷瓶一件，放置于家中客厅。李某好奇把玩，不慎将瓷瓶摔坏。经鉴定，瓷瓶为赝品，市场价值为 100 元，甲商店系知假卖假。王某的下列请求哪些是合法的？（　　）

A. 要求甲商店赔偿 10 万元

B. 要求甲商店赔偿 5 万元

C. 要求李某赔偿 5 万元

D. 要求李某赔偿 100 元

（三）不定项选择题

（2011 年司法考试试卷三第 87 题）甲公司与乙公司约定，由甲公司向乙公司交付 1 吨药材，乙公司付款 100 万元。乙公司将药材转卖给丙公司，并约定由甲公司向丙公司交付，丙公司收货后 3 日内应向乙公司支付价款 120 万元。

张某以自有汽车为乙公司的债权提供抵押担保，未办理抵押登记。抵押合同约定：“在丙公司不付款时，乙公司有权就出卖该汽车的

价款清偿自己的债权。”李某为这笔货款出具担保函:“在丙公司不付款时,由李某承担保证责任。”丙公司收到药材后未依约向乙公司支付120万元,乙公司向张某主张实现抵押权,同时要求李某承担保证责任。

张某见状,便将其汽车赠与刘某。刘某将该汽车作为出资,与钱某设立丁酒店有限责任公司,并办理完出资手续。

丁公司员工方某驾驶该车接送酒店客人时,为躲避一辆逆行摩托车,将行人赵某撞伤。方某自行决定以丁公司名义将该车放在戊公司维修,为获得维修费的八折优惠,方某以其名义在与戊公司相关的庚公司为该车购买一套全新座垫。汽车修好后,方某将车取走并交与丁公司投入运营。戊公司要求丁公司支付维修费,否则对汽车行使留置权,丁公司回函请宽限一周。庚公司要求丁公司支付座垫费,丁公司拒绝。

关于对赵某的损害应承担侵权责任的主体,下列选项正确的是(　　)。

A. 方某　　B. 钱某和刘某

C. 丁公司　　D. 摩托车主

(四)名词解释与辨析

1.(厦门大学2008年考研真题)消极侵权行为

2.(中国人民大学1997年考研真题)侵权损害赔偿责任

(五)简答题

1. 简述侵权责任和违约责任竞合的含义及处理规则。

2.(西北政法大学2006年考研真题)简述侵权行为与违约行为的区别。

(六)论述题

(中国人民大学1991年考研真题)试论述侵权责任和违约责任的联系与区别。

四、案例分析

【案例】

1998年5月12日,陆红乘坐美联航的UA801班机,由美国夏威夷经日本飞往中国香港。该机在日本东京成田机场起飞时,飞机左翼引擎发生故障,机上乘客紧急撤离。陆红在紧急撤离过程中受伤,被送往成田红十字医院救护。经该院摄片诊断为右踝骨折。5月14日,陆红到香港伊丽莎白医院进行检查,结论为右踝侧面局部发炎,不能立即进行手术。陆红征得美联航同意后,于5月16日入住安徽省立医院治疗,诊断为:右侧内、外、后踝骨折伴粉碎性移位。该院先后两次对陆红进行手术治疗。1998年12月22日,陆红出院,休息至1999年3月底。陆红受伤住院期间,聘用两名护工护理;出院后至上班期间,聘用一名护工护理。陆红受伤前的工资收入是每月人民币12 400元,受伤后休息期间的工资收入是每月人民币1 255元,每月工资收入减少人民币11 145元。陆红受伤后,美联航曾向其致函,表示事故责任在于美联航,美联航承担了陆红两次手术的医疗费用,共计人民币86 748.10元。

【问题聚焦】

违约责任与侵权责任的确定

【法律剖析】

陆红因乘坐美联航的班机受伤致残而向美联航索赔,索赔请求中包括精神损害赔偿。乘坐班机发生纠纷,通常是旅客运输合同纠纷,解决的是违约责任。但因乘坐班机受伤致残,违约行为同时侵犯了人身权利,就可能使违约责任与侵权责任竞合。《合同法》第122条规定:“因当事人一方的违约行为,侵犯对方人身、财产权益的,受损害方有权选择依照本法要求其承担违约责任或者依照其他法律要求其承担侵权责任。"由此可见,违约责任与侵权责任不能在同一民事案件中并存,两者必居其一,应由受损害方选择。陆红在请求美联航承担违约责任的同时,又请求精神损害赔偿,应视作对责任选择不明。在这种情况下,如何确定责任的选择,对于为受害当事人提供必要的司法救济来说尤为重要。违约责任与侵权责任的重要区别在于,两者的责任范围不同。合同的损害赔偿责任严格按合同的约定执行,主要是对财产损失进行赔偿;侵权的损害赔偿责任按侵权造成的损害后果确定,不仅包括财产损失的赔偿,还包括人身伤害和精神损害的赔偿。从最大限度保护受害人利益的角度出发,受害当事人应选择适用侵权损害赔偿责任。

五、深度拓展

◆ 法定义务

侵权行为是违反法定义务的行为。这里的法定义务,首先是指绝对权赋予相对人不得侵害的义务。《民法总则》第 3 条规定,任何组织或个人不得侵犯民事主体的人身、财产和其他合法权益。这种一般义务是侵权行为所依据的法定义务的主要来源。债权成为侵权行为所侵犯的对象,需要更高的门槛。

其次,法定义务还包括法律赋予某些特定主体的特别义务。例如,《侵权责任法》第 37 条第 1 款规定,宾馆、商场、银行、车站、娱乐场所等公共场所的管理人或者群众性活动的组织者,未尽到安全保障义务,造成他人损害的,应当承担侵权责任。第 38 条规定,无民事行为能力人在幼儿园、学校或者其他教育机构学习、生活期间受到人身损害的,幼儿园、学校或者其他教育机构应当承担责任,但能够证明尽到教育、管理职责的,不承担责任。第 39 条规定,限制民事行为能力人在学校或者其他教育机构学习、生活期间受到人身损害,学校或者其他教育机构未尽到教育、管理职责的,应当承担责任。

最后,该法定义务也包括侵权法所设定的某些具体作为或者不作为的义务。例如《侵权责任法》第 91 条第 1 款规定,在公共场所或者道路上挖坑、修缮和安装地下设施等,没有设置明显标志和采取安全措施造成他人损害的,施工人应当承担侵权责任。此时设定明显标志的义务就是一种强制性的作为义务。

第三十六章

侵权行为的归责原则

一、知识结构图

- 侵权行为的归责原则
  - 过错责任原则
    - 概念
    - 过错推定(难点)
  - 无过错责任原则

二、重难点归纳

(一)过错责任原则

1. 过错责任

过错责任是指以行为人的过错程度作为归责依据的原则,又称过失责任原则。它是侵权行为的一般归责原则,在法律没有特别规定的情况下都适用。

过错原则以行为人的过错程度作为确定责任形式和范围的依据。在过错原则中,既要考虑行为人的过错,也要考虑受害人或者第三人的过错。如果受害人或第三人对损害的发生也存在过错的话,则要根据过错程度分配损失,据此可能减轻甚至抵消行为人承担的责任。

2. 过错推定

过错推定是指在某些侵权行为构成中,法律推定行为人实施该行为时具有过错。《侵权责任法》第6条第2款规定,根据法律规定推定行为人有过错,行为人不能证明自己没有过错的,应当承担侵权责任。

推定过错仍属于过错责任原则,即构成要件中要求行为人的过错。行为人可以通过证明自己无过错来获得免责效果,这是过错举证责任的倒置。

适用过错推定的情况需由法律明确规定。例如,《侵权责任法》第81条规定,动物园的动物造成他人损害的,动物园应当承担侵权责任;但能够证明尽到管理职责的,不承担责任。

(二)无过错责任原则

无过错责任原则是指不问行为人主观是否有过错,只要有行为、损害后果且两者之间存在因果关系,就承担民事责任的归责原则,又称无过失责任原则。

据《侵权责任法》第7条规定,行为人损害他人民事权益,不论行为人有无过错,法律规定应当承担侵权责任的,依照其规定。

无过失责任原则只在法律有明确规定的情形下才能适用。

无过错责任原则下,仍存在免责事由。虽

然无过错责任将更多的责任配置给了行为人一方，但是若对方存在重大过失甚至故意，往往会免除行为人的责任。如《侵权责任法》第70条规定，民用核设施发生核事故造成他人损害的，民用核设施的经营者应当承担侵权责任，但能够证明损害是因战争等情形或者受害人故意造成的，不承担责任。

（三）公平责任原则

公平责任原则是指当事人双方对损害的发生均无过错，法律又无特别规定适用无过错原则时，由法院根据公平的观念，在考虑当事人双方的财产状况及其他情况的基础上，责令加害人对受害人的财产损害给予适当补偿，由当事人公平合理地分担损失的一种归责制度。公平责任原则的适用应当具备三个条件：首先，当事人双方都没有过错，这是适用公平责任原则的基本条件；其次，有较严重的损害发生；最后，不由双方当事人分担损失，有违公平的民法理念。

以下几种情况可以适用公平责任原则：无民事行为能力人、限制民事行为能力人致人损害，监护人已尽监护责任的；紧急避险造成损害，危险是由自然原因引起，且避险人采取的措施又无不当的；行为人见义勇为而遭受损害的；堆放物品倒塌致人损害，当事人均无过错的；当事人对造成损害均无过错，但一方是在为对方的利益或共同利益进行活动的过程中受到损害的。

三、全真题演练

（一）单项选择题

1. 小女孩甲（8岁）与小男孩乙（12岁）放学后常结伴回家。一日，甲对乙讲："听说我们在回家途中经过的王家昨日买了一条狗，我们能否绕道回家？"乙答："不要怕！如果你被狗咬了，我负责。"后甲和乙路经王家，同时被狗咬伤住院。该案赔偿责任应如何承担？（　　）

A. 甲和乙明知有恶犬而不绕道，应自行承担责任

B. 乙自行承担责任，乙的家长和王家共同赔偿甲的损失

C. 王家承担全部赔偿责任

D. 甲、乙和王家均有过错，共同分担责任

2. 甲、乙两家各有小院，隔墙而居，院墙高约两米。一天，甲家夫妇下田务农，将两周岁的儿子丙锁在自家的院子里玩。不巧，乙家的一只公鸡飞过院墙，将丙的左眼啄伤。甲家为此支出医药费近万元。对甲家所受的损失应如何承担？（　　）

A. 应完全由乙家承担

B. 应主要由乙家承担，甲家也应自担一部分

C. 应由甲、乙两家平均分摊

D. 应主要由甲家承担，乙家给予适当补偿

3.（2010年司法考试试卷三第23题）甲、乙是同事，因工作争执甲对乙不满，写了一份丑化乙的短文发布在丙网站。乙发现后要求丙删除，丙不予理会，致使乙遭受的损害扩大。关于扩大损害部分的责任承担，下列哪一说法是正确的？（　　）

A. 甲承担全部责任

B. 丙承担全部责任

C. 甲和丙承担连带责任

D. 甲和丙承担按份责任

4.（2013年司法考试试卷三第15题）李某用100元从甲商场购买一只电热壶，使用时因漏电致李某手臂灼伤，花去医药费500元。经查该电热壶是乙厂生产的。下列哪一表述是正确的？（　　）

A. 李某可直接起诉乙厂要求其赔偿500元损失

B. 根据合同相对性原理，李某只能要求甲商场赔偿500元损失

C. 如李某起诉甲商场，则甲商场的赔偿范围以100元为限

D. 李某只能要求甲商场更换电热壶，500元损失则只能要求乙厂承担

（二）多项选择题

1. 甲见乙要挥锹打丙，上前制止，乙挥锹打伤甲。对于甲所受的损害应由谁承担责任？（　）

A. 由乙承担民事责任

B. 由丙承担民事责任

C. 如果乙无力承担，由甲自己承担

D. 如果乙无力承担，由丙给予适当的补偿

2. 李某患有癫痫病。一日李某骑车时突然犯病，将一在路边玩耍的6岁儿童撞伤。用去医疗费200元。该案责任应如何承担？（　）

A. 李某致害，应当赔偿全部损失

B. 双方都无过错，应分担责任

C. 儿童家长未尽到监护责任，应由其承担损失

D. 应根据双方经济情况分担损失

3.（2008年司法考试试卷三第64题）小牛在从甲小学放学回家的路上，将石块扔向路上正常行驶的出租车，致使乘客张某受伤，张某经治疗后脸上仍留下一大块伤疤。出租车为乙公司所有。下列哪些选项是错误的？（　）

A. 张某有权要求乙公司赔偿医药费及精神损害

B. 甲小学和乙公司应向张某承担连带赔偿责任

C. 张某有权要求甲小学赔偿医疗费及精神损害

D. 张某有权要求小牛的监护人赔偿医疗费及精神损害

4.（2009年司法考试试卷三第64题）某机关法定代表人甲安排驾驶员乙开车执行公务，乙以身体不适为由拒绝。甲遂临时安排丙出车，丙在途中将行人丁撞成重伤。有关部门认定丙和丁对事故的发生承担同等责任。关于丁人身损害赔偿责任的承担，下列哪些表述是错误的？（　）

A. 甲用人不当，应当承担部分赔偿责任

B. 乙不服从领导安排，应当承担部分赔偿责任

C. 丙有过错，应当承担部分赔偿责任

D. 该机关应当承担全部赔偿责任

5. 甲饲养的一只狗在乙公司施工的道路上追咬丙饲养的一只狗，行人丁在避让时失足掉入施工形成的坑里，受伤严重。下列哪些说法是错误的？（　）

A. 如甲能证明自己没有过错，不应承担对丁的赔偿责任

B. 如乙能证明自己没有过错，不应承担对丁的赔偿责任

C. 如丙能证明自己没有过错，不应承担对丁的赔偿责任

D. 此属意外事件，甲、乙、丙均不应承担对丁的赔偿责任

6.（2010年司法考试试卷三第70题）甲公司为劳务派遣单位，根据合同约定向乙公司派遣搬运工。搬运工丙脾气暴躁，常与人争吵，乙公司要求甲公司更换丙或对其进行教育管理，甲公司不予理会。一天，乙公司安排丙为顾客丁免费搬运电视机，丙与丁发生激烈争吵，故意摔坏电视机。对此，下列哪些说法是错误的？（　）

A. 甲公司和乙公司承担连带赔偿责任

B. 甲公司承担赔偿责任，乙公司承担补充责任

C. 甲公司和丙承担连带赔偿责任

D. 丙承担赔偿责任，甲公司承担补充责任

7.(2015年司法考试试卷三第62题)应出版社约稿,崔雪创作完成一部儿童题材小说《森林之歌》。为增添小说离奇色彩以吸引儿童阅读,作者使用笔名“吹雪”,特意将小说中的狗熊写成三条腿的动物。出版社编辑在核稿和编辑过程中,认为作者有笔误,直接将“吹雪”改为“崔雪”,将狗熊改写成四条腿的动物。出版社将《森林之歌》批发给书店销售。下列哪些说法是正确的?(　　)

A. 出版社侵犯了作者的修改权

B. 出版社侵犯了作者的保护作品完整权

C. 出版社侵犯了作者的署名权

D. 书店侵犯了作者的发行权

(三)不定项选择题

1.(2016年司法考试试卷三第24题)张小飞邀请关小羽来家中做客,关小羽进入张小飞所住小区后,突然从小区的高楼内抛出一块砚台,将关小羽砸伤。关于砸伤关小羽的责任承担,下列选项正确的是(　　)。

A. 张小飞违反安全保障义务,应承担侵权责任

B. 顶层业主通过证明当日家中无人,可以免责

C. 小区物业违反安全保障义务,应承担侵权责任

D. 如查明砚台是从10层抛出,10层以上业主仍应承担补充责任

2.(2008年司法考试延考区试卷三第64题)李某赶着马车运货,某食品店开业依法燃放爆竹,马受惊,带车向前狂奔,李某拉扯不住,眼看惊马向刚放学的小学生冲去,张某见状拦住惊马,但是被惊马踢伤。关于张某的损害,下列选项正确的是(　　)。

A. 李某应承担赔偿责任

B. 李某和食品店应承担连带赔偿责任

C. 如李某无力赔偿,张某有权要求小学生的监护人适当补偿

D. 李某承担赔偿责任,食品店承担补充赔偿责任

(四)名词解释与辨析

1.(中国人民大学2008年考研真题)侵权责任归责原则

2. 过错推定

(五)简答题

1. 简述共同侵权责任的构成及责任承担。

2.(厦门大学2006年考研真题)简述《侵权责任法》上的公平责任原则。

3. 某小学组织三年级学生外出郊游,途中,带队老师甲碰到熟人,停下与其聊天。此时,醉酒后的丙(成年人)冲向学生,将学生丁撞倒,致丁头部受伤,丁花去医疗费数千元。

甲是否应当承担侵权责任?说明理由。

(六)论述题

(厦门大学2006年考研真题)试论述过错责任原则。

四、案例分析

【案例】

2008年11月25日5时30分许,林则东驾驶套牌货车在某高速公路某段行驶时,与同向行驶的周亚平驾驶的客车相撞,两车冲下路基,客车翻滚致车内乘客冯永菊当场死亡。经交警部门认定,货车司机林则东负主要责任,客车司机周亚平负次要责任,冯永菊不负事故责任。

涉案号牌在车辆管理部门登记的货车并非肇事货车,该号牌登记货车的所有人系烟台市福山区汽车运输公司(以下简称福山公司),实际所有人系被告卫德平,该货车在永安财产保险股份有限公司烟台中心支公司(以下简称永安保险公司)投保机动车第三者责任强制保险。

套牌使用的货车(肇事货车)实际所有人为卫广辉,林则东系卫广辉雇用的司机。据车

辆管理部门登记信息反映，号牌登记货车自2004年4月26日至2008年7月2日，先后15次被以损坏或灭失为由申请补领号牌和行驶证。2007年8月23日，卫广辉申请补领行驶证的申请表上有福山公司的签章。事发后，福山公司曾派人到交警部门处理相关事宜。审理中，卫广辉表示，卫德平对套牌事宜知情并收取套牌费，事发后卫广辉还向卫德平借用号牌登记货车的保单去处理事故，保单仍在卫广辉处。

发生事故的客车的登记所有人系朱荣明，但该车辆几经转手，现实际所有人系周亚平，朱荣明对该客车既不支配，也未从该车运营中获益。被告上海腾飞建设工程有限公司（以下简称腾飞公司）系周亚平的雇主，但事发时周亚平并非履行职务。该客车在中国人民财产保险股份有限公司上海市分公司（以下简称人保公司）投保了机动车第三者责任强制保险。

【问题聚焦】

侵权行为归责、连带责任

【法律剖析】

根据本案交通事故责任认定，肇事货车司机林则东负事故主要责任，而卫广辉是肇事货车的实际所有人，也是林则东的雇主，故卫广辉和林则东应就本案事故损失连带承担主要赔偿责任。永安保险公司承保的货车并非实际肇事货车，其也不知道号牌被肇事货车套牌，故永安保险公司对本案事故不承担赔偿责任。根据交通事故责任认定，本案客车司机周亚平对事故负次要责任，周亚平也是该客车的实际所有人，故周亚平应对本案事故损失承担次要赔偿责任。朱荣明虽系该客车的登记所有人，但该客车已几经转手，朱荣明既不支配该车，也未从该车运营中获益，故其对本案事故不承担责任。周亚平虽受雇于腾飞公司，但本案事发时周亚平并非在为腾飞公司履行职务，故腾飞公司对本案亦不承担责任。至于承保该客车的人保公司，因死者冯永菊系车内人员，依法不适用机动车交通事故责任强制保险，故人保公司对本案不承担责任。另外，卫广辉和林则东一方、周亚平一方虽各自应承担的责任比例有所不同，但车祸的发生系两方的共同侵权行为所致，故卫广辉、林则东对于周亚平的应负责任份额，周亚平对于卫广辉、林则东的应负责任份额，均应互负连带责任。

货车的登记所有人福山公司和实际所有人卫德平，明知卫广辉等人套用自己的机动车号牌而不予阻止，且提供方便，纵容套牌货车在公路上行驶，福山公司与卫德平的行为已属于出借机动车号牌给他人使用的情形，该行为违反了《中华人民共和国道路交通安全法》等有关机动车管理的法律规定。将机动车号牌出借他人套牌使用，将会纵容不符合安全技术标准的机动车通过套牌在道路上行驶，增加道路交通的危险性，危及公共安全。套牌机动车发生交通事故造成损害，号牌出借人同样存在过错，对于肇事的套牌车一方应负的赔偿责任，号牌出借人应当承担连带责任。因此，福山公司和卫德平应对卫广辉与林则东一方的赔偿责任份额承担连带责任。

五、深度拓展

◆ 归责原则的发展

过错责任原则是在否定古代法中结果责任原则的基础上逐渐形成的。1804年《法国民法典》正式确立过错责任原则，该法第1382、1383条分别规定了作为和不作为责任。《民法通则》第106条第2款将过错责任规定为侵权法的归责原则，《侵权责任法》第6条第1款对此加以延续。这一原则的确立为民事主体的行为确立了标准。它要求行为人尽对他人的谨慎和注意义务，努力避免损害的发生；也要求每个人充分尊重他人的权益，从而为行为人确定了自由行为的范围，体现了对个人的尊重。它充分协调和平衡了“个人自由”和“社会安全”两种利益关系。

无过错责任是应资本主义大生产导致的事故而出现的，此乃学界通说。因为机器大生产造成的事故中，过错责任无法给受害人适当的赔偿，无过错责任应运而生。首先确认无过错责任的应是普鲁士王国于1838年制定的《铁路企业法》。第二年的《矿业法》把这一原则扩大到矿业灾害方面。1884年，德国制定的《劳工伤害赔偿法》规定了工业事故社会保险制度，真正确立了事故责任的无过错责任制度。此后，无过错责任得到了广泛的承认和适用。

◆ 我国侵权责任归责原则体系

侵权责任的归责原则是指据以确定侵权责任由行为人承担的依据，它是全部侵权责任规范的基础，直接体现了立法取向和价值功能。理论上，由于确认侵权责任归责原则的标准不同，学者们关于归责原则体系的构造存在分歧，形成了一元说、二元说和三元说等不同学说。一元说认为，侵权责任的归责原则只有过错责任原则。二元说增加了无过错责任原则。三元说包括哪三项原则，学者们看法不一：有人认为是过错责任原则、无过错责任原则和公平责任原则；有人认为是过错责任原则、推定过错责任原则和公平责任原则；还有人认为应该是过错责任原则、过错推定原则和无过错责任原则。通说认为，侵权责任的归责原则包括过错责任原则、无过错责任原则和公平责任原则。

过错责任原则是指行为人的过错确定行为人是否承担民事责任的归责原则，它是对古代结果责任主义的彻底否定，反映了人类已经能够理性地处理侵权损害事件。其特点是：(1)没有过错就没有侵权损害责任，过错是决定过错责任是否成立的主观要件；(2)它是一般侵权责任的归责原则，适用于因行为人的过错而产生的侵权责任，因此有广泛的适用范围；(3)其在归责原则体系中居核心地位。

过错推定责任是在众多工业事故造成受害人损害却不能通过过错责任原则得以补救的情况下产生的，是介于过错责任与无过错责任之间的一种中间责任形式，是过错责任的特殊适用状况。受害人若能证明其损害是由行为人造成的，而行为人不能证明自己对造成损害没有过错，则法律上就推定为其有过错，并由此损害承担侵权责任。

无过错责任原则是由法律规定的，因此它只能适用于法律规定的特殊侵权责任。我国法律中，无过错责任适用于职务侵权致害责任、产品缺陷致害责任、高度危险致害责任、环境污染致害责任、地面施工致害责任、动物致害责任、被监护人致害责任以及雇主责任。其特点有：(1)在确定侵权责任时，不需要考虑侵权人有无过错；(2)不要求受害人举证证明侵害人是否有过错，也无须推定侵害人具有过错；(3)适用范围由法律特别规定。

除此之外，我国侵权法还存在公平责任原则，关于其是否为归责原则，尚存争议，通说仍采用二元归责原则体系。公平责任原则是指当事人对造成损害都没有过错，而又不能适用过错责任和无过错责任的情况下，由法院依据实际情况确定责任的归责原则。其特点有：(1)补充过错责任和无过错责任；(2)适用前提是双方无过错；(3)适用范围受到严格限制。

第三十七章

一般侵权行为的构成要件

一、知识结构图

- 一般侵权行为的构成要件
  - 不法行为(理解)
  - 损害事实:概念、特征、分类(标记并理解)
  - 因果关系(难点)
    - 相当因果关系
    - 证明与推定
  - 过错
    - 形式
    - 证明与推定(重点)

二、重难点归纳

(一)不法行为

这里所谓的行为是指侵犯他人权利或者合法利益的加害行为本身。根据《民法总则》第3条规定,权利人的相对人均负有不得侵犯权利的一般义务。侵犯权利的行为都违反了法定义务,因此具有违法性。

侵犯他人合法利益的行为也可能构成侵权行为。一般认为,《侵权责任法》第2条为合法利益受侵权法保护提供了解释空间,但是当合法利益成为侵权对象时,在过错方面会有更高的要求。

加害行为包括作为和不作为。作为的侵权行为违反的是权利不得非法侵犯的一般义务。不作为的侵权行为需要有明确的义务存在,先有作为义务,后有不作为。一般认为,作为义务的产生根据包括法律规定、服务关系、契约上义务、自己之前行为和公序良俗。[①] 违反作为义务可能直接构成侵权行为,也有可能与过错认定有关。后者由于违反义务主要用作过错的参考,因此一般法律、行政法规甚至效力更低的规范也可以对此作出规定。

(二)损害事实

损害事实是指他人财产或者人身权益遭受的不利影响,包括财产损害、非财产损害,后者又包括人身损害和精神损害。损害事实是侵害合法权益的结果,合法权益包括权利和合法利益。

损害的事实必须具有可补救性。其一,从量来看,损害已产生且已经达到一定的严重程度。其二,可补救性不等同于损害必须能够计

① 参见陈富聪:《侵权归责原则与损害赔偿》,北京大学出版社2005年版,第11页。

量，只是损害形式不同，法律救济手段不同。很多需要赔偿的损害，如人身、精神损害均无法计量，但不能以此为由拒绝赔偿。如何给予计量的损害以救济，是侵权法面临的重大问题。

（三）因果关系

1. 两种因果关系

因果关系是指各种现象之间引起与被引起的关系。侵权法上的因果关系包含责任成立的因果关系和责任范围的因果关系。前者是指行为与权益受侵害之间的因果关系，涉及责任的成立；后者是指权益受侵害与损害之间的因果关系，涉及责任的形式和大小。作为侵权责任构成要件的因果关系是责任成立的因果关系。

2. 相当因果关系

如果行为与权益被侵害之间具有相当因果关系，在其他构成要件具备的情况下，可以构成侵权行为。其判断分为两个步骤：条件关系和相当性。

判断行为与权益被侵害之间是否具有条件关系，其判断标准是："如果没有某行为，则不会发生某结果，那么该行为就是该结果的条件。"这一标准也可以从反面认定。

相当性是指具备条件关系的行为与权益被侵害之间的关系达到一定程度，从而使得该行为人对权益的被侵害承担法律后果具有正当性。其判断标准是："通常会产生该种损害。"

条件关系是给原因划定范围，看行为是否能够纳入原因范畴。其后再通过相当性来确定行为与损害后果之间的紧密程度。相当因果关系的重点是，注重行为人不法行为介入了社会状态，并增加或改变了现有的危险程度。

3. 因果关系的证明与推定

一般情况下，因果关系是否存在由受害人承担责任。有些情况下，法律要求行为人来证明因果关系的不存在。如果不能证明，则推定因果关系的存在。《最高人民法院关于民事诉讼证据的若干规定》第4条第1款第3项规定，因环境污染引起的损害赔偿诉讼，由加害人就法律规定的免责事由及其行为与损害结果之间不存在因果关系承担举证责任；第7项规定，因共同危险行为致人损害的侵权诉讼，由实施危险行为的人就其行为与损害结果之间不存在因果关系承担举证责任；第8项规定，因医疗行为引起的侵权诉讼，由医疗机构就医疗行为与损害结果之间不存在因果关系及不存在医疗过错承担举证责任。

在因果关系推定的场合，行为人可能比受害人更有条件、花费更低成本来证明因果关系，因此法律将举证责任倒置。

（四）过错

过错分为故意和过失两种形式。

1. 故意

故意是指行为人明知自己的行为会造成侵害他人权益的结果，并且希望或者放任这种结果发生的主观状态。

2. 过失

过失是指行为人应当预见自己的行为可能发生侵害他人权益的结果，却因为疏忽大意而没有预见，或者已经预见而轻信能够避免的主观状态。

民法通说将过失分为一般过失和重大过失。重大过失是指行为人极为疏忽大意的情况，而一般过失则是指尚未达到重大过失的过失。法律对行为人提出了较高的注意义务，行为人没有达到较高的注意义务而达到了一般人的注意义务时，认定构成一般过失。若行为人没有达到一般人的注意义务，则认定构成重大过失。

对过失的判断需要明确"应当预见标准"，这种标准为行为人设置了注意义务，如若违反，则可能构成过失。如果在每个个案中均以具体当事人的情况来认定具体标准，成本极高，同时标准过于灵活会产生诸多弊端。因此，法律假设以理性的一般人的注意程度作为标准。理性人概念的出现意味着法律对于注意义务和过失的认定采取客观化的标准。

认定客观化的体现是，法律规定了很多行为标准。这些标准即理性人标准，如果违反了这些行为标准，则构成过失。如《道路交通安全法》中，过错依据违规认定。如果因理性人标准出现极端不公平的情况，法官可以根据具体情况对理性人的标准加以调整，以追求实质的公平。

三、全真题演练

（一）单项选择题

1. 一小偷利用一楼住户甲违规安装的防盗网，进入二楼住户乙的室内，行窃过程中将乙打伤。下列说法正确的是（　　）。

A. 乙的人身损害应由小偷和甲承担连带责任

B. 乙的人身损害只能由小偷承担责任

C. 乙的人身损害应由甲和小偷根据过错大小，各自承担责任

D. 乙的人身损害应先由小偷承担责任，不足部分由甲承担

2.（2014 年司法考试试卷三第 11 题）方某为送汤某生日礼物，特向余某定做一件玉器。订货单上，方某指示余某将玉器交给汤某，并将订货情况告知汤某。玉器制好后，余某委托朱某将玉器交给汤某，朱某不慎将玉器碰坏。下列表述正确的是（　　）。

A. 汤某有权要求余某承担违约责任

B. 汤某有权要求朱某承担侵权责任

C. 方某有权要求朱某承担侵权责任

D. 方某有权要求余某承担违约责任

3. 共同侵权的构成要件不包括（　　）。

A. 分别实施

B. 造成同一损害

C. 每个侵权行为都足以造成全部侵害

D. 造成两个损害结果

4. 侵害他人财产的，财产损失按照（　　）的市场价格或者其他方式计算。

A. 提出请求时　　B. 判决生效时

C. 损失发生时　　D. 财产生成时

5.《侵权责任法》规定完全民事行为能力人对自己的行为暂时没有意识或失去控制造成他人损害的，应当承担侵权责任。下列不应承担的情形是（　　）。

A. 醉酒　　B. 梦游

C. 滥用麻醉药　　D. 服用精神药品

6. 侵权人因同一行为应当承担行政责任或者刑事责任的，不影响依法承担侵权责任。这说明侵权责任的（　　）。

A. 独立性　　B. 无形性

C. 专有性　　D. 法律确认性

（二）多项选择题

（2014 年司法考试试卷三第 62 题）甲创作了一首歌曲《红苹果》，乙唱片公司与甲签订了专有许可合同，在聘请歌星丙演唱了这首歌曲后，制作成录音制品（CD）出版发行。下列选项属于侵权行为的是（　　）。

A. 某公司未经许可，翻录该 CD 后销售，向甲、乙、丙寄送了报酬

B. 某公司未经许可，自聘歌手在录音棚中演唱了《红苹果》并制作成 DVD 销售，向甲寄送了报酬

C. 某商场购买 CD 后在营业时间作为背景音乐播放，经过甲许可并向其支付了报酬

D. 某电影公司将 CD 中的声音作为电影的插曲使用，只经过了甲许可

（三）名词解释与辨析

1. 相当因果关系

2. 重大过失和一般过失

（四）简答题

（清华大学2008年考研真题）简述一般侵权行为的构成要件。

（五）论述题

（中国人民大学2007年考研真题）试论述侵权法上损害的分类。

四、案例分析

【案例】

2012年2月10日14时45分许，王阳驾驶轿车，沿某大道由北往南行驶至蠡湖大道大通路口人行横道线时，碰擦行人荣宝英致其受伤。2月11日，交警大队出具《道路交通事故认定书》，认定王阳负事故的全部责任，荣宝英无责。轿车在永诚保险公司投保了机动车交通事故责任强制保险。荣宝英申请并经无锡市中西医结合医院司法鉴定所鉴定，结论为：荣宝英左桡骨远端骨折的伤残等级评定为十级；左下肢损伤的伤残等级评定为九级。保险公司因鉴定意见结论中载明"损伤参与度评定为75%，其个人体质的因素占25%"，故认为确定残疾赔偿金应当乘以损伤参与度系数0.75。

【问题聚焦】

过错、损害后果、因果关系

【法律剖析】

《中华人民共和国侵权责任法》第26条规定："被侵权人对损害的发生也有过错的，可以减轻侵权人的责任。"《中华人民共和国道路交通安全法》第76条第1款第2项规定，机动车与非机动车驾驶人、行人之间发生交通事故，非机动车驾驶人、行人没有过错的，由机动车一方承担赔偿责任；有证据证明非机动车驾驶人、行人有过错的，根据过错程度适当减轻机动车一方的赔偿责任。因此，交通事故中在计算残疾赔偿金是否应当扣减时，应当根据受害人对损失的发生或扩大是否存在过错进行分析。本案中，虽然原告荣宝英的个人体质状况对损害后果的发生具有一定的影响，但这不是《侵权责任法》等法律规定的过错，荣宝英不应因个人体质状况对交通事故导致的伤残存在一定影响而自负相应责任。

从交通事故受害人发生损伤及造成损害后果的因果关系看，本起交通事故的引发系肇事者王阳驾驶机动车穿越人行横道线时，未尽到安全注意义务碰擦行人荣宝英所致；本起交通事故造成的损害后果系受害人荣宝英被机动车碰撞、跌倒发生骨折所致，事故责任认定荣宝英对本起事故不负责任，其对事故的发生及损害后果的造成均无过错。虽然荣宝英年事已高，但其年老骨质疏松仅是事故造成后果的客观因素，并无法律上的因果关系。因此，受害人荣宝英对于损害的发生或者扩大没有过错，不存在减轻或者免除加害人赔偿责任的法定情形。同时，机动车应当遵守文明行车、礼让行人的一般交通规则和社会公德。本案所涉事故发生在人行横道线上，正常行走的荣宝英对将被机动车碰撞这一事件无法预见，而王阳驾驶机动车在路经人行横道线时未依法减速慢行、避让行人，导致事故发生。因此，依法应当由机动车一方承担事故引发的全部赔偿责任。

根据我国《道路交通安全法》的相关规定，机动车发生交通事故造成人身伤亡、财产损失的，由保险公司在机动车第三者责任强制保险责任限额范围内予以赔偿。而我国交强险立法并未规定在确定交强险责任时应依据受害人体质状况对损害后果的影响作相应扣减，保险公司的免责事由也仅限于受害人故意造成交通事故的情形，即便是投保机动车无责，保险公司也应在交强险无责限额内予以赔偿。因此，对于受害人符合法律规定的赔偿项目和标准的损失，均属交强险的赔偿范围，参照"损伤参与度"确定损害赔偿责任和交强险责任均没有法律依据。

五、深度拓展

◆ **汉德公式**

汉德公式是美国著名法官勒尼德·汉德(Learned Hand)在 United States v. Carroll Towing Co. 一案判决中提出的关于过失认定的著名公式。汉德法官认为,如果用 P 表示概率,用 L 表示损害,用 B 表示预防的成本,过失责任就取决于 B 是否小于 L 和 P 的乘积。

汉德公式的基本含义是,如果被告预防损失的成本低于给他人造成损失的成本,那么被告此时有义务采取预防措施;如果没有采取预防措施而导致了损失的发生,那么被告就是有过失的。也就是说,如果 $B<LP$,那么被告就应当支付 B;如果被告没有这样做,就存在过失,应当承担相应的责任。

汉德公式使用数学语言表达了过失(此处包括故意和过失)的认定,这一公式反映了人们认定过失时的思维过程。

◆ **(武汉大学 2014 年考研真题)试述民法上的因果关系**

因果关系是指各种现象之间引起与被引起的关系。侵权法上的因果关系包含责任成立的因果关系和责任范围的因果关系。前者是指行为与权益受侵害之间的因果关系,涉及责任的成立;后者是指权益受侵害与损害之间的因果关系,涉及责任的形式以及大小。作为侵权责任构成要件的因果关系是责任成立的因果关系。

因果关系学说有如下几种:

(一)条件说

又称等值说。该学说认为,所有引起结果发生的原因都是损害结果的原因,因而所有为损害结果发生提供条件的行为都与损害结果之间具有因果关系。条件说的优势在于它使用起来比较容易,缺点主要有以下两点:第一,它把所有的条件都同等看待,没有区分不同条件之间的不同作用,在共同侵权的案件中不能确定各侵权人所应承担的责任大小和范围;第二,该学说认为,所有为损害结果发生提供条件的因素皆为损害发生的原因,扩大了责任主体的范围,造成真正有责任行为人的难以确定。学者认为,条件说在认定因果关系上缺乏灵活性,在复杂的因果关系认定中往往出现不合理的认定结果。因此,其已被排除在主流学说之外。

(二)原因说

原因说认为,只有那些对损害结果在时间、空间上距离最近,或对损害结果的发生起有效作用的原因才是损害发生的真正原因。该学说在理论上把对损害结果作用不同的条件区分开来,有进步性。但是这就产生了两个新的问题:第一,原因说只区分条件与原因,但无具体操作方法,在审判实务中适用的难度大;第二,原因说把众多条件中所谓的"原因"认定为与损害结果的发生具有因果关系的唯一因素,而排除其他条件与损害结果之间的因果关系。这在事实上可能造成,当不能认定"原因"时,所有条件都与损害的结果没有因果关系,从而受害者无法获得赔偿的不合理情况发生。

(三)法规目的说

法规目的说认为,行为与结果之间是否存在因果关系,应以法规的目的来决定。虽然法规目的说在解决一些与立法目的相牵连的案件的时候,能够发挥比其他学说更为明显的优势,但是法规目的说也存在一些问题。第一,并不是所有的权利都被法规目的所包括,也并不是所有的侵权行为都有法律来规制。以法规目的来认定因果关系的存在,事实上会造成法律漏洞,使得侵权人在法规目的的掩盖下逃避法律责任。第二,法规目的说对因果关系的解决也并不能令人满意。因为法规的目的在法律条文中并没有直接的规定，直接以法规的内容与目的来衡量行为与损害结果之间的关系缺乏明确的标准，最终仍然由法官来判断法规的目的，从而使法官成为法律的解释者，有“法官造法”的嫌疑。

（四）盖然因果关系说

盖然因果关系说发源于日本，是因果关系证明的一种方式，并不是完整意义上的因果关系理论。盖然因果关系说的理论要点归结为：第一，因果关系的举证责任形式上仍为原告承担；第二，证明责任在实质上进行转换，即只要被告不能证明因果关系的不存在，因果关系就应该被肯定；第三，盖然性证明是指超越了大致明确的领域，但尚未到达证明的程度的举证。从价值方面分析，盖然因果关系说减轻了被害人的证明负担，有利于对社会弱者利益的保护。

（五）相当因果关系说

所谓相当因果关系说，系以行为人之行为所造成的客观存在事实为观察的基础，并就此客观存在事实依知识经验判断，通常均有发生同样损害结果之可能者，该行为人之行为与损害结果间即有因果关系。冯·克里斯认为，只有满足以下两个条件时，原因和结果之间才有因果关系：(1)它必须是损害的必要条件；(2)它必须明显增加损害的客观可能性。

作为大陆法系的通说，相当因果关系说具有一定的价值。其一，相当因果关系说将“条件判断”和“相当性判断”有机结合起来，合理确定了责任的范围。相当因果关系的构造可分为“条件关系”和“相当性”两个组成部分。其要求在实际操作过程中，应首先确定造成该损害结果的条件，而后再借助一般社会经验对这些条件进行判断，进而断定造成该损害结果的原因，确定损害赔偿的责任范围，从而避免单纯采取条件说所造成的因果循环，以及牵连范围过宽、一概而论，使每一个有牵连的加害人均承担责任的责任范围过宽现象的发生。其二，相当因果关系说将可能性纳入判断因果关系中，更有利于保护受害人的利益。因为可能性判断一般取决于社会上大多数人的经验与见识，所以在依据相当因果关系说判断某侵害行为是否为某损害后果的原因时，并不要求受害人对因果关系的证明达到精确和绝对的地步，只需证明该侵权行为依一般社会经验极大增加了损害的可能性即可。如此则极大地减轻了受害人的举证责任。

相当因果关系说亦有其固有的理论缺陷。其一，相当因果关系说的可能性理论易造成使用的差异性。由于相当因果关系说的可能性理论具有高度的抽象性，行为人对极大增加损害结果的可能性理论并不能提出精确的认定标准，因此即使是在同一国家或同一地区，同样使用相当因果关系说，其判决也有可能截然不同。另外，法官在断案时具有较大的随意性，可能会出现法官因同情被害人而认定因果关系之存在，造成裁判不公现象的出现。其二，相当因果关系说缺少必要的法律价值取向。相当因果关系说借助数学及社会统计学理论对因果关系进行分析，毫无疑问是科学的。然而，侵权法上因果关系的认定毕竟是法律问题，而法律问题的解决就必须注意到公平和正义的价值取向，相当因果关系理论对此并未作出明确的规定。其三，相当因果关系说具有一定的局限性。其并不能对社会中发生的所有的侵权案件，判断其行为和损害结果之间是否存在因果关系。并且有些案件并不适宜采纳相当因果关系说，如多因一果、多因多果等侵权案件。其四，相当因果关系说对所谓的因果关系“相当性”的判断在理论上有混淆“过错”判断的嫌疑。一般人能够预见，而行为人却没有预见，此为行为人之“过失”；一般人不能预见，但行为人预见了，却仍然追求损害结果的发生而为之，此为行为人之“故意”，只不过这种故意隐藏得更深，若无有力证据，则很难证明而已。相当因果关系说把本应当在过错中进行的法律判断搬到因果关系的认定中，并称之为“相当性”的判断，这种做法在理论上忽视了过错在侵权责任的构成要件中的地位。

第三十八章

侵害财产权与人身权的行为

一、知识结构图

侵害财产权与人身权的行为
- 财产权(理解)
- 生命权、健康权、身体权(理解)
- 姓名权、名称权(重点)
- 肖像权(重点)
- 名誉权、信用权(理解)
- 隐私权、自由权(理解)
- 贞操权(了解)
- 一般人格权、荣誉权(理解)

二、重难点归纳

(一)侵权行为的类型

《中华人民共和国侵权责任法》第2条采用了绝对权列举,且以一般条款兜底的方式对侵权行为的类型进行了规定:"侵害民事权益,应当依照本法承担侵权责任。本法所称民事权益,包括生命权、健康权、姓名权、名誉权、荣誉权、肖像权、隐私权、婚姻自主权、监护权、所有权、用益物权、担保物权、著作权、专利权、商标专用权、发现权、股权、继承权等人身、财产权益。"

(二)侵害肖像权的行为

1. 未经允许擅自制作他人肖像

虽然对他人之前是否有权制作权利人的肖像存在疑问,但是在一般情况下,应当承认他人不得在未经允许的情况下擅自恶意制作权利人的肖像。所谓恶意,是指行为人故意且有针对性地制作他人的肖像,且通常具有以某种方式使用的意图。但如果权利人明知置身于某些场合中会使自己的肖像被制作,依然置身其中,则不得禁止对其肖像的制作。

2. 未经允许使用他人肖像

《民法总则》第100条规定,未经本人同意,不得以营利为目的使用公民的肖像。据此,使用他人肖像,只有在以营利为目的的情况下才构成侵权。但目前多数学说认为,使用他人肖像,只要未经权利人同意,即可构成侵权,无须考察行为人目的。

3. 损毁或者玷污他人肖像

肖像权是一种体现精神利益的权利,因此,损毁或者玷污他人肖像可能构成对他人精神利益的侵犯。一般认为,毁损和玷污他人肖像应当以故意为限。

肖像是人与人之间相区别最直观的符号,同时,肖像有可能与他人或者社会利益相联系。在强调肖像权保护的同时,出于社会利益考虑,应对肖像权加以一定限制。一般认为,基于社会公共利益、时事新闻报道需要,维护本人利益、不以营利为目的制作使用肖像以及制作使用与特定历史事件相联系的肖像的行为不构成侵犯肖像权。

(三)新闻报道与名誉权

根据《最高人民法院关于审理名誉权案件若干问题的解答》及《最高人民法院关于审理名誉权案件若干问题的解释》,因提供新闻材料引起的名誉权纠纷,认定是否构成侵权,应区分两种情况:

1. 主动提供新闻材料,致使他人名誉受到损害的,应当认定侵害他人名誉权。

2. 因被动采访而提供新闻材料,且未经提供者同意公开,新闻单位擅自发表,致使他人名誉受到损害的,对提供者一般不应当认定为侵害名誉权;虽系被动提供新闻材料,但发表时得到提供者同意或者默许,致使他人名誉受到损害的,应当认定为侵害名誉权。

在有关机关和组织编印的仅供领导部门内部参阅的刊物、资料上刊登的来信或者文章,当事人以其内容侵害名誉权向人民法院提起诉讼的,人民法院不予受理。机关、社会团体、学术机构、企事业单位分发本单位、本系统或者其他一定范围内的内部刊物和内部资料,所载内容引起名誉权纠纷的,人民法院应当受理。

新闻单位根据国家机关依职权制作的公开的文书和实施的公开的职权行为所作的报道,其报道客观准确的,不应当认定为侵害他人名誉权;其报道失实,或者前述文书和职权行为已公开纠正而拒绝更正报道,致使他人名誉受到损害的,应当认定为侵害他人名誉权。

消费者对生产者、经营者、销售者的产品质量或者服务质量进行批评、评论,不应当认定为侵害他人名誉权;但借机诽谤、诋毁,损害其名誉的,应当认定为侵害名誉权。新闻单位对生产者、经营者、销售者的产品质量或者服务质量进行批评、评论,内容基本属实,没有侮辱内容的,不应当认定为侵害其名誉权;主要内容失实,损害其名誉的,应当认定为侵害名誉权。

不构成侵害名誉权的行为包括:新闻媒体报道中披露真实事件;撰写、发表文学作品,不是以生活中特定的人为描写对象,仅是作品的情节与生活中某人的情况相似的;撰写、发表批评文章所反映的问题基本真实,没有侮辱他人人格的内容。

(四)侵犯个人信息利益

我国《民法总则》第111条规定,自然人的个人信息受法律保护。任何组织和个人需要获取他人个人信息的,应当依法取得并确保信息安全,不得非法收集、使用、加工、传输他人个人信息,不得非法买卖、提供或者公开他人个人信息。

三、全真题演练

(一)单项选择题

1.(2010年司法考试试卷三第24题)甲为给父亲祝寿宴请亲友,请乙帮忙买酒,乙骑摩托车回村途中被货车撞成重伤,公安部门认定货车司机丙承担全部责任。经查,丙无赔偿能力。丁为货车车主,该货车一年前被盗,未买任何保险。关于乙人身损害的赔偿责任承担,下列选项正确的是(　　)。

A. 甲承担全部赔偿责任

B. 甲予以适当补偿

C. 丁承担全部赔偿责任

D. 丁予以适当补偿

2. 甲在某酒店就餐，邻座乙、丙因喝酒发生争吵，继而动手打斗，酒店保安见状未出面制止。乙拿起酒瓶向丙砸去，丙躲闪，结果甲头部被砸伤。甲的医疗费应当由谁承担？(　　)

A. 由乙承担，酒店无责任

B. 由酒店承担，但酒店可向乙追偿

C. 由乙承担，酒店承担补充赔偿责任

D. 由乙和酒店承担连带赔偿责任

3.(2015年司法考试试卷三第23题)某洗浴中心大堂处有醒目提示语："到店洗浴客人的贵重物品，请放前台保管。"甲在更衣时因地滑摔成重伤，并摔碎了手上价值20万元的贵重玉镯。经查明，因该中心雇用的清洁工乙清洁不彻底，地面湿滑导致甲摔倒。下列选项正确的是(　　)。

A. 甲应自行承担玉镯损失

B. 洗浴中心应承担玉镯的全部损失

C. 甲有权请求洗浴中心赔偿精神损害

D. 洗浴中心和乙对甲的损害承担连带责任

4.(2010年司法考试试卷三第23题)甲、乙是同事，因工作争执甲对乙不满，写了一份丑化乙的短文发布在丙网站。乙发现后要求丙删除，丙不予理会，致使乙遭受的损害扩大。关于扩大损害部分的责任承担，下列说法正确的是(　　)。

A. 甲承担全部责任

B. 丙承担全部责任

C. 甲和丙承担连带责任

D. 甲和丙承担按份责任

5.(2008年司法考试延考区试卷三第16题)甲于2007年2月死亡。乙因与甲生前素来不和，遂到处散布甲系赌博欠下巨额高利贷无法偿还而自杀身亡，在社会上造成了较恶劣的影响。甲之子欲向法院起诉，要求追究乙的侵权责任。下列选项正确的是(　　)。

A. 甲已经死亡，不再具有民事主体资格，因而乙的行为不构成侵权

B. 乙的行为侵害了甲的名誉，依法应当承担侵权责任

C. 只有甲的配偶有权代表甲对乙提起诉讼

D. 只有甲的子女有权对乙提起诉讼

6.(2008年司法考试延考区试卷三第15题)赵某系全国知名演员，张某经多次整容后外形酷似赵某，此后多次参加营利性模仿秀表演，承接并拍摄了一些商业广告。下列选项正确的是(　　)。

A. 张某故意整容成赵某外形的行为侵害了赵某的肖像权

B. 张某整容后参加营利性模仿秀表演，侵害了赵某的肖像权

C. 张某整容后承接并拍摄商业广告的行为侵害了赵某的名誉权

D. 张某的行为不构成对赵某人格权的侵害

7.(2011年司法考试试卷三第24题)甲到乙医院做隆鼻手术，效果很好。乙为了宣传，分别在美容前后对甲的鼻子进行拍照(仅见鼻子和嘴部)，未经甲同意将照片发布到丙网站的广告中，介绍该照片时使用甲的真实姓名。丙网站在收到甲的异议后立即作了删除。下列说法正确的是(　　)。

A. 乙医院和丙网站侵犯了甲的姓名权，应承担连带赔偿责任

B. 乙医院和丙网站侵犯了甲的姓名权，应承担按份赔偿责任

C. 乙医院侵犯了甲的姓名权

D. 乙医院和丙网站侵犯了甲的姓名权和肖像权，但丙网站可免于承担赔偿责任

8.(2016年司法考试试卷三第22题)下列哪种情形构成对生命权的侵犯？(　　)

A. 甲女视其长发如生命，被情敌乙尽数剪

去

B. 丙应丁要求，协助丁完成自杀行为

C. 戊为报复，欲致己于死地，结果将己打成重伤

D. 庚医师因误诊致辛出生即残疾，辛认为庚应对自己的错误出生负责

9.（2016 年司法考试试卷三第 23 题）田某突发重病神志不清，田父将其送至医院，医院使用进口医疗器械实施手术，手术失败，田某死亡。田父认为医院在诊疗过程中存在一系列违规操作，应对田某的死亡承担赔偿责任。关于本案，下列选项正确的是（　　）。

A. 医疗损害适用过错责任原则，由患方承担举证责任

B. 医院实施该手术，无法取得田某的同意，可自主决定

C. 如因医疗器械缺陷致损，患方只能向生产者主张赔偿

D. 医院有权拒绝提供相关病历，且不会因此承担不利后果

10. 某媒体未征得艾滋病孤儿小兰的同意，发表了一篇关于小兰的报道，将其真实姓名、照片和患病经历公之于众。报道发表后，隐去真实身份开始正常生活的小兰再次受到歧视和排斥。关于该媒体的行为，下列选项正确的是（　　）。

A. 不构成侵权

B. 侵犯小兰的健康权

C. 侵犯小兰的姓名权

D. 侵犯小兰的隐私权

（二）多项选择题

1.（2008 年司法考试试卷三第 64 题）小牛在从甲小学放学回家的路上，将石块扔向路上正常行驶的出租车，致使乘客张某受伤，张某经治疗后脸上仍留下一块大伤疤。出租车为乙公司所有。下列选项错误的是（　　）。

A. 张某有权要求乙公司赔偿医药费及精神损害

B. 甲小学和乙公司应向张某承担连带赔偿责任

C. 张某有权要求甲小学赔偿医疗费及精神损害

D. 张某有权要求小牛的监护人赔偿医疗费及精神损害

2.（2007 年司法考试试卷三第 65 题）小旅行社导游李某带团游览一处地势险峻的景点时，众人争相拍照，李某未提示注意安全，该团游客崔某不慎将唐某撞下陡坡摔伤。下列选项正确的是（　　）。

A. 旅行社对损害结果不承担赔偿责任

B. 崔某应当对唐某承担赔偿责任

C. 旅行社应当承担补充赔偿责任

D. 李某应当对唐某承担侵权责任

3.（2006 年司法考试试卷三第 58 题）甲在某网站上传播其自拍的生活照，乙公司擅自下载这些生活照并配上文字说明后出版成书。丙书店购进该书销售。下列说法正确的是（　　）。

A. 乙公司侵犯了甲的发表权

B. 乙公司侵犯了甲的复制权

C. 乙公司侵犯了甲的肖像权

D. 丙书店应当承担侵权责任

4.（2008 年司法考试试卷三第 56 题）婷婷满一周岁，其父母将某影楼摄影师请到家中为其拍摄纪念照，并要求影楼不得保留底片用作他途。相片洗出后，影楼违反约定，将婷婷相片制成挂历出售，获利颇丰。本案中存在哪些债的关系？（　　）

A. 承揽合同之债

B. 委托合同之债

C. 侵权行为之债

D. 不当得利之债

5.（2008 年司法考试试卷三第 61 题）张某旅游时抱着当地一小女孩拍摄了一张照片，并

将照片放在自己的博客中，后来发现该照片被用在某杂志的封面，并配以“母女情深”的文字说明。张某并未结婚，朋友看到杂志后纷纷询问张某，熟人对此也议论纷纷，张某深受困扰。下列说法正确的是（　　）。

A. 杂志社侵害了张某的肖像权

B. 杂志社侵害了张某的名誉权

C. 杂志社侵害了张某的隐私权

D. 张某有权向杂志社要求精神损害赔偿

6.（2008 年司法考试试卷三第 63 题）王某以 5 万元从甲商店购得标注为明代制品的瓷瓶一件，放置于家中客厅。李某好奇把玩，不慎将瓷瓶摔坏。经鉴定，瓷瓶为赝品，市场价值为 100 元，甲商店系知假卖假。王某的下列请求哪些是合法的？（　　）

A. 要求甲商店赔偿 10 万元

B. 要求甲商店赔偿 5 万元

C. 要求李某赔偿 5 万元

D. 要求李某赔偿 100 元

7.（2009 年司法考试试卷三第 57 题）孙女士于 2004 年 5 月 1 日从某商场购买一套化妆品，使用后皮肤红肿出疹，就医不愈，花费巨大。2005 年 4 月，孙女士多次交涉无果，将商场诉至法院。下列说法正确的是（　　）。

A. 孙女士可以要求商场承担违约责任

B. 孙女士可以要求商场承担侵权责任

C. 孙女士可以要求商场承担缔约过失责任

D. 孙女士可以要求撤销合同

（三）不定项选择题

1.（2005 年司法考试试卷三第 62 题）甲公司经营空调买卖业务，并负责售后免费为客户安装。乙为专门从事空调安装服务的个体户。甲公司因安装人员不足，临时叫乙自备工具为其客户丙安装空调，并约定了报酬。乙在安装中因操作不慎坠楼身亡。下列说法正确的是（　　）。

A. 甲公司和乙之间是临时雇佣合同法律关系

B. 甲公司和乙之间是承揽合同法律关系

C. 甲公司应承担适当赔偿责任

D. 甲公司不应承担赔偿责任

2. 甲将数箱蜜蜂放在自家院中槐树下采蜜。在乙家帮忙筹办婚宴的丙在帮乙喂猪时忘关猪圈，猪冲入甲家院内，撞翻蜂箱，使来甲家串门的丁被蜇伤，经住院治疗后痊愈。下列说法正确的是（　　）。

A. 甲应对丁的医疗费用承担全部民事责任

B. 乙应对丁的医疗费用承担全部民事责任

C. 丙应对丁的医疗费用承担全部民事责任

D. 乙和丙应对丁的医疗费用承担连带责任

3. 小郭因为长相漂亮，平时性格活泼，因此被疑为作风不正。其同事小赵趁机散布谣言说她与某人有染，小郭受到别人指指点点，也因此影响到其升职。赵某侵害了郭某的什么权利？（　　）

A. 名誉权

B. 财产权

C. 隐私权

D. 以上都正确

4. 下列不属于侵犯公民肖像权的行为是（　　）。

A. 为寻找走丢的孩童张贴其照片

B. 因刑事侦查需要，使用犯罪嫌疑人画像

C. 未经本人允许，在照相馆橱窗中张贴他人照片

D. 为了社会公共利益需要，刊登公民照片

5. 某工厂女工甲因为工作熟练，工资很快涨为同车间最高。对此，其同事乙心怀嫉妒，

总想找机会贬低她。后来乙偷看甲的私人信件,得知甲曾经得过性病,遂大肆传播,给甲造成了严重的精神损害。根据民法理论,有关本案,下列说法错误的是(　　)。

A. 乙散布的是事实,因此不构成侵权

B. 乙散布的是事实,不构成对甲名誉权的侵害,但侵害了甲的隐私权

C. 乙侵害了甲的隐私权和名誉权

D. 乙应当承担民事责任

(四)名词解释与辨析

1. 肖像权

2. 名誉权

(五)简答题

简述侵害名誉权的构成要件。

(六)论述题

试论述侵害肖像权的行为。

四、案例分析

【案例】

A近年来陆续发表一系列文章对某书进行分析和评论。B社在2000年6月26日的某报上,刊登了署名为C的文章,并配发编者按。A对某报刊登的署名文章和编者按不满,认为其构成了侮辱、诽谤,侵害了A的名誉权,损害了A的人格尊严,故对B社行为向人民法院提起侵权诉讼。

【问题聚焦】

侮辱、诽谤、人格尊严、名誉权

【法律剖析】

诽谤是指为了毁坏他人名誉,无中生有捏造事实并加以散布的行为。B社发布文章及编者按中,凡涉及A之处,均引用A评论文章中的原话,不存在捏造事实的情况。因此,B社的行为不构成诽谤。

侮辱是指公然损害或诋毁他人人格或者名誉的行为。因B社发布文章及编者按中,除对某书和同名电视连续剧表达了与A相反的观点外,并无损害A人格或者名誉的言辞。因此,B社的行为也不构成侮辱。

对一部作品的社会价值进行评价,每个人均可以根据法律赋予的言论自由权,充分发表自己的意见。就学术讨论而言,对不同的意见,应该有一定的容忍度,不能因为对方言辞激烈,就认为是侵权。只要双方的争论不违反法律的禁止性规定,都不应承担法律责任。B社不同意A对某书的评价,针对A的观点,发表了持相反观点的文章并配发“编者按”。这是B社行使舆论监督的权利,履行新闻机构的职责,同样应当得到尊重。就B社发表文章的动机来说,是欢迎读者参与讨论,并无损害对方权利的目的。A认为,B社将正常的学术讨论上升成为政治问题,改变了学术讨论的性质与气氛,担心由此受到影响,要求B社因此承担法律责任,没有法律上和事实上的依据。A认为B社侵害其名誉权,要求B社承担侵权责任,理由不能成立。

五、深度拓展

◆ 侵害他物权的行为

他物权包括用益物权和担保物权。用益物权以物的使用、收益作为内容,因此,凡使用非法手段使权利人无法实现物的使用和收益的行为,均可能构成对用益物权的侵害。

担保物权以物的交换价值为内容,因此,凡使用非法手段使权利人无法实现物的交换价值的行为,均可能构成对担保物权的侵害。具体而言,主要包括使用非法手段使担保物灭失、妨害担保物权的实现、毁损担保物这几种。①

◆ 侵害债权与侵害绝对权

一般认为,债权属于相对权,与物权及其

---

① 参见王泽鉴:《侵权行为》,北京大学出版社2009年版,第164～165页。

他债权不同，债权人对给付标的物或者给付行为不具有支配力，同时，债权不具有社会公开性，除相对人外的第三人一般无法知悉债权的存在。因此，侵害债权的构成要件与侵害绝对权的构成要件存在差异。二者最主要的不同在于行为人的主观状态。侵害债权必须要求行为人故意以有悖于善良风俗的方式加害债权人方可构成，侵害绝对权则无此要求。常见侵害债权的形态包括第三人诱使债务人违约、因第三人行为致使债务人不能履行给付义务、双重买卖及侵害债权的归属等。①

① 参见王泽鉴：《侵权行为》，北京大学出版社 2009 年版，第 171～175 页。

第三十九章

侵权责任方式与侵权责任的承担

一、知识结构图

- 侵权责任方式与侵权责任的承担
  - 侵权责任方式
    - 通用(识记)
    - 开放性(理解)
  - 侵权责任的承担
    - 分类(识记)
      - 财产与人身损害
      - 精神损害(难点)
    - 免责事由(识记并理解)

二、重难点归纳

(一)侵权责任方式

承担侵权责任的方式主要有:

1. 停止侵害

停止侵害是指侵害他人民事权益的,被侵权人有权请求侵权人停止侵害。构成要件为正在进行的侵权行为和侵害了他人的民事权益。

2. 排除妨害

排除妨害是指妨碍他人行使民事权益或者享有民事权益的,被侵权人有权要求侵权人排除妨害。构成要件是存在妨害他人民事权益的状态,且妨害状态具有不正当性。

3. 消除危险

消除危险的构成要件是存在危及他人人身、财产安全的危险,以及其存在是由某人的行为或管理的物造成的。

4. 返还财产

返还财产的内涵有两种解释:一种认为是返还原物,另一种认为包括但不限于返还原物。其构成要件包括违反民事义务无权占有物权人的物和原物存在。

5. 恢复原状

恢复原状是指损害他人动产或者不动产的,被侵权人有权请求侵权人恢复原状。构成要件是动产或者不动产受到损害及恢复原状有可能和必要。

6. 赔偿损失

赔偿损失是指造成他人损失的,被侵权人有权请求侵权人赔偿损失。侵权人向被侵权人支付一定数额的金钱。

7. 赔礼道歉

赔礼道歉是指侵权人以向被侵权人承认侵权表示歉意。其对于抚慰精神伤害、增强侵权人道德意识、化解矛盾有不可替代的作用。

8. 消除影响、恢复名誉

消除影响、恢复名誉在侵害名誉权的场合，前者可以作为后者的方法。但在对权利人有不利影响却未被贬损名誉的场合，应使用消除影响责任。两者具有制止财产损失和防止损失扩大的功能。

以上承担侵权责任的方式可以单独使用，也可以合并使用。此外，《侵权责任法》的责任方式具有开放性。法律对此有特别规定。

（二）确定侵权损害赔偿数额的考量因素

1. 预防损害的发生

侵权法的一个主要功能是预防侵权行为的发生。由加害人对受害人的损失进行赔偿，在效果上就由侵权人自己承担其行为的成本，实现了成本的内化。这样，在以后类似的行为中，行为人以及潜在行为人在作出类似侵权行为之前，就会考虑可能造成的损失。

2. 加害人的过错程度

一般情况下，加害人主观状态不同，其行为的成本—收益也不同。当行为人为故意时，其预期该行为成本很小，收益很大。此时应当要求行为人承担较大的损害赔偿数额，以抵销成本与收益的差距，起到预防损害的作用。如《侵权责任法》第 47 条将产品责任领域的惩罚性赔偿限于生产者和销售者对产品缺陷的明知。同理，在过失场合一般不会支持惩罚性赔偿。行为人在重大过失时成本—收益之比非常接近故意的情况，因此法律一般将重大过失等同于故意处理。

3. 过错相抵

过错相抵又称与有过失，是指受害人对损失的发生或者扩大存在过错的，减轻加害人损害赔偿责任的规则。作为过错相抵的补充，原因力比较是指双方当事人的行为都构成损害结果的原因时，根据不同原因对损害结果所起作用的大小来确定各自承担的责任。当双方过错程度无法确定或者过错程度相等时，原因力大小可以对损害结果承担产生影响。有学者主张，无过错责任原则下适用原因力比较。

4. 损益相抵

损益相抵是指受害人基于损失发生的同一原因获得利益时，应当将利益从赔偿数额里抵销，加害人仅对抵销后的损失承担赔偿责任。侵权损害赔偿的前提是受害人的损失，而受害人基于同一原因获得的利益本身就会冲抵其损失。因此，损益相抵的目的是计算出受害人真正的损失，使损失得到赔偿。

5. 人道主义

人道主义是指确定数额时应适当考虑加害人的经济状况，为其保留基本生活所必需的经济条件。一次支付全部损害数额有困难的，可以分期支付，但应提供适当担保。《侵权责任法》第 23 条规定，因防止、制止他人民事权益被侵害而使自己受到损害的，由侵权人承担责任。侵权人逃逸或者无力承担责任，被侵权人请求补偿的，受益人应当给予适当补偿。

（三）精神损害赔偿

精神损害赔偿是指自然人在人身权或者某些财产权受到不法侵害，致使其人身利益或者财产利益受到损害并遭受精神痛苦时，受害人本人、本人死亡后其近亲属有权要求侵权人给予损害赔偿的民事法律制度。

精神损害包括两种情况：一种是因为遭受有形的人身损害或者财产损害直接导致的精神损害；另一种是未遭受有形的人身损害或者财产损害间接导致的精神损害。精神损害包括两种形态：一种是积极的精神损害，即受害人可以感知的精神痛苦；另一种是消极的精神损害，即受害人无法感知的知觉丧失和心智丧失。

《最高人民法院关于确定民事侵权精神损害赔偿责任若干问题的解释》第 10 条规定，精神损害的赔偿数额根据以下因素确定：侵权人的过错程度，法律另有规定的除外；侵害的手段、场合、行为方式等具体情节；侵权行为所造成的后果；侵权人的获利情况；侵权人承担责任的经济能力；受诉法院所在地平均生活水平。法律、行政法规对残疾赔偿金、死亡赔偿金等有明确规定的，适用法律、行政法规的规定。该法第5、6、8条分别规定了精神损害赔偿诉讼不予受理或者不予支持的情形：法人或者其他组织提出精神损害赔偿请求的；当事人在侵权诉讼后单独提出精神损害赔偿的；未造成严重后果的，法院不予受理或不予支持。

需要注意的是，过错相抵原则对精神损害赔偿数额的确定也适用。《最高人民法院关于确定民事侵权精神损害赔偿责任若干问题的解释》第11条规定，受害人对损害事实和损害后果的发生有过错的，可以根据其过错程度减轻或者免除侵权人的精神损害赔偿责任。

（四）侵权责任的免责事由

1. 正当防卫

正当防卫是指对正在进行不法侵害行为的人采取的制止不法侵害的行为，对不法侵害人造成一定限度损害的，属于正当防卫，不负责任。正当防卫具有以下基本特征：

(1)正当防卫是目的正当性和行为的防卫性的统一。目的正当性是指正当防卫的目的是为了保护国家、公共利益，本人或者他人的人身、财产和其他权利免受正在进行的不法侵害。行为的防卫性是指正当防卫是在合法权益受到不法侵害的时候，同不法侵害做斗争的行为。目的正当性与行为的防卫性具有密切的联系。首先，目的的正当性制约着行为的防卫性。其次，行为的防卫性体现着目的的正当性，是目的正当性的客观表现。

(2)正当防卫是主观的防卫意图和客观上的防卫行为的统一。防卫意图是指防卫人意识到不法侵害正在进行，为了保护国家、公共利益，本人或者他人的人身、财产等合法权利，而决意制止正在进行的不法侵害的心理状态。只有看到正当防卫制止不法侵害、保护国家和其他合法权益的本质，才能真正把握住正当防卫不负责任的依据。

(3)正当防卫是社会政治评价和法律评价的统一。正当防卫的目的是使国家、公共利益以及本人或者他人的人身、财产和其他权利免受正在进行的不法侵害，而且客观上具有制止不法侵害、保护合法权益的性质。因此，正当防卫没有法益侵害性，这是我国对正当防卫的肯定的社会政治评价。正当防卫不负责任，这是我国刑法对正当防卫的肯定的法律评价。从这个意义上说，正当防卫是排除社会危害性和阻止违法性的统一。

2. 紧急避险

紧急避险又称紧急避难，是指为了使公共利益、本人或者他人的人身和其他权利免受正在发生的危险，不得已而采取的损害另一较小的合法利益，以保护较大的合法权益的行为。紧急避险是排除社会危害性行为的一种。

其特点是，当两个合法权益发生冲突时，为了保护某种较大的权益，在没有其他办法的情况下，不得不损害另一较小的权益。

其成立条件为：(1)为了保护公共利益、本人或者他人的合法权益免受危险的损害；(2)客观上具有正在发生的真实危险；(3)迫不得已而采取的行为；(4)不能超过必要的限度而造成不应有的危害。紧急避险超过必要限度造成不应有的危害的，应当负责任，但应当酌情减轻或者免除处罚；对于避免本人危险的规定，不适用于职务和业务上负有特定责任的人。

3. 自助行为

自助行为是指权利人受到不法侵害之后，为保全或者恢复自己的权利，在情势紧迫而不能及时请求国家机关予以救助的情况下，依靠自己的力量，对他人的财产或自由施加扣押、拘束或其他相应措施的行为。私力救济分为自卫行为和自助行为，上述的紧急避险和正当防卫就是自卫行为。自助行为作为正当化事由的根据即在于其是权利。

自助行为必须符合以下条件：(1)必须是为保护权利人自己的合法权益。(2)必须因情势紧迫而又不能及时请求国家机关予以救助。(3)必须为法律和社会公德所认可的强制措施。(4)必须不得超过必要限度。超过必要限度的，会构成侵权行为。(5)必须事后及时提请有关部门处理。

4. 受害人过错

受害人过错是指受害人对于损害的发生有过错。其包括两种情况：一是受害人有过错而侵害人无过错，此时一般应免除侵害人的责任，如《中华人民共和国民法通则》第 127 条规定，饲养的动物“由于受害人的过错造成损害的，动物饲养人或者管理人不承担民事责任”；二是受害人对于损害的发生有过错，而侵害人也有过错，此种情况实际为混合过错。

确定混合过错的责任范围时，双方所负担的责任的大小应以各自的过错程度来确定。加害人只负责由于自己过错所应承担的责任。

在一定情况下，受害人的故意或重大过失可以作为免除加害人责任的根据，但是这种情况只有在受害人有故意或重大过失，而加害人只有一般过失的情况下才能适用。

5. 第三人过错

第三人过错是指除受害人和加害人之外的第三人，对受害人损害的发生或扩大具有的主观过错。这种过错包括故意和过失。具体表现在：(1)第三人不属于任何一方，在第三人有过错的情况下，第三人既可能是共同引发损害结果，也可能由第三人自己单独构成侵权。第三人应当负赔偿责任。(2)第三人和侵权人之间不存在共同故意或者共同过失，但他们的行为对损害发生都起到一定作用。此时，第三人和原侵权人的行为可能构成无意思联络的共同侵权。但是，这种情况也可能使原侵权人或者第三人在其中一方具有故意或者重大过失时，导致另一方责任的免除，或者因为一方过错程度轻微，而对损害结果不负责任。(3)第三人的过错是减轻或者免除原侵权人责任的根据。

第三人的过错可具体划分为两个方面：(1)第三人对损害结果的发生有过错。例如，第三人故意挑逗、惹怒动物造成动物咬伤。(2)第三人对损害的扩大有过错。例如，侵权人开车将受害人撞成轻伤后，因医院的过错延误对原告伤病的治疗，引发感染导致受害人的残疾。此时，如果原侵权人就第三人有过错的举证能够成立，就可以使原侵权人的责任得以减轻或免除，从而使第三人对受害人承担相应的侵权赔偿责任。

三、全真题演练

（一）单项选择题

1.（2007 年司法考试试卷三第 18 题）甲公司铺设管道，在路中挖一深坑，设置了路障和警示标志。乙驾车撞倒全部标志，致丙骑摩托车路经该地时避让不及而驶向人行道，造成丁轻伤。对丁的损失，下列选项正确的是（　　）。

A. 应由乙承担赔偿责任

B. 应由甲和乙共同承担赔偿责任

C. 应由乙和丙共同承担赔偿责任

D. 应由甲、乙和丙共同承担赔偿责任

2.（2008 年司法考试试卷三第 16 题）大华商场委托飞达广告公司制作了一块宣传企业形象的广告牌，并由飞达公司负责安装在商场外墙。某日风大，广告牌被吹落砸伤过路人郑某。经查，广告牌的安装存在质量问题。关于郑某的损害，下列选项正确的是（　　）。

A. 大华商场承担赔偿责任，飞达公司承担补充赔偿责任

B. 飞达公司承担赔偿责任，大华商场承担补充赔偿责任

C. 大华商场承担赔偿责任，但其有权向飞达公司追偿

D. 飞达公司承担赔偿责任，大华商场不承担责任

3.（2010年司法考试试卷三第18题）甲是某产品的专利权人，乙于2008年3月1日开始制造和销售该专利产品。甲于2009年3月1日对乙提起侵权之诉。经查，甲和乙销售每件专利产品分别获利为2万元和1万元，甲因乙的侵权行为少销售100台，乙共销售侵权产品300台。关于乙应对甲赔偿的额度，下列选项正确的是（　　）。

A. 200万元　　B. 250万元

C. 300万元　　D. 500万元

4.（2010年司法考试试卷三第20题）甲晚10点30分酒后驾车回家，车速每小时80公里，该路段限速60公里。为躲避乙逆向行驶的摩托车，将行人丙撞伤，丙因住院治疗花去10万元。关于丙的损害责任承担，下列说法正确的是（　　）。

A. 甲应承担全部责任

B. 乙应承担全部责任

C. 甲、乙应承担按份责任

D. 甲、乙应承担连带责任

5.（2010年司法考试试卷三第21题）大学生甲在寝室复习功课，隔壁寝室的学生乙、丙到甲寝室强烈要求甲打开电视观看足球比赛，甲只好照办。由于质量问题，电视机突然爆炸，甲、乙、丙三人均受重伤。关于三人遭受的损害，下列选项正确的是（　　）。

A. 甲可要求电视机的销售者承担赔偿责任

B. 甲可要求乙、丙承担损害赔偿责任

C. 乙、丙无权要求电视机的销售者承担赔偿责任

D. 乙、丙有权要求甲承担损害赔偿责任

6.（2014年司法考试试卷三第18题）甲电视台经过主办方的专有授权，对篮球俱乐部联赛进行了现场直播，包括在比赛休息时舞蹈演员跳舞助兴的场面。乙电视台未经许可，截取电视信号进行同步转播。关于乙电视台的行为，下列表述正确的是（　　）。

A. 侵犯了主办方对篮球比赛的著作权

B. 侵犯了篮球运动员的表演者权

C. 侵犯了舞蹈演员的表演者权

D. 侵犯了主办方的广播组织权

7. 下列行为中属于自助行为的是（　　）。

A. 反击行凶者保护自己的人身权

B. 暂时扣留乘车不买票的人

C. 通过给付之诉使责任人返还原物

D. 为救助被洪水所困财物而在未经同意的情况下使用他人小船

8. 甲在乙经营的酒店进餐时饮酒过度，离去时拒付餐费，乙不知甲的身份和去向。甲酒醒后回酒店欲取回遗忘的外衣，乙以甲未付餐费为由拒绝交还。对乙的行为应如何定性？（　　）

A. 是行使同时履行抗辩权

B. 是行使不安抗辩权

C. 是自助行为

D. 是侵权行为

（二）多项选择题

1. 在侵权之诉中，被告人可以援引一定的事由进行抗辩。下列事由中，哪些抗辩事由既可适用于一般侵权行为，又可适用于特殊侵权行为？（　　）

A. 意外事件

B. 不可抗力

C. 正当防卫

D. 受害人的过错

2.（2009年司法考试试卷三第54题）甲、乙、丙按不同的比例共有一套房屋，约定轮流

使用。在甲居住期间，房屋廊檐脱落砸伤行人丁。下列选项正确的是（　　）。

A. 甲、乙、丙如不能证明自己没有过错，应对丁承担连带赔偿责任

B. 丁有权请求甲承担侵权责任

C. 如甲承担了侵权责任，则乙、丙应按各自份额分担损失

D. 本案侵权责任适用过错责任原则

3.（2010 年司法考试试卷三第 69 题）张某因病住院，医生手术时误将其一肾脏摘除。张某向法院起诉，要求医院赔偿治疗费用和精神损害抚慰金。法院审理期间，张某术后感染，医治无效死亡。关于此案，下列说法正确的是（　　）。

A. 医院侵犯了张某的健康权和生命权

B. 张某继承人有权继承张某的医疗费赔偿请求权

C. 张某继承人有权继承张某的精神损害抚慰金请求权

D. 张某死后其配偶、父母和子女有权另行起诉，请求医院赔偿自己的精神损害

4.（2014 年司法考试试卷三第 66 题）甲家盖房，邻居乙、丙前来帮忙。施工中，丙因失误从高处摔下受伤，乙不小心撞伤小孩丁。下列表述正确的是（　　）。

A. 对丙的损害，甲应承担赔偿责任，但可减轻其责任

B. 对丙的损害，甲不承担赔偿责任，但可在受益范围内予以适当补偿

C. 对丁的损害，甲应承担赔偿责任

D. 对丁的损害，甲应承担补充赔偿责任

5.（2014 年司法考试试卷三第 67 题）甲参加乙旅行社组织的旅游活动。未经甲和其他旅游者同意，乙旅行社将本次业务转让给当地的丙旅行社。丙旅行社聘请丁公司提供大巴运输服务。途中，由于丁公司司机黄某酒后驾驶与迎面违章变道的个体运输户刘某货车相撞，造成甲受伤。甲的下列请求能够获得法院支持的是（　　）。

A. 请求丁公司和黄某承担连带赔偿责任

B. 请求黄某与刘某承担连带赔偿责任

C. 请求乙旅行社和丙旅行社承担连带赔偿责任

D. 请求刘某承担赔偿责任

6.（2015 年司法考试试卷三第 58 题）赵某从商店购买了一台甲公司生产的家用洗衣机，洗涤衣物时，该洗衣机因技术缺陷发生爆裂，叶轮飞出造成赵某严重人身损害并毁坏衣物。赵某的下列诉求正确的是（　　）。

A. 商店应承担更换洗衣机或退货、赔偿衣物损失和赔偿人身损害的违约责任

B. 商店应按违约责任更换洗衣机或者退货，也可请求甲公司按侵权责任赔偿衣物损失和人身损害

C. 商店或者甲公司应赔偿因洗衣机缺陷造成的损害

D. 商店或者甲公司应赔偿物质损害和精神损害

（三）不定项选择题

1.（改编自 2016 年司法考试试卷三第 11 题）清风艺术馆将其收藏的一批古代名家绘画扫描成高仿品，举办了“古代名画精品展”，并在入场券上以醒目方式提示“不得拍照、摄影”。唐某购票观展时趁人不注意拍摄了展品，郑某则购买了该批绘画的纸质高仿版，扫描后将其中“清风艺术馆珍藏，复制必究”的标记清除。事后，唐某、郑某均在某电商网站出售各自制作的该批绘画的高仿品，也均未注明来源于艺术馆。艺术馆发现后，向电商发出通知，要求立即将两人销售的高仿品下架。对此，下列说法正确的是（　　）。

A. 唐某、郑某侵犯了艺术馆的署名权

B. 郑某实施了删除权利管理信息的违法行为

C. 唐某未经许可拍摄的行为构成违约

D. 电商网站收到通知后，如不采取措施阻止唐某、郑某销售该高仿品，应向艺术馆承担赔偿责任

2.（改编自2016年司法考试试卷三第62题）著作权人Y认为网络服务提供者Z的服务所涉及的作品侵犯了自己的信息网络传播权，向Z提交书面通知，要求其删除侵权作品。对此，下列选项正确的是（　　）。

A. Y的书面通知应当包含该作品构成侵权的初步证明材料

B. Z接到书面通知后，可在合理时间内删除涉嫌侵权作品，同时将通知书转送提供该作品的服务对象

C. 服务对象接到Z转送的书面通知后，认为提供的作品未侵犯Y的权利的，可以向Z提出书面说明，要求恢复被删除作品

D. Z收到服务对象的书面说明后应立即恢复被删除作品，同时将服务对象的说明转送Y的，则Y不得再通知Z删除该作品

（四）名词解释与辨析

1. 精神损害赔偿

2. 损益相抵

（五）简答题

简述过错相抵。

（六）论述题

阅读下列案例材料，然后回答问题。

张三和李四是惯偷，经常一起结伙作案。13岁的刘军因父母常年在外打工而对其不管不问，经常逃学。张三和李四认识刘军后，张三向刘军传授开锁的技巧，怂恿他盗窃某字画店里的字画，并为刘军制定了盗窃的时间和路线。刘军按张三的安排，某晚潜入该字画店，盗取名贵字画两幅（价值50万元），出来时，李四驾车载他迅速逃离。不久，该案告破。

（1）张三、李四是否构成侵权责任？承担何种侵权责任？

（2）刘军的父母是否应承担侵权责任？承担何种侵权责任？

四、案例分析

【案例】

吴玉荷系B公司职工，从事产品包装工作。A及其妹妹罗素素经常利用寒、暑假及休息日到B单位和吴玉荷一起从事产品包装工作。因B单位实行产品包装按件计酬，A及罗素素所完成的工作量均记录在吴玉荷的工账单上。2004年8月12日下午4时许，14号台风“云娜”登陆台州市，A及吴玉荷、罗素素等人正在被告单位工棚内从事包装工作，因受台风袭击，该工棚突然倒塌，A受伤。原告伤后到台州市第一人民医院住院治疗，被诊断为脑挫裂伤、右内外踝骨骨折、右小指末节坏死、全身多处挫伤等。2005年3月9日，台州市劳动鉴定委员会对原告的伤情作出伤残职工劳动能力鉴定，结论为：原告的伤情为八级伤残。2005年8月25日，某人事劳动社会保障局致函A，称由于A与B之间的劳动关系不清，认定工伤依据不足，建议原告就赔偿事宜向法院起诉。

【问题聚焦】

侵权责任承担、安全保障义务

【法律剖析】

对于A在本案事故中受伤这一事实，B需要承担民事责任。

《中华人民共和国民法通则》第106条规定：“公民、法人违反合同或者不履行其他义务的，应当承担民事责任。公民、法人由于过错侵害国家的、集体的财产，侵害他人财产、人身的，应当承担民事责任。没有过错，但法律规定应当承担民事责任的，应当承担民事责任。”

从事一定社会活动的民事主体，如果其从事的活动具有损害他人的危险，那么该民事主体就负有在合理限度内防止他人遭受损害的义务，这个义务即属于《民法通则》上述规定中的“其他义务”，如果行为人不履行这项义务，就应当承担相应的民事责任。

《最高人民法院关于审理人身损害赔偿案件适用法律若干问题的解释》第 6 条规定：“从事住宿、餐饮、娱乐等经营活动或者其他社会活动的自然人、法人、其他组织，未尽合理限度范围内的安全保障义务致使他人遭受人身损害，赔偿权利人请求其承担相应赔偿责任的，人民法院应予支持。”B 公司是从事生产经营性活动的法人，有义务在合理限度内为在其生产经营场所内的人员提供安全保障。B 对于 A 及其妹妹罗素素利用寒、暑假及休息日到 B 工厂和吴玉荷一起从事产品包装工作这一事实是明知的，但由于 A 等人的行为客观上增加了 B 的利益，故 B 对 A 的行为采取了默许的态度。因此，B 与 A 之间虽然没有形成正式的劳动法律关系，但 B 对 A 仍然负有合理限度内的安全保障义务。B 在台风来临之际，不但没有停止工作、疏散工作场所内的人员，反而为了单纯追求自己利益的最大化，不顾安全问题，仍然组织工人到工棚这一相对危险的工作场所进行劳动。无论是对吴玉荷等正式职工，还是对 A 等进入被告工作场所的临时人员，被告都没有尽到其应尽的安全保障义务。

B 虽以造成 A 受伤的原因是百年不遇的台风属于不可抗力为由进行抗辩，但其抗辩不能成立。《民法通则》第 153 条规定：“本法所称的‘不可抗力’，是指不能预见、不能避免并不能克服的客观情况。”台风作为一种严重的自然灾害，确实是难以避免的。但是，在气象等相关科学高度发展的今天，台风是可以预见的，通过采取适当的措施，台风过境造成的影响也是能够减小到最低限度的。本案中，政府已经对 14 号台风“云娜”即将登陆发出了通告，且台风在登陆前就已经对台州市产生影响，B 公司对台风即将登陆这一事实是明知的。因此，B 对于受台风袭击致工棚倒塌，造成一死六伤这一恶性事故，并非不能预见、不能避免，B 完全有条件在台风登陆前停止生产、疏散人员，或者安排工人到相对安全的地点工作。因此，B 关于本案事故发生系因不可抗力的抗辩理由，没有事实根据和法律依据。

五、深度拓展

◆ 违约责任和侵权责任的竞合

现代法律均为抽象规定，且从不同角度规范社会生活。同一事实符合数个规范要件，致使这些规范都可以适用的现象，学说上称为规范竞合。它有时会发生在不同的法律领域，有时也会发生在同一法律领域。例如，行为人实施的违法行为符合多种民事责任构成要件，导致多种民事责任或者责任方式的成立。当多种民事责任方式可以并存，受害人均可以向行为人请求时，即发生民事责任的聚合。若受害人只能选择其一请求，就是民事责任竞合。

违约责任与侵权责任都以赔偿损失为主要内容。为防不当得利，债权人不可双重请求。对于此情形，有法条竞合说、请求权竞合说与请求权规范竞合说。

法条竞合说认为，同一事实均具有数个规范的要件，规范之间有位阶关系，或特别关系，或补充关系，或吸收关系，仅能适用其中的一种规范。债务不履行乃侵权的特别形态，侵权行为仅违反权利不可侵犯的一般义务，债务不履行则违反基于合同产生的特别义务。因此，根据特别法优于一般法的原则，只能适用后者发生合同上的请求权。

请求权竞合说认为，一个具体事实具备侵权行为与债务不履行要件时，应就各个规范加以判断，产生的两个请求权独立并存。请求权竞合说可细分为请求权自由竞合说和请求权相互影响说。前者认为，两个请求权独立并存，对两个请求权，行为人可择一行使，其中一个请求权因达到目的而消灭时，另一请求权随之消灭。但若系因已达目的之外的原因无法行使，则另一请求权仍然存在。此外，由于两个请求权彼此独立，债权人可以分开处分，可以让与。请求权相互影响说认为，两个请求权可相互作用，合同法上的规定可以适用于基于侵权发生的请求权，反之亦然。其根本思想在于，克服承认两个独立请求权相互作用发生的不协调。德国判例、学界通说采用此主张。

拉伦茨教授主张的请求权规范竞合说认为，此时发生的仅有一个请求权，但有两个法律基础，即合同关系与侵权关系。此说近年来备受批评。

就立法态度而言，对违约责任与侵权责任竞合采取了三种模式：(1)以法国法为代表的禁止竞合模式，认为只有在合同关系存在时才产生侵权责任，在违约场合只能寻求补救方法；(2)以德国民法为代表的允许竞合模式；(3)以英国法为代表的有限制的选择诉讼方式。英国法认为，解决责任竞合的制度只是诉讼形式的选择权问题，不涉及实体法。我国承认违约责任与侵权责任的竞合，但若法律规定特定情况下只产生一种责任，则从其规定。

第四十章

数人侵权行为与责任

一、知识结构图

数人侵权行为与责任
- 共同侵权(重点)
- 教唆、帮助(理解)
- 共同危险(难点)
- 无意思联络(理解)

二、重难点归纳

(一)数人侵权行为的类型体系

数人侵权行为包括共同侵权行为、共同危险行为和无意思联络的数人侵权。

1. 共同侵权行为

共同侵权行为是指两人或两人以上基于共同的故意或过失共同侵害他人的财产或人身权利,应当连带承担民事责任的行为。其特征是:(1)行为人必须是两个或两个以上。(2)数个行为人之间主观上具有共同致人损害的故意或过失,并因而使数个行为人的行为构成一个整体。(3)行为的共同性和损害后果的同一性。即数个行为人的行为相互联系,构成一个统一的致人损害的原因。在共同致害行为中,不论是共同的作为还是不作为,或是事前有无明确分工,但数个行为人的行为都是统一的、不可分割的,并造成了同一的损害后果。(4)数个行为人的行为与损害结果之间具有因果关系。(5)行为人应负连带责任。

2. 共同危险行为

共同危险行为是指两人或两人以上共同实施有侵害他人权利的危险行为,对造成的损害结果不能判明谁是加害人的情况。其特征是:(1)行为是由数人实施的。(2)行为的性质具有共同危险性。所谓共同危险性,是指数人的行为都在客观上危及他人财产或侵害他人人身,而且正是共同危险行为发展可导致直接引起侵害之行为。这种危险性是现实存在的,不能仅是一种可能性或或然性。(3)从主观上看,行为人没有致人损害的故意,在数人中,既没有共同的故意,也没有单独的故意,只存在疏于注意义务的共同过失。(4)这种具有危险性的共同行为是致人损害的原因。共同危险行为的危险性已经转化为现实的、客观的损害,且具有危险性的共同危险行为与损害事实之间有必然的因果关系。(5)加害人具有不确定性。共同危险行为的实质是,行为人中的一个或一部分人是真正的加害人，而不是每个人的行为都对损害结果具有因果关系；换言之，并不是每个人都是真正的加害人。但不能判明其中谁是加害人。(6)行为人负连带责任。

3. 无意思联络的数人侵权

无意思联络的数人侵权是指数人行为事先并无共同的意思联络，但因偶然结合而致同一受害人同一损害结果的发生。构成无意思联络的数人侵权应当具备下列条件：(1)必须有两个以上的侵权行为人存在。在各个侵权行为中，每个行为人都实施了侵权行为，而且数人的侵权行为相结合导致受害人遭受同一损害。但每个人单独的侵权行为却不必然导致受害人遭受同一损害。(2)数个行为人之间无意思联络。即主观上，行为人没有共同故意，也没有共同过失。在通常情况下，数个行为人之间甚至互不相识，因而不可能认识到他人的行为性质和后果，尤其不能预见到自己的行为会与他人的行为发生结合并造成对受害人的损害。(3)各行为人的行为偶然结合造成对受害人的同一损害。使各行为人的行为结合在一起的因素不是主观因素，而是行为人所不能预见和认识的、客观的、外来的、偶然的情况，个别行为偶然聚合而成为损害的原因，每个人的行为只不过是损害产生的一个条件。(4)各行为人仅就其所加害的部分，分别负赔偿责任。因其实质是单独侵权而非共同侵权，侵权人只能依其过错程度，单独承担相应的责任，而非全都责任或连带责任。

4. 以上三者的区别

第一，从行为者的主观故意及对损害结果的心理状况看。共同侵权具有共同致人损害的故意或过失，并因而使数个行为人的行为构成一个整体，损害结果是行为人共同追求的目的。共同危险行为没有致人损害的共同和单独故意，只存在疏于注意义务的共同过失，损害结果出于行为人的意料之外。无意思联络的数人侵权在主观上没有共同的故意和过失，无意思联络的数人侵权也无法预见到自己的单个行为会与他人的行为发生结合并造成对受害人的损害，损害结果的出现完全是一种偶然的巧合。

第二，从行为人实施的行为看。共同侵权行为的各侵权人均实施了共同侵权行为，这种行为有时可能表现为不同的时间、地点甚至不同的分工，但都有事先的预谋与联络，各分工都指向同一的目的。共同危险行为的各侵权人均实施了共同危险行为，即数人的行为都在客观上危及他人财产或侵犯他人人身，而且正是共同危险行为发展可导致直接引起侵害之行为。无意思联络的数人侵权中，各侵权人分别独立实施了侵权行为，其行为本身并不具有共同的危险性，而是分别独立行为的偶然结合方造成损害结果。

第三，从加害人的确定性看。共同侵权行为的加害主体清楚、确定。共同危险行为的加害人具有不确定性，并不是每个人都是真正的加害人，只是为了保护受害人的利益，法律才将全部共同危险人的行为视为一个整体。而无意思联络的数人侵权中，加害人是明确的，因果关系是直接的，过错也是易于确定的。

第四，从担责的角度看。共同侵权行为的侵权人基于过错责任的归责原则，承担连带责任。共同危险行为的侵权人基于过错推定原则，承担连带责任。无意思联络的数人侵权是单个侵权的偶然结合，只能基于过错责任原则和公平责任原则，由行为人就其所加害之部分分别负赔偿责任，即按份责任。①

(二)共同侵权行为的责任

共同侵权行为较之单独侵权行为，人数更多，加害人主观恶性更大，造成的损失一般也

① 参见周踣：《共同侵权、共同危险、无意思联络的数人侵权及不真正连带的数人侵权之比较与研究》，载《全国法院第十五届学术讨论会获奖论文集》，人民法院出版社2003年版，第346～357页。

更严重。因此，共同侵权人对受害人承担连带责任。

共同侵权人的每个行为人均对侵害承担全部责任。受害人有权请求全部或部分行为人承担全部责任。向受害人承担全部责任后，全部行为人的责任解除。受害人请求权全部实现后，不得再次提出请求。

共同侵权人向受害人承担责任后，关于内部责任如何分配，存在两种主张。一种主张认为，各加害人之间应当平均分担，不需要考虑相关的过错程度及原因力等因素。另一种主张则认为，应当根据各加害人的过错程度及行为与结果之间的原因力比例等因素分担责任。《侵权责任法》第14条规定，连带责任人根据各自责任大小，确定相应的赔偿数额；难以确定责任大小的，平均承担赔偿责任。支付超出自己赔偿数额的连带责任人，有权向其他连带责任人追偿。

受害人是否可以免除部分加害人的责任，是值得讨论的问题。从实体角度看，受害人无此权利。共同侵权是连带责任，部分侵权人承担全部责任后，有权向未承担者主张。此为已承担责任的加害人之权利，受害人无权干涉。从程序角度看，受害人可以选择起诉部分加害人，这样能更好地保护受害人的利益。

（三）教唆行为与被教唆者的加害行为构成共同侵权的要件

第一，教唆者实施的教唆行为与被教唆者按教唆内容实施的加害行为，两者之间有因果关系。若被教唆者未按照教唆内容实施加害行为，则不构成共同侵权。

第二，教唆者与被教唆者主观上有共同过错。若教唆者与被教唆者主观上都是故意，其共同行为构成损害结果发生的原因，当然构成共同侵权；若教唆者故意，被教唆者过失，仍可构成共同侵权；即使教唆者与被教唆者主观上都是过失，亦可构成共同侵权。

第三，教唆者与被教唆者都是完全民事行为能力人。若被教唆者是无民事行为能力人或者限制民事行为能力人，则教唆者单独承担责任。该无民事行为能力人或者限制民事行为能力人的监护人未尽监护义务的，应承担相应的责任。

三、全真题演练

（一）单项选择题

1.（2010年司法考试试卷三第20题）甲晚10点30分酒后驾车回家，车速每小时80公里，该路段限速60公里。为躲避乙逆向行驶的摩托车，将行人丙撞伤，丙因住院治疗花去10万元。关于丙的损害责任承担，下列说法正确的是（　　）。

A. 甲应承担全部责任

B. 乙应承担全部责任

C. 甲、乙应承担按份责任

D. 甲、乙应承担连带责任

2. 张某和同事刘某素来关系不好，一日，张某指示14岁的王某、21岁的赵某将刘某打伤。王某父母长期忙于工作，对王某的生活和学习不管不问。刘某向法院起诉，要求此三人共同承担连带责任。下列说法正确的是（　　）。

A. 应当由王某和赵某承担连带赔偿责任

B. 应当由张某、赵某承担连带赔偿责任

C. 王某的父母应当承担相应的责任

D. 应当由张某、王某、赵某承担责任

3. 甲在乙承包的水库游泳，乙的雇工丙、丁误以为甲在偷鱼苗而将甲打伤。下列说法正确的是（　　）。

A. 乙、丙、丁应承担连带责任

B. 丙、丁应先赔偿甲的损失，再向乙追偿

C. 只能由丙、丁承担连带责任

D. 只能由乙承担赔偿责任

4. 小学生小杰和小涛在学校发生打斗，在场老师陈某未予制止。小杰踢中小涛腹部，致

其脾脏破裂。下列选项正确的是(　　)。

A. 陈某未尽职责义务,应由陈某承担赔偿责任

B. 小杰父母的监护责任已转移到学校,应由学校承担赔偿责任

C. 学校和小杰父母均有过错,应由学校和小杰父母承担连带赔偿责任

D. 学校存在过错,应承担与其过错相应的补充赔偿责任

5. 下列不应由单位承担的侵权责任是(　　)。

A. 证券公司的工作人员为客户买卖股票而造成客户损失

B. 公司职员违反规定,擅自将车辆开回家,造成第三人的侵害

C. 某单位职工在上班期间,与同事争吵并将其打伤

D. 某售后服务公司工作人员在服务后返程中,造成他人损害

6. 一天夜晚,甲开车逆行迫使骑车人乙为躲避甲向右拐,跌入没有设置警示和保护设施的修路挖的坑里,造成车毁人伤。对乙的损失,(　　)。

A. 只能由甲承担责任

B. 只能由施工单位承担责任

C. 甲和施工单位各自承担责任

D. 甲和施工单位承担连带责任

(二)多项选择题

1.(2009 年司法考试试卷三第 62 题)甲公司非法窃取竞争对手乙公司最新开发的一项技术秘密成果,与丙公司签订转让合同,约定丙公司向甲公司支付一笔转让费后拥有并使用该技术秘密。乙公司得知后,主张甲、丙间的合同无效,并要求赔偿损失。下列说法正确的是(　　)。

A. 如丙公司不知道或不应当知道甲公司窃取技术秘密的事实,则甲、丙间的合同有效

B. 如丙公司为善意,有权继续使用该技术秘密,乙公司不得要求丙公司支付费用,只能要求甲公司承担责任

C. 如丙公司明知甲公司窃取技术秘密的事实,仍与其订立合同,不得继续使用该技术秘密,并应当与甲公司承担连带赔偿责任

D. 不论丙公司取得该技术秘密时是否为善意,该技术转让合同均无效

2.(2010 年司法考试试卷三第 63 题)甲影视公司将其摄制的电影《愿者上钩》的信息网络传播权转让给乙网站,乙网站采取技术措施防范未经许可免费播放或下载该影片。丙网站开发出专门规避乙网站技术防范的软件,供网民在丙网站免费下载使用。学生丁利用该软件免费下载了《愿者上钩》供个人观看。对此,下列说法正确的是(　　)。

A. 丙网站的行为侵犯了著作权

B. 丁的行为侵犯了著作权

C. 甲公司已经丧失著作权人主体资格

D. 乙网站可不经甲公司同意,以自己名义起诉侵权行为人

3.(2011 年司法考试试卷三第 62 题)甲电视台模仿某境外电视节目创作并录制了一档新娱乐节目,尚未播放。乙闭路电视台贿赂甲电视台工作人员贺某复制了该节目,并将获得的复制品抢先播放。下列说法正确的是(　　)。

A. 乙电视台侵犯了甲电视台的播放权

B. 乙电视台侵犯了甲电视台的复制权

C. 贺某应当与乙电视台承担连带责任

D. 贺某应承担补充责任

4.(2011 年司法考试试卷三第 67 题)甲系某品牌汽车制造商,发现已投入流通的某款车型刹车系统存在技术缺陷,即通过媒体和销售商发布召回该款车进行技术处理的通知。乙

购买该车，看到通知后立即驱车前往丙销售公司，途中因刹车系统失灵撞上大树，造成伤害。下列说法正确的是(　　)。

A. 乙有权请求甲承担赔偿责任

B. 乙有权请求丙承担赔偿责任

C. 乙有权请求惩罚性赔偿

D. 甲的责任是无过错责任

(三)不定项选择题

1.(改编自2012年司法考试试卷三第62题)王某创作歌曲《唱来唱去》，张某经王某许可后演唱该歌曲，并由花园公司合法制作成录音制品后发行。下列哪些未经权利人许可的行为属于侵权行为?(　　)

A. 甲航空公司购买该正版录音制品后在飞机上播放，供乘客欣赏

B. 乙公司购买该正版录音制品后进行出租

C. 丙学生购买正版的录音制品后用于个人欣赏

D. 丁学生购买正版录音制品并试听后，将其上传到网络上传播

2.(改编自2012年司法考试试卷三第67题)小偷甲在某商场窃得乙的钱包后逃跑，乙发现后急追。甲在逃跑途中撞上欲借用商场厕所的丙，因商场地板湿滑，丙摔成重伤。下列说法错误的是(　　)。

A. 小偷甲应当赔偿丙的损失

B. 商场必须对丙的损失承担补充赔偿责任

C. 乙应适当补偿丙的损失

D. 甲和商场对丙的损失承担连带责任

(四)名词解释与辨析

1. 共同危险行为

2. 共同过错

(五)简答题

1. 简要回答共同侵权责任的构成要件及后果。

2.(华东政法大学2007年考研真题)简述教唆、帮助他人侵权责任的承担。

(六)论述题

1. 某日，王小东、张小安和江小亮(均为未成年人)在楼房的阳台上玩耍。在玩耍过程中，三人各自拿了一块砖头，同时从阳台往下扔。其中一块砖头恰好砸中了在户外散步的姚大民怀抱的三岁儿子姚小民，致使其当场死亡。但该致害砖头为谁所扔，不能确定。姚大民遂将王小东等三人告上法庭。

(1)本案中，王小东、张小安和江小亮的行为性质该如何认定?为什么?

(2)本案应如何处理?为什么?

2.(清华大学2006年考研真题)谈谈共同加害行为。

四、案例分析

【案例】

2011年12月17日15时50分许，A驾驶空载的重型自卸货车，行驶至某路口时，车辆与B驾驶的电动自行车发生碰撞，造成B受伤且经医院抢救无效死亡、电动车后座乘坐人C受伤、两车相关部位受损的交通事故。M市公安局交警支队某大队出具《道路交通事故认定书》，认定A和B在该起事故中负同等责任，C无责任。另查明：C为在校学生，学制5年，事故发生时在校外实习；事故车辆实际所有人为D，挂靠E公司经营，E公司为该车向中国人民保险公司投保了交强险和50万元第三者责任险，本案事故发生在保险期限内。

【问题聚焦】

无意思联络、数人侵权、行为竞合

【法律剖析】

C的损害是由B驾驶的电动自行车在转弯时与A驾驶的货车发生碰撞所致。B与A虽然对违章驾驶可能引发交通事故均存在过

失,但对事故的发生不存在彼此之间的意思联络,即既非共同故意,也非共同过失,故本案属于无意思联络数人侵权中行为竞合的侵权类型。

《中华人民共和国侵权责任法》第12条规定:"二人以上分别实施侵权行为造成同一损害,能够确定责任大小的,各自承担相应的责任;难以确定责任大小的,平均承担赔偿责任。"该规定明确对无意思联络的数人侵权致人损害承担按份责任。A和B对事故承担同等责任。重型自卸货车在中国人民保险公司投保了交强险和50万元第三者责任险,且在保险期内,故中国人民保险公司应在保险责任范围内就A的责任部分履行赔偿责任。D作为实际车主,应对C的损失承担赔偿责任。A作为D的雇佣人员,在驾驶车辆过程中,违反《中华人民共和国道路交通安全法》的相关规定,违章行驶,存在重大过错,应当与D承担连带赔偿责任。E公司作为被挂靠单位,应与挂靠人D承担连带赔偿责任。

五、深度拓展

◆ 共同危险行为的免责事由

关于共同危险行为的免责事由,学界存在争论。一种观点认为,行为人必须证明实际侵权人,方可免除自己的责任。另一种观点则认为,行为人只要证明自己的行为与损害后果之间没有因果关系,即可免责。两者区别在于,利益衡量不同。前者更注重保护受害人,因后者可能导致所有行为人自证因果不存在而免责,受害人无法获得赔偿。

《侵权责任法》第10条规定,二人以上实施危及他人人身、财产安全的行为,其中一人或者数人的行为造成他人损害,能够确定具体侵权人的,由侵权人承担责任;不能确定具体侵权人的,行为人承担连带责任。可见其采纳前者。

《最高人民法院关于审理人身损害赔偿案件适用法律若干问题的解释》第4条规定,二人以上共同实施危及他人人身安全的行为并造成损害后果,不能确定实际侵害行为人的,应当依照《民法通则》第130条规定承担连带责任。共同危险行为人能够证明损害后果不是由其行为造成的,不承担赔偿责任。可见其采纳后者,其理由在于,行为人全部免责实属罕见,不可将法律规则建立在偶然情况上。

第四十一章

各类侵权责任

一、知识结构图

各类侵权责任
- 职务侵权责任（了解）
- 产品责任（理解）
- 高度危险责任（理解）
- 环境污染责任（理解）
- 施工致人损害责任（识记）
- 物件损害责任（识记）
- 饲养动物损害责任（了解）
- 监护人责任（识记）
- 医疗损害责任（了解）
- 道路交通事故责任（重点）
- 违反安全保障义务责任（重点）
- 校园伤害责任（了解）
- 完全民事行为能力人暂时丧失意识侵权责任（了解）
- 网络侵权责任（重点）

二、重难点归纳

（一）用人单位工作人员职务侵权行为与责任

《侵权责任法》第34条第1款规定，用人单位的工作人员因执行工作任务造成他人损害的，由用人单位承担侵权责任。用人单位和工作人员的行为承担后果的内部关系中，应采用无过错责任。对于用人单位与被侵权人的外部关系而言，仍然要按照有关法律规定配置归责原则。

用人单位是否承担侵权责任，取决于致害行为是否为执行工作任务的行为。关于职务行为的认定，有主观和客观两种主张。主观说是以法人或者组织的意思或者其工作人员的意思为标准。客观说则以行为的外在表现为标准。一般认为，如果就外观来看，行为人的行为属于职务行为，则应当由用人单位承担责任。

在劳务派遣场合，被派遣人员出现了两个

用人单位。《侵权责任法》第34条第1款规定，劳务派遣期间，被派遣的工作人员因执行工作任务造成他人损害的，由接受劳务派遣的用工单位承担侵权责任；劳务派遣单位有过错的，承担相应的补充责任。

（二）个人劳务关系中的侵权责任

《侵权责任法》第35条规定，个人之间形成劳务关系，提供劳务一方因劳务造成他人损害的，由接受劳务一方承担侵权责任。提供劳务一方因劳务自己受到损害的，根据双方各自的过错承担相应的责任。此处讨论的是自然人之间形成的劳务关系。个人劳务关系中的侵权行为与责任分为对内和对外两种情况。

对外情况是指提供劳务一方因劳务造成第三人损害的情形。提供劳务一方的劳务活动由接受劳务一方享有，因劳务造成损害所产生的责任也由接受劳务一方承担。因为劳务关系存在，接受劳务一方为提供劳务一方的行为承担责任有了正当性。

对内情况是指提供劳务一方因劳务自身受到损害的情形。此时要根据提供劳务方和接受劳务方各自的过错分配责任。

根据《最高人民法院关于审理人身损害赔偿案件适用法律若干问题的解释》第13、14条的规定，为他人无偿提供劳务的帮工人，在从事帮工活动中致人损害的，被帮工人应当承担赔偿责任。被帮工人明确拒绝帮工的，不承担赔偿责任。帮工人存在故意或者重大过失，赔偿权利人请求帮工人和被帮工人承担连带责任的，人民法院应予支持。帮工人因帮工活动遭受人身损害的，被帮工人应当承担赔偿责任。被帮工人明确拒绝帮工的，不承担赔偿责任，但可以在受益范围内予以适当补偿。帮工人因第三人侵权遭受人身损害的，由第三人承担赔偿责任。第三人不能确定或者没有赔偿能力的，可以由被帮工人予以适当补偿。

（三）产品责任

产品缺陷致人损害的侵权行为，是指产品的制造者和销售者，因制造、销售的产品存在缺陷造成他人的人身或者财产损害而应当承担民事责任的行为。认定该行为需要注意：

1. 产品有缺陷

（1）关于产品。《产品质量法》第2条规定：本法所称产品，是指经过加工、制作，用于销售的产品。建设工程不适用本法规定；但是，建设工程使用的建筑材料、建筑构配件和设备，属于前款规定的产品范围的，适用本法规定。

（2）关于缺陷。《产品质量法》第46条规定：本法所称缺陷，是指产品存在危及人身、他人财产安全的不合理的危险；产品有保障人体健康和人身、财产安全的国家标准、行业标准的，是指不符合该标准。另外，该法第40条规定：不具备产品应当具备的使用性能而事先未作说明的，不符合在产品或者其包装上注明采用的产品标准的，不符合以产品说明、实物样品等方式表明的质量状况的，也属于缺陷。

2. 人身、财产遭受损害

《侵权责任法》第41条规定，因产品存在缺陷造成他人损害的，生产者应当承担侵权责任。损害包括缺陷产品本身的损失。

3. 必须有因果关系

确认该因果关系，一般应由受害人举证。一方面要证明缺陷产品被使用或者消费；另一方面要证明使用或者消费该缺陷产品导致了损害的发生。但对于高科技产品致人损害的侵权，理论上认为可以有条件地适用因果关系推定理论，除非产品的销售者、生产者等能够证明该因果关系不成立。①

产品责任的责任主体是产品的生产者和销售者。受害人可以选择任一请求赔偿，承担

① 参见杨立新：《侵权行为法》，吉林人民出版社1998年版，第448页。

责任者可以在彼此之间进行追偿。如存在第三人的过错使产品存在缺陷，产品生产者、销售者赔偿后可以向该第三人追偿。

承担产品责任的方式有赔偿损失、排除妨碍、消除危险、警示、召回和惩罚性赔偿。《食品安全法》第96条第2款规定，生产不符合食品安全标准的食品，或者经营明知是不符合食品安全标准的食品，消费者除要求赔偿损失外，还可以向生产者或者经营者要求支付为价款10倍或者损失3倍的赔偿金。《产品质量法》第45条规定，因产品存在缺陷造成损害要求赔偿的诉讼时效期间为二年，自当事人知道或者应当知道其权益受到损害时起计算。因产品存在缺陷造成损害要求赔偿的请求权，在造成损害的缺陷产品交付最初消费者满十年丧失；但是，尚未超过明示的安全使用期的除外。

产品责任的免责事由中，生产者能够证明有下列情形之一的，不承担赔偿责任：(1)未将产品投入流通的；(2)产品投入流通时，引起损害的缺陷尚不存在的；(3)根据将产品投入流通时的科学技术水平尚不能发现缺陷的存在的。

(四)高度危险责任

高度危险作业是指从事高空、高压、易燃、易爆、剧毒及放射性等对周围环境有高度危险性的活动。因从事高度危险作业造成他人损害所应承担的民事责任的行为，即高度危险作业致人损害的侵权行为。

高度危险责任的七种类型分别是：(1)民用核设施发生核事故；(2)民用航空器造成他人损害；(3)占有或者使用易燃、易爆、剧毒、放射性等高度危险物造成他人损害；(4)从事高空、高压、地下挖掘活动或者使用高速轨道运输工具造成他人损害；(5)遗失、抛弃高度危险物造成他人损害；(6)非法占有高度危险物造成他人损害；(7)未经许可进入高度危险活动区域或者高度危险物存放区域受到损害，管理人未采取安全措施并尽到警示义务的。

许多事物在最初出现时，由于缺乏了解，往往会带来预见不到的危险；还有很多事物，在当时科技条件下，即使人们在操作、管理过程中极为谨慎，仍难免发生危险事故。法律允许高度危险作业的存在，高度危险作业者要为因此给他人带来的损害承担无过错责任。因此，高度危险责任一般都存在责任限额。《侵权责任法》第77条规定，承担高度危险责任，法律规定赔偿限额的，依照其规定。

(五)环境污染责任

《侵权责任法》第65条规定，因污染环境造成损害的，污染者应当承担侵权责任。认定环境污染致人损害侵权行为，需要注意以下几点：

1. 行为人污染环境与损害之间存在因果关系。《侵权责任法》第66条规定，因污染环境发生纠纷，污染者应当就法律规定的不承担责任或者减轻责任的情形及其行为与损害之间不存在因果关系承担举证责任。此外，如果法律规定了环境污染责任的免责事由，也由行为人承担证明责任。

2. 行为人污染环境的行为违反了国家保护环境防止污染的规定。

3. 环境污染责任采取无过错责任原则。《侵权责任法》第67条规定，两个以上污染者污染环境，污染者承担责任的大小，根据污染物的种类、排放量等因素确定。本条规定了污染者之间内部如何分配责任的问题。对外承担方面，还需要结合《侵权责任法》第11条、第12条关于无意思联络数人侵权的有关规定来认定。《侵权责任法》第68条规定，因第三人的过错污染环境造成损害的，被侵权人可以向污染者请求赔偿，也可以向第三人请求赔偿。污染者赔偿后，有权向第三人追偿。《环境保护法》第65条规定，环境影响评价机构、环境监测机构以及从事环境监测设备和防治污染设施维护、运营的机构，在有关环境服务活动中弄虚作假，对造成的环境污染和生态破坏负有责任的，除依照有关法律法规规定予以处罚外，还应当与造成环境污染和生态破坏的其他责任者承担连带责任。《环境保护法》第66条规定，提起环境损害赔偿诉讼的时效期间为三年，从当事人知道或者应当知道其受到损害时起计算。

（六）施工致人损害责任

施工致人损害行为是指在公共场所或者道路上挖坑、修缮和安装地下设施等，没有设置明显标志和采取安全措施造成他人损害的行为。窨井等地下设施造成他人损害，管理人不能证明尽到管理职责的，应当承担侵权责任。

认定该行为需要注意以下几点：

1. 行为人在公共场所或者道路上实施了挖坑、修缮和安装地下设施等作业；

2. 行为人没有设置明显标志和采取安全措施；

3. 没有设置明显标志、未采取安全措施，与造成他人损害之间存在因果关系。

（七）物件损害责任

物件致人损害侵权行为是指建筑物或者其他设施及其搁置物、悬挂物发生倒塌、脱落、坠落造成他人损害的行为。

认定该行为需要注意：

1. 建筑物或者其他设施及其搁置物、悬挂物等物件发生倒塌、脱落、坠落。

2. 不同类型物件致人损害行为采取不同归责原则。

物件损害责任包括建筑物等脱落、坠落致害责任，建筑物等倒塌致害责任，高空抛物责任，堆放物倒塌致害责任，公共道路上堆放、倾倒、遗撒物品致害责任，林木折断致害责任，地下设施致害责任。

（八）饲养动物损害责任

饲养动物损害的侵权行为是指饲养的动物造成他人人身或者财产损害而依法由动物饲养人或者管理人承担损害赔偿责任的行为。

认定该行为，需要注意两个方面：(1)损害由饲养动物造成，其指为人们管束喂养的动物，对应概念是野生动物。(2)损害由动物独立动作造成，亦即动物自身动作，非受外人驱使。若动物受人驱赶、命令情况造成伤害，属于一般侵权行为，由驱赶、命令者承担责任。

饲养动物损害责任包括以下几种：

1. 饲养动物损害的一般责任

《侵权责任法》第78条规定，饲养的动物造成他人损害的，动物饲养人或者管理人应当承担侵权责任，但能够证明损害是因被侵权人故意或者重大过失造成的，可以不承担或者减轻责任。

《侵权责任法》第83条规定，因第三人的过错致使动物造成他人损害的，被侵权人可以向动物饲养人或者管理人请求赔偿，也可以向第三人请求赔偿。动物饲养人或者管理人赔偿后，有权向第三人追偿。

2. 违反管理规定时的动物损害责任

《侵权责任法》第79条规定，违反管理规定，未对动物采取安全措施造成他人损害的，动物饲养人或者管理人应当承担侵权责任。

3. 禁止饲养的危险动物损害责任

《侵权责任法》第80条规定，禁止饲养的烈性犬等危险动物造成他人损害的，动物饲养人或者管理人应当承担侵权责任。

4. 动物园动物损害责任

《侵权责任法》第81条规定，动物园的动物造成他人损害的，动物园应当承担侵权责任，但能够证明尽到管理职责的，不承担责任。

5. 遗弃、逃逸的动物损害责任

《侵权责任法》第82条规定，遗弃、逃逸的动物在遗弃、逃逸期间造成他人损害的，由原动物饲养人或者管理人承担侵权责任。

(九)监护人责任

《民法通则》第133条规定,无民事行为能力人、限制民事行为能力人造成他人损害的,由监护人承担民事责任。监护人尽了监护责任的,可以适当减轻他的民事责任。有财产的无民事行为能力人、限制民事行为能力人造成他人损害的,从本人财产中支付赔偿费用;不足部分,由监护人适当赔偿,但单位担任监护人的除外。《侵权责任法》第32条规定,无民事行为能力人、限制民事行为能力人造成他人损害的,由监护人承担侵权责任。监护人尽到监护责任的,可以减轻其侵权责任。有财产的无民事行为能力人、限制民事行为能力人造成他人损害的,从本人财产中支付赔偿费用;不足部分,由监护人赔偿。

认定时需要注意,行为主体是无民事行为能力人、限制民事行为能力人,即被监护人。在被监护人侵权行为中,行为主体和责任主体相分离,行为主体是被监护人,责任主体是其监护人。

(十)医疗损害责任的免责事由

医疗侵权行为具有特殊性。首先,医疗活动为人类所必需;其次,人类对自身疾病的认知还非常有限;再次,现有大多数医疗活动具有侵袭性;最后,许多医疗风险已经向患者或者其家属说明并征得同意。基于此,医疗侵权行为除可以适用一般侵权行为的免责事由外,还有一些特殊的免责事由。

《侵权责任法》第60条规定,因下列情形之一的,医疗机构不承担赔偿责任:

1. 患者或者其近亲属不配合医疗机构进行符合诊疗规范的诊疗。该情形中,医疗机构及其医务人员也有过错的,应当承担相应的赔偿责任。

2. 医务人员在抢救生命垂危的患者等紧急情况下已经尽到合理诊疗义务。

3. 限于当时的医疗水平,难以诊疗。

(十一)机动车交通事故责任类型

1. 租赁、借用机动车发生交通事故

《侵权责任法》第49条规定,因租赁、借用等情形,机动车所有人与使用人不是同一人时,发生交通事故后属于该机动车一方责任的,由保险公司在机动车强制保险责任限额范围内予以赔偿。不足部分,由机动车使用人承担赔偿责任;机动车所有人对损害的发生有过错的,承担相应的赔偿责任。

之所以让机动车使用人承担赔偿责任,是因为使用人直接控制着汽车,更有能力和可能避免损害的发生。但是,所有人的过错对损害的发生造成了影响,亦要承担相应的责任。《最高人民法院关于审理道路交通事故损害赔偿案件适用法律若干问题的解释》第1条规定,机动车所有人过错包括:知道或者应当知道机动车存在缺陷,且该缺陷是交通事故发生原因之一的;知道或者应当知道驾驶人无驾驶资格或者未取得相应驾驶资格的;知道或者应当知道驾驶人因饮酒、服用国家管制的精神药品或者麻醉药品,或者患有妨碍安全驾驶机动车的疾病等依法不能驾驶机动车的以及其他应当认定机动车所有人或者管理人有过错的。

2. 转让机动车但未办理所有权移转手续期间发生交通事故

《侵权责任法》第50条规定,当事人之间已经以买卖等方式转让并交付机动车但未办理所有权转移登记,发生交通事故后属于该机动车一方责任的,由保险公司在机动车强制保险责任限额范围内予以赔偿,不足部分,由受让人承担赔偿责任。

让受让人承担责任,是因为受让人控制着机动车,更有能力和可能避免损害的发生。《最高人民法院关于审理道路交通事故损害赔偿案件适用法律若干问题的解释》第4条规定,被多次转让但未办理转移登记的机动车发生交通事故造成损害，属于该机动车一方责任，当事人请求由最后一次转让并交付的受让人承担赔偿责任的，人民法院应予支持。

3. 转让拼装或者报废机动车发生交通事故

《侵权责任法》第51条规定，以买卖等方式转让拼装或者已达到报废标准的机动车，发生交通事故造成损害的，由转让人和受让人承担连带责任。《最高人民法院关于审理道路交通事故损害赔偿案件适用法律若干问题的解释》第6条规定，拼装车、已达到报废标准的机动车或者依法禁止行驶的其他机动车被多次转让，并发生交通事故造成损害，当事人请求由所有的转让人和受让人承担连带责任的，人民法院应予支持。

《中华人民共和国道路交通安全法》第16条第1项规定，任何人不得拼装机动车或者擅自改变机动车已登记的结构、构造或者特征。第100条第1款规定，驾驶拼装的机动车或者已达到报废标准的机动车上道路行驶的，公安机关交通管理部门应当予以收缴，强制报废。可见，驾驶拼装或已达到报废标准的机动车是违法行为，买卖前述两种车也是违法行为。因违法行为发生交通事故的，所有人和受让人承担连带责任。

4. 未经允许驾驶他人机动车发生交通事故

《最高人民法院关于审理道路交通事故损害赔偿案件适用法律若干问题的解释》第2条规定，未经允许驾驶他人机动车发生交通事故造成损害，当事人依照《侵权责任法》第49条的规定请求由机动车驾驶人承担赔偿责任的，人民法院应予支持。机动车所有人或者管理人有过错的，承担相应的赔偿责任，但具有《侵权责任法》第52条规定情形的除外。

5. 盗窃、抢劫或者抢夺的机动车发生交通事故

《侵权责任法》第52条规定，盗窃、抢劫或者抢夺的机动车发生交通事故造成损害的，由盗窃人、抢劫人或者抢夺人承担赔偿责任。保险公司在机动车强制保险责任限额范围内垫付抢救费用的，有权向交通事故责任人追偿。

机动车辆被盗窃、抢劫或抢夺后，机动车的所有人失去了对机动车的控制。相反，机动车由盗窃人控制，由其承担责任，既可能激励其避免损害的发生，又体现了对盗抢人的制裁和惩罚。

6. 肇事后逃逸

《侵权责任法》第53条规定，机动车驾驶人发生交通事故后逃逸，该机动车参加强制保险的，由保险公司在机动车强制保险责任限额范围内予以赔偿；机动车不明或者该机动车未参加强制保险，需要支付被侵权人人身伤亡的抢救、丧葬等费用的，由道路交通事故社会救助基金垫付。道路交通事故社会救助基金垫付后，其管理机构有权向交通事故责任人追偿。

(十二)违反安全保障义务的责任

安全保障义务源于德国法上的一般安全注意义务，它是由法官在判例中扩大先危险行为的不作为责任而得出的抽象概念。所谓一般安全注意义务，是指行为人因特定的先危险行为，对一般人负有的防止危险发生的义务(继续作为义务)。若先危险行为人因应作为而不作为，导致损害的发生，则应承担相应的责任。①

《侵权责任法》第37条规定，宾馆、商场、银行、车站、娱乐场所等公共场所的管理人或者群众性活动的组织者未尽到安全保障义务，造成他人损害的，应当承担侵权责任。因第三人的行为造成他人损害的，由第三人承担侵权责任；管理人或者组织者未尽到安全保障义务

① 参见王利明主编：《民法典·侵权责任法研究》，人民法院出版社2003年版，第90～91页。

的，承担相应的补充责任。

负有安全保障义务的主体是宾馆、商场、银行、车站、娱乐场所等公共场所的管理人或者群众性活动的组织者。因其从这些活动中获利，同时给社会一般公众带来一定危险，且最有可能以最低成本避免因这些活动带来的危险，因此法律为这些主体施加安全保障义务。安全保障义务主体管理的公共场所或者组织的群众性活动不以有偿及经营活动为限，只要该活动具备与社会公众接触的主动性和客观上的可能性、现实性，即属于安全保障义务所针对的场所及活动。安全保障义务的保护对象不仅包括经营活动中的消费者、潜在的消费者以及其他进入公共场所的人，还包括虽没有交易关系，但以合乎情理的方式进入可被特定主体控制的对社会而言具有某种开放性场所的人。

违反安全保障义务侵权责任的承担有两种情况：

1. 安全保障义务人未尽到合理限度范围内的安全保障义务致使他人遭受人身损害的，由安全保障义务人承担相应赔偿责任。

2. 因第三人的行为导致损害结果发生的，由实施侵权行为的第三人承担补偿赔偿责任；安全保障义务人未尽到安全保障义务的，应当在其能够防止或者制止损害的范围内承担相应的补充责任。

（十三）校园伤害责任

校园伤害侵权行为主要是指导致未成年人在幼儿园、学校以及其他教育机构受到伤害的侵权行为。其既包括未成年人在幼儿园、学校以及其他教育机构受到来自幼儿园、学校、其他教育机构以及第三人的伤害，也包括未成年人在幼儿园、学校以及其他教育机构中对其他未成年人造成的伤害。

幼儿园、学校以及其他教育机构对在其中接受教育的未成年人承担教育、管理职责，非监护职责。教育机构既包括营利性的，也包括公益性的。其教育、管理职责应当限于教育机构组织的教育、教学活动期间，并且限于校舍、操场及其他教育教学设施、生活设施范围内。

《侵权责任法》第 38 条规定，无民事行为能力人在幼儿园、学校或者其他教育机构学习、生活期间受到人身损害的，幼儿园、学校或者其他教育机构应当承担责任，但能够证明尽到教育、管理职责的，不承担责任。

《侵权责任法》第 39 条规定，限制民事行为能力人在学校或者其他教育机构学习、生活期间受到人身损害，学校或者其他教育机构未尽到教育、管理职责的，应当承担责任。

《侵权责任法》第 40 条规定，无民事行为能力人或者限制民事行为能力人在幼儿园、学校或者其他教育机构学习、生活期间，受到幼儿园、学校或者其他教育机构以外的人员人身损害的，由侵权人承担侵权责任；幼儿园、学校或者其他教育机构未尽到管理职责的，承担相应的补充责任。

如无民事行为能力人、限制民事行为能力人在幼儿园、学校或者其他教育机构造成他人损害的，监护人可能根据《侵权责任法》第 32 条规定承担相应的民事责任。

（十四）网络侵权责任

网络侵权行为是通过互联网发生的各类侵害他人民事权益行为的总称。网络具有传输速度快、无边界等特点，因此网络侵权给他人造成的损害往往比其他侵权行为更严重。最高人民法院专门制定《最高人民法院关于审理利用信息网络侵害人身权益民事纠纷案件适用法律若干问题的规定》，对此加以规范。

认定网络侵权行为需要注意：(1)网络侵权行为主体是网络用户或者网络服务提供者。其中，网络服务提供者包括技术服务提供者和内容服务提供者。(2)侵权行为发生在互联网空间。(3)网络侵权行为给受害人在现实世界中造成了损害。

网络侵权责任的类型有网络用户侵权责任、网络服务提供者责任。网络服务提供者直接侵权责任与网络用户侵权责任相同,《侵权责任法》第36条第1款规定,网络用户、网络服务提供者利用网络侵害他人民事权益的,应当承担侵权责任。

网络用户侵权时网络服务提供者侵权分为两种情况:

1. 网络服务提供者接到侵权通知后未采取必要措施的侵权责任

《侵权责任法》第36条第2款规定,网络用户利用网络服务实施侵权行为的,被侵权人有权通知网络服务提供者采取删除、屏蔽、断开链接等必要措施。网络服务提供者接到通知后未及时采取必要措施的,对损害的扩大部分与该网络用户承担连带责任。网络服务提供者不知道网络用户利用其网络服务侵害他人民事权益,不承担侵权责任。但是,网络服务提供者接到通知后应采取删除、屏蔽、断开链接等必要措施;否则,应就损失扩大部分与实施侵权用户承担连带责任。

国务院《信息网络传播权保护条例》第14条规定:"对提供信息存储空间或者提供搜索、链接服务的网络服务提供者,权利人认为其服务所涉及的作品、表演、录音录像制品,侵犯自己的信息网络传播权或者被删除、改变了自己的权利管理电子信息的,可以向该网络服务提供者提交书面通知,要求网络服务提供者删除该作品、表演、录音录像制品,或者断开与该作品、表演、录音录像制品的链接。通知书应当包含下列内容:(一)权利人的姓名(名称)、联系方式和地址;(二)要求删除或者断开链接的侵权作品、表演、录音录像制品的名称和网络地址;(三)构成侵权的初步证明材料。权利人应当对通知书的真实性负责。"

根据《信息网络传播权保护条例》第15条规定,网络服务提供者接到权利人的通知书后,应当立即删除涉嫌侵权的作品、表演、录音录像制品,或者断开与涉嫌侵权的作品、表演、录音录像制品的链接,并同时将通知书转送提供作品、表演、录音录像制品的服务对象;服务对象网络地址不明、无法转送的,应当将通知书的内容同时在信息网络上公告。

根据《信息网络传播权保护条例》第16条规定,服务对象接到网络服务提供者转送的通知书后,认为其提供的作品、表演、录音录像制品未侵犯他人权利的,可以向网络服务提供者提交书面说明,要求恢复被删除的作品、表演、录音录像制品,或者恢复与被断开的作品、表演、录音录像制品的链接。

根据《信息网络传播权保护条例》第17条规定,网络服务提供者接到服务对象的书面说明后,应当立即恢复被删除的作品、表演、录音录像制品,或者可以恢复与被断开的作品、表演、录音录像制品的链接,同时将服务对象的书面说明转送权利人。权利人不得再通知网络服务提供者删除该作品、表演、录音录像制品,或者断开与该作品、表演、录音录像制品的链接。

根据《信息网络传播权保护条例》第24条规定,因权利人的通知导致网络服务提供者错误删除作品、表演、录音录像制品,或者错误断开与作品、表演、录音录像制品的链接,给服务对象造成损失的,权利人应当承担赔偿责任。

2. 网络服务者知道侵权行为后未采取必要措施的侵权责任

《侵权责任法》第36条第3款规定,网络服务提供者知道网络用户利用其网络服务侵害他人民事权益,但未采取必要措施的,与该网络用户承担连带责任。

根据《最高人民法院关于审理利用信息网络侵害人身权益民事纠纷案件适用法律若干问题的规定》第9条:"人民法院依据《侵权责

任法》第 36 条第 3 款认定网络服务提供者是否'知道'，应当综合考虑下列因素：(一)网络服务提供者是否以人工或者自动方式对侵权网络信息以推荐、排名、选择、编辑、整理、修改等方式作出处理；(二)网络服务提供者应当具备的管理信息的能力，以及所提供服务的性质、方式及其引发侵权的可能性大小；(三)该网络信息侵害人身权益的类型及明显程度；(四)该网络信息的社会影响程度或者一定时间内的浏览量；(五)网络服务提供者采取预防侵权措施的技术可能性及其是否采取了相应的合理措施；(六)网络服务提供者是否针对同一网络用户的重复侵权行为或者同一侵权信息采取了相应的合理措施；(七)与本案相关的其他因素。"

根据《信息网络传播权保护条例》第 23 条规定，网络服务提供者为服务对象提供搜索或者链接服务，在接到权利人的通知书后，根据本条例规定断开与侵权的作品、表演、录音录像制品的链接的，不承担赔偿责任；但是，明知或者应知所链接的作品、表演、录音录像制品侵权的，应当承担共同侵权责任。

三、全真题演练

(一)单项选择题

1.(2008 年司法考试延考区试卷三第 17 题) 甲是乙运输公司的雇员，乙派甲承担一批货物的长途运输任务。由于途经甲的老家，甲便想顺路回家看看。在回家途中，因车速过快与丙驾驶的轿车相撞，造成丙车毁人伤。丙的损失应由谁承担？(　　)

A. 甲

B. 乙

C. 甲、乙承担连带责任，乙赔偿后向甲追偿

D. 乙承担主要责任，甲承担补充责任

2.(2012 年司法考试试卷三第 21 题)甲聘请乙负责照看小孩，丙聘请丁做家务。甲和丙为邻居，乙和丁为好友。一日，甲突生急病昏迷不醒，乙联系不上甲的亲属，急将甲送往医院，并将甲的小孩委托给丁临时照看。丁疏于照看，致甲的小孩在玩耍中受伤。下列说法正确的是(　　)。

A. 乙将甲送往医院的行为属于无因管理

B. 丁照看小孩的行为属于无因管理，不构成侵权行为

C. 丙应当承担甲小孩的医疗费

D. 乙和丁对甲小孩的医疗费承担连带责任

3.(2009 年司法考试试卷三第 23 题)某小学组织春游，队伍行进中某班班主任张某和其他教师闲谈，未跟进照顾本班学生。该班学生李某私自离队购买食物，与小贩刘某发生争执被打伤。对李某的人身损害，下列说法正确的是(　　)。

A. 刘某应承担赔偿责任

B. 某小学应承担赔偿责任

C. 某小学应与刘某承担连带赔偿责任

D. 刘某应承担赔偿责任，某小学应承担相应的补充赔偿责任

4.(2009 年司法考试试卷三第 1 题)甲被乙家的狗咬伤，要求乙赔偿医药费，乙认为甲被狗咬与自己无关，拒绝赔偿。下列选项正确的是(　　)。

A. 甲、乙之间的赔偿关系属于民法所调整的人身关系

B. 甲请求乙赔偿的权利属于绝对权

C. 甲请求乙赔偿的权利适用诉讼时效

D. 乙拒绝赔偿是行使抗辩权

5.(2009 年司法考试试卷三第 22 题)甲在乙承包的水库游泳，乙的雇工丙、丁误以为甲在偷鱼苗而将甲打伤。下列说法正确的是(　　)。

A. 乙、丙、丁应承担连带责任

B. 丙、丁应先赔偿甲的损失，再向乙追偿

C. 只能由丙、丁承担连带责任

D. 只能由乙承担赔偿责任

6.（2014年司法考试试卷三第21题）甲电器销售公司的安装工人李某在为消费者黄某安装空调的过程中，不慎从高处掉落安装工具，将路人王某砸成重伤。李某是乙公司的劳务派遣人员，此前曾多次发生类似小事故，甲公司曾要求乙公司另派他人，但乙公司未予换人。下列选项正确的是（　　）。

A. 对王某的赔偿责任应由李某承担，黄某承担补充责任

B. 对王某的赔偿责任应由甲公司承担，乙公司承担补充责任

C. 甲公司与乙公司应对王某承担连带赔偿责任

D. 对王某的赔偿责任承担应采用过错责任原则

7.（2014年司法考试试卷三第22题）欣欣美容医院在为青年女演员欢欢实施隆鼻手术过程中，因未严格消毒导致欢欢面部感染，经治愈后面部仍留下较大疤痕。欢欢因此诉诸法院，要求欣欣医院赔偿医疗费并主张精神损害赔偿。该案受理后不久，欢欢因心脏病急性发作猝死。网络名人洋洋在其博客上杜撰欢欢吸毒过量致死。下列表述错误的是（　　）。

A. 欣欣医院构成违约行为和侵权行为

B. 欢欢的继承人可继承欣欣医院对欢欢支付的精神损害赔偿金

C. 洋洋的行为侵犯了欢欢的名誉权

D. 欢欢的母亲可以欢欢的名义对洋洋提起侵权之诉

8.（2015年司法考试试卷三第16题）甲、乙合作创作了一部小说，后甲希望出版小说，乙无故拒绝。甲把小说上传至自己博客并保留了乙的署名。丙未经甲、乙许可，在自己博客中设置链接，用户点击链接可进入甲的博客阅读小说。丁未经甲、乙许可，在自己博客中转载了小说。戊出版社只经过甲的许可就出版了小说。下列选项正确的是（　　）。

A. 甲侵害了乙的发表权和信息网络传播权

B. 丙侵害了甲、乙的信息网络传播权

C. 丁向甲、乙寄送了高额报酬，但其行为仍然构成侵权

D. 戊出版社侵害了乙的复制权和发行权

9.（2014年司法考试试卷三第17题）甲展览馆委托雕塑家叶某创作了一尊巨型雕塑，将其放置在公园入口，委托创作合同中未约定版权归属。下列选项不属于侵犯著作权行为的是（　　）。

A. 甲展览馆许可乙博物馆异地重建完全相同的雕塑

B. 甲展览馆仿照雕塑制作小型纪念品向游客出售

C. 个体户冯某仿照雕塑制作小型纪念品向游客出售

D. 游客陈某未经著作权人同意，对雕塑拍照纪念

10.（2015年司法考试试卷三第17题）甲、乙、丙、丁相约勤工俭学。下列未经著作权人同意而使用他人受保护作品的行为中，侵犯著作权的是（　　）。

A. 甲临摹知名绘画作品后廉价出售给路人

B. 乙收购一批旧书后廉价出租给同学

C. 丙购买一批正版录音制品后廉价出租给同学

D. 丁购买正版音乐CD后在自己开设的小餐馆播放

11.（2016年司法考试试卷三第14题）甲公司与乙公司签订买卖合同，以市场价格购买乙公司生产的设备一台，双方交付完毕。设备投入使用后，丙公司向法院起诉甲公司，提出

该设备属于丙公司的专利产品，乙公司未经许可制造并销售了该设备，请求法院判令甲公司停止使用。经查，乙公司侵权属实，但甲公司并不知情。关于此案，法院的下列做法正确的是(　　)。

A. 驳回丙公司的诉讼请求

B. 判令甲公司支付专利许可使用费

C. 判令甲公司与乙公司承担连带责任

D. 判令先由甲公司支付专利许可使用费，再由乙公司赔偿甲损失

(二)多项选择题

1.(2013年司法考试试卷三第67题)甲赴宴饮酒，遂由有驾照的乙代驾其车，乙违章撞伤丙。交管部门认定乙负全责。以下假定情形中，对丙的赔偿责任表述正确的是(　　)。

A. 如乙是与甲一同赴宴的好友，乙不承担赔偿责任

B. 如乙是代驾公司派出的驾驶员，该公司应承担赔偿责任

C. 如乙是酒店雇用的为饮酒客人提供代驾服务的驾驶员，乙不承担赔偿责任

D. 如乙是出租车公司驾驶员，公司明文禁止代驾，乙为获高额报酬而代驾，乙应承担赔偿责任

2.(2015年司法考试试卷三第67题)关于动物致害侵权责任的说法，下列选项正确的是(　　)。

A. 甲8周岁的儿子翻墙进入邻居院中玩耍，被院内藏獒咬伤，邻居应承担侵权责任

B. 小学生乙和丙放学途经养狗的王平家，丙故意逗狗，狗被激怒咬伤乙，只能由丙的监护人对乙承担侵权责任

C. 丁下夜班回家途经邻居家门时，未看到邻居饲养的小猪趴在路上而绊倒摔伤，邻居应承担侵权责任

D. 戊带女儿到动物园游玩时，动物园饲养的老虎从破损的虎笼蹿出将戊女儿咬伤，动物园应承担侵权责任

3. 王琪琪在某网站中注册了昵称为“小玉儿”的博客账户，长期以“小玉儿”名义发博文。其中，署名“小玉儿”的《法内情》短文被该网站以写作水平不高为由删除；署名“小玉儿”的《法外情》短文被该网站添加了“作者：王琪琪”字样。关于该网站的行为，下列表述正确的是(　　)。

A. 删除《法内情》的行为没有侵犯王琪琪的发表权

B. 删除《法内情》的行为没有侵犯王琪琪的信息网络传播权

C. 添加字样的行为侵犯了王琪琪的署名权

D. 添加字样的行为侵犯了王琪琪的保护作品完整权

4.(2016年司法考试试卷三第63题)甲作曲、乙填词，合作创作了歌曲《春风来》。甲拟将该歌曲授权歌星丙演唱，乙坚决反对。甲不顾反对，重新填词并改名为《秋风起》，仍与丙签订许可使用合同，并获报酬10万元。对此，下列选项正确的是(　　)。

A.《春风来》的著作权由甲、乙共同享有

B. 甲侵害了《春风来》歌曲的整体著作权

C. 甲、丙签订的许可使用合同有效

D. 甲获得的10万元报酬应合理分配给乙

5. 患者有损害，下列情形中，医疗机构不承担赔偿责任的是(　　)。

A. 医疗机构及其医务人员公开患者的病历资料

B. 患者或者其近亲属不配合医疗机构进行符合诊疗规范的诊疗

C. 医务人员在抢救生命垂危的患者等紧急情况下已经尽到合理诊疗义务

D. 限于当时的医疗水平难以诊疗

(三)不定项选择题

1.(2010年司法考试试卷三第70题)甲公司为劳务派遣单位,根据合同约定向乙公司派遣搬运工。搬运工丙脾气暴躁,常与人争吵,乙公司要求甲公司更换丙或对其教育管理,甲公司不予理会。一天,乙公司安排丙为顾客丁免费搬运电视机,丙与丁发生激烈争吵,故意摔坏电视机。对此,下列说法错误的是(　　)。

A. 甲公司和乙公司承担连带赔偿责任

B. 甲公司承担赔偿责任,乙公司承担补充责任

C. 甲公司和丙承担连带赔偿责任

D. 丙承担赔偿责任,甲公司承担补充责任

2.(2006年司法考试试卷三第65题)某化工厂排放的废水流入某湖后,发生大量鱼类死亡事件。在是否承担赔偿责任问题上,该化工厂的下列抗辩理由能成立的是(　　)。

A. 另一工厂排放的废水足以导致湖中鱼类死亡

B. 该化工厂主观上没有任何过错

C. 原告的赔偿请求已经超过2年的诉讼时效

D. 以上都不能成立

3. 新疆某农垦医院在给一患者注射青霉素注射液时,医务人员询问了病人的过敏史并按规定进行了皮试,然后才给病员注射,然后又在观察室观察了10分钟。但是病员回家后3个小时内发生过敏,因抢救不及时死亡。经查明,这种青霉素的延缓过敏现象是极为罕见的,是因病员的体质特殊引起。下列说法错误的是(　　)。

A. 医疗事故的责任认定,应实行过错的推定,由医院证明自己没有过错

B. 本案中医院的做法并无不当,不应承担责任

C. 本案中医院并无过错,但是医疗事故应当适用无过错责任,医院仍应承担责任

D. 病员的体质特殊才造成了事故的发生,医院可以免责

(四)名词解释与辨析

1. 高度危险作业

2. 产品缺陷

(五)简答题

1.(武汉大学2005年考研真题)甲请乙搬家公司搬家,乙公司派出A、B、C、D四人前往。在搬家过程中,A发现甲的项链遗落在桌上,便偷偷放入自己的口袋;B、C在搬运甲最珍贵的一盆月季时不慎将其折断,为此甲与B、C争吵起来,争吵中不知是谁又将甲阳台上另一盆花碰倒,花盆摔至楼下并碰伤路人E。A、B、C、D见事已至此,便溜之大吉。在此过程中,D踩中门边甲喂养的小狗,被小狗咬伤其小腿。

(1)对于项链被偷和月季被折断造成的损失,甲应该向谁主张权利?为什么?

(2)路人E可以向谁请求赔偿?为什么?

(3)D被狗咬伤造成的人身伤害由谁承担责任?为什么?

2.(北京大学2009年考研真题)简述产品缺陷致人损害侵权行为的构成要件。

(六)论述题

试论述雇主责任。

四、案例分析

【案例】

2010年上半年至2014年9月,A、B在M村租用他人厂房,在无营业执照、无危险废物经营许可证的情况下,擅自从事废树脂桶和废油桶的清洗业务。洗桶产生的废水通过排污沟排向无防渗漏措施的露天污水池,产生的残渣被堆放在污水池周围。

2014年9月1日,公安机关在A、B洗桶现场查获废桶7 789只,其中6 289只尚未清洗。

经鉴定，未清洗的桶及桶内物质均属于危险废物，现场地下水、污水池内废水以及污水池四周堆放的残渣、污水池底部沉积物中，均检出铬、锌等多种重金属和总石油烃、氯代烷烃、苯系物等多种有机物。

2015年6月17日，A、B因犯污染环境罪被人民法院分别判处有期徒刑二年六个月、缓刑四年和有期徒刑二年、缓刑四年，并分别判处罚金。A、B虽被依法追究刑事责任，但现场尚留存130只未清洗的废桶、残渣、污水和污泥尚未清除，对土壤和地下水持续造成污染。

【问题聚焦】

环境污染责任、民事公益诉讼

【法律剖析】

《中华人民共和国侵权责任法》第4条表明，侵权人因同一行为应当承担行政责任或者刑事责任的，不影响依法承担侵权责任。因同一行为应当承担侵权责任和行政责任、刑事责任，侵权人的财产不足以支付的，先承担侵权责任。《中华人民共和国固体废物污染环境防治法》第17条规定，收集、贮存、运输、利用、处置固体废物的单位和个人，必须采取防扬散、防流失、防渗漏或者其他防止污染环境的措施；不得擅自倾倒、堆放、丢弃、遗撒固体废物。禁止任何单位或者个人向江河、湖泊、运河、渠道、水库及其最高水位线以下的滩地和岸坡等法律、法规规定禁止倾倒、堆放废弃物的地点倾倒、堆放固体废物。

经调查，在某市民政局登记的三家环保类社会组织，均不符合法律对提起公益诉讼主体要求的相关规定，不能作为原告向某市中级人民法院提起环境民事公益诉讼。《人民检察院提起公益诉讼试点工作实施办法》第14条规定，经过诉前程序，法律规定的机关和有关组织没有提起民事公益诉讼，或者没有适格主体提起诉讼，社会公共利益仍处于受侵害状态的，人民检察院可以提起民事公益诉讼。该实施办法第17条规定："人民检察院提起民事公益诉讼应当提交下列材料：（一）民事公益诉讼起诉书；（二）被告的行为已经损害社会公共利益的初步证明材料。"

最终，某市中级人民法院作出一审判决：

1. 被告A、B于判决发生法律效力之日起十五日内，将M村洗桶场地内留存的130只废桶、2个污水池中蓄积的污水及池底污泥以及厂区内堆放的残渣委托有处理资质的单位全部清理处置，消除继续污染环境危险。

2. 被告A、B于本判决发生法律效力之日起三十日内，委托有土壤处理资质的单位制订土壤修复方案，并在提交某市环保局审核通过后六十日内实施。

3. 被告A、B赔偿对环境造成的其他损失150万元，该款于判决发生法律效力之日起三十日内支付至某市环境公益基金专用账户。

五、深度拓展

◆ 国家机关及其工作人员职务侵权行为与责任

国家机关及其工作人员的职务侵权行为，是指国家机关或者国家机关工作人员在执行职务中侵犯他人合法权益并造成损害的行为。

对本行为进行认定需要注意：

1. 主体是国家机关或者国家机关工作人员。

2. 职务侵权行为发生在执行职务之中。

3. 侵犯他人的合法权益。

此处的合法权益是指职务行为所指向范围以外的合法权益。例如，执行职务的目的是限制甲人身自由时，甲不能因人身权利受侵害主张赔偿；但若结果限制了乙的人身自由，则乙可以主张侵权责任。

4. 执行职务的行为与损害之间有因果关系。

国家机关为其工作人员的行为承担后果的内部关系中，应采用无过错责任，不问国家机关有无过错。但就国家机关与被侵权人的外部关系而言，仍然要按照侵权法的一般归责原理配置归责原则。

◆ 完全民事行为能力人暂时丧失意识侵权责任

完全民事行为能力人暂时丧失意识的侵权行为是指完全民事行为能力人因为各种原因导致意识暂时丧失的情况下造成他人民事权益受损的行为。

《侵权责任法》第33条第1款前段规定，完全民事行为能力人对自己的行为暂时没有意识或者失去控制造成他人损害有过错的，应当承担侵权责任。这种过错多体现为过失。《侵权责任法》第33条第2款规定，完全民事行为能力人因醉酒、滥用麻醉药品或者精神药品对自己的行为暂时没有意识或者失去控制造成他人损害的，应当承担侵权责任。此款规定属于典型的过错。如此规定是对这些过错应当承担责任的强调。

《侵权责任法》第33条第1款后段规定，完全民事行为能力人对自己的行为暂时没有意识或者失去控制造成他人损害没有过错的，根据行为人的经济状况对受害人适当补偿。这是对《侵权责任法》第24条规定——受害人和行为人对损害的发生都没有过错的，可以根据实际情况，由双方分担损失——的具体运用。

综合测试题

一、单项选择题(14×1分)

1.(2006年司法考试试卷三第1题)下列哪种情形成立民事法律关系?( )

A. 甲和乙约定某日商谈合作开发房地产事宜

B. 甲对乙说:“如果你考上研究生,我就嫁给你。”

C. 甲知道乙不胜酒力而极力劝酒,致乙酒精中毒住院治疗

D. 甲应同事乙的邀请去某水库游泳,因抽筋溺水身亡

2.(2012年司法考试试卷三第8题)甲、乙是邻居。乙出国2年,甲将乙的停车位占为己用。此期间,甲将该停车位出租给丙,租期1年。期满后丙表示不再续租,但仍继续使用该停车位。下列表述错误的是( )。

A. 甲将乙的停车位占为己用,甲属于恶意、无权占有人

B. 丙的租期届满前,甲不能对丙主张占有返还请求权

C. 乙可以请求甲返还原物,在甲为间接占有人时,可以对甲请求让与其对丙的占有返还请求权

D. 无论丙是善意还是恶意的占有人,乙都可以对其行使占有返还请求权

3.(2015年司法考试试卷三第5题)甲与乙签订协议,由乙以自己名义代甲购房,甲全权使用房屋并获取收益。乙与开发商和银行分别签订了房屋买卖合同和贷款合同。甲把首付款和月供款给乙,乙再给开发商和银行,房屋登记在乙名下。后甲要求乙过户,乙主张是自己借款购房。下列选项正确的是( )。

A. 甲有权提出更正登记

B. 房屋登记在乙名下,甲不得请求乙过户

C. 协议名为代购房关系,实为借款购房关系

D. 如乙将房屋过户给不知协议的丙,丙支付合理房款则构成善意取得

4.(2013年司法考试试卷三第4题)甲用伪造的乙公司公章,以乙公司名义与不知情的丙公司签订食用油买卖合同,以次充好,将劣质食用油卖给丙公司。合同没有约定仲裁条款。关于该合同,下列表述正确的是( )。

A. 如乙公司追认,则丙公司有权通知乙公司撤销

B. 如乙公司追认,则丙公司有权请求法院撤销

C. 无论乙公司是否追认,丙公司均有权通知乙公司撤销

D. 无论乙公司是否追认,丙公司均有权要求乙公司履行

5.(2007年司法考试试卷三第17题)周某与妻子庞某发生争执,周某打庞某一记耳光,导致庞某右耳失聪。庞某起诉周某赔偿医药费1 000元、精神损害赔偿费2 000元,但未提出离婚请求。下列选项正确的是( )。

A. 周某应当赔偿医疗费和精神损害

B. 周某应当赔偿医疗费而不应赔偿精神损害

C. 周某应当赔偿精神损害而不应赔偿医疗费

D. 法院应当不予受理

6.(2014 年司法考试试卷三第 16 题)甲研究院研制出一种新药技术,向我国有关部门申请专利后,与乙制药公司签订了专利申请权转让合同,并依法向国务院专利行政主管部门办理了登记手续。下列表述正确的是(　　)。

A. 乙公司依法获得药品生产许可证之前,专利申请权转让合同未生效

B. 专利申请权的转让合同自向国务院专利行政主管部门登记之日起生效

C. 专利申请权的转让自向国务院专利行政主管部门登记之日起生效

D. 如该专利申请因缺乏新颖性被驳回,乙公司可以不能实现合同目的为由请求解除专利申请权转让合同

7.(2008 年司法考试试卷三第 6 题)甲打算卖房,问乙是否愿买,乙一向迷信,就跟甲说:"如果明天早上 7 点你家屋顶上来了喜鹊,我就出 10 万块钱买你的房子。"甲同意。乙回家后非常后悔。第二天早上 7 点差几分时,恰有一群喜鹊停在甲家的屋顶上,乙正要将喜鹊赶走,甲不知情的儿子拿起弹弓把喜鹊打跑了,至 7 点再无喜鹊飞来。关于甲、乙之间的房屋买卖合同,下列选项正确的是(　　)。

A. 合同尚未成立

B. 合同无效

C. 乙有权拒绝履行该合同

D. 乙应当履行该合同

8.(2011 年司法考试试卷三第 7 题)同升公司以一套价值 100 万元的设备作为抵押,向甲借款 10 万元,未办理抵押登记手续。同升公司又向乙借款 80 万元,以该套设备作为抵押,并办理了抵押登记手续。同升公司欠丙货款 20 万元,将该套设备出质给丙。丙不小心损坏了该套设备送至丁处修理,因欠丁 5 万元修理费,该套设备被丁留置。关于甲、乙、丙、丁对该套设备享有的担保物权的清偿顺序,下列排列正确的是(　　)。

A. 甲、乙、丙、丁　　B. 乙、丙、丁、甲

C. 丙、丁、甲、乙　　D. 丁、乙、丙、甲

9.(2013 年司法考试试卷三第 11 题)甲有一件玉器,欲转让,与乙签订合同,约好 10 日后交货付款。第二天,丙见该玉器,愿以更高的价格购买,甲遂与丙签订合同,丙当即支付了 80%的价款,约好 3 天后交货。第三天,甲又与丁订立合同,将该玉器卖给丁,并当场交付,但丁仅支付了 30%的价款。后乙、丙均要求甲履行合同,诉至法院。下列表述正确的是(　　)。

A. 应认定丁取得了玉器的所有权

B. 应支持丙要求甲交付玉器的请求

C. 应支持乙要求甲交付玉器的请求

D. 第一份合同有效,第二、三份合同均无效

10. 以下关于侵权行为的描述错误的是(　　)。

A. 侵权行为是一种事件

B. 侵权行为是违反了法律规定的义务的行为

C. 侵权行为侵害的对象包括民事权利和利益

D. 侵权行为可能导致违约责任和侵权责任的竞合

11. 张某被宣告为失踪人,人民法院为其指定财产代管人,下列说法不正确的是(　　)。

A. 人民法院应当指定其配偶为其财产代管人,如果其配偶没有行为能力或者丧失行为能力,应当指定张某的父母为财产代管人

B. 如果张某只有一个十五岁的儿子,人民法院可以指定其儿子为财产代管人

C. 如果张某为无民事行为能力人，他的法定监护人便是其财产代管人

D. 如果张某的母亲去世，其父亲热衷赌博，则人民法院可以指定其母亲生前的一个好友作为张某的财产代管人

12.（2015 年司法考试试卷三第 13 题）方某、李某、刘某和张某签订借款合同，约定："方某向李某借款 100 万元，刘某提供房屋抵押，张某提供保证。"除李某外，其他人都签了字。刘某先把房本交给了李某，承诺过几天再作抵押登记。李某交付 100 万元后，方某到期未还款。下列选项正确的是（　　）。

A. 借款合同不成立

B. 方某应返还不当得利

C. 张某应承担保证责任

D. 刘某无义务办理房屋抵押登记

13. 甲 15 岁，痴呆，一日其父出去办事，匆忙中忘记将甲托给别人照看，结果甲私自玩打火机发生火灾，导致邻居乙的房屋被烧毁，乙的损失应当由谁来负责？（　　）

A. 甲父负责

B. 乙自己负责

C. 甲父负主要责任，乙负次要责任

D. 甲负责

14.（2008 年司法考试试卷三第 8 题）中州公司依法取得某块土地建设用地使用权并办理报建审批手续后，开始房屋建设并完成了外部装修。对此，下列选项正确的是（　　）。

A. 中州公司因为享有建设用地使用权而取得了房屋所有权

B. 中州公司因为事实行为而取得了房屋所有权

C. 中州公司因为法律行为而取得了房屋所有权

D. 中州公司尚未进行房屋登记，因此未取得房屋所有权

二、多项选择题（10×2 分）

1.（2008 年司法考试试卷三第 60 题）王某与李某系夫妻，二人带女儿外出旅游，发生车祸全部遇难，但无法确定死亡的先后时间。下列选项正确的是（　　）。

A. 推定王某和李某先于女儿死亡

B. 推定王某和李某同时死亡

C. 王某和李某互补继承

D. 女儿作为第一顺序继承人继承王某和李某的遗产

2.（2014 年司法考试试卷三第 58 题）某小区徐某未获得规划许可证和施工许可证便在自住房前扩建一个门面房，挤占小区人行通道。小区其他业主多次要求徐某拆除未果后，将该门面房强行拆除，毁坏了徐某自住屋的墙砖。关于拆除行为，下列表述正确的是（　　）。

A. 侵犯了徐某门面房的所有权

B. 侵犯了徐某的占有

C. 其他业主应恢复原状

D. 其他业主应赔偿徐某自住房屋墙砖毁坏的损失

3.（2007 年司法考试试卷三第 57 题）甲向乙借款 5 000 元，并将自己的一台笔记本电脑出质给乙。乙在出质期间将电脑无偿借给丙使用。丁因丙欠钱不还，趁丙不注意时拿走电脑并向丙声称要以其抵债。下列选项正确的是（　　）。

A. 甲有权基于其所有权请求丁返还电脑

B. 乙有权基于其质权请求丁返还电脑

C. 丙有权基于其占有被侵害请求丁返还电脑

D. 丁有权主张以电脑抵偿丙对自己的债务

4.（2007 年司法考试试卷三第 53 题）甲正在市场卖鱼，突闻其父病危，急忙离去。邻摊

菜贩乙见状遂自作主张代为叫卖，以比甲原每斤10元高出5元的价格卖出鲜鱼200斤，并将多卖出的1 000元收入自己囊中。后乙因急赴喜宴，将余下的100斤鱼以每斤3元卖出。下列选项正确的是（　　）。

A. 乙的行为构成无因管理

B. 乙收取多卖出的1 000元构成不当得利

C. 乙低价销售100斤鱼构成不当管理，应承担赔偿责任

D. 乙可以要求甲支付一定报酬

5.（2011年司法考试试卷三第59题）甲公司与乙公司签订10万元建材买卖合同后，乙交付建材，甲公司未付建材款。甲公司将该建材用于丙公司办公楼装修，丙公司需向甲公司支付15万元装修款，其中5万元已经支付完毕。丙公司给乙公司出具担保函："本公司同意以欠甲公司的10万元装修款担保甲公司欠乙公司的10万元建材款。"乙公司对此并无异议。之后，甲公司对乙公司的债务、丙公司对甲公司的债务均届期未偿，且甲公司怠于向丙公司主张债权。下列表述正确的是（　　）。

A. 乙公司对丙公司享有应收账款质权

B. 丙公司应对乙公司承担保证责任

C. 乙公司可以对丙公司提起代位权诉讼

D. 乙公司可以要求并存债务承担人丙公司清偿债务

6.（2015年司法考试试卷三第89题）顺风电器租赁公司将一台电脑出租给张某，租期为2年。在租赁期间内，张某谎称电脑是自己的，分别以市价与甲、乙、丙签订了三份电脑买卖合同并收取了三份价款，但张某把电脑实际交付给了乙。后乙的这台电脑被李某拾得，因暂时找不到失主，李某将电脑出租给王某并获得很高收益。王某租用该电脑时出了故障，遂将电脑交给康成电脑维修公司维修。王某和李某就维修费的承担发生争执。康成公司因未收到修理费而将电脑留置，并告知王某，如7天内不交费，将变卖电脑抵债。李某听闻后，于当日潜入康成公司偷回电脑。关于张某与甲、乙、丙的合同效力，下列选项正确的是（　　）。

A. 张某非电脑所有权人，其出卖为无权处分，与甲、乙、丙签订的合同无效

B. 张某是合法占有人，其与甲、乙、丙签订的合同有效

C. 乙接受了张某的交付，取得电脑所有权

D. 张某不能履行对甲、丙的合同义务，应分别承担违约责任

7.（2013年司法考试试卷三第55题）叶某将自有房屋卖给沈某，在交房和过户之前，沈某擅自撬门装修，施工导致邻居赵某经常失眠。下列表述正确的是（　　）。

A. 赵某有权要求叶某排除妨碍

B. 赵某有权要求沈某排除妨碍

C. 赵某请求排除妨碍不受诉讼时效的限制

D. 赵某可主张精神损害赔偿

8.（2007年司法考试试卷三第10题）下列哪种情况下，善意第三人能依据善意取得制度取得相应物权？（　　）

A. 保留所有权的动产买卖中，尚未付清全部价款的买方将其占有的标的物卖给不知情的第三人

B. 电脑的承租人将其租赁的电脑向不知情的债权人设定质权

C. 动产质权人擅自将质物转质于不知情的第三人

D. 受托代为转交某一物品的人将该物品赠与不知情的第三人

9.（2009年司法考试试卷三第70题）甲饲养的一只狗在乙公司施工的道路上追咬丙饲养的一只狗，行人丁在避让中失足掉入施工形成的坑里，受伤严重。下列说法错误的是

(　　)。

A. 如甲能证明自己没有过错,不应承担对丁的赔偿责任

B. 如乙能证明自己没有过错,不应承担对丁的赔偿责任

C. 如丙能证明自己没有过错,不应承担对丁的赔偿责任

D. 此属意外事件,甲、乙、丙均不应承担对丁的赔偿责任

10.(2010年司法考试试卷三第55题)关于土地承包经营权的设立,下列表述正确的是(　　)。

A. 自土地承包经营权合同成立时设立

B. 自土地承包经营权合同生效时设立

C. 县级以上地方政府在土地承包经营权设立时应当发放土地承包经营权证

D. 县级以上地方政府应当对土地承包经营权登记造册,未经登记造册的,不得对抗善意第三人

三、不定项选择题(5×2分)

1.(2006年司法考试试卷三第7题)甲、乙共同继承平房两间,一直由甲居住,而甲未经乙同意,连接该房右墙加盖一间房,并将三间房屋登记于自己名下,不久又将其一并卖给了丙。下列说法正确的是(　　)。

A. 甲、乙是继承房屋的按份共有人

B. 加盖的房屋应归甲所有

C. 加盖的房屋应归甲、乙共有

D. 乙有权请求丙返还所购三间房屋

2.(2012年司法考试试卷三第87、89～91题)甲公司将1台挖掘机出租给乙公司,为担保乙公司依约支付租金,丙公司担任保证人,丁公司以机器设备设置抵押。乙公司欠付10万元租金时,经甲公司、丙公司和丁公司口头同意,将6万元租金债务转让给戊公司。之后,乙公司为现金周转,将挖掘机分别以45万元和50万元的价格先后出卖给丙公司和丁公司,丙公司和丁公司均已付款,但乙公司没有依约交付挖掘机。

因乙公司一直未向甲公司支付租金,甲公司便将挖掘机以48万元的价格出卖给王某,约定由乙公司直接将挖掘机交付给王某,王某首期付款20万元,尾款28万元待收到挖掘机后支付。此事,甲公司通知了乙公司。

王某未及取得挖掘机便死亡。王某临终立遗嘱,其遗产由其子大王和小王继承,遗嘱还指定小王为遗嘱执行人。因大王一直在外地工作,同意王某遗产由小王保管,没有进行遗产分割。在此期间,小王将挖掘机出卖给方某,没有征得大王的同意。

(1)在乙公司将6万元租金债务转让给戊公司之前,关于丙公司和丁公司的担保责任,甲公司下列做法正确的是(　　)。

A. 可以要求丙公司承担保证责任

B. 可以要求丁公司承担抵押担保责任

C. 必须先要求丙公司承担保证责任,后要求丁公司承担抵押担保责任

D. 必须先要求丁公司承担抵押担保责任,后要求丙公司承担保证责任

(2)甲公司与王某签订买卖合同之后、王某死亡之前,关于挖掘机所有权人,下列选项正确的是(　　)。

A. 甲公司　　B. 丙公司

C. 丁公司　　D. 王某

(3)王某死后,关于甲公司与王某的买卖合同,下列表述错误的是(　　)。

A. 甲公司有权解除该买卖合同

B. 大王和小王有权解除该买卖合同

C. 大王和小王对该买卖合同原王某承担的债务负连带责任

D. 大王和小王对该买卖合同原王某承担的债务按其继承份额负按份责任

(4)关于小王将挖掘机卖给方某的行为,

下列表述正确的是(　　)。

A. 小王尚未取得对挖掘机的占有,不得将其出卖给方某

B. 小王出卖挖掘机应当取得大王的同意

C. 大王对小王出卖挖掘机的行为可以追认

D. 小王是王某遗嘱的执行人,出卖挖掘机不需要大王的同意

四、名词解释(5×2 分)

1. 物
2. 许可设立主义与严格准则主义
3. 日常家事代理权
4. 遗赠扶养协议
5. 受害人与有责任

五、简答题(4×4 分)

1. 简述地役权与不动产相邻关系的区别。

2. 简述生命权、身体权与健康权之间的关系。

3. 简述缔约过失责任的构成要件与赔偿范围。

4. 简述居住权的法律特征。

六、论述题(1×14 分)

试比较物权请求权与债权请求权。

七、案例分析题(2×8 分)

1.(2016 年司法考试试卷四第 4 题)自然人甲与乙订立借款合同,其中约定甲将自己的一辆汽车作为担保物让与乙。借款合同订立后,甲向乙交付了汽车并办理了车辆的登记过户手续。乙向甲提供了约定的 50 万元借款。

一个月后,乙与丙公司签订买卖合同,将该汽车卖给对前述事实不知情的丙公司,并将该汽车实际交付给了丙公司,但未办理登记过户手续,丙公司仅支付了一半购车款。某天,丙公司将该汽车停放在停车场时,该车被丁盗走。丁很快就将汽车出租给不知该车来历的自然人戊,戊在使用过程中因汽车故障送到己公司修理。己公司以戊上次来修另一辆汽车时未付修理费为由扣留该汽车。汽车扣留期间,己公司的修理人员庚偷开该车上路,违章驾驶撞伤行人辛,辛为此花去医药费 2 000 元。现丙公司不能清偿到期债务,法院已受理其破产申请。

问题:

(1)甲与乙关于将汽车让与债权人乙作为债务履行担保的约定效力如何?为什么?乙对汽车享有什么权利?

(2)甲主张乙将汽车出卖给丙公司的合同无效,该主张是否成立?为什么?

(3)丙公司请求乙将汽车登记在自己名下是否具有法律依据?为什么?

(4)丁与戊的租赁合同是否有效?为什么?丁获得的租金属于什么性质?

(5)己公司是否有权扣留汽车并享有留置权?为什么?

(6)如不考虑交强险责任,辛的 2 000 元损失有权向谁请求损害赔偿?为什么?

2.(2017 年司法考试试卷四第 4 题)2016 年 1 月 10 日,自然人甲为创业需要,与自然人乙订立借款合同,约定甲向乙借款 100 万元,借款期限为 1 年,借款当日交付。2016 年 1 月 12 日,双方就甲自有的 M 商品房又订立了一份商品房买卖合同,其中约定:如甲按期偿还对乙的 100 万元借款,则本合同不履行;如甲到期未能偿还对乙的借款,则该借款变成购房款,甲应向乙转移该房屋所有权;合同订立后,该房屋仍由甲占有使用。

2016 年 1 月 15 日,甲用该笔借款设立了 S 个人独资企业。为扩大经营规模,S 企业向丙借款 200 万元,借款期限 1 年,丁为此提供保证担保,未约定保证方式;戊以一辆高级轿车为

质押并交付，但后经戊要求，丙让戊取回使用，戊又私自将该车以市价卖给不知情的己，并办理了过户登记。

2016年2月10日，甲因资金需求，瞒着乙将M房屋出卖给了庚，并告知庚其已与乙订立房屋买卖合同一事。2016年3月10日，庚支付了全部房款并办理完变更登记，但因庚自3月12日出国访学，为期4个月，双方约定庚回国后交付房屋。

2016年3月15日，甲未经庚同意，将M房屋出租给知悉其卖房给庚一事的辛，租期2个月，月租金5 000元。2016年5月16日，甲从辛处收回房屋的当日，因雷电引发火灾，房屋严重毁损。根据甲卖房前与某保险公司订立的保险合同(甲为被保险人)，某保险公司应支付房屋火灾保险金5万元。2016年7月13日，庚回国，甲将房屋交付给了庚。

2017年1月16日，甲未能按期偿还对乙的100万元借款，S企业也未能按期偿还对丙的200万元借款，现乙和丙均向甲催要。

问题：

(1)就甲对乙的100万元借款，如乙未起诉甲履行借款合同，而是起诉甲履行买卖合同，应如何处理？请给出理由。

(2)就S企业对丙的200万元借款，甲、丁、戊各应承担何种责任？为什么？

(3)甲、庚的房屋买卖合同是否有效？庚是否已取得房屋所有权？为什么？

(4)谁有权收取M房屋2个月的租金？为什么？

(5)谁应承担M房屋火灾损失？为什么？

(6)谁有权享有M房屋火灾损失的保险金请求权？为什么？

参考答案

第一编　民法总论

第一章　民法概述

(一)单项选择题

1. D。

2. A。

3. C。

4. C。

5. D。

6. A。

7. B。

8. A。甲邀请朋友乙来家中吃饭属于好意施惠,不属于民法的调整范围,乙对甲无须承担责任。

9. D。

10. C。

(二)多项选择题

1. ABC。

2. ABC。

3. BD。

4. BCD。

5. ABD。

(三)不定项选择题

1. ABCD。

2. BCD。

3. D。

(四)名词解释与辨析

1. 形式上的民法是指一国经立法程序编纂的系统化的法典,因此我国现在没有形式上的民法,即民法典,但民法典的编纂正在紧锣密鼓地筹备中。统筹民法典的《民法总则》已经颁布并施行,各民法典分编的草案也已公布,我国民法典颁布指日可待。

实质上的民法是指一切民事法律规范,包括《民法通则》、《合同法》、《婚姻法》、《继承法》、《担保法》、《物权法》及其相关的立法解释及司法解释等。

2. 人身关系是指人们在社会生活中形成的、具有人身属性的、与主体的人身不可分离的、不是以经济利益而是以特定精神利益为内容的社会关系。民法调整的人身关系一般包括人格关系和身份关系。

财产关系是指人们在产品的生产、分配、交换和消费过程中形成的具有经济内容的关系,包括归属关系(财产所有、支配)和流转关系(买卖、借贷、运送、保管、转让等)。

3. 民法的渊源又称民法的法源,是指民事法律规范的来源或表现形式。我国民法渊源有以下几种:(1)宪法中的民法规范;(2)民法通则、民法总则以及民事单行法;(3)国务院制定发布的民事法规;(4)地方性法规、自治条例和单行条例;(5)规章;(6)最高人民法院民事解释规范性文件;(7)国际条约中的民法规范。未来颁行的民法典也将成为我国民法的渊源。

(五)简答题

1. 民法的性质是指民法本身所固有的根本属性。我国民法的性质可以体现在以下几个方面：

(1)民法是市民社会的法

社会可以从理论和实证上划分为两种：一种是纯粹由个人作为主体参与的社会，即所谓市民社会；另一种是有国家参与的社会，即所谓政治社会或政治国家。规范市民社会关系的法律就发展成为市民法，它以保护市民社会中人的权利，即私权为己任。

(2)民法是私法

公法与私法的划分一向无统一的标准，有利益说、效力说、主体说、统治关系说、意思说等。一般认为，私法即指民法或民商法，公法则包括宪法、刑法、行政法和各种诉讼法等。究其实，私法乃关于私权利与私人利益之法，私法所保护之法律的秩序，主要是该关系当事人之个人利益。民法的私法属性是民法性质的主要体现，并由此决定了民法私法自治、权利本位的理念与功能。

(3)民法是实体法

实体法与程序法也是法律的基本分类方法之一。其划分标准在于，法律的内容是规定法律主体在社会关系中的本体性权利和义务，还是规定法律主体在以司法机关为主导的诉讼关系中的程序性权利和义务？如属前者，则为实体法；如属后者，则为程序法。因此，实体法决定了法律主体在发生常态交往时的具体权利和义务，程序法则决定了法律主体在发生异态交往，即纠纷状态时的诉讼权利和义务。民法的内容在于规定私法主体在市民社会交往中具体的财产与人身方面的权利和义务，所以民法属于实体法。与民法这一实体法对应的程序法是民事诉讼法。

2. 法律的调整方法是指法律借以作用于社会关系的方法、手段、办法的总称。法律调整方法取决于调整对象，民法主要通过以下方法调整社会关系：

(1)通过“确认”的方法将特定的社会关系转化为法律关系。民法的本质作用在于，用法律的手段确认民事主体之间正常的经济关系及其他生活关系的合法性，并予以法律保障。民法采用确认的方法，赋予民事主体的行为以法律效力，使他们之间发生的经济关系和其他生活关系转化为法律上的权利义务关系，以确认和保障民事主体的利益，保护正常的社会经济秩序和生活秩序。

(2)提出民事主体的行为模式，以法律的理想塑造合理的社会秩序。民法上确定了很多任意性规范，即在充分尊重民事主体意思自治的前提下，提出各种行为模式供其选择，以发挥当事人的主动性和创造性，协调和平衡其相互间的利益。

(3)对民事主体的行为进行补充，以使之达到完满状态。在当事人所实施的行为有欠缺时，如果该缺陷已经影响了行为成立的根本基础，则将该行为予以废止。但是，如果行为缺陷较小，则可依法进行补充，使之完善并发挥应有的效果。

(4)通过对违法行为的法律制裁，使被破坏的正常的社会关系得以恢复。对于民事主体在民事活动中的非法行为，民法采取了必要的矫正手段，即将主体的违法行为与一定的民事法律责任相联系，通过经济补偿的方法，使受到侵犯的权利得到救济，使民事主体的行为正常化、社会关系秩序化。对于违法行为的制裁，民法一般采取强制性规范。

(六)论述题

答题要点：

1. 民法与商法的关系

通说认为，商法是民法的特别法。

(1)民法与商法的联系。①民法与商法都是私法范畴中调整民商事行为的法律，两者构成大陆法系私法的基本部分；②民法为商法调整提供一般规则，商法中的主体制度、时效制度、代理制度、物权制度、债权制度都以民法一般规定为基础；③民法基本原则，如诚实信用原则、私法自治原则、公平原则，也是商法基本原则；④民法中的责任制度、诉讼制度与商法也基本相同。

(2)民法与商法的区别。①立法价值取向不同。民法的最基本的价值取向是公平，基本要求是公平优先，兼顾效益与其他；商法的基本价值取向是效益，基本要求是效益优先，兼顾公平与其他。②调整对象不同。民法调整平等主体之间的财产关系与人身关系，其所关注的是民事主体之间的法律地位的平等和利益的平等；商法调整的则是营利主体在交易中所发生的商事关系，所关注的是商主体的营利追求。③主体范围不同。民法具有适用广泛性的特点，可适用于一切公众；商法则具有适用限定性的特点，仅适用于商主体（商人），而商主体都是要经过相关程序才能成立的。④法律责任的归责不同。民法一般实行过错责任原则；商法则较为严格，大量适用无过错原则。⑤法律规范的表现形式不同。民法规范偏重于伦理性，依靠社会主体的伦理判断可以确定其行为性质，当事人无须具备丰富的法律专业知识和专业判断等；商法偏重于技术性，有较强的技术性、专业性和职业性。

2. 我国立法选择

就世界范围而言，商法的编纂体制有两种：一是采用“民商分立”的体制，即民事、商事分别立法，于民法典之外另立商法典，使民法典与商法典各自独立存在。例如，法国、德国、日本、西班牙、葡萄牙等国均采此制。二是采用“民商合一”的体制，即民事、商事统一立法，有关商事的规定，或编入民法典，或以单行法颁行之。例如，瑞士、荷兰等国均采此制。

立法实践表明，我国在商法编纂方面，也采用“民商合一”的体制。主张“民商合一”主要有以下几个理由：首先，自罗马法以来，民法在私法体系中所具有的基础地位和核心作用不但使它在法律制度中坚如磐石、牢不可破，而且还形成了它特有的扩张性和包容性。其次，随着资本主义商品经济的发展，参与经济活动的主体具有普遍性，法律不宜再以主体身份来提供特定保护，这样，从中世纪以来所形成的商人的特殊地位开始逐步消失，从而动摇了商法独立存在的基础。第三，随着时代的进步和经济关系日新月异的变化发展，商法典的内容日益陈旧老化，仅通过对商法典本身的改造和修补已经满足不了经济关系的需要，于是大量的商事法规破土而出。第四，学术界对民商分立体制的抨击、质疑以及对私法一元化的竭力倡导，对民商合一体制的形成起到了不可忽视的作用。①

第二章　民法的基本原则

（一）单项选择题

1. C。

2. D。

3. B。

4. C。

5. D。

6. B。

7. B。

8. D。

9. D。

10. C。本题中，乙、丙等购房人与甲公司签订《退款协议书》并非出于自愿，而是在无奈的情况下签订的。在该协议书中，乙、丙等购房人被迫放弃了数额巨大的利息、违约金支付的要求，该约定显然是有失公平的。

11. A。公平原则是指在订立合同时，要根据公平原则确定双方的权利和义务，不得滥用权利，不得欺诈；根据公平原则确定合同的风险；根据公平原则确定违约责任。潘某与商家在订立原石买卖合同时知悉“赌石”的相关规则，所以不可以基于公平原则要求潘某补偿。

（二）多项选择题

1. ABCD。

2. AC。

3. ABCD。

4. BD。

5. ABC。

（三）不定项选择题

B。

① 郭峰：《民商分立与民商合一的理论评析》，载《中国法学》，1996年第5期。

(四)名词解释与辨析

1. 民法的基本原则是对民法及其经济基础的本质和特征的集中体现,是高度抽象的、最一般的民事行为规范和价值判断准则。其效力贯穿于民法始终,包括立法、守法、执法各环节。

2. 平等原则是指民事主体的法律地位平等、适用法律平等,以及受到法律的平等保护。

3. 自愿原则是指法律确认民事主体自由地基于其意志去进行民事活动的基本准则。自愿是指在民事活动中体现当事人的意志,排除他人强迫、欺诈及其他不当影响和压力,自己做主。这一原则也是由市民关系的平等性决定的。

(五)简答题

1. 诚实信用原则是指民事主体在从事民事活动、行使民事权利和履行民事义务时,应本着善意、诚实的态度,当事人在市场活动中应讲信用、恪守诺言、诚实不欺,在追求自己利益的同时,不损害他人和社会利益,要求民事主体在民事活动中维持双方的利益以及当事人利益与社会利益的平衡。

其具体表现在:(1)不为欺诈行为;(2)恪守信用,尊重交易习惯;(3)不得规避法律和曲解合同条款;(4)正当竞争,反对垄断;(5)尊重社会利益,不得滥用权利等。

其主要功能在于:(1)指导当事人行使权利和履行义务;(2)在合同解释上,应依诚实信用原则;(3)依诚实信用原则弥补法律规定之不足,诚实信用原则与公平原则一样赋予司法人员一定的自由裁量权,使其在法律规定不足时,从民法的目的出发,依诚实信用原则,公平合理地解决纠纷。

2. 民法基本原则的功能是指民法基本原则在民事立法、民事司法和民事活动中的作用。民法基本原则的功能是:(1)指导功能。民法的基本原则是指导民事立法、民事司法和民事活动的基本准则。(2)约束功能。民法的基本原则对民事立法、民事司法和民事活动都有约束力。(3)补充功能。在具体民法规范缺乏规定,对某些民事关系用类推也不能解决的情况下,司法机关可以直接根据民法的基本原则处理民事纠纷,民事主体也可以直接依据民法的基本原则进行民事活动。

(六)论述题

公序良俗是“公共秩序”和“善良风俗”的缩写。《民法总则》第8条明文规定,“民事主体从事民事活动,不得违反法律,不得违背公序良俗”,由此正式确定了公序良俗原则。所谓公序,即社会一般利益,在我国现行法上包括国家利益、社会经济秩序和社会公共利益。所谓良俗,即一般道德观念或良好道德风尚,包括我国现行法上所称的社会公德、商业道德和社会良好风尚。

公序良俗原则是对私法自治的一种限制。私法自治是指在私法领域,民事主体可以自主自愿地依自己的意思决定私法事项。这体现了当事人的行为自由。但任何自由都不是无限的,公序良俗原则就是法律上对私法自治的限制。按照这一原则,当事人自愿实施的行为也不得违反社会秩序和社会公德。可以说,公序良俗是法律为民事主体行为自由划定的红线。这种限制也弥补了法律禁止性规定的不足,填补了法律漏洞。一般来说,法律对自由的限制通常表现为规定禁止性的强制性规范。但是,由于社会生活的复杂性和法律的滞后性,禁止性规范也不可能涵盖一切民事活动,也会出现漏洞。在法律无具体规定时,公序良俗原则表现为法律上的弹性条款,为法官评价当事人的行为是否发生法律效力、是否受法律保护提供了裁判依据。

倡导公序良俗原则的目的是弘扬社会公德,维护社会基本秩序。在现代法治社会,法律是调整社会关系的主要手段。法律的调整必须以维护社会基本秩序和基本道德为基础,但法律也不可能将道德准则都确认为法律义务,而只能一般性地要求人们不违反道德准则。公序良俗原则将尊重社会秩序、社会公德作为强制性规范,引导人们进行民事活动要遵守社会公德、维护社会秩序,鼓励人们实施善行善举,从而弘扬社会正气。①

① 郭明瑞:《用好公序良俗原则》,载《人民日报》,2016年3月28日第16版。

第三章 民事法律关系

(一)单项选择题

1. D。

2. B。

3. A。

4. A。

5. C。

6. C。

7. A。

8. C。

(二)多项选择题

1. ABCD。

2. CD。

3. ABC。

4. ABCD。

5. AD。

6. ABC。

(三)不定项选择题

1. D。

2. D。甲请求乙帮忙唤醒,既不存在财产关系的内容,也不存在人身关系的内容。乙唤醒甲应属情谊行为,不受民事法律规范的调整。乙请求丙帮忙唤醒,自然也不形成民事法律关系。因此,甲的损失应该自己承担。

3. BCD。

4. B。选项A中,张某违章驾驶车辆发生事故导致李某残疾的行为构成了侵权行为,张某应依法对李某赔偿,故选项A错误,不当选。选项B中,唐某参加王某组织的自助登山活动,应预计相应风险,其死亡也是因雪崩这一意外事件造成,因此王某不应承担赔偿责任。选项C中,吴某与他人打赌之内容具有高度危险性,各方对于该行为的危险性认识不足,存有过错。因此,吴某之残疾应由包括吴某在内的打赌各方承担责任。选项D中,何某虽未劝酒,但其对郑某畅饮后驾车行为未加以阻止的不作为行为与郑某因事故死亡存在因果联系,且其主观上存在过失,其应对郑某死亡承担一定责任。

(四)名词解释与辨析

1. 民事法律关系是指由民事法律规范所调整的社会关系,也就是由民事法律规范所确认和保护的以民事权利和民事义务为基本内容的社会关系。广义的民事法律关系是指民法调整社会关系而形成的具有法律意义的社会关系;狭义的民事法律关系是指在现实生活中形成的以民事权利和民事义务为基本内容的社会关系。

2. 民事法律事实是指民事法律规范所确认的能够引起民事法律关系发生、变更或消灭的客观现象。

3. 根据民事法律关系义务主体是否特定,可以将民事法律关系分为绝对民事法律关系和相对民事法律关系。绝对法律关系是指权利主体特定而义务主体不特定的法律关系,包括物权法律关系、人身权法律关系、知识产权法律关系等。相对法律关系是指权利主体和义务主体都特定的法律关系,主要指债权法律关系。

4. 根据客观事实是否与人的意志有关,可以把民事法律事实分为行为和事件。行为是指受人的意志支配所进行的并能够引起一定民事法律后果的民事法律事实;事件是指与人的意志无关、能够引起一定民事法律后果的客观现象。

(五)简答题

1. 民事法律关系具有以下特征:

(1)民事法律关系是平等主体之间发生的社会关系;

(2)一般是由当事人依自己的意思自愿设立的,只要当事人依其意思实施的行为不违反法律规定,所设立的法律关系就受法律保护;

(3)民事法律关系是民法调整平等主体之间的

财产关系与人身关系所形成的社会关系，两者并重；

(4)民事法律关系的保障措施具有补偿性和财产性。

民法调整对象的平等性和财产性也表现在民事法律关系的保障手段上，即民事责任以财产补偿为主要内容，惩罚性和非财产性责任不是主要的民事责任形式。

2. 民事法律关系的要素是指构成民事法律关系的必要条件。民事法律关系由主体、客体和内容三要素构成，缺少其中任何一个要素都不能成立民事法律关系；其中任何一个要素发生变化，民事法律关系也就发生变化。

民事法律关系的主体简称为民事主体，是指参与民事法律关系、享受民事权利、负担民事义务的人。凡法律规定可成为民事主体的，不论其为自然人还是组织，都属于民法上的“人”。因此，自然人、法人和其他组织都为民事主体。国家也可以成为民事主体。民事主体具有法律地位平等、主体意思自主的特征。

民事法律关系的内容是民事主体在民事法律关系中享有的权利和负担的义务，亦即当事人之间的民事权利和义务。民事法律关系的内容包括权利和义务两个方面，权利和义务相互对立，又相互联系。权利的内容是通过相应的义务来表现的，义务的内容是由相应的权利来限定的。

民事法律关系的客体是指民事法律关系中的权利和义务共同指向的对象。民事法律关系的客体，依利益的表现形式，一般可分为物、行为、智力成果、人身利益四类。

(六)论述题

私力救济又称自我保护，是指权利主体在法律允许的范围内，采取自卫行为或自助行为等手段，保护自己的权利不受侵犯或救济自己被侵害的民事权利。

一般而言，私力救济具有以下特征：(1)纠纷解决的自治性和自主性；(2)纠纷解决主体的民间性或非官方性；(3)纠纷解决依据的多元性和灵活性；(4)纠纷解决结果效力的非强制性；(5)程序、方式、手段的灵活性和非正式性；(6)救济的直接性；(7)与社会救济及公力救济的互补和交错。私力救济与社会救济的边界往往很难准确区分。

私力救济又可以分为自卫行为和自助行为。自卫行为是指当民事权利受到侵害或者有受到侵害的现实危险时，权利人采取必要措施以防止损害的发生或扩大的行为；包括正当防卫和紧急避险两种形式。

正当防卫是指为了保护本人或者他人的民事权益或者公共利益，对于现实的不法侵害采取的防卫行为。其必须具备的条件有：侵害为不法；侵害现实且紧迫；针对侵害人；为保护自益、他益或公益；未超过必要限度。防卫超过必要限度为防卫过当，防卫过当造成他人不应有损害的，据《民法总则》第 181 条第 2 款，应承担赔偿责任。

紧急避险是指为了保护本人或者他人的民事权益或者公共利益受到急迫的危险所为的行为。此处引起危险的原因不限于人的行为，意外事故、自然灾害、动物侵害亦含其中。紧急避险必须具备的条件有：本人或者他人的生命、身体、自由、财产或者社会公共财产遭受正在发生的急迫危险；避险人主观上是为了避免自己或他人的生命、身体、自由、财产或公共财产遭受急迫危险而采取避险行动；避险行为具有必要性；避险行为具有相当性，即紧急避险行为不应超过必要的限度，一般是指所加于他人的实际损害不超过所避免的危险可能造成的损害程度；等等。紧急避险方法不当或超过必要的限度，应根据《民法总则》第 182 条第 3 款承担适当的民事责任。

自助行为是指权利人受到不法侵害之后，为保全或者恢复自己的权利，在情势紧迫而不能及时请求国家机关予以救助的情况下，依靠自己的力量，对他人的财产或自由施加扣押、拘束或其他相应措施的行为。一般而言，自助行为必须具备以下特征：为保护自己的权利；情势紧迫，来不及请求公力救济；采取的手段适当；事后及时请求有关国家机关处理。

私力救济的弊端在于：首先，私力救济由于缺乏外在力量的制约，在实体法和程序法上都缺乏规范性和制度的保障，并且私力救济本身拘束力较弱，它完全依赖于纠纷主体自身的力量，很容易产生弱肉强食的不公平现象和局面。例如，民间收债有时候会演化为暴力收债，这种情况下会导致一些非正义结果的出现。其次，有时私力救济不能最终解决纠纷；相反，它可能成为纠纷升级或激化的缘由，多数私力救济在追求成本低廉和迅速解决纠纷的同时，没有充分考虑到纠纷解决的彻底性。最后，有些私力救济反映出一些传统的民间陋习和一些落后的观念。因此，权利主体只能在法律许可的范围内运用私力救济来保护自己的权利。

第四章　自然人

(一)单项选择题

1. C。

2. A。

3. B。

4. B。

5. C。

6. B。

7. A。

8. D。

9. D。《人体器官移植条例》第 8 条第 1 款规定，捐献人体器官的公民应当具有完全民事行为能力。公民捐献其人体器官应当有书面形式的捐献意愿，对已经表示捐献其人体器官的意愿，有权予以撤销。本题中，甲不具有完全民事行为能力，其身体上的器官不能被捐献。因此，无论是其自己的决定，还是其监护人决定将其肾脏捐献给乙的行为，均无效。

10. D。17 岁的甲是限制民事行为能力人，在慈善拍卖会上以 1 000 元的积蓄拍得价值 100 元的表演道具，其行为是与其年龄和智力都相符的，因此该行为有效。

11. B。

(二)多项选择题

1. ABCD。

2. ABC。

3. BC。

4. ABC。

5. ABC。

6. AC。宣告死亡与自然死亡有同样的法律效果。被宣告死亡的人，人民法院宣告死亡的判决作出之日视为其死亡的日期。

7. ABC。

8. ABD。

(三)不定项选择题

1. ABC。

2. A。委托监护是由合同设立的监护人。选项 A 和 B 中，均成立委托监护，但是前者为全权委托，后者为限权委托。选项 C 中，只有在乙的父母全都死亡或者全都丧失监护能力的情况下，乙的爷爷才会有监护权。夫妻离婚后，与子女共同生活的一方无权取消对方对该子女的监护权。选项 D 中，甲、乙离婚后仍然都是丙的监护人，并不由丙住所地的居民委员会指定，只是离婚时应由法院判决谁与丙共同生活的问题，因此选项 D 错误。

3. B。《民法总则》第 20 条规定：“不满八周岁的未成年人为无民事行为能力人，由其法定代理人代理实施民事法律行为。”《民法总则》第 144 条规定：“无民事行为能力人实施的民事法律行为无效。”肖特 7 岁时受赠口琴 1 个，7 岁应属于无民事行为能力人，受赠口琴，赠与行为属于民事法律行为，故该行为无效，而应由其法定代理人代理实施。

4. ABCD。

(四)名词解释与辨析

1. 自然人是依自然规律出生而取得民事主体资格的人。公民是宪法上的概念，是指具有一国国籍并按该国宪法和法律享受权利和承担义务的自然人。自然人不仅包括公民，还包括本国的外国人和无国籍人。

2. 宣告死亡又称推定死亡或相对死亡，是指自然人离开住所，下落不明达到法定期限，经利害关系人申请，由人民法院宣告其死亡的法律制度。

3. 民事行为能力是指能够独立有效地实施民事法律行为的地位和资格。民事责任能力是指自然人能辨认和控制自己的行为，因而对其致人损害的后果要承担侵权责任的资格。

4. 住所是指为使法律关系集中于一处而确定的自然人的地址，是自然人生活和进行民事活动的主要基地或中心场所。

5. 监护是指民法上所规定的对于无民事行为能力人和限制民事行为能力人的人身、财产及其他合法权益进行监督、保护的一项制度。

（五）简答题

1. 监护是指民法上所规定的对于无民事行为能力人和限制民事行为能力人的人身、财产及其他合法权益进行监督、保护的一项制度。监护权的主体不限于父母，对象也不仅仅是指未成年人。

亲权是父母基于其特殊的身份对未成年子女所享有的权利和义务的总称。这种权利和义务是单方面的。亲权主体不但包括亲生父母，还包括养父母、继父母。当父母无法亲自行使亲权的时候，国家就自然代替父母取得行使亲权的主体资格。因此，亲权的主体应当还包括国家。

亲权与监护的区别在于：

(1)两者产生的基础不同。亲权是基于父母与子女之间的身份关系而产生的；监护的发生则是基于法律规定。

(2)主体范围不同。亲权的主体仅限于未成年人的父母(包括继父母、养父母)；而监护权的主体范围远远超过亲权的主体范围，包括父母、父母以外的其他亲属、朋友或法定的监护机构。

(3)保护对象不同。亲权的保护对象仅限于父母的未成年子女；而监护的保护对象除此之外，还包括不处于亲权下的未成年人和无行为能力或限制行为能力的成年人。

(4)权利内容和范围不同。从内容上看，亲权包括父母对其未成年子女的教养保护权，内容广泛；而监护权的内容仅限于保护权，不具有教养的内容，其内容较窄。从范围上看，亲权人对子女的人身和财产权益比监护人大。

(5)对两者的监督不同。父母行使亲权，没有专门的机关监督；而监护人对其职责的履行，有监护人所在单位、村居委会等专门的机关进行监督。我国立法上没有确定亲权制度，有必要对其相关制度建设予以完善。

2. 死者的人格利益是指自然人死亡后，其姓名、名誉、隐私等利益，是人格权在死者身上的延伸。

关于死者的人格利益是否应该得到保护以及如何保护，形成了以下几个观点：

(1)死者人格权利保护说。该说认为，死者仍然应当享有人格权。其理论依据是，自然人的权利能力消灭和权利消灭是两个不同的问题，两者的法律依据不同。人格权不一定因死亡而消灭，自然人死亡，使权利能力消灭，权利主体不复存在，只是使权利失去主体，并不是消灭了权利。

(2)近亲属利益保护说，又称家庭利益保护说。该说认为，对于死者的遗体、名誉、隐私等的侵害，就其本质而言，是侵害生者(如死者的近亲属)的利益，既可能是经济上的利益，也可能是精神上的利益。当侵权行为指向死者的遗体、名誉、隐私等时，实际上侵害的是生者(死者的近亲属)的经济利益或者精神利益，受到侵害的生者得以自己的名义为了自身之利益而提起诉讼。

(3)死者人格利益继承说。该说认为，人身权是专属权，不能继承，但是人身权和人身利益是不可混为一谈的，后者具有可继承性。死者的身体利益、人格利益和部分身份利益都可以继承。名誉利益也可以由法律主体以遗嘱方式遗赠给他人。

(4)死者法益保护说。该说认为，自然人死亡后，民事权利能力终止，不再享有人身权。但是，死者的某些人身利益继续存在，法律应予保护。这不仅仅是保护死者自身利益的需要，而且是保护社会利益的需要。更有学者在此基础上提出了“人格利益延伸保护说”，即民事主体在其诞生前和消灭后，存在着与人身权利相区别的先期法益和延续法益，人身法益和人身权利相互衔接，构成民事主体完整的人身利益。

对于死者人格利益的毁损，会出现两种后果：一是损害了死者近亲属的名誉；二是损害了死者的名誉。对于前者，侵害的是死者近亲属的权利；对于后者，应以侵害法律所保护的社会利益为宜。

(六)论述题

传统民法理论认为，自然人的民事权利能力始于出生、终于死亡。但随着社会的高速发展，在涉及胎儿民事权利的保护时，这一传统理论由于难以认定胎儿的主体地位而导致不能给予胎儿充分的保护。对胎儿赋予一定的民事权利能力以及对胎儿的民事权利保护范围加以完善，已经成为将来的立法趋势。

在如何保护胎儿利益的问题上，大致有三种立法例：一是概括主义，即以将来出生时存活为条件，胎儿具有权利能力，至于何为“出生时尚生存者视为胎儿已出生”，理论上也有不同认识，包括拟制说、法定解除条件说和法定停止条件说等；二是个别保护主义，即规定在某些事项上，视胎儿为出生；三是绝对主义，即既不规定胎儿有权利能力，也不规定在某些事项上有权利能力，只在某些事项上加以保护。

我国原采用第三种立法例，《继承法》第28条中关于胎儿特留份的原则，仅仅是规定分割遗产时，胎儿的承继份额理当保存。我国《民法总则》第16条规定，“涉及遗产继承、接受赠与等胎儿利益保护的，胎儿视为具有民事权利能力。但是胎儿娩出时为死体的，其民事权利能力自始不存在”，承认即使胎儿尚未出生，就可视其具有民事权利能力而可以行使继承权、受遗赠权、损害赔偿请求权等权利。这无疑在立法上强化了对胎儿利益的保护。

第五章　法　人

(一)单项选择题

1. A。
2. D。
3. A。
4. C。
5. D。
6. D。
7. B。
8. C。
9. B。

(二)多项选择题

1. ABCD。
2. ABCD。
3. BCD。
4. ABCD。

(三)不定项选择题

1. D。根据《基金会管理条例》第10条第2款规定，基金会设立登记的事项包括：名称、住所、类型、宗旨、公益活动的业务范围、原始基金数额和法定代表人。该条例第15条规定，基金会、基金会分支机构、基金会代表机构和境外基金会代表机构的登记事项需要变更的，应当向登记管理机关申请变更登记。基金会修改章程，应当征得其业务主管单位的同意，并报登记管理机关核准。尽管本题中，甲是基金会的创始人和出资人，乙是法定代表人，但二人均无权决定改变其宗旨和目的，因此选项A、B错误。尽管该基金会是由家庭财产捐资设立，但设立后该财产即属于基金会法人财产，其变更宗旨和目的无须经家庭成员决定，因此选项C错误。根据上述规定，改变宗旨和目的属于变更基金会章程载明事项和登记事项，因此需按程序进行申请和报批，因此选项D正确。

2. D。本案中，李红在合同尾部的签名可以认定为系根据合同要求作为法定代表人代表乙公司签字，同时也可以认定为系李红个人对合同内容中连带责任的确认。但李红个人对合同中关于连带责任的确认仅对李红有效，不能推及所有的法定代表人。当纠纷诉至法院时，乙公司的法定代表人已经变更为李蓝，而李蓝本人并未在合同上签字，因此，不能因前法定代表人李红的签字而确认李蓝本人的连带责任。

3. B。

(四)名词解释与辨析

1.《民法总则》第76条将营利法人定义为，以取得利润并分配给股东等出资人为目的成立的法人。营利法人包括有限责任公司、股份有限公司和其他企业法人等。

2. 社团法人是指以人为基础而集合成立的法人。社团法人的成员统称社员，其享有的权利也称社员权。财团法人是指以财产为基础而集合成立的法人，财团法人的主要形式就是基金。两者区别主要在于：(1)设立人地位不同。财团法人的设立人或出资人的出资，属于捐赠或遗赠。因此，法人成立或捐赠完成后，所赠财产即移转为法人所有，捐赠人或遗赠人并不获得社员权对价；社团法人的设立人或其成员的出资属于取得社员权的合同行为，根据合同成为社员或股东。(2)法人的目的事业不同。财团法人只能为公益事业，并不得营利；而社团法人既可从事公益事业，如工会，也可从事营利事业，如公司。(3)有无意思机关不同。财团法人参与民事活动，必须以捐赠人的意思进行，没有自己的意思机关；而社团法人由社员组成意思机关，其从事的活动在章程范围内由意思机关决定。

3. 准则主义是法人设立原则中的一种，也称登记主义，即由法律规定法人的条件。法人设立时如具备法定要件，无须经过主管部门批准，就可直接向登记机关登记，法人即告成立。

(五)简答题

1. 法人是指具有民事权利能力和民事行为能力、依法独立享有民事权利和承担民事义务的组织，其法律特征如下：(1)依法成立；(2)有必要的财产或经费；(3)有自己的名称、组织机构和场所；(4)能够独立承担民事责任。

2. 法人成立应当具备的条件包括：(1)依法成立。依法成立是指依照规定而成立。首先，法人组织的设立合法，其设立的目的、宗旨要符合国家和社会公共利益的要求；其次，法人的成立程序符合法律、法规的规定。(2)有必要的财产或经费。法人作为独立的民事主体，要独立进行各种民事活动，独立承担民事活动的后果。因此，法人应有必要的财产或经费；否则，法人无法进行各种民事活动。所谓必要，是指法人的财产或经费应与法人的性质、规模等相适应。我国一些法律法规对有关法人的财产或经费要求作了规定。(3)有自己的名称、组织机构和场所。法人应该有自己的名称，通过名称的确定使自己与其他法人相区别。

(六)论述题

法人的人格权是指法人作为具有法律上的独立人格的民事主体必须享有的民事权利。法人与自然人虽然都具有民事主体资格，但法人毕竟不同于自然人。自然人是一种有机体，是活生生的一类生物，而法人只是一种社会组织，只不过是运用了法律技术的结果。这决定了法人人格权虽然与自然人人格权有其共性，比如都是绝对权，但它仍具有其特性，具体如下：

第一，法人作为一种社会组织，不具有与生命密切相关的人格权，如生命权、健康权、肖像权、婚姻自主权。

第二，法人人格权一般来说与物质利益有较为密切的联系。尤其是企业法人，其人格权简直可以说是一种无形财产。其本身就是一笔难以计量的财富。可能正因为如此，我国有的学者认为，法人的人格权既是一种人身权，又是一种财产权。而自然人的人格权则是与人身密不可分的精神方面的权益，虽然在某些方面也会含有财产因素，但与法人的人格权比较而言，精神权益始终占主导地位。

第三，法人的某些人格权可以依法出售或转让，这主要是因为，这类人格权本身也是一种无形财产。而自然人人格权因其基本性质决定，一般来说，它是不进行自由流转的，是与其人身密切相关的。它是法律直接赋予自然人享有的，并且只能由权利人自己享有和行使。有些人格要素，如生命、健康、荣誉等一旦离开了其人身，也就失去了其意义。

第四，由于法人为一种社会组织，决定了对法人人格权的侵害，往往会给法人造成财产上的损失，通常认为不会造成精神损害，只是有时会发生精神损害以外的其他非财产损害。①

法人的人格权主要包括以下内容：

(1)法人名称权。法人名称权是法人依法决定、使用、改变自己的名称，依照法律规定转让名称，并排除他人非法干涉、盗用或冒用的人格权。包括以下四种具体权能：①名称设定权。法人为自己设定名称的权利，他人不得干涉，这是法人享有名称权的最基本内容。对于名称的设定，各国有不同的做法，我国对名称的设定采取特许主义和核准主义相结合的原则。②名称使用权。法人对其名称享有使用的权利，排除他人非法干涉和非法使用。③名称变更权。法人在使用其名称的过程中，可以依法变更自己登记使用的名称。④名称转让权。营利性法人可以将其名称部分或全部转让于他人行使。非营利性法人的名称不得转让。

(2)法人名誉权。法人名誉权是法人就其自身属性和价值所得的社会评价，享有的保有和维护的人格权。包括以下三项权能：①名誉保有权。一是法人保持自己的名誉不降低、不丧失；二是法人在知悉自己的名誉处于不佳状态时，可以以自己的实际行动改进它。②名誉维护权。一是基于名誉权的绝对属性，法人对任何其他人有不得侵害自己名誉的不作为请求权；二是法人对于侵害名誉权的行为人，可以寻求司法保护，请求对侵权人进行民事制裁，同时对自己遭受的损害进行救济。③名誉支配权。法人就社会对自己的评价不能进行支配，但对于名誉所蕴含的人格价值能够进行支配。法人可以利用自己良好的名誉，与他人进行广泛的政治、经济交往，使自己获得更好的社会效益和经济效益；当然也可以不利用它，但不得任意抛弃和任意处分。

(3)法人信用权。法人信用权是法人就其履行对他人承诺的义务能力在社会上获得的相应信赖和评价，享有的保有和维护的人格权。包括以下三项权能：①信用保有权。一是法人保持自己的信用不降低、不丧失；二是通过自己增强经济能力、加强诚信履约的努力，而使自己的社会、经济评价和信赖感不断增进，获得更好的社会、经济形象。②信用维护权。一是基于信用权的绝对属性，法人对任何其他人有不得侵害自己信用的不作为请求权；二是法人对于侵害信用权的行为人，可以寻求司法保护，请求对侵权人进行民事制裁，同时对自己遭受的损害进行救济。③信用支配权。法人可以利用自己良好的信用，与他人进行广泛的政治、经济交往，使自己获得更好的社会效益和经济效益；当然也可以不利用它，但不得任意抛弃和任意处分。权利人还可以利用自己的信用为他人谋取利益，为其他债务人提供担保。

(4)法人秘密权。法人秘密权是法人对其不为公众所知悉、具有实用性并经权利人采取保密措施的经营信息和其他非技术性信息所享有的人格权。包括以下四项权能：①秘密保守权。权利人对其秘密有采取保密措施、不让外人知晓的权利。②秘密使用权。法人对其秘密享有独占使用的权利，排除他人非法干涉和非法使用。③秘密维护权。法人对于侵害秘密权的行为人，可以寻求司法保护，请求对侵权人进行民事制裁，同时对自己遭受的损害进行救济。④秘密转让权。营利性法人可以将其秘密部分或全部转让于他人行使。非营利性法人的秘密不得转让。

---

① 参见马俊驹、余延满：《民法原论》(第四版)，法律出版社2016年版，第140页。

第六章　非法人组织

(一)单项选择题

1. C。
2. D。
3. B。
4. A。
5. B。
6. C。李南和张西虽然不参与经营和劳动，但是他们参与合伙的盈余分配，属于合伙人，因此，王东、李南和张西都是合伙人，王东和张西出具的“餐馆经营亏损与李南无关”的字据属于合伙人之间的内部约定，该约定是有效的，但是仅在其内部有效，对外不产生约束力。
7. B。有限合伙人不执行合伙事务，不得对外代表有限合伙企业。因此，选项B中的行为是违反《合伙企业法》的规定。
8. D。李某是否愿意取得合伙人的资格，由其法定代理人代替作出意思表示即可，不需要等到李明成年后由其本人作出。另外，即便是本人愿意，也需要其他全体合伙人一致同意才可以实现。因此，选项D错误。
9. B。甲虽然从普通合伙人转变为有限合伙人，但是对于其作为普通合伙人期间合伙企业发生的债务，仍然承担无限连带责任。
10. C。合伙人死亡或者被依法宣告死亡的，对该合伙人在合伙企业中的财产份额享有合法继承权的继承人，按照合伙协议的约定或者经全体合伙人一致同意，从继承开始之日起，取得该合伙企业的合伙人资格。

(二)多项选择题

1. AB。
2. AB。合伙人执业活动中因故意或者重大过失造成的合伙企业债务，以合伙企业财产对外承担责任后，该合伙人应当按照合伙协议的约定，对给合伙企业造成的损失承担赔偿责任。据此该所应以合伙企业财产对外承担责任。一个合伙人或者数个合伙人在执业活动中因故意或者重大过失造成合伙企业债务的，应当承担无限责任或者无限连带责任，其他合伙人以其在合伙企业中的财产份额为限承担责任。曾君和郭昌作为该所的合伙人，因重大过失造成合伙企业债务的，二人应当承担无限连带责任，该所其他合伙人以其在合伙企业中的财产份额为限承担责任。
3. BD。
4. ABD。合伙人被依法认定为无民事行为能力人或者限制民事行为能力人的，经其他合伙人一致同意，可以依法转为有限合伙人，普通合伙企业依法转为有限合伙企业。其他合伙人未能一致同意的，该无民事行为能力或者限制民事行为能力的合伙人退伙。退伙事由实际发生之日为退伙生效日。
5. ABD。
6. ACD。合伙人发生与合伙企业无关的债务，相关债权人不得以其债权抵销其对合伙企业的债务，也不得代位行使合伙人在合伙企业中的权利。据此，选项B表述错误。
7. BCD。
8. AC。
9. BCD。
10. BC。
11. BCD。
12. BD。
13. ABD。

(三)不定项选择题

1. B。合伙人乙退出个人合伙，不需要出租人同意，不需要提供有效的担保。退伙人已经分担合伙债务的，对其参加合伙期间的全部债务仍负连带责任。
2. (1)C。合伙人对执行合伙事务享有同等的权利。据此规定，甲、乙以合伙企业的名义对合伙企业的财产进行的委托投资的行为属于有权处分，经营范围是指合伙企业从事经营活动的业务范围。根据题意,甲、乙并未改变经营范围的意思,仅仅是利用企业财产进行投资的行为。甲、乙在执业活动中因重大过失造成合伙企业债务,应当承担无限连带责任,该损失由甲、乙承担连带责任,投资机构无须承担连带责任。

(2)BD。

(3)ABCD。

3.(1)CD。按照合伙协议的约定或者经全体合伙人决定,可以委托一个或者数个合伙人对外代表合伙企业,执行合伙事务。据此可知,该合伙人会议决议有效,王某不再享有对外签约权,王某不能以此为由向其他合伙人主张赔偿。合伙企业对合伙人执行合伙事务以及对外代表合伙企业权利的限制,不得对抗善意第三人。据此可知,合伙人决议作出的对张某对外签约权的限制有效,张某对外签约的标的额超过3万元时,必须事先征得全体合伙人的同意,但该限制不得对抗善意第三人。

(2)BD。田某是合伙事务执行人之一,其享有对外签约权,其对外签约无须征得朱某的同意。合伙人分别执行合伙事务的,执行事务合伙人可以对其他合伙人执行的事务提出异议。提出异议时,应当暂停该项事务的执行。如果发生争议,依照相关规定作出决定。据此可知,朱某提出异议时,应当暂停该项事务的执行。但田某已经签约的,朱某的异议并不影响合同的效力。普通合伙企业由普通合伙人组成,合伙人对合伙企业债务承担无限连带责任。法律对普通合伙人承担责任的形式有特别规定的,从其规定。本案中,王某、朱某均是该普通合伙企业的合伙人,他们均应对田某签约行为所产生的债务承担无限连带责任。

(3)BC。

4.(1)AD。

(2)AB。高崎的要求涉及合伙协议的修改。修改或者补充合伙协议,应当经全体合伙人一致同意;但是,合伙协议另有约定的除外。因此,其转变为有限合伙人的要求需得到其他两位合伙人的一致同意。有限合伙人不执行合伙事务,不得对外代表有限合伙企业。即使转变为有限合伙人,高崎仍然要对其转变以前的合伙企业债务承担无限连带责任。

(3)ACD。

5.(1)D。

(2)B。

(3)CD。

(四)名词解释与辨析

1. 根据《民法总则》第102条规定,非法人组织是不具有法人资格,但能够依法以自己的名义从事民事活动的组织。非法人组织包括个人独资企业、合伙企业、不具有法人资格的专业服务机构等。

2. 合伙是指两个或两个以上的民事主体以经营共同事业为目的,自愿订立合同,共同出资、共同经营、共享收益、共担风险,对外承担无限连带责任的联合体。

3. 特殊的普通合伙是指以专业知识和专门技能为客户提供有偿服务的专业服务机构所设立的合伙组织。当一个合伙人或者数个合伙人在执业活动中因故意或者重大过失造成合伙企业债务时,应当承担无限责任或者无限连带责任,其他合伙人以其在合伙企业中的财产份额为限承担责任。合伙人在执业活动中非因故意或者重大过失造成的合伙企业债务以及合伙企业的其他债务,由全体合伙人承担无限连带责任。

4. 退伙是指合伙人脱离合伙组织、丧失合伙人资格的行为。

(五)简答题

1. 有限合伙是指由至少一名普通合伙人和至少一名有限合伙人组成的合伙企业。其中,普通合伙人对合伙企业的债务承担无限连带责任,而有限合伙人则以其认缴的出资额为限对合伙企业的债务承担责任。

有限合伙和普通合伙的区别在于:(1)普通合伙企业的所有出资人都必须对合伙企业的债务承担无限连带责任,即合伙人全部为普通合伙人;而有限合伙企业中一部分出资人对企业债务承担有限责任,一部分出资人对合伙企业的债务承担无限责任(有限合伙企业中只有一个普通合伙人时)或无限连带责任(有限合伙企业中有两个或两个以上普通合伙人)。(2)普通合伙企业的投资人数为两人以上,即对投资人数没有上限规定;而有限合伙企业的投资人数为两人以上五十人以下且至少有一个普通合伙人。(3)普通合伙企业的合伙人对执行合伙事务享有同等的权利。当然,根据合伙协议约定或经全体合伙人决定,可委托一个或数个合伙人对外代表合伙企业,执行合伙事务;而有限合伙企业中的有限合伙人不得执行合伙企业中的事务。(4)普通合伙企业的出资人不得在合伙协议中约定,将全部利润分配给部分合伙人或由部分合伙人承担企业的全部亏损;而有限合伙企业根据合伙协议的约定,可以将全部利润分配给部分合伙人,但不得约定企业全部亏损由部分合伙人承担。(5)普通合伙人不得自营或与他人合作经营同合伙企业相竞争的业务;有限合伙人可自营或与他人合作经营同本企业相竞争的业务,合伙协议另有约定的除外。(6)普通合伙人不得同本企业进行交易,但合伙协议另有约定或经全体合伙人一致同意的除外;有限合伙人可以与合伙企业进行交易,当然,合伙协议约定不能进行交易的除外。(7)普通合伙企业的合伙人以其出资份额出质,必须经全体合伙人一致同意,否则其出资行为无效;有限合伙人可将出资份额出质,但合伙协议约定有限合伙人不能以其出资份额出质的除外。

2. 退伙是指合伙人脱离合伙组织、丧失合伙人资格的行为。退伙具有以下效力:(1)退伙人丧失合伙人身份,脱离原合伙关系。(2)退伙并不必然导致合伙企业的解散。只有在合伙人为两人的情况下,其中一人退伙则导致合伙的解散。当然,即使是在合伙人为两人的情况下,如果另一合伙人同意,也可以由退伙人将其份额转让给第三人,则合伙继续存在。(3)导致合伙财产的结算与损益分配。合伙人退伙,其他合伙人应当与该退伙人按照退伙时的合伙企业财产状况进行结算,退还退伙人的财产份额。退伙时有未了结的合伙企业事务的,可以待该事务了结后再进行结算。退伙人对给合伙企业造成的损失负有赔偿责任的,可以相应扣减其应当赔偿的数额。退伙人在合伙企业中财产份额的退还办法,由合伙协议约定或者由全体合伙人决定,可以退还货币,也可以退还实物。如果退伙时合伙企业的财产少于合伙企业债务,则退伙人应当根据合伙协议的约定或者《合伙企业法》第 33 条的规定分担亏损。退伙人退伙时,对基于其退伙前的原因发生的合伙企业债务,仍应与其他合伙人一起承担无限连带责任。

入伙是指合伙成立后,第三人加入合伙并取得合伙人资格的行为。入伙效力为,入伙的新合伙人与原合伙人享有同等权利、承担同样责任;入伙协议另有约定的,从其约定。新入伙人对入伙前的合伙债务承担无限连带责任,这是强制性规定。其目的是为了保护债权人的利益,可以避免合伙人串通,用推迟入伙日期的方法来逃避债务。

(六)论述题

合伙债务是指合伙存续期间以合伙名义进行经营活动而负担的债务。合伙人以个人名义所为行为产生的债务与合伙和其他合伙人无关,是合伙人的个人债务。合伙人个人债务的清偿,可以以其在合伙中的份额清偿,但是应当首先以份额以外的其他财产清偿,不足以清偿全部债务时,才得以其从合伙中分取的收益用于清偿;合伙人的份额被强制执行时,法院应当通知全体合伙人,其他合伙人有优先受让的权利。此外,合伙人个人的债务不得与合伙债务相互抵销。不同合伙对于合伙债务的债务承担方式也不一样,具体如下:

(1)普通合伙人对合伙企业债务的承担

普通合伙企业由普通合伙人组成,这就赋予了普通合伙企业具有人合性,因此合伙人对合伙企业债务承担无限连带责任。普通合伙人承担无限连带责任,应以合伙企业财产承担责任为前提,即只有在合伙企业的财产不足以清偿合伙企业债务时,才由合伙人承担无限连带责任。

(2)有限合伙人对合伙企业债务的承担

有限合伙企业由普通合伙人和有限合伙人组成,普通合伙人对合伙企业债务承担无限连带责任,有限合伙人以其认缴的出资额为限对合伙企业债务承担责任。

(3)特殊的普通合伙中合伙人对合伙企业债务

的承担

特殊的普通合伙企业是以专业知识和专门技能为客户提供有偿服务的专业服务机构，其执业的专业性及高风险性导致特殊责任的产生。一个合伙人或者数个合伙人在执业活动中因故意或者重大过失造成合伙企业债务的，应当承担无限责任或者无限连带责任，其他合伙人以其在合伙企业中的财产份额为限承担责任。合伙人在执业活动中非因故意或者重大过失造成的合伙企业债务以及合伙企业的其他债务，由全体合伙人承担无限连带责任。

第七章　民事法律客体的种类

(一)单项选择题

1. D。
2. D。
3. B。
4. C。
5. C。
6. C。
7. D。
8. B。

(二)多项选择题

1. ABC。
2. ABC。
3. ABCD。
4. ABD。
5. ABD。
6. AD。

(三)不定项选择题

1. AD。
2. BD。
3. ABCD。
4. ABC。

(四)名词解释与辨析

1. 原物是指作为本体而依其自然属性或法律规定可产生新物的物，孳息则是从原物本体中产生的物。孳息又可以分为天然孳息和法定孳息。

2. 主物是指两种以上的物相互配合、按一定的经济目的组合在一起时，无须依赖他物而能独立存在并起主要作用的物。从物是指配合主物的使用而起辅助作用的物。

3. 虚拟财产是指网络游戏中为玩家所拥有的、存储于网络服务器上的、以特定电磁记录为表现形式的无形财产，通常包括网络游戏中的武器装备、QQ币、QQ号码、电子邮箱和网址等。

(五)简答题

1. 民法上的物是指人身以外，能够被民事主体所支配和利用，并能满足人类生活需要的物质实体。物具有以下特征：(1)存在于人的身体之外，主体自身不能成为物。在法律允许的范围之内，人的某些器官一旦脱离人体，就有可能成为权利、义务的客体，人体的器官可否成为权利、义务的客体，或者在何种情况下能够成为权利、义务的客体，取决于法律的规定，也取决于其行为是否违背社会道德。(2)占有一定空间并具有一定形体。民法上的物具有一般物的基本属性，即占有一定空间。传统民法上的物，主要就是指这种“有体物”。但在现代社会，随着科学技术的发展，许多特殊的物质资料不断出现，比如对电、热、声、光等“能”的利用越来越广泛。因此，传统的“有体物”的范围被突破，在特定条件下，电、热、声、光等只要能够为人力所控制，且能够成为交易的对象，则在法律上可以被视为“物”，成为民事法律关系的客体。例如，供用电合同的客体就是电。(3)能够为人力所实际控制。只有能够为人力所控制的物，人们才能对之主张权利。如日月星辰，虽然于人类的存在有重大意义，但由于其不能为人力所控制，所以任何人客观上不可能对之主张所有权或者其他民事权利，也不能以之作为交易行为的对象。但是，随着人类科学技术的发展,人力所控制的物质范围越来越广泛,目前不能为人力所控制的物,将来有可能为人力所控制。所以,民法上物的发展,是随着人类征服自然的能力的发展而不断扩大的。(4)能够满足人们的生产或生活的某种需要。民事权利的核心是利益,包括物质利益和精神利益。而人们支配物的目的总是为了满足某种实际需要。因此,作为民事法律关系客体的物必须能够为人带来物质或精神的某种享受。对于人类毫无用处的东西,尽管其能够为人力所控制,但肯定无人对之主张权利,因而不能成为民法上的物。

2. 以其是否可以移动并且移动是否会损害其价值为标准,可以将物划分为动产与不动产。不动产是指性质上不能移动,或虽可移动,但会影响其价值的物,主要包括土地和土地上的定着物。动产是能够移动并且不至于影响其价值的物。

动产与不动产的区别在于:(1)公示方法不同。不动产以登记为公示方法,动产以占有、交付为公示方法。(2)取得时效期间不同。不动产取得时效期间长,动产取得时效期间短。(3)存在物权种类不同。不动产之上可以设立用益物权,而动产则否;动产之上可以成立留置权和质权,而不动产则否。(4)虽不动产和动产均可设立抵押权,但是不动产抵押权登记为生效要件,而动产抵押权登记为对抗要件。(5)法律对不动产物权的限制较多,而对动产物权的限制较少。

3. 货币又称金钱,是指充当一般等价物的一种特殊的物。货币为动产,其与其他动产的区别在于:(1)货币是具有高度替代性的代替物,即以同种同量相互替代的物。货币作为流通手段,要求其具有高流通性,此决定了货币本身不具有个性,它所表现的价值是以其表面所示货币单位金额来计算的,等值之货币可以毫无障碍地互换。正因如此,货币为具有高度替代性的种类物。(2)货币为典型的消费物。所谓消费物,是指同一个人不能以同一目的反复使用之物。货币作为交换媒介和流通手段,以时时易主为其常态,其流通性远远超过任何其他财产。而货币一经使用即转入他人之手,原所有人即不得再行使用。辗转流通为货币的特有机能,供人消费是货币的唯一目的,故货币为典型的消费物。(3)货币所有权与其占有融为一体。(4)货币是请求权的具体化。(5)货币的价值体现为票面价值。

(六)论述题

答题要点:

(1)物的扩张动力在于伦理观念、社会经济和科学技术发展对物观念的冲击。一方面,传统物为有体物的观点不能解决现实问题;另一方面,人类可以控制的对象日益增加。

(2)物的扩张的表现。①声、光、电、热等自然力在近代即纳入物的范畴。②空间成为不动产。空间虽然不具有外在实体,但其可以满足人类的需要,且可在法律上支配,故无论在土地之空中或地中,如果具备独立之经济价值及有排他的支配可能性两项要件,即可为物。③活体器官。活体器官成为物的最大障碍在于伦理争议。为适应器官移植技术的发展,活体器官也应可适用动产之规定,但作为具有一定人格性的特殊物,只能通过有偿捐赠来获取,并且分离不能强制执行。④生殖医学与基因工程的出产物。对于受精卵、胚胎的法律地位有争议,现阶段仍以特殊的物为宜。

第八章　民事法律行为

(一)单项选择题

1. B。

2. B。

3. D。陈老伯属于动机错误,即其购买房屋的动机——希望房屋是地铁房、房屋价值能够快速提升等——最终与事实不符。民法理论上一致认为,动机错误不影响民事法律行为的效力。

4. C。

5. D。

6. D。胁迫的构成要件可以从胁迫人和被胁迫人两个方面考察。就胁迫人而言:第一,必须有胁迫行为的存在;第二,必须有胁迫的故意;第三,必须预告危害属于不正当。就被胁迫人而言:第一,必须因受到胁迫而产生恐惧;第二,必须因恐惧作出意思表示。选项D中,甲的预告危害行为具有正当性(目的、手段的内在关联),无论甲是否举报乙醉酒驾车,乙均需承担赔偿责任。

7. B。

8. C。选项C中,甲的"误解"系对法律行为性质的认识错误。

9. B。

10. B。

11. A。

(二)多项选择题

1. ABCD。根据《合同法》的规定,具有撤销权的当事人自知道或者应当知道撤销事由之日起一年内没有行使撤销权,撤销权消灭。无效的合同或者被撤销的合同自始没有法律约束力。合同部分无效,不影响其他部分效力的,其他部分仍然有效。合同无效或者被撤销后,因该合同取得的财产,应当予以返还;不能返还或者没有必要返还的,应当折价补偿。有过错的一方应当赔偿对方因此所受到的损失,双方都有过错的,应当各自承担相应的责任。

2. BCD。行为人因对行为的性质、行为当事人,以及标的物的品种、质量、规格和数量等的错误认识,使行为的后果与自己的意思相悖,并造成较大损失的,可以认定为重大误解。王某应当知道真正的"秦始皇兵马俑"属于法律禁止买卖的,不能认定为重大误解,也无权请求撤销该合同。

3. AD。

4. BC。

5. CD。

6. ABD。

7. ABCD。

(三)不定项选择题

1. D。甲、乙关于"甲不得告发乙"的约定因违反了法律的强制性规定而归于无效,甲、乙关于双方之间赔偿问题的约定是民事主体对自己权利的处分,并未违反法律的强制性规定,也不存在乘人之危的问题,应认定为有效。

2. C。

3. BD。

(四)名词解释与辨析

1. 准法律行为是指行为人以法律规定的条件业已满足为前提,将一定的内心意思表示于外,从而引起一定法律效果的行为。准民事法律行为主要包括意思通知行为、观念通知行为和感情表示行为。

2. 依据当事人各方权利享有和义务负担情况,可以将法律行为分为双务法律行为和单务法律行为。双务法律行为是指当事人双方互相享有权利和负有义务的法律行为,其中一方的权利是他方的义务,而他方的权利则是本方的义务。单务法律行为是指只有当事人一方负有义务,而他方享有权利、不承担义务的法律行为。

3. 意思表示是指行为人把进行某一民事法律行为的内心效果意思,以一定的方式表达于外部的行为。

4. 真意保留又称心中保留、非真意表示或单独虚伪表示,是指表意人故意隐匿其内心所欲追求的效果意思,而为与效果意思相反的表示行为。

(五)简答题

1. 意思表示是由意思即主观要件和表示即客观要件两部分构成。

(1)客观要件

意思表示的客观要件即指表意人所为的外部表示行为。一般认为,作为这种有表示价值的积极或消极行为,只要在客观上可认定表意人是在表示某种法律效果意思,都可称为表示行为。表示行为是指行为人将内心意思以一定方式表现于外部,并足以为外界客观理解的行为要素。表示行为包括两方面内容:第一,表示行为必须是表意人有意识的行为;第二,表示行为必须能够为外界客观理解。

(2)主观要件

意思表示的主观要件即指表意人的内心意思。理论界基本认可意思表示的主观要件应由效果意思、行为意思和表示意识等因素组成。

①效果意思。是指行为人欲依其表示发生特定法律效果的意思。表意人意欲发生的法律效果，亦即法效意思或法律行为意思。效果意思依是否表示，可分为内心效果意思和表示效果意思：前者指仅存在于表意人内心的效果意思，后者是客观上已表示的效果意思。相对而言，内心的追求实难探求，故目前所言效果意思应指表示的效果意思。如此，表意人就不能仅有对法律效果的意识，而应达到发生法效的程度，亦即将发生法律效果的目的予以表达。

②行为意思是指体现为表意人自觉地从事某种行为的外部动作意思。行为意思可用语言、举手、点头、制成文书、金钱支付等作为形式体现，也可根据当事人合意或交易习惯，将行为人的不作为，如沉默等，理解为存在行为意思。但不论行为人以何种方式显示其行为意思，都必须体现为表意人自觉欲为表示动作意思，而有别于完全在强制下的行为或睡眠中动作，如某人受催眠或被强迫后由他人将其手印按在契约上，其虽在外观上有表示效力意思，但非出自表意人的自觉，故不论有无效果意思，均因欠缺表示意欲即欠缺行为意思而不得谓有意思表示。

③表示意识。是指表意人认识其行为有法律行为上的意义。与行为意思不同，表示意识是行为人就外部举止有无效果意思表示力的认识，即以行为人知悉其行为且他人也会将之与特定效果意思相联系为前提，通常注重表示意识者，均认为无表示意识即无效果意思。

2. 民事法律行为的有效要件是指为使已经成立的民事法律行为具有法律约束力所应当具备的法定条件。民事法律行为应具有以下有效要件：

(1)行为人具有相应的民事行为能力

民事行为能力是民事主体据以独立实施民事法律行为的法律资格。行为人只有具有健全的心智，才能进行相应的民事活动，这一条件主要是为了保护限制行为能力人和无行为能力人的利益而设。对自然人而言，完全民事行为能力人可以单独实施法律行为，但限制行为能力人只能进行与其年龄、智力和精神健康状况相适应的民事活动，无行为能力人一般不能独立进行民事活动，但纯获利益的活动二者均可为之。对法人而言，其民事行为能力是和民事权利能力相一致的，法人的行为能力不能超出法律或章程规定的业务范围。所以，法人实施民事法律行为必须要在核准登记的生产经营和业务范围之内。除此以外，法人只有权从事为维持其存在所必需的法律行为。

(2)意思表示真实

意思表示是民事法律行为的核心要素。意思表示真实，即要求行为人的内心意愿为行为人自觉自愿而产生的，同时与其所表达的意思相一致，通常情况下达到这一点有两个要求：一是意思表示自由，不是在受到他人欺诈、胁迫之下作出的违背其内心意愿的行为；二是意思表示无误，应当是其内心真实意愿的反映，并非因重大误解等原因而表错意。但也可能出现表示意思与效果意思不一致的情形，此即意思表示有瑕疵。意思表示有瑕疵的行为，如属于法律规定的应被宣告无效或者撤销的情况，则不应产生法律效力。

(3)不违反法律或者社会公共利益

这是民事法律行为合法性的本质要求。所谓不违反法律，是指意思表示的内容不得与法律的强制性或禁止性规范相抵触，也不得滥用法律的授权或任意性规定以规避法律，还应该包括不违反国家政策。这里所说的法律，既包括国家颁布的各种法律、法规和各级政权机关发布的决议、命令、条例等行为规范，还包括国家现行政策，如不得买卖禁止流通物等。所谓社会公共利益，是社会全体成员的共同利益，社会经济秩序、政治安定、道德风尚等皆应包括在内。不违反社会公共利益是指行为人实施的行为必须符合全体人民的共同利益，不得有损社会公共秩序和社会公德等。

3. 可撤销民事法律行为是指民事行为虽已成立并生效，但因意思表示不真实，可以因行为人撤销权的行使，使其自始不发生效力的民事行为。效力待定民事法律行为又称效力未定民事法律行为，是指行为成立时，其是有效还是无效尚不能确定，还待其后一定事实的发生来确定其效力的民事法律行为。两者区别主要在于：

(1)双方主体的权利不同。可撤销民事法律行为中，只有受到欺诈、胁迫、重大误解而显失公平的一方有权行使撤销权。效力待定民事法律行为中，法定代理人享有追认权，而另外一方当事人也享有催告权。

(2)这两种法律行为的初始效力不同。即在相关权利人未行使相关权利之前，这两类法律行为的效力是不同的。在可变更、可撤销的法律行为中，只有一方当事人享有撤销权而另一方当事人则没有，这就得出这类法律行为从成立时起，已经发生一定的效力，只不过该效力仅能约束无撤销权的一方当事人，不能约束有撤销权的一方当事人，因此可以说，这种法律行为是“效力不完全”。而在效力待定法律行为中，在权利人的追认权行使之前，该法律行为的效力是没有确定的，即对双方当事人均无约束力。

(3)依据权利的不同，又可以得出权利行使后的法律后果不同。在可变更、可撤销的法律行为中，权利人行使撤销权或变更权后，原来的法律行为就自始无效或内容变更。而效力待定的法律行为中，享有追认权的权利人行使追认权后该法律行为就有效了。

(4)权利人怠于行使自己的权利的法律后果不同。在可变更、可撤销的法律行为中，权利人在法律规定的期限内不行使撤销权或变更权，则原法律行为有效，撤销权人不得依据该理由请求法院撤销或变更该法律行为。在效力待定的法律行为中，追认权人在规定期限内不行使追认权或经相对人催告后拒绝作出表示的，则视为拒绝追认，原法律行为自始无效。

(六)论述题

无效民事法律行为是指已经成立的民事行为严重欠缺民事行为的生效要件，因而自始、绝对、确定、当然、永久地不按照行为人设立、变更、终止民事法律关系的意思表示发生预期效力的民事行为。无效法律行为具有以下特征：(1)无效民事法律行为虽已成立，但欠缺法定有效要件。主要表现为对法律、行政法规的强制性规定和社会公共利益的违反。(2)自始无效。无效民事行为之无效，自行为开始起发生，该行为之意思，从开始起就不被法律所认可。(3)当然无效。即无效民事行为无须任何人主张，也不待法院或仲裁机构宣告，即无效。该行为无效不以主张、确认和宣告为要件。(4)确定无效。无效民事行为不仅在其成立时不发生法律效力，以后也绝对没有再发生法律效力的可能。这与效力未定的民事行为可以经过补正而生效不同。

无效民事法律行为以无效原因系存在于民事法律行为内容的全部或一部为区分标准，可分为全部无效民事法律行为与部分无效民事法律行为。一项民事法律行为中，如果仅是局部内容存在缺陷，存在无效原因，而其余部分不存在缺陷，并且仍然可以单独设定、变更或者终止民事法律关系的，那么存在缺陷部分属于无效，其余部分则仍然可以有效。《民法总则》第156条规定，民事法律行为部分无效，不影响其他部分效力的，其他部分仍然有效。

依据《民法总则》的规定，无效民事法律行为的种类主要有：(1)无民事行为能力人实施的民事法律行为无效。(2)行为人与相对人以虚假的意思表示实施的民事法律行为无效。(3)违反法律、行政法规的强制性规定的民事法律行为无效，但是该强制性规定不导致该民事法律行为无效的除外；违背公序良俗的民事法律行为无效。(4)行为人与相对人恶意串通，损害他人合法权益的民事法律行为无效。

民事法律行为被宣告无效后，所约定的义务尚未履行的，无须再履行；已经履行的，应中止履行。对于业已履行的部分，应按下面的原则去处理：(1)返还财产。在给付了财产的情况下，受领财产的一方应将该财产返还相对人；如果财产已不存在，无法返还的，应折价赔偿。(2)赔偿损失。如果民事行为无效后给对方或者第三人造成了损失，还应当赔偿损失。如果损失是一方的过错造成的，则仅过错方赔偿；如果双方都有过错，则由双方承担各自应负的责任。(3)解决争议条款之有效。在双方民事行为无效后，该行为中关于解决双方争议的意思表示可以独立发生效力，不因该行为无效或被撤销而不发生效力。

第九章　代　理

(一)单项选择题

1. D。
2. B。
3. B。
4. A。
5. C。
6. A。
7. A。乙公司组织工人到甲公司讨要欠款时，小王是在甲公司高级管理人员均不在的情况下签署了同意履行付款义务的承诺函。这意味着乙公司的工人实际上是先找甲公司的高级管理人员主张权利，在高级管理人员均不在的时候，才向法务小王主张权利，即乙公司的工人明知小王为法务人员。据此，其不属于善意第三人，不构成表见代理。法务小王的行为对外不得被认定为甲公司同意履行债务的意思表示。因此，甲公司仍然可以主张诉讼时效抗辩。
8. D。限制民事行为能力人订立的合同，经法定代理人追认后，该合同有效，但纯获利益的合同或者与其年龄、智力、精神健康状况相适应而订立的合同，不必经法定代理人追认。因此该合同因其父母拒绝追认而无效。代理权授予属于单方民事法律行为，并不以基础关系(委托、雇佣等)为必要条件。因此，其效力不因委托合同的效力受影响。
9. D。选项 C 中代人面试的行为不是法律行为，自然不成立代理。
10. A。虽然乙因故辞职，但是因为乙长期在丙餐厅签约招待客户，使丙餐厅有理由相信乙是有代理权的，形成表见代理，所以甲公司应该付款。

(二)多项选择题

1. ABD。
2. ACD。
3. ABC。
4. ABC。
5. ABC。乙的行为超越代理权，构成无权代理，甲有权追认。丙欺诈乙购买劣质手机，属于可撤销、可变更的法律行为，本人自然享有撤销权。乙从事的是代理行为，在遭受欺诈时有权以本人名义实施撤销。丙以销售劣质手机为业，并诱骗乙高价采购，属于恶意第三人，不享有撤销权。
6. AD。
7. AB。

(三)不定项选择题

1. CD。
2. CD。
3. AB。本题中，方某不是汽车的所有人，对汽车的损害也无过错，不承担赔偿责任，其没有法定或约定的义务，即没有为丁公司维修汽车的义务，其主动为丁公司维修汽车的行为构成无因管理。方某在没有取得丁公司授权的情况下，其自行决定以丁公司名义将该车放在戊公司进行维修的行为构成无权代理，而非无权处分。

(四)名词解释与辨析

1. 本代理是指代理人由被代理人选任或者依照法律规定而产生的代理。复代理亦称再代理或转委托，指代理人为了被代理人的利益，转托他人实施代理的行为。

2. 表见代理是指虽然行为人事实上无代理权，但相对人有理由认为行为人有代理权而与其进行法律行为，其行为的法律后果由被代理人承担的代理。

3. 无权代理是指在没有代理权的情况下以他人名义实施的民事行为。无权代理有广义和狭义之分。广义无权代理包括表见代理和表见代理以外的无权代理。狭义无权代理仅指表见代理以外的无权代理。无权代理一般是指没有代理权、超越代理权或者代理权终止后所进行的代理。

(五)简答题

1. 代理是指代理人以被代理人的名义，在代理权限内与第三人实施民事行为，其法律后果直接由被代理人承受的民事法律制度。行纪是行纪人以自己的名义为委托人从事贸易活动，委托人支付报酬的合同。

代理和行纪的联系在于：(1)均涉及三方当事人；(2)民事法律行为的最终效果不归属于行为人；(3)行为人为他人利益而进行民事法律行为。

代理和行纪的区别在于：(1)行纪是以自己的名义为法律行为，而直接代理是以被代理人的名义为法律行为。因此，行纪的法律效果直接归属于行纪人，间接归属于委托人。(2)通常情况下，行纪人从事的是贸易行为，而代理人的行为则不限于贸易行为。(3)行纪多为有偿行为，而代理则包括无偿代理。与代理不同，行纪人与第三人订立合同产生的权利、义务要由行纪人自己承受，委托人与第三人之间不直接发生法律上的权利义务关系。所以，行纪人的风险比代理人大得多。正因为如此，代理人的代理活动可以有偿，也可以无偿；代理人可以是法人，也可以是自然人。而行纪人的活动都是有偿的，并且从事行纪活动的，一般要求是能够承担风险、有法人资格的组织，多为依法登记专门从事行纪业的主体。

2. 表见代理是指代理人没有代理权、超越代理权或者代理权终止后的无权代理人，以被代理人的名义进行的民事行为在客观上使第三人相信其有代理权而实施的代理行为。

表见代理的构成要件是：(1)存在无权代理行为；(2)第三人在客观上有理由相信无权代理人有代理权；(3)第三人主观上是善意且无过错；(4)行为人与第三人之间的民事行为必须具备民事行为的有效要件。

表见代理具有以下效力：

(1)表见代理成立，订立的合同有效，表见代理中的相对人不享有《合同法》第 48 条规定的撤销权。表见代理虽属无权代理，但是只要存在相对人有理由相信行为人有代理权的事实，表见代理成立，行为人的代理行为就应当按有效的代理来看待。在此情况下，所签订的合同就应当是有效合同。所以，相对人不享有《合同法》第 48 条规定的撤销权。

(2)本人对相对人承担民事责任。表见代理被认定成立后，其在法律上产生的后果同有权代理的法律后果一样，即由被代理人对代理人实施的代理行为承担民事责任。

(3)代理人对本人承担民事赔偿责任。被代理人因表见代理成立而承担民事责任，因此给被代理人造成损失的，被代理人有权根据是否与代理人有委托关系、代理人是否超越代理权和代理权是否已经终止等不同的情况，以及无权代理人的过错情况，依法请求无权代理人给予相应的赔偿。无权代理人应当赔偿给被代理人造成的损失。

(4)无权代理人对被代理人的费用返还请求权。表见代理的法律后果使被代理人的利益受到损害时，无权代理人应依法赔偿。同时，并非所有的表见代理的法律后果都必然对被代理人不利，当表见代理的法律后果是使被代理人从中受益时，根据公平原则，权利、义务应当对等，无权代理人有权要求被代理人支付因实施代理行为而支出的相关的合理费用。

(六)论述题

答题要点：

授权行为是指本人对于代理人授予代理权的单方意思表示，而委托、雇佣、合伙等合同则称为基础行为，授权行为与基础行为相互独立。本人通过授权行为授予代理人代理权，如欲课之以义务，则须通过基础行为的约定。

授权行为与基础行为之间存在三种关系：(1)基本法律关系伴有授权行为；(2)仅有授权行为而无基本法律关系；(3)仅有基本法律关系而无授权行为，可见授权行为与基本法律关系相分离，学理上被称为授权行为的独立性。

另一个问题是，当基础法律关系与授权行为伴生时，基础法律关系不成立、无效或被撤销时，授权行为的效力如何？也即授权行为有因还是无因的问题。授权行为无因说认为，基础关系无效或被撤销，不影响授权行为的效力，欲使代理权消灭，则需要专门的意思表示。而授权行为有因说认为，基本法律关系无效或被撤销时，授权行为随之消灭，当事人可以另有约定。在尊重行为人意志的基础上呼应私法自治,应以有因说较合适。[1]

第十章 诉讼时效、除斥期间与期限

(一)单项选择题

1. B。
2. A。
3. A。
4. D。
5. C。
6. C。
7. B。
8. D。根据《最高人民法院关于审理民事案件适用诉讼时效制度若干问题的规定》第10条第4项规定,应为"国家级或者下落不明的当事人一方住所地的省级有影响的媒体上刊登具有主张权利内容的公告的"。

(二)多项选择题

1. ABCD。
2. ABC。
3. ACD。
4. ABCD。
5. ABD。
6. ABC。
7. AB。

(三)不定项选择题

1. A。
2. D。
3. ABCD。丙不断索赔的行为可以导致时效中断。甲不能以侵权之债已过时效为由不支付赔款。同时,丁作为保证人,也不能以主债务时效已过为由主张不承担保证责任,丙诉保险公司并不是保险合同纠纷。
4. B。

(四)名词解释与辨析

1. 时效是指一定的事实状态持续地经过法定期间,即产生一定民事法律后果的民事法律制度。

2. 取得时效是指占有他人财产,持续达到法定期间,即可依法取得该项财产权的法律制度。

3. 期限是指能引起民事权利义务关系发生、变更或终止法律后果的时间。

4. 诉讼时效的延长是指人民法院查明权利人在诉讼时效期间确有法律规定之外的正当理由而未行使请求权的,适当延长已完成的诉讼时效期间。

(五)简答题

1. 诉讼时效是指权利人不行使权利的事实状态,持续经过法定期间届满,丧失其请求法院依诉讼程序强制义务人履行义务的权利的失效制度。除斥期间是指法定的权利的存续期间,因该期间的经过发生权利消灭的法律效果。

两者的区别主要在于:(1)两者的法律后果不同。虽然诉讼时效和除斥期间的法律后果都表现为某种权利的消灭,但诉讼时效所消灭的是权利人享有的胜诉权,而除斥期间则消灭的是权利人享有的实体民事权利本身,如追认权、撤销权、解除权等。(2)两者的期间不同。虽然诉讼时效和除斥期间都以一定事实状态存续一定时间为内容,但是,诉讼时效是可变期间,适用中止、中断或延长的规定,而除斥期间则一般是不变期间,不因任何事由而中止、中断或者延长。(3)两者的适用依据不同。诉讼时效规定的是权利受害人请求法律保护的期限,仅适用于权利受到侵害的权利人不行使请求权的情况;而除斥期间规定的是权利人行使某项权利的期限,以权利人不行使该实体民事权利作为适用依据。(4)两者的适用条件不同。诉讼时效是在当事人主张时,人民法院予以援用;而除斥期间则是由人民法院依职权予以援用,不论当事人是否主张。(5)两者

---

[1] 参见朱庆育:《民法总论》,北京大学出版社2016年版,第346页。

的起算时间不同。诉讼时效期间自权利人知道或者应当知道权利受到损害之日起计算，而除斥期间则是自相应的实体权利开始时起算。

2. 诉讼时效中止是指在诉讼时效进行期间，因发生法定事由阻碍权利人行使请求权，诉讼时效依法暂时停止进行，并自法定事由消失之日起继续进行的情况。诉讼时效中断是指已经开始的诉讼时效因发生法定事由不再进行，并使已经经过的时效期间丧失效力。

两者的区别在于：(1)适用条件不同。前者发生于诉讼时效期间的最后 6 个月内；而后者无时间发生的限制，可以发生在时效进行期间的任何阶段。(2)法定事由不同。前者的法定事由为不可抗力，以及其他阻碍权利人行使请求权的情况；后者的法定事由包括提起诉讼、当事人一方提出要求或者同意履行义务。(3)法律效果不同。前者是暂时停止时效的进行，待法定事由消失后，继续计算时效期间；而后者是使法定事由发生之前已经经过的时效归于无效，而重新计算时效期间。

(六)论述题

诉讼时效又称消灭时效，是指权利人在法定期限内不行使权利，即丧失请求法院依诉讼程序强制义务人履行义务的权利的法律制度。

对于消灭时效的效力，主要有以下几种观点：(1)实体权消灭主义。此种立法将诉讼时效的效力规定为直接消灭实体权，其代表为《日本民法典》。(2)诉权消灭主义。即诉讼时效完成后，其权利本身仍然存在，仅诉权归于消灭。诉讼时效届满后的权利，因诉权消灭，不能请求人民法院强制执行，称为自然债，其代表为《法国民法典》。(3)抗辩权发生主义。即时效完成后，义务人取得拒绝履行的抗辩权。如义务人自动履行，视为放弃其抗辩权，该履行行为有效，采用此主张的有《德国民法典》。我国《民法总则》第 192 条规定，诉讼时效期间届满的，义务人可以提出不履行义务的抗辩。诉讼时效期间届满后，义务人同意履行的，不得以诉讼时效期间届满为由抗辩；义务人已自愿履行的，不得请求返还。可见，我国采用抗辩权发生说，即诉讼时效届满，义务人享有时效抗辩权。

具体而言，诉讼时效具有以下效力：(1)债务人可以不履行债务。债务人不履行债务，在通常情况下应承担民事法律责任，但在诉讼时效期满后，他就无须为此承担任何民事责任。(2)法院对债务人不适用强制履行的办法。诉讼时效期满后，法院一般对这种债权不加以保护，但债权人仍可以向法院提起诉讼，法院如认为理由正当，可以延长诉讼时效期间。(3)诉讼时效期满后债务人仍然履行债务的，不得以时效期间为理由请求返还。(4)诉讼时效期满的债权可以用来抵销其他债务。这就是说，债权人这一债权诉讼时效期满后，债权虽然不能强制履行实现，但可以用来抵销同一债务人同类到期债权的债务。(5)诉讼时效届满后，主权利的性质改变也同样适用于从权利，但属从权利的担保物权除外。

诉讼时效的适用范围是指哪些权利适用于诉讼时效。一般认为，诉讼时效只能适用于请求权，对于支配权而言，权利者占有、支配自己财物之权利，不论时间长短，无碍于社会经济秩序，无适用诉讼时效之必要。形成权是指权利人依自己单方的意思表示，使民事法律关系发生、变更或消灭的权利，如撤销权、解除权、催告权、承认权。为促使此种权利的尽快行使，解决此种权利、义务不稳定状态，民法对形成权规定了在法定期间内不行使，即丧失此种权利，即除斥期间。因此，形成权也不适用诉讼时效。抗辩权以对方请求权的存在为前提，在该第三人请求权存续期间，不因时效而消灭，若该第三人的请求权已过诉讼时效，其已不复存在。大多认为是由于抗辩权人不行使权利，即表明其对权利的放弃，无给予其一定期间来行使权利的必要。因此，抗辩权也不适用诉讼时效。请求权中，债权请求权可以适用诉讼时效，对此争议不大；但对物权请求权、人身权请求权能否适用诉讼时效，仍存在争议。

第二编　物权法

第十一章　物权总论

(一)单项选择题

1. B。

2. B。民法上的物需能够满足人们的某种需要，并且能够被人力所控制、支配。

3. A。

4. B。符合占有改定的规定。

5. D。权利救济可以通过和解、调解、仲裁、诉讼等途径解决。

6. C。

7. D。继承开始时，物权即发生变动；物权请求权不适用诉讼时效。

8. C。不动产物权的取得必须依法登记；因继承取得物权的，自继承开始时发生效力。

9. B。建房系事实行为而非法律行为，自事实行为发生之日起即发生物权变动。

10. C。预告登记后，未经权利人同意，处分不动产的，不发生物权变动效力。物权行为的无效不影响债权行为的效力。

11. D。

12. A。

(二)多项选择题

1. AC。

2. BC。

3. ABC。因侵权人致人精神损害，但未造成严重后果，受害人请求赔偿精神损害的，一般不予支持。

4. ABD。拆迁应当给予补偿，不是可以。

5. BCD。申请更正登记，必须经不动产登记簿记载的权利人书面同意，或者有证据证明登记错误。

6. BCD。乙基于有效的仲裁裁决书，无须登记，已经取得房屋所有权。

7. ABC。

8. BD。本题主要考察物权变动的三种方式：(1)基于事实行为，如继承；(2)基于法律行为，但必须登记；(3)基于善意取得，前提是无权处分。

(三)不定项选择题

1. (1)ACD。甲基于继承的事实行为已取得物权。

(2)BD。未办理物权登记，不影响买卖合同债权效力；一房二卖中，每一个买卖合同均有效。

(3)AD。戊基于物权的公示公信效力，通过继受方式取得物权。

2. (1)BD。占有改定的发生以当事人双方达成物权变动的合意为条件，本题中达成借用合意时，方才表达物权变动的合意；占有改定属观念交付。

(2)C。丙知情不能善意取得；代物清偿属实践性合同，需以交付为物权变动要件。

(四)名词解释与辨析

1. 公信原则是指一旦当事人在变动物权时依法定方式进行了公示，法律就赋予该物权变动具有完全的效力，即使公示有瑕疵，善意受让人基于对公示的信赖，亦不负返还义务，仍能取得物权。

物权中的公示原则是指物权在变动时，必然将物权变动的事实通过一定的公示方法向社会公开，从而使第三人知道物权变动情况，否则不能发生物权变动的效力。在涉及公众或多数当事人的场合，商法实行公示原则，要求将有关事实公之于众。公示的方式：一是登记，二是公告。

2. 占有改定是指在动产交易中，出让标的物时，出让人基于生产、生活的需要仍需继续占有动产，此时双方可以通过协议，使受让人取得动产的间接占有，以取代现实交付而取得所有权。

答题技巧：应特别说明动产质权和善意取得不适用占有改定。

（五）简答题

1. 预告登记是指当事人签订买卖房屋或者其他不动产物权的协议，为保障将来实现物权，按照约定可以向登记机构申请预告登记。预告登记后，未经预告登记的权利人同意，处分该不动产的，不发生物权效力。预告登记后，债权消灭或者自能够进行不动产登记之日起三个月内未申请登记的，预告登记失效。

2. 观念交付的种类包括简易交付、指示交付和占有改定。

答题技巧：对各个点稍加展开。

（六）论述题

1、2 题均考察物权的区分原则。具体内容请参考教材区分原则，分角度答题。

难点：只知道物权区分原则，但对处分行为和负担行为不熟悉，这是一个问题。

第十二章　所有权

（一）单项选择题

1. B。业主与物业的承租人、借用人或者其他物业使用人约定由物业使用人缴纳物业费，物业服务企业请求业主承担连带责任的，人民法院应予支持。

2. A。继受取得包括转让、继承两种类型。

3. D。矿藏、水流、海域属于国家所有；但石头是独立的物，可以因先占而取得。

4. B。乙出卖房屋给丙，构成共有人擅自处分共有物，即无权处分。在无权处分情况下，受让人要发生善意取得，需以善意为要件。

5. D。权利人悬赏寻找遗失物的，领取遗失物时应当按照承诺履行义务；权利人应当向拾得人支付必要的保管费用；拾得遗失物和悬赏广告不属于同一法律关系，不适用留置规定。

6. B。拾得遗失物，应当返还权利人。权利人领取遗失物时，应当向拾得人或有关部门支付保管遗失物的必要费用，但本题中的300元不属于为保管遗失物的必要费用。

7. A。埋藏物适用拾得遗失物的有关规定，故该瓷瓶归甲所有，甲有权请求损害赔偿；埋藏物不适用善意取得制度。

8. D。庞某对黄某构成简易交付，自行车（动产）所有权转移给黄某；黄某对洪某构成占有改定，自行车（动产）所有权转移给洪某。

9. D。

10. C。

11. A。

12. B。

（二）多项选择题

1. ABCD。业主对建筑物内的住宅、经营性用房等专有部分享有所有权，对专有部分以外的共有部分享有共有和共同管理的权利。

2. ABCD。本题考察善意取得的四个构成要件，以及盗窃物不适用善意取得制度。

3. AB。善意取得为原始取得，其上附带的义务全部消灭。

4. ABD。区分所有人对专有部分享有专有所有权，不属于共有关系，其他人不享有优先购买权。

5. ABC。选项D属于侵权法调整的范畴。

6. ABCD。对于选项B来讲，我国《物权法》规定，共有人对于共有关系约定不明确的，属于按份共有。

7. ABC。

8. ABCD。

（三）不定项选择题

1. D。对于遗失物，不能善意取得，所有权人有权追回。

2. C。

3. ABC。

4. ACD。

5. C。

(四)名词解释与辨析

1. 地役权是指按照合同约定,利用他人的不动产,以提高自己的不动产的效益的权利。他人的不动产为供役地,自己的不动产为需役地。我国《物权法》规定,设立地役权,当事人应当采取书面形式订立地役权合同。当事人要求登记的,可以向登记机构申请地役权登记;未经登记,不得对抗善意第三人。

相邻权是指不动产的所有人或使用人在处理相邻关系时所享有的权利。具体来说,在相互毗邻的不动产的所有人或者使用人之间,任何一方为了合理行使其所有权或使用权,享有要求其他相邻方提供便利或是接受一定限制的权利。相邻权实质上是对所有权的限制和延伸。

2. 原始取得是指非以他人既存的权利而取得物权,包括先占、添附、善意取得、生产、建造房屋、收取孳息、发现埋藏物、拾得遗失物、没收、征收以及时效取得等。

继受取得是指基于他人既存的权利而取得物权,包括买卖、赠与、遗赠以及继承。继受取得可以有以下两种分类:

(1)移转的继受取得和创设的继受取得。移转的继受取得是指就他人的物权依原状而取得,如买卖、赠与;创设的继受取得是指在他人所有物上设立用益物权或者担保物权。需要注意的是,创设取得只能设定他物权,所有权不能通过创设取得。

(2)特定继受取得和概括继受取得。特定继受取得是指仅对特定物继受取得物权,只继受权利,不负担义务;概括继受取得是指就他人的权利、义务予以全部继受而取得物权,不但取得权利,还应负担义务。

(五) 简答题

1. 参考本章有关先占、添附、善意取得等内容。答题要点:对每一种方式作简要解释。

2. 参考名词解释"原始取得和继受取得"的答案。

(六)论述题

1.《物权法》规定,业主对建筑物内的住宅、经营性用房等专有部分享有所有权,对专有部分以外的共有部分享有共有和共同管理的权利。因此,业主的建筑物区分所有权是由专有部分所有权、共有权、共同管理权相结合而组成的。

专有部分所有权是指区分所有权人对其建筑物内的住宅、经营性用房等专有部分所享有的单独所有权,包括占有、使用、收益和处分的权利。专有部分所有权在行使上具有特殊性,其行使必须要受共同生活规则的制约。业主行使权利不得危及建筑物的安全,不得损害其他业主的合法权益。

共有权是指业主依据法律、合同以及管理规约,对建筑区划内专有部分之外的共有部分等共同享有的财产权利。区分所有权中共有权的享有具有强制性,业主不得以放弃共有权来拒绝履行相应的义务。建筑区划内的共有部分包括:(1)道路,但属于城镇公共道路的为国家所有;(2)绿地,但属于城镇公共绿地的为国家所有,明示属于个人的绿地则为个人所有;(3)物业服务用房;(4)建筑区划内的其他公共场所、公用设施,包括建筑物的基础、承重结构、外墙、屋顶等基本结构部分,通道、楼梯、大堂等公共通行部分,消防、公共照明等附属设施、设备,避难层、设备层或者设备间等结构部分,以及其他既不属于业主专有部分,也不属于市政公用部分或者其他权利人所有的场所及设施等;(5)建筑区划内的土地,依法由业主共同享有建设用地使用权,但属于业主专有的整栋建筑物的规划占地或者城镇公共道路、绿地占地除外。

共有部分应当由业主共同享有权利。但业主可以基于对住宅、经营性用房等专有部分特定使用功能的合理需要,在不违反法律、法规、管理规约,也不损害他人合法权益的前提下,无偿利用屋顶以及与其专有部分相对应的外墙面等共有部分。建设单位或者其他行为人擅自占用、处分业主共有部分,改变其使用功能或者进行经营性活动,权利人有权请求排除妨害、恢复原状、确认处分行为无效或者赔偿损失。

共同管理权是指业主基于专有部分的所有权，从而对业主的共同财产和共同事务的管理权。为了行使共同管理权，业主可以设立业主大会，选举业主委员会。在建筑物区分所有的情况下，无论是否成立业主委员会，都应当建立业主大会，并通过业主大会来管理各项共同事务。

应当由业主行使共同管理权、共同决定的事项主要包括：(1)制定和修改业主大会议事规则。(2)制定和修改建筑物及其附属设施的管理规约。(3)选举业主委员会或者更换业主委员会成员。(4)选聘和解聘物业服务企业或者其他管理人。(5)筹集和使用建筑物及其附属设施的维修资金。建筑物及其附属设施的维修资金属于业主共有，经业主共同决定，可以用于电梯、水箱等共有部分的维修。维修资金的筹集和使用情况应当公布。(6)改建、重建建筑物及其附属设施。(7)改变共有部分的用途，利用共有部分从事经营性活动，处分共有部分。(8)业主大会依法决定或者管理规约依法确定应由业主共同决定的事项。(9)有关共有和共同管理权利的其他重大事项。前述事项中，第(5)项和第(6)项规定的事项，应当经专有部分占建筑物总面积三分之二以上的业主且占总人数三分之二以上的业主同意。决定前款其他事项，应当经专有部分占建筑物总面积过半数的业主且占总人数过半数的业主同意。

2. 参考本章关于善意取得的规定。

答题要点：善意取得的构成要件，以及不适用善意取得的情形。

第十三章　共　有

(一)单项选择题

1. B。出租属于使用、收益行为，并非简单的管理行为和改良行为，选项 A、D 错误；出租行为轻于处分行为，故三分之二以上按份共有人对共有物实施的出租行为也有效。

2. C。处分共有的不动产或者动产以及对共有的不动产或者动产作重大修缮的，应当经占份额三分之二以上的按份共有人同意。

3. D。因共有的不动产或者动产产生的债权、债务，在共有人内部关系上，除共有人另有约定外，按份共有人按照份额享有债权、承担债务。偿还债务超过自己应当承担份额的按份共有人，有权向其他共有人追偿。

4. C。

5. A。甲占份额的三分之二以上，可以将船抵押。

6. B。共有人对共同所有物造成的损失承担连带责任。

7. A。

8. B。

9. D。

10. C。

11. C。

12. B。

(二)多项选择题

1. BCD。对共有性质的判定，以按份共有为原则，共同共有为例外。共同共有必须有婚姻家庭关系或者合伙等作为基础。

2. ABCD。本题考察共有人的优先购买权。

3. B。

4. BC。本题考察共有人优先购买权。内部转让时，其他共有人不享有优先购买权；外部转让时，其他共有人享有优先购买权。共有人若不购买股份，不能仅请求确认转让合同无效。

5. BC。

6. AC。

7. AB。

8. AC。

(三)不定项选择题

1. D。(1)甲、乙、丙对牛构成按份共有，根据《物权法》第 104 条规定，共有人对份额没有约定的，按照出资比例；没有出资比例的，视为份额均等。本题应当根据出资比例确定份额，故选项 A 错误。(2)根据《物权法》第 97 条规定，处分按份共有物须经三分之二以上份额按份共有人同意，甲、丙的份额不足三分之二，故选项 B 错误，选项 D 正确。(3)根据《物权法》第 102 条规定，共有物致人损害的，共有人对外负担连带责任，故选项 C 错误。

2. C。本题考察共有的知识点。

3. BC。

4. B。

5. ABCD。

(四)名词解释与辨析

1. 建筑物的共有部分为相关区分所有权人所共有，均不得分割。各区分所有权人对共有部分应按其目的加以使用。共有部分的修缮费以及其他负担，由各区分所有权人按其单独所有的部分的面积占总面积的比例来分担。此种共有在性质上应当属于按份共有，但是不得请求分割。转让专有部分的所有权必须同时转让共有部分的共有权，专有部分和共有部分不得分开转让。

2. 按份共有也称分别共有，是指两个以上的人对同一项不动产或者动产按照份额享有所有权。按份共有是常见的共有关系，法律特征如下：

(1)各个共有人对于共有物按照份额享有所有权；

(2)各个共有人按照各自的份额对共有物分享权利、分担义务；

(3)各个共有人虽然拥有一定的份额，但共有人的权利及于全部。

(五)简答题

1. 共同共有是指共有人对共有物享有共同的权利和义务，而不分份额大小。常见类型如下：

(1)夫妻共同共有；

(2)家庭共同共有；

(3)合伙企业共同共有；

(4)遗产分割前，继承人对遗产共同共有；

(5)未办理婚姻登记或婚姻被宣告无效或撤销，同居期间的财产按共同共有处理，但一方能证明属于自己财产的除外。

2. 参考教材中共有人优先购买权的相关规定。

答题要点：优先购买权的要件和例外情形。

(六)论述题

详见本书第三章有关按份共有的内部关系的内容。

答题要点：主要是共有份额处分和共有物处分的规则对比。

第十四章　用益物权

(一)单项选择题

1. C。

2. A。地役权是对物的权利，义务人因原物的存在，仍负有原地役权中约定的义务。

3. B。土地承包经营权自合同生效时设立，不以登记为对抗要件。

4. B。本题考察地役权和相邻权的区别。

5. A。本题考察地役权的知识点。

6. C。

7. D。

8. C。

9. C。

10. B。

11. C。

12. D。

(二)多项选择题

1. BD。不宜采取家庭承包方式的荒山、荒沟、荒丘、荒滩等农村土地，可以通过招标、拍卖等方式承包。对于本集体经济组织以外的人发包荒地，只能采取上述方式。选项 C 中，需报乡镇人民政府批准。

2. AD。土地承包经营权的设立与转让以合同生效为要件，登记为对抗要件并非生效要件。个人承包应得的个人收益，依照相关规定继承，但承包经营权应视合同约定决定。

3. BC。土地承包经营权的设立与转让以合同生效为要件，登记并非生效要件。土地承包经营权一旦设立，即可对抗，无须登记；但转让时必须登记，方能对抗善意第三人。

4. AB。地役权自地役权合同生效时设立。当事人要求登记的，可以向登记机构申请地役权登记；未经登记，不得对抗善意第三人。需役地转让，地役权不受影响；供役地转让，非经登记，不得对抗善意第三人。

5. AD。

6. ABCD。

7. ABC。

8. ABD。

(三)不定项选择题

1. B。

2. BC。

3. D。

4. ABCD。

5. AB。

(四)名词解释与辨析

1. 土地承包经营权是指土地承包经营人依法对其承包经营的农民集体所有或国家所有但由农民使用的耕地、林地、草地等享有占有、使用和收益的权利，有权从事种植业、林业、畜牧业等农业生产。

其特征包括：(1)是存在于农民集体所有或者国家所有但由农民集体使用的耕地、林地、草地等的权利；(2)是承包使用、收益农民集体所有或国家所有但由农民集体使用的耕地、林地等的权利；(3)是为种植业、林业、畜牧业或其他生产经营项目而享有的权利；(4)有一定期限。

答题要点：虽然本答案中并未涉及，但一定要答出土地承包经营权的设立和变动要件。

2. 地役权的概念与特征

(1)概念：地役权是指以他人土地供自己的土地便利而使用，以提高自己不动产效益的权利。

(2)特征：①同时涉及供役地和需役地。地役权是通过在供役地上设立负担来满足需役地之便利的权利。②权利主体的广泛性。地役权人包括不动产的所有人、建设用地使用权人、土地承包经营人、承租人等。③客体广泛性。地役权的客体包括他人的土地、房屋、空间等。④从属性。地役权不得与需役地分离而单独转让或转让给不同的人，不得与需役地分离而成为其他权利的标的，也不得单独抵押。

答题要点：虽然本答案中并未涉及，但一定要答出地役权的设立和变动要件。

(五) 简答题

1. (1)用益物权以对标的物的使用、收益为其主要内容，并以对物的占有为前提；(2)用益物权是他物权、限制物权和有期限物权；(3)用益物权是不动产物权；(4)用益物权为独立物权。

2. 答出四类用益物权设立的要件即可。

(六)论述题

1. 本题主要考察物权的效力区分原则。回答要点即可。

2. 本题主要考察四类用益物权以及法律规定四类用益物权的意义。

第十五章　担保物权

(一)单项选择题

1. A。混合担保情况下(既有物保，又有人保)，当债务人不履行到期债务或者发生当事人约定的实现担保物权的情形时，债权人应当按照约定实现债权；没有约定或者约定不明确，债务人自己提供物的担保的，债权人应当先就该物的担保实现债权。第三人提供物的担保的，债权人可以就物的担保实现债权，也可以要求保证人承担保证责任。提供担保的第三人承担担保责任后，有权向债务人追偿。

2. C。未经其他抵押权人书面同意，抵押权顺序的变更不得对其他抵押权人产生不利影响，即该变更协议只在变更当事人之间产生效力。

3. C。主债务的诉讼时效是抵押权的存续期间，一旦诉讼时效经过，抵押人便产生抗辩权。

4. C。本题主要考察质权和抵押权顺序先后的知识点。质权设立在前、抵押权在后或抵押权在前但未登记，均属于质权优于抵押权。

5. D。本题主要考察债权权利质权的知识点。债权权利质权适用《合同法》债权转让的规则，要区分债权转让合同和债权通知之间的区别。

6. D。主债务消灭，担保债务随之消灭；债权转让应通知债务人，否则对债务人不发生效力；流质条款无效；债务人接到债权转让通知后，债务人对让与人的抗辩，可以向受让人主张。

7. D。根据物权法定原则，权利质权的客体仅限于法律明文规定的民事权利。

8. C。本题考察商事留置权。需注意，自主行为需在情势紧迫、来不及请求公力救济时才能实施。

9. A。质物灭失的风险归原所有人承担。

10. A。处分设定抵押权的不动产，必须经抵押权人同意。

11. A。质押合同自双方意思表示一致时成立，未交付质物，不影响质押合同的成立与生效；主物设立质权的，若从物未移转占有，则从物不是质权的客体。

(二)多项选择题

1. ACD。建设用地使用权被抵押后，在其上面新建的建筑物可以被一起拍卖，但不在优先受偿权范围之内。优先受偿的顺序为：消费者权益＞承包方的承包款债权＞抵押权。

2. BCD。质押期间的孳息有约定的，按约定；无约定的，由质权人处置。其余三个选项均考察混合担保且债务人提供物保的知识点。

3. AC。本题主要考察抵押权的设立、物权区分原则和第三人涤除权(代抵押人清偿债务以取消抵押权)。

4. CD。房屋已被查封，无法办理抵押登记；丙只应在房屋价值范围内承担担保责任。

5. BD。本题主要考察抵押物的转让和抵押权消灭的事由(第三人涤除权)。

6. AB。抵押权人有权请求抵押人保护抵押财产，以免价值减少；甲和乙可以就抵押权的实现达成协议，变更抵押财产权属，而抵押财产的返还请求权也一并转移；抵押权的实现不包括直接行使返还请求权。

7. ABC。连带共同保证中，承担了保证责任的保证人，其追偿权有顺序限制，应先向债务人全额追偿，向债务人不能追偿的部分，再按照内部的份额比例向其他连带共同保证人追偿。

8. AD。本题考察动产浮动抵押。登记部门为抵押人住所地的工商部门；不能对抗任何支付合理价款的第三人。

9. BD。最高额抵押权设立前已经存在的债权，经当事人同意，可以转入最高额抵押权担保的债权范围。抵押权人应当在主债权诉讼时效期间行使抵押权；未行使的，人民法院不保护。

(三)不定项选择题

1. (1)BD。本题考察动产浮动抵押，难度不大。

(2)ABC。本题主要弄清楚选项D即可，购买的公用住房并非抵押财产。

(3)A。债务人自己提供物保的，债权人应当先向债务人实现权利。

2. AB。本题主要考察混合担保的知识点。债务人未提供物保，债权人实现权利时无顺序限制。

3. CD。

(四)名词解释与辨析

1. 抵押权是指债务人或者第三人不转移财产的占有，将该财产作为债权的担保，债务人未履行债务时，债权人依照法律规定的程序就该财产优先受偿的权利。债务人或者第三人为抵押人，债权人为抵押权人。

答题要点：虽然本答案中并未涉及，但建议要答出不动产和动产抵押权设立的要件。

2.(1)概念:留置权是指债权人按照合同约定占有债务人的动产,在债务人不履行基于该动产而发生的债务时,有留置该财产并就该财产优先受偿的权利。

(2)特征:①留置权是法定担保物权,且优先于抵押权、质权等意定担保物权而实现;②留置权是动产担保物权,以债权人占有动产为要件;③留置权人留置标的物后不得直接处分标的物,必须先定期催告,只有债务人逾期仍不履行债务时,使得处分标的物而优先受偿。

(五)简答题

1.(1)担保物权的概念:担保物权是指为确保债权的实现,在债务人或者第三人的物上设定的以直接取得或者支配其交换价值为内容的权利。

(2)担保物权的特征:①以确保债务的履行为目的。担保范围包括主债权及其利息、违约金、损害赔偿金、保管担保物和实现担保物权的费用。②是在债务人或者第三人的特定物上设定的权利。③以支配担保物的价值为内容,也称物上代位性。即担保物权的效力不能及于担保物本身,而是及于担保物的变异物、赔偿金、补偿金以及保险金等代位物。④具有从属性和不可分性。担保物权的从属性包括成立上、内容和范围上、效力上、消灭上以及移转上的从属性;其不可分性是指无论担保物一部分灭失或分割或价值减少,剩余部分或价值仍担保全部债权。

2.(1)最高额抵押权的概念:最高额抵押权是指为担保将来一段时间可能发生的不超过一定数额债权的实现而设立的担保方式。

(2)最高额抵押权的特点:①担保合同成立在前,主债权合同成立在后;②担保的主债权的发生及其数额具有不确定性;③在担保债权确定前,部分债权转让的,最高额抵押权不随之转让。

(六)论述题

答案详见本书中相关内容。

第十六章　占　有

(一)单项选择题

1.A。

2.B。

3.B。自主占有是对物有所有意思的占有,丁对相机没有所有的意思,不属于自主占有。

4.D。无论是有权占有还是无权占有,均受法律保护,禁止他人抢夺;无论是占有返还请求权还是原物返还请求权,主张对象都是现时无权占有人。

5.B。在没有相反证据的情况下,推定动产的占有人为其所主张权利的权利人。乙目前占有戒指应被推定为权利人,但甲提供了相反证据证明,故甲为权利人。

6.C。

7.B。

8.D。

9.C。

10.C。

11.D。

12.D。

(二)多项选择题

1.BCD。动产遗失,失主即丧失占有;拾得遗失物不能善意取得;留置权可以善意取得。

2.ABD。

3.ABD。甲、乙之间的买卖合同有效,但所有权未转移;丙继承房屋后成为所有权人,并且继受甲的债权和债务;丙、丁合同有效且登记,丁取得房屋所有权。

4.ABC。

5.BCD。

6.ABCD。

7.ABCD。返还原物请求权不适用于诉讼时效,故选项A错误。占有回复请求权适用一年的除斥期间,故选项B错误。留置权的客体只能是债权人合法占有的债务人的动产,丙以侵权方式取得占有的动产上不能成立留置权，故选项C错误。自助行为的构成要件有四个：第一，必须为保护自己的请求权；第二，情势紧迫，来不及请求公力救济，并且如果不实施自助，势必导致请求权难以实现或者无从实现；第三，不超过必要的限度；第四，事后及时请求国家机关处理，故选项D错误。

8. ACD。返还原物请求权的构成要件有三个：第一，请求人为物权人；第二，被请求人为现时的无权占有人；第三，请求时原物尚存在，故选项A错误。乙将盗窃的手机赠与丙，丙不能因此取得手机的所有权，丙对手机的占有属于无权占有，同时，由于丙已经将手机丢弃，丙不再属于现时的无权占有人，甲对丙的返还原物请求权亦不能成立，故选项C错误。丙对手机的占有属于善意、自主占有，对于手机的毁损、灭失，无论是否具有过错，均不承担损害赔偿责任。

(三)不定项选择题

1. (1)BCD。不当得利的返还并不以受损人的损失为限，选项A错误。

(2)BC。选项A不属于法律规定的留置权实现方式；留置财产丧失，留置权消灭；选项D不符合合同的相对性原理。

2. AC。乙属于有权占有，善意占有是无权占有，选项A错误；相机属于遗失物，故丁未善意取得所有权，不属于有权占有，选项C错误。

3. B。

4. AB。

(四)名词解释与辨析

占有推定包括事实状态的推定和权利的推定。

所谓事实状态的推定，包括以下几个方面：(1)有权占有和无权占有不明时，除非有相反证据，应推定为有权占有；(2)在无权占有中，善意占有和恶意占有不明时，除非有相反证据，应推定为善意占有；(3)和平、公然占有的事实不明时，推定为和平占有、公然占有。

所谓权利的推定，包括以下两方面：第一，占有人在占有物上行使权利的，推定其合法有此权利，占有人免负举证责任；第二，占有权利推定原则上以动产为限，未登记的不动产物权准用之。

但权利的推定有以下限制：(1)已经登记的不动产，不适用占有权利推定规则；(2)权利的推定不仅权利人自己可以援用，第三人也可以援用；(3)权利的推定一般是为占有人的利益；(4)权利推定属于消极性的，占有人不得利用此项推定作为其行使权利的积极证明，如请求办理权属登记。

(五)简答题

1. 善意占有和恶意占有均属无权占有；善意占有人对使用占有物导致磨损、折旧的，不承担赔偿责任，而恶意占有人应承担赔偿责任；善意占有人有权请求权利人支付保管、维修等必要费用，恶意占有人无此权利；标的物毁损、灭失的，两者均应返还补偿金等代位物，但对于此外的损失，恶意占有人应承担赔偿责任。

2. (1)物权返还请求权旨在保护所有权，以所有权人为请求权主体；而占有物返还请求权旨在保护占有，以占有人为请求权主体。

(2)物权返还请求权以无权占有为要件；而占有物返还请求权以占有物被侵夺为要件。

(3)物权返还请求权，于诉讼上行使时，原则上以一般诉讼程序为之；而占有物返还请求权之保护贵在迅速，其程序力求简便，故其大多适用简易程序。

(4)因物权返还请求权属于确定性保护的请求权，主张此项请求权通常较占有物返还请求权更为有利，但占有物返还请求权与所有人之物上请求权的目的和效力不同。就举证责任而言，主张占有物返还保护请求权较为有利。

(5)物权返还请求权原则上不适用消灭时效(包括诉讼时效)，适用长期消灭时效；占有物返还请求权不仅适用消灭时效，而且适用短期消火时效，通常为一年。

(六)论述题

答案详见本章“重难点归纳”中的相关内容。

第三编　债　权

第十七章　债的概述和类型

(一)单项选择题

1. C。
2. A。
3. B。
4. B。
5. D。
6. D。
7. D。
8. B。
9. B。
10. B。
11. B。
12. D。
13. B。特定物之债和种类物之债是基于对财务之债的分类方式而言,本案是劳务之债,不能如此分类。本案中演唱组合是作为一个主体出现的,两方主体分别是演出公司和演唱组合,因此属于单一之债。而标的只有进行表演一种,所以不是选择之债。

(二)多项选择题

1. BD。
2. ABC。
3. ABC。
4. ACD。根据《合同法》第 251 条和第 396 条规定,承揽合同是指承揽人按照定作人的要求完成工作、交付工作成果,定作人给付报酬的合同。委托合同是指委托人和受托人约定,由受托人处理委托人事务的合同。承揽合同与委托合同的标的不同,承揽合同更强调工作结果,而委托合同则更强调处理委托事务。本题中,婷婷父母将摄影师请到家中拍摄纪念照的合同的标的在于所拍摄的纪念照,故而应为承揽合同之债而非委托合同之债,应选 A 而不能选 B。影楼却违反约定将婷婷相片制成挂历出售,获利颇丰,是以营利为目的使用他人肖像,构成了对婷婷的肖像权的侵犯,选项 C 的说法正确。本题中影楼通过侵犯婷婷肖像权而获得利益,是没有法律依据的,因此构成不当得利之债,由此选项 D 的说法正确。
5. ABC。

(三)不定项选择题

1. ABCD。
2. ABCD。
3. ACD。
4. AC。
5. A。

(四)名词解释与辨析

1. 不真正义务也称间接义务,是指合同相对人虽不得请求义务人履行,义务人违反也不会发生损害赔偿责任,而仅使负担此义务者遭受权利减损或丧失的不利益。《民法通则》第 114 条规定的一方应及时采取措施防止损失扩大的义务,就是不真正义务。

2. 根据债的标的物属性的不同,债可以分为特定物之债和种类物之债。给付以其种类中的一定数量指示的债,称为种类物之债。以特定给付为标的的债为特定物之债。

3. 债的客体又称债的标的,是指债权、债务所指向的事物。债的标的与标的物不同。前者是从债的关系的构成要素而言,指给付本身;而后者则是从债务人的行为所及的物而言,指给付的对象。故在单纯提供劳务的债中,其本身即足以完成给付,不必再另有标的物。在交付金钱的债中,则有标的物的存在。

（五）简答题

1. 给付义务包括主给付义务和从给付义务。主给付义务又简称为主义务，是指债所固有、必备，并用于决定债的类型的基本义务。从给付义务又简称为从义务，指不具有独立的意义，仅具有补助给付义务的功能，其存在目的不在于债的类型，而在于确保债权人的利益能够获得最大的满足的义务。附随义务则是以诚实信用原则为依据，根据债的性质、目的和交易习惯，随着债的关系的发展而逐渐产生的。

附随义务与主给付义务的区别主要有以下三点：(1)主给付义务自始确定，并决定债之关系的类型；而附随义务是随着债之关系的发展，于个别情况要求当事人的一方有所作为或不作为，以维护相对人的利益，对任何债的关系都可以发生，不受特定债的关系类型的限制。(2)主给付义务构成双务合同的对待给付，一方当事人在对方履行之前有权拒绝其履行要求；而附随义务原则上不属于对待给付，不发生同时履行抗辩。(3)因给付义务的不履行，债权人可以解除合同；附随义务的不履行，债权人原则上不得解除合同，但就其所受损害，得依不完全给付规定，请求损害赔偿。

附随义务与从给付义务的区别主要包括以下三点：(1)从给付义务得独立诉请履行；而附随义务不得独立诉请履行。(2)从给付义务是典型的合同义务；而附随义务实质上是借助侵权法上的手段来保护合同当事人利益的义务状态。(3)从给付义务旨在使主给付义务得以满足；而附随义务的价值在于实现合同利益的最大化。①

2. 根据债的履行是否可以选择，债可分为简单之债与选择之债。简单之债又称单纯之债，是指债的履行标的只有一种，当事人只能按照该种标的履行的债。选择之债是指债的履行客体或者其构成因素为两项以上，当事人可以从中选择一种来履行的债。选择之债的特点在于，债成立时存在两种以上类型的给付，但履行债务时仅由债务人给付其中之一。这就需要在履行债务前将两种以上的给付特定为一种，即选择之债的特定。

选择权可以归属于债权人、债务人或第三人。选择之债，依法律的规定而产生者，通常由法律规定其选择权的归属；由当事人约定而产生者，依当事人的约定确定选择权的归属；当法律无明文规定，当事人也无约定时，权衡债务人及债权人的利益及保证债的顺利履行，选择权应属于债务人。债权人或债务人行使选择权时，应以意思表示向对方为之，选择的效力，自意思表示到达于相对人时发生效力，无须相对人的承诺。由第三人行使选择权的，第三人必须向债权人和债务人为意思表示。第三人所为的同一内容的意思表示，同时到达债权人及债务人的，同时发生选择的效力；先后到达债权人和债务人的，以后一意思表示到达时发生选择的效力。第三人所作的内容相异的两个意思表示，无论是同时还是先后到达债权人及债务人，均不发生选择的效力。

选择为意思表示，适用民法关于意思表示的规定。当意思表示有瑕疵时，如错误、欺诈、胁迫等，可构成选择无效或可变更、可撤销的原因。选择权人为选择的意思表示时，可以采用明示的方式，也可以采用默示的方式。选择的意思表示一经到达当事人，即发生选择的效力，非经债权人和债务人双方的同意，不得随意撤回或变更。对债权人或债务人行使选择权的，其撤回或变更应征得相对人的同意；对第三人行使选择权的，其撤回或变更应同时征得债权人和债务人的同意。选择权为权利而非义务，因而选择权人并非必须行使选择权，对方当事人更无权强制选择权人行使选择权。但是，如果选择权人不行使选择权，会使选择之债因给付不能确定而无法履行，因此各国法律均规定选择权应于一定期间内行使，选择权人不在规定期间内行使选择权的，选择权归属于他方当事人。选择权的行使未定有期限者，清偿期到来时，无选择权的当事人可定相当合理期限催促选择权人行使选择权，选择权人届时仍未选择的，选择权归催告的当事人。依选择权人的选择，选择之债成为简单之债，但不一定成为特定物之债。如果所选定的给付物系以种类指示，其履行仍然要依种类物之债的有关规定，仍需加以特定。

选择的效力不仅向将来发生，并溯及债的关系

① 参见马俊驹、余延满：《民法原论》(第三版)，法律出版社2009年版，第511页。

发生之时。即债权人有选择权的，如因债务人应负责之事由导致给付不能时，债权人仍有权选择已经不能的给付请求，赔偿因给付不能而受到的损失；债务人有选择权的，如因债权人应负责的事由导致给付不能时，债务人仍有权选择已经不能的给付，从而免除其债务。

给付不能对选择之债的影响有以下几种情况：(1)如果数个给付中发生一个给付不能，而剩余的给付仍有数个可供选择时，选择之债仍存在于剩余的给付之上。(2)如果数个给付因给付不能而仅存一种给付时，由于选择权已无从行使，该选择之债成为简单之债。(3)数个给付全部陷于给付不能，这时适用法律关于履行不能的规定处理。

(六)论述题

合同的相对性是指合同项下的权利、义务只能赋予当事人或加在当事人身上，合同只能对合同当事人产生拘束力，而非合同当事人不能提出特定合同的请求或者提起诉讼。合同的相对性即债权的相对性与物权绝对性的区分，构成了近现代民法物权和债权体系发展完善的重要逻辑基础。

合同相对性主要体现为：(1)主体的相对性。是指合同关系只能发生在特定的主体之间，只有合同当事人一方能够向合同的另一方当事人基于合同提出请求或提起诉讼。(2)内容的相对性。是指除法律、合同另有规定以外，只有合同当事人才能享有某个合同所规定的权利，并承担该合同规定的义务，除合同当事人以外的任何第三人不能主张合同上的权利。在双务合同中，合同内容的相对性还表现在一方的权利就是另一方的义务，而因为另一方承担义务才使一方享有权利，权利和义务是相互对应的。由于合同内容及于当事人，因此权利人的权利必须依赖于义务人履行义务的行为才能实现。(3)责任的相对性。是指违约责任只能在特定的当事人之间即合同关系的当事人之间发生，合同关系以外的人不负违约责任，合同当事人也不对其承担违约责任。

合同相对性突破主要体现在以下几个方面：(1)债权的物权化。这是指租赁合同的承租人可以对抗房屋受让人。(2)债权不可侵性理论的建立。依传统理论，物权是可对标的物直接支配的绝对权，可以对任何第三人主张权利，并得排除任何第三人对物权的妨害；债权是仅得向特定当事人请求给付的相对权，不能向第三人主张权利，也就没有排除他人干涉的效力。为了保护债权免受不法行为的侵害，有必要进一步建立新的权利理论，故学者主张承认债权的不可侵性。(3)保护第三人作用之契约。该契约为德国判例学说家所独创，是指特定合同一经成立，不但在合同当事人之间发生权益关系，同时债务人对于与债权人有特殊关系的第三人，负有注意、保护的附随义务，债务人违反此项义务，就该特定范围内的人所受的损害，亦应适用合同相对性原则，负赔偿责任。

第十八章　债的履行

(一)单项选择题

1. B。
2. B。
3. A。
4. A。
5. A。
6. C。
7. D。
8. D。
9. B。
10. B。

(二)多项选择题

1. BC。
2. ABCD。
3. ABC。
4. BC。
5. ABC。
6. ABCD。

7. BC。

8. AD。

(三)不定项选择题

1. D。

2. ABCD。

3. BCD。

4. BD。

(四)名词解释与辨析

1. 全面履行原则是指当事人按照法律规定或者合同约定的标的及其质量、数量,由适当的主体在适当的履行期限、履行地点,以适当的履行方式,全面完成债务的履行原则。

2. 代物清偿是指债权人受领他种给付以代原定给付而使债的关系消灭的现象。代物清偿有以下构成要件:(1)必须原有债的关系存在;(2)必须以他种给付代替原定给付;(3)必须有当事人的合意;(4)必须清偿受领人现实受领他种给付。

3. 加害履行又称加害给付,是指债务人的履行有瑕疵且因其瑕疵而致债权人受履行利益以外的损害的情形。加害给付会导致违约责任与侵权责任的竞合。

(五)简答题

1. 债的履行原则是当事人在履行债务时所应遵循的基本准则。在我国,债的履行应该遵循以下几个主要原则:

(1)全面履行原则。是指当事人按照债规定的标的及其质量、数量,由适当的主体在适当的履行期限、履行地点,以适当的履行方式,全面完成债务的履行原则。

(2)协作履行原则。是指当事人不仅适当履行自己的债务,而且应基于诚实信用原则的要求,协助对方当事人履行债务的履行原则。

(3)经济合理原则。要求履行债时,讲求经济效益,付出最小的成本,取得最佳的利益。在履行债中贯彻经济合理原则,表现在许多方面,如债务人在选择运输方式、履行期和设备等时体现经济合理原则。

(4)情事变更原则。是指合同依法成立后,因不可归责于双方当事人的原因,发生了不可预见的情事变更,致使合同的基础丧失或动摇,若继续维持合同原有效力,则显失公平,允许变更或解除合同的原则。

2. 迟延履行。又称债务人迟延或者逾期履行,是指债务人能够履行,但在履行期限届满时却未履行债务的现象。构成迟延履行必须具备以下几个条件:(1)必须存在有效的财产性债务。有效存在的债务,不论其种类如何,均可构成履行迟延。但履行迟延为财产性责任,故非财产性债务不发生履行迟延的问题。对于附停止条件的债务,在条件成就前,债务并不发生,不会发生履行迟延;对于超过诉讼时效的债务,由于其已失去国家强制力的保障,也不会发生履行迟延的问题。(2)必须债务已届履行期。债务人迟延履行,属于债务人违反了债务履行的时间要求,因此债务已届履行期是债务履行迟延的关键要件之一。(3)履行必须为可能。如果债务属于履行不能,则自然无从发生履行迟延的问题。(4)债务人无正当理由,未履行其债务。(5)必须有可归责于债务人的事由。

迟延履行发生以下法律后果:(1)债权人有权要求债务人继续履行。(2)债权人得请求赔偿因履行迟延而受到的损失。(3)债务人的履行对债权人无利益的,债权人得解除合同而请求损害赔偿。(4)债务人承担标的物意外灭失的风险。例如在迟延期间标的物意外毁损、灭失时,债务人应负履行不能的责任;但债务人能够证明即使履行不迟延也会发生该损失的,则可免除其责任。

3. 不可抗力是指不能预见、不能避免并不能克服的客观情况。情事变更是指合同有效成立后,因不可归责于双方当事人的原因发生变更,致合同之基础动摇或丧失,若继续维持合同原有效力,则显失公平,允许变更合同内容或者解除合同。意外事件是指行为人虽然在客观上造成了危害结果,但不是出于故意或过失,而是由不可预见的原因引起。

不可抗力与意外事件的区别在于:(1)导致损害结果发生的原因不同。不可抗力发生损害的原因是在特定场合下,非人力所能抗拒或避免的力量,包括自然力和非自然力的强制;而意外事件发生损害结果,则是由于行为人对当时情况下自己行为会造成损害结果没有预见,也不能预见。(2)对损害结果发生的预见情况不同。不可抗力行为人对损害结果的发生是有所预见或可以预见的,只是特定场合下凭借其能力及客观条件和环境无能为力;意外事件对损害结果的发生根本缺乏预见,也不可能预见。

不可抗力与情事变更的区别在于:(1)不可抗力一般导致合同无法履行。无法履行包括全部不能、部分不能、永久不能和一时不能。情事变更原则的适用,并不要求合同无法履行;情事变更后,合同即使仍然处于能够履行的状态,但如果履行合同过于艰难,或者需要付出高昂的代价,其结果与订立合同时的目的相违背,按原合同履行必然导致显失公平。(2)不可抗力是法定免责事由,当事人一般情况下不履行合同不承担任何法律上的责任;而情事变更情况下履行合同将导致显失公平的结果,故因情事变更而引起的风险应由合同双方共同承担,但当事人主张适用情事变更原则,必须请求法院作出裁判,而不能当然地导致合同的变更和解除。(3)不可抗力包含不能预见、不能避免、不能克服三层含义;而情事变更只是因不能预见的事由引起合同基础发生重大变化,这种不能预见事由不限于不可抗力,而且是否不可避免、不可克服在所不同。(4)不可抗力是法定免责事由;而情事变更在民事立法中未作规定,只是司法实践中曾由最高人民法院以批复的形式承认其适用。

(六)论述题

答题要点:

(1)本条规定的是债务的部分履行的规则。履行必须依债务的本旨进行。因此,债务人仅为部分给付,或不以原定给付内容为给付,均非依债务本旨而为履行,不发生清偿使债的关系消灭的效力。但是,过于严格地坚持禁止部分履行的规则,也会导致对债务人过于苛刻。为了平衡债权人与债务人的利益,20世纪以来的发展趋势是,在原则上继续坚持债权人有权拒绝债务人的部分履行的同时,对债权人的拒绝权进行必要的限制。[①]

(2)部分履行不同于拒绝履行、迟延履行、不适当履行等违约形态。违约形态是非正常的终局形态,而部分履行是一种非终局性质的动态状态。对部分履行问题,法律仍然是从债的履行的动态角度规范当事人的行为;而对违约形态,法律则是从静态的角度来规范有关责任的承担。部分履行的法律内涵是“债务人提出了一个不完全的履行请求”,它在性质上属于债的履行形态问题,不是违约形态问题,更不是一种独立的违约形态。[②] 部分履行只发生在可分之债的情形。

(3)部分履行是对全面履行原则的违反。债务人部分履行,法律规定债权人可以拒绝履行。拒绝权主要作用在于,债务人提出不完整的履行时,债权人不至于陷入迟延。债权人拒绝部分履行只是一种防御性的自我保护手段,它不对当事人之间的债权债务关系,以及相应的法律救济手段产生影响。[③] 债权人拒绝权是一种需要受领的意思通知,通知在到达债务人处立即生效,并不需要债务人的接受。

(4)债权人对于债务人部分履行有拒绝受领权的假设前提是,债务人部分履行有损债权人在合同履行中应当享有的受全面履行的利益。但是如果债务人部分履行并未损害债权人上述利益,则债权人拒绝受领丧失存在的前提。而部分履行毕竟也是朝着合同圆满履行的方向进行,故而法律也不应一概否定部分履行,应当对债权人的拒绝受领权予以一定的限制。《合同法》所采纳的处理方法是,当部分履行不损害债权人利益的时候,债权人不得行使拒绝权。

---

① 薛军:《部分履行的法律问题研究——〈合同法〉第72条的法解释论》,载《中国法学》,2007年第2期,第69页。

② 薛军:《部分履行的法律问题研究——〈合同法〉第72条的法解释论》,载《中国法学》,2007年第2期,第71页。

③ 薛军:《部分履行的法律问题研究——〈合同法〉第72条的法解释论》,载《中国法学》,2007年第2期,第72页。

第十九章　债的保全

(一)单项选择题

1. D。
2. B。
3. D。
4. D。
5. D。
6. A。
7. C。乙公司从 2011 年 6 月 1 日才对甲公司享有债权,故甲公司在此之前无偿转让财产的行为,不会对债权人乙公司造成损害,选项 A、B 均错误。根据《合同法》第 186 条,赠与人在赠与财产的权利转移之前可以撤销赠与。具有救灾、扶贫等社会公益、道德义务性质的赠与合同或者经过公证的赠与合同,不适用前款规定。

(二)多项选择题

1. ABCD。
2. CD。根据《合同法》第 73 条规定,债权人不能代位行使其继承权。根据《合同法》第 191 条第 2 款规定,赠与人故意不告知瑕疵或者保证无瑕疵,造成受赠人损失的,应当承担损害赔偿责任。
3. ABC。虽然甲、乙之间的借款合同无效,但是甲据此对乙享有不当得利返还请求权,在符合其他条件的情况下可以行使债权人代位权。根据《最高人民法院关于适用〈中华人民共和国合同法〉若干问题的解释(一)》第 13 条第 1 款规定,乙曾向丙发出债务催收通知书并不能构成其积极行使债权的证据。根据《最高人民法院关于适用〈中华人民共和国合同法〉若干问题的解释(一)》第 11 条规定,债权人应以次债务人为被告、债务人为第三人向人民法院提起代位权诉讼。由于代位权是《合同法》所规定的债权人的法定权利,因此债务人和次债务人之间的约定并不构成债权人行使权利的障碍。
4. BCD。
5. AB。根据《最高人民法院关于适用〈中华人民共和国合同法〉若干问题的解释(一)》第 11 条规定,要求债务人的债权不是专属于债务人自身的债权。而人身伤害赔偿请求权就是专属于债务人自身的债权,甲对丁不能行使代位权。被继承人的遗嘱处分财产导致债权人的债权得不到清偿,债权人甲可向法院请求撤销乙的遗赠。
6. ABC。根据《最高人民法院关于适用〈中华人民共和国合同法〉若干问题的解释(一)》第 16 条第 1 款规定,代位之诉中,债权人未将债务人列为第三人,人民法院可以追加债务人为第三人,而非共同被告。
7. ABD。
8. ABC。

(三)不定项选择题

1. (1)ABD。
(2)ACD。
(3)ABCD。
2. ABCD。

(四)名词解释与辨析

1. 债的保全是指法律为防止因债务人的财产不当减少给债权人的债权带来危害,允许债权人代债务人之位向第三人行使债务的权利,或请求法院撤销债务人与第三人的民事法律行为的法律制度。

2. 代位权是指因债务人怠于行使其到期债权,对债权人造成损害的,债权人可以向人民法院请求以自己的名义代位行使债务人债权的权利。

3. 债权人的撤销权是指债权人对于债务人所为的危害债权的行为,可请求法院予以撤销的权利。

(五)简答题

1. 代位权的行使必须满足以下要件:(1)债权人对债务人的债权合法、确定且已届清偿期;(2)债务人怠于行使到期债权;(3)有保全债权的必要。

代位权行使的效果为:(1)对债务人的效力。代位权行使的结果直接归于债务人,债权人虽可以要求债务人的债务人直接将给付交给债权人,但这只是代位受领,所以其归属权仍然是归债务人所有。(2)对于债权人的效力。债权人行使代位权后,应将其所取得的利益交付债务人,行使代位权的债权人与未行使代位权的债权人处于同一法律地位。(3)对第三人而言,债权人行使代位权,与债务人行使权利的地位相同。故在代位权诉讼中,次债务人对债务人的抗辩,可以向债权人主张;即次债务人对抗债务人的一切抗辩权,对债权人均得行使。

2. 我国现行法上的代位权制度与大陆法系传统民法上的代位权制度区别如下:

(1)权利客体。我国合同法及司法解释规定,代位权的客体仅限于债务人对第三人的到期债权。传统民法上的代位权客体要更宽泛,包括物上请求权、形成权等,甚至包括其他非权利行使的保全行为。

(2)代位权行使的限度。我国法律规定,债权人的代位权以其债权数额为限。司法解释规定,在代位权诉讼中,债权人行使代位权的请求数额超过债务人所负的债务额或者超过次债务人对债务人所负债务额的,对超过部分人民法院不予支持。而在传统民法理论上,代位权系保存债务人的责任财产,其行使并不限于债权人的债权数额。

(3)代位权行使的效果。传统民法采用所谓的入库规则,即债权人行使债务人对第三人的权利的效果归属于债务人的一般责任财产,债权人无法就保全获得的财产优先受偿。我国实践中虽多依据"入库规则",但法律没有明确规定。

(4)代位权行使方式。有观点认为,在我国,债权人只能通过诉讼的方式来进行,而传统民法上的代位权不必然通过诉讼程序。

(六)论述题

代位权制度与强制执行制度联系十分密切。在法国民法中,代位权制度设立的初衷就是为了弥补其民事执行制度的不足。在德国、瑞士的法制下,由于强制执行制度较为发达,破产程序十分完备,如果债务人怠于行使权利,债权人可以依据强制执行制度,申请法院就债务人的债权予以强制执行,从而可以达到与代位权制度相同的效果,因而无须再规定代位权制度。但是应当看到,代位权制度与强制执行制度还是有不同的,两者的区别主要表现在:

(1)代位权的行使并不是请求法院强制执行已经生效的判决和裁定,而只是在于保全债务人的财产;强制执行并不在于恢复债务人的责任财产,而在于有效地增加债务人的责任财产,使债权能够得到清偿。

(2)代位权是一种实体法上的权利,而非程序法上的权利,它是债权的一项特殊权能,并以债权的有效存在为前提;强制执行本质上是程序法上的内容。

(3)从我国实际情况来看,在债务人怠于行使权利的情况下,通过实体法中代位权制度而非通过程序法来保障债权人的权利是必要的。在实体法中可以为代位权的行使设立一系列明确的条件,并且在代位权诉讼中债务人和次债务人都可以提出有效的抗辩,这就可以使三者之间的关系得到正确处理。①

第二十章　债的担保

(一)单项选择题

1. D。
2. C。
3. D。
4. C。
5. C。
6. A。
7. D。
8. B。丙签字的前一份主合同并没有成立,而之后甲、乙之间的合同,丙并没有以保证人身份签字或盖章,故保证合同没有成立,并不承担保证责任。

① 王利明:《债法总则》,中国人民大学出版社 2016 年版,第 407~408 页。

9.A。本题中未约定保证期间。根据《担保法》第26条第1款规定，保证期间为主债务履行期届满之日起6个月。甲公司与乙公司将主合同履行期限顺延了3个月，但未征得保证人丙公司的同意，根据《最高人民法院关于适用〈中华人民共和国担保法〉若干问题的解释》第30条第2款规定，三笔债务的保证期间仍为原来的保证期间。对于前两笔债务来讲，已经过了保证期间，丙公司只需为最后一笔债务即300万元承担保证责任。

10.B。虽然甲、乙约定以交付定金作为合同生效要件，后来乙未交付定金，但是甲已经履行了合同义务，根据《最高人民法院关于适用〈中华人民共和国担保法〉若干问题的解释》第116条规定，并不影响甲、乙之间主合同即买卖合同的生效。

11.C。《最高人民法院关于适用〈中华人民共和国担保法〉若干问题的解释》第119条规定，实际交付的定金数额多于或者少于约定数额，视为变更定金合同。

12.B。根据《最高人民法院关于适用〈中华人民共和国担保法〉若干问题的解释》第118条规定，当事人交付留置金、担保金、保证金、押金或者订金等，但没有约定定金性质的，当事人主张定金权利的，人民法院不予支持。故而本题中“订金”不是“定金”，不适用定金罚则。

(二)多项选择题

1.BC。

2.BD。

3.AC。合同中约定，“如果甲到期不能偿还该债务，由丙承担保证责任”，故而为一般保证；又根据《最高人民法院关于适用〈中华人民共和国担保法〉若干问题的解释》第32条第2款规定，保证合同约定保证人承担保证责任直至主债务本息还清时为止等类似内容的，视为约定不明，保证期间为主债务履行期届满之日起二年。

4.ABC

5.AC。根据《担保法》第17条第3款规定，有下列情形之一的，保证人不得行使前款规定的权利：(1)债务人住所变更，致使债权人要求其履行债务发生重大困难的；(2)人民法院受理债务人破产案件，中止执行程序的；(3)保证人以书面形式放弃前款规定的权利的。《最高人民法院关于适用〈中华人民共和国担保法〉若干问题的解释》第25条规定，《担保法》第17条第3款第(1)项规定的债权人要求债务人履行债务发生的重大困难情形，包括债务人下落不明、移居境外，且无财产可供执行。而选项B中，虽然债务人移居境外，但有财产可供执行；选项D中，其放弃行为并不是向权利人作出的，因此不是有效的放弃。

6.ABC。

7.AD。根据《最高人民法院关于适用〈中华人民共和国担保法〉若干问题的解释》第36条规定，一般保证中，主债务诉讼时效中断，保证债务诉讼时效中断；连带责任保证中，主债务诉讼时效中断，保证债务诉讼时效不中断。一般保证和连带责任保证中，主债务诉讼时效中止的，保证债务的诉讼时效同时中止。

8.ABC。

9.ABC。根据《最高人民法院关于适用〈中华人民共和国担保法〉若干问题的解释》第43条规定，保证人自行履行保证责任时，其实际清偿额大于主债权范围的，保证人只能在主债权范围内对债务人行使追偿权。乙交付的标的物存在瑕疵，甲公司对乙公司交付的价值2万元的硫磺熏蒸菊花茶享有抗辩权，即对该部分价款可以不予支付。丙公司在知情的情况下向乙公司付款10万元，其实际清偿额大于主债权的范围，丙公司只能在主债权范围内(8万元)对甲公司行使追偿权。丙公司在不知情的情况下向乙公司支付了该2万元价款，乙公司构成不当得利。根据《最高人民法院关于适用〈中华人民共和国担保法〉若干问题的解释》第35条规定，保证人对已经超过诉讼时效期间的债务承担保证责任或者提供保证的，又以超过诉讼时效为由抗辩的，人民法院不予支持。本题中，若甲公司付款债务诉讼时效已过，丙公司享有甲公司的诉讼时效抗辩权，其未主张诉讼时效抗辩权，承担保证责任后向甲公司行使追偿权的，人民法院不予支持。若丙公司放弃对乙公司享有的先诉抗辩权，仍向乙公司付款8万元的，则丙公司有权向甲公司追偿。

(三)不定项选择题

1. B。

2. B。

3. D。

4. D。根据《合同法》第 115 条规定,当事人可以依照《中华人民共和国担保法》,约定一方向对方给付定金作为债权的担保。债务人履行债务后,定金应当抵作价款或者收回。给付定金的一方不履行约定的债务的,无权要求返还定金;收受定金的一方不履行约定的债务的,应当双倍返还定金。而根据《合同法》第 116 条规定,当事人既约定违约金,又约定定金的,一方违约时,对方可以选择适用违约金或者定金条款。根据《最高人民法院关于适用〈中华人民共和国担保法〉若干问题的解释》第 91 条规定,定金的数额由当事人约定,但不得超过主合同标的额的百分之二十。

5. A。

(四)名词解释与辨析

1. 保证是指合同双方当事人以外的第三方向合同关系中的债权方保证合同关系中的债务方全部或部分履行合同债务的担保方式。保证人在被担保的当事人不履行合同时,承担连带赔偿的责任。

2. 定金罚则具体是指根据《合同法》第 115 条规定,债务人履行债务后,定金应当抵作价款或者收回。给付定金的一方不履行约定的债务的,无权要求返还定金;收受定金的一方不履行约定的债务的,应当双倍返还定金。

3. 先诉抗辩权是保证人基于保证人地位而特有的抗辩权,又称检索抗辩权,是指保证人在债权人未就主债务人的财产依法强制执行而无效果时,对于债权人可拒绝清偿的权利。

4. 保证期间是指当事人约定的或者法律规定的保证人承担保证责任的期限。一般保证的债权人在保证期间内未对债务人提起诉讼或者申请仲裁的,保证人免除保证责任;连带责任保证的债权人在保证期间内没要求保证人承担保证责任的,保证人免除保证责任。

5. 本担保是指保障主债权的实现而设立的担保。反担保是指在本担保设定后,为了保障担保人在承担担保责任后,其对被担保人的追偿权得以实现而设立的担保。

(五)简答题

1. 债的担保具有以下法律特征:

(1)从属性。担保合同的从属性又称附随性、伴随性,是指担保合同的成立和存在必须以一定的合同关系的存在为前提,被担保的合同关系是一种主法律关系,为之而设立的担保关系是一种从法律关系。

(2)补充性。担保合同的补充性是指合同债权人所享有的担保权或者担保利益,对于其债权的实现仅具有补充意义。

(3)相对独立性。担保合同的相对独立性是指担保合同尽管属于从合同,但也具有相对独立的地位,即担保合同能够相对独立于被担保的合同债权而发生或者存在。

2. 最高额保证具有以下特点:

(1)最高额保证所保证的债务均为将来发生的债务。其他保证既可以是对现在已经存在的债务为保证,也可以是对将来发生的债务为保证,而最高额保证则均是对将来发生的债务为保证。

(2)最高额保证所保证的债务为连续发生的若干笔债务。最高额保证是对在一段时期内发生的若干个具有连续性或继续性的债务为保证。

(3)最高额保证所担保的债务为一定期限内发生的,并且必须在约定的最高限额内。

(4)保证人有单方终止保证合同的权利。保证未约定保证期限的,保证人可以随时书面通知债权人终止保证合同。

3. 共同保证是数人就同一债务人的同一债务共同担保的保证。共同保证的效力为,同一债务有两个以上保证人的,保证人应当按照保证合同约定的保证份额承担保证责任,即各保证人仅就自己的份额负保证责任;没有约定保证份额的,保证人承担连带责任,债权人可以要求任何一个保证人承担全部保证责任,保证人负有担保全部债权实现的义务。已经承担保证责任的保证人,有权向债务人追偿,或者要求承担连带责任的其他保证人清偿其应当承担的份额。

4. 定金与预付款主要有以下区别:

(1)性质不同。定金是定金合同的主要内容,交付或接受定金,本身不是履行主债的义务,而是债的担保方式,是履行定金合同的行为。而预付款则是主合同的内容之一,给付预付款是履行主债的行为。

(2)作用不同。预付款的作用在于帮助对方解决资金上的困难,使之更有条件适当履行合同,具有支援性;定金虽然也有这一作用,但是主要作用还在于担保合同的履行。此外,定金在合同是否成立发生争议时,还可以起到证明合同成立的作用;而预付款则没有担保和证约的作用。

(3)效力不同。预付款在合同正常履行的情况下,成为价款的一部分,在合同没有得到履行的情况下,不管是给付一方当事人违约,还是接受方违约,预付款都要原数返回。定金则不同,在合同得到履行时,定金是收回还是抵作价款,要根据双方当事人的约定来确定,并非一定抵作价款。在不履行合同的情况下,给付定金的一方不履行债务时,无权要求返还定金;接受定金的一方不履行债务的,应当双倍返还定金。定金具有违约惩罚性,而预付款则没有。

(4)支付方式不同。定金一般是一次性支付,交付定金后,定金合同方可成立;预付款可以一次性支付,也可以是分期支付。

(5)适用范围不同。定金在合同中运用广泛,不仅适用于以金钱履行义务的合同,也可以适用于其他有偿合同;而预付款一般只能适用于以金钱履行义务的合同。

(六)论述题

保证责任的免除是指保证人因有法定事由而不再承担保证责任。保证责任的消灭是指因有法定事由,保证人保证责任不再存在。保证责任的免除和消灭在意义和后果上基本一致。保证责任主要有以下几种免除和消灭事由:

(1)主债权消灭。保证之债从属于主债权,主债权因清偿、提存、抵销、免除、混同等原因而消灭,保证之债赖以存在的基础消失,保证人的保证责任也自然归于消灭。

(2)主债务转让给第三人而未经保证人同意。由于保证具有很强的人身性、信用性,保证人一般只为特定的债务人提供担保,主债务一旦转让,在未征得保证人同意的情况下,保证人与新的债务人并无信任关系,让其承担保证责任显失公允。因此,我国《担保法》第 23 条规定:“保证期间债权人许可债务人转让债务的,应当取得保证人书面同意。保证人对未经其同意转让的债务,不再承担保证责任。”

(3)债权人和债务人协议变更主合同而未经保证人同意。我国《担保法》第 24 条规定:“债权人与债务人协议变更主合同的,应当取得保证人书面同意。未经保证人书面同意的,保证人不再承担保证责任。保证合同另有约定的,按照约定。”

(4)保证期限届满而债权人不为请求。任何权利的存在都有一定的期限,债权人对保证人的权利是特定的请求权,在保证有效期间内存在。在保证期限内债权人如不主张权利,保证期限届满,保证债务归于消灭,保证人不再承担责任。

(5)保证合同的解除或终止。保证合同是一种独立的债权债务关系,也可以依债权人与保证人的合意,使保证合同消灭;或者约定在一定条件成就时,一方有权终止或解除合同,使保证合同自始不发生效力。

(6)保证人履行保证债务。保证人依照保证合同承担保证责任的行为,使债权人的债权得以实现,保证债务归于消灭。

第二十一章　债的移转

(一)单项选择题

1. D。
2. B。
3. A。
4. B。
5. A。
6. A。
7. D。虽然《最高人民法院关于适用〈中华人民共和国民法总则〉诉讼时效制度若干问题的解释》第19条第1款规定,债权转让的,应当认定诉讼时效从债权转让通知到达债务人之日起中断。但如果转让的债权已经过了时效,之后再发生债权让与的,不可能导致诉讼时效的中断。
8. D。
9. D。
10. C。
11. B。

(二)多项选择题

1. ACD。
2. ABC。
3. ABCD。
4. ABCD。
5. ABCD。
6. AB。根据《合同法》第80条规定,债权人转让权利的,应当通知债务人。未经通知,该转让对债务人不发生效力。债权转让发生在10月1日,此时债权让与在乙、丙之间生效;10月15日通知甲,此时债权让与对甲发生效力。根据《合同法》第83条,债务人接到债权转让通知时,债务人对让与人享有债权,并且债务人的债权先于转让的债权到期或者同时到期的,债务人可以向受让人主张抵销。但甲的债权晚于转让的债权到期,因此不能主张抵销。
7. AB。

(三)不定项选择题

1. BD。
2. A。

(四)名词解释与辨析

1. 债权让与是指债的关系不失其同一性,债权人通过让与合同,将其债权移转于第三人享有的现象。其中,债权人称为让与人,第三人称为受让人。

2. 债务承担是指债的关系不失其同一性,债权人或者债务人通过与第三人订立债务承担合同,将债务全部或部分地移转于第三人承担的现象。该第三人称为承担人,按照承担后原债务人是否免责为标准,可以分为免责的债务承担和并存的债务承担。

3. 合同承受又称合同承担,是指合同关系一方当事人将其合同上的权利、义务全部移转于该第三人,由其在移转范围内承受自己在合同上的地位,享受合同权利并负担合同义务。

(五)简答题

1. 债务承担需满足以下条件:(1)必须要有有效的债务存在,本来不存在或已经消灭的债务所订立的债务承担协议不发生效力;(2)所移转的债务具有可移转性,性质上不可移转的债务,不能作为债务承担的标的;(3)要有以债务承担为内容的协议,债务承担协议以债务移转为其内容和目的;(4)债务承担协议必须经债权人同意,这是债务承担协议发生效力的最主要条件。

免责的债务承担具有以下效力:(1)债务人脱离债务关系,由承担人直接向债权人承担债务;承担人不履行债务时,债权人仅能请求法院要求承担人强制履行,与原债务人无涉。(2)债务人基于债权债务关系所取得的对于债权人的抗辩权移转给承担人。(3)从属于主债务的从债务由承担人负担。并存的债务承担中,债务人与第三人共为连带债务人。

2. 转让合同权利具有以下内部效力:(1)合同

权利由让与人转让给受让人；(2)合同权利转让时，受让人取得与合同债权有关的从权利，如保证债权、担保物权、完全债权、违约债权等，但该从权利专属于债权人自身的除外；(3)让与人应将合同权利的证明文件全部交付受让人，其证明文件包括债务人出具的借据、票据、合同文书、往来电报信函等；(4)让与人对转让的债权负担保责任，凡因债务人主张可以对抗原债权人的事由而使受让人的利益受到损害的，让与人应当负责。

转让合同权利具有以下外部效力：(1)在让与人与债务人之间，因转让通知，双方完全脱离合同关系。让与人不得再受领债务人的履行，债务人也不得再向让与人履行原来的债务。否则，在前者场合，成立不当得利；在后者场合，不发生清偿效果，债务人仍必须向受让人履行债务。但债务人接受转让通知前向原债权人所为的履行仍然有效，原债权人对债务人所为的债务免除也有效。(2)债务人收到转让通知后，即应当将受让人作为债权人而履行债务。受让人取代原债权人而成为新债权人，享有和原债权人同样的权利。为了保护债务人不因转让合同权利而受损害，债务人接到转让通知时，债务人对让与人的抗辩，均可向受让人主张；此处之抗辩，包括债权不发生、债务未届清偿期等。债务人接到转让通知时，债务人对让与人享有到期债权的，债务人可以依据抵销规则向受让人主张抵销。(3)合同权利转让后，债务人还可因某种事实取得对于受让人的抗辩权。例如合同权利转让后时效完成，债务人依此可拒绝履行；终期到来时，债务人可主张合同终止等。

(六)论述题

债权让与必须满足以下条件：

(1)必须存在有效的债权。这是债权让与的前提。但已罹诉讼时效的债权、因可撤销法律行为所生债权也可以成为让与的标的。

(2)被让与的债权必须具有可让与性。《合同法》第79条明确规定了三种不得转让的债权：根据合同性质不得转让的债权，如雇佣合同、委托合同中受雇人、受托人所享有的债权；按照当事人约定不得转让的债权，这种禁止让与的约定应不得对抗善意第三人；以及依照法律规定不得让与的债权。

(3)让与人和受让人必须就债权的转让意思表示达成一致，债权让与既为双方民事法律行为，则必须满足民事法律行为有效要件。

(4)必须通知债务人，才能对债务人发生效力。债务人未收到债权让与通知的，则该让与对债务人不发生效力，债务人向原债权人清偿，其清偿有效。

第二十二章　债的消灭

(一)单项选择题

1. B。
2. D。
3. A。
4. B。
5. A。
6. D。
7. A。
8. D。
9. D。双方互负债务，无论种类、品质是否相同，都可以约定抵销。
10. A。

(二)多项选择题

1. CD。
2. ABCD。
3. BC。
4. ABCD。
5. ABCD。
6. BCD。
7. BD。

(三)不定项选择题

1. D。

2. B。

(四)名词解释与辨析

1. 提存是指债务人于债务已届履行期时,将无法给付的标的物交提存机关,以消灭债务的行为。

2. 免除是指债权人抛弃债权,从而全部或者部分终止债的关系的单方行为,免除是无因行为,免除本身具有无偿性,免除为非要式行为。

3. 混同是指债权和债务同归一人,原则上致使债的关系消灭的事实。

4. 代为清偿是指在法律没有规定或者当事人之间也没有约定清偿可以由第三人进行时,第三人向权利人所为的债务履行行为。

5. 抵销是指二人互负债务且其给付种类相同的情形,各以其债权充当债务之清偿,而使其债务与相对人的债务在对等额内相互消灭。

抵销依其产生的根据不同,可分为法定抵销与合意抵销两种。法定抵销由法律规定其构成要件,当其要件具备时,依当事人一方的意思表示即可发生抵销的效力。合意抵销是指按照当事人双方的合意所为的抵销。

两者的区别在于:(1)双方债务是否届清偿期不同。法定抵销中,双方债务均必须已届清偿期;合意抵销中,债务是否已届清偿期在所不问。(2)抵销的方法不同。法定抵销中,必须由抵销权人通知对方当事人;而合意抵销中,则必须有主动债权人与受动债权人的意思表示一致,即双方一致订立抵销协议。(3)对抵销标的物的要求不同。法定抵销中,要求抵销的"标的物种类、品质相同";而合意抵销中,当事人双方可以商定种类、品质不同的标的物进行抵销。(4)能否附期限不同。法定抵销中,对抵销的通知不得附条件或者期限;而合意抵销中,双方当事人可以在抵销合同中商定抵销的条件或者期限。(5)效力不同。合意抵销具有消灭当事人之间同等数额之内的债务关系的基本效力,这一点与法定抵销相同。但是,由于合意抵销贯彻了当事人的意思自由,故具体的效力可以取决于当事人双方在抵销契约中的约定。

(五)简答题

1. 清偿抵充必须具有以下要件:(1)必须是债务人对同一债权人负担数宗债务。此数宗债务,不论是自始发生在债务人与债权人之间,还是嗣后由他人之处承担而来,也不论此数宗债务是否均届清偿期。(2)数宗债务的种类相同。种类不同者,可依给付的种类确定系清偿何宗债务。(3)必须是债务人的给付不足以清偿全部债务,但至少是足以清偿一宗债务;否则,债权人可以拒绝其为一部清偿,也不发生抵充问题。

清偿的方式包括三种:(1)约定抵充。当事人之间就债务人的给付系抵充何宗债务有约定时,从其约定。抵充合同无须为明示,也可以为默示。抵充合同订立的时间既可以在给付时,也可以在给付前。(2)指定抵充。如果当事人之间没有约定,则清偿人有权单方面指定其给付系清偿何宗债务。这种指定为形成权的行使,应和清偿受领人以意思表示为之。已经指定后,清偿人不得撤回。指定应在清偿时提出。(3)法定抵充。我国现行法规定,债务人的给付不足以清偿其对同一债权人所负的数笔相同种类的全部债务,应当优先抵充已到期的债务;几项债务均到期的,优先抵充对债权人缺乏担保或者担保数额最少的债务;担保数额相同的,优先抵充债务负担较重的债务;负担相同的,按照债务到期的先后顺序抵充;到期时间相同的,按比例抵充。

2. 抵销是指当事人互负债务时,各以其债权充当债务清偿,而使其债务与对方的债务在对等额内相互消灭。商事交互计算是指把在一定期间内由商事交易所产生的债权、债务进行一次性结算的特殊商事合同。它实际上是一种活期财物结算。

两者区别在于:(1)抵销只需双方当事人互负债务、互享债权,对当事人的身份无特殊要求;但商事交互计算的当事人至少有一方是商人。(2)抵销双方互付的债务,必须标的物的种类、品种相同;商事交互计算无此要求。(3)抵销必须是主动债权已届清偿期;商事交互计算适用不存在特定期间。(4)商事交互计算要求当事人双方之间必须有经常性、持续性的交易关系；抵销无此要求。

3. 提存是指债务人于债务已届履行期时，将无法给付的标的物交提存机关，以消灭债务的行为。

提存需具备以下要件：(1)必须有可以提存的合法原因；(2)必须经法定程序；(3)提存的主体与客体适当。

提存的效力包括三个方面。一是在债务人与债权人间的效力。债因提存消灭，债务人不再负清偿责任。提存物的所有权如同债务人给付后一样移转于债权人，标的物毁损、灭失的风险也一并移转于债权人，标的物的孳息归债权人所有。二是在提存人与提存机关间的效力。提存成立后，提存机关有保管提存物的义务。提存人在发现提存或提存原因消灭时，得撤销提存行为，并取回提存物。三是在提存机关与债权人间的效力。提存成立后，债权人有受领提存物的权利，有权请求提存机关交付提存物。债权人领取提存物的权利应于法律规定的期限内行使。债权人超过法律规定或者提存机关公告的领取时间而不领取提存物的，其权利即行丧失。

(六)论述题

抵销是指当事人互负债务时，各以其债权充当债务的清偿，而使其债务与对方债务在对等额内互相消灭。主张抵销的债权称为主动债权，或称自动债权、能动债权；被抵销的债权称为被动债权，或称受动债权、反对债权。

抵销根据产生依据不同，可以分为法定抵销与合意抵销两种。法定抵销是指由法律规定其构成要件，当要件具备时，依当事人一方的意思表示即可发生抵销的效力。根据《合同法》第 99 条规定，法定抵销需具备以下要件才能生效：

(1)必须双方互负有效存在的债务，互享债权。抵销以消灭双方债权为目的，自然以双方债权有效存在为前提。附生效条件的债权于条件成就前不得为主动债权抵销。附解除条件的债权得为抵销，且条件成就无溯及力，行使抵销权后条件成就，抵销仍有效。超过诉讼时效期间的债权和负同时履行抗辩权的债权不得为主动债权，但可以为被动债权用作抵销，视为债权人抛弃了时效利益或是同时履行抗辩权。

(2)必须主动债权已届清偿期。《合同法》第 99 条虽然规定双方债权均届清偿期，但债权人有权抛弃期限利益，所以被动债权即使未届清偿期，也当允许抵销。

(3)必须双方当事人互负债务的标的物种类、品质相同。因为只有给付的种类相同时，当事人双方的经济目的才一致，通过抵销才可满足当事人双方的利益需要。两项债务为不同种类的给付，若当事人以抵销而不必为给付，则会难以满足当事人的经济需要。因此，抵销的债务一般为金钱债务和种类物之债。

(4)必须双方当事人互负债务非不得抵销的债务。抵销的债务必须为可以抵销的债务。对于依法律规定或者债务的性质不得抵销的债务，不得抵销。双方约定不得抵销的债务，也不得抵销。例如，相互提供劳务的债务、与人身不可分离的债务(如抚恤金、退休金等债务)，依其性质不能抵销。法律规定不能抵销的债务主要有：禁止强制执行的债务；因故意侵权行为而产生的债务；约定应向第三人为给付的债务；违约金债务、赔偿金债务等。

在合意抵销中，依合同自由原则，当事人互负债务，标的物种类、品质不相同的，经双方协商一致，也可以抵销。

第二十三章　合同概述

(一)单项选择题

1. B。
2. D。
3. D。
4. A。
5. C。“商铺认购书”属于预约合同,它与商品房预售合同不同,并不必要取得预售许可,合同有效。甲公司违反该预约合同,且在法律上不能继续履行,需要承担违约责任,李某有权解除合同。
6. B。
7. C。
8. C。
9. C。
10. D。
11. C。
12. C。
13. A。
14. D。
15. A。
16. B。
17. C。“起飞前两小时内退票,按机票价格收取30%手续费”这一规定并不是免责条款,也没有加重客户责任或排除客户的主要权利,因为飞机起飞前两小时内办理退票手续,很可能导致该机票无法在两小时内售出,造成航空公司的损失,该格式条款是有效的。
18. A。

(二)多项选择题

1. ABD。
2. AB。
3. BC。合同双方当事人对于合同不能履行均无过错,无须承担赔偿责任,但甲公司将 20 万元本金返还给丙之外,对于产生的孳息也应一并返还,否则即构成不当得利。
4. ACD。
5. ABD。
6. ABD。

(三)不定项选择题

1. (1)ABD。
(2)AC。
(3)ABCD。
(4)A。
2. (1)CD。
(2)BD。
(3)AB。

(四)名词解释与辨析

1. 根本违约是指当事人一方迟延履行债务或者其他违约行为将导致合同相对方合同目的落空的违约方的严重违约行为。根本违约的构成要件包括一般违约的构成要件和因违约行为导致的合同目的不能实现。其法律效果是,当一方根本违约时,另一方当事人可以解除合同并要求对方承担违约责任。

2. 要约是指一方当事人以缔结合同为目的,向对方当事人提出合同条件,希望对方当事人接受的意思表示。要约邀请又称要约引诱,是指一方当事人邀请对方当事人向自己发出要约。

两者区别主要在于:(1)效力不同。要约对要约人具有约束力。(2)要约以订立合同为直接目的;要约邀请则不是以订立合同为直接目的,它只是唤起别人向自己作出要约表示或使自己能向别人发出要约。(3)要约必须包含能使合同得以成立的必要条款。

3. 预约合同是指约定将来订立一定合同的合同。本约合同是指为履行该预约而订立的合同。预约合同存在的主要理由是,由于法律或者事实上的原因,订立本约合同的条件尚未成熟,先订立预约合同,使对方受约束,以确保本约合同的成立。

4. 合同责任与违约责任的关系,有否定说和肯定说。

肯定说认为，合同责任就是违约责任。

否定说认为，违约责任与合同责任是两个完全不同的概念。具体来说，违约责任是指合同生效后，当事人一方不履行合同义务或者履行合同义务不符合合同约定所应承担的采取补救措施、赔偿损失、支付违约金等民事责任。合同责任则是指合同法上的民事责任，即当事人违反合同法上的义务而应该承担的恢复原状、赔偿损失等民事责任。在当事人进行合同磋商时、合同成立后生效前、合同生效后都有可能产生合同责任。违约责任仅是合同责任之一。

(五)简答题

1. 同时履行抗辩权在实体法上的效力，分为本体的效力与其他的效力。本体的效力体现为拒绝履行权；其他的效力体现为对抵销权的影响、对履行迟延构成及合同解除的影响等。就同时履行抗辩权本体的效力而言，其中有的效力的发生要求抗辩权人主张其抗辩权，有的则不需要。同时履行抗辩权是一种消极的防御权利，需要相对人请求履行时才得行使，而并不像支配权、请求权或者形成权那样具有主动的性质。同时履行抗辩权的“存在的效力”，最典型的是债权受同时履行抗辩时，不得以之为自动债权，主张抵销。

2. 对于不安抗辩权，我国《合同法》第 68 条规定：“应当先履行债务的当事人，有确切证据证明对方有下列情形之一的，可以中止履行：(一)经营状况严重恶化；(二)转移财产、抽逃资金，以逃避债务；(三)丧失商业信誉；(四)有丧失或者可能丧失履行债务能力的其他情形。当事人没有确切证据中止履行的，应当承担违约责任。”第 69 条规定：“当事人依照本法第 68 条的规定中止履行的，应当及时通知对方。对方提供适当担保时，应当恢复履行。中止履行后，对方在合理期限内未恢复履行能力并且未提供适当担保的，中止履行的一方可以解除合同。”

基于现行法规定，不安抗辩权的适用应具备以下条件：(1)双方当事人因同一双务合同而互负债务；(2)有先后的履行顺序；(3)后给付义务人的履行能力明显降低，有不能为对待给付的现实危险，且先履行义务人必须有充足的证据证明相对人无能力履行债务。

不安抗辩权具有以下几项效力：(1)先给付义务人中止履行。先给付义务人有确切证据证明后给付义务人的履行能力明显降低，有不能为对待给付的现实危险的，有权中止履行。所谓中止履行，就是暂停履行或者延期履行，履行义务仍然存在。在后给付义务人提供适当担保时，应当恢复履行。(2)先给付义务人解除合同。先给付义务人中止履行后，后给付义务人在合理期限内未恢复履行能力并且未提供适当担保的，先给付义务人可以解除合同。解除的方式，由先给付义务人通知后给付义务人，通知到达时发生合同解除效力；但后给付义务人有异议时，可以请求人民法院或与仲裁机构确认合同解除效力。后给付义务人的行为构成违约时，应负违约责任。

3. 预期违约与不安抗辩权都是在双务合同中运用的一项法律制度，它为善意签约人提供了一种自我保护，同时在宏观上具有维护社会经济秩序的功能，但两者是不能等同的，其区别如下：

(1)适用的前提条件不同。预期违约制度不以双务合同当事人债务之履行存在先后顺序为前提，无论双方当事人是否有义务先行作出履行还是同时作出履行，任何一方均可依法在对方预期违约时中止履行合同而寻求法律救济。相反，不安抗辩权行使的前提条件之一是，当事人的债务履行顺序存在先后之分。

(2)行使权利主体不同。不安抗辩权的行使主体仅为一方，具有特定性，即有先为履行合同义务的一方。而预期违约，合同任何一方都可提出。

(3)行使权利所依据的原因不同。不安抗辩权的行使根据《合同法》第 68 条规定的四种情况，且具有确切证据。而预期违约不限于此，明示的预期违约非常好理解。对于默示预期违约，其所依据的情况主要有：①债务人的经济状况不佳，没有能力履约；②商业信用不佳，有不能履约的危险；③债务人的实际状况表明债务人有违约的危险。

(4)法律救济方法不同。行使不安抗辩权的债权人可以中止自己的对待给付，但若对方提供履约担保，则债权人仍需履约，如对方在合理期限内未恢复履约能力且未提供担保，则债权人可解除合同。默示预期违约则规定在对方不提供履约保证时，债权人可选择解除合同或不解除合同，同时也可要求对方赔偿损失。

(5)过错是否为构成要件上不同。预期违约制度考虑了当事人的主观过错问题。明示预期违约是指一方明确向另一方作出其将届期不履行合同的意思表示，行为人从主观上以某种积极行为侵害对方的期待债权，其在主观上是有过错的。在默示预期违约中，债务人是以其行为表明其将不履行主要债务，它是以债务人不按期提供履行保证为要件，虽未明确向对方传达该意思，但从其行为可看出债务人是不能按时履约的，此也表明债务人主观上存有过错。而不安抗辩权，其成立无须对方主观上存在过错，只要其财产或其经营在缔约后明显恶化并导致难为对待给付的危险即可，不论由何种原因所引起。

4. 违约救济的基本形态包括以下几种：

(1)继续履行。也称强制实际履行，是指违约方根据对方当事人的请求继续履行合同规定的义务的违约责任形式。继续履行的适用，因债务性质的不同而不同。在金钱债务中，无条件适用继续履行。金钱债务只存在迟延履行，不存在履行不能，因此，应无条件适用继续履行的责任形式。在非金钱债务中，有条件适用继续履行。对非金钱债务，原则上可以请求继续履行，但法律上或者事实上不能履行，债务的标的不适用强制履行或者强制履行费用过高，债权人在合理期限内未请求履行除外。

(2)采取补救措施。是指矫正合同不适当履行，使履行缺陷得以消除的具体措施。关于采取补救措施的具体方式，包括修理、更换、重作、退货、减少价款或者报酬等；在采取补救措施的适用上，应注意，采取补救措施的适用以合同对质量不合格的违约责任没有约定或者约定不明确，而依《合同法》第61条仍不能确定违约责任为前提。换言之，对于不适当履行的违约责任形式，当事人有约定者，应依其约定；没有约定或约定不明者，首先应按照《合同法》第61条规定确定违约责任；没有约定或约定不明又不能按照《合同法》第61条规定确定违约责任的，才适用这些补救措施。应以标的物的性质和损失大小为依据，确定与之相适应的补救方式；受害方对补救措施享有选择权，但选定的方式应当合理。

(3)赔偿损失。也称违约损害赔偿，是指违约方以支付金钱的方式弥补受害方因违约行为所减少的财产或者所丧失的利益的责任形式。赔偿损失的确定方式有法定损害赔偿和约定损害赔偿两种。法定损害赔偿是指由法律规定的，由违约方对守约方因其违约行为而对守约方遭受的损失承担的赔偿责任。根据《合同法》规定，法定损害赔偿应遵循完全赔偿原则、合理预见规则和减轻损失规则。约定损害赔偿是指当事人在订立合同时，预先约定一方违约时应当向对方支付一定数额的赔偿金或约定损害赔偿额的计算方法。它具有预定性、从属性、附条件性。

(4)违约金。是指当事人一方违反合同时，应当向对方支付的一定数量的金钱或财物。违约金是对损害赔偿额的预先约定，既可能高于实际损失，也可能低于实际损失，畸高和畸低均会导致不公平结果，我国《合同法》第114条第2款作了相关规定。

(5)定金责任。所谓定金，是指合同当事人为了确保合同的履行，根据双方约定，由一方按合同标的额的一定比例预先给付对方的金钱或其他替代物。对此《担保法》作了专门规定。《合同法》第115条也规定：当事人可以依照《担保法》约定一方向对方给付定金作为债权的担保。债务人履行债务后，定金应当抵作价款或者收回。给付定金的一方不履行约定的债务的，无权要求返还定金；收受定金的一方不履行约定的债务的，应当双倍返还定金。据此，在当事人约定了定金担保的情况下，如一方违约，定金罚则即成为一种违约责任形式。

(六)论述题

1. 缔约过失责任是指在合同订立过程中，一方因故意或过失违背依诚实信用原则所应尽的义务，使合同未成立、被撤销或无效而致另一方信赖利益受到损失时应承担的民事责任。

违约责任是指违反合同的民事责任，即合同当事人不履行合同义务或履行合同义务不符合约定时所承担的法律后果。

缔约过失责任与违约责任的区别如下：

(1)产生的依据不同。缔约过失责任是在缔结合同中基于合同不成立、合同无效或被撤销的情形而产生的责任，缔约一方当事人违背依诚实信用原则所应负的通知、说明、协力、忠实、照顾等先合同义务，此时合同并未生效，即未发生合同之效力。因此，缔约过失责任产生的根据是先合同义务。而违约责任则只能产生于已生效的合同，合同已生效，债务人应按合同约定的义务履行，对约定义务的违反，债务人应承担违约责任。因此，违约责任产生的根据是合同义务。

(2)责任保护的利益不同。缔约过失责任这一制度设立最初就是为了保护缔约双方从开始接触、磋商，到合同不能成立、合同无效、合同被撤销时双方之间为此而形成一种特殊的信赖关系，并基于这种特殊的信赖关系，期望通过合同的订立、履行去获得在实现合同目的过程中产生的信赖利益。所谓信赖利益，是指当事人信赖其与对方签订有效合同而产生的利益。对于信赖利益的损失，依民法一般原理，应给当事人予以补偿，应承担缔约过失责任；若无缔约过失责任制度，则难以建立对信赖利益的保护制度，从而使当事人在缔约阶段的信赖利益失去法律保护。而违约责任则重在保护合同当事人的履行利益。所谓履行利益，是指合同当事人基于合同的生效和实际履行后所获得的利益。合同生效后，对于债务人不履行合同义务或履行合同义务不符合约定而使得债权人的履行利益得不到实现时，法律规定或当事人约定债务人对此应承担违约责任。

(3)责任的性质不同。缔约过失责任具有法定性，它是基于法律的直接规定而产生的，不是以当事人之间的约定产生，并且缔约过失责任的责任形式也是法律规定，即赔偿损失，当事人不能任意选择。而违约责任具有约定性，这是《合同法》的意思自治原则的体现，当事人可以在合同中约定违约责任的形式，约定违约金及赔偿损失的数额、计算办法等。同时，违约责任也具有一定的法定性。例如，它规定了定金罚则及约定的违约金不得过分高于实际损失赔偿额等。但违约责任的性质更多地体现在约定性上。

(4)责任发生的时间不同。缔约过失责任只产生在缔结合同过程中，包括合同成立。在这个过程中，因一方当事人的过错致使合同不能成立，即仍处在要约或承诺阶段，或合同虽已成立但因其合同标的不适法而无效，或合同虽已成立但因其意思表示的不真实，法律行为不能发生法律效力而被撤销时，当事人已经为订立合同花费了一定的费用或为签订此合同而丧失了其他利益机会，立法上为平衡当事人的利益和对信赖利益的保护，由此创制了缔约过失责任制度。而违约责任只能发生在合同成立后且已生效，如合同已成立但不生效，此时并没有产生合同义务，因而不产生违约责任，只能产生缔约过失责任。合同生效后，债务人开始履行义务，如对合同义务的不履行或履行不符合约定，此时才产生违约责任。

(5)归责原则不同。缔约过失责任的归责原则应该是过错责任原则，即当事人在订立合同过程中因合同未成立、合同无效或合同被撤销，致使对方信赖利益损失时，应以其过错作为确定责任的要件及确定责任范围的依据。这里包括两层含义：一方面，过错责任原则要求以主观过错作为过错方承担缔约过失责任的构成要件，即确定其承担缔约过失责任，不仅要有违反先合同义务的行为致使对方信赖利益的损失，而且缔约方主观上有过错；另一方面，这种过错必须与信赖利益的损失之间有因果关系，以此来确定缔约过失责任的范围。违约责任的归责原则是严格责任原则，即违反合同义务的当事人无论主观上有无过错，均应承担违约责任。严格责任原则作为违约责任的归责原则，已得到国内学者的普遍认可。立法上在《合同法》第107条将该原则予以确立。同时，对于某些有名合同规定适用过错责任原则，如《合同法》第189条、第191条、第320条、第374条、第406条、第425条等，由此形成以严格责任原则为主导、过错责任原则为例外和补充的格局。

(6)构成要件不同。归责原则的不同，决定了它们的构成要件不同。缔约过失责任的构成要件主要有：第一，当事人双方必须有缔约行为，即这种行为发生在合同订立阶段；第二，当事人一方必须违背依诚实信用原则所产生的法定义务，即先合同义务；第三，主观上必须当事人一方有过错，包括故意和过失；第四，客观上必须另一方当事人的信赖利益受到损失；第五，当事人主观上的过错与另一方当事人信赖利益的损失之间必须有因果关系。上述五个条件须同时具备，才能构成缔约过失责任。

违约责任的构成要件分为一般构成要件与特殊构成要件。对于一般构成要件，目前学界有不同观点，有一要件说、两要件说、三要件说、四要件说。笔者认为，违约责任的构成要件只有一个，即违约行为，只要当事人一方有违约行为，不履行合同义务或履行合同义务不符合约定就应当承担违约责任。违约责任的特殊构成要件因违约责任形式的不同而有所差异，如损害赔偿责任的构成要件有：违约行为；损害事实；违约行为与损害事实之间要有因果关系。

(7)免(减轻)责事由不同。缔约过失责任没有免责事由，在缔约过程中只有双方人存在混合过错的情况下才存在减轻责任的可能，即双方在缔约过程中都有过错造成了一方当事人的信赖利益的损失时，才可以减轻另一方的缔约过错责任。而违约责任中，当合同双方当事人都存在违约时，就各自的违约行为对对方承担责任，可以相互折抵。当出现法定的免责事由或约定的免责事由时，违约方将免除承担法律责任。法定的免责事由主要是指《合同法》第 117 条规定的不可抗力，包括自然灾害、政府行为、社会异常事件等。约定的免责事由包括当事人在合同中约定的免责条款和约定的不可抗力的范围，约定的不可抗力条款是对法定不可抗力条款的补充与细化。

(8)赔偿损失的范围不同。缔约过失责任赔偿的是信赖利益的损失，既包括因他方的缔约过失而导致信赖人的直接财产的减少，如费用的支出，也包括信赖人的财产应当增加而未增加的利益、信赖合同有效而失去的某种应得到的机会。当然，这些利益表现是在缔约时可以预见的范围之内。赔偿应以过错责任原则为依据，适用完全赔偿原则。信赖利益赔偿的结果是使当事人达到合同未曾发生时的状态。违约责任赔偿的是履行利益的损失，即合同成立且生效后，违约方不履行合同义务或履行合同义务不符合约定时给非违约方造成的损失，履行利益赔偿的结果是使当事人达到合同完全履行时的状态。一般来说，违约责任赔偿的范围要比缔约过失责任赔偿范围大。对于赔偿的计算办法、数额等，违约责任可以通过双方当事人协商，也可以事前达成合意，但缔约过失责任的损害赔偿则不能合意事先达成。

(9)行为形态不同。对缔约过失责任构成要件中的缔约过失行为，大致归纳为以下几种：①假借订立合同，恶意进行磋商(见《合同法》第 42 条第 1 款)；②欺诈缔约，即故意隐瞒与订立合同有关的重要事实或提供虚假情况(见《合同法》第 42 条第 2 款)；③违反人格及人格尊严等违背诚实信用原则的缔约行为(见《合同法》第 42 条第 3 款)；④擅自变更、撤回要约；⑤违反初步的协议或意向协议或许诺；⑥泄露或不正当地使用商业秘密；⑦订立合同中未尽保护义务而侵害对方人身权、财产权的行为；⑧违反禁止强制订约的义务；⑨缔约之际未尽通知、保密义务等给对方造成损失的缔约过失行为；⑩因一方过错使合同不能成立的行为等。学者对违约行为形态的划分不同，有学者将违约行为分为预期违约和实际违约，实际违约又分为不履行合同义务和履行合同义务不符合约定。不履行合同义务又可分为履行不能和拒绝履行；履行合同义务不符合约定又分为迟延履行、瑕疵给付与提前履行等。

(10)责任形式不同。缔约过失责任的责任形式只能是赔偿损失，依《合同法》第 42 条规定，当事人在订立合同过程中给对方造成损失的，应当承担损害赔偿责任。违约责任的责任形式有很多，《合同法》在“违约责任”一章中主要规定了继续履行、采取补救措施、赔偿损失、支付违约金、定金罚则这几种责任形式；同时，在“合同履行”一章中的第 63 条规定了针对执行政府定价或政府指导价的合同的价格制裁的违约责任形式。

2. 本条规定了非违约方的减损义务。一方当事人违约后，另一方应当及时采取措施防止损失的扩大，否则无权就扩大的损失要求赔偿，这种防止损失扩大的义务称为减损义务。减损义务虽由债务人的违约行为所引起，但债权人无权放任损害的进一步扩大，因而其结果不可归责于债务人，而应当由债权人自己承担。

3. 合同的解除是指合同有效成立后，因当事人一方或双方的意思表示，使合同关系归于消灭的行为。解除合同的条件成就时，解除权人可以解除合同。该条规定的是约定解除权的合同，即当事人双方在合同中约定，在合同成立以后、没有履行或者没有完全履行之前，由当事人一方在解除合同的条件成就时享有解除权，并可以通过行使解除权，使合同关系消灭。两者有很多相似之处，例如，在合同中对合同的解除均约定了条件；最终均导致合同终止，不再继续履行后果。但立法者将前者放在“合同的效力”一章，而将后者放在“合同的权利、义务终止”一章，可见两者的作用和价值并不相同。两者主要区别在于：

(1)两者的立法目的不同。附解除条件的合同是为了限制民事法律行为的效力，满足当事人特定的需要，它本质上是民事法律行为人所附加在法律行为之上的约款。而《合同法》第93条第2款实际上的含义是所附条件为当事人的解除权形成的原因，这种解除权以约定的形式取得，是第94条法定解除权的补充。

(2)对于附解除条件的合同，当条件成就时，合同当然且自动地消灭，无须当事人再作出意思表示；对于约定解除权的合同，仅仅具有解除的条件还不能使合同消灭，必须有解除行为才能使合同实际解除。

(3)对于附解除条件的合同，一旦条件成就，则该合同一般是向将来失去效力；而约定解除权的合同既向将来发生效力，又溯及合同成立时，直接适用《合同法》第97条关于合同解除后法律后果的有关规定。

4. 我国《合同法》将实际履行明确规定为一种违约救济方式，其第107条概括性地规定：“当事人一方不履行合同义务或者履行合同义务不符合约定的，应当承担继续履行、采取补救措施或者赔偿损失等违约责任。”第109条和第110条又分别规定了金钱之债和非金钱之债的实际履行责任的承担方式，并对非金钱之债的实际履行作了限制性规定。《合同法》第110条规定：“当事人一方不履行非金钱债务或者履行非金钱债务不符合约定的，对方可以要求履行，但有下列情形之一的除外：①法律上或者事实上不能履行；②债务的标的不适于强制履行或者履行费用过高；③债权人在合理期限内未要求履行。”从《合同法》第107条的字面含义上理解，实际履行和损害赔偿在我国并没有先后之分，对实际履行的限制只是从经济效率角度对判决作出的限制，而并非对提起顺序的限制，这种限制无法改变以下思考顺序：当事人请求实际履行后，法官首先要考虑的是这种请求是否合理，而不是直接考虑损害赔偿是否足以提供救济。从我国《合同法》规范含义的角度理解，其承认实际履行作为一种重要的救济措施，并且将之与损害赔偿并列，选择权事实上归于当事人。

从表面上看，实际履行和损害赔偿只是两种独立的违约救济方式，但其背后却蕴藏了价值观念差异和对合同的不同认识。从我国具体情况来看，我国民法体系及主要概念均移植于大陆法系尤其是德国民法，债及债权的概念也成为我国民法理论和立法的基本概念之一，可诉请履行性作为债权的效果之一反映在救济制度领域就是对实际履行的承认。无论是从逻辑思维角度还是从观念角度，在我国强制实际履行都应是一种重要的违约救济方式。同时也应当看到，对救济方式的选择也应是债权人的一项权利。在正常债务履行中，债权人享有履行请求权，而一旦债务人陷于违约，债权人反而不能选择救济方式，尤其是不能选择实际履行，那将是一种自相矛盾的结果。私法自治原则在违约救济领域仍应得到坚持。

第二十四章　合同分论

(一)单项选择题

1. B。

2. A。

3. B。

4. C。

5. C。

6. D。

7. C。

8. D。甲在赠与合同中约定学校不得转让该纪念册违反了物权法定原则,仅具有债的效力,不具有物权效力。

9. C。

10. D。

11. C。

12. C。

13. A。

14. D。乙作为承揽人不享有法定解除权,甲未腾出房屋不导致合同目的落空。根据《合同法》第94条第3款规定,当事人一方迟延履行主要债务,经催告后在合理期限内仍未履行,另一方当事人才能解除合同。

15. A。

16. C。

17. B。

18. C。

19. C。

20. D。甲、乙之间成立委托代理关系,该代理行为的法律后果归乙。甲擅自更换乙指定的彩票号码的行为,属于无权代理中越权代理,事后乙进行了追认。因此,彩票所中奖金应归乙所有。

21. B。居间人仅报告订立合同的机会或者提供订立合同的媒介服务,既不是合同当事人,也不是任何一方的代理人。

22. C。

23. C。

24. D。

25. C。根据《合同法》第229条规定,非法垄断技术、妨碍技术进步或者侵害他人技术成果的技术合同无效。甲、乙之间的技术转让合同侵害了丙公司的技术成果,应属无效合同。根据《最高人民法院关于审理技术合同纠纷案件适用法律若干问题的解释》第12条规定,侵害他人技术秘密的技术合同被确认无效后,除法律、行政法规另有规定的以外,善意取得该技术秘密的一方当事人可以在其取得时的范围内继续使用该技术秘密,但应当向权利人支付合理的使用费并承担保密义务。

26. B。

27. D。

28. C。

29. A。

30. A。

(二)多项选择题

1. ABC。A、B、C、D四个选项分别见《最高人民法院关于审理商品房买卖合同纠纷案件适用法律若干问题的解释》第14条、第8条、第12条、第13条。

2. AC。乙公司通过简易交付的方式完成交付义务,风险由甲公司承担。

3. ACD。

4. BC。

5. CD。

6. AC。

7. AB。

8. ABC。

9. ABC。

10. BCD。

11. BD。

12. CD。

13. AB。甲明知该租赁物为违章建筑而未告知,乙在又一次扩建报批时才发现,故而双方均有过错,应分担扩建房屋的费用。

14. ACD。

15. AD。根据《合同法》第232条规定:“当事人对租赁期限没有约定或者约定不明确,依照本法第61条的规定仍不能确定的,视为不定期租赁。当事人可以随时解除合同。”本题中刘某欠何某100万元,而月租金为1万元,可以履行100个月的租赁合同,因此认为约定租期为100个月,从中可以看出这是定期租赁合同,而不是不定期租赁。租赁合同的当事人小刘和何某不享有任意解除权。刘某出现并还清贷款作为合同终止的事实,而刘某的出现并还清贷款是将来不确定的客观事实,应当视为附条件的合同。

16. AC。

17. ABC。

18. AD。

19. ACD。

20. ABCD。分别见《最高人民法院关于审理建设工程施工合同纠纷案件适用法律问题的解释》第6条、第17条、第18条、第21条。

21. BD。见《最高人民法院关于审理建设工程施工合同纠纷案件适用法律问题的解释》第26条。

22. BCD。

23. AC。委托合同中,当事人任何一方均享有法定解除权,可以随时解除合同,但是应当承担赔偿责任。有偿情况下,受托人的任何过错造成委托人损失的,都应赔偿;无偿情况下,只因故意或重大过失造成委托人损失的,才予以赔偿。本题中未提及有偿或者无偿。

24. BCD。

25. ABCD。

26. ABD。

27. CD。

28. BCD。

29. CD。

30. AC。

31. ABCD。

32. BD。

(三)不定项选择题

1. ABCD。

2. C。

3. (1)C。

(2)C。

4. AD。

5. ABC。

6. BCD。

7. ABD。

8. ABCD。

9. ABCD。

10. D。

11. AC。

12. ABCD。

13. ABCD。

14. BC。

15. C。

16. A。

17. ABC。

18. AC。

(四)名词解释与辨析

1. 物的瑕疵担保责任是指出卖人就其所交付的标的物欠缺约定或者法定品质所必须负担的责任。

2. 样品买卖又称货样买卖、凭样品买卖,是指以约定的样品来决定标的物质量的买卖。

3. 分期付款买卖是指买受人应按照一定期限分批向出卖人支付价款的买卖。其特殊性表现在,买受人将应付的总价款在一定期限内至少分三次向出卖人支付。

4. 穷困抗辩权又称紧急需要抗辩权或穷困之际的不履行权,是指赠与合同生效后,因赠与人陷入穷困的境地,因而得依法拒绝再履行赠与义务的一种权利。

5. 买卖不破租赁,即在租赁关系存续期间,即使所有权人将租赁物让与他人,对租赁关系也不产生任何影响,买受人不能以其已成为租赁物的所有人为由否认原租赁关系的存在并要求承租人返还租赁物。

6. 转租是指在承租人不脱离原租赁关系的情

况下，将租赁物又出租给次承租人的情形。

7. 融资租赁合同是指出租人根据承租人对出卖人、租赁物的选择，向出卖人购买租赁物，提供给承租人使用，承租人支付租金的合同。

租赁合同是指出租人将租赁物交付给承租人使用、收益，承租人支付租金的合同。

两者主要区别在于：(1)融资租赁合同的出租方只能是经中国人民银行批准的可以经营融资租赁业务的租赁公司和金融机构，而租赁合同的出租人没有特定的限制。(2)当事人双方的权利和义务不同。在融资租赁中，标的物的交付是由出卖人直接交付给承租人，出租人对标的物的瑕疵不承担责任。标的物交付后，出租人把所有人的全部责任转移给承租人，如因意外事故导致标的物毁损、灭失，也由承租方承担责任。而在租赁合同中，标的物由出租人交给承租人后，出租人仍负有对标的物的维修、保养等义务，因意外事故而导致标的物灭失，是由出租方承担责任的。

8. 承揽合同是指承揽人按照定作人的要求完成工作、交付工作成果，定作人给付报酬的合同。在承揽合同中，完成工作并交付工作成果的一方为承揽人；接受工作成果并支付报酬的一方称为定作人。

9. 建设工程合同是承包人进行工程建设、发包人支付价款的合同。通常包括建设工程勘察、设计、施工合同。

10. 转包是指承包人在承包工程后，又将其承包的工程建设任务转让给第三人，转让人退出现场承包关系，受让人成为承包合同的另一方当事人的行为。

分包是指从事工程总承包的单位将所承包的建设工程的一部分依法发包给具有相应资质的承包单位的行为，该总承包人并不退出承包关系，其与第三人就第三人完成的工作成果向发包人承担连带责任。

11. 多式联运合同是指多式联运经营人以两种以上的不同运输方式，负责将货物从接收地运至目的地交付收货人，并收取全程运费的合同。

12. 消费保管合同又称不规则保管合同、可替代物保管合同，是指保管物为种类物，双方约定保管人取得保管物所有权，而仅以相同种类、品质、数量的物品返还给寄存人的保管合同。

13. 仓单是指仓储合同的保管人于接受存货人交付的仓储物时填发给存货人的收据。仓单既是保管人收货的证明，又是存货人提取货物的有效凭证。

14. 转委托是指受托人把本应由自己亲自处理的委托事务交给他人处理的行为。根据《合同法》第400条规定，受托人应当亲自处理委托事务。经委托人同意，受托人可以转委托。

15. 行纪人的介入权又称自约，是指行纪人受委托向第三人出卖或买入货物等，在不损害委托人利益的情况下，行纪人可以自己为买受人或受让人的一种权利。

16. 居间合同是指居间人向委托人报告订立合同的机会或者提供订立合同的媒介服务，委托人支付报酬的合同。

17. 职务技术成果是指执行法人或其他组织的工作任务，或者主要是利用法人或其他组织的物质技术条件所完成的技术成果。

18. 技术秘密是指不为公众所知悉、具有商业价值并经权利人采取保密措施的信息。

19. 专利实施许可合同是指专利权人、专利申请人或者其他权利人作为让与人，许可受让人在约定的范围内实施专利，受让人支付约定使用费所订立的合同。

(五)简答题

1. 分析“一物二卖”行为的法律效力，应采用“区分原则”或“区分主义”分别判断买卖合同的效力和物权变动的效力。

把一个涉及支配权(主要是物权)变动的交易从概念到法律根据区分为支配权和请求权的立法模式，就是“区分原则”或者“区分主义”的立法模式。这种立法模式的特点在于：(1)从权利性质的角度，把民法上的权利区分为支配权利请求权以及物权和债权。(2)从权利变动的角度，把它们区分为物权变动和债权变动。(3)从法律行为的角度，将权利变动的根据区分为处分行为和负担行为。债权行为与物权行为的关系反映的正是负担行为与处分行为的关系。负担行为也就是债权行为，它是指发生债法上给付义务效果的财产行为，亦即使一方或者双方负担债务的行为。处分行为是指直接发生支配性财产权设定以及一切财产权变更或者消灭效果的行为。物权行为就是直接发生物权设定、移转或者消灭效果的处分行为。负担行为不以公示原则为生效要件，而处分行为必须以公示原则为生效要件。

因此，买卖合同的成立不以不动产登记和动产的交付为必要条件。这是因为，买卖合同只是在当事人之间产生约束力，这种约束力表现为请求权、债权的效力。而物权的变动，则必须有所有权转移的行为，即存在不动产登记、动产交付以及其他可以产生“公示”效果的现象作为表征。因为所有权的转移是一种处分行为，具有“对世性”、“排他性”，所有权被一个特定的人取得时，肯定将不能被其他人取得。因此，为保护社会的交易安全，必须将所有权转移的事实向社会予以展示，以达到保护其他有可能参与这一交易的人的利益的目的。

故在“一物二卖”的情形下，只要买卖合同的当事人均具有相应的行为能力、意思表示真实、合同内容没有违法情事，且合同形式符合法律的有关规定，则两个买卖合同均成立；如果它们都已届至履行期，则两个买卖合同都可能生效。不能实际履行买卖合同的出卖人将承担违约责任。而物权是否发生变动，则必须考察是否存在物权行为：若存在，则按照物权行为的要求接受动产的交付或完成不动产的登记的买受人依法取得物权，另一买受人显然只能要求出卖人承担违约责任，而不能取得对物的支配权；若出卖人未向买受人中任何一人交付出卖物或履行不动产的物权变更登记手续，则出卖人依然保有物权，出卖人应向何方买受人承担违约责任，取决于他最终将出卖物的物权转移给哪一方，未获得物权的买受人有权要求其承担违约责任。

2. 由于自然人之间的借款合同只有在出借人将借款交付给借款人时才成立生效，故而自然人之间的借款合同是单务合同。在借款合同生效后，出借人并不负担义务。而自然人借款合同中，借款人主要有以下几项义务：(1)按照合同约定的时间和数额收取贷款；(2)接受贷款人的用款监督，向贷款人提供必要的资料；(3)按照合同约定的贷款用途使用借款；(4)按照合同约定的还款期限和方式及时偿还借款。

3. 分期付款买卖合同作为买卖合同，其所有权转移也适用《合同法》第 133 条的规定，即标的物的所有权自标的物交付时起转移，但法律另有规定或者当事人另有约定的除外。

一般情况下，标的物所有权自出卖人交付时起转移，即标的物的所有权自出卖人将标的物交给买受人占有时起转移，至于是现实交付还是拟制交付则在所不问。双方在分期付款买卖合同中亦可以约定，标的物的所有权暂时保留在出售人，用以担保买受人支付价款，这即为所有权保留条款。《合同法》第 134 条规定：“当事人可以在买卖合同中约定买受人未履行支付价款或者其他义务的，标的物的所有权属于出卖人。”所有权保留有两种情形：一为简单的所有权保留，即出卖人保留的所有权仅限于标的物本身；二为扩张的所有权保留，即出卖人保留的所有权除及于标的物本身以外，还及于买受人因处分该标的物或将以标的物制成的产品销售而取得的收益，可由当事人在合同中约定采用何种方式。

买卖合同中的风险在这里是指买卖合同的标的物由于不可归责于买卖合同双方当事人的事由毁损、灭失所造成的损失。风险负担是指该损失应由谁来承担。

我国《合同法》就买卖合同中的风险负担设有明文规定，如第 142 条规定：标的物毁损、灭失的风险，在标的物交付之前由出卖人负担，交付之后由买受人负担，但法律另有规定或者当事人另有约定的除外。以交付主义作为一般规则。

4. 穷困抗辩权又称紧急需要抗辩权或穷困之际的不履行权，是指赠与合同生效后，因赠与人陷入穷困的境地，因而得依法拒绝再履行赠与义务的一种权利。

根据《合同法》第 195 条规定，穷困抗辩权的成立要件为：(1)赠与人的经济状况在赠与合同生效后、履行完毕前发生显著恶化；(2)因赠与人的经济状况显著恶化，如果继续履行赠与义务，将严重影响其生产经营或者家庭生活。

5. 融资租赁合同具有以下法律特征：

(1)融资租赁合同涉及三方当事人、两个合同关系。三方当事人是指出租人、承租人、供货商。两个合同关系是指出租人与承租人签订的融资租赁合同，以及出租方与供货商签订的供货合同。

(2)融资租赁合同的标的物是由出租人依照承租人的要求购买后，交付承租人使用、收益，出租人对租赁标的物无瑕疵担保责任。在融资租赁合同中，法律偏重于承租人的义务和责任，出租人只享有名义上的所有权。

(3)在融资租赁合同中，承租人向出租人支付的租金非仅为使用租赁物的代价，而实际上相当于承租人对出租人购买租赁物的价金本息和应当获取的利益等费用的分期返还。

(4)承租人于租赁关系终止后享有选择权，可以选择是否取得租赁物的所有权。

6. 承揽合同中承揽人主要有以下义务：

(1)承揽人应当以自己的设备、技术和劳力，完成主要工作。未经定作人同意，承揽人不得将其承揽的主要工作交由第三人完成。

(2)承揽人将其承揽的辅助工作交由第三人完成的，应当就该第三人完成的工作成果向定作人负责。

(3)承揽人提供材料的，承揽人应当按照约定选用材料并接受定作人检验。

(4)承揽人在工作期间，应当接受定作人必要的监督检验。

(5)承揽人完成工作的，应当向定作人交付该工作成果，并提供必要的技术资料，如有关质量证明。

(6)承揽人应当妥善保管定作人提供的材料，不得擅自更换定作人提供的材料，不得更换不需要修理的零部件。

(7)定作人提供的材料在承揽人占有期间毁损、灭失的风险由承揽人承担，但不可抗力的除外。

(8)承揽人应当按照定作人的要求保守秘密，未经定作人许可，不得留存复制品或者技术资料。

(9)共同承揽人对定作人承担连带责任，但当事人另有约定的除外。

7. 建设工程合同与承揽合同的主要区别如下：

(1)主体不同。法律对建设工程合同的发包人和承包人的主体资格均有要求。发包人一般为建设工程的建设单位；承包人为具有从事勘察、设计、施工业务资格的法人，而且要具有相应的资质。自然人即不能成为建设工程合同的发包人，也不能成为承包人。而承揽合同则不然，承揽人既可以是具有相应资质的法人，也可以是其他单位或者个人，定作人可以是自然人、法人和其他组织。

(2)合同标的的限定性不同。建设工程合同的标的一般是比较大型的项目，而且在许多情况下要通过招投标的方式来签订合同。而承揽合同的标的一般较小。因此，为一般工程建设项目而订立的合同不属于建设工程合同，如自然人为修建或者装修房屋而与其他自然人或者单位订立的合同就属于承揽合同。

(3)合同的要式性不同。根据我国《合同法》规定，建设工程合同应当采用书面形式；而承揽合同既可以是书面的，也可以是口头形式，而且在定作人为自然人时多采用口头形式。

(4)主要工作可否交由第三人完成不同。在建设工程合同中，总承包人或者勘察、设计、施工承包人经发包人同意，可以将自己承包的部分工作交由第三人完成，但主体工程必须自己完成；而在承揽合同中，除当事人另有约定外，承揽人应当以自己的设备、技术和劳力完成主要工作。

(5)工作交由第三方完成时，责任承担者不同。在建设工程合同中，第三人就其完成的工作成果与总承包人或者勘察、设计、施工承包人向发包人承担连带责任；而在承揽合同中，无论是承揽人经定作人同意将全部工作交由第三人完成，还是将辅助工作交第三人完成，都是由承揽人向定作人承担责任，第三人不向定作人承担责任。

(6)合同解除的条件不同。根据法律规定，承揽合同的定作人享有解除权，可以随时解除合同；而在建设工程合同中，除具备双方约定或者法定的解除条件时，是不允许随意解除合同的。

(7)一方违约时的救济方式不同。在承揽合同中，定作人解除合同后，承揽人只能要求定作人赔偿损失，而不能要求继续履行；而在建设工程合同中，除特定情形外，一方违约时，对方当事人都可以要求其继续履行。

8. 参见本章“深度拓展”中的相关内容。

9. 运输合同具有下列特征：

(1)运输合同的标的是运送行为。运输合同的标的是承运人的运送行为，而不是被运送的货物或旅客本身。运输合同双方当事人的权利与义务均围绕运送行为而产生。

(2)运输合同的成立，在客运合同，可为诺成合同或实践合同，或依交易习惯确定；在货运合同，通常是诺成合同，承运人接受托运人发出的要约，如接受托运人支付的运费，即形成承诺，运输合同成立，无须以交付运送对象为成立要件。但当当事人有特别约定或法律有特殊规定时，货运合同也可为实践合同。

(3)运输合同是双务有偿合同。承运人有义务为托运人运送物品或旅客，同时有权获得报酬；托运人或旅客有义务支付运费或票款，同时有权要求承运人完成运送行为。

(4)运输合同多为格式合同。合同条款由承运人事先拟定，托运人和旅客仅有就此条款表示同意与否的权利。

10. 仓储合同又称仓储保管合同，是由仓库营业人为存货人保管储存货物、存货人支付报酬的合同。保管合同又称寄存合同，是由保管人保管另一方当事人交付的物品，并返还该物的合同。

由以上含义可知，两类合同都提供保管服务，但保管合同的范围较仓储合同更广，甚至包括仓储合同。两者的区别主要在于：

(1)保管合同为实践性合同，合同自保管物交付时成立；仓储合同是诺成合同，合同自双方签订时成立。

(2)保管合同可以是无偿的，也可以是有偿的；仓储合同是有偿合同。

(3)保管合同的保管人不要求具有特定身份；仓储合同的仓储营业人必须是具有仓储设备并专门从事该类业务的人。

11. 委托合同终止的原因包括一般原因和特殊原因。一般原因是指一般合同所通存的终止原因，如委托事务处理完毕、委托合同履行已经不可能、委托合同的存续期间届满等。特殊原因是指导致委托合同终止的特有原因，主要有以下两种原因：

(1)当事人一方解除委托合同。在委托合同中，合同的当事人双方均享有任意终止权，可以任意终止合同。无论是有偿委托合同还是无偿委托合同，无论是确定期限的委托合同还是未确定期限的委托合同，也无论委托事务的处理进行到何种程度，当事人均有权终止委托合同。这是因为，委托合同是以当事人的相互信任为基础的。而信任关系属于主观信念的范畴，具有主观任意性，并无一定的规格和限制。如果当事人在信念上对对方当事人的信任有所动摇，就应不问有无确凿可信的理由，均允许其随时终止委托合同；否则，即使勉强维持双方之间的合同关系，也会影响委托合同订立目的的实现。《合同法》第410条规定：“委托人或者受托人可以随时解除委托合同。”

(2)当事人一方死亡、丧失民事行为能力或破产。在发生当事人一方死亡、丧失民事行为能力或破产时，除当事人另有约定或根据委托事务的性质不宜终止的以外，委托合同终止。委托合同因当事人一方死亡、丧失民事行为能力或破产而终止，这是一般原则。在特殊情况下，委托合同也可以不终止。这里所说的“特殊情况”包括以下两种情况：一是合同另有约定。当事人可以在合同中约定，即使当事人一方有死亡、丧失民事行为能力或破产的情形时，委托合同仍不终止。例如，委托律师进行诉讼，委托合同可以约定，不因委托人的死亡而终止代理诉讼。二是委托事务的性质不宜终止。《合同法》明确规定，因委托事务的性质不宜终止的委托合同不因当事人一方的死亡、丧失民事行为能力或破产而终止。

委托合同终止有以下后果：

(1)当事人任意解除委托合同的后果。委托合同的任何一方当事人都有权随时解除委托合同。但是，如果因解除委托合同而给对方造成损失的，除不可归责于自己的事由外，解除合同的一方应当赔偿损失。例如，正当委托人昏迷不醒，无法另行安排委托事务的处理，而委托事务的处理又正处于关键阶段时，受托人终止合同，势必会给委托人带来损害，对此损害，受托人就应负责赔偿。当然，如果当事人一方系因不可归责于自己的事由而解除合同时，则可不负赔偿责任。但在这种情况下，解除合同的当事人一方必须负举证责任，证明不可归责于自己的事由的存在。关于解除委托合同的赔偿责任，《合同法》第 410 条规定："因解除合同给对方造成损失的，除不可归责于该当事人的事由以外，应当赔偿损失。"

(2)因当事人一方的原因而终止委托合同的后果。因委托人的死亡、丧失民事行为能力或破产，致使委托合同终止将损害委托人利益时，在委托人的继承人、法定代理人或清算组织承受委托事务之前，受托人应继续处理委托事务。因受托人的死亡、丧失民事行为能力或破产，致使委托合同终止的，受托人的继承人、法定代理人或清算组织应当及时通知委托人。因委托合同终止将损害委托人利益的，在委托人作出善后处理之前，受托人的继承人、法定代理人或清算组织应当采取必要的措施。

12. 在民商分立的国家或地区，居间又分为民事居间与商事居间。关于商业交易标的合同的居间为商事居间，委托人与居间人的权利、义务由商法规范调整；其他居间为民事居间，由民法规范调整。

民事居间与商事居间的区别在于：商事居间均为有偿居间，其居间人为营业居间人，不仅法律对居间人的资格作了严格限制，而且商事居间人的义务较民事居间人为重。①

13. 技术咨询合同具有以下法律特征：

(1)技术咨询合同在技术领域内具有自己特定的调整对象，即合同当事人在完成一定的技术项目的可行性论证、技术预测、专题技术调查、分析评价报告等科学研究活动中产生的民事法律关系。

(2)履行技术咨询合同的目的在于：受托方为委托方开展科学研究、技术开发、成果推广、技术改造、工程建设、科技管理等项目提出建议、意见和方案，供委托方在决策时参考，从而其决策和选择真正建立在科学化的基础之上。

(3)技术咨询合同有其特殊的风险责任承担原则，即因实施咨询报告而造成的风险损失，除合同另有约定外，受托方不承担赔偿责任。

14. 根据《合同法》第 329 条规定，技术合同无效的事由有二，即非法垄断技术、妨碍技术进步，以及侵害他人技术成果。根据《最高人民法院关于审理技术合同纠纷案件适用法律若干问题的解释》第 10 条规定，"非法垄断技术、妨碍技术进步"包括以下 6 种情形：(1)限制当事人一方在合同标的技术基础上进行新的研究开发或者限制其使用所改进的技术，或者双方交换改进技术的条件不对等，包括要求一方将其自行改进的技术无偿提供给对方、非互惠转让给对方、无偿占有或者共享该改进技术的知识产权。(2)限制当事人一方从其他来源获得与技术提供方类似的技术或者与其竞争的技术。(3)阻碍当事人一方根据市场需求，按照合理方式充分实施合同标的技术，包括明显不合理地限制技术接受方实施合同标的技术生产产品或者提供服务的数量、品种、价格、销售渠道和出口市场。(4)要求技术接受方接受并非实施技术必不可少的附带条件，包括购买非必要的技术、原材料、产品、设备、服务以及接收非必需的人员等。(5)不合理地限制技术接受方购买原材料、零部件、产品或者设备等的渠道或者来源。(6)禁止技术接受方对合同标的技术知识产权的有效性提出异议或者对提出异议附加条件。

(六)论述题

1.(1)正常情况下买卖合同标的物的风险转移

我国《合同法》第 142 条规定："标的物毁损、灭失的风险，在标的物交付之前由出卖人承担，交付后由买受人承担，但法律另有规定或者当事人另有约定的除外。"此规定正是在正常情况下买卖合同标的物风险转移普遍适用的一般规则。根据这一规则，交付是确定标的物风险转移的关键点，即出卖人将标的物的现实占有移转于买受人之前，标的物毁损、灭失的损失由出卖人负担，其风险负担意味着出卖人因标的物毁损、灭失而丧失标的物的原有价值或丧失对标的物的实际占有，同时因不能履行标的物的交付义务而丧失要求买受人支付价金的权利；在出卖人将标的物的现实占有移转于买受人之后，则

① 参见马俊驹、余延满：《民法原论》(第四版)，法律出版社 2016 年版，第 738 页。

标的物毁损、灭失的风险由买受人负担，其风险负担意味着买受人既无法实现其订立买卖合同时的预期利益，同时基于出卖人合同的履行应向出卖人支付合同约定的价款。另外，本条规定的“但是”部分属于优先适用条款，即对标的物毁损、灭失的风险转移法律另有规定或当事人另有约定的，应当遵从法律规定或当事人约定，而不再依“交付”确定风险转移。

(2)违约情况下买卖合同标的物的风险转移

正常情况下标的物的风险随着交付而转移，那么因出卖人违约而未依合同约定交付标的物或因买受人违约而未依合同约定收受标的物时，标的物的风险如何分担呢？对此，我国相关法律作出以下规定：

①依照《合同法》第143条规定：“因买受人的原因致使标的物不能按照约定的期限交付的，自约定交付之日起，标的物毁损、灭失的风险转由买受人承担。”此规定包含以下几层含义：一是出卖人迟延交付标的物；二是出卖人迟延交付的原因乃买受人所致，这里强调的是买受人的过错，有可能是出卖人已具备交付的条件，但因买受人的原因而未能交付，也有可能是由于买受人的原因导致出卖人客观上不能按约定的期限交付标的物；三是“约定交付之日”。

②出卖人违反从给付义务，不影响标的物风险责任的负担。根据《合同法》第147条规定，只要出卖人将标的物的现实占有交付于买受人，即便没有将标的物的单证及资料交付于买受人，标的物毁损、灭失的风险仍自交付之日起转移于买受人。

(3)特定情况下买卖合同标的物的风险转移

①出售运输途中的标的物的风险负担。出售运输途中的货物也称路货买卖，是指出卖人将正在运输途中的货物出卖给买受人。因为路货买卖的标的物系在运输途中，标的物的交付时间和地点都难以确定，所以其风险转移也难依据交付信息确定。关于路货买卖的风险转移问题，《联合国国际货物销售合同公约》第68条作出了详细的规定。我国《合同法》第144条参照《联合国国际货物销售合同公约》的规定作了简单的规定：“出卖人出卖交由承运人运输的在途标的物，除当事人另有约定的以外，毁损、灭失的风险自合同成立时起由买受人承担。”依此规定，“合同成立之时”是风险负担的分配点；标的物毁损、灭失的风险发生在合同成立之后，是买受人承担风险的前提。

②标的物交付地点不明确的风险负担。当事人对标的物的交付地点未有约定或者约定不明确的，其风险转移分为两种情况：一是合同内容不涉及标的物的运输，应当依正常情况下的交付原则，确定标的物的风险转移时间；二是根据合同的约定标的物涉及运输的，《合同法》第145条规定，“标的物交付给第一承运人后，标的物毁损、灭失的风险由买受人承担”。

(4)拟制交付标的物毁损、灭失的风险转移

①简易交付。《合同法》第140条是关于简易交付的规定，“标的物在订立合同之前已为买受人占有的，合同生效时间为交付时间”。根据此规定，采用简易交付方法转让标的物所有权的，标的物毁损、灭失的风险自合同生效之日起转移于买受人负担。

②指示交付。按照《合同法》第135条规定，出卖人向买受人履行交付标的物的义务，既可以交付实物，也可以通过交付提取标的物的单证来完成。当出卖人采取后一种交付方式，自出卖人向买受人交付提取标的物的单证之日起，标的物毁损、灭失的风险转移由买受人负担。

③占有改定。占有改定属拟制交付的方式之一，对此我国《合同法》未作出相关规定。根据占有改定的交付特点，买受人取得对动产的间接占有，并取得动产的所有权，标的物毁损、灭失的风险应自合同生效之日起转移于买受人。

(5)买卖合同标的物风险转移与违约责任

《合同法》第149条规定：“标的物毁损、灭失的风险由买受人承担的，不影响因出卖人履行债务不符合约定，买受人要求其承担违约责任的权利。”在此仅规定了标的物毁损、灭失的风险由买受人承担且出卖人违约时买受人的违约请求权，而对标的物毁损、灭失的风险由出卖人承担及买受人违约时出卖人的违约请求权未作规定。买卖合同标的物毁损、灭失的风险负担与违约责任是不同的两种法律制度，两者并行不悖、互不冲突。

如前所述，标的物毁损、灭失的风险是指因不可

归责于双方当事人的事由而导致的非正常损失，意即通常所说的意外损失，损失的原因一般应当符合两个条件：第一，不是由于双方当事人或者一方当事人的故意或者过失所引起的；第二，是由于符合法律规定的意外情况所引起的，按照我国民法理论，一般是指不可抗力和意外事故等。违约责任是指当事人一方或双方违反合同约定的义务而依照法律规定或合同约定应承担的民事责任。可见违约责任是因一方或双方当事人的违约行为而产生，与标的物毁损、灭失的风险责任恰好形成了鲜明的对比。所以在一般情况下，标的物毁损、灭失的风险负担对违约责任的承担不会产生影响，但在特殊情况下，一方违约的事由乃因不可抗力而生，则根据有关法律规定，其责任有可能全部免责或部分免责，此时对方当事人便不能行使违约请求权。

2. 租赁权的物权化是买卖合同中的一个很特殊的现象。租赁权本来属于合同中的一类，与其他一般合同一样都属于债的发生方式，都具有债的相对性特征。由于租赁权的特殊性，出于对承租人的保护而使其具有了物权的对世性，其具体体现就是买卖合同中的“买卖不破租赁”。

(1)租赁权对抗第三人的效力——买卖不破租赁

我国《合同法》第 229 条规定：“租赁物在租赁期间发生所有权变动的，不影响租赁合同的效力。”此称为所有权变动后的合同效力。导致租赁物所有权转移的行为包括买卖、互易、赠与、遗赠甚至合伙出资等。

租赁物在租赁期间发生所有权变动的，不影响租赁合同的效力。这里所说的“不影响租赁合同的效力”，是指租赁物所有权发生变动后，原租赁合同仍然存在，承租人的承租权仍然合法有效，但是承租人与受让人之间无须另行订立租赁合同。

(2)承租人的优先购买权

优先效力是物权的效力之一，是指同一标的物上有数个利益相互冲突的权利并存时，具有较强效力的权利排斥或先于效力较弱的权利实现。租赁权的优先效力在于：

①租赁关系成立后，出租人又在租赁物上设立他物权的，租赁权优于他物权。

②优先购买权。我国《合同法》第 230 条规定：“出租人出卖租赁房屋的，应当在出卖之前的合理期限内通知承租人，承租人享有以同等条件优先购买的权利。”由此可见，承租人的优先购买权在我国只限于房屋租赁。

③承租优先权。根据这一原则，承租人正确履行了自己义务，在租赁期届满时，在相同条件下具有优先于其他人续签租赁合同的权利，如果出租人拒绝与其续签租赁合同，但在租赁期满 1 年内又与他人签订租赁合同的，承租人可向法院提出要求，将所签订合同的权利和义务移转于自己。我国《合同法》第 229 条规定：“租赁物只要在租期内发生所有权变动，无论租赁物是否已交付并为承租人占有，承租人即可以其租赁权对抗受让人。”根据该条规定，租赁物在租赁期间发生所有权变动的，承租人的租赁权可以对抗租赁物的新所有权人，承租人与出租人原来在租赁合同中所做的其他约定，租赁物的新所有权人也应一并遵循。但是其中的不足也体现在，未规定租赁以租赁物的交付为公示要件，妨碍交易安全。

租赁物的交付是否公示对于第三人来说是其决定是否受让租赁物的重要依据。这里涉及一个“买卖不破租赁”原则的使用是否应受到限制的问题。若毫无限制地适用该原则，可能造成对承租人的过度保护而使受让人面对不测的损害，妨碍交易安全。但若是欠缺一定的公示制度，潜在的继受人无法获悉标的物是否置于租赁契约下，则继受人可能无法将租赁负担纳入考量，如此将使继受人承受非预期损失。因此，在承认“买卖不破租赁”的同时，既要保障承租人的利益，也应当照顾继受人的利益，问题的解决之道即在承认租赁权物权化的同时，搭配一定的公示措施，以平衡对承租人和受让人的保护。正是基于上述的利益衡量，各国民法大多规定了租赁权物权化的公示措施，以保障交易安全。

3. 合同解除权是指当事人一方根据法律规定或合同约定在一定条件下单方解除合同，使合同效力提前终止的权利；包括法定解除权和约定解除权，任意解除权应属法定解除权的一种。在大陆法系主要国家的民法中都有关于承揽合同任意解除权的规定，如《日本民法典》第640条规定："在承揽人未完成工作期间，定作人无论何时，均得赔偿损害而解除合同。"就承揽合同而言，我国法律赋予定作人任意解除权的目的，主要是因为承揽合同是以承揽人按照定作人的要求完成工作为其本质的，若定作人不需要承揽人完成工作，但碍于合同的法律拘束力，仍需要和承揽人继续履约，这不仅对定作人毫无意义，而且对整个社会也是不经济的。此外，从承揽人的利益出发来考虑，只要其因承揽工作中途停止而蒙受的损失获得定作人的合理赔偿，一般也不会受到重大损失。

因此，《合同法》赋予了定作人在赔偿承揽人损失的前提下随时解除承揽合同的权利，但应符合下列条件：(1)定作人应当在承揽工作完成前提出解除合同；若承揽人已经完成工作，即使履行期尚未届满，定作人也不能解除合同，因为解除合同的目的是阻止承揽人进一步工作，避免损失扩大。(2)定作人应当通知承揽人，解除通知达到承揽人时，承揽合同终止。(3)定作人行使解除权后，造成承揽人损失的，应当赔偿损失。而且该项权利的行使不能违背诚实信用原则。

4. 委托是委托人与受托人约定由受托人处置委托人委托的事务的民事法律关系。代理则是代理人在代理权限内，以被代理人的名义实施民事法律行为。两者的区别在于：

(1)代理制度一般包括三种类型：委托代理、法定代理和指定代理。委托合同仅仅是产生委托代理关系的基础，而与法定代理、指定代理无关。代理只是代理人在代理权范围内以被代理人的名义同第三人独立为民事法律行为；而委托合同中的受托人办理委托人委托事务的行为既可以是民事法律行为，还可以是单纯的事实行为。

(2)代理只适用于本人与有代理关系的第三人的关系，即代理属于对外关系；而委托合同只适用于委托与受委托的对内关系。

(3)代理关系的成立，被代理人授予代理人代理权属于单方的法律行为；而委托属于双方法律关系，即首先应有受托人的承诺，若受托人不作承诺，委托人就不可能委托其处理委托事务，其委托合同则不能成立。

5.《中华人民共和国合同法》第289条规定："从事公共运输的承运人不得拒绝旅客、托运人通常、合理的要求。"所谓公共运输，是指面向社会大众的、为全社会提供运输服务的、以获取报酬为目的的运输。

一种运输行为要成为公共运输行为，一般应当具备以下几个特点：(1)其所服务对象应当是社会公众；(2)其运输路线、运输时间和运输价格较为固定，而且一般会定期向公众公布；(3)从事公共运输，应当以获取报酬为目的；(4)从事公共运输的承运人应当为全社会提供运力；(5)从事公共运输的承运人与相对方所订立的合同是公共运输合同。

强制缔约又称为强制契约、契约强制、契约缔结之强制或强制性合同，它是现代合同法的一项重要制度，可以防止被强制方滥用其权利，维护弱势群体的利益，践行合同正义。对于从事公共运输的承运人来说，虽然他们有一定的缔约自由权，比如可以适当选择航线，可以对某些不宜托运的货物作出一定的限制，但是他们没有自行选择合同相对人的权利。所有从事公共运输的承运人都不得拒绝托运人通常、合理的托运要求，只要运输合同相对人提出要约，他们就必须强制承诺，而不存在拒绝的余地。反过来说，如果这些从事公共运输的承运人有意识地去选择合同相对人，拒绝相对人通常、合理的托运要求，就违背了我国《合同法》第289条之规定，也就必须承担相应的违法责任。

在通常的情况下，缔约自由中的自由选择相对人的自由并不会给当事人带来不利的后果，但是在某些特殊的场合下，如果任由当事人自由地行使选择相对人的权利，就会发生与契约自由的内在价值背道而驰的后果，而且也会与契约正义原则发生冲突。因此，为了实现契约自由的内核——契约正义，也基于民生的考虑，要以法律的直接规定或政府的行为来取代当事人的意思，使其负有强制缔约的义务，就必须对契约自由进行某些规制，而不能任由契约自由肆意扩展，以达到契约自由与契约正义的平衡。所以，强制缔约伴随着对契约自由的规制及在实质上践行契约正义而登上了历史舞台，法律规定的强制缔约义务就是一种对契约自由的限制。在公共运输场合，合同双方的主体是社会公众和公用事业单位，社会公众个体力量相对薄弱，处于垄断经营的公用事业单位则实力强大，为了平衡双方的利益、实现实质正义，需要对运输合同的缔约自由进行限制，故而在法律中规定了承运人的强制缔约义务。

6.(1)职务技术成果与非职务技术成果的权利归属

职务技术成果是指执行法人或其他组织的工作任务，或者主要是利用法人或其他组织的物质技术条件所完成的技术成果。所谓“执行法人或其他组织的工作任务”，包括执行法人或其他组织的岗位职责以及承担法人或其他组织交付的其他技术开发任务，此外还包括离职后一年内继续从事与原所在法人或其他组织的岗位职责或者交付的任务有关的技术开发工作，但法律、行政法规另有规定的除外。所谓“利用法人或其他组织的物质技术条件”，是指利用本单位的物质技术条件，包括职工在技术成果的研究开发过程中，全部或者大部分利用法人或者其他组织的资金、设备、器材或者原材料等物质条件，并且这些物质条件对形成该技术成果具有实质性的影响，还包括该技术成果实质性内容是在法人或其他组织尚未公开的技术成果、阶段性技术成果基础上完成的情形。

职务技术成果的使用权、转让权属于法人或者其他组织，设计人享有如下权利：获得本单位奖励、报酬；表明身份权；获得单位授予以外的荣誉证书、奖励；单位转让职务技术成果时的优先受偿权。

非职务技术成果是指职务技术成果以外的技术成果。非职务技术成果的使用权、转让权属于完成技术成果的个人。

(2)技术开发合同中技术成果权益的归属

就委托开发合同而言，根据《合同法》第339条规定，委托开发完成的发明创造，除当事人另有约定的以外，申请专利的权利属于研究开发人。研究开发人取得专利权的，委托人可以免费实施该专利。研究开发人转让专利申请权的，委托人享有以同等条件优先受让的权利。根据《合同法》第341条规定，委托开发完成的非专利的技术秘密成果的使用权、转让权以及利益的分配办法，由当事人约定。没有约定或者约定不明确，依照习惯仍不能确定的，当事人均有使用和转让的权利，但研究开发人不得在向委托人交付研究开发成果之前，将研究开发成果转让给第三人。

就合作开发合同而言，根据《合同法》第340条规定，合作开发完成的发明创造，除当事人另有约定的以外，申请专利的权利属于合作开发的当事人共有。当事人一方转让其共有的专利申请权的，其他各方享有以同等条件优先受让的权利。合作开发的当事人一方声明放弃其共有的专利申请权的，可以由另一方单独申请或者由其他各方共同申请。申请人取得专利权的，放弃专利申请权的一方可以免费实施该专利。合作开发的当事人一方不同意申请专利的，另一方或者其他各方不得申请专利。根据《合同法》第341条规定，合作开发完成的非专利的技术秘密成果的使用权、转让权以及利益的分配办法，由当事人约定。没有约定或者约定不明确，依照习惯仍不能确定的，当事人均有使用和转让的权利。

(3)技术咨询、服务合同中新技术成果权益的归属

根据《合同法》第363条规定，在技术咨询合同、技术服务合同履行过程中，受托人利用委托人提供的技术资料和工作条件完成的新的技术成果属于受托人。委托人利用受托人的工作成果完成的新的技术成果属于委托人。当事人另有约定的，按照其约定。

第二十五章　无因管理之债

(一)单项选择题

1. C。

2. D。

3. D。

4. C。

5. B。

6. D。为他人利益，兼为自己利益而管理的，仍可在为他人利益范围内成立无因管理。成立无因管理的主观要件是为他人的利益，甲并不知道此房屋投有保险，一般人也不会想到该房投有保险，不能推定其有为保险公司管理的主观意思，因此甲欠缺为A公司利益管理的主观要件，不构成对A公司的无因管理。

7. D。

8. A。甲聘请乙负责照看小孩，乙对甲急病昏迷并无法定和约定义务，但乙为了避免甲的利益受损而将甲送往医院，属于无因管理。根据《合同法》第400条规定，受托人应当亲自处理委托事务。经委托人同意，受托人可以转委托。转委托经同意的，委托人可以就委托事务直接指示转委托的第三人，受托人仅就第三人的选任及其对第三人的指示承担责任。转委托未经同意的，受托人应当对转委托的第三人的行为承担责任，但在紧急情况下受托人为维护委托人的利益需要转委托的除外。甲聘请乙负责照看小孩，属于委托合同，在紧急情况下乙将之转委托丁，构成转委托，因存在约定义务而不构成无因管理。根据《侵权责任法》第35条规定，个人之间形成劳务关系，提供劳务一方因劳务造成他人损害的，由接受劳务一方承担侵权责任；提供劳务一方因劳务自己受到损害的，根据双方各自的过错承担相应的责任。丙聘请丁做家务，丁致使甲的小孩受伤并非因约定劳务造成，丙无须负责。根据《合同法》第406条第1款规定，有偿的委托合同，因受托人的过错给委托人造成损失的，委托人可以要求赔偿损失；无偿的委托合同，因受托人的故意或者重大过失给委托人造成损失的，委托人可以要求赔偿损失。丁作为转委托的受托人，因重大过失造成甲的小孩受伤，理应承担责任，乙作为受托人并无过错，无须承担责任。

9. D。

10. C。

(二)多项选择题

1. ABCD。

2. ABCD。

3. BCD。

4. AD。

5. BD。

6. BCD。

(三)不定项选择题

1. A。

2. C。

3. AC。

(四)名词解释与辨析

1. 无因管理是指没有法定或者约定义务，为避免造成损失，主动管理他人事务或为他人提供服务的法律事实。

2. 真正的无因管理是指管理人无义务而为他人管理事务，且具有管理意思的无因管理。不真正的无因管理也称准无因管理，是指管理人所管理事务是为管理人自己，而非为他人而管理事务。不真正的无因管理不具有真正的无因管理的主观要件，即管理人是为自己而管理事务，而不是为他人管理事务，因而不构成真正的无因管理。

(五)简答题

无因管理成立后，在管理人和本人之间产生的债权债务关系就是无因管理之债。无因管理是无因管理之债的发生根据，无因管理之债是无因管理的法律后果。对于无因管理之债的法律效力，可以从管理人的义务和权利两方面说明：

首先，管理人承担以下义务：适当管理的义务；通知义务；报告与计算义务。

其次，管理人享有以下权利：必要费用偿还请求权；损害赔偿请求权；负债清偿请求权。

(六)论述题

不当得利和无因管理都是债的发生原因，两者之间有一定联系。一方面，在未经本人同意而管理他人事务，并且不违反本人明示或者可推知的意思的情况下，如果当事人之间不成立无因管理，则本人或管理人所得到的利益可能构成不当得利。另一方面，在不适法无因管理的情形下，本人可以选择承认或不承认管理行为。如果本人不承认，则本人应依据不当得利的规定，向管理人返还因管理行为所获得的利益。

二者区别主要在于：

(1)主观要件不同。无因管理需要管理人有为他人管理事务的意思，管理人应具有意思能力。不当得利在性质上属于事件，不要求当事人有相应的意思能力。

(2)法律效果不同。不当得利制度的目的在于使受益人返还不当得利，因此在受益人为善意时，返还的范围仅仅以“现存利益”为限。如果受益人未获利益或因其善意使所获利益丧失，则不存在返还问题。无因管理中，管理人很可能因管理事务而支出必要费用，却未必获得利益。若以不当得利制度取代无因管理制度，则不利于对管理人合法权益的保护。

(3)制度与功能不同。无因管理是立法鼓励助人为乐、危难相助、见义勇为风尚的产物，其制度意义在于划清侵权行为和互相帮助行为的界限。相形之下，不当得利制度就不具备同样的目的与功能。

第二十六章　不当得利之债

(一)单项选择题

1. D。

2. D。

3. C。甲与乙、乙与丙之间的合同均无效，甲可以请求丙返还占有、使用、收益等利益。

4. B。

5. B。甲花费的300元是甲因使用该牛，致其劳累过度而生病所花费的费用，并非单纯的保管费用。甲不能请求乙支付。

6. D。本题中，由于单位工作人员的失误，张某的工资卡上多出2万元，对张某而言，这属于不当得利。返还的不当利益，应当包括原物和原物所生的孳息。利用不当得利所取得的其他利益，扣除劳务管理费用后，应当予以收缴。

7. C。

8. C。

9. D。

(二)多项选择题

1. ABCD。

2. ABC。

3. ABD。

4. AB。选项A的性质属于物的原始取得制度中的先占原则，选项B的性质属于通过劳动的原始取得。因此，这两者不属于不当得利。

5. ABC。

6. BD。

7. AD。乙并不知甲盗窃的情节，甲将1 000元交付给乙是补偿乙手表的差价。自来水公司和商场各自取得的500元是基于与乙之间合法有效的供应水合同和买卖合同，都不属于不当得利。甲盗窃丙4 000元，属于不当得利，丙可要求其返还。

(三)不定项选择题

1. B。乙提货视为货物的交付，其风险发生转移，所以多装的5包已交付给乙，由乙承担货物的风险，虽然货物最终灭失，但对乙而言仍构成不当得利。

2. CD。

3. C。本案中，甲取得该牛没有合法根据，该牛被压死以后，甲取得的牛皮、牛肉款亦没有合法根据，故甲与乙之间形成了不当得利之债。牛的死亡是由不可抗力造成的，甲对此不存在过失。故甲返还不当得利应以现存利益为限，而不是该物的原有利益。本案中，甲仅得利450元，故应以450元为限返还不当得利。

(四)名词解释与辨析

1. 不当得利是指没有合法根据取得利益而使

他人受损失的事实。

2. 非债清偿是指没有任何法律上的债务而以清偿为目的，向不享有债权的人作出的给付行为。

（五）简答题

1. 给付型不当得利的构成要件包括以下几项：

（1）受领人不当得利的存在。受领人不当得利的存在不仅是给付不当得利请求权成立的前提条件，而且还是整个不当得利请求权成立的条件，这是不当得利制度的功能所决定的。在给付不当得利中，受领人所受领的利益实质上就是从请求权人所受领的给付。给付不当得利中此项利益不以财产价格为限，应当包括每一项财产利益，也就是任一有用的利益。德国民法学说还进一步认为，这种利益应当包括虽没有实际财产价值，但对当事人个体具有特别意义的物品。

（2）给付关系的存在。德国民法中以给付关系作为给付不当得利成立的要件，更符合不当得利制度的功能，更有利于不当得利制度的适用。传统观念上，损失包括现有财产利益的减少和财产利益应增加而没有增加。但不当得利并不在于弥补给付人的损失，而是在于消除受领人无法律上的原因而受的利益。因此，是否应要求以给付人的损失为要件则成为疑问。实际上正如王则鉴先生所指出的，在给付不当得利中，一方当事人因他方当事人为给付而受利益，即为他方的损害。可见，受领人不当利益的取得和给付人的损失是同一的。更为重要的是，通过给付目的，可以决定给付不当得利的当事人，从而有效取代了原有的因果关系理论。这一作用特别突出体现在存在多个当事人的给付关系中。

（3）无法律上的原因。受领人受领的给付必须是没有法律上的原因。具体包括：①给付原因自始缺乏。当给付人所履行的义务并不存在时，给付原因自始不存在。②给付原因嗣后不存在。给付人给付时虽有法律上的原因，但其后给付的原因不存在或消失。③给付目的不达。如果按照法律行为的内容，给付未达到相应的法律效果，则给付人可以请求不当得利的返还。

2. 不当得利可分为因给付而发生的不当得利和基于给付以外事实而发生的不当得利。

给付不当得利是指受益人受领他人基于给付行为而移转的财产或利益，因欠缺给付目的而发生的不当得利。包括以下几种情形：（1）给付目的自始不存在。指一方为履行自己的义务而向受益人给付，但该义务自始不存在，又称非债清偿。但在以下情形中，虽没有给付原因，但排除不当得利的成立：履行道德义务而为给付；为履行未到期债务而清偿；明知无债务而为清偿；因不法原因而为给付。（2）给付目的嗣后不存在。是指给付时虽有法律上的原因，但其后该原因不存在，因一方的给付而发生不当得利。（3）给付目的未达到。为实现将来某种目的而为给付，但因种种障碍，给付目的不能按照给付意图实现的，受领给付欠缺保有给付利益的正当性，因而构成不当得利。

基于给付以外的事实而发生不当得利的，主要有以下情形：（1）基于受益人自己的行为而发生不当得利；（2）基于受损者行为而发生不当得利；（3）基于第三人行为而发生不当得利；（4）基于法律规定而发生不当得利；（5）基于事件而发生不当得利。

（六）论述题

我国《民法总则》第 122 条规定：因他人没有法律根据，取得不当利益，受损失的人有权请求其返还不当利益。不当得利一经成立，当事人之间即发生债权债务关系，受损害一方享有请求返还其利益的权利，受益人负有返还其所受利益的义务。返还利益，包括返还原物，以及原物所生的孳息和利用原物所取得的其他利益。

不当得利之债与侵权行为之债不同。从性质上看，不当得利法律事实的出现，往往是由受损害一方自己的过错造成的，而不是由于不当得利人的违法行为。在某些情况下，得利人主观上也不一定有过错，甚至根本没有过错。因此，应当根据以下具体情况，特别是受益人的主观心理状态来确定其责任，即返还利益的范围：

（1）受益人是善意的。即受益人在得利时并不知道无法律上的根据而予以接受，其返还利益的范围以利益的尚存部分为限；如果利益已不存在，则可以不负返还的责任。

(2)受益人是恶意的。即受益人取得利益时明知没有合法根据而仍然加以接受,则应负全部返还的责任;即使由于意外原因该项利益已不存在,受益人仍负全部返还的义务。

(3)受益人在受益时不知情而以后又知情的,可以知情的时间为界,此前、此后分别按不知情和知情决定其应负返还责任的范围。

第四编　继承权

第二十七章　继承权概述

(一)单项选择题

1. C。故意杀害被继承人时丧失继承权。遗弃或者虐待被继承人情节严重时丧失继承权,不一定要构成犯罪。伪造遗嘱情节严重时丧失继承权。

2. C。自书遗嘱由本人亲笔所写,注明时间、地点、本人签章即可,不需要见证人见证或者公证,遗嘱有效,选项B、D错误,C正确。继承中的男女平等,侧重于表示在继承中不因男女性别差异而区别对待,不影响被继承人依照自己意愿选择继承人,选项A错误。

3. C。遗嘱人在危急情况下,可以立口头遗嘱。口头遗嘱应当有两个以上见证人在场见证。危急情况解除后,遗嘱人能够用书面或者录音形式立遗嘱的,所立的口头遗嘱无效。王某的情况不是口头遗嘱,选项B错误。小王某作为法定继承人,有继承权,选项C正确。继承权的放弃应当在继承开始之后、遗产分割之前作出,小王某的行为不构成继承权的放弃,选项A错误。

4. B。继承权的放弃要以明示的方式作出。

5. A。《最高人民法院关于贯彻执行〈中华人民共和国继承法〉若干问题的意见》第47条规定,继承人放弃继承权应以书面方式,若口头表示,本人承认或者有其他方式证明的,也应当认定其有效,选项A正确。继承人放弃继承权应当在被继承人死亡之后、遗产分割之前作出,选项B、C错误。子女和父母之间的权利义务关系是法律强制规定的,不因当事人之间断绝父子关系的书面声明而改变,选项D错误。

6. B。考察继承权丧失的法定事由。

7. C。

8. D。参见《继承法》第8条。

9. D。

10. A。

11. A。《最高人民法院关于贯彻执行〈中华人民共和国继承法〉若干问题的意见》第8条规定,法定代理人一般不能代理被代理人放弃继承权、受遗赠权。明显损害被代理人利益的,应认定其代理行为无效。选项A正确。

12. B。被继承人在生前的赠与不因为继承人放弃继承而受到影响,选项A错误。遗嘱继承人放弃继承权的,按照法定继承处理,选项B正确,C、D错误。

(二)多项选择题

1. ABCD。

2. BC。继承权的放弃只能以明示的方式作出,选项A、D错误。

3. AB。考察继承权丧失的法定事由。

4. BD。《继承法》第33条规定:"继承遗产应当清偿被继承人依法应当缴纳的税款和债务,缴纳税款和清偿债务以他的遗产实际价值为限。超过遗产实际价值部分,继承人自愿偿还的不在此限。继承人放弃继承的,对被继承人依法应当缴纳的税款和债务可以不负偿还责任。"选项B、D正确。

5. AC。参见《继承法》第47条。

6. ABCD。

7. ACD。周某指定李某为受益人,即使李某放弃继承权，他作为保险金受领人的请求权不因为此受到影响，选项A错误。但对于遗嘱中说明的20万元遗产丧失继承权，遗产按照法定继承处理，选项C、D错误。

8. BCD。《最高人民法院关于贯彻执行〈中华人民共和国继承法〉若干问题的意见》第50条规定，遗产处理前或在诉讼进行中，继承人对放弃继承反悔的，由人民法院根据其提出的具体理由，决定是否承认。遗产处理后，继承人对放弃继承反悔的，不予承认。选项A正确。

（三）不定项选择题

1. ABCD。

2. A。继承开始于被继承人死亡，选项A正确。

3. CD。参见《最高人民法院关于贯彻执行〈中华人民共和国继承法〉若干问题的意见》第13条规定，选项C、D正确。

4. A。只有自然人能成为继承人，选项A正确。

5. B。继承权可以放弃，但不能转让，选项B错误。

（四）名词解释与辨析

1. 法定继承是指合法继承人请求确认其继承人地位和请求恢复到继承开始时状态的权利。

2. 继承权的丧失是指依照法律规定，在出现法定事由时取消继承人继承被继承人遗产的权利。继承权丧失有以下法定事由：(1)故意杀害被继承人；(2)为争夺遗产而杀害其他继承人；(3)遗弃被继承人或者虐待被继承人情节严重的，无论是否应当追究刑事责任；(4)伪造、篡改或者销毁遗嘱，情节严重的。

3. 酌情分得遗产权是指法定继承人以外的自然人，由于与被继承人生前形成过某种扶养关系，依法可以分得适当的遗产。我国《继承法》规定，对继承人以外的依靠被继承人扶养的缺乏劳动能力又没有生活来源的人，或者继承人以外的对被继承人扶养较多的人，可以分给他们适当遗产。

继承权是指自然人依照法律的规定或被继承人生前立下的合法有效的遗嘱，承受被继承人遗产的权利。

（五）简答题

(1)继承权是自然人基于一定的身份关系享有的权利。

(2)继承权是依照法律的直接规定或者合法有效的遗嘱享有的权利。

(3)继承权的标的是遗产。

(4)继承权是继承人于被继承人死亡时才可行使的权利。

（六）论述题

权利与义务相一致是宪法规定的一项重要原则，也是继承法的一项基本原则。但是，继承法上的权利、义务相一致，并不具有权利、义务的对应性，不能以继承法上的权利、义务相一致的原则来确定被继承人生前与继承人之间的权利义务关系。

权利、义务相一致主要体现在：(1)继承法以丧偶儿媳对公婆、丧偶女婿对岳父岳母是否履行主要赡养义务为条件，确认其能否成为法定继承人。(2)在有遗赠扶养协议时，扶养人按照协议履行扶养义务的，享有受遗赠的权利；扶养人不履行协议，不尽扶养义务的，不能享有受遗赠的权利。(3)遗嘱继承或者遗赠附有义务的，继承人或者受遗赠人应当履行义务；没有正当理由不履行义务的，人民法院可以取消其接受遗产的权利。(4)继承遗产应当清偿被继承人依法应当缴纳的税款和债务，缴纳税款和清偿债务以他的遗产实际价值为限。超过遗产实际价值部分，继承人自愿偿还的不在此限。继承人放弃继承的，对被继承人依法应当缴纳的税款和债务可以不负偿还责任。(5)在分配遗产时，与被继承人共同生活并对被继承人尽较多扶养义务的，可以多分遗产；有扶养能力和扶养条件的继承人，在被继承人需要扶养的情况下未尽到扶养义务的，可以不分或者少分遗产；法定继承人以外的其他人，对被继承人生前扶养较多的，可以适当分得遗产。

第二十八章　法定继承

(一)单项选择题

1. D。《最高人民法院关于贯彻执行〈中华人民共和国继承法〉若干问题的意见》第 19 条规定,被收养人对养父母尽了赡养义务,同时又对生父母扶养较多的,除可依《继承法》第 10 条的规定继承养父母的遗产外,还可依《继承法》第 14 条的规定分得生父母的适当的遗产。选项 D 正确。

2. A。

3. B。收养人与被收养人间以祖孙相称,即收养他人为养孙子女的,视为养父母和养子女关系,是法定第一顺序继承人,选项 B 正确。

4. B。参见《继承法》第 13 条第 2 款。

5. A。参见《继承法》第 13 条第 4 款。

6. D。小张余先于张余死亡,小张余的女儿作为晚辈直系血亲发生代位继承,为张余的法定第一顺序继承人。张余的姐姐和弟弟为法定第二顺序继承人。遗产由小张余女儿继承,选项 D 正确。

7. D。

8. (1)B。张某与王某为夫妻,夫妻共同财产为 6 间房屋、现金 6 000 元。王某可取得自己部分的财产,即 3 间房和 3 000 元现金,剩下的 3 间房和 3 000 元现金作为张某的遗产在第一顺序法定继承人之间平均分配。

(2)A。只有被代位继承人的晚辈直系血亲才有权代位继承。

9. A。依照《最高人民法院关于贯彻执行〈中华人民共和国继承法〉若干问题的意见》第 19 条,养子女无权继承生父母的遗产,除非对生父母扶养较多的,可依《继承法》第 14 条的规定分得生父母的适当的遗产。选项 B、C、D 错误。

10. D。继子女既可以继承生父母遗产,也可以继承形成扶养关系的继父母遗产。

11. C。代位继承是指继承人的子女先于被继承人死亡时,由被继承人的死亡子女的晚辈直系血亲继承其应继承的遗产份额的制度,选项 C 正确。

(二)多项选择题

1. ACD。小强作为与熊某有扶养关系的继子女,是熊某的第一顺序继承人,杨某是熊某妻子,是第一顺序继承人,选项 A 正确。女婴在熊某死亡之后死亡,发生的不是代位继承,选项 B 错误。遗产分割时应当保留胎儿的继承份额,胎儿出生即为死体的,保留的份额按照法定继承办理。女婴出生时为活体,取得为其保留的熊某的遗产,死亡后由其母亲杨某继承,选项 D 正确。男婴出生时即为死体,为其保留的遗产份额,作为熊某的遗产,被杨某和小强继承,选项 C 正确。

2. BC。甲和小亮分别是丙去世时的配偶和亲生子女,有继承权,选项 B、C 正确。甲、丙再婚时,甲的小孩小明已经成年,与丙没有扶养关系,不是有扶养关系的继子女,小明不是法定继承人,选项 A 错误。只有合法收养的养子女才是法定继承人,丙未给小光办理收养手续,不是有合法收养关系的养子女,不是法定继承人,选项 D 错误。

3. ABCD。郭大爷的女儿先于郭大爷死亡,甲作为其女儿的儿子是代位继承人,是第一顺序继承人,选项 A 正确。依照《继承法》规定,女婿乙尽了主要赡养义务,享有继承权,并可以多分,选项 B 正确。只有与被继承人之间有扶养关系的继子女才为法定继承人,选项 C 正确。依照《继承法》第 13 条规定,对生活有特殊困难且缺乏劳动能力的继承人,分配遗产时,应当予以照顾,选项 D 正确。

4. CD。有继承权的配偶应当是在被继承人死亡时与被继承人有合法婚姻关系的人。钱某和胡某已经离婚,胡某无权以配偶的身份继承钱某的遗产,但能以配偶的身份继承吴某的遗产。胡某和吴某结婚时,甲已参加工作,与吴某没有扶养关系,无权继承吴某的遗产,丙、丁是吴某的婚生子女,有权继承吴某的遗产。胡某和吴某结婚时,乙和吴某共同生活,是吴某的有扶养关系的继子女,对吴某有继承权。

5. BCD。第一顺序法定继承人包括二女儿、小女儿和养子。小女儿在遗产分配之前死亡，发生转继承。小女儿之女继承的是小女儿的遗产，而不是李某的遗产。大女儿先于李某死亡，大女儿之子为其晚辈直系血亲，对李某的遗产享有代位继承权。《继承法》第13条第4款规定，有扶养能力和有扶养条件的继承人，不尽扶养义务的，分配遗产时，应当不分或者少分。

6. ABCD。对与被继承人共同生活的继承人，分配遗产时，可以多分。丙与被继承人共同生活，可以多分遗产，选项C正确。有扶养能力和有扶养条件的继承人，不尽扶养义务的，分配遗产时，应当不分或者少分。甲有扶养能力和条件，但不尽扶养义务，应当不分或少分遗产，选项A正确。对于生活有特殊困难且缺乏劳动能力的继承人，分配遗产时，应当予以照顾。乙既丧失劳动能力又无其他生活来源，应当予以照顾，所以应当多分遗产，选项B正确。对继承人以外的依靠被继承人扶养的缺乏劳动能力又没有生活来源的人，可以分配给他们适当的遗产。丁是孤儿，依靠唐某扶养，既缺乏劳动能力又没有生活来源，可以适当分遗产，选项D正确。

7. ABD。依《继承法》第10条规定，田某留下的二子一女作为法定继承人，有权继承田某遗产，选项A、B正确。小儿在继承开始后、遗产分割前死亡，发生转继承，小儿子女儿继承的是小儿子的遗产，选项C错误。依照《继承法》第11条，长子的孩子作为晚辈直系血亲发生代位继承，是田某的第一顺序法定继承人。

8. BCD。对于遗产分割，继承人之间可以协商处理，有协议的依照其协议；协议不成的，同一顺序的继承人一般应当均等。但对被继承人尽了主要义务或者与被继承人共同生活的继承人，在分配遗产时可以多分；有扶养能力和扶养条件的继承人，不尽扶养义务的，分配遗产时应当不分或者少分。选项B、C、D正确。

(三)不定项选择题

1. ABCD。

2. ABD。这三项都是法定第一顺序继承人。

3. ACD。张余的母亲和儿子作为法定第一顺序继承人，有权继承。张余的妻子虽然和张余在闹离婚、分居，但仍然为合法夫妻，作为配偶有权继承。选项A、C、D正确。

4. ABCD。

5. ABD。只有有抚养关系的继子女才享有继承权，选项C错误。

(四)名词解释与辨析

1. 法定继承又称无遗嘱继承，是相对于遗嘱继承而言的，是指根据法律直接规定的继承人范围、继承人继承的顺序、继承人继承遗产的份额及遗产的分配原则，继承被继承人的遗产的继承制度。

2. 转继承是指继承人在继承开始后、遗产分割前死亡时，其有权接受的遗产转由其法定继承人继承的制度。

3. 代位继承是指被继承人的子女先于被继承人死亡时，由被继承人的死亡子女的晚辈直系血亲继承其应继承的遗产份额的制度。

(五)简答题

1. 参见本章“重难点归纳”(三)中相关内容。

2. 法定继承中的遗产分配有以下原则：(1)继承人继承遗产的份额一般应当均等。(2)特殊情况下，份额可以不均等：对于生活有特殊困难的缺乏劳动能力的继承人，分配遗产时，应当予以照顾；对被继承人尽了主要扶养义务或者与被继承人共同生活的继承人，在分配遗产时，可以多分；有扶养能力和有扶养条件的继承人，不尽到扶养义务的，分配遗产时，应当不分或者少分；继承人协商同意不均分的。

我国《继承法》有以下基本原则：(1)保护自然人私有财产继承权原则；(2)继承权男女平等原则；(3)限定继承原则；(4)养老育幼原则；(5)互助互让、团结和睦原则。

(六)论述题

参见本章“重难点归纳”(一)中相关内容。

第二十九章　遗嘱继承

(一)单项选择题

1. A。公证遗嘱的撤销只能以公证的方式。不能以故意销毁的方式撤销遗嘱,乙仍然有权依照遗嘱的内容继承遗产,选项A正确。

2. A。遗嘱属于要式法律行为。自书遗嘱应由遗嘱人亲笔书写、签名,注明年、月、日,甲的第一份遗嘱有效。代书遗嘱应当有两个以上见证人在场见证,由其中一人代书,注明年、月、日,并由代书人、其他见证人和遗嘱人签名。甲的第二份遗嘱不成立。口头遗嘱应当有两个以上见证人在场见证。危急情况解除后,遗嘱人能够用书面或者录音形式立遗嘱的,所立的口头遗嘱无效。甲在情况转好后,没有订立书面或者录音遗嘱,甲的第三份遗嘱无效。所以,只有甲第一份遗嘱为有效遗嘱,选项A正确。

3. D。《最高人民法院关于贯彻执行〈中华人民共和国继承法〉若干问题的意见》第39条规定,遗嘱人生前的行为与遗嘱的意思表示相反,而使遗嘱处分的财产在继承开始前灭失、部分灭失或所有权转移、部分转移的,遗嘱视为被撤销或部分被撤销。王冬在订立遗嘱后,将房屋出卖并过户,遗嘱被撤销,按法定继承处理。张霞、王楠、王希为第一顺序继承人。王冬死后,王希去世,由王小力转继承,选项D正确。

4. B。公证遗嘱不能因为自书遗嘱而变更或者撤销。贡某的公证遗嘱未被其通过书面方式变更,选项A错误。《继承法》第27条规定,遗嘱继承人、受遗赠人先于遗嘱人死亡的遗产中的有关部分按照法定继承办理。贡某遗嘱因贡文死亡不发生效力,仍按照法定继承处理,选项B正确。

5. C。《继承法》第19条规定,遗嘱应当对缺乏劳动能力又没有生活来源的继承人保留必要的遗产份额。《最高人民法院关于贯彻执行〈中华人民共和国继承法〉若干问题的意见》第37条第2款规定,继承人是否缺乏劳动能力又没有生活来源,应按遗嘱生效时该继承人的具体情况确定。遗嘱生效时,丙已经有了劳动能力和生活来源,不用为其保留份额,遗产全部由乙获得,选项C正确。

6. A。没有为缺乏劳动能力又没有生活来源的继承人保留必要份额的遗嘱无效。

7. A。遗嘱继承人和法定继承人的范围相同。

8. C。《继承法》第20条规定,自书、代书、录音、口头遗嘱,不得撤销、变更公证遗嘱。《最高人民法院关于贯彻执行〈中华人民共和国继承法〉若干问题的意见》第42条规定,遗嘱人以不同形式立有数份内容相抵触的遗嘱,其中有公证遗嘱的,以最后所立公证遗嘱为准;没有公证遗嘱的,以最后所立的遗嘱为准。选项C正确。

9. C。《继承法》第19条规定:“遗嘱应当对缺乏劳动能力又没有生活来源的继承人保留必要的遗产份额。”

10. A。

11. A。遗嘱设立时高某为限制行为能力人,设立的遗嘱无效。

12. D。遗嘱只能处分遗嘱人的个人合法财产。

(二)多项选择题

1. ABD。遗嘱人可以撤销、变更自己所立的遗嘱。立有数份遗嘱,内容相抵触的,以最后的遗嘱为准。后一份遗嘱没有导致无效的情形,选项B错误。前一份遗嘱和后一份遗嘱有部分相矛盾,后一份遗嘱是对前一份遗嘱的变更,选项A错误。后一份遗嘱确立所有现金给子女,因此现金归甲的子女所有,选项C正确,选项D错误。因此,应选A、B、D。

2. AC。张某所立遗嘱并没有无效的法定情形,该遗嘱有效。遗嘱表明将房屋给予李某,李某有权依据遗嘱继承房产,选项A正确。在有有效遗嘱的情况下,不采用法定继承,丙无权代位继承,选项B错误。对于因继承或者受遗赠取得物权的,自继承或者遗赠开始时发生效力,不需要变更登记,选项C正确,选项D错误。

3. CD。代书遗嘱应当有两个以上见证人在场见证，由其中一人代书，注明年、月、日，并由代书人、其他见证人和遗嘱人签名。以录音形式立的遗嘱，应当有两个以上见证人在场见证。

4. ABCD。

5. AC。《继承法》第21条规定，遗嘱继承或者遗赠附有义务的，继承人或者受遗赠人应当履行义务。没有正当理由不履行义务的，经有关单位或者个人请求，人民法院可以取消他接受遗产的权利。《最高人民法院关于贯彻执行〈中华人民共和国继承法〉若干问题的意见》第43条规定，附义务的遗嘱继承或遗赠，如义务能够履行，而继承人、受遗赠人无正当理由不履行，经受益人或其他继承人请求，人民法院可以取消他接受附义务那部分遗产的权利，由提出请求的继承人或受益人负责按遗嘱人的意愿履行义务，接受遗产。选项A、C正确。

6. ABD。遗嘱因为所附条件违背公序良俗的，遗嘱无效。遗嘱所附条件违反我国《婚姻法》的婚姻自由原则，该部分无效，但不影响其他部分的效力，选项A、B、D正确。

7. ABC。口头、录音、代书遗嘱必须有两名以上见证人。《继承法》第18条规定，无行为能力人、限制行为能力人、继承人、受遗赠人，与继承人、受遗赠人有利害关系的人不能担任见证人。选项A中孙女为限制民事行为能力人，选项B中立录音遗嘱时只有一个见证人，选项C中儿子和妻子是有利害关系的人，因此这些遗嘱都无效。

8. AB。《继承法》第18条规定，无行为能力人、限制行为能力人、继承人、受遗赠人，与继承人、受遗赠人有利害关系的人不能担任见证人。大张为继承人，王某为与继承人有利害关系的人，选项C、D错误。

(三)不定项选择题

1. AD。遗嘱只能处分遗嘱人的个人财产。房屋为夫妻双方共同财产，遗嘱人无权处分，选项A正确，选项B错误。袁某将书赠与其侄子，属于遗赠。袁方2个月内没有表示接受遗赠，表明拒绝遗赠。袁直有权拒绝向袁方交付2 000册藏书，选项D正确。

2. A。

3. B。遗嘱人在设立遗嘱时不是完全民事行为能力人，没有相应的遗嘱能力，遗嘱无效。

4. C。

5. C。

(四)名词解释与辨析

1. 代书遗嘱是指遗嘱人口述遗嘱、他人代为书写制作成的遗嘱。代书遗嘱应当有两个以上见证人在场，其中一人代书，注明年、月、日，并由代书人、其他见证人和遗嘱人签名。

2. 遗嘱能力是指自然人依法享有的设立遗嘱，以依法自由处分其财产的行为能力。只有完全民事行为能力人才有遗嘱能力，无民事行为能力人和限制民事行为能力人设立的遗嘱无效。

3. 合立遗嘱又称共同遗嘱，是指两个以上的遗嘱人共同设立一份遗嘱，来处分共同遗嘱人各自所有的或者共同所有的财产。

4. 遗嘱变更是指遗嘱人在遗嘱设立后对遗嘱的内容进行修改。遗嘱撤销是指遗嘱人在遗嘱设立后取消其设立的遗嘱。

(五)简答题

1. 遗嘱继承与法定继承相对应，是指继承开始后，按照被继承人所立的合法有效遗嘱继承被继承人遗产的继承制度。

遗赠是指自然人以遗嘱的方式将个人财产赠与国家、集体或者法定继承人以外的自然人，并于死亡后发生效力的民事法律行为。

两者区别在于：(1)主体范围不同。遗嘱继承只能是法定继承人，即自然人；受遗赠人是国家、集体或者法定继承人以外的自然人，不限于自然人。(2)遗嘱继承人有权继承遗产，也要承担债务；受遗赠人一般不用承担债务。(3)遗嘱继承人如要放弃继承，需要在遗产处理前作出放弃继承的表示，否则视为接受；受遗赠人应当在知道受遗赠后两个月内作出接受的表示，否则视为放弃。

2. 遗嘱继承有以下特征：(1)优先法定继承适用；(2)遗嘱继承人的范围、继承何种遗产和份额为多少都是由遗嘱人在遗嘱中指定，遗嘱继承人在法定继承人范围内，但顺序不受法定继承顺序的限制；(3)遗嘱继承的前提是有合法有效的遗嘱存在。

(六)论述题

遗嘱的有效要件包括：

(1)遗嘱人在设立遗嘱时必须有遗嘱能力，是完全民事行为能力人；

(2)遗嘱是遗嘱人真实意思表示；

(3)遗嘱应当为缺乏劳动能力又没有生活来源的继承人保留必要的遗产份额；

(4)遗嘱只能处分遗嘱人个人的合法财产；

(5)遗嘱内容不能违背社会公德和公共利益。

第三十章　遗赠和遗赠扶养协议

(一)单项选择题

1. A。遗赠扶养协议中的扶养人不应是对被扶养人承担法定扶养义务的人。根据《婚姻法》第 28 条规定，孙子女、外孙子女对祖父母、外祖父母承担法定扶养义务。选项 B、C、D 错误。

2. C。遗赠扶养协议中遗赠人的财产在遗赠人死后转移给扶养人。此处，甲、乙约定甲生前即将房屋赠与乙，而不是死后赠与乙，该协议不是遗赠扶养协议。附条件的合同中，条件成就与否直接决定合同生效或失效。甲、乙约定的甲将房屋赠与乙、乙承担甲生养死葬的义务，是合同生效后当事人之间的权利义务关系，不是合同的条件，选项 A 错误。赠与附义务的，受赠人应当按照约定履行义务。乙应承担甲生养死葬的义务。依照《合同法》规定，乙拒绝扶养甲，甲有权撤销赠与，甲起诉要求乙返还房屋，选项 B、D 错误。

3. A。依照《最高人民法院关于贯彻执行〈中华人民共和国继承法〉若干问题的意见》第 5 条规定，本题中甲签订的遗赠扶养协议与遗嘱有抵触，应按遗赠扶养协议处理。

4. C。

5. C。遗赠必须以遗嘱的方式进行，必须具备遗嘱的有效要件。

6. D。双方的遗赠扶养协议已经在双方同意的情况下撤销，余某无权以此为理由要求 50 万元存款，但扶养张余所支出的费用可以要求返还。

7. B。

8. A。

9. D。侄女为法定继承人以外的人，张余的行为为遗赠。接受遗赠的意思表示应当在知道受遗赠后两个月内作出，否则视为放弃。张余在第三个月表示接受，超过期限视为拒绝。

10. A。侄子在知道遗嘱之日起 2 个月内没有明确表示接受，视为拒绝遗赠。

11. D。遗赠扶养协议和遗嘱内容相冲突时，遗赠扶养协议优先。张某的遗赠扶养协议和遗嘱内容部分冲突，遗嘱中未冲突部分仍然可以执行，选项 A、C 错误。遗嘱和遗赠扶养协议都没有涉及部分按照法定继承处理，选项 B 错误，D 正确。

12. C。甲的遗嘱并无无效的情形，选项 A 错误。受遗赠人应当在知道受遗赠后两个月内，作出接受或者放弃受遗赠的表示；到期没有表示的，视为放弃受遗赠。丁为放弃受遗赠，选项 B 错误。继承开始后，受遗赠人表示接受遗赠，并于遗产分割前死亡的，其接受遗赠的权利转移给他的继承人，选项 D 错误。保管期间，因保管人为无偿保管，保管人证明自己没有重大过失的，保管物毁失，不承担损害赔偿责任。古画由于意外灭失，说明保管人没有重大过失，乙不需要承担赔偿责任，选项 C 正确。

(二)多项选择题

1. ACD。依照《最高人民法院关于贯彻执行〈中华人民共和国继承法〉若干问题的意见》第 5 条规定。

2. CD。受遗赠人应当是法定继承人范围之外的自然人、集体或者国家。

3. ABCD。

4. ABC。扶养人应当与被扶养人没有法定扶养关系。

5. ABC。丁已经丧失继承权，丁的女儿不发生代位继承。选项D错误，选项A、B、C正确。

6. ABC。遗赠扶养协议中扶养人必须认真履行扶养义务。如果扶养人不尽扶养义务，或者以非法手段谋取被扶养人的财产，经被扶养人的亲属或有关单位请求，人民法院可以剥夺扶养人的受遗赠权。如果扶养人不认真履行扶养义务，致使被扶养人经常处于生活困难、缺乏照料的情况时，人民法院可以酌情对遗赠财产的数额给予限制。选项D正确，选项A、B、C错误。

7. ACD。张小立将古董赠与甲，甲已经表示接受遗赠，古董已为甲的遗产。甲去世后由甲的法定继承人继承。选项B正确。

8. ACD。《继承法》第25条规定，继承开始后，继承人放弃继承的，应当在遗产处理前，作出放弃继承的表示；没有表示的，视为接受继承。受遗赠人应当在知道受遗赠后两个月内，作出接受或者放弃受遗赠的表示；到期没有表示的，视为放弃受遗赠。丙为受遗赠人，两个月内未表示接受遗赠，视为拒绝。乙为法定继承人，两个月内未表示拒绝接受继承的，视为接受继承。选项B正确，选项A、C、D错误。

（三）不定项选择题

1. D。

2. BCD。甲和保姆乙的约定属于遗赠扶养协议，乙在甲生前细心照料甲，乙享有受遗赠的权利，甲和乙之间的遗赠扶养协议有效。

3. C。

4. B。代位继承只适用于法定继承中。

5. ACD。依照《继承法》规定，受遗赠人放弃遗赠的，按照法定继承处理。

（四）名词解释与辨析

1. 遗赠扶养协议是指遗赠人与扶养人签订的，由遗赠人设立遗嘱，将自己的合法财产指定在其死后转移给扶养人所有，而由扶养人承担遗赠人生养死葬义务的协议。

遗赠扶养协议是一种双务、有偿、要式、双方的法律行为。其效力优于遗嘱继承和法定继承。

2. 遗赠是指自然人以遗嘱的方式将其个人财产赠与国家、集体或者法定继承人以外的自然人，而于其死亡后发生效力的民事法律行为。

3. 两者都是无偿让与其财产所有权的行为。区别在于：(1)遗赠为单方法律行为，赠与为双方法律行为；(2)遗赠必须以遗嘱的方式进行，赠与不采用遗嘱的方式；(3)遗赠处分的是遗赠人死后的财产，赠与处分的是赠与人生前的财产；(4)遗赠必须要保留无劳动能力又没有生活来源的继承人的必要的份额，赠与没有此方面的限制；(5)遗赠在遗嘱人死亡后发生法律效力，赠与一般在赠与人生前就发生法律效力。

（五）简答题

1. 遗赠扶养协议效力分为内部效力和外部效力，详见本章“重难点归纳”(二)。

2. 两者主要区别在于：(1)两者性质不同。遗赠扶养协议是双方法律行为；遗嘱是单方法律行为。(2)遗赠扶养协议是生前法律行为和死后法律行为相结合，一旦签署，任何一方不得随意变更、撤销；遗嘱是死因行为，在遗嘱人死亡之前，其可以随时变更和撤销。(3)形式不同。遗赠扶养协议采用的是合同的方式；遗嘱可以采用《继承法》规定的遗嘱的方法。(4)效力不同。遗赠扶养协议优先于遗嘱适用。如果遗赠扶养协议与遗嘱协议相冲突，应当按照遗赠扶养协议处理；如果不冲突，两者都有效。(5)遗嘱继承人必须是法定继承人；遗赠扶养协议中扶养人应当是法定扶养人以外的自然人。

（六）论述题

详见本章“重难点归纳”(二)。

第三十一章　遗产的处理

(一)单项选择题

1. A。登记簿仅仅具有权利推定效力，登记簿记载的事项与真实状况不一致，应当以真实状况为准。应当认为乙寺院登记到甲的名下没有赠与的意思，甲不因此取得所有权。微博账号为甲的个人财产，属于遗产。即使《金刚经解说》属于职务作品，一般来说著作权也为作者所有，以下两种情况除外：(1)主要利用法人或者其他组织的物质技术条件创作，并由法人或者其他组织承担责任的工程设计图、产品设计图、地图、计算机软件等职务作品；(2)法律、行政法规规定或者合同约定著作权由法人或者其他组织享有的职务作品。“出家”并不是民事法律事实，行为本身不会导致甲的个人存款归寺院所有。

2. C。遗产是公民死亡时遗留的个人合法财产。

3. B。遗嘱或赠与合同中确定只归夫或妻一方的财产为夫妻一方的财产，不因婚姻关系的延续而转化为夫妻共同财产，但当事人另有约定的除外。该房屋属于甲的个人财产，该房屋不会因为经过一定的年限而转变为夫妻共同财产，除非当事人有约定。依照《最高人民法院关于适用〈中华人民共和国婚姻法〉若干问题的解释(二)》第11条规定，婚姻关系存续期间，一方以个人财产投资取得的收益属于共有财产。

4. B。根据《著作权法实施条例》第17条规定，作者生前未发表的作品，如果作者未明确表示不发表，作者死亡后五十年内，其发表权可由继承人或者受遗赠人行使；没有继承人又无人受遗赠的，由作品原件的所有人行使。甲立遗嘱由丙继承全部遗产，丙为遗嘱继承人。甲生前又将该书稿赠与丁并立即交付，其成为原件所有人，不是受遗赠人。根据《著作权法实施条例》的上述规定，该作品的发表权应由甲的继承人丙行使。

5. C。参见《最高人民法院关于贯彻执行〈中华人民共和国继承法〉若干问题的意见》第2条。

6. A。继承从被继承人死亡之日开始。

7. B。

8. C。无人继承又无人受遗赠的遗产，归国家所有。死者生前是集体所有制组织成员的，归集体所有制组织所有。甲长期流浪，不是集体所有制成员，遗产归国家所有。选项C正确。

9. D。已分割遗产而未清偿债务时，如果有法定继承又有遗嘱继承和遗赠的，先由法定继承清偿债务，不足时剩余债务由遗嘱继承人和受遗赠人按比例用所得遗产偿还。丙为法定继承，先由丙承担债务。选项D正确。

10. A。夫妻婚后工资为夫妻共同财产。张余的遗产为夫妻共同财产的一半。

11. A。相互有继承关系的几个人在同一事件中死亡，如不能确定死亡先后时间的，推定没有继承人的人先死亡。余张没有继承人，先于张余死亡，遗产由张余继承。张余死亡后包括张余从余张处继承的遗产都由张余弟弟继承。

12. B。继承开始于被继承人死亡之日。被宣告死亡的人，人民法院判决作出之日为其死亡日期，因意外事件下落不明而被宣告死亡的，意外事件发生日期为其死亡日期。

(二)多项选择题

1. CD。马俊于1991年去世，其妻张桦于1999年去世，夫妻共有房屋5间属于遗产范围，该5间房屋因拆迁而获得的作价补偿款、货币安置奖励费和使用权补偿款属于遗产范围。但是提前搬家奖励款和搬迁补助费是对房屋居住人的奖励和补助，不是遗产。选项C、D正确。

2. ABC。《继承法》第33条规定：“继承遗产应当清偿被继承人依法应当缴纳的税款和债务，缴纳税款和清偿债务以他的遗产实际价值为限。超过遗产实际价值部分，继承人自愿偿还的不在此限。继承人放弃继承的，对被继承人依法应当缴纳的税款和债务可以不负偿还责任。”选项D正确。

3. ABCD。

4. ABCD。相互有继承关系的几个人在同一事件中死亡，如不能确定死亡先后时间的，推定没有继承人的人先死亡。死亡人各自有继承人的，如几个死亡人辈分不同，推定长辈先死亡；几个死亡人辈分相同，推定同时死亡，彼此不发生继承，由他们各自的继承人分别继承。题中三人都有继承人，夫妻为长辈先于女儿死亡，女儿继承夫妻遗产。夫妻为同辈同时死亡，彼此不发生继承关系。

5. ACD。住房为甲租住，非甲个人财产，选项A错误。抚恤金为单位发给家属，属于家属财产，选项D错误。保单受益人为乙，保险赔偿金为乙个人财产，选项C错误。

6. BC。自然资源使用权不能成为遗产，选项B错误。张余对房屋拥有房屋租赁权，不能作为遗产，选项C错误。

7. BCD。张余和余张为夫妻，其财产为夫妻共同共有。个人遗产为共有财产的一半。在遗产没有分割前，余张和张一、张二对该遗产形成共同共有关系。因水牛为不可分物，应采取变价分割和作价补偿的分割方式。选项B、C、D正确。

8. ABCD。

(三)不定项选择题

1. C。《继承法》第33条规定，继承遗产应当清偿被继承人依法应当缴纳的税款和债务，缴纳税款和清偿债务以他的遗产实际价值为限。超过遗产实际价值部分，继承人自愿偿还的不在此限。

2. AC。

3. C。应当为缺乏劳动能力又没有生活来源的继承人保留必要的遗产。

4. C。遗产已被分割而未清偿债务时，如有法定继承又有遗嘱继承和遗赠的，首先由法定继承人用其所得遗产清偿债务。不足清偿时，剩余的债务由遗嘱继承人和受遗赠人按比例用所得遗产偿还。如果只有遗嘱继承和遗赠的，由遗嘱继承人和受遗赠人按比例用所得遗产偿还。因此，先由作为法定继承人的刘某和张余的女儿各自承担20万元；剩余的30万元债务由遗嘱继承人张余的女儿和受遗赠人张余的侄子按照所得遗产的比例清偿，张余的女儿仍需要清偿25万元。

5. C。张乙分得的电视机有权利上的瑕疵。遗产分割中各继承人之间对于遗产的瑕疵有担保责任。

(四)名词解释与辨析

1. 限定继承是指继承人对被继承人的遗产债务的清偿只以遗产的实际价值为限，除继承人自愿清偿外，继承人对于超过遗产实际价值的部分不承担清偿责任。

2. 遗产债务是指被继承人死亡时遗留的应由被继承人清偿的财产义务，属于遗产中的消极遗产。

3. 遗产是指被继承人死亡时遗留的个人所有的合法财产。

(五)简答题

1. 清偿应当坚持以下原则：

(1)限定继承原则。继承人对被继承人的遗产债务的清偿只以遗产的实际价值为限。

(2)保留必留份的原则。清偿被继承人的债务，应当为需要特殊照顾的继承人保留适当的遗产。

(3)清偿债务优先于执行遗嘱的原则。执行遗嘱必须在清偿债务之后。

(4)继承人连带清偿责任原则。继承遗产的共同继承人对被继承人债务的清偿应当负连带责任。

2. 遗产是公民死亡时遗留的个人合法财产，包括积极财产和消极财产。具体有：公民收入；公民的房屋、储蓄与生活用品；公民的林木牲畜和家禽；公民的文物、图书资料；法律允许公民所有的生产资料；公民的著作权、专利权中的财产权利；公民的其他合法财产。

遗产中不能包括的权利、义务有：与被继承人人身不可分割的人身权利；与人身有关的专属性的债权、债务；国有资产使用权；其他依法不能继承的财产。

(六)论述题

遗产分割的原则包括：

(1)遗产分割自由原则。

(2)保留胎儿继承份额的原则。

(3)互谅互让、协商分割的原则。

(4)物尽其用原则。遗产分割时应注重发挥遗产的效用,不损害遗产的价值。

第五编　人身权

第三十二章　人身权概述

(一)单项选择题

1. D。人身权是民事主体基于人格或者身份而依法享有的,以在人身关系中所体现的人格利益或者身份利益为内容的民事权利,对于人身关系的调整由人身权法来完成。

2. B。亲权是指父母基于其身份而对未成年子女的人身和财产进行管教和保护的权利和义务。亲权名为权利,亲权只能够由父母专有。

3. D。人身权分为人格权和身份权,知识产权不属于人身权。

(二)多项选择题

1. ABC。人身权的性质:人身权是与民事主体自身主体资格密不可分的一项民事权利;人身权的法定性;人身权的固有性;人身权是体现在人身关系中的民事权利;人身权具有非财产性。

2. ABC。物质性人格权包括生命权、健康权和身体权。

3. ABCD。一般人格权包括人格平等、人格独立、人格自由和人格尊严。

(三)名词解释与辨析

1. 参见本章"重难点归纳"(二)。

2. 人格权可分为一般人格权和具体人格权。一般人格权是指民事主体基于人格独立、人格自由、人格尊严全部内容的一般人格利益而享有的基本权利。具体人格权包括生命权、健康权、身体权、姓名权、肖像权、名誉权、隐私权及其他具体人格权。

(四)简答题

人身权根据客体内容的不同,分为人格权和身份权。

人格权根据客体范围的不同,分为一般人格权和具体人格权。

具体人格权根据权利客体的不同,分为物质性人格权和精神性人格权。

身份权根据是否仅能由自然人享有,分为亲属法上的身份权和亲属法外的身份权。

(五)论述题

人身权是民事主体基于人格或者身份而依法享有的,以在人身关系包括人格关系和身份关系中所体现的人格利益或者身份利益为内容的民事权利。人身权是一种没有财产内容、不直接体现为一定的财产利益的民事权利。

人身权的客体,如姓名、生命、肖像、名誉等并不是财产,主要表现为民事主体的精神利益,不可以用有形财产来进行估算。对人身权的侵害,必然造成权利人的精神上的痛苦,而对于权利人的损害只能是主体的精神利益。

人身权与特定的民事主体的人身密不可分,具有专属性。这就意味着,人身权只有权利人本人才能享有,不能通过转让或继承由他人享有。人身权的专属性还表现在,人身权并不需要有独立意志的个人实际享有,也不需要主体实施一定的行为去实际取得。不论个人是否意识到有这些权利存在,不论主体在年龄、智力、经济实力、社会地位等方面存在何种区别,都应平等地享有人身权。

第三十三章 人格权

(一)单项选择题

1. A。题目中甲冒用了乙的姓名在银行办理信用卡,属于假冒他人姓名,侵犯了乙的姓名权,选项A正确。虽然乙被银行列入不良信用记录名单,但并未对乙的社会评价降低,因此没有侵犯乙的名誉权,选项B错误。人格权在我国现行法中尚未作出规定,因此按照侵犯名誉权来进行处理,选项C错误。银行在为甲办理信用卡之前仅仅打电话询问是否办理,未尽到资信调查的义务,对于甲侵犯乙姓名权也存在过错,因此应当承担责任,选项D错误。

2. A。

3. D。

4. C。医院的行为属于盗用朴某的姓名,侵犯了其姓名权,且在医院网站上使用朴某的照片和简介,因此也侵犯了朴某的肖像权。故选项A错误,选项B错误,选项C正确,选项D错误。

(二)多项选择题

1. CD。

2. CD。网民的行为不属于干涉、盗用、假冒姓名的行为,因此未对牛某的姓名权造成侵害,故答案A错误。网民在相关网站披露牛某的照片,因缺少以营利为目的这一要素,不构成对其肖像权的侵犯,故B错误。牛某的家庭背景、恋爱史属于牛某的个人隐私,网民将其公布在网站上属于擅自公开,侵犯了牛某的隐私权。网民在网站上捏造牛某曾与某明星有染的情节属于诽谤,且发布在网站这一公众平台,造成了对牛某社会评价的降低,因此侵犯了牛某的名誉权,故选项C和D正确。

3. ABCD。乙公司未经甲女的同意,以营利为目的擅自使用甲女的肖像做广告,侵犯了甲女的肖像权。丁男将甲女的头部移植到他人半裸照片中的行为,属于对照片的扭曲和篡改,侵犯了乙公司的保护作品完整权。丁男将照片移植到他人半裸照片中的行为属于侮辱行为,且将其上传到丙网站,属于向公众平台公开,该行为会降低对甲女的社会评价,因此丁男侵犯了甲女的名誉权。《侵权责任法》第22条规定,侵犯他人人身权益,造成他人严重精神损害的,被侵权人可以请求精神损害赔偿。因此,选项A、B、C、D均正确。

4. AC。张某寄送的自己贴身生活用品、私密照片及平板电脑等这些都属于张某个人物品,尤其是私密照片属于隐私权保护的客体,李某未经允许翻看,构成对张某隐私权的侵害。但因李某是在执行工作任务时造成对他人的损害,应由李某所在的甲公司承担无过错的替代责任。选项A正确,选项D错误。张某的隐私权虽然遭受侵害,但并未造成严重后果,根据《最高人民法院关于确定民事侵权精神损害赔偿责任若干问题的解释》第8条,张某无权请求甲公司承担精神损害赔偿责任。选项B错误。李某损害了张某的平板电脑,属于对张某电脑所有权的侵害,选项C正确。

(三)名词解释与辨析

详见本章“重难点归纳”(一)。

(四)简答题

1. 一般人格权具有如下功能:产生具体人格权,解释具体人格权,补充具体人格权。一般人格权和具体人格权共同构成了完整的人格权。具体人格权所保护的人格利益具有特定性,因此也就具有局限性。而一般人格权所保护的人格利益具有不确定性,从而具有一般条款的功能,因此它可以产生、解释和补充具体人格权,使人格权制度能够更好地保护民事主体的人格利益。

2. 肖像权具有以下特征:

(1)肖像权的主体只有自然人,法人及其他组织不是肖像权的主体。

(2)肖像权主体去世后,其肖像利益应当受到保护。任何污损、丑化或者擅自以营利为目的使用死者肖像的行为构成对肖像利益的侵犯。

(3)肖像权体现的是自然人的精神利益，自然人享有形象及肖像不受非法毁损、玷污的权利。

(4)肖像权中包含物质利益。

(五)论述题

隐私权与名誉权之间的区别主要表现在：

(1)隐私权与名誉权的主体不同。隐私权仅自然人享有；而名誉权不仅自然人享有，法人、其他组织也享有。

(2)隐私权与名誉权的客体不同。隐私权的客体是自然人不愿为他人知晓或不宜公开的秘密；而名誉权的客体是公众对特定人的社会评价。

(3)隐私权与名誉权的侵害方式不同。侵害隐私权的方式常见的是未经自然人同意或授权而披露、传述、散布、窃取他人的个人隐秘事项；而侵害名誉权的方式常见的是侮辱和诽谤。

(4)隐私权与名誉权侵害的内容不同。侵害隐私权的行为人散布、公开的内容并非捏造、虚构的，而是事实；而侵害名誉权的行为人散布的内容是捏造、虚构的，并非事实。

(5)隐私权与名誉权侵害行为人的心理状态不同。侵犯隐私权可能出于故意，也可能出于过失；侵犯名誉权大多是一种直接故意行为。

(6)隐私权与名誉权侵害行为人的主观目的不同。侵犯隐私权的行为人主观上可能不具有目的，也可能具有恶意目的或善意目的；而侵犯名誉权的行为人主观上是为了毁损、贬低他人名誉。

(7)隐私权与名誉权的保护方式不同。隐私权的保护只能通过停止侵害、赔礼道歉、赔偿损失等方式进行；而名誉权的保护还可以通过消除影响、恢复名誉的方式进行。

第三十四章　身份权

(一)单项选择题

1. D。名誉权、名称权、隐私权都属于人格权。

2. C。亲权中的教育与扶养义务就属于义务成分。

3. C。

4. D。荣誉权包括荣誉保持权、荣誉利用权和享有因荣誉产生的各种利益的权利。

(二)多项选择题

1. BC。身份权不可以转让；身份权不体现财产内容。

2. AB。亲权包括教育与扶养义务、赔偿义务。配偶权包括忠实义务。荣誉权和隐私权没有义务内容。

(三)名词解释与辨析

1. 详见本章“重难点归纳”(三)。

2. 详见本章“重难点归纳”(三)。

3. 详见本章“重难点归纳”(二)。

(四)简答题

1. 荣誉是指民事主体因一定事由而获得的积极评价。荣誉权是指民事主体获得、保持、利用荣誉并享有其所生利益的权利。名誉权是指民事主体所享有的保护自己的名誉不被以侮辱、诽谤等方式加以丑化的权利。荣誉权与名誉权都表明了民事主体在社会中的信誉与评价，在一定程度上表现出关联性。

但荣誉权与名誉权是两个不同的概念，区别如下：(1)名誉权是社会一般公众对当事人的社会评价，是社会对公民的一般评价和外部认可；而荣誉权并非每个社会成员都能取得，是特定组织对特定主体的认可，只有某些做出突出贡献的人才会获得荣誉称号。(2)名誉权是每个公民或法人都享有的，具有普遍性，名誉的取得不需要履行任何程序手续；荣誉的取得必须经过特定程序才能授予。(3)荣誉权可因授予单位基于法定事由给予剥夺；名誉权则无法被剥夺或受到限制。

2. 亲权与亲属权的主体及保护对象不同。

亲权是指父母基于其身份而对未成年子女的人身和财产进行管教和保护的权利和义务。亲权名为权利，实际上也是权利和义务的集合体。亲权只能够由父母专有。具体而言，亲权的内容包括人身照护权和财产照护权两方面。

亲属权是指除去配偶和亲子关系以外的其他近亲属之间的身份权，也就是除了配偶和父母与未成年子女之外的其他近亲属之间的权利义务关系。

(五)论述题

著作权是指由著作权法所确认和保护的、由作者或其他著作权人所享有的权利。著作人身权是指作者基于作品依法享有的以人身利益为内容的权利，是与著作财产权相对应的人身权。民法中一般的人身权多以民事主体的生命存续为前提，每个人无差别地享有；著作人身权则以创作出文学艺术作品为前提而产生，也不因创作者生命终结而消失。著作人身权主要包括以下内容：

(1)发表权。即决定作品是否公之于众的权利。由于作品是作者人格的反映，是否向公众披露，应当由作者决断。任何人擅自发表他人作品都属于侵权。

(2)署名权。即表明作者身份、在作品上署名的权利。行使署名权的方式多种多样，作者既可以署真实姓名，也可以署笔名、别名或者匿名。匿名，即不署作者姓名，同样是作者行使署名权的方式，并不表示没有或者放弃署名权。

(3)修改权。即修改或者授权他人修改作品的权利。

(4)保护作品完整权。即保护作品不受歪曲、篡改的权利。

第六编　侵权责任

第三十五章　侵权责任概述

(一)单项选择题

1. B。按照《侵权责任法》第 32 条，因紧急避险造成损害的，由引起险情发生的人承担责任。如果危险是由自然原因引起的，紧急避险人不承担责任或者给予适当补偿。紧急避险采取措施不当或者超过必要的限度，造成不应有的损害的，紧急避险人应当承担适当的责任。

2. A。邻居乙建议甲从自家阳台攀爬到甲家，并提供一根并不牢靠的绳索供甲实施该建议，属于一般理性人不会作出的行为。故乙存在过错，应该承担一定的过错责任。甲作为完全民事行为能力人，自主实施该行为，具有一定的过错。丙、丁协助固定行为无致害可能。考虑到甲是出于乙的建议而行动，且由于乙提供的绳索断裂而受损害，因此可以酌情让乙承担部分赔偿责任，故选项 A 正确。

3. B。选项 A 中，张某违章驾车导致李某残疾，存在主观过错，应当承担赔偿责任。选项 B 中，唐某自愿参加王某组织的自助登山活动，因不可抗力导致死亡，应当风险自负。选项 C 中，与吴某打赌的对方当事人应当预见到举物过重可能导致吴某受伤，对吴某的受伤存在一定过错，应当承担相应的责任。选项 D 中，何某知道郑某畅饮后仍然让其驾车，先行行为(共同饮酒)带来了作为义务(防范损害)，属于不作为的侵权，应当承担相应的责任。

4. D。

5. D。不当得利是指没有合法根据而获得利益并使他人利益遭受损失的事实。侵权行为是指行为人由于过错，侵害他人的财产权和人身权，依法应当承担民事责任的不法行为，以及依法律的特别规定应当承担民事责任的其他侵害行为。本题中，任某起初拾得颠簸掉落的一件货物并据为己有，属于没有合法根据而获利，并使他人利益受损的情况，构成不当得利；后来，任某发现有利可图，遂故意将泥沟挖深半尺，这是故意侵害他人财产权的侵权行为，因此选项D正确。

6. D。独占实施许可是指让与人在约定许可实施专利的范围内，将该专利仅许可一个受让人实施，让与人依约定不得实施该专利。本题中甲公司无权许可乙公司实施专利技术，选项A属于侵犯专利权行为。《专利权法》第53条规定："取得实施强制许可的单位或者个人不享有独占的实施权，并且无权允许他人实施。"选项B属于侵权行为。《专利权法》第70条规定："为生产经营目的使用、许诺销售或者销售不知道是未经专利权人许可而制造并售出的专利侵权产品，能证明该产品合法来源的，不承担赔偿责任。"在不知情的状态下销售或者使用了侵犯他人专利权的产品的行为，可不承担赔偿责任，但这并不免除其他相关的民事责任，比如停止侵害等。选项C构成侵权行为。根据《专利权法》第69条第5款，为提供行政审批所需要的信息，制造、使用、进口专利药品或者专利医疗器械的，以及专门为其制造、进口专利药品或者专利医疗器械的，不视为侵权行为，选项D正确。

7. B。《商标法》第52条第1款规定，未经商标注册人的许可，在同一种商品或者类似商品上使用与其注册商标相同或者近似商标的，属侵犯注册商标专用权。本项行为要件不包括行为人的主观要件，因此选项A中的乙公司只要客观上导致其商标与甲的商标相同，即构成侵权，故选项A不当选。按照该条第4款规定，"未经商标注册人同意，更换其注册商标并将该更换商标的商品又投入市场的……"，选项C即为此种行为，不当选。《商标法实施条例》第50条对《商标法》第52条最后一款的兜底条款进行了解释，其第二款规定："有下列行为之一的，属于《商标法》第52条第5款所称侵犯注册商标专用权的行为：……（二）故意为侵犯他人注册商标专用权行为提供仓储、运输、邮寄、隐匿等便利条件的。"因此涉及有关辅助行为时，需要考虑行为人的主观要件，即只有故意情形下才成立侵权。故选项B中的行为不侵权，选项D中的行为侵权。

8. A。《专利法》第11条规定："外观设计专利权被授予后，任何单位或者个人未经专利权人许可，都不得实施其专利，即不得为生产经营目的制造、许诺销售、销售、进口其外观设计专利产品。"陶某并未实施制造、销售的行为，所以陶某不构成侵权。选项A错误，选项B正确。《商标法》第57条规定："未经注册商标人的许可，在同一种商品上使用与其相同的商标属于侵权行为。"陶某与车行构成商标侵权，所以，选项C、D正确。

（二）多项选择题

1. BCD。《民法通则》第133条第1款规定："无民事行为能力人、限制民事行为能力人造成他人损害的，由监护人承担民事责任。监护人尽了监护责任的，可以适当减轻他的民事责任。"限制民事行为能力人谭某致马某损害，应由谭某的监护人承担民事责任，选项B正确。由于马某自己也有过失，应当减轻赔偿人的赔偿责任，选项C正确。《民法通则》第126条规定："建筑物或者其他设施以及建筑物上的搁置物、悬挂物发生倒塌、脱落、坠落造成他人损害的，它的所有人或者管理人应当承担民事责任，但能够证明自己没有过错的除外。"丁某无过错，不应当承担赔偿责任，选项A错误。限制民事行为能力人致人损害属于特殊侵权行为，选项D正确。

2. ABD。《消费者权益保护法》第49条规定："经营者提供商品或者服务有欺诈行为的，应当按照消费者的要求增加赔偿其受到的损失，增加赔偿的金额为消费者购买商品的价款或者接受服务的费用的一倍。"消费者以5万元从甲商店购得商品，经营者知假卖假，系为欺诈。因此王某可以要求甲商店增加赔偿其受到的损失，增加赔偿的金额为其购买瓷瓶价款的一倍，总共为10万元，故选项A正确。

同时，由于甲商店为欺诈，王某可以撤销与甲商店之间的买卖合同。此时因合同取得的财产，应当予以返还，故选项B正确。根据《民法通则》第117条第2款规定："损坏国家的、集体的财产或者他人财产的，应当恢复原状或者折价赔偿。"折价赔偿标准参考市场价格。由于该瓷瓶市场价值为100元，所以李某仅赔偿王某100元即可，故选项D正确。

（三）不定项选择题

D。《民法通则》第129条规定，因紧急避险造成损害的，由引起险情发生的人承担民事责任。如果危险是由自然原因引起的，紧急避险人不承担民事责任或者承担适当的民事责任。因紧急避险采取措施不当或者超过必要的限度，造成不应有的损害的，紧急避险人应当承担适当的民事责任。本题中方某构成紧急避险，责任应由引起险情发生的摩托车主承担。

(四)名词解释与辨析

1. 消极侵权行为是指行为人违反法定作为义务，消极地不实施某种行为构成的侵权行为。

2. 侵权损害赔偿责任是指行为人侵害他人财产或对人身造成损害，依法应当承担的法律后果。

(五)简答题

1. 侵权责任和违约责任竞合是指行为人实施的某一违法行为同时具有侵权行为和违约行为的双重特点，从而在法律上导致侵权责任与违约责任并存的现象。依《合同法》规定，当侵权责任和违约责任竞合时，受损害方有权选择请求对方承担违约责任或者侵权责任。

2. (1)归责原则不同。侵权责任通常以过错责任为基本原则；违约责任采用严格责任原则。

(2)举证责任不同。在一般侵权责任中，受害人有义务对加害人的过错举证；在特殊侵权责任中，由加害人反证自己没有过错。在违约责任中，违约方应当证明自己没有过错，否则应承担违约责任。

(3)责任构成要件不同。侵权责任中，损害事实是侵权责任的前提；在违约责任中，行为人只要实施了违约行为，且不具有有效的抗辩事由，就应承担违约责任。

(4)义务程度不同。某些形式上的双重违法行为，依据《侵权法》已经构成违法；但依据《合同法》却可能尚未达到违法的程度，如果当事人提起合同之诉，将不能依法受偿。

(5)责任承担方式不同。侵权损害赔偿包括财产损害赔偿、人身伤害赔偿及精神损害赔偿，损害赔偿范围、方式不能由当事人事先约定；违约责任包括损害赔偿、违约金、定金、实际履行等责任形式，但不包括精神损害赔偿，赔偿方式范围可由当事人事先约定。

(6)责任范围不同。违约当事人的责任范围要小于侵权行为人的责任范围。

(7)对第三人的责任要求不同。侵权责任中，行为人仅对因自己的过错致他人损害的后果负责，由于第三人的原因造成损害的，第三人要承担赔偿责任；违约责任中，即使是由第三人原因致使债务人违约的，债务人仍需向债权人承担违约责任，然后才能向第三人追索。

(8)责任人抗辩事由不同。侵权责任中，责任人的抗辩事由可分为正当理由和外来原因，其中正当理由包括依法执行职务、正当防卫、紧急避险、自助行为和受害人同意，外来原因分为不可抗力、意外事件、被害人过错和第三人行为；而违约责任的免责事由仅限于不可抗力，且当事人事先约定免责条款和不可抗力的具体范围。

(六)论述题

首先，两者的区别主要体现在：

(1)归责原则。侵权责任通常以过错责任为基本原则，某些特殊侵权行为实行严格责任原则。在侵权之诉中，只有在受害人具有重大过失时，侵权人的赔偿责任才可以减轻。而在违约之诉中，只要受害人具有轻微过失，违约当事人的赔偿责任就可以减轻。

(2)责任构成要件和免责条件。在违约责任中，行为人只要实施了违约行为，且不具有有效的抗辩事由，就应当承担违约责任。但在侵权责任中，损害事实是侵权损害赔偿责任成立的前提条件，无损害事实，便无侵权责任的产生。在违约责任中，除了法定的免责条件(如不可抗力)以外，合同当事人还可以事先约定不承担责任的情况(故意或重大过失的情形除外)。在侵权责任中，免责条件或原因只能是法定的，当事人不能事先约定免责条件，也不能对不可抗力的范围事先约定。

(3)责任形式。违约责任主要采取违约金形式，支付并不以对方发生损害为条件。而侵权责任中，损害赔偿是以实际发生的损害为前提条件的。此外，根据《民法通则》第112条规定，当事人可以在合同中约定对于违反合同而产生的损害赔偿额的计算方法，但侵权责任不能通过此种办法来解决。

(4)责任范围。违约的损害赔偿责任主要是财产损失的赔偿，不包括对人身伤害的赔偿和精神损害的赔偿责任，且法律常采取“可预见性”标准来限定赔偿的范围。对于侵权责任而言，损害赔偿不仅包括财产损失的赔偿，而且包括人身伤害和精神损害的赔偿。

(5)证明责任。在合同之诉中，受害人不负证明责任，而违约方必须证明其没有过错，否则将推定他有过错。在侵权之诉中，对于一般侵权行为，受害人有义务就加害人的过错问题举证；对于特殊侵权责任，应由加害人反证自己没有过错。在违约责任中，违约方应当证明自己没有过错，否则应承担违约责任。

(6)诉讼管辖。根据《中华人民共和国民事诉讼法》的规定，因合同纠纷提起的诉讼，由被告住所地或者合同履行地人民法院管辖，合同的双方当事人可以在书面合同中协议选择人民法院管辖；而因侵权行为提起的诉讼，由侵权行为地或被告住所地人民法院管辖。

(7)诉讼时效。违约之诉的诉讼时效为3年，而侵权行为的诉讼时效通常为3年，但身体受到伤害的赔偿损失请求权，诉讼时效为1年。

其次，违约责任与侵权责任产生联系，即竞合，是指在一方当事人违约时，不仅造成了对方的合同权利的损害，违反了约定义务，而且侵害了对方的人身或者财产权益，违反了法定义务，受害者既可请求对方承担违约责任，也可请求对方承担侵权责任。

违约责任与侵权责任的竞合有三个基本特点：第一，责任竞合因违反义务的行为引起；第二，违反义务的行为既符合违约责任的构成要件，也符合侵约责任的构成要件；第三，违约责任与侵权责任两者之间既不能相互吸收，也不能同时并存。

《合同法》第122条规定：“因当事人一方的违约行为，侵害对方人身、财产权益的，受损害方有权选择依照本法要求其承担违约责任或者依照其他法律要求其承担侵权责任。”其主要确立了以下三项规则：第一，确认了责任竞合的构成要件，即必须是一种违约行为同时侵害了非违约方的人身权和其他财产权益。当事人一方的违约行为并没有侵害对方人身和财产权益的，不构成责任竞合。第二，允许受害人在违约责任和侵权责任中作出选择，不由司法审判人员为受害人选择某种责任方式。在通常情况下，受害人能够选择对其最为有利的责任方式。第三，受害人不能同时基于两种责任提出请求。所谓“受损害方有权依照本法要求其承担违约责任或者依照其他法律要求其承担侵权责任”，实际上意味着受害人只能选择一种责任形式提出请求，法院也只能满足受害人一种请求，而不能使两种责任同时并用。如果受害人在提出一种请求以后，因为时效届满等原因被驳回或不能成立，受害人也可以提出另外一种请求，但无论如何受害人不能同时基于违约责任和侵权责任提出请求。

第三十六章　侵权行为的归责原则

(一)单项选择题

1. C。据《侵权责任法》第78条，饲养的动物造成他人损害的，动物饲养人或者管理人应当承担侵权责任，但能够证明损害是因被侵权人故意或者重大过失造成的，可以不承担或者减轻责任。此处甲、乙无挑逗动物过错，不排除或减轻饲养者责任。

2. A。据《侵权责任法》第78条，饲养的动物造成他人损害的，动物饲养人或者管理人应当承担侵权责任，但能够证明损害是因被侵权人故意或者重大过失造成的，可以不承担或者减轻责任。此处甲虽对丙监护不周，但甲、丙均不存在挑逗动物的过错，因无挑逗动物过错，则不排除或减轻饲养者责任。故选项A正确。

3. C。根据《侵权责任法》第36条规定，网络用户利用网络服务实施侵权行为的，被侵权人有权通知网络服务提供者采取删除、屏蔽、断开链接等必要措施。网络服务提供者接到通知后未及时采取必要措施的，对损害的扩大部分与该网络用户承担连带责任。甲作为网络用户，在网络上发布丑化乙的短文，乙有权通知网络服务提供者丙采取删除、屏蔽、断开链接等必要措施。丙接到乙的通知后，不予理会，致使损失扩大，根据《侵权责任法》第 36 条规定，网络服务提供者接到通知后未及时采取必要措施的，对损害的扩大部分与该网络用户承担连带责任。即丙对于损失扩大的部分与甲承担连带责任。故选项 C 是正确的。

4. A。本题中，商场的行为构成加害给付，按照《合同法》第 122 条规定，李某可以起诉商场，要求其承担违约责任，也可以根据其他法律规定，要求其承担侵权责任，所以选项 C、D 错误。产品责任中，生产者和销售者对于受害人承担无过错责任，因此李某既可以要求生产者承担损害赔偿责任，也可以要求销售者承担损害赔偿责任。所以选项 A 正确，选项 B 错误。

(二)多项选择题

1. AD。据《侵权责任法》第 23 条，因防止、制止他人民事权益被侵害而使自己受到损害的，由侵权人承担责任。侵权人逃逸或者无力承担责任，被侵权人请求补偿的，受益人应当给予适当补偿。

2. BD。依据《侵权责任法》第 32 条，无民事行为能力人、限制民事行为能力人造成他人损害的，由监护人承担侵权责任。监护人尽到监护责任的，可以减轻其侵权责任。据此，未尽到监护责任的监护人应承担责任。依据《侵权责任法》第 33 条，完全民事行为能力人对自己的行为暂时没有意识或者失去控制造成他人损害有过错的，应当承担侵权责任；没有过错的，根据行为人的经济状况对受害人适当补偿。此题中双方均不存在过错，应分担损失。无民事行为能力人的损失由其监护人承担。

3. ABC。《中华人民共和国关于审理人身损害赔偿案件适用法律若干问题的解释》第 7 条规定，对未成年人依法负有教育、管理、保护义务的学校、幼儿园或者其他教育机构，未尽职责范围内的相关义务致使未成年人遭受人身损害，或者未成年人致他人人身损害的，应当承担与其过错相应的赔偿责任。小牛的侵权行为发生在放学回家的路上，甲小学没有过错，不承担责任，选项 B、C 错误。因为出租车是在正常行驶，所以乙公司不承担责任，选项 A 错误。《民法通则》第 133 条规定，无民事行为能力人、限制民事行为能力人造成他人损害的，由监护人承担民事责任；监护人尽了监护责任的，可以适当减轻他的民事责任。由此，张某有权要求小牛的监护人承担医疗费，选项 D 正确。

4. ABCD。本题考核职务侵权的责任承担问题。《最高人民法院关于审理人身损害赔偿案件适用法律若干问题的解释》第 8 条第 1 款规定，法人或者其他组织的法定代表人、负责人以及工作人员，在执行职务中致人损害的，依照《民法通则》第 121 条规定，由该法人或者其他组织承担民事责任。上述人员实施与职务无关的行为致人损害的，应当由行为人承担赔偿责任。本题中，丙是在执行职务过程中将丁撞伤，应由机关单位对丁遭受的损害承担赔偿责任，甲、乙、丙不需要承担赔偿责任。因此，选项 A、B、C 错误。另外，经有关部门认定，丙和丁对事故的发生承担同等责任，即丙的机关单位仅需要承担全部责任的一半，而非全部责任，另外一半由受害人丁自负。因此，选项 D 错误。

5. ACD。本题考核特殊侵权行为的责任承担问题。动物侵权的情况下，适用的是无过错责任，而非过错推定责任。只有动物的饲养人或管理人能够证明是受害人自己的过错或第三人的过错导致的损害的，才能免责，因此选项 A、C 错误。在公共场所、道旁或者通道上挖坑、修缮和安装地下设施等，没有设置明显标志和采取安全措施造成他人损害的，施工人应当承担民事责任。据此可知，因地面施工而造成的侵权，采用的是过错推定的归责原则，如果施工人能够证明自己已经设置了明显的标志和采取了安全措施，即不具有过错的话，对第三人造成的损害不承担赔偿责任，因此选项 B 正确。本题中动物侵权与地面施工造成的侵权属于特殊侵权的范围，而非意外事件，因此选项 D 错误。

6. ABCD。根据《侵权责任法》第 34 条第 2 款规定，劳务派遣期间，被派遣的工作人员因执行工作任务造成他人损害的，由接受劳务派遣的用工单位承担侵权责任；劳务派遣单位有过错的，承担相应的补充责任。丙作为被派遣人员，在执行工作任务时造成他人损害，由乙公司承担侵权责任。劳务派遣单位甲也有过错，应当承担相应的补充责任。因此，本题四个选项的表述都是错误的。

7. ABC。《著作权法》第 10 条第 3 款规定，修改权即修改或者授权他人修改作品的权利。出版社擅自修改作者的作品，侵犯了作者的修改权，因此选项 A 正确。第 10 条第 4 款规定，保护作品完整权，即保护作品不受歪曲、篡改的权利。出版社将作品中的狗熊改写成四只腿的动物，篡改了原作品，侵犯了作者的保护作品完整权，因此选项 B 正确。第 10 条第 2 款规定，署名权即表明作者身份，在作品上署名的权利。出版社擅自更改作者的署名，侵犯了其署名权，因此选项 C 正确。第 10 条第 6 款规定，发行权即以出售或者赠与方式向公众提供作品的原件或者复制件的权利。出版社经作者授权公开发行该小说，并未侵犯作者的发行权，因此选项 D 错误。

(三)不定项选择题

1. B。《侵权责任法》第 87 条规定："从建筑物中抛掷物品或者从建筑物上坠落的物品造成他人损害，难以确定具体侵权人的，除能够证明自己不是侵权人的外，由可能加害的建筑物使用人给予补偿。"顶层业主可以证明当天家中无人，所以可以免责，不能确定具体侵权人的，由可能的建筑物使用人给予补偿，所以，选项 B 正确、选项 D 错误。《侵权责任法》第 37 条规定："宾馆、商场、银行、车站、娱乐场所等公共场所的管理人或者群众性活动的组织者，未尽到安全保障义务，造成他人损害的，应当承担侵权责任。"事故发生在张小飞的小区中，不属于公共场所，不适用安全保障责任。

2. AC。据《侵权责任法》第 23 条，因防止、制止他人民事权益被侵害而使自己受到损害的，由侵权人承担责任。侵权人逃逸或者无力承担责任，被侵权人请求补偿的，受益人应当给予适当补偿。

(四)名词解释与辨析

1. 侵权行为的归责原则，是指在行为人的行为致人损害时，根据何种标准和原则确定行为人的侵权责任。

2. 过错推定是过错原则适用的一种特殊情况，是指受害人若能证明其受损害是由行为人所造成的，而行为人不能证明自己对造成损害没有过错，则法律就推定其有过错并就此损害承担侵权责任。

(五)简答题

1. 共同侵权责任是指二人以上共同侵害他人民事权益造成损害时，共同侵权人应承担的侵权责任。

共同侵权责任的构成要件如下：(1)行为人为二人以上；(2)数个行为人均实施了一定的行为；(3)损害后果须具有同一性；(4)数个行为人在主观上有共同过错。

共同侵权责任的承担：(1)共同侵权人对受害人承担连带责任。(2)连带责任人内部根据各自责任的大小确定相应的赔偿数额。难以确定责任大小的，平均承担赔偿责任。支付超出自己赔偿数额的连带责任人，有权向其他连带责任人追偿。

2. 公平责任原则又称衡平责任，指当事人双方对损害的发生均无过错，法律又无特别规定适用无过错原则时，由法院根据公平的观念，在考虑当事人双方的财产状况及其他情况的基础上，责令加害人对受害人的财产损害给予适当补偿，由当事人公平合理地分担损失的一种归责制度。其以公平观念作为价值判断标准来确定责任的归属，适用于侵害财产权案件中当事人均无过错而法律又没有规定适用无过错责任的情况，且只有在法律没有特别规定适用无过错责任原则，而按过错责任来处理有关案件又显失公平的情况下才能适用。

3. 不承担侵权责任。

理由：用人单位的工作人员在执行工作任务的过程中致他人人身财产损害的，由用人单位承担责任。

(六)论述题

(1)过错责任原则的概念

过错责任原则也叫过失责任原则,它是以行为人主观上的过错为承担民事责任的基本条件的认定责任的准则。按过错责任原则,行为人仅在有过错的情况下才承担民事责任。它以行为人的过错程度作为确定责任形式、责任范围的依据。在过错责任原则中,不仅要考虑行为人的过错,往往也会考虑受害人的过错或者第三人的过错。如果受害人或者第三人对损害的发生也存在过错的话,则要根据过错程度来分担损失,因此可能减轻甚至抵消行为人承担的责任。在共同侵权的场合,共同侵权人的过错程度甚至可能成为其内部分担损失的依据。

在《最高人民法院关于审理人身损害赔偿案件适用法律若干问题的解释》中,采纳了根据过错程度和原因力大小在共同侵权人内部分担损失为原则、平均分担为例外的主张。过错推定是指在某些侵权行为的构成中,法律推定实施该行为时具有过错。这些侵权行为的归责原则仍属于过错责任原则,即构成要件中要求行为人的过错。行为人可以通过证明自己没有过错来获得免责的效果,在这个意义上,也将过错推定称为过错举证责任的倒置。

(2)过错责任原则的意义

①过错责任原则体现了强烈的道德价值。过错要以道德为评价标准,对过错的确定必然包含着道德上的非难,对过错行为的制裁实际上是对在道德上应受非难的行为的制裁。审判中分清是非的过程,也就是道德标准适用的过程。

②过错责任原则确定了一种行为标准。过错责任原则体现了对行为人的行为的违法性、道德性的价值评断,这实际上是对行为准则的确定。

③过错责任原则能在一定程度上预防损害的发生。适用过错责任原则通过教育、惩戒有过错行为的人,能够指导人们正确行为,以预防侵权行为的发生。法律要求行为人应该尽到合理的注意,应该像一个谨慎、勤勉、细心的人那样,努力采取各种措施防止损害,努力避免可能发生的损害。

④过错责任原则便于协调各方利益。一方面,过错责任原则合理地给加害人强加了某种不利益。根据过错程度,确定加害人的责任和责任范围,根据过错确定的不利益,乃是加害人咎由自取。另一方面,过错责任原则也较好地协调了加害人和受害人间的利益冲突。加害人仅对其过错造成的损害进行赔偿,而对于非因其过错造成的损害不予赔偿。这样既可以在一定程度上补偿受害人的损失,又可以将加害人的不利益限制在合理的范围内。

总之,过错责任原则可以确定行为标准,减少损失的发生,确保社会公众的安全和社会秩序。此种安全和秩序,乃是社会所要谋求的社会利益。

第三十七章　一般侵权行为的构成要件

(一)单项选择题

1. B。本题中,小偷在行窃过程中将乙打伤,乙的受害与小偷之间存在因果关系。虽然小偷利用甲的防盗网进入乙的室内,但是,违规安装防盗网只是盗窃的必要条件,与乙受到人身损害无相当性,不存在侵权责任问题。故本题选 B。

2. D。《合同法》第 64 条规定,当事人约定由债务人向第三人履行债务的,债务人未向第三人履行债务或者履行债务不符合约定,应当向债权人承担违约责任。本题中,方某与余某之间存在合同关系,而汤某与余某之间不存在合同关系,根据合同的相对性,方某有权要求余某承担违约责任,而汤某无权要求余某承担违约责任,故选项 A 错误,选项 D 正确,选项 B、C 错误。《合同法》第 174 条规定,法律对其他有偿合同有规定的,依照其规定;没有规定的,参照买卖合同的有关规定。对于承揽合同而言,参照买卖合同关于标的物所有权转移的规定,定作标的物的所有权,在交付之前属于承揽人,尚未转移给定作人或者定作人指示的人。由于玉器尚未交付给汤某,汤某对玉器不享有所有权。因此,朱某对汤某不构成侵权。同理,方某对该玉器也不享有所有权,无权要求朱某承担侵权责任。

3. D。

4. C。

5. B。

6. A。

(二)多项选择题

AD。《著作权法》第42条规定，录音录像制作者对其制作的录音录像制品，享有许可他人复制、发行、出租、通过信息网络向公众传播并获得报酬的权利。被许可人复制、发行、通过信息网络向公众传播录音录像制品，还应当取得著作权人、表演者许可，并支付报酬。据此可知，某公司翻录录音制品应当取得著作权人甲、录音制作者乙唱片公司和演唱者丙的许可。《著作权法》第40条第3款规定，录音制作者使用他人已经合法录制为录音制品的音乐作品制作录音制品，可以不经著作权人许可，但应当按照规定支付报酬；著作权人声明不许使用的不得使用。据此可知，选项B中某公司的行为不构成侵权。《著作权法》第42条第2款规定，被许可人复制、发行、通过信息网络向公众传播录音录像制品，还应当取得著作权人、表演者许可，并支付报酬。据此可知，某商场将购买的CD作为背景音乐播放，经过甲的许可并向其支付报酬，不构成侵权。《著作权法》第42条第1款规定，录音录像制作者对其制作的录音录像制品，享有许可他人复制、发行、出租、通过信息网络向公众传播并获得报酬的权利。该法第48条第4款规定，未经录音录像制作者许可，复制、发行、通过信息网络向公众传播其制作的录音录像制品的，本法另有规定的除外，构成侵权。据此可知，电影公司将CD中的声音作为插曲等使用方式需要经过乙唱片公司的许可，否则属于侵权行为。

(三)名词解释与辨析

1. 相当因果关系是指如果行为与权益被侵害之间具有相当因果关系，在其他构成要件具备的情况下，可以构成侵权行为。

2. 过失分为一般过失和重大过失。重大过失是指行为人极为疏忽大意的情况，而一般过失则是指尚未达到重大过失的过失。法律对行为人提出了较高的注意义务，行为人没有达到较高的注意义务而达到了一般人的注意义务时，认定构成一般过失。设行为人没有达到一般人的注意义务，则认定构成重大过失。

(四)简答题

一般侵权行为又称普通侵权行为，是指行为人基于过错直接致人损害，因而适用民法上的一般责任条款的行为。

一般侵权行为的构成要件为：(1)损害事实；(2)损害与行为之间的因果关系；(3)行为的违法性；(4)行为人的主观过错。

(五)论述题

损害是指行为人因自己的过错行为不法导致人身或财产方面的合法民事权益所遭受的不利后果。损害一般可分为：

(1)财产损害。是指得以金钱加以计算的损害，如医疗费支出、扶养费用、营业收入减少、物之价值减损或修缮费用等。一般而言，违约行为主要导致财产损害，而侵害任何民事权益都可能出现财产损害。不仅财产法益(物、无体财产权)受到侵害会造成财产损害，人格或身份法益遭受侵害也会产生财产损害，即致使受害人的财产减少。

(2)人身损害。是指自然人的生命、健康、身体受到不法侵害，造成伤害、残疾、死亡及精神损害。根据人身损害的原因，可以分为一般侵权人身损害、特殊侵权人身损害、产品损害、交通事故损害、医疗损害、环境污染损害、高度危险作业损害、饲养动物损害、工伤损害、物体损害和意外事件损害等类型。根据《最高人民法院关于审理人身损害赔偿案件适用法律若干问题的解释》第17条、《中华人民共和国侵权责任法》第16条规定，人身损害赔偿范围包括医疗费、误工费、交通费、住宿费、住院伙食补助费、必要的营养费、残疾赔偿金、残疾辅助器具费、被扶养人生活费、康复费、护理费、后续治疗费、丧葬费、死亡补偿费、受害人亲属办理丧葬事宜支出的交通费、住宿费和误工损失等其他合理费用、精神损害抚慰金。

(3)精神损害。是指侵权行为所导致的致使受害人心理和感情遭受创伤和痛苦，无法正常进行日常活动的非财产上的损害，如精神上的悲伤、失望、忧虑等。精神损害通常由侵犯人身权而造成，但也不排除因侵犯财产权而引起。依据是否具备精神损害赔偿法规定的赔偿责任构成要件，可将精神损害赔偿分为可赔偿性精神损害和非可赔偿性精神损害。可赔偿性精神损害是指依法构成精神损害赔偿的民事责任的精神损害；否则，为非可赔偿性精神损害，包括由法律事实以外的原因导致的精神损害，比如自然灾难、失恋(违反婚约除外)、特别偏好的价值(如为崇拜的偶像跳楼自杀而悲痛)等，以及损害主体非当事人且与当事人无特定的法律关系的精神损害，比如目睹血淋淋的凶杀或交通事故现场所致精神损害等。

第三十八章　侵害财产权与人身权的行为

(一)单项选择题

1. B。《最高人民法院关于审理人身损害赔偿案件适用法律若干问题的解释》第 14 条第 2 款规定，帮工人因第三人侵权遭受人身损害的，由第三人承担赔偿责任。第三人不能确定或者没有赔偿能力的，可以由被帮工人予以适当补偿，故选项 A 错误、选项 B 正确。《侵权责任法》第 52 条规定，盗窃、抢劫或者抢夺的机动车发生交通事故造成损害的，由盗窃人、抢劫人或者抢夺人承担赔偿责任。丁作为登记的货车车主，不承担任何责任，故选项 C、D 错误。

2. C。《最高人民法院关于审理人身损害赔偿案件适用法律若干问题的解释》第 6 条规定："从事住宿、餐饮、娱乐等经营活动或者其他社会活动的自然人、法人、其他组织，未尽合理限度范围内的安全保障义务致使他人遭受人身损害，赔偿权利人请求其承担相应赔偿责任的，人民法院应予支持。因第三人侵权导致损害结果发生的，由实施侵权行为的第三人承担赔偿责任。安全保障义务人有过错的，应当在其能够防止或者制止损害的范围内承担相应的补充赔偿责任。安全保障义务人承担责任后，可以向第三人追偿。赔偿权利人起诉安全保障义务人的，应当将第三人作为共同被告，但第三人不能确定的除外。"本题中甲酒店即属于餐饮业组织，因其保安在能够制止而不制止的情况下，导致甲被乙砸伤，因此该酒店具有过错，应该在乙承担赔偿责任的基础上，由该酒店承担补充赔偿责任。选项 C 正确。

3. C。《侵权责任法》第 37 条第 1 款规定，宾馆、商场、银行、车站、娱乐场所等公共场所的管理人或者群众性活动的组织者，未尽到安全保障义务，造成他人损害的，应当承担侵权责任。甲因洗浴中心的地面湿滑摔倒，洗浴中心应承担未尽到安全保障义务的责任，故选项 A 错误。《侵权责任法》第 26 条规定，被侵权人对损害的发生也有过错的，可以减轻侵权人的责任。本案中，洗浴中心的大堂中已有醒目提示语。甲未保管玉镯，自身存在一定的过错，洗浴中心不应承担玉镯的全部损失，故选项 B 错误。《最高人民法院关于确定民事侵权精神损害赔偿责任若干问题的解释》第 4 条规定，具有人格象征意义的特定纪念物品，因侵权行为而永久性灭失或者毁损，物品所有人以侵权为由，向人民法院起诉请求赔偿精神损害的，人民法院应当依法予以受理。本案中，摔碎的玉镯为甲的定情信物，甲有权请求洗浴中心赔偿精神损害，故选项 C 正确。《侵权责任法》第 34 条第 1 款规定，用人单位的工作人员因执行工作任务造成他人损害的，由用人单位承担侵权责任，故选项 D 错误。

4. C。《侵权责任法》第 36 条第 2 款规定，网络用户利用网络服务实施侵权行为的，被侵权人有权通知网络服务提供者采取删除、屏蔽、断开链接等必要措施。网络服务提供者接到通知后未及时采取必要措施的，对损害的扩大部分与该网络用户承担连带责任。本题中，甲作为网络用户，在网络上发布丑化乙的短文，乙有权通知网络服务提供者丙采取删除、屏蔽、断开链接等必要措施。但是，丙接到乙的通知后，不予理会，致使损失扩大，对损害的扩大部分与甲承担连带责任。故选项C正确。

5. B。基于对死者亲属感情的尊重和对良好社会风尚的维护，自然人死亡后，其姓名、肖像、名誉、荣誉和隐私仍受法律保护，这是一种对人格利益的保护。《最高人民法院关于确定民事侵权精神损害赔偿责任若干问题的解释》第3条规定，死者名誉遭受侵害的，死者的近亲属有权提起侵权之诉。乙故意毁损甲的名誉，构成侵权，应依法承担侵权责任，甲的近亲属有权提起侵权之诉。《最高人民法院关于确定民事侵权精神损害赔偿责任若干问题的解释》第7条规定，自然人因侵权行为致死，或者自然人死亡后其人格或者遗体遭受侵害，死者的配偶、父母和子女向人民法院起诉请求赔偿精神损害的，列其配偶、父母、子女为原告；没有配偶、父母和子女的，可以由其他近亲属提起诉讼，列其他近亲属为原告。

6. D。《中华人民共和国民法通则》第100条规定，公民享有肖像权，未经本人同意，不得以营利为目的使用公民的肖像。本题中，张某没有直接或间接地使用赵某的肖像，因此，不构成对赵某肖像权的侵害，因此选项A、B错误。名誉权是指公民或法人对自己在社会生活中所获得的社会评价，即自己的名誉，依法所享有的不可侵犯的权利。本案中，张某在承接并拍摄商业广告时，并未使用赵某的名义，也并未对赵某的品德、才干、信誉等在社会中所获得的社会评价造成侵害，因此也不构成侵犯赵某名誉权，选项C错误。

7. C。《侵权责任法》第36条第2款规定，网络用户利用网络服务实施侵权行为的，被侵权人有权通知网络服务提供者采取删除、屏蔽、断开链接等必要措施。网络服务提供者接到通知后未及时采取必要措施的，对损害的扩大部分与该网络用户承担连带责任。本题中，丙网站收到甲的通知后及时采取了必要措施，即删除了对甲造成侵权的相关内容，没有对甲造成扩大损失，不承担侵权责任，故选项A、B错误。姓名权是自然人依法享有的决定、使用、改变自己姓名并排除他人侵害的权利。乙医院未经甲同意，擅自将甲的照片发布在丙网站上，并在介绍该照片时使用甲的真实姓名，侵犯了甲的姓名权，故选项C正确。肖像是指完整的面部，“仅见鼻子和嘴部”无法分清为何人，故没有侵犯肖像权，故选项D错误。

8. B。情敌剪去甲女的长发，侵犯甲女的身体权，所以选项A错误。生命权的客体为生命，侵犯生命权的结果是造成他人的死亡，所以选项B正确。戊想杀死己，结果将其重伤，侵犯己的人身健康的权利，所以选项C错误。庚因为误诊造成辛残疾，侵犯对方的人身健康的权利，所以选项D错误。

9. A。《侵权责任法》第54条规定：“患者在诊疗活动中受到损害，医疗机构及其医务人员有过错的，由医疗机构承担赔偿责任。”所以，医疗侵权适用过错责任原则，选项A正确。《侵权责任法》第55条规定：“医务人员在诊疗活动中应当向患者说明病情和医疗措施。需要实施手术、特殊检查、特殊治疗的，医务人员应当及时向患者说明医疗风险、替代医疗方案等情况，并取得其书面同意；不宜向患者说明的，应当向患者的近亲属说明，并取得其书面同意。”故选项B错误。《侵权责任法》第59条规定：“药品、消毒药剂、医疗器械的缺陷，或者输入不合格的血液造成患者损害的，患者可以向生产者或者血液提供机构请求赔偿，也可以向医疗机构请求赔偿。患者向医疗机构请求赔偿的，医疗机构赔偿后，有权向负有责任的生产者或者血液提供机构追偿。”故选项C错误。《侵权责任法》第58条规定：“患者有损害，因下列情形之一的，推定医疗机构有过错：(一)违反法律、行政法规、规章以及其他有关诊疗规范的规定；(二)隐匿或者拒绝提供与纠纷有关的病历资料；(三)伪造、篡改或者销毁病历资料。”故选项D错误。

10. D。媒体未经小兰允许，公开小兰的隐私，侵犯其隐私权。健康权是公民依法享有的身体健康不受非法侵害的权利，小兰健康权未受到影响。姓名权是公民依法享有的决定、使用、改变自己姓名的权利。法律规定，对于干涉、盗用、假冒他人姓名的行为，应追究行为人的民事责任。单纯使用他人姓名的行为不构成侵权。

(二)多项选择题

1. ABC。张某与乙公司形成旅客运输合同，张某可以要求乙公司承担违约责任，但违约责任中并不包括精神损害赔偿，因此选项A错误。根据《侵权责任法》第38条及《最高人民法院关于审理人身损害赔偿案件适用法律若干问题的解释》第7条第1款规定，本题中小牛已脱离甲小学管辖范围，甲小学不应当承担赔偿责任，因此选项B、C错误。根据《民法通则》第133条第1款及《侵权责任法》第22条、第32条规定，张某有权要求无民事行为能力人小牛的监护人赔偿医疗费及精神损害，因此选项D正确。

2. BC。《最高人民法院关于审理人身损害赔偿案件适用法律若干问题的解释》第6条规定："从事住宿、餐饮、娱乐等经营活动或者其他社会活动的自然人、法人、其他组织，未尽合理限度范围内的安全保障义务致使他人遭受人身损害，赔偿权利人请求其承担相应赔偿责任的，人民法院应予支持。因第三人侵权导致损害结果发生的，由实施侵权行为的第三人承担赔偿责任。安全保障义务人有过错的，应当在其能够防止或者制止损害的范围内承担相应的补充赔偿责任。安全保障义务人承担责任后，可以向第三人追偿。赔偿权利人起诉安全保障义务人的，应当将第三人作为共同被告，但第三人不能确定的除外。"崔某不慎将唐某撞下摔伤，属于第三人侵权，应该由崔某承担赔偿责任，故选项B正确、A错误。旅行社的李某未尽到安全提示义务，也是有过错的，应当在能够防止或者制止损害的范围内承担相应的补充赔偿责任。由于李某是旅行社的员工，其在履行职务行为时发生侵权事故，应该由旅行社承担侵权责任，而不是李某本人直接向受害人承担侵权责任，故选项C正确、D错误。

3. BCD。

4. ACD。《合同法》第251条规定，承揽合同是承揽人按照定作人的要求完成工作、交付工作成果，定作人给付报酬的合同。本题中，婷婷的父母将某影楼摄影师请到家中为其拍摄纪念照，实际上是由摄影师按照婷婷父母的要求完成摄影工作、交付摄影作品，由婷婷父母支付一定报酬的合同，属于承揽，故选项A正确。婷婷父母要求影楼不得保留底片用作他途，而影楼却违反约定将婷婷相片制成挂历出售，获利颇丰，这实际上是以营利为目的使用他人肖像，构成了对婷婷的肖像权的侵犯，故选项C正确。本题中影楼通过侵犯婷婷肖像权而获得利益，是没有法律上的依据的，因此构成不当得利之债，故选项D正确。

5. ABD。《民法通则》第100条规定，公民享有肖像权，未经本人同意，不得以营利为目的使用公民的肖像。第101条规定，公民、法人享有名誉权，公民的人格尊严受法律保护，禁止用侮辱、诽谤等方式损害公民、法人的名誉。本题中，杂志社以营利为目的使用了张某的肖像，侵害了张某的肖像权，故选项A正确。张某是未婚女子，却被配以"母女情深"的文字说明，熟人对她的纷纷议论，其名誉权也受到了侵害，故选项B正确。杂志社的行为并未对张某的隐私进行侵害，故选项C错误。《最高人民法院关于确定民事侵权精神损害赔偿责任若干问题的解释》第1条规定，自然人因下列人格权利遭受非法侵害，向人民法院起诉请求赔偿精神损害的，人民法院应当依法予以受理。故选项D正确。

6. ABD。《消费者权益保护法》第49条规定，经营者提供商品或者服务有欺诈行为的，应当按照消费者的要求增加赔偿其受到的损失，增加赔偿的金额为消费者购买商品的价款或者接受服务的费用的一倍。本题中，甲商店是知假卖假，因此，甲商店存在欺诈的行为，王某可以根据消费者权益保护的规定要求甲赔偿购买商品的价款的一倍，即10万元，因此选项A正确。王某从甲商店购买明代制品的瓷瓶一件，说明王某与甲商店形成的是买卖合同关系，该合同的标的物是假的，说明商店存在违约的情况，因此，王某也可以以违约为由，要求甲商店赔偿5万元，因此选项B正确。因为该瓷瓶实际上是赝品，市场价值才100元，因此，王某只能要求李某承担100元的侵权赔偿责任，而不能要求其承担5万元的侵权赔偿责任，故选项A错误，选项D正确。

7. AB。此系违约责任与侵权责任的竞合。孙女士与商场之间存在有效的买卖合同，商场提供的化妆品不符合质量要求构成违约。同时，该化妆品给孙女士造成了人身损害，构成侵权。孙女士可以向商场主张违约责任或侵权责任。

(三)不定项选择题

1. BD。承揽合同是承揽人按照定作人的要求完成工作、交付工作成果,定作人给付报酬的合同。本题中甲公司临时叫乙为其客户安装空调并支付给乙报酬,双方还约定由乙自备工具完成工作。甲、乙之间的约定符合承揽合同的特征。选项A错误,选项B正确。《最高人民法院关于审理人身损害赔偿案件适用法律若干问题的解释》第10条规定,承揽人在完成工作过程中对第三人造成损害或者造成自身损害的,定作人不承担赔偿责任。但定作人对定作、指示或者选任有过失的,应当承担相应的赔偿责任。在本题中,甲作为定作人对乙的定作、指示不存在过失,所以甲不承担赔偿责任。选项C错误,选项D正确。

2. AB(原答案为B)。《侵权责任法》第83条规定,因第三人的过错致使动物造成他人损害的,被侵权人可以向动物饲养人或者管理人请求赔偿,也可以向第三人请求赔偿。动物饲养人或者管理人赔偿后,有权向第三人追偿。故丁可向甲或乙主张,乙承担最终责任。(原答案依据《民法通则》第127条。)

3. A。小赵公开诽谤他人,使他人社会评价降低,侵害他人名誉权。其传播事件为虚假事件,不涉及对于受害人隐私权的侵权。本题与小郭财产权无关,其财产权未受到侵害。

4. ABD。

5. AB。公民享有名誉权和隐私权。名誉权侵权的构成不仅仅在于传播虚假消息,诽谤他人,即使所述的内容是真实的,但只要是法律禁止公开宣扬的,公开了将有损于他人人格、名誉,也可以构成名誉侵权。乙将他人隐私公开传播,使对方名誉受损,社会评价降低,侵犯其名誉权,同时也侵犯其隐私权。

(四)名词解释与辨析

1. 肖像权是指自然人所享有的对自己的肖像上所体现的人格利益为内容的一种人格权。

2. 名誉权是指人们依法享有的对自己所获得的客观社会评价排除他人侵害的权利。

(五)简答题

侵害名誉权的构成要件包括:

(1)行为人实施了侵害他人名誉权的行为;

(2)行为人主观上具有过错;

(3)造成损害后果;

(4)侵害他人名誉权的行为与损害后果之间有因果关系。

(六)论述题

侵害他人肖像权的行为包括:

(1)未经允许擅自制作他人肖像。他人之前是否有权制作权利人的肖像,对此存在疑问,但是在一般情况下,应当承认他人不得在未经允许的情况下擅自恶意制作权利人的肖像。所谓恶意,是指行为人故意且有针对性地制作他人的肖像,且通常具有以某种方式使用的意图。但如果权利人明知置身于某些场合中会使自己的肖像被制作,依然置身其中,则不得禁止对其肖像的制作。

(2)未经允许使用他人肖像。《民法总则》第100条规定,未经本人同意,不得以营利为目的使用公民的肖像。据此,使用他人肖像,只有在以营利为目的的情况下才构成侵权。但目前多数学说认为,使用他人肖像,只要未经权利人同意,即可构成侵权,无须考察行为人目的。

(3)损毁或者玷污他人肖像。肖像权是一种体现精神利益的权利,因此,损毁或者玷污他人肖像可能构成对他人精神利益的侵犯。一般认为,毁损和玷污他人肖像,应当以故意为限。

肖像是人与人之间相区别最直观的符号,同时,肖像有可能与他人或者社会利益相联系。在强调肖像权保护的同时,出于社会利益考虑,应对肖像权加以一定限制。一般认为,基于社会公共利益、时事新闻报道、维护本人利益、不以营利为目的制作使用肖像以及制作使用与特定历史事件相联系的肖像的行为不构成侵犯肖像权。

第三十九章　侵权责任方式与侵权责任的承担

(一)单项选择题

1. A。《侵权责任法》第91条第1款规定，在公共场所或者道路上挖坑、修缮和安装地下设施等，没有设置明显标志和采取安全措施造成他人损害的，施工人应当承担侵权责任。本题中施工人已经设置了明显标志并采取了安全措施，因此，不对丁的损害承担责任。丙对丁损害的发生没有过错，丙的行为属于紧急避险行为，可以作为免责事由免责。险情是由乙引起的，所以责任应该由乙来承担。依据是《侵权责任法》第31条，因紧急避险造成损害的，由引起险情发生的人承担责任。如果危险是由自然原因引起的，紧急避险人不承担责任或者给予适当补偿。紧急避险采取措施不当或者超过必要的限度，造成不应有的损害的，紧急避险人应当承担适当的责任。选项A正确。

2. C。根据《侵权责任法》第85条规定，建筑物、构筑物或者其他设施及其搁置物、悬挂物发生脱落、坠落造成他人损害，所有人、管理人或者使用人不能证明自己没有过错的，应当承担侵权责任。所有人、管理人或者使用人赔偿后，有其他责任人的，有权向其他责任人追偿。大华商场作为该广告牌的所有人，应承担损害赔偿责任。该损害赔偿责任由大华商场承担后，有权向有过错的飞达公司追偿。因此，选项C正确。

3. A。《专利法》第65条规定了专利侵权的赔偿数额，该条规定，侵犯专利权的赔偿数额按照权利人因被侵权所受到的实际损失确定；实际损失难以确定的，可以按照侵权人因侵权所获得的利益确定。权利人的损失或者侵权人获得的利益难以确定的，参照该专利许可使用费的倍数合理确定。赔偿数额还应当包括权利人为制止侵权行为所支付的合理开支。权利人的损失、侵权人获得的利益和专利许可使用费均难以确定的，人民法院可以根据专利权的类型、侵权行为的性质和情节等因素，确定给予1万元以上100万元以下的赔偿。本题中，甲因侵权行为受到的损失可以确定，因此甲因侵权行为受到的损失为乙应对甲赔偿的额度。具体计算为：甲因乙的侵权行为少销售100台，甲销售每件专利产品获利为2万元，共损失200万元，选项A正确，选项B、C、D错误。

4. C。根据《侵权责任法》第12条，二人以上分别实施侵权行为造成同一损害，能够确定责任大小的，各自承担相应的责任；难以确定责任大小的，平均承担赔偿责任。本题中，甲违章酒后超速驾驶，乙逆向行驶摩托车，两人分别实施的侵权行为相结合，造成了行人丙受伤的结果，难以确定责任大小，故应平均承担赔偿责任。

5. A。根据《侵权责任法》第43条规定，因产品缺陷造成损害的，被侵权人可以向产品的生产者要求赔偿，也可以向产品的销售者请求赔偿。结合本题，甲、乙、丙既可以要求电视机的生产者承担赔偿责任，也可以要求电视机的销售者承担责任，故选项A正确、选项C错误。损失的造成是由于电视机的质量问题，乙、丙的行为与损害的发生并没有因果关系，因此，乙、丙不承担损害赔偿责任，选项B错误。损失的造成是由于电视机的质量问题，甲作为电视机的所有人与损害的发生并没有因果关系，因此，甲不应承担损害赔偿责任，选项D错误。

6. C。《著作权法》第3条规定了作品的种类，著作权中的作品种类不包括体育竞赛表演。因此，乙电视台的行为也就不可能侵犯主办方的著作权及运动员的表演者权。但甲电视台在经过主办方授权后，合法拥有对篮球联赛的直播权利，因此享有著作邻接权中的播放者的权利，乙电视台未经许可截取电视信号进行同步转播的行为侵犯了甲电视台的播放者的权利，选项C正确。《著作权法》第38条第1款第3项规定，表演者对其表演享有许可他人从现场直播和公开传送其现场表演，并获得报酬的权利。根据该法第47条第10款规定，未经表演者许可，从现场直播或者公开传送其现场表演，或者录制其表演的，属于对表演者的侵权行为。据此可知，本题中乙电视台未经许可截取电视信号进行同步转播的行为侵犯了舞蹈演员的表演者权。

7. B。

8. C。本题考察民事权利的保护方法之自我保护。本题中甲在乙经营的酒店进餐，因酒醉而拒付餐费离去后，乙不知甲的身份和去向。在甲酒醒后回酒店取回外衣时，乙为了保护自己的权利，防止甲离开后无法找其下落，在来不及请求有关机关救济的情形下，扣押了甲的外衣，应属于自助行为。故选项C正确，选项D错误。至于选项A、B所说抗辩权，是指阻却权利人行使请求权的权利。甲未付餐费而离开酒店，酒醒后回来取外衣的行为不是行使请求权的行为，因此就不存在行使抗辩权。

(二)多项选择题

1. BCD。因意外事件造成损害，表明当事人无过错。因此其仅适用于过错侵权，选项A错误。

2. ABCD。《民法通则》第126条规定，建筑物或者其他设施以及建筑物上的搁置物、悬挂物发生倒塌、脱落、坠落造成他人损害的，它的所有人或者管理人应当承担民事责任，但能够证明自己没有过错的除外。据此可知，对于建筑物发生脱落致人损害的，它的所有人或管理人承担过错推定责任。过错推定责任仍以过错作为承担责任的基础，它不是一项独立的归责原则，只是过错责任原则的一种特殊形式，因此选项D正确。

另外，《物权法》第102条规定，因共有的不动产或者动产产生的债权、债务，在对外关系上，共有人享有连带债权、承担连带债务，但法律另有规定或者第三人知道共有人不具有连带债权债务关系的除外；在共有人内部关系上，除共有人另有约定外，按份共有人按照份额享有债权、承担债务，共同共有人共同享有债权、承担债务。偿还债务超过自己应当承担份额的按份共有人，有权向其他共有人追偿。据此可知，按份共有对共有物产生的债务责任上，对外承担的是连带责任，对内才按份分担。本案中，甲、乙、丙虽然按份共有一套房屋，但是对该房屋对第三人造成的侵权，甲、乙、丙对外承担连带责任。受害人丁有权选择他们中任何一人承担责任，也有权同时选择他们三者一起承担责任。如果甲承担了侵权责任，则可以根据法律的规定向乙、丙追偿，让他们按照各自的份额分担应有的损失，因此选项A、B、C正确。

3. ABCD。根据《民法通则》第98条，公民享有生命健康权。本题中，医院医生手术时误将张某一肾脏摘除，侵犯了张某的健康权，后来张某由于感染，医治无效死亡，即医院侵犯了其生命权。因此，选项A正确。根据《民事诉讼法》第136条第1款规定，在张某死亡的情况下，法院应当中止诉讼，等待继承人表明是否参加诉讼。本题中，张某的继承人有权继续参加诉讼，如果其决定继续参加诉讼，即继承了张某在诉讼中的权利，也就是继承了张某的医疗费赔偿请求权。因此，选项B正确。根据《最高人民法院关于审理人身损害赔偿案件适用法律若干问题的解释》第18条规定，精神损害抚慰金的请求权，不得让与或者继承，但赔偿义务人已经以书面方式承诺给予金钱赔偿，或者赔偿权利人已经向人民法院起诉的除外。本题中，张某已经就医院赔偿精神损害赔偿金提起了诉讼，因此，张某继承人有权继承张某的精神损害抚慰金请求权。故选项C正确。根据《最高人民法院关于确定民事侵权精神损害赔偿责任若干问题的解释》第7条，自然人因侵权行为致死，或者自然人死亡后其人格或者遗体遭受侵害，死者的配偶、父母和子女向人民法院起诉请求赔偿精神损害的，列其配偶、父母和子女为原告；没有配偶、父母和子女的，可以由其他近亲属提起诉讼，列其他近亲属为原告。故选项D正确。

4. AC。《最高人民法院关于审理人身损害赔偿案件适用法律若干问题的解释》第14条第1款规定，帮工人因帮工活动遭受人身损害的，被帮工人应当承担赔偿责任。被帮工人明确拒绝帮工的，不承担赔偿责任，但可以在受益范围内予以适当补偿。本题中，丙因自己失误从高处摔下受伤，属于帮工人因帮工活动遭受人身损害的情况，应由被帮工人甲对此承担赔偿责任。但因丙个人存在过失，甲可以减轻其责任。选项A正确，选项B错误。《最高人民法院关于审理人身损害赔偿案件适用法律若干问题的解释》第13条规定，为他人无偿提供劳务的帮工人，在从事帮工活动中致人损害的，被帮工人应当承担赔偿责任。被帮工人明确拒绝帮工的，不承担赔偿责任。帮工人存在故意或者重大过失，赔偿权利人请求帮工人和被帮工人承担连带责任的，人民法院应予支持。据此可知，帮工人乙在从事帮工活动中致第三人丁损害的，由被帮工人甲承担赔偿责任。选项C正确，选项D错误。

5. CD。《侵权责任法》第34条第1款规定，用人单位的工作人员因执行工作任务造成他人损害的，由用人单位承担侵权责任。据此可知，黄某酒后驾车造成甲受伤的，应由其单位丁公司承担赔偿责任。《最高人民法院关于审理旅游纠纷案件适用法律若干问题的规定》第10条第2款规定，旅游经营者擅自将其旅游业务转让给其他旅游经营者，旅游者在旅游过程中遭受损害，请求与其签订旅游合同的旅游经营者和实际提供旅游服务的旅游经营者承担连带责任的，人民法院应予支持。据此可知，甲可以请求乙旅行社和丙旅行社承担连带责任。《侵权责任法》第11条规定，二人以上分别实施侵权行为造成同一损害，每个人的侵权行为都足以造成全部损害的，行为人承担连带责任。本题中，刘某违章变道造成甲受伤，刘某应当承担赔偿责任。选项D正确。

6. ABCD。据《合同法》第122条，因当事人一方的违约行为，侵害对方人身、财产权益的，受损害方有权选择依照本法要求其承担违约责任或者依照其他法律要求其承担侵权责任。商店作为与赵某订立洗衣机买卖合同的一方，应当承担违约责任。因此选项A正确。据《侵权责任法》第41条，因产品存在缺陷造成他人损害的，生产者应当承担侵权责任。因此选项B正确。据《侵权责任法》第43条，因产品存在缺陷造成损害的，被侵权人可以向产品的生产者请求赔偿，也可以向产品的销售者请求赔偿。因此选项C正确。据《侵权责任法》第22条，侵害他人人身权益，造成他人严重精神损害的，被侵权人可以请求精神损害赔偿。因此选项D正确。

(三)不定项选择题

1. C。署名权属于著作权人，不属于艺术馆。艺术馆只是展览人，选项A错误。清风艺术馆只是展览人，不是著作权人，郑某并未将权利管理信息去除，选项B错误。清风艺术馆展览名家绘画，入场券上以醒目的方式表明不可拍照，唐某未经许可进行拍照构成违约，选项C正确。《著作权法》第21条规定："公民的作品，其发表权、本法第十条第一款第(五)项至第(十七)项规定的权利的保护期为作者终生及其死亡后五十年，截止于作者死亡后第五十年的12月31日；如果是合作作品，截止于最后死亡的作者死亡后第五十年的12月31日。"清风艺术馆展览的是一幅古画，其著作财产权已经过期，绘画进入流通领域，所以不构成侵权。

2. ACD。据《信息网络传播权保护条例》第14条，对提供信息存储空间或者提供搜索、链接服务的网络服务提供者，权利人认为其服务所涉及的作品、表演、录音录像制品，侵犯自己的信息网络传播权或者被删除、改变了自己的权利管理电子信息的，可以向该网络服务提供者提交书面通知，要求网络服务提供者删除该作品、表演、录音录像制品，或者断开与该作品、表演、录音录像制品的链接。通知书应当包含下列内容：(一)权利人的姓名(名称)、联系方式和地址；(二)要求删除或者断开链接的侵权作品、表演、录音录像制品的名称和网络地址；(三)构成侵权的初步证明材料。权利人应当对通知书的真实性负责，故选项A正确。《侵权责任法》第36条规定："网络用户利用网络服务实施侵权行为的，被侵权人有权通知网络服务提供者采取删除、屏蔽、断开链接等必要措施。网络服务提供者接到通知后未及时采取必要措施的，对损害的扩大部分与该网络用户承担连带责任。"网络服务提供者应当及时采取措施，故选项B错误。据《信息网络传播权保护条例》第16条，服务对象接到网络服务提供者转送的通知书后，认为其提供的作品、表演、录音录像制品未侵犯他人权利的，可以向网络服务提供者提交书面说明，要求恢复被删除的作品、表演、录音录像制品，或者恢复与被断开的作品、表演、录音录像制品的链接。书面说明应当包含下列内容：(一)服务对象的姓名(名称)、联系方式和地址；(二)要求恢复的作品、表演、录音录像制品的名称和网络地址；(三)不构成侵权的初步证明材料。服务对象应当对书面说明的真实性负责，故选项C正确。据《信息网络传播权保护条例》第17条，网络服务提供者接到服务对象的书面说明后，应当立即恢复被删除的作品、表演、录音录像制品，或者可以恢复与被断开的作品、表演、录音录像制品的链接，同时将服务对象的书面说明转送权利人。权利人不得再通知网络服务提供者删除该作品、表演、录音录像制品，或者断开与该作品、表演、录音录像制品的链接。故选项D正确。

（四）名词解释与辨析

1. 精神损害赔偿是指自然人在人身权或者某些财产权受到不法侵害，致使其人身利益或者财产利益受到损害并遭受精神痛苦时，受害人本人、本人死亡后其近亲属有权要求侵权人给予损害赔偿的民事法律制度。

2. 损益相抵是指受害人基于损失发生的同一原因获得利益时，应当将利益从赔偿数额里抵销，加害人仅对抵销后的损失承担赔偿责任。

（五）简答题

过错相抵又称与有过失，是指受害人对损失的发生或者扩大存在过错的，减轻加害人损害赔偿责任的规则。作为过错相抵的补充，原因力比较是指双方当事人的行为都构成损害结果的原因时，根据不同原因对损害结果所起作用的大小来确定各自承担的责任。当双方过错程度无法确定或者过错程度相等时，原因力大小可以对损害结果承担产生影响。

（六）论述题

（1）构成侵权责任。张三、李四构成教唆、帮助限制民事行为能力人侵权，应当承担侵权责任。

（2）应当承担侵权责任。刘军的父母作为监护人，未尽到照顾、监管责任，应当承担相应的赔偿责任。

第四十章 数人侵权行为与责任

（一）单项选择题

1. B。根据《侵权责任法》第11条规定："二人以上分别实施侵权行为造成同一损害，每个人的侵权行为都足以造成全部损害的，行为人承担连带责任。"甲、乙构成无意思联络共同侵权，缺少甲、乙任何一方的行为都足以避免丙的损失。因此，应由甲、乙承担连带责任。本题选B。

2. C。《侵权责任法》第32条规定："无民事行为能力人、限制民事行为能力人造成他人损害的，由监护人承担侵权责任。监护人尽到监护责任的，可以减轻其侵权责任。"王某为限制民事行为能力人，其父母未尽到监护职责，父母应当承担侵权责任。《侵权责任法》第9条规定："教唆、帮助他人实施侵权行为的，应当与行为人承担连带责任。教唆、帮助无民事行为能力人、限制民事行为能力人实施侵权行为的，应当承担侵权责任；该无民事行为能力人、限制民事行为能力人的监护人未尽到监护责任的，应当承担相应的责任。"本案中，张某教唆王某、赵某实施侵权行为，应当与张某、赵某、王某父母承担连带责任。

3. D。

4. D。

5. C。

6. D。甲的违章行驶以及施工单位违反安全责任和义务均属违法行为，与乙的车毁人伤之间有因果关系，甲与施工单位构成无意思联络共同侵权。因此，两者对乙的损失应承担连带赔偿责任，故选D。

（二）多项选择题

1. CD。《最高人民法院关于审理技术合同纠纷案件适用法律若干问题的解释》第12条规定，根据《合同法》第329条规定，侵害他人技术秘密的技术合同被确认无效后，除法律、行政法规另有规定的以外，善意取得该技术秘密的一方当事人可以在其取得时的范围内继续使用该技术秘密，但应当向权利人支付合理的使用费并承担保密义务。当事人双方恶意串通或者一方知道或者应当知道另一方侵权仍与其订立或者履行合同的，属于共同侵权，人民法院应当判令侵权人承担连带赔偿责任和保密义务，因此取得技术秘密的当事人不得继续使用该技术秘密。本题中，甲公司非法窃取竞争对手乙公司最新开发的一项技术秘密成果，与丙公司签订转让合同的行为，侵害了乙公司的技术秘密成果使用权和转让权，该技术秘密转让合同无效。因此，选项A错误，选项D正确。受让人丙公司如果不知情属于善意的话，可以继续使用该技术秘密，但应当向权利人支付合理的使用费并承担保密义务。因此，选项B中“乙公司不得要求丙公司支付费用”错误。如果受让人丙公司明知甲公司窃取技术秘密的事实，仍与其订立合同的话，属于共同侵权，应当承担连带赔偿责任和保密义务，因该无效合同而取得技术秘密的当事人不得继续使用该技术秘密。选项C正确。

2. AD。《著作权法》第48条第1项和第6项规定，未经著作权人许可通过信息网络向公众传播其作品的，构成侵权，选项A正确。未经与著作权有关的权利人许可，故意避开或者破坏权利人为其作品采取的保护著作权或者与著作权有关的权利的技术措施的，构成侵权。乙网站属于与著作权有关的权利人，在其采取的技术防范被避开后，有权以自己名义起诉侵权行为人，选项D正确。学生丁利用该软件免费下载了《愿者上钩》供个人观看，属于《著作权法》第22条第1款第1项规定的合理使用，并没有侵犯著作权，选项B错误。《著作权法》第21条第3款规定，电影作品和以类似摄制电影的方法创作的作品、摄影作品，其发表权、本法第10条第1款第5项至第7项规定的权利的保护期为五十年，截止于作品首次发表后第五十年的12月31日，但作品自创作完成后五十年内未发表的，本法不再保护。甲公司作为电影《愿者上钩》的著作权人，在保护期内其著作权当然受保护，甲公司并没有丧失著作权人主体资格，选项C错误。综上所述，本题正确答案为A、D。

3. BC。著作权的内容包括著作人身权和著作财产权。其中著作人身权包括发表权、署名权、修改权和保护作品完整权。著作财产权包括使用权、许可使用权、转让权和获得报酬权。其中使用权又包括复制权、发行权、出租权、展览权、表演权、放映权、广播权、信息网络传播权、改编权、翻译权、汇编权和其他权利。据此可知，著作权的内容中不包括播放权，因此，乙电视台没有侵犯甲电视台的播放权。选项A错误。《著作权法》第9条第1款第5项规定，复制权是指以印刷、复印、拓印、录音、录像、翻录、翻拍等方式将作品制作一份或者多份的权利。乙电视台未经甲电视台许可而私自复制了该节目，并将获得的复制品抢先播放的行为，侵犯了甲电视台的复制权。选项B正确。《侵权责任法》第8条规定，二人以上共同实施侵权行为，造成他人损害的，应当承担连带责任。本题中，乙电视台与贺某实施了共同侵权行为，应当承担连带责任。选项C正确，选项D错误。

4. ABD。《侵权责任法》第43条第1款规定，因产品存在缺陷造成损害的，被侵权人可以向产品的生产者请求赔偿，也可以向产品的销售者请求赔偿。乙有权请求生产者甲承担赔偿责任，也有权要求销售者丙承担赔偿责任。选项A、B正确。《侵权责任法》第47条规定，明知产品存在缺陷仍然生产、销售，造成他人死亡或者健康严重损害的，被侵权人有权请求相应的惩罚性赔偿。甲、丙并不存在明知该汽车存在缺陷而故意生产、销售的情况，而且甲在发现汽车存在缺陷后及时通过媒体和销售商发布召回该款车的通知，说明其在主观上不存在恶意，乙无权请求惩罚性赔偿。选项C错误。甲的责任是产品责任，属于无过错责任，不以有过错为承担责任的前提条件。选项D正确。

(三)不定项选择题

1. ABD。甲航空公司购买该正版录音制品后在飞机上播放供乘客欣赏，并不属于《著作权法》第22条的合理使用，甲航空公司构成侵权，选项A正确。《著作权法》第41条规定：“录音录像制作者对其制作的录音录像制品，享有许可他人复制、发行、出租、通过信息网络向公众传播并获得报酬的权利；权利的保护期为五十年，截止于该制品首次制作完成后第五十年的12月31日。被许可人复制、发行、通过信息网络向公众传播录音录像制品，还应当取得著作权人、表演者许可，并支付报酬。”乙公司购买该正版录音制品后进行出租，未经权利人花园公司许可的行为属于侵权行为，选项B正确。根据《著作权法》第22条，为个人学习、研究或者欣赏，使用他人已经发表的作品属于合理使用，不构成侵权，选项C错误。丁学生在购买正版录音制品试听后，将其上传到网络上传播，侵犯了录音制作者、著作权人、表演者的权益，构成侵权，选项D正确。

2. CD。《侵权责任法》第37条规定："宾馆、商场、银行、车站、娱乐场所等公共场所的管理人或者群众性活动的组织者，未尽到安全保障义务，造成他人损害的，应当承担侵权责任。因第三人的行为造成他人损害的，由第三人承担侵权责任；管理人或者组织者未尽到安全保障义务的，承担相应的补充责任。”丙摔伤系小偷撞到造成，小偷应当承担侵权责任，但丙虽然借用商场厕所，商场负有相应的安全保障义务，因商场地板湿滑，丙摔成重伤，商场也应承担责任，系补充责任。选项A、B正确，选项D错误。乙作为失主追击小偷不具有过错，不应承担赔偿责任或补充责任，选项C错误。

(四)名词解释与辨析

1. 共同危险行为是指数人共同实施危及他人人身安全的行为并造成损害结果，而实际侵害行为人又无法确定的侵权行为。

2. 共同过错是指损害之发生，如被害人与有过失者，加害人得免其责任之情形。

(五)简答题

1. 共同侵权责任的构成要件包括：(1)数人没有意思联络；(2)数人共同实施了危险行为；(3)一人或数人的行为已经造成损害结果；(4)加害人不明。

共同侵权责任的后果为：能够确定具体侵权人的，由侵权人承担责任；不能确定具体侵权人的，行为人承担连带责任。

2. 教唆、帮助他人实施侵权行为的，应当与行为人承担连带责任。教唆、帮助无民事行为能力人、限制民事行为能力人实施侵权行为的，应当承担侵权责任；该无民事行为能力人、限制民事行为能力人的监护人未尽到监护责任的，应当承担相应的责任。

(六)论述题

1. (1)三人构成共同侵权行为。其行为人为多数，并且行为具有共同性，结果具有单一性。

(2)本案应判决三人的父母对姚家承担连带赔偿责任。由于三个未成年人是共同侵权，所以对受害人，应当由其各自监护人承担连带损害赔偿责任。根据《民法通则》规定，无民事行为能力人或限制民事行为能力人致人损害的，由其监护人承担民事责任。

2. 共同加害行为又称狭义的共同侵权行为，是指两个或两个以上的行为人基于共同的故意或过失，侵犯他人的合法权益并造成损害的行为。与单独加害行为相比，共同加害行为具有以下特征：

第一，共同加害行为的主体必须为两人以上。单个的自然人、法人或其他组织，无论实施何种侵权行为都不能构成共同加害行为。共同加害行为的行为人可以是自然人，也可以是法人或其他组织。如果完全民事行为能力人和无民事行为能力人共同实施侵权行为，前者为侵权人，承担全部民事责任。如果完全民事行为能力人和限制民事行为能力人共同实施侵权行为，两者都是侵权人，但由前者承担主要民事责任。根据共同加害人的行为性质，一般可将其分为实行行为人、教唆行为人和帮助行为人。

第二，共同加害行为的行为人必须具有共同过错。这种共同过错可以是共同故意，也可以是共同过失，还可以是故意与过失的混合。但共同侵权无须共同侵权人有意思联络，这就是民法上的共同侵权与刑法上的共同犯罪的区别。

第三，共同加害行为必须具有关联性。共同加害行为具有关联性，是指共同加害人的加害行为指向同一侵害对象，且结合起来共同造成了损害结果。如果两个以上行为人的加害行为互无联系，则当然不能构成共同加害行为。

第四，共同加害行为必须造成了同一损害结果。

两个或两个以上的加害行为只有在造成了同一损害结果时，才能构成共同加害行为。即使两个或两个以上的加害行为指向同一侵害对象，但造成的损害互无关联时，这些加害行为也不能构成共同加害行为。

第四十一章 各类侵权责任

(一)单项选择题

1. B。用人单位的工作人员因执行工作任务造成他人损害，构成侵权的，由用人单位承担无过错的替代责任。用人单位对外承担无过错的替代责任后，可以向有过错的工作人员追偿，但这属于行政法或劳动法上的问题，不归《侵权责任法》调整。甲在履行长途运输任务中顺路回家的行为超出了乙公司的授权范围，但其表现形式与履行运输职务之间有内在联系，应认定为甲是在“从事雇佣活动”，乙公司应对丙承担因车祸所造成损失的赔偿责任。乙公司赔偿后，可向甲追偿。故本题选B。

2. A。甲聘请乙负责照看小孩而非照顾自己，因此在甲突生急病昏迷不醒时，乙将甲送往医院的行为，属于为了甲的利益管理甲的人身，此管理没有法律上的原因，乙的行为应认定为无因管理。选项A正确。选项B中，甲聘请乙负责照看小孩，乙又委托丁进行临时照看，因此丁的照看行为系基于乙、丁之间的委托合同，选项B错误。选项C、D考察个人劳务侵权。根据《侵权责任法》第35条规定：“个人之间形成劳务关系，提供劳务一方因劳务造成他人损害的，由接受劳务一方承担侵权责任。”丁替乙照看甲的小孩，超出了丙、丁间的个人劳务关系范围，不属于因劳务致人损害，故接受劳务的一方丙无须替丁承担责任。选项C错误。乙对甲的小孩遭受损害没有过错，故乙无须承担责任。选项D错误。

3. D。据《最高人民法院关于审理人身损害赔偿案件适用法律若干问题的解释》第7条规定，对未成年人依法负有教育、管理、保护义务的学校、幼儿园或者其他教育机构，未尽职责范围内的相关义务致使未成年人遭受人身损害，或者未成年人致他人人身损害的，应当承担与其过错相应的赔偿责任。第三人侵权致未成年人遭受人身损害的，应当承担赔偿责任。学校、幼儿园等教育机构有过错的，应当承担相应的补充赔偿责任。本题中，小贩刘某将李某打伤，应承担损害赔偿责任；作为班主任的张某未跟进照顾学生也有过错，故学校应承担补充赔偿责任。本题正确答案应当是选项D。

4. C。本题甲、乙之间的纠纷是侵权关系中的因动物致人损害的特殊侵权关系，不属于人身关系的范围，故选项A错误。甲请求乙承担赔偿责任的权利是在行使债权，是相对权，而非绝对权，故选项B错误。《民法通则》第136条第1款规定，身体受到伤害要求赔偿的诉讼时效是一年。甲请求乙赔偿的权利适用特殊诉讼时效一年的规定，选项C正确。本题中，乙提出甲被狗咬伤与自己没有任何关系，是对甲请求权利的否认，而非抗辩，故选项D错误。

5. D(原答案为A)。《侵权责任法》第35条规定，个人之间形成劳务关系，提供劳务一方因劳务造成他人损害的，由接受劳务一方承担侵权责任。提供劳务一方因劳务自己受到损害的，根据双方各自的过错承担相应的责任。(原答案依据《最高人民法院关于审理人身损害赔偿案件适用法律若干问题的解释》第9条第1款规定，雇员在从事雇佣活动中致人损害的，雇主应当承担赔偿责任；雇员因故意或者重大过失致人损害的，应当与雇主承担连带赔偿责任。雇主承担连带赔偿责任的，可以向雇员追偿。)

6. B。《侵权责任法》第34条规定，用人单位的工作人员因执行工作任务造成他人损害的，由用人单位承担侵权责任。劳务派遣期间，被派遣的工作人员因执行工作任务造成他人损害的，由接受劳务派遣的用工单位承担侵权责任；劳务派遣单位有过错的，承担相应的补充责任。本题中，李某作为派遣员工在工作期间造成他人损害，应当由用工单位甲公司承担侵权责任。乙公司未予更换派遣员工，派遣单位也有过错，应当承担补充责任。另外，对王某的赔偿责任承担应采用无过错责任原则，而非过错责任原则。

7. D。本题中，欢欢与欣欣美容院之间存在服务合同关系，合同内容是实施隆鼻手术。美容院在实施隆鼻手术过程中因自身过错导致欢欢面部感染并留下疤痕，侵犯了欢欢的人身权，同时也构成之前美容合同的违约。因此，欣欣医院的行为既构成违约，也构成侵权。《最高人民法院关于审理人身损害赔偿案件适用法律若干问题的解释》第 18 条第 2 款规定，精神损害抚慰金的请求权不得让与或者继承，但赔偿义务人已经以书面方式承诺给予金钱赔偿，或者赔偿权利人已经向人民法院起诉的除外。本题中，欢欢因美容院侵权而诉诸法院，要求赔偿医疗费并主张精神损害赔偿后死亡，符合精神损害赔偿金可以继承的条件。因此，欢欢的继承人可以继承美容院对欢欢支付的精神损害赔偿金。《最高人民法院关于确定民事侵权精神损害赔偿责任若干问题的解释》第 3 条第 1 款规定，以侮辱、诽谤、贬损、丑化或者违反社会公共利益和社会公德的其他方式，侵害死者姓名、肖像、名誉、荣誉，其近亲属因此遭受精神痛苦，向人民法院起诉请求赔偿精神损害的，人民法院应当依法予以受理。本题中，洋洋杜撰欢欢吸毒过量致死，导致欢欢名誉权受损，其近亲属因此遭受精神痛苦的，应当以自己的名义对此提起侵权之诉。

8. C。据《著作权法》第 13 条，两人以上合作创作的作品，著作权由合作作者共同享有。没有参加创作的人，不能成为合作作者。合作作品可以分割使用的，作者对各自创作的部分可以单独享有著作权，但行使著作权时不得侵犯合作作品整体的著作权。因此甲、乙对该合作作品共同享有著作权。据《著作权法实施条例》第 9 条，合作作品不可以分割使用的，其著作权由各合作作者共同享有，通过协商一致行使；不能协商一致，又无正当理由的，任何一方不得阻止他方行使除转让以外的其他权利，但是所得收益应当合理分配给所有合作作者。据此规定，甲上传作品至自己博客的行为，并未侵犯乙的发表权和信息网络传播权，因此选项 A 错误。丙未经甲、乙许可，在自己博客中设置链接的行为并未侵犯甲、乙的信息网络传播权，因此选项 B 错误。《最高人民法院关于审理涉及计算机网络著作权纠纷案件适用法律若干问题的解释》第 3 条规定，已在报刊上刊登或者网络上传播的作品，除著作权人声明或者报社、期刊社、网络服务提供者受著作权人委托声明不得转载、摘编的以外，在网络进行转载、摘编并按有关规定支付报酬、注明出处的，不构成侵权。但转载、摘编作品超过有关报刊转载作品范围的，应当认定为侵权。丁未经甲、乙许可，在自己博客中转载了小说，且未支付报酬、注明出处，因此构成侵权。故选项 C 正确。《著作权法》第 10 条规定，复制权，即以印刷、复印、拓印、录音、录像、翻录、翻拍等方式将作品制作一份或者多份的权利；发行权，即以出售或者赠与方式向公众提供作品的原件或者复制件的权利。戊出版社未经乙同意就出版该作品的行为，仅侵犯了乙的发行权，因此选项 D 错误。

9. D。《著作权法》第 17 条规定，受委托创作的作品，著作权的归属由委托人和受托人通过合同约定。合同未作明确约定或者没有订立合同的，著作权属于受托人。据此可知，本题中雕塑的著作权属于受托人叶某。另外，该法第 10 条第 5 款规定，复制权，即以印刷、复印、拓印、录音、录像、翻录、翻拍等方式将作品制作一份或者多份的权利。本题中，甲展览馆与个体户冯某的行为侵犯了叶某著作财产权中的复制权。而陈某拍照纪念的行为则没有侵犯著作权人的人身、财产权利，不属于侵权行为。

10. B。《著作权法》第 22 条规定："在下列情况下使用作品，可以不经著作权人许可，不向其支付报酬，但应当指明作者姓名、作品名称，并且不得侵犯著作权人依照本法享有的其他权利：……(十) 对设置或者陈列在室外公共场所的艺术作品进行临摹、绘画、摄影、录像。"甲临摹的知名绘画作品并非"设置或者陈列在室外公共场所的艺术作品"，且以营利为目的，而非"合理使用"，因此选项 A 错误。《著作权法》第 10 条第 7 项规定，出租权，即有偿许可他人临时使用电影作品和以类似摄制电影的方法创作的作品、计算机软件的权利，计算机软件不是出租的主要标的的除外。据此可知，并非所有的著作权人都对自己的作品享有出租权，图书的著作权人不享有出租权，乙对其购买的旧书进行出租的行为不构成对知识产权的侵犯，因此选项 B 正确。《著作权法》第 42 条第 1 款规定，录音录像制作者对其制作的录音录像制品，享有许可他人复制、发行、出租、通过信息网络向公众传播并获得报酬的权利；权利的保护期为五十年，截止于该制品首次制作完成后第五十年的 12 月 31 日。据此可知，唱片的著作权人享有对唱片的出租权。丙购买的虽然是正版唱片，但是没有经过著作权人同意而擅自用于出租的，构成对著作权人出租权的侵犯，因此选项 C 错误。丁购买该唱片仅是对该唱片享有所有权，但唱片著作权人仍享有其著作权，丁在自己的经营场所使用侵犯了唱片著作权人的著作权，因此选项 D 错误。

11. A。《专利法》第 70 条规定："为生产经营目的使用、许诺销售或者销售不知道是未经专利权人许可而制造并售出的专利侵权产品，能证明该产品合法来源的，不承担赔偿责任。"《最高人民法院关于审理侵犯专利权纠纷案件应用法律若干问题的解释(二)》第 25 条规定："为生产经营目的使用、许诺销售或者销售不知道是未经专利权人许可而制造并售出的专利侵权产品，且举证证明该产品合法来源的，对于权利人请求停止上述使用、许诺销售、销售行为的主张，人民法院应予支持，但被诉侵权产品的使用者举证证明其已支付该产品的合理对价的除外。"甲公司并不知情而使用未经专利权人许可的制造的专利产品，不承担赔偿责任，但是仍然构成专利侵权。所以选项 A 正确，选项 B、C、D 错误。

(二)多项选择题

1. BC。乙系机动车运行的控制者，对损害的发生又具有过错，因此，乙应当承担相应的责任，故选项 A 错误。《侵权责任法》第 34 条第 1 款规定："用人单位的工作人员因执行工作任务造成他人损害的，由用人单位承担侵权责任。"故选项 B 正确，选项 C 正确。选项 D 中，乙是出租车公司的驾驶员，是公司的工作人员，此时，公司应当承担责任，故选项 D 错误。

2. ACD。《侵权责任法》第 81 条规定，禁止饲养的烈性犬等危险动物造成他人损害的，动物饲养人或者管理人应当承担侵权责任。因此，邻居应承担侵权责任，选项 A 正确。《侵权责任法》第 83 条规定，因第三人的过错致使动物造成他人损害的，被侵权人可以向动物饲养人或者管理人请求赔偿，也可以向第三人请求赔偿。动物饲养人或者管理人赔偿后，有权向第三人追偿。受害人乙可以请求王平承担侵权责任，也可以请求丙的监护人承担侵权责任，选项 B 错误。《侵权责任法》第 82 条规定，遗弃、逃逸的动物在遗弃、逃逸期间造成他人损害的，由原动物饲养人或者管理人承担侵权责任。邻居应对丁承担侵权责任，选项 C 正确。《侵权责任法》第 81 条规定，动物园的动物造成他人损害的，动物园应当承担侵权责任，但能够证明尽到管理职责的，不承担责任。据此可知，动物园未尽到管理职责，应对戊的女儿承担侵权责任，选项 D 正确。

3. ABC。发表权一经行使，即告消灭，故选项 A 表述正确。侵犯信息网络传播权是指网络用户、网络服务提供者未经许可，通过信息网络提供权利人享有信息网络传播权的作品、表演、录音录像制品。本题中，网站删除该文的行为没有侵害当事人的信息网络传播权，故选项 B 表述正确。著作权人有选择署名的权利。网站添加字样的做法侵害了当事人的署名权，故选项 C 正确。但是该字样添加并没有破坏该作品的完整性，故选项 D 错误。

4. AC。歌曲《春风来》由甲作曲、乙填词，所以《春风来》的著作权由甲和乙共有，选项 A 正确。《著作权法》第 13 条规定："两人以上合作创作的作品，著作权由合作作者共同享有。没有参加创作的人，不能成为合作作者。合作作品可以分割使用的，作者对各自创作的部分可以单独享有著作权，但行使著作权时不得侵犯合作作品整体的著作权。"甲对《春风来》重新填词，独自完成歌曲《秋风起》，该作品并未破坏《春风来》的完整性，选项 B 错误。甲和丙的著作权许可使用合同并未违反法律规定，所以有效，选项 C 正确。歌曲《秋风起》的著作权归甲所有，所以，甲不需要将报酬分配给乙。

5. BCD。参见《侵权责任法》第 60 条。

(三)不定项选择题

1. ABCD。《侵权责任法》第 34 条第 2 款规定，劳务派遣期间，被派遣的工作人员因执行工作任务造成他人损害的，由接受劳务派遣的用工单位承担侵权责任；劳务派遣单位有过错的，承担相应的补充责任。丙作为被派遣人员在执行工作任务时造成他人损害，由用工单位即乙公司承担侵权责任。乙公司要求甲公司更换丙或对其教育管理，甲公司不予理会，说明劳务派遣单位甲公司也有过错，应当承担相应的补充责任。

2. D。环境污染致损的侵权行为适用无过错责任，选项B的抗辩不能成立。另一工厂排放的废水足以导致湖中鱼类死亡，这并不构成某化工厂排放废水导致鱼类死亡的抗辩理由，故选项A的抗辩不成立。《环境保护法》第66条规定，因环境污染损害赔偿提起诉讼的时效期间为三年，从当事人知道或者应当知道受到污染损害时起计算，故选项C的抗辩也不能成立。

3. C。依照《侵权责任法》第54条，医疗侵权中侵权人承担过错责任，但对医疗事故的责任认定，实行过错的推定和举证责任倒置，由医院证明自己没有过错。本案中医院的做法并无不当，只是由于病员的体质特殊才造成延缓过敏，这是医务人员难以防范的，医院可以免责，故选择C项。

（四）名词解释与辨析

1. 高度危险作业是指从事高空、高压、易燃、易爆、剧毒、放射性、高速运输工具等对周围环境有高度危险的作业。

2. 产品缺陷是指存在于产品设计、原材料和零部件、制造装配或说明指示等方面的，未能满足消费或使用产品必须安全的合理要求的情形。

（五）简答题

1.（1）项链被偷应向A主张权利，因为这是A的个人行为；月季损失应向乙公司主张，因为这是执行职务过程中的侵权。

（2）A、B、C、D和甲。这是共同危险行为，对损害应承担连带责任。

（3）甲。饲养动物侵权事件应由动物主人承担责任。D具有过错，可以适当减轻甲的责任。

2. 产品缺陷致人损害的责任属于无过错责任。产品缺陷致人损害行为的构成要件包括：

（1）该产品存在缺陷。所谓产品缺陷，是指产品存在危及人身、他人财产安全的不合理的危险。如果生产者能够证明未将产品投入流通，或者产品投入流通时引起损害的缺陷尚不存在，或者将产品投入流通时的科学技术水平尚不能发现缺陷存在的，不承担赔偿责任。

（2）缺陷产品造成他人财产、人身损害。这里所说的他人财产，是指缺陷产品以外的财产。缺陷产品自身的损害属于违约责任的范畴，应当由购买者根据《合同法》向销售者索赔。遭受人身损害的受害者，可以是购买者、消费者，也可以是购买者、消费者之外的第三人。

（3）产品缺陷与受害人的损害事实间存在因果关系。损害事实应当是由该缺陷产品所致，否则生产者或销售者不承担责任。

（六）论述题

雇主责任是指雇主所承担的对雇员的责任，包括雇主自身的故意行为、过失行为、无过失行为所致的雇员人身伤害赔偿责任。构成雇主责任的前提条件是雇主与雇员之间有着直接的雇佣关系，即只有雇主才有解雇该雇员的权利，雇员有听从雇主的管理、从事业务工作的义务，这种权利义务关系均通过书面形式的雇佣或劳动合同来进行规范。

1. 雇主责任的法律特征

（1）人身关系的从属性。即致害行为人与责任人之间存在雇佣关系，雇员从事雇佣活动，其意志和行为受雇主的约束和支配。

（2）义务主体的分离性。一般侵权责任的侵害人与责任人为同一主体，但雇主责任的责任人并非侵害人。责任人和侵害人相分离，只是基于他们之间存在特定的法律关系，才由雇主对外承担责任。

（3）经济利益的关联性。雇员在从事雇佣活动时所实施的行为，直接为雇主创造经济利益以及其他利益，雇主是这种利益的享有者。雇员虽然按约定取得了一定的劳动报酬，但这种报酬少于其创造的经济价值。

(4)雇主与雇员所致损害之间存在特定的因果关系。损害事实虽是雇员直接造成的,但雇主对雇员选任不当,疏于管理、监督等作为与不作为的行为,是损害事实得以发生的一个主要原因。

2. 雇主责任成立的条件

(1)雇主和受雇人之间存在雇佣关系。

(2)受雇人所为的行为是执行雇佣合同的职务行为。超越职务的行为、擅自将职务行为委托他人的行为及违反禁止的行为,均非职务行为。

(3)雇主在主观上具有过错,即对受雇人的选任、监督、管理上有违反注意义务的过错。对于雇主责任的承担,多数国家采取过错责任或过错推定原则。受雇人主观上没有过错的,由雇主单独承担赔偿责任。受雇人主观上有过错的,由雇主和受雇人承担连带赔偿责任,即雇主赔偿受害人的损失后,可以向受雇人进行部分追偿。

在我国,雇主责任的归责原则存在分歧:有学者主张雇主责任应当适用过错推定责任原则,并以公平责任为补充;也有学者主张无过错责任原则。《人身损害赔偿司法解释》第 9 条规定——“雇员在从事雇佣活动中致人损害的,雇主应当承担赔偿责任;雇员因故意或者重大过失致人损害的,应当与雇主承担连带赔偿责任。雇主承担连带赔偿责任的,可以向雇员追偿”——即采纳了无过错责任原则。

综合测试题

一、单项选择题

1. C。甲和乙只是商谈事宜,预约还没有成立,选项 A 错误。选项 B 涉及的是法外空间,错误。选项 C 符合过错侵权的构成要件,正确。选项 D 中同事之间没有作为的义务,不构成不作为侵权,故选项 D 错误。

2. D。只有在丙为恶意占有人时,乙可以对丙行使占有返还请求权。

3. A。

4. B。甲伪造公章以乙的名义实施法律行为,由于权利外观与乙公司无牵连性,不构成表见代理,构成无权代理。乙和丙之间买卖合同效力待定。此外甲的行为构成欺诈,丙可以基于欺诈行使撤销权,但必须通过诉讼或者仲裁的方式行使。

5. D。参见《最高人民法院关于适用〈中华人民共和国婚姻法〉若干问题的解释(一)》第 29 条第 3 款、《婚姻法》第 46 条。

6. C。依照《最高人民法院关于审理技术合同纠纷案件适用法律若干问题的解释》第 8 条第 1 款,选项 A 错误。转让专利申请权需要办理登记,但不登记不影响合同效力,选项 B 错误。依照《最高人民法院关于审理技术合同纠纷案件适用法律若干问题的解释》第 23 条第 1 款规定,甲、乙已经办理了专利申请转让登记,若专利申请被驳回,乙不享有法定解除权,选项 D 错误。

7. C。甲、乙之间的合同为附生效条件的买卖合同,条件成就前合同成立但未生效,选项 A 错误。条件未成就,甲、乙之间的合同未生效,乙有权拒绝履行合同,选项 C 正确,选项 B、D 错误。

8. D。

9. A。参见有关普通动产的多重买卖内容。

10. A。

11. B。财产代管人应当为完全民事行为能力人。15 岁的儿子为限制民事行为能力人,无法成为财产代管人。

12. C。一方当事人已经履行了主要义务,对方接受的,合同成立。李某已经交付了 100 万元,即使未签字,合同已成立,选项 A 错误。合同已成立且生效,方某基于合同取得 100 万元,不构成不当得利,到期未偿还承担违约责任,选项 B 错误。依照《最高人民法院关于适用〈中华人民共和国担保法〉若十问题的解释》第 22 条规定,保证合同成立并生效,方某到期未还款,张某应承担保证责任,选项 C 正确。刘某、李某虽然没有签订书面抵押合同,但已将房本交付,李某接受,抵押合同已成立,刘某负有办理房屋抵押登记的义务,选项 D 错误。

13. A。无民事行为能力人、限制民事行为能力人造成他人损害的，由监护人承担侵权责任。监护人尽到监护责任的，可以减轻其侵权责任。此处甲父未尽到监护责任，乙没有过错。

14. B。

二、多项选择题

1. ABCD。参见《最高人民法院关于贯彻执行〈中华人民共和国继承法〉若干问题的意见》第2条。

2. BD。建筑人对违章建筑的占有作为一种事实状态，也受法律保护，除执法机关依法处理外，建筑人对建筑物可以自己占有并进行一定的使用，禁止他人侵犯建筑人对违章建筑的占有。同时，占有可以是有权占有，也可以是无权占有。因此，在建筑人对违章建筑物不享有所有权的情况下，由于其实际的管理与控制，也形成了一种占有并受法律保护，他人不得随意侵犯。无权占有也受侵权法保护。对于自有住房，徐某享有建筑物区分所有权，业主的行为构成对其所有权的侵犯。

3. ABC。丁以侵权的方式取得的占有，且与丁欲担保的债权不属于同一法律关系，不成立留置权，不能抵偿债务，选项D错误。

4. ABC。乙的行为构成无因管理，选项A正确。管理人乙负有计算义务和转付义务，乙因管理甲的事务所收取的财产应当交付甲，选项B正确。乙有适当管理的义务，甩卖的行为违背这一义务，应当承担责任，选项C正确。无因管理中管理人没有报酬请求权，选项D错误。

5. BC。《最高人民法院关于适用〈中华人民共和国担保法〉若干问题的解释》第22条规定，第三人单方以书面形式向债权人出具担保书，债权人接受且没有提出异议的，保证合同成立，选项B正确。乙为债权人，甲为债务人，丙为次债务人，甲怠于行使对丙的权利，甲、乙、丙之间关系符合代位权构成要件，乙可以对丙提起代位权之诉，选项C正确。

6. BCD。无权处分不影响合同的效力，三个买卖合同没有导致合同无效的情形，合同都有效，选项A错误、B正确。只有乙符合善意取得的条件，取得所有权，选项C正确。张某对甲、丙的合同履行不能，应当承担违约责任，选项D正确。

7. ABC。精神损害赔偿前提为造成严重后果，选项D错误。

8. ABC。善意取得中，受让人要支付合理的对价。

9. ACD。饲养动物致人损害承担无过错责任，选项A、C错误。依照《侵权责任法》第91条规定，选项B正确。在司法考试中，地面施工致人损害采用过错推定的规则方式。意外事件是指行为在客观上造成了损害，但是行为人在主观上既没有故意也没有过失，而是由于不可抗拒或者不能预见的原因造成的。意外事件只能作为过错侵权的免责事由，选项D错误。

10. BC。

三、不定项选择题

1. B。甲、乙之间继承遗产后一直未分割，属于共同共有阶段，选项A错误。甲加盖的房屋与甲、乙共同共有的房屋相互独立，甲原始取得其加盖房屋的所有权，故选项B正确、选项C错误。甲将房屋登记在自己名下，有处分权的外观，丙构成善意取得，选项D错误。

2. (1)AB。参见《物权法》第176条。

(2)D。乙、丙和乙、丁之间的买卖合同，是乙无权处分订立的买卖合同，且丙、丁主观上均非善意，丙、丁不能善意取得挖掘机的所有权。甲公司将挖掘机出卖给王某，约定由乙公司直接将挖掘机交付给王某，甲公司通知了乙公司。虽然王某未及取得挖掘机便死亡，但已经构成指示交付，所有权已经转移给王某。选项D正确。

(3)ABD。合同当事人死亡对于合同的履行原则上不产生影响，其权利、义务由其承继者享有和承担，选项A、B错误。分割遗产时对继承人生前债务承担连带清偿责任，选项D错误。

(4)BC。继承开始后、遗产分割前，继承人之间构成共同共有。处分应当经过共同共有人一致同意，选项B正确。小王无权处分的理由不是基于未占有，而是基于共同共有，选项A错误。无权处分效力未定，大王可以予以追认，选项C正确。依照《继承法》第24条规定，遗嘱执行人应当妥善保管遗产，而非可以处分遗产，选项D错误。

四、名词解释

1. 物是指存在于人身之外，能满足权利主体的利益需要，并能为权利主体所支配和利用的物质实体。

2. 许可设立主义又称核准设立主义，即法人设立时除了应符合法律规定的条件外，还须经过主管行政机关的批准，主管机关依照规定进行审查，作出批准或不批准的决定。严格准则主义是指在法人设立时，除了具备法律规定的要件外，还应符合法律所规定的限制性条件。

3. 日常家事是指夫妻双方及其共同生活的未成年子女日常共同生活必要的事项。日常家事代理权是指夫妻对于日常家事得互为代理人，一方得为他方就日常家事对外为一定的民事活动。

4. 遗赠扶养协议是指遗赠人与扶养人之间订立的关于扶养人承担遗赠人生养死葬义务，遗赠人的财产在其死后转归扶养人所有的协议。

5. 受害人与有责任又称过失相抵责任，是指受害人对于损害的发生或扩大，自己也有过错时，可以减轻或免除侵害人损害赔偿责任。

五、简答题

1. 地役权是指为自己土地之利益而使用他人土地的权利。不动产相邻关系是指法律为调和相邻不动产的利用，而在其所有人或者其他权利人之间设定的权利义务关系。两者区别如下：

(1)相邻关系与地役权性质不同。相邻关系不是一种独立的民事权利，更不是一种独立的物权类型，其本质是不动产所有权或用益物权的扩张。地役权是一种独立的物权类型，属于用益物权，需要进行独立的公示。

(2)两者的法律效力不同。相邻关系因法律规定而产生，是服务于特定土地或附属于特定土地的权利，依其原始权利而具有对抗性，无须登记便可当然发生效力。而地役权主要是依协议而取得，是约定的权利，当事人双方应到不动产登记机关进行登记之后才具有物权效力。

(3)对相邻不动产物权的限制程度不同。相邻关系是法定的对不动产利用关系的一种最小限度的调节，相邻权人只能在社会一般观念所能容忍的合理限度内利用相邻不动产，超出这个合理限度，相邻不动产物权人有权拒绝或请求排除妨害。不动产物权人如果想超出合理限度利用或限制相邻不动产，必须与相邻不动产物权人达成一项契约，向其支付一定的对价，获得其同意。

(4)相邻关系与地役权在有偿或无偿、存续期间上不同。相邻关系中，相邻权由法律直接规定，除非权利人行使权利给邻人造成损失，相邻权人行使权利是无偿的；而地役权的有偿或无偿则属于意思自治范畴，双方可在契约中自由约定。另外，地役权的存续期间，也可任由当事人约定，并得设定永久地役权；而相邻关系的存续期间是法定的。

(5)权属不同的两块土地是否应当“相互毗邻”。一般认为，在相互毗邻的两块权属不同的土地上才会发生相邻关系，而地役权的发生则不仅在相互毗邻的两块权属不同的土地上可能发生，特殊情况下，可设立地役权的两块土地甚至可能相隔了一段距离。

(6)救济的方式不同。相邻关系受到侵害后，一般提起地役权的行使受到妨害之诉。而地役权受到损害之后，受害人可以直接提起地役权受侵害的请求之诉。

2. 生命权是指自然人以其性命维持的安全利益为内容的人格权。身体权是指自然人保持其身体组织完整并支配其肢体、器官和其他身体组织的权利。健康权是指自然人以其身体外部组织的完整和身体内部生理机能的健全，使肌体生理机能正常运作和功能完善发挥，从而维持人体生命活动为内容的人格权。

自然人的生命权、身体权与健康权既有联系又有区别：

首先，生命权与身体权相互依赖。无身体，生命则无所依托；无生命，身体的存在则没有任何实际意义。但是，身体权维护的是人体整体构造的完整性，而生命权维护的是人的生命的持续活动。此外，身体权因创伤而受侵害，生命权则非有死亡发生，不能认为受侵害。

其次，生命权与健康权相辅相成，生命的延续依赖健康状况，健康状况以生命的存在为基础。生命权与健康权的本质区别在于，健康权维护的是自然人生理机能的正常运作和功能的完善发挥，生命权维护的是自然人的生命安全；健康权受到侵害，可以通过治疗完全或者部分恢复健康，而生命权受到侵害的结果必然是生命的丧失。

最后，侵犯自然人身体权的，不一定侵犯健康权，比如非法剪人头发；侵犯自然人健康权的，也不一定侵害身体权，如致人精神紊乱。

3. 缔约过失责任的成立，需要具备以下要件：

(1)缔约人一方违反先合同义务。先合同义务是指在要约生效后、合同生效前的缔约过程中，缔约双方基于诚信原则而应负有的告知、协力、保护、保密等合同附随义务。

(2)对方当事人受有损失。该损失仅为财产损失，不包括精神损害；为信赖利益的损失，而非履行利益的损失。

(3)违反先合同义务与该损失之间有因果关系。

(4)违反先合同义务者有过错。

缔约过失责任的方式为赔偿损失。其赔偿范围为当事人由此产生的费用和造成的实际损失，多为信赖利益的损失。所谓的信赖利益，是指缔约人信赖合同有效成立，但因法定事由发生，致使合同不成立、无效、不被追认或者被撤销等而遭受的损失。它同样包括直接损失和间接损失。其直接损失有：(1)因信赖对方要约邀请和有效的要约而与对方联系、赴实地考察以及检查标的物等所支出的各种合理费用；(2)因信赖对方将要缔约，为缔约做各种准备工作所支出的各种合理费用；(3)为谈判所支出的劳务，以及为支出上述各种费用所失去的利息。以上所列的各种费用必须是合理的，而不是受害人所任意支出的。所谓间接损失，是指缔约一方获得了各种机会，因另一方的过错导致合同不能成立，从而使这些机会丧失而受到的损失。

4. 居住权是指对他人所有的住房及其附属设施占有、使用的权利。居住权具有以下特征：

(1)居住权作为一种独立的用益权制度，属于物权，是一种他物权。由于居住权人可以对房屋直接行使其权利，但房屋所有人并无为之有积极作为的义务，故居住权属于物权。同时，又由于居住权只能在他人所有的房屋上设定，因而居住权又属于他物权。

(2)居住权的主体范围限定为特定的自然人。故法人或其他非法人团体不可以成为居住权主体，其主体范围具有有限性。

(3)居住权的客体为他人所有的建筑的全部或一部分，还包括其他附着物。

(4)居住权是因居住而对房屋进行使用的权利，即为特定的自然人对生活用房的需要而设定的权利。居住权人只能把所取得的房屋用于生活需要，对房屋的使用只能限于为居住的目的，而不能挪作他用，比如用作商业房等。

(5)居住权具有时间性，期限一般具有长期性、终身性。居住权的期限可由当事人在合同或遗嘱中确定或约定，如果没有对期限作出明确规定，则应推定居住权的期限为居住权人的终身。这是因为居住权是用来供没有房屋的人居住的，所以权利人对房屋的居住权如果没有约定的话，应当理解为与其生命共始终。

(6)居住权一般具有无偿性。居住权人无须向房屋的所有人支付对价，居住权的性质和本质决定了其应当是一种无须支付对价的无偿行为，即使居住权人在其居住期间可能需要支付给所有人一定的费用，但它必然要低于租金，否则就无设立之必要。

(7)居住权具有不可转让性。

六、论述题

请求权是作为一种民事权利而存在的，它不仅在债权法中，而且在物权法、亲属法、继承法等领域中普遍存在。物权请求权是基于物权而产生的请求权，具体包括返还原物、恢复原状、停止侵害、消除危险与排除妨害。债权请求权是指权利人基于债的关系而产生的、请求特定人为特定行为的权利。两者主要区别在于：

(1)物权请求权与债权请求权具有不同的功能和目的。行使物权请求权的传统方式主要是请求返还原物、请求侵害排除和请求侵害防止，其目的在于排除物权受侵害的事实或者可能，恢复或者保障物权的圆满状态。在物权保护中，行使债权请求权就是要求加害人履行损害赔偿之债，其目的是为了填补损失，即以货币方式恢复被损害物的价值状态，弥补受害人所遭受的价值损失。物权请求权和债权请求权这两种不同的对物权的保护方法，从不同的角度对物权损害予以不同的救济，两者对物权保护的侧重点不同，两者可以独立使用，也可以结合使用。但是，只有两者同时并存的立法模式才是对物权最完善的保护机制，缺少任何一个都是不完备的。

(2)物权请求权与债权请求权的构成要件不同。

首先，对于物权请求权的实现或物权性民事责任的承担，权利人无须证明行为人主观上有过错，因为权利人仅仅要求将受到妨害的物权恢复到其完满状态。而受害人欲请求行为人损害赔偿者，则应证明其实施侵权行为时主观有过错。

其次，物权请求权的实现不以行为人的行为造成受害人财产损失或其他损失为前提。而行为人承担损害赔偿责任的前提是，加害人造成了受害人现有财产或非财产性损害。

(3)债权请求权的行使有诉讼时效的限制，而物权请求权很难适用诉讼时效。

(4)物权请求权的行使主体并不局限于物权人本身。因为物权请求权是与物密不可分的，任何对物的占有构成侵害或妨碍的，物的持有、占有者即可行使此项请求权。例如，租赁物的承租人对他人侵害租赁物的行为可以提起诉讼，行使上述权利。因此，这是一种对物诉讼。而债权请求权的行使是以相对人为对象，且以权利人受到实际损害为前提。因此，只有受到损害者才可以侵害方为被告提起诉讼，故这是一种对人诉讼。

七、案例分析题

1.(1)有效。我国《物权法》虽然没有规定这种让与担保方式，但并无禁止性规定。通过合同约定，再转移所有权的方式达到担保目的，是不违反法律的，也符合合同自由、鼓励交易的立法目的。由于办理了过户登记手续，乙享有所有权。

(2)不能成立。乙对汽车享有所有权，其有权处分该汽车。没有导致合同无效的其他因素。即使乙将汽车出卖给丙公司的行为属于无权处分，对甲也是违约行为，但无权处分不影响合同效力，法律并不要求出卖人在订立买卖合同时对标的物享有所有权或者处分权。

(3)有法律依据。根据《物权法》规定，汽车属于特殊动产，交付即转移所有权，登记只是产生对外的效力，不登记不具有对抗第三人的效力。本案中因为汽车已经交付，丙公司已取得汽车所有权。

(4)有效。尽管丁不享有所有权或处分权，但是并不影响租赁合同效力。其所得的租金属于不当得利。

(5)己公司无权扣留汽车并享有留置权。《物权法》第 231 条规定，债权人留置的动产与债权应该属于同一法律关系。而在本案中，债权与汽车无牵连关系。

(6)辛有权向戊、己公司、庚请求赔偿。这是因为，戊系承租人，系汽车的使用权人；庚是己公司的雇员，庚的行为属于职务行为，己公司应当承担雇佣人(或雇主)责任；庚系肇事人(或者答直接侵权行为人)。

2.(1)答案一：本案应按照民间借贷法律关系作出认定和处理。因为根据《最高人民法院关于审理民间借贷案件适用法律若干问题的规定》第 24 条第 1 款规定，当事人以签订买卖合同作为民间借贷合同的担保，借款到期后借款人不能还款，出借人请求履行买卖合同的，人民法院应当按照民间借贷法律关系审理，并向当事人释明变更诉讼请求；当事人拒绝变更的，人民法院裁定驳回起诉。

答案二：应当按照抵押合同处理。因为根据《民法总则》第 146 条第 1 款“行为人与相对人以虚假的意思表示实施的民事法律行为无效”，认定买卖合同无效；进而又根据《民法总则》第 146 条第 2 款“以虚假的意思表示隐藏的民事法律行为的效力，按照有关法律规定处理”，认定隐藏的行为为抵押合同，应当按照抵押合同处理。

(2)根据《个人独资企业法》第 31 条规定，“个人独资企业财产不足以清偿债务的，投资人应当以其个人的其他财产予以清偿”，甲仅于S企业财产不足以清偿债务时，以个人其他财产予以清偿。根据《担保法》第19条规定，未约定保证责任形式的，按照连带责任保证承担责任，丁应承担连带保证责任。戊不承担责任，其质权因丧失占有而消灭。

(3)合同有效。庚知情，并不影响合同效力。庚已取得所有权，甲系有权处分，庚因登记取得所有权。

(4)甲有权收取租金。甲为有权占有，租赁合同有效，甲可收取房屋法定孳息。

(5)应由甲承担火灾损失。根据《合同法》第142条规定，除非当事人另有约定，标的物风险自交付时起转移。

(6)庚享有请求权。根据《保险法》第49条第1款规定，保险标的转让的，保险标的的受让人承继被保险人的权利和义务。

附录

中国人民大学法学院2010年硕士研究生入学考试真题

理论法学部分

法理学

一、名词解释(6×5分)

1. 集体人权
2. 扩充解释
3. 法制
4. 调整性法律关系
5. 社会主义法治理念
6. 保护性规则

二、简答题(4×15分)

1. 简述法的社会职能和政治职能的关系。
2. 简述法的作用的局限性。
3. 简述法的价值冲突。
4. 简述民主立法的原则及其表现形式。

三、论述题(任选2题,法理专业必答第1题,2×30分)

1. 评述法家“威势之可以禁暴,而厚德之不足以止乱”的思想。
2. 论述多元化纠纷解决机制的概念和意义。
3. 论述法律责任的归结原则。

中国法制史

一、名词解释(4×5分)

1. 五听
2. 化外人
3. 编敕
4.《陕甘宁边区施政纲领》

二、简答题(1×10分)

简述“亲亲得相首匿”原则的主要内容。

宪法学

一、名词解释(4×5分)

1. 宪法规范
2. 全国人大常委会
3. 国家结构形式
4. 人大代表人身特别保护权

二、简答题(1×10分)

简述人权与基本权利的关系。

应用法学部分(七选五)

刑法学

一、名词解释(4×5分)

1. 罪责刑相适应原则
2. 行为犯
3. 防卫过当
4. 玩忽职守罪

二、简答题(1×10分)

简述绑架罪与抢劫罪的区别。

民商法学

一、名词解释(4×5分)

1. 隐名合伙
2. 身份权
3. 留置权
4. 合同解除

二、简答题(1×10分)

简述侵权法上过失的概念及其主要判断方法。

知识产权法学

一、名词解释(4×5分)

1. 网络传播权
2. 著作权
3. 法定许可发明的创造性
4. 商标异议

二、简答题(1×10分)

简述知识产权与物权的区别。

诉讼法学

一、名词解释(2×5分)

1. 禁止双重追究原则
2. 专属管辖

二、简答题(2×10分)

1. 简述犯罪嫌疑人、被告人有权获得辩护的原则。
2. 简述民事诉讼中的免证事实。

经济法学

一、名词解释(4×5分)

1. 中外合资经营企业

2. 经营者集中
3. 契税
4. 资本项目

二、简答题(1×10分)

简述侵犯商业秘密的表现。

国际法学

一、名词解释(4×5分)

1. 法则区别说
2. 公共秩序保留
3. CIF
4. 特许协议

二、简答题(1×10分)

简述条约的解释。

环境法学

一、名词解释(4×5分)

1. 生态中心主义
2. 海域使用权
3. 水土流失
4.《巴赛尔公约》

二、简答题(1×10分)

简述环境管理许可证种类。

中国人民大学法学院 2012 年硕士研究生入学考试真题

理论法学部分

法理学

一、名词解释(5×4 分)

1. 法的价值
2. 法的适用
3. 法的渊源
4. 类推推理
5. 调整性法律关系

二、简答题(4×10 分)

1. 简述法对国家权力的积极作用。
2. 简述论理解释的方法。
3. 简述司法公正的标准。
4. 简述我国立法体制的特点。

三、论述题(2×20 分)

1. 论述当代中国法制现代化的特点。
2. 评析社会契约论。

中国法制史

一、名词解释(5×6 分)

1. 市民法
2. 普通法
3. 学说引证法

4.《人权宣言》

5.“摩西五经”

二、简答题(5×10分)

1. 简述西周的六礼。
2. 简述宋朝的死刑种类。
3. 简述明代中央司法机关的主要职能。
4. 简述市民法与万民法的关系。
5. 简述1900年《德国民法典》的特点。

三、论述题(1×20分)

试述清末修律的内容。

宪法学

一、名词解释(4×5分)

1. 质询权
2. 特别行政区
3. 行政复议
4. 执行罚

二、简答题(4×10分)

1. 简述人大代表候选人的提名规则。
2. 简述公民在法律面前人人平等的内容。
3. 简述行政许可设定权的分配。
4. 简述行政授权与行政委托的区别。

三、论述题(2×20分)

1. 论述我国行政法的体系。
2. 论述我国宪法关于社会保障的规定和意义。

应用法学部分(七选五)

刑法学

一、名词解释 (5×4 分)

1. 吸收犯
2. 胁从犯
3. 遗弃罪
4. 侵占罪
5. 赦免

二、简答题(4×10 分)

1. 简述危险驾驶罪的构成要件。
2. 简述抢劫的胁迫和敲诈勒索的胁迫异同。
3. 简述不作为义务来源。
4. 简述教唆犯的处罚原则。

三、论述题(1×20 分)

试论《刑法修正案(八)》对死刑的修改和补充。

四、案例题(1×20 分)

关于绑架罪与犯罪形态方面的内容。

民商法学

一、名词解释(4×5 分)

1. 无权代理
2. 公司的社会责任
3. 人格利益
4. 债权让与

二、简答题(4×10 分)

1. 简述无名合同的适用规则。
2. 简述我国物权法的物权变动模式。
3. 简述我国证券发行中的虚假陈述的归责原则。

4. 简述意思表示中欺诈行为的含义和法律效果。

三、论述题(1×20 分)

试论我国侵权责任法上的侵权责任承担方式。

四、案例题(1×20 分)

关于第三人侵害债权的案例。

问题：

(1)法院认定构成侵权且为侵害债权，是否合理?

(2)简述侵害债权的构成要件。

(3)现行法中是否存在侵害债权的法律依据？如果存在，有哪些？

诉讼法学

一、名词解释(4×5 分)

1. 上诉不加刑
2. 取保候审
3. 民诉辅助人
4. 执行竞合

二、简答题(4×10 分)

1. 比较刑事诉讼立案材料来源中的报案和举报。
2. 简述律师在侦查阶段的主要任务。
3. 简述民事诉讼中的免证事实。
4. 简述民事诉讼中的法院调解原则。

三、论述题(2×20 分)

1. 评析“任何人不得被强迫证明自己有罪”。
2. 论述民事诉讼中的处分原则。

经济法学

一、名词解释(4×5 分)

1. 车船税
2. 会计监督
3. 产品质量法
4. 预算法

二、简答题(4×10 分)

1. 简述我国企业破产法规定的债权人会议的概念和职权。
2. 简述平衡协调原则。
3. 简述防范和化解金融风险原则。
4. 简述上市公司收购的概念和特征。

三、论述题(2×20 分)

1. 论述我国新《个人所得税法》修改的内容、意义和完善建议。
2. 论述竞争法和知识产权法的关系。

国际法学

一、名词解释(4×5 分)

1. BOT
2. 条约无效
3. 反致
4. UCP600

二、简答题(4×10 分)

1. 简述涉外民事适用法。
2. 简述仲裁条款的效力。
3. 简述和平共处五项原则。
4. 简述国家责任的形式。

三、论述题(2×20 分)

1. 试论《联合国国家及其财产管辖豁免公约》以及中国对豁免的态度。
2. 中国 WTO 入世承诺书国民待遇分析。

知识产权法学

一、名词解释(4×5 分)

1. 表演权
2. 戏剧作品
3. 商业秘密
4. 平行进口

二、简答题(4×10 分)

1. 简述商标的第二含义。
2. 简述发表权的行使。
3. 简述知识产权的特征。
4. 简述表演权的内容。

三、论述题(1×20 分)

试评析中美第一次知识产权争端。

四、案例题(1×20 分)

某人在工作期间完成一项技术发明,其所在公司将该发明进行了对外展览,结果公司 A 仿制该发明并推向市场。其后发明人又将该技术发明写成论文并发表在期刊上,公司 B 按照该论文中的说明也制造了这一发明并推向市场。最后发明人所在公司获得了专利,要求追究 A、B 公司的责任。请回答以下问题:

(1)该技术发明在展览过后还具有新颖性吗?

(2)该技术发明论文在期刊上发表后还具有新颖性吗?

(3)A、B 公司有没有责任?如果有,分别是什么责任?

环境法学

一、名词解释(4×5 分)

1. 防止污染转嫁制度
2. 环境行政执法
3. 国际环境损失赔偿责任的免除
4. 林权

二、简答题(4×10 分)

1. 简述公众参与原则。
2. 简述环境侵权特点及纠纷解决机制。
3. 简述《清洁生产促进法》的修订内容。
4. 简述可持续发展观对环境保护的影响。

三、论述题(2×20 分)

1. 论述农村环境污染问题及法律对策。
2. 论述有关大气环境保护的法律规定。

中国人民大学法学院 2016 年硕士研究生入学考试真题

理论法学部分

法理学

一、比较下列概念(3×5 分)

1. 法律移植与法的继承
2. 法律论证与法律解释
3. 法律调整对象与法律调整方法

二、分析题(1×15 分)

试评析以下论断:“加强对司法活动的监督,努力让人民群众在每一个司法案件中都感受到公平和正义。”

三、论述题(1×20 分)

试述法治与民主的关系。

中国法制史

一、比较下列概念(3×5 分)

1. 故杀与谋杀
2. 鞫狱与覆案
3. 不义与不道

二、分析题(1×15 分)

试评析《唐律·户婚》中的规定:“诸立嫡违法者,徒一年。即嫡妻年五十以上无子者,得立庶以长。不以长者亦如之。”

三、论述题(1×20分)

试述清末变法修律过程中的礼法之争。

宪法学

一、比较下列概念(3×5分)

1. 宪法序言与宪法总纲
2. 总统制与内阁制
3. 集会自由与结社自由

二、分析题(1×15分)

试评述《中华人民共和国宪法》第5条规定:“一切国家机关和武装力量、各政党和各社会团体、各企业事业组织都必须遵守宪法和法律。一切违反宪法和法律的行为,必须予以追究。任何组织或者个人都不得有超越宪法和法律的特权。”

三、论述题(1×20分)

试论述紧急状态下对公民的基本权利与自由的限制。

应用法学部分(七选五)

刑法学

一、比较下列概念(3×5分)

1. 玩忽职守罪与滥用职权罪
2. 事实认识错误与法律认识错误
3. 侵占罪与盗窃罪

二、分析题(1×15分)

试分析《中华人民共和国刑法》第24条第2款规定:“对于中止犯,没有造成损害的,应当免除处罚;造成损害的,应当减轻处罚。”

民商法学

一、比较下列概念(3×5分)

1. 公益法人与私益法人

2. 有因行为与无因行为
3. 地役权与相邻关系

二、分析题(1×15分)

试分析《中华人民共和国担保法》第28条规定:"同一债权既有保证又有物的担保的,保证人仅在物的担保范围以外承担保证责任。债权人放弃物的担保的,保证人在物的担保范围内免于承担责任。"

诉讼法学

一、比较下列概念(2×5分)

1. 视听资料与电子证据
2. 群体诉讼与共同诉讼

二、分析题 (2×10分)

1. 试分析《中华人民共和国刑事诉讼法》第59条规定:"证人证言应当在人民法院经过公诉人、被害人与被告人、辩护人双方质证,并且查证属实,才能作为定案依据。法庭查明证人有意作伪证或者隐匿罪证的时候,应当依法处理。"

2. 试分析《中华人民共和国民事诉讼法》第231条规定:"在执行中,被执行人向人民法院提供担保,并经申请执行人同意的,人民法院可以决定暂缓执行及暂缓执行的期限。被执行人逾期仍不履行的,人民法院有权执行被执行人的担保财产或者担保人的财产。"

经济法学

一、比较下列概念(3×5分)

1. 比例税率与累进税率
2. 银监会与保监会
3. 横向垄断协议与纵向垄断协议

二、分析题(1×15分)

试分析《中华人民共和国预算法》第12条:"各级预算应当遵循统筹兼顾、勤俭节约、量力而行、讲求绩效和收支平衡的原则。"

知识产权法学

一、比较下列概念(3×5分)

1. 商业包装与未注册商标

2. 表演权与表演者权
3. 国外优先权与国内优先权

二、分析题(1×15分)

试分析下列法律制度并说明其立法意图：

《中华人民共和国专利法》第69条："有下列情形之一的，不视为侵犯专利权：……(二)在专利申请日前已经制造相同产品、使用相同方法或者已经作好制造、使用的必要准备，并且仅在原有范围内继续制造、使用的。"

《中华人民共和国商标法》第59条："商标注册人申请注册商标前，他人在同一商品或类似商品上先于商标注册人使用注册商标，并且有一定影响，商标专用权人无权禁止他人在该范围内使用，但他人应当适当区别。"

环境法学

一、比较下列概念(3×5分)

1. 环境管理权和环境知情权
2. 风景名胜区和自然保护区
3. 工业噪音和交通噪音

二、分析题(1×15分)

试分析《环境保护法》第25条规定："企业事业单位和其他生产经营者违反法律法规规定排放污染物，造成或者可能造成严重污染的，县级以上人民政府环境保护主管部门和其他负有环境保护监督管理职责的部门，可以查封、扣押造成污染物排放的设施、设备。"

国际法学

一、比较下列概念(3×5分)

1. 承兑交单和付款交单
2. 反垄断和反倾销
3. 引渡和保护

二、分析题(1×15分)

试分析《涉外民事关系法律适用法》第19条："依照本法适用国籍国法律，自然人具有两个以上国籍的，适用有经常居所的国籍国法律；在所有国籍国均无经常居所的，适用与其有最密切联系的国籍国法律。自然人无国籍或者国籍不明的，适用其经常居所地法律。"

参考文献

[1]魏振瀛.民法[M].6版.北京：北京大学出版社，高等教育出版社，2016.

[2]史尚宽.民法总论[M].北京：中国政法大学出版社，2000.

[3]马俊驹，余延满.民法原论[M].4版.北京：法律出版社，2010。

[4]朱庆育.民法总论[M].北京：北京大学出版社，2016.

[5]王利明.物权法[M].北京：中国人民大学出版社，2015.

[6]梁慧星.物权法[M].6版.北京：法律出版社，2016.

[7]杨立新.物权法[M].5版.北京：中国人民大学出版社，2016.

[8]江平.物权法教程[M].3版.北京：中国政法大学出版社，2017.

[9]陈华彬.民法物权[M].北京：经济科学出版社，2016.

[10]李静.中华人民共和国继承法案例全解[M].北京：法律出版社，2016.

[11]陈信勇.亲属与继承法[M].北京：法律出版社，2016.

[12]张华，蒙柳.婚姻家庭继承法[M].武汉：武汉大学出版社，2016.

[13]张邦铺.民事案例研究[M].北京：中国政法大学出版社，2016.

[14]蒋月.20世纪婚姻家庭法：从传统到现代化[M].北京：中国社会科学出版社，2015.

[15]马来客，闫春生主编.婚姻继承法案例评析[M].北京：对外经济贸易大学出版社，2015.

[16]中国法制出版社.中华人民共和国继承法：立案·管辖·证据·裁判(案例应用版)[M].北京：中国法制出版社，2015.

[17]杨立新.婚姻继承法典型案例与法律适用[M].北京：中国法制出版社，2014.

[18]杨立新.家事法[M].北京：法律出版社，2013.

[19]李宏.遗嘱继承的法理研究[M].北京：中国法制出版社，2010.

[20]陈苇.中国婚姻家庭法立法研究[M].北京：群众出版社，2010.

[21]王国平.婚姻家庭法与继承法论要[M].北京：九州出版社，2010.

[22]彭诚信.继承法[M].长春：吉林大学出版社，2000.

[23]史尚宽.继承法论[M].北京：中国政法大学出版社，2000.

[24]陈富聪.侵权归责原则与损害赔偿[M].北京：北京大学出版社，2005.

[25]王泽鉴.侵权行为[M].北京：北京大学出版社，2009.

[26]胡康生.中华人民共和国合同法释义[M].2版.北京：法律出版社，2009.

[27]李显冬.案例合同法学[M].北京：中国法制出版社，2012.

[28]王利明.合同法研究(第二卷)[M].3版.北京：中国人民大学出版社，2015.

[29]王利明.合同法[M].北京：中国人民大学出版社，2015.

[30]王利明.债法总则[M].北京:中国人民大学出版社,2016.

[31]杨巍.债法总论[M].武汉:武汉大学出版社,2017.

[32]庄加园.交付原则框架下的意思自治[J].法学,2017(3).

[33]石友佳.《物权法》占有制度的理解与适用[J].政治与法律,2008(10).

[34]龙俊.中国物权法上的登记对抗主义[J].法学研究,2012(5).

[35]程啸.论不动产善意取得之构成要件——《中华人民共和国物权法》第106条释义[J].法商研究,2010(5).

[36]朱庆育.物权行为的规范结构与我国之所有权变动[J].法学家,2013(6).

[37]陈英.继承权本质的分析与展开[J].法学杂志,2017,38(6).

[38]杜志红.法定继承中遗产分割纠纷的时效限制[J].河北法学,2016,34(6).

[39]郑倩.自由价值在我国遗嘱继承制度中的定位与落实[J].法商研究,2016,33(2).

[40]黎乃忠.遗产范围界定的误区与修正[J].法学论坛,2016,31(1).

[41]王葆莳.共同遗嘱中"关联性处分"的法律效力[J].法商研究,2015,32(6).

[42]刘耀东.论基于继承与遗赠发生的不动产物权变动——以《物权法》第29条为中心[J].现代法学,2015,37(1).

[43]杨立新,和丽军.对我国继承法特留份制度的再思考[J].国家检察官学院学报,2013,21(4).

[44]陈苇,冉启玉.完善我国法定继承人范围和顺序立法的思考[J].法学论坛,2013,28(2).

[45]曾祥生.论配偶权的侵权责任法保护[J].法学评论,2014(6).

[46]冉克平.论配偶权之侵权法保护[J].法学评论,2010(4).

[47]何炼红,阳东辉.著作人身权合理使用制度研究[J].法学评论,2004(1).

[48]何炼红.著作人身权转让之合理性研究[J].法商研究,2001(3).

[49]王利明.论人格权独立成编的理由[J].法学评论,2017(6).

[50]尹田.人格权独立成编的再批评[J].比较法研究,2015(6).